W0044240

Serge K. D. Sulz (Hrsg.)

PAARTHERAPIEN

Von unglücklichen Verstrickungen

zu befreiter Beziehung

Mit Beiträgen von

Christoph Braukhaus & Kurt Hahlweg
Michael Cöllen
Bernd Hippler
Paul Kochenstein
Gisela & Hans-Georg Mähler
Dirk Revenstorf
Ludwig Schindler
Martin Schmidt
Serge K. D. Sulz
David Wilchfort

CIP-Medien 2. Auflage 2004

2. Aufl. CIP-Medien 2004 • ISBN 3-932096-06-1

Layout und Cover: Silvia Pohl

Bezugsquelle: CIP-Medien
Nymphenburger Str. 185, 80634 München
Fax: 089-132 133, Tel. 089-130793-21
Email: cipmedien@aol.com

www.CIP-MEDIEN.com

Inhalt

Paartherapien – Einführung 5
Serge Sulz

Interventionsbereich Partnerschaft 11
Ludwig Schindler

Prävention von Beziehungsstörungen – Ein Konzept 39
Christoph Braukhaus, Kurt Hahlweg

Wieder lieben lernen
Integrative Paartherapie nach Jacobson und Christensen 59
Bernd Hippler

Liebe und Paartherapie 111
Dirk Revenstorf

Strategische Paar-Entwicklung 129
Serge K. D. Sulz

Couple Coaching®
Ein Selbsthilfekonzept, basierend auf der systemischen Paartherapie 189
David Wilchfort

Systemische Paartherapie 219
Martin Schmidt

Ist Liebe heilbar?
Die therapie der Liebe nach dem Verfahren der Paarsynthese 251
Michael Cöllen

Sexualität und Partnerschaft aus sexualtherapeutischer Sicht 285
Paul Kochenstein

Familienmediation 305
Gisela Mähler, Hans-Georg Mähler

Autoren 321

Stichwortverzeichnis 322

Autorenverzeichnis 327

SERGE SULZ
PAARTHERAPIEN - EINFÜHRUNG

Die Bedeutung von Paartherapien in der psychotherapeutischen Versorgung hat in den letzten Jahren stark zugenommen. Die psychische Gesundheit eines Menschen ist sehr eng mit der Qualität seiner Paarbeziehung assoziiert. Bei vielen Therapien gehört deshalb die Paartherapie zu einer nicht mehr wegzudenkenden Teilintervention. Während bei Angststörungen die Bedeutung der Partnerschaft schon lange durch die fast regelmäßige Hinzunahme von Paarinterventionen bekannt ist, hat ihr Stellenwert in der Depressionstherapie erst seit wenigen Jahren seine gebührende Beachtung gefunden (z.B. Fiedler et al. 1998). Paartherapien zählen zu den schwierigsten therapeutischen Vorhaben in der Psychotherapie (Jacobson und Christensen 1996, Schindler et al. 1998). Das Leid und Unglück, das sich Ehepartner im Laufe der Jahre zufügen, ist so groß, daß nur schwer verständlich ist, weshalb dem Leiden nicht früher durch Trennung und Scheidung ein Ende bereitet wird und warum sich nur die Hälfte der Ehepaare scheiden läßt. Es ist viel leichter und viel erfreulicher, eine neue Beziehung einzugehen und mit dieser - aus den Fehlern der letzten Partnerschaft lernend - behutsam umzugehen. Denn das Bild des bisherigen Partners taugt nicht mehr zum Verlieben und zum Idealisieren, zum Schwärmen und zum Schwelgen. Es ist verbraucht und vergilbt, hat häßliche Züge und Falten,die sich nicht mehr entfernen lassen. Wozu also etwas reparieren, das zum alten Eisen gehört? Warum etwas wieder beleben, das dem Tode geweiht ist?

Weil es Paare gibt, die es einfach nicht schaffen, sich zu trennen? Dann könnte Paartherapie oder Mediation ihnen helfen, diesen erlösenden Schritt zu gehen.

Doch es gibt zu viele Paare, die sich nicht trennen wollen. Nicht nur, weil die Kinder noch ihre beiden Eltern wollen. Das wäre ja schon Grund genug, die Paarbeziehung zu verbessern.

Es ist bei diesen Paaren über die beiden Individuen hinaus etwas Eigenes entstanden. Das Paar, die Ehe, ist wie ein neues Lebewesen, das mehr ist als die Summe der beiden Schöpfer dieses Paarsystems. Es ist ein neuer Organismus entstanden, der die beiden Individuen für seine Homöostase einsetzt. Sie dienen ihm, oft ohne zu wissen wie und wozu. Sei es, daß sie durch einen permanenten Ehekrieg für diesen Organismus kämpfen. Oder daß ein Individuum fast zugrunde geht, um ihn zu erhalten. Es ist geradezu erschreckend wie zivilisierte, intelligente, achtens- und liebenswerte Menschen Verhaltensweisen und Züge annehmen, die weit weg zu sein scheinen von ihrem ursprünglichen Wesen. Als seien sie im Bann höherer Mächte, die mit ihnen ihr böses Spiel treiben. Tatsächlich bildet der Mensch zusätzlich zu seiner individuellen Psyche eine Paar-Psyche aus, die ihm ganz neue Eigenschaften, Erlebens- und Handlungstendenzen verleiht. Er ist Teil eines neuen Ganzen geworden. Als dessen - dem Ganzen dienenden - Teil gestaltet, durchlebt und durchleidet er seine Paarbeziehung. Erleben und Handeln werden bestimmt von dem neuen Organismus Paar. Die Paar-Psyche ist ihrerseits Austragungsort und

Diener des Paarsystems geworden. Paartherapie ist Therapie dieses Systems, dieses Organismus, der sich leider nicht direkt äußert, sondern nur über die Interaktionen der beiden Individuen und über deren Erleben und Handeln. Seine Botschaften müssen erst mühsam entziffert werden. Die Ehepartner kennen meist diese Botschaften nicht. Wir wissen nur: Wenn es dem Paarsystem wieder gutgeht, dann erkennen wir das daran, daß es den beiden Eheleuten wieder gutgeht - jedem für sich und beiden miteinander.

Doch betrachten wir zunächst die Paarbildung. Die Emnid-Studie (1997) gibt Aufschluß, wie sich die späteren Partner häufig kennenlernen:

Wie haben Sie sich kennengelernt? %

Über privaten Bekanntenkreis	30
In der Disco, Tanzveranstaltung	21
Im Café, Kneipe, auf der Straße	12,5
Seit der Kindheit, Schule, Studium	4
Auf Reisen	3,8
Hatte nie einen Partner	2,8
Kontaktanzeige	2,2
Partnervermittlungsinstitut	0,6

Was sind die bewußten Bewertungskriterien bei der Partnerwahl? Nach Fröhlich (1997) sind dies

- Äußeres: zu mir passend, attraktiv, sauber, gepflegt
- Status: sozial geachtet, vorzeigbar, gesund
- Intellekt: gebildet, ähnliche Interessen, gleiche Weltsicht
- Charakter: verantwortungsbewußt, humorvoll, zuverlässig
- Temperament: spontan, ausgeglichen, ähnlicher Tag-Nacht-Rhythmus
- Gefühlsleben: einfühlsam, zärtlich, kinderlieb

- Verhalten: hilfsbereit, handwerklich, anpassungsfähig.

Tatsächlich ist dies meist die Beschreibung, wie der Partner damals war, als das Paar zusammenfand.

Wie der künftige Partner nicht sein soll, wird nach Fröhlich (1997) so angegeben:
- Äußeres: abstoßend, fett, viel kleiner/größer als ich
- Status: verschuldet, vorbestraft, verheiratet
- Intellekt: dumm, dogmatisch, kulturell uninteressiert
- Charakter: intolerant, labil, mißtrauisch
- Temperament: jähzornig, launisch, lahm, unsensibel
- Gefühlsleben: überempfindlich, nachtragend
- Verhalten: pedantisch, aggressiv, unehrlich.

Leider ist dies das Vokabular, das häufig benutzt wird, wenn in der Paartherapie über den anderen Partner gesprochen wird.
Wodurch diese Veränderungen zustande kommen? Wird der andere jetzt nur so gesehen, oder ist er tatsächlich so geworden, oder war er schon immer so? Welche Irrungen und Wirrungen brachten dieses neue Bild zustande? Fröhlich (1997) sieht dies als das Ergebnis von Polarisierungen, die sowohl zu veränderten Perspektiven als auch zu verändertem Verhalten führen. Er nennt einige Dimensionen, entlang derer die Polarisierungen häufig stattfinden:

- Passivität........................ Aktivität
- Verschlossenheit .... Kontaktfreudigkeit
- Emotionalität .... Rationalität
- Spontaneität .... Rationalität
- Unterwerfung .... Beherrschung
- Abhängigkeit .... Autonomie
- Nähewünsche .... Distanzbedürfnis

Wird der eine immer passiver, so versucht der andere, ohne es zu bemerken, durch vergrößerte Aktivität auszugleichen. Wird der eine verschlossener, so füllt der andere den Raum mit ständigem Reden usw.

Diese Polarisierung führt schließlich dazu, daß die Partnerschaft gestört ist (Schindler et al. 1998). Es lassen sich nach Fröhlich (1997) folgende Störungsgrade differenzieren:

1. Normale Partnerschaftsschwierigkeiten (vorübergehend)
2. Beziehungsstörungen (Beratung)
3. Paarerkrankungen (Psychotherapie)
4. Zerstörte Partnerschaften (Scheidung, Mediation).

Wie kommt es zu diesen die Partnerschaft störenden und nicht selten zerstörenden Polarisierungen? Die Polarisierung dient dem Erhalt des Paarsystems und geht auf Kosten der beiden Individuen. Sie dient aber zugleich auch dem Erhalt des Individuums und geht auf Kosten des Paarsystems. Sie ist das Ergebnis einer entgleisten Homöostase (Sulz 1994, 1999) des Paarsystems. Es kann in systemischen Sinne als Organismus betrachtet werden und die beiden Ehepartner als dessen Organe. Homöstase ist das Fließgleichgewicht, das lebende Organismen durch kybernetische Regelungen herstellen und das die Voraussetzung des Überlebens des Organismus ist. In einem gesunden Organismus werden die Sollwerte, die die Gesunderhaltung und die Funktionsfähigkeit der Teilorgane oder Teilsysteme dieses Organismus überwachen, mitberücksichtigt. Der Organismus bleibt nur gesund, wenn seine Organe gesund bleiben. Die Organe bleiben nur gesund, solange der Organismus sich gesund erhalten kann. Der Organismus erhält sich durch seine Organe gesund.

Übertragen wir diese Aussagen auf die Paarbeziehung, so kommen wir zu folgenden Hypothesen: In einer gesunden Paarbeziehung werden die Sollwerte, die die psychische Gesunderhaltung und die Funktionsfähigkeit der Ehepartner überwachen, mitberücksichtigt. Die Paarbeziehung bleibt nur gesund, wenn die Ehepartner psychisch gesund bleiben. Die beiden Partner bleiben nur gesund, solange die Paarbeziehung sich gesund erhalten kann. Die Paarbeziehung erhält sich durch die beiden Partner gesund.
Die einzelnen Fließgleichgewichte müssen ständig aufeinander abgestimmt werden. Gelingt dies nicht, dann kommt es zu einem Konkurrieren der einzelnen Teilsysteme untereinander und zu einer Konkurrenz zwischen den Teilsystemen und dem gesamten System. Der Überlebenskampf des einen gefährdet das Überleben des anderen. Statt zu einem Ausgleich der Sollwerte kommt es zu einer Polarisierung, die eine Eskalation und Entgleisung der Homöostase mit sich bringt.

In diesem Buch sind die derzeit aktuellen Therapieansätze in der Paaartherapie repräsentiert.

Dirk Revenstorf macht uns mit seinen Gedanken zum Thema Liebe vertraut. Er diskutiert psychologische, philosophische und ethnologische Modelle erfüllter und gestörten Beziehungen. Er untersucht die notwendigen Bestandteile glückbringender Beziehungsgestaltung und mögliche Störfaktoren. Seine Beschreibung wichtiger Komponenten einer Paartherapie sind ein weitgespannter Überblick über zentrale Aspekte therapeutischer Interventionen. Obgleich seine Ausführungen nicht die psychologische Grundlage der nachfolgenden Beiträge sein sollen, ist dieses Kapitel doch auch eine Hinführung zum Thema des Buches.

Ludwig Schindler berichtet, wie sich die kognitiv-behaviorale Paatherapie weiter entwickelt hat, wie sie heute ein anspruchsvolles Therapiesystem geworden ist, das die subtilen Feinheiten der diffizilen Paarverstrickungen zu erkennen und zu behandeln weiß.

Kernstück dieses Ansatzes ist die Modifikation des Interaktionsverhaltens geblieben, die sich in wissenschaftlichen Studien als effektiv erwiesen hat. Nach wie vor ist das Manual ein gut umzusetzender Einstieg in die Paartherapie (Schindler et al. 1998). Auch ohne große Erfahrung und intensive Ausbildung in Paartherapie läßt sich dieses Vorgehen gewinnbringend einsetzen.

Christoph Braukhaus und Kurt Hahlweg berichten über ein Konzept der Prävention von Beziehungsstörungen. Seine Wirksamkeit konnte in Follow-up-Studien nachgewiesen werden. So war die Scheidungsrate fünf Jahre nach Absolvierung des Ehevorbereitungs-Präventionsprogramms (ELP) im Vergleich zu einer Kontrollgruppe von 16 % auf 4 % gesunken. Es kann sein, daß Prävention größere Effekte erzielt als Paartherapie. Deshalb ist dieser Ansatz sehr beachtenswert. Vor allem ist auch interessant, welche Interventionen durchgeführt und welche Themen bearbeitet wurden (Kommunikationsregeln, Umgang mit negativen Gefühlen, Problemlösen, Erwartungen an die Ehe, Sexualität).

Bernd Hippler stellt seinen Therapieansatz vor, der weitgehend mit dem von Jacobson und Christensen (1996) übereinstimmt. Im Vergleich zur reinen Veränderungsorientierung des kognitiv-behavioralen Ansatzes wird das Akzeptanzprinzip in den Mittelpunkt gestellt. Das Motto ist: Wer sich nicht akzeptiert fühlt, kann sich nicht verändern. Deshalb soll kein Veränderungsschritt begonnen werden, ohne daß zuvor Akzeptanz des Istzustandes und des Partners hergestellt ist. Diese Art des Umgangs mit therapeutischem Widerstand konnte in wissenschaftlichen Studien ihre Wirksamkeit zeigen und scheint insbesondere in der Veränderung von Interaktionen und Beziehungen erfolgreich zu sein.

Serge Sulz beschreibt in Form eines Manuals die Strategische Paarentwicklung, die aus der Strategischen Kurzzeittherapie (Sulz 1994) entstanden ist. Sie ist ein kognitiv-behavioraler Ansatz, der einen funktionsanalytischen Schwerpunkt hat und zudem Entwicklung als Therapie oder Therapie als Entwicklung entfaltet. Dieses Kapitel soll noch mehr als die anderen auf die konkrete Praxis der Paartherapie eingehen und auch deren möglichen Ablauf von Beginn an skizzieren. Zahlreiche Interventionsmöglichkeiten werden so dargestellt, daß diese von den Lesern erprobt werden können.

David Wilchfort ist ein sehr erfahrener Paartherapeut, dessen reicher Erfahrungsschatz in sein Couple-Coaching® einging, das als kognitiv-konstruktivistische Therapie bezeichnet werden könnte. Er beschreibt ein sehr klares Modell der Paarbeziehung, ihrer Beziehungsregeln, Beziehungsspiele und ihrer Irrtümer. An einem Beispiel zeigt er sein Vorgehen, das ebenso klar erscheint wie sein Modell. Dieses Verfahren wendet er in Paargruppen an, die er geleitete Selbsthilfegruppen nennt und für prinzipiell effektiver hält als die alleinige Therapie eines Paares. Schließlich diskutiert er die Installation von Selbsthilfegruppen im Internet, nicht als Blick in eine erschreckende Zukunft, sondern als pragmatische Möglichkeit, die bereits heute existiert und erfolgversprechend ist.

Martin Schmidt schreibt über die systemische Paartherapie. Über das Verstehen von Funktion und Dysfunktion des Systems Paar entstehen elegante Lösungen. Die Systemstörung hat ihren Meister im Systemtherapeuten gefunden. Anschaulich werden Theorie und Praxis dieses systemischen Ansatzes beschrieben. Mit und ohne Einsicht der Betroffenen funktioniert die Therapie. Ohne gründliche Kenntnis der Biographien und der Vorgeschichte wird ein verblüffend einfacher Ansatzpunkt gewählt. Nach dem Entweder-Oder wird das Und entdeckt.

Michael Cöllen beschreibt den von ihm entwickelten und aus der Integrativen Gestalttherapie hervorgegangenen Therapieansatz der Paarsynthese. Seine Grundidee ist, daß die Liebe selbst die größte Heilkraft besitzt. Wesensmerkmal der Liebe ist für ihn die Intimität. Das Leiden an der Liebe sieht er als Mangel an Sinnlichkeit, Sinnhaftigkeit und Spiritualität. Insofern ist Paarsynthese Liebestherapie, bestehend aus fünf Zyklen: Paargestalt, Partnerwerdung, Paardynamik, Konfliktanalyse und Paargestaltung.

Paul Kochenstein fragt nach der Störung der Sexualität als Folge der Störung der Paarbeziehung oder letztere als Folge der Sexualstörung. Oder gibt es Sexualstörungen ohne Beziehungsstörung? Neben den vielfältigen Erscheinungsformen durchleuchtet er die emotionalen Hintergründe. Er stellt die Frage nach der Differentialindikation Sexual- versus Paartherapie. Schließlich wird die Therapie der häufigsten sexuellen Funktionsstörungen als Sexualtherapie des Paares dargestellt.

Hans-Georg Mähler und Gisela Mähler berichten über Mediation - wenn es zur Trennung und Scheidung kam. Es geht darum, die traumatischen Folgen für die Kinder und natürlich auch für die bisherigen Ehepartner zu minimieren. Dies geschieht durch sachliche Verständigung mit dem Ziel eigen- verantworteter gemeinsamer Entscheidungen. Die vielfältigen konkreten Abmachungen werden mit Hilfe strukturierten Vorgehens getroffen, so daß für die Kinder eine Ordnung einkehren kann, die hilft. Statt Kämpfen, die weiter auf dem Rücken der Kinder ausgetragen werden, kommt es zu Verhandlungen mit konstruktiven Konfliktlösungen.

LITERATUR

Fiedler P, Backstraß M, Kronmüller K, Mundt C: Eheliche Interaktion und das Rückfallrisiko depressiver Patienten - Eine Strukturanalyse ehelicher Beziehungsmuster mittels SASB. Verhaltenstherapie 8, 1998, 4 - 13

Fröhlich HH: Leben in der Zweierbeziehung. Intakte und gestörte Partnerschaften. Göttingen: Vandenhoeck & Ruprecht 1997

Jacobson NS, Christensen A: Integrative Couple Therapie. Promoting Acceptance and Change. New York: Norton 1996

Schindler L, Hahlweg K, Revenstorf D: Partnerschaftsproblem: Diagnose und Therapie. Therapiemanual. Heidelberg: Springer 1998

Sulz S: Strategische Kurzzeittherapie – Wege zur effizienten Psychotherapie. München: CIP-Medien 1994

Sulz S: Als Sisyphus seinen Stein losließ. Oder: Verlieben ist verrückt. 2. Auflage. München: CIP-Medien 1999

Ludwig Schindler

Interventionsbereich Partnerschaft

Nach vorsichtigen Schätzungen lassen sich bei ca. 60% aller Patienten, die sich in Einzeltherapie begeben, Partnerschaftsprobleme feststellen (z.B. Overall et al. 1974). Nimmt man Trennungskonflikte und Einsamkeit – weil ohne Partner – hinzu, so wird der Lebensbereich Partnerschaft bei den meisten Behandlungen zum relevanten Interventionsbereich. Dabei kann es sich entweder um eine primäre Bedingung bei Entstehung und Aufrechterhaltung einer Störung (z.B. Depression oder Angst) handeln oder um sekundär bedingte Partnerprobleme. Sekundär bedeutet, daß durch die Störung die Beziehung in Mitleidenschaft gezogen wird.

Gleichzeitig läßt sich in Ausbildung und Supervision bei Therapeuten immer wieder eine gewisse Hemmschwelle feststellen, diesen Bereich aktiv in den Behandlungsplan mit einzubeziehen. Dies steigert sich sogar bis hin zu Berührungsängsten, wenn die Einzeltherapie weitergeführt wird und der Patient mit dem Partner gleichzeitig an einen Paartherapeuten zur Behandlung der Beziehungsproblematik verwiesen wird. Dabei gibt es keine formalen Hindernisse, will man alles in einer therapeutischen Hand belassen. Bei entsprechender Begründung im Antrag an die Krankenkasse ist der zeitweise Einbezug des Partners in die Behandlung durchaus möglich.

Die Gründe für eine solche Zurückhaltung liegen wohl zum einen in der größeren Komplexität der Behandlungssituation. Zwei Personen gleichzeitig gerecht zu werden ist deutlich schwieriger, als sich nur auf einen Patienten konzentrieren zu können. In der Therapeutenausbildung wird dem auch häufig nicht Rechnung getragen, da der Paar-Behandlung in den Curricula meist wenig Raum gegeben wird.

Zum anderen berührt kaum eine andere Problematik so sehr die persönlichen Lebensbelange des Therapeuten. Bei der Behandlung eines Paares muß der Therapeut von der eigenen Einstellung weitgehend abstrahieren. So darf er sich in keinem Fall mit einem der Partner solidarisieren. Dies ist besonders schwierig, wenn man mit einem Partner alleine im Gespräch ist und dessen negative Berichte hört. Hierbei ist es die Aufgabe des Therapeuten, quasi die Rolle des Advokaten für den nicht anwesenden Partners zu übernehmen und andere Interpretationen des Partnerverhaltens zu generieren (es gibt keine Wahrheit, sondern nur subjektive Wirklichkeiten). Dies setzt beim Therapeuten jedoch fundiertes Wissen und Verständnisbereitschaft voraus für die Gefühle von Zerrissenheit und Ambivalenz bei Menschen in Beziehungskrisen.

Je nach Grad der Zerrüttung einer Beziehung werden diverse wichtige Herausforderungen an die Grundhaltung des Therapeuten gestellt, z.B.
- Eine Krise bedeutet noch nicht Trennung
- Trennung bedeutet noch nicht Scheidung
- Wenn Trennung oder Scheidung stattgefunden hat, muß er trotzdem die Ambivalenz zulassen können

- Auch können die Zielvorstellungen zwischen Trennung und Zusammenziehen mehrfach wechseln
- Erweist sich die Trennung als endgültig, geht es um die Befriedung des weiteren Umganges zwischen den ehemaligen Partnern

Dies erfordert ein hohes Maß an Flexibilität des Therapeuten, er muß sich je nach Entwicklung der Beziehung auf neue Zielsetzungen einstellen können (z.B. zunächst Zuversicht und Beziehungsverbesserung, dann Trennungshilfe). Es erfordert ebenso eine hohe Bereitschaft zu einer innovativen Problemlösung.

Es gibt keine hinreichende gesellschaftliche Tradition für die Bewältigung von Krisen. Hier ebenso wie bei der Suche nach der "Sollbruchstelle" einer Beziehung ist jeder auf sich selbst zurückgeworfen. Trennung und Scheidung sind zunehmend gesellschaftliche Realität, gleichzeitig gibt es auch hierfür keine tradierten Vorgehensweisen. Das gleiche gilt für den weiteren Umgang mit dem Expartner sowie für die Probleme in der Zweitehe. Somit ist es Aufgabe des Therapeuten, je nach individueller Situation bei der inhaltlichen Gestaltung über den engen Rahmen von Konventionen hinaus ein Spektrum von Lösungsmöglichkeiten zu erstellen und den Betroffenen bei der Wahl und Gestaltung ihrer Lebensform zu helfen, ohne Normatives vorzugeben.
Dies erfordert neben dem Wissen über geeignete therapeutische Interventionen eine fundierte Kenntnis der Erlebnisweisen und Befindlichkeiten von Menschen in den unterschiedlichsten Beziehungszuständen. In diesem Beitrag soll ein Überblick über beide Bereiche gegeben werden.

Es steht heute ein fundierter theoretischer Hintergrund zur Verfügung, der eine sehr differenzierte Grundlage für die Analyse und Modifikation von Beziehungsstrukturen bietet. Zunächst wird die verhaltenstheoretische Konzeption von Partnerschaft und Beziehungsqualität umrissen. Im weiteren werden dann einzelne Stadien von Beziehungsverschlechterung behandelt. Es werden typische Problemlagen beschrieben und entsprechende Interventionsmöglichkeiten aufgezeigt. Es erscheint dringend erforderlich, daß der Interventionsbereich Partnerschaft zunehmend mit einer ähnlichen Selbstverständlichkeit angegangen wird wie etwa die Bereiche soziale Kompetenz oder Streßbewältigung.

STRUKTUR EINER ZUFRIEDENSTELLENDEN BEZIEHUNG

Sozial-kognitives Erklärungsmodell

Liebe und Partnerschaft stellen eine der wichtigsten Quellen für Lebensfreude und psychische Stabilität dar. Alle Umfragen zeigen, daß nach wie vor für die meisten Menschen das erfüllte Zusammenleben mit einem festen Partner die wichtigste Voraussetzung für ein gelungenes Leben ist (Köcher 1993). Gleichzeitig kann sich dieser Lebensbereich jedoch zu einer der schlimmsten Leidensquellen wandeln. Dies ist durch den Verlust des Partners möglich, aber auch durch eine destruktive Veränderung der Beziehung.

Die diversen Spielarten von Beziehungsdynamik werden nur vor dem Hintergrund des Phänomens Bindung verständlich (Bierhoff & Grau 1999).

Bindung
Warum intime Beziehungen eine solche emotionale Brisanz besitzen, läßt sich mit Hilfe der Bindungstheorie sehr gut erklären (Bowlby 1995).

Die Menschen sind bekanntlich soziale Wesen. Unser Selbstbild ist ein soziales, wir brauchen die

Interaktion mit anderen, um Rückmeldung zu erhalten oder uns abzugrenzen. Darüber hinaus brauchen wir enge Bezugspersonen. Die Menschen werden mit der Sehnsucht nach Bindung geboren. Bindung bedeutet, daß wir sozialen und emotionalen Rückhalt bei uns engvertrauten Personen erleben.

Diese vitale Bedeutung von Bindung und die damit verknüpften intensiven Gefühle werden in der Bindungstheorie damit erklärt, daß es sich um eine im Lauf der Evolution entstandene instinktive Anlage beim Menschen handelt. Bindung stellt einen Überlebensmechanismus dar, der zunächst das sichere Aufwachsen des Kindes sowie später wieder den Zusammenhalt eines Paares gewährleisten soll. Nähe zu einer Person herzustellen und aufrechtzuerhalten, die geeignet erscheint, die Welt besser meistern zu können, hat die biologische Funktion von Schutz. Bindung hat somit seine evolutionären Wurzeln und soll das Überleben sichern. Dadurch wird verständlich, warum die Reaktionen so mächtig sind, wenn der Verlust einer Bindungsperson droht.

Dieser Drang nach Bindung ist also ein zentraler Bestandteil unseres Seelenlebens. Jeder wünscht sich einen Partner, der „ideal" zu ihm paßt, von dem er in jeder Hinsicht begeistert ist, der diese Gefühle erwidert und möglichst nur für ihn da ist. Diese Hoffnung, in einer festen Partnerschaft Geborgenheit, Wertschätzung und Zärtlichkeit zu erleben, ist universell. Wenn es gelingt, ist die wichtigste Voraussetzung für Zufriedenheit und psychische Stabilität gegeben. Ist eine solche Bindung gefährdet, so stellt dies eine der größten Quellen für persönliche Verunsicherung dar. Wenn eine Bindung zerbricht, bedeutet dies in der Regel eine massive persönliche Krise für die Betroffenen, begleitet von depressiven Einbrüchen, Angstzuständen und dem Verlust von Perspektive. Der theoretische Hintergrund der Bindungstheorie hilft auch, die ausgeprägt ambivalenten Gefühle und Annäherungs-Vermeidungs-Konflikte von Paaren in der Krise zu verstehen.

Je länger ein Paar zusammen ist, desto stärker wird die Bindung - auch wenn die Intensität der Liebesgefühle Schwankungen unterliegt. Die so entstandene Bindung wird oft sträflicherweise „Gewohnheit" genannt - sie beinhaltet jedoch weitaus mehr. Dies müssen alle Paare leidvoll erfahren, wenn Trennung droht. Denn der andere ist zu einem Teil der eigenen Lebensgeschichte und damit des Selbstbildes geworden. Es besteht also eine Wechselwirkung: Liebe führt zu Bindung - Bindung erhält die Liebe (zumindest das Potential dafür).

Des weiteren kann die Bindungstheorie sehr gut erklären, wie die bisherigen Lebens- und Lernerfahrungen des Menschen seine Form der Beziehungsgestaltung bestimmen. Die Bindungserfahrungen in der Kindheit haben insgesamt einen starken Einfluß auf die Persönlichkeitsentwicklung des Menschen (Magai 1995). Sie prägen aber besonders das Erleben und die Gestaltung von späteren eigenen engen Beziehungen.

Beziehungskonzept
Der Wunsch nach Nähe, Geborgenheit und Rückhalt ist allen Menschen gemeinsam und mit Bindung unmittelbar verknüpft. Welches Verhalten allerdings einer Person dieses Gefühl vermittelt, kann individuell höchst verschieden sein. So braucht jeder von uns ganz spezielle Signale oder Spielarten, die ihm besonders wichtig sind. Sie sind das Ergebnis aus den persönlichen Erfahrungen in der Herkunftsfamilie und späteren eigenen Beziehungen. Bestimmte Interaktionsmuster haben Auslöserqualität erhalten für positive Gefühle von Nähe, Akzeptanz, andere für negative Gefühle wie Verunsicherung oder Zurückweisung.

Beispielsweise kann der eine nicht oft genug hören, daß der Partner ihn liebt und was er alles an ihm schätzt. Die so ausgesprochene Wertschätzung ist für ihn besonders wichtig. Für jemand anderen hingegen mag es wichtiger sein, daß sich der Partner Zeit für ihn nimmt und zuhören kann. Seine Aufmerksamkeit und Geduld bei solchen Gesprächen vermitteln ihm das Gefühl von Nähe und Zusammengehörigkeit. In Worten ausgedrückte Liebesbeweise dagegen sind ihm vielleicht nicht so wichtig. So gibt es individuell verschiedene Liebesbeweise, die für das Erleben von Zuneigung und Zusammengehörigkeit bedeutsam sind.

Solche persönlich wichtigen Signale sind das Produkt der individuellen Lerngeschichte. Dies bedeutet: Aufgrund früher Lernerfahrungen in Kindheit und Jugend hat jeder von uns ein persönliches inneres Arbeitsmodell über enge Beziehungen gebildet, das durch spätere Lernerfahrungen ergänzt und verändert wird (Fremmer-Bombik 1995). In diesem Arbeitsmodell werden bestimmte Interaktionsmuster abgespeichert, die das Gefühl von Akzeptanz, Zuneigung und Nähe vermitteln, aber auch solche, die Ablehnung und Unsicherheit auslösen. Da jeder Familienverband eine einzigartige Konstellation darstellt, wird jedes persönliche Beziehungskonzept höchst individuelle Bestandteile enthalten.

Dieses Beziehungskonzept liefert die Kriterien dafür, welchen Partner wir wählen, was wir von ihm erwarten und was er nicht zeigen darf. Es hängt natürlich genauso von den persönlichen Lernerfahrungen ab, welches Verhalten zur Beziehungsgestaltung jemand seinerseits selbst einbringen kann oder will. Auch dies ist abhängig vom Modell der Eltern und späteren Beziehungserfahrungen.

Wir verlieben uns in jemanden, der alle Anzeichen dafür zeigt, genau die persönlichen Eigenschaften zu besitzen, nach denen wir uns sehnen. Dies bezieht sich natürlich sowohl auf die körperliche Attraktion als auch auf die Persönlichkeitszüge, die wir zu erkennen glauben. Die Freude darüber, ein solches Pendant gefunden zu haben, das sogar die Gefühle erwidert, versetzt die Menschen in Euphorie.

Da sich Menschen beim Verlieben naturgemäß kaum kennen, schließt man von einigen Merkmalen auf die Gesamtpersönlichkeit. Dies wird besonders deutlich bei der Liebe auf den ersten Blick. Hier sind es Mimik, Gestik, Stimme u.ä., die als Hinweise dafür dienen, daß der andere dem eigenen Idealbild entspricht, und die deshalb Attraktion bewirken.

Bei diesen Schlußfolgerungen kommen verschiedene Mechanismen zum Tragen (s. Mikula & Stroebe, 1991):

*   "Was schön ist, ist gut": Physisch attraktiven Menschen werden positive Eigenschaften zugeschrieben
*   Konsens-Überschätzung: Bei bestehender Sympathie geht man zunächst von Einstellungsähnlichkeit aus (Seelenverwandschaft)
*   Substitution: Viel von einem Gut läßt Menschen auf andere Güter verzichten
*   Zuversicht bzw. Veränderbarkeit des anderen bei wahrgenommenen Schwächen

Diese Sachverhalte bergen langfristig gesehen das Risiko späterer Enttäuschungen, wenn man den anderen näher kennenlernt. Aber auch die Diskrepanzen zwischen den Beziehungskonzepten der beiden Partner stellen langfristig ein erhebliches Konfliktpotential dar.

Zu Beginn der Beziehung herrscht jedoch meist erst einmal die Begeisterung vor, daß man einen solchen Menschen gefunden hat, der den Kriterien des eigenen Beziehungskonzeptes entspricht.

Diese romantischen Gefühle führen dazu, daß man sehr viel dafür tut, sich diese Beziehung zu erhalten. Liebe ist demzufolge eine schöne Erfindung der Natur, um Bindung zwischen zwei Menschen zu erzeugen. Sich verlieben bedeutet Bindung herstellen; Liebe bedeutet Bindung erhalten.

Reziprozität

Liebe hat einerseits etwas Egoistisches, denn man ist froh, jemanden gefunden zu haben, mit dem man die Gefühle von Nähe und Geborgenheit erleben, also die Sehnsucht nach Bindung stillen kann. Daher ist man bereit, viel zu geben. Liebe hat andererseits etwas Altruistisches, denn wer viel erhält, ist bereit, seinerseits viel zu geben.

In Untersuchungen, in denen Menschen befragt worden sind, in welchen Verhaltensweisen ihrer Meinung nach Liebe zum Ausdruck kommt, wurden im wesentlichen fünf Aspekte gefunden (Revenstorf 1990):

- der verbale und körperliche Ausdruck von Zuneigung
- die Sorge um den anderen
- die Sehnsucht nach ihm
- das Vertrauen in ihn
- die Toleranz ihm gegenüber

Dies sind alles Faktoren, die Anerkennung und Wertschätzung beinhalten, aber auch ein ausgeprägtes Bemühen um den anderen zeigen.

Zwei Menschen schließen sich in der Gewißheit zusammen, daß die Gemeinsamkeit eine Bereicherung für das Leben jedes einzelnen darstellt. Um diese Bereicherung und Liebe erleben zu können, sind beide zunächst offensichtlich ganz von selbst bereit, von sich aus zu geben. So wird Liebe gestaltet. Durch das Geben des einen wird im anderen der Wunsch geweckt und wachgehalten, seinerseits zu geben. Diese Gesetzmäßigkeit nennt man „Reziprozität".

Reziprozität beinhaltet konkrete Verhaltensweisen mit dem gemeinsamen Merkmal, daß sie eine Bestätigung für bzw. ein Bemühen um den anderen darstellen. Beide Partner zeigen dieses Verhalten wechselseitig, und so entsteht eine zufriedene und zärtliche Atmosphäre in ihrer Partnerschaft. Notarius & Markman (1996) haben für diesen Zusammenhang zwischen dem Umgang eines Paares und der Zufriedenheit mit der Beziehung das Modell des sog. Beziehungskontos entwickelt. Wie bei einem richtigen Bankkonto verändert sich der Stand des Beziehungskontos ständig, je nachdem, ob etwas eingezahlt oder abgehoben wird. Eine Einzahlung auf das Beziehungskonto kann von einer kleinen Aufmerksamkeit bis zu einer tiefgreifenden Liebesbezeugung reichen. Ebenso kann eine Abhebung geringfügig sein, wie etwa eine kleine Verärgerung, oder gewaltig und folgenschwer wie persönliche Angriffe bei einer erbitterten Auseinandersetzung.

Für die Stabilität der Beziehung ist wesentlich, wie Streit durch Liebe und Leidenschaft ausgeglichen wird, d.h., oft die Partner sich positiv (sich berühren, anlächeln, Komplimente machen, miteinander lachen) und negativ (kritisieren, anschreien oder mißachten) verhalten. Gottman (1994) kommt aufgrund seiner Studien zu dem Schluß, daß für die Stabilität einer Beziehung das Verhältnis von positiv zu negativ mindestens 5:1 betragen muß. Gleicht sich das Verhältnis an, droht eine Beziehungsverschlechterung. Solange bei dem Paar das Verhältnis von positiver und negativer Interaktion 5:1 ausmacht, stellt sich bei Auseinandersetzungen relativ schnell psychophysiologisch Beruhigung ein, wodurch die Kompromißfähigkeit gesteigert wird. Beide Partner fühlen sich in der Beziehung wohl. Verringert sich das 5:1-Verhältnis, verlaufen die Auseinandersetzungen psychophysiologisch erregter, und die Wahrnehmung verändert sich sukzessive.

Langfristig hängt demnach die Zufriedenheit mit einer Partnerschaft davon ab, ob jeder Partner in der Beziehung für sich genügend Geborgenheit und Wertschätzung erlebt. Die Bilanz ergibt sich aus der Summe der Erfahrungen in einzelnen Situationen im Zusammenleben und zeigt sich im konkreten Verhalten: lobt mich mein Partner, ist er zärtlich zu mir, unterstützt er mich, geht er auf meine Vorschläge ein u.a.

Wenn die Bilanz positiv ist, besteht gleichzeitig eine hohe Bereitschaft, bei destruktivem oder enttäuschendem Verhalten des Partners konstruktiv oder ausgleichend zu wirken (Akkommodation). D.h., daß sich der Partner um eine offene Aussprache bemüht bzw. den Vorfall übergeht und auf eine Verhaltensänderung des anderen vertraut (Rusbult et al. 1991).

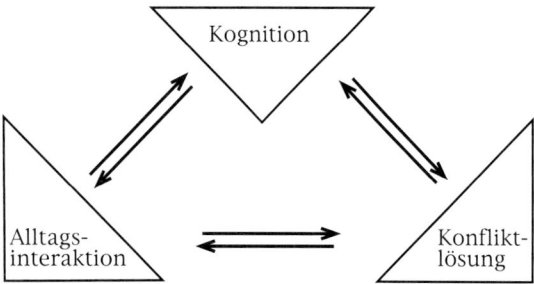

Abb. 1: Dreigespann von Alltagsinteraktion, Kognition und Konfliktlösung

Der strukturelle Kern einer Beziehung läßt sich als Dreigespann von Alltagsinteraktion, Kognition und Konfliktlösung darstellen, wobei die drei Elemente in einem wechselseitigen Zusammenhang stehen (s. Abb. 1). D.h., erlebt man im täglichen Miteinander viel an Zuwendung durch den Partner, so ist man seinerseits bereit, viel zu geben und dabei auch in Vorleistung zu gehen (reziproker Austausch in der Alltagsinteraktion).

Durch das hohe Ausmaß an Reziprozität wird der andere als grundsätzlich liebevoll und zugewandt erlebt, man schreibt ihm positive Eigenschaften zu. Enttäuschendes Verhalten wird eher extern attribuiert bzw. als Panne eingestuft (Kognition). Durch diese Gegebenheiten ist die Bereitschaft, Konflikte gutwillig zu lösen, sehr hoch (Konfliktlösung). Positive Zuschreibung und erfolgreiche Konfliktlösung halten wiederum das hohe Ausmaß an Reziprozität aufrecht.

Prävention: Beziehungspflege

Thurmaier, Engl und Hahlweg (1998) haben ein Programm entwickelt, in dem zufriedenen Paaren die beschriebenen theoretischen Zusammenhänge nahegebracht, die Bedeutung von aktiver Beziehungsgestaltung hervorgehoben und ihr Repertoire von entsprechend notwendigen Fertigkeiten erweitert wird. Paare, die an diesem EPL (Ehevorbereitung: ein partnerschaftliches Lernprogramm) teilgenommen haben, weisen fünf Jahre später gegenüber einer Kontrollgruppe eine deutlich höhere Stabilität der Beziehung auf. Bei den Teilnehmern des Präventionsprogramms ergab sich eine um die Hälfte geringere Scheidungshäufigkeit gegenüber den Paaren der Kontrollgruppe.

Schindler et al. (1998, S. 62) haben versucht, die Erfordernisse zum Erhalt einer guten Beziehung in "10 Geboten" der Beziehungspflege zusammenzufassen:
1. Gib von dir aus so oft wie möglich Zeichen der Anerkennung, Wertschätzung und Zuneigung. Ein Zuviel ist kaum möglich. (Liebe ist das einzige Gut, das mehr wird, wenn man es verschwendet.)
2. Pflege deine Initiative, sammle Ideen und gib Anregungen für Gemeinsamkeit, Unternehmungen und Zärtlichkeit. (Es gibt nichts Gutes, außer man tut es.)

3. Sorge dafür, daß dein Erleben für den Partner transparent wird. Dies betrifft dein alltägliches Befinden, dein Lebensgefühl, deine Lebensgeschichte und -perspektive. Nur wenn du dich mitteilst, kann der andere dich verstehen.

4. Äußere unerfüllte Bedürfnisse und Wünsche an die Beziehung, sobald du sie empfindest; nur so kann vermieden werden, daß sich Frust anhäuft. Jeder hat ein Recht auf seine Bedürfnisse (allerdings nicht auf deren Erfüllung !).

5. Bemühe dich um Lösungen, wenn gegensätzliche Wunschvorstellungen deutlich werden. Suche von dir aus das Gespräch, und beende es erst, wenn ihr eine pragmatische Absprache gefunden habt, die im Alltag umgesetzt werden kann.

6. Impfe dich gedanklich gegen Enttäuschungen. Auch der Traumpartner hat Stärken und Schwächen. Ihr bleibt zwei eigenständige Personen mit unterschiedlicher Lerngeschichte und unterschiedlicher Erlebnisweise. Krisen bedeuten nicht das Ende einer Beziehung. Mit einem anderen Partner würden sich diese Probleme bestimmt nicht ergeben - aber mit Sicherheit andere! (Es sind nicht die Dinge, die uns berühren, sondern die Gedanken, die wir uns dazu machen.)

7. Bekämpfe den Satz "Nicht ich schon wieder, jetzt ist erst der andere dran"! Dies ist der Beginn des Zwangsprozesses. Bedenke, daß du dich in manchen Dingen leichter tust, in anderen hingegen dein Partner. (Der Reichere kann mehr geben - Wo immer du feststellen mußt, der Reichere zu sein: dort gib!)

8. Brich ein Gespräch ab, wenn es zum Streit ausartet, denn dann ist das Erarbeiten einer Lösung unwahrscheinlich geworden. Vertage es und beginne es von dir aus neu, wenn die Voraussetzungen für ein konstruktives Gespräch wieder gegeben sind.

9. Berühre keinesfalls Tabus. Kein Paar schafft es, Streit völlig zu umgehen; jedoch ziele nie auf das "Lindenblatt" des anderen, und verbale Beleidigungen und Beschimpfungen müssen dabei genauso verboten sein wie körperliche Attacken.

10. Denke daran, eine enge Beziehung ist jederzeit neu formbar, wenn beide bereit sind, den eigenen Anteil zu verändern. - Willst du Veränderung: Dann beginne du damit!

VERSCHLECHTERUNG DER BEZIEHUNG

Erklärungsmodell

So unterschiedlich die konkreten Anlässe für eine aufkommende Unzufriedenheit beim einzelnen Paar sein können, so beinhalten sie letztlich alle angehäuften Enttäuschungen. Man vermißt beim anderen zunehmend Verhalten, das nach dem eigenen Beziehungskonzept essentiell wichtig ist.

Erinnert man sich an das Dreigespann von Alltagsinteraktion, Kognition und Konfliktlösung (s. Abb. 1), so kann jeder Eckpunkt des Dreiecks Ausgangspunkt einer Beziehungsverschlechterung werden. Die Alltagsinteraktion eines Paares unterliegt der Gefahr, daß sich beide an das Positive gewöhnen (Verstärker-Erosion) oder daß durch fehlende Initiative Langeweile eintritt. Die Kognitionen können sich ändern, weil sich gravierende persönliche Unterschiede herausstellen bzw. einschneidende Erlebnisse gemacht werden, die als "do-not" im eigenen Beziehungskonzept gelten. Die Konfliktlösung kann sich zum Destruktiven verändern, wenn sich plötzlich Konfliktstoff anhäuft. So wie sich im positiven Fall belohnende Alltagsinteraktion, positive Zuschreibungen und konstruktive Konfliktlösung gegenseitig stärken, kann, ausgehend von einem Eckpunkt, eine zunehmend negative Wechselwirkung entstehen.

Erreichen die erlebten Enttäuschungen eine kritische Masse, so fällt die persönliche Bilanz für den einzelnen Partner negativ aus; d.h., der positive Austausch wird zusammenbrechen, weil keiner mehr bereit ist, die nötige Vorleistung zu erbringen. Oft stellt sich zudem der subjektive Eindruck ein, der andere würde einem bewußt etwas vorenthalten. Dies kann sich auch in lange Zeit zufriedenstellenden Beziehungen ereignen; entweder weil ein oder beide Partner tiefgreifende persönliche Entwicklungen vollziehen, oder weil bei bestimmten einschneidenden Ereignissen plötzlich gravierende Diskrepanzen zwischen den beiden Beziehungskonzepten deutlich werden. Sehr häufig tritt dies z.B. bei der Geburt des ersten Kindes auf, wenn plötzlich neue Rollenerwartungen (Mutter bzw. Vater) an den Partner gestellt werden.

Konflikte sind ein natürlicher Bestandteil jeder Partnerschaft. Das Aufeinandertreffen unterschiedlicher Gewohnheiten, Bedürfnisse oder Ziele wird immer von beiden Partnern eine ständige Anpassung und ein konstruktives gemeinsames Problemlöseverhalten erfordern. Dies fällt jedoch umso schwerer, je häufiger und je tiefgreifender die Konflikte sind - es stellt sich Ungeduld ein. Je größer die Frustration, desto größer wird die Versuchung, den anderen durch aversive Maßnahmen zur Verhaltensänderung zu bringen, d.h., man setzt Bestrafung ein. Das bedeutet, man läßt auf unerwünschtes Verhalten des anderen negative Konsequenzen folgen. Bestrafung funktioniert deshalb, weil der andere künftig lieber sein Verhalten unterdrückt, als daß er die aversiven Reize in Kauf nimmt.

Bestrafung ist mit unangenehmen Gefühlen verbunden, und somit wird sich der Partner immer häufiger herausgefordert fühlen. Er wird aggressiv reagieren und seinerseits versuchen, durch aversive Reize das Verhalten des anderen zu verändern. D.h., wenn der eine anfängt zu nörgeln, fängt der andere z.B. an zu schreien, um ihn zum Schweigen zu bringen. Sein Schreien ist nichts anderes als gleichfalls Bestrafung. Er spürt Bestrafung und reagiert seinerseits mit Bestrafung.

Im Rahmen dieser Entwicklung werden sich die Verhaltensmuster beider Partner allmählich ändern. Beide reagieren immer häufiger mit aversiven Maßnahmen in Situationen, in denen sie unzufrieden sind. Jeder versucht, den anderen durch bestrafendes Verhalten zum Einlenken zu bringen. Sie schaukeln sich gegenseitig hoch. Ein solcher Teufelskreis von gegenseitigen Strafaktionen wird als "Zwangsprozeß" bezeichnet. Im Zuge dieses Prozesses werden sich beide Partner in der Häufigkeit und in der Intensität des aversiven Verhaltens gegenseitig steigern. Denn um auf diese Weise eine Verhaltensänderung herbeizuführen, müssen immer stärkere aversive Reize eingesetzt werden.

Die Häufigkeit steigt deswegen an, weil auf dem Wege gegenseitiger Bestrafung Konflikte kaum mehr befriedigend gelöst werden. Vielmehr wird lediglich das Verhalten eines Partners kurzfristig unterdrückt oder erzwungen. Es kommt keine dauerhafte Änderung zustande, und die Konflikte werden immer wieder aufbrechen und zu solchen Auseinandersetzungen führen. In der Intensität werden sich beide gegenseitig steigern, da bei Auseinandersetzungen dieser Art jeder bemüht ist, den anderen zum Einlenken zu zwingen. Bei den Machtkämpfen versucht jeder, immer stärkere aversive Reize einzusetzen, um zu gewinnen. Das führt dazu, daß beide Zuwendung entziehen, sticheln, sich anschreien, Sachen werfen oder es im Extremfall zu körperlichen Übergriffen kommt.

Im Verlauf des Zwangsprozesses wird zudem der Austausch von positiven Verstärkern immer geringer. Die Beziehung lebt nicht mehr von gegenseitiger Bestätigung, sondern ist dadurch gekenn-zeichnet, daß jeder versucht, Bestrafung durch den anderen zu vermeiden. Die Folge ist, daß man den anderen in „einem neuen Licht" sieht, d.h., man meint plötzlich seine wahren negativen Eigen-schaften entdeckt zu haben. So jemanden ver-wöhnt man dann nicht mehr und sorgt sich auch nicht um ihn. Bei Konflikten und Entscheidungen muß man sich vorsehen und sich für die Durch-setzung der eigenen Interessen wappnen. Die At-mosphäre in der Beziehung ist gespannt bis feind-selig geworden, Nähe und Geborgenheit sind ver-lorengegangen. Entsprechend wird auch das Be-dürfnis nach körperlicher Nähe schwinden. Gerät die Beziehung in eine längere Krise, so liegt bei den meisten Paaren die Sexualität darnieder.

Somit ist eine unglückliche Beziehung gekenn-zeichnet durch:
• eine geringe Rate an positivem Austausch
• ein hohes Ausmaß an aversivem Verhalten
• gegenseitige negative Zuschreibungen und Vorhersagen
• geringe erfolgreiche Konfliktlösung
• abnehmende Attraktion, Zärtlichkeit und Sexualität
• zunehmende Vermeidung des anderen

Trotz des aversiven Charakters, den die Beziehung bekommen hat, fühlen sich die Partner in der Re-gel dennoch stark aneinander gebunden. Die ge-meinsamen Erlebnisse und Erinnerungen an gute Zeiten bleiben zunächst bestehen. Je länger die Be-ziehung dauert, desto enger wird die Bindung sein. Der andere ist zu einem Teil der eigenen Lebens-geschichte und damit auch des Selbstbildes gewor-den, von dem man sich nur schwer trennt. Dies wird von den Paaren häufig mit dem Satz beschrie-ben: "Es geht nicht miteinander, und es geht nicht ohne einander." Aus diesem Konflikt entsteht die Motivation, sich therapeutische Hilfe zu holen.

Da eine Ehe heute leicht fünf Jahrzehnte dauern kann, wird es kaum eine Beziehung geben, die nicht mindestens einmal in eine solche "schlech-te Phase" kommt. Therapeutische Unterstützung wird dann gesucht, wenn mindestens einem Part-ner die Phase zu lange dauert, bzw. wenn sich sub-jektiv der Eindruck einstellt, daß die eigenen Hilfs-mittel für eine Veränderung der Beziehung nicht mehr ausreichen.

Intervention

In den letzten beiden Jahrzehnten sind innerhalb der Verhaltenstherapie sehr effektive Inter-ventionsmethoden entwickelt worden, mit denen Paaren in der Krise geholfen werden kann. Im fol-genden soll ein Überblick über die einzelnen Therapiekomponenten gegeben werden. Wobei die hier beschriebenen Interventionsmaßnahmen mit unterschiedlichem Inhalt und Gewichtung auch bei den im weiteren behandelten Problemlagen zum Einsatz kommen.

Es sollen an dieser Stelle die Interventionsprin-zipen und ihre theoretische Fundierung behan-delt werden. Eine detaillierte Beschreibung der therapeutischen Maßnahmen und ihre Umsetzung in die Praxis ist bei Schindler et al. (1998) zu fin-den. Dort wird auch ein standardisiertes Vorge-hen (das sog. Reziprozitätstraining) in Manualform beschrieben, das sich v.a. für den Einstieg in die Paarbehandlung bewährt hat.

Die therapeutische Intervention setzt an der be-stehenden Bindung und den damit verknüpften Ressourcen an. Es soll dem Paar dazu verholfen werden, die Beziehung auf dieser Grundlage der-art neu zu gestalten, daß sich wieder Zufrieden-heit einstellt. Die Maßnahmen umfassen im ein-zelnen:

- Diagnostik
- den Aufbau positiver Reziprozität
- die (Wieder-)Herstellung offener Kommunikation
- das Training in konstruktiver Problemlösung
- die konstruktive Veränderung von Wahrnehmung und Kognition
- die (Wieder-)Belebung von Attraktion, Zärtlichkeit und Sexualität.

Gegenstand der Therapie ist demzufolge die aktuelle Beziehungsgestaltung. Die Qualität der Beziehung soll zum Positiven verändert werden, indem aktuell neues Verhalten entwickelt wird.

Diagnostik
Um eine gezielte Behandlung planen zu können, ist eine genaue Bestandsaufnahme der aktuellen Situation, der gemeinsamen Geschichte des Paares, aber auch der Biographie und des Beziehungskonzeptes des einzelnen Partners unerläßlich. Als Leitfaden für die Erhebung von momentaner Situation und Ehegeschichte kann das strukturierte Interview PIB (Paar-Interview zur Beziehungsgeschichte) von Gottman & Krokoff (1985) dienen (dt. Übersetzung in Schindler et al. 1998). Individuelle Lebensgeschichte und Beziehungskonzept lassen sich leichter in Einzelgesprächen erheben. Als Instrumente zur Evaluierung der Behandlung haben sich die "Fragebogen zur Partnerschaftsdiagnostik" (FPD; Hahlweg 1996) bewährt.

Steigerung der positiven Reziprozität
Als Ergebnis des Zwangsprozesses ist der positive Austausch des Paares reduziert, bzw. Zeichen von Wertschätzung werden nicht mehr registriert. Ein wesentlicher Bestandteil der Behandlung ist daher die Verlagerung des Wahrnehmungsfokus von den Negativa zu den Positiva des Zusammenlebens. In der Folge wird dann der positive Austausch schrittweise gefördert.

Dabei wird an den vorhandenen Ressourcen angeknüpft. Jedes Paar, das noch Interesse an einem Zusammenleben hat, verfügt über einen Rest an positivem Austausch. Die Wahrnehmung beider Partner muß bezüglich dieser noch vorhandenen belohnenden Aspekte der Beziehung sensibilisiert werden. Dies geschieht durch Übungen in der Sitzung sowie entsprechende Hausaufgaben. Eine weitere Ressource jeden Paares sind schöne Erinnerungen oder Schlüsselerlebnisse in der gemeinsamen Geschichte. Werden diese Erlebnisse in Erinnerung gerufen, können die Gefühle der Verbundenheit aktiviert werden.

Zur weiteren Steigerung der positiven Reziprozität dienen die sog. Verwöhnungstage. Dabei werden die Partner dahingehend instruiert, an einem Tag in der Woche dem anderen alle zur Verfügung stehenden "Verwöhner" zu zeigen, und zwar unabhängig davon, wie der andere Partner sich verhält. Jeder Partner wählt dazu einen Tag oder Abend aus, an dem er den anderen verwöhnen will, d.h., ihm besondere Zuneigung und Aufmerksamkeit entgegenbringen möchte. Jeweils zu Beginn jeder Sitzung berichten die Partner dann über die wahrgenommenen Verwöhner und deren Auswirkung auf Gefühl und Stimmung. Ziel ist selbstredend eine Generalisierung auf sieben Tage in der Woche.

Die Steigerung des Austauschs positiver Verhaltensweisen mit Hilfe von Verwöhnungstagen ist in der Regel sehr erfolgreich. Allerdings gibt es auch einige Klienten, denen diese Aufgaben zu mühsam sind oder die Verhaltensweisen ihrer Partner als nicht verstärkend empfinden; hier ist eine weitergehende Vorbereitung des Paares während der Sitzung erforderlich. Auch kann es einzelnen Partnern schwerfallen, Verwöhnung zu genießen. In solchen Fällen sind Maßnahmen zum Genußtraining möglich (Lutz 1993).

Neben dem Mangel an gegenseitiger Zuwendung klagen viele Paare über eine unzureichende Gestaltung der Freizeit - sei es alleine oder gemeinsam. Das Verhältnis von Gemeinsamkeit und Eigenständigkeit beider Partner muß jedes Paar für sich finden und kann vom Therapeuten nicht vorgegeben werden. Jedoch lassen die beiden Extreme von totaler Gemeinsamkeit und absoluter Eigenständigkeit beider Partner auf Dauer Unzufriedenheit entstehen. Jedes Paar muß die für sich ideale Schnittmenge erarbeiten.

Positive und negative Interaktionsmuster in einer Beziehung sind getrennt voneinander zu beeinflussen. Für die Therapie bedeutet dies, daß der positive Umgang der Partner miteinander ausgebaut werden kann, obwohl noch Streit und Eskalation stattfinden. Die systematische Steigerung der positiven Reziprozität wird daher in der Regel an den Beginn der Behandlung gestellt. Denn gelingt es, einen positiven Austausch aufzubauen, so wird die Zuversicht gefördert, und die Partner sind besser motiviert, sich anschließend mit der eher schwierigen Konfliktlösung zu beschäftigen.

Im Rahmen des Zwangsprozesses leidet meist auch die sexuelle Anziehung zwischen den Partnern. Wird das Zusammenleben in der Beziehung als zunehmend aversiv erlebt, so führt dies häufig dazu, daß die Sexualität über längere Zeit völlig brachliegt. Gelingt im Verlauf der Therapie die Steigerung der positiven Reziprozität, können sich Zärtlichkeit und erotische Atmosphäre wieder von selbst einstellen. Je länger dieser Bereich der Beziehung jedoch nicht mehr gelebt wurde, desto größer wird die Hemmschwelle bei einem oder beiden Partnern. In diesem Fall sind therapeutische Maßnahmen zur weiteren Förderung von Zärtlichkeit und Sexualität erforderlich. Dies sind dann Interventionen, wie sie auch bei sexuellen Funktionsstörungen eingesetzt werden (Arentewicz & Schmidt 1986; Kockott 1996; Zimmer 1985). Ein solches systematisches Vorgehen sollte eher an das Ende der Behandlung gelegt werden, wenn sich die Beziehung in den anderen Bereichen des Zusammenlebens bereits verbessert hat.

Training in Kommunikationsfertigkeiten
Dem Training in kommunikativen Fertigkeiten kommt zentrale Bedeutung zu, da sie die Basis bilden für gelungene Gespräche über das alltägliche Erleben und somit eine entscheidende Bedingung für Vertrautheit und Nähe darstellen. Dementsprechend ist eine befriedigende Kommunikation auch Voraussetzung für den generellen positiven reziproken Austausch im Zusammenleben.

Offene Kommunikation bedeutet, daß beide Partner bereit und in der Lage sind, über sich selbst zu sprechen, und daß sie versuchen, dem anderen ihre positiven und negativen Empfindungen und Überlegungen möglichst eindeutig mitzuteilen. Eine solche konstruktive Form von Kommunikation ist nicht nur die Basis für eine gute affektive Beziehung, sondern auch die Grundlage für effektives Problemlösen.

Um Störungen im Kommunikationsprozeß zu beheben, wurden konkrete Fertigkeiten erarbeitet und untersucht, die auf die Annahmen der Kommunikationstheorie (Watzlawick et al. 1969), der Systemtheorie (Steinglass 1978) und vor allem der Gesprächspsychotherapie (Rogers 1951; Guerney 1977) zurückgehen. Dabei wird postuliert, daß aversive Äußerungen (z.B. Vorwürfe, Anklagen) der indirekte Ausdruck von Gefühlen sind. Man verspricht sich deshalb eine Verbesserung der Beziehung, wenn beide Partner in den wesentlichen Variablen, also im Gebrauch direkter Gefühlsäußerungen und emphatischen Eingehens, trainiert werden.

Im Kommunikationstraining werden den Partnern Sprecher- und Zuhörerregeln vermittelt, die auf folgenden Überlegungen beruhen: Die Form, in der der Sprecher etwas ausdrückt, bestimmt, ob der Zuhörer den Inhalt erfassen kann, den der Sprecher ihm vermitteln möchte (Inhaltsaspekt). Äußert der Sprecher z. B. einen Vorwurf, wird der Zuhörer sich wahrscheinlich rechtfertigen oder seinerseits mit einem Gegenvorwurf reagieren. Spricht er dagegen von sich und von seinen Empfindungen, ermöglicht er es dem Zuhörer, positiv darauf einzugehen. Die Form der Mitteilung hat somit auch einen Steuerungsaspekt, d.h., sie bestimmt, wie der Partner reagieren wird. Regeln der Sprecherrolle sind:

- Ich-Gebrauch (von den eigenen Gefühlen und Wünschen sprechen)
- Gefühle sollen direkt benannt werden
- konkrete Situationen ansprechen (keine Verallgemeinerungen wie "nie", "immer" u.ä.)
- konkretes Verhalten ansprechen (keine Zuschreibung von negativen Eigenschaften)
- beim Thema bleiben (von „hier" und „jetzt" sprechen)

Genauso wichtig wie die direkte Mitteilung ist die Reaktion auf seiten des Zuhörers. Bei einem offenen Gespräch müssen sich direkte Äußerungen und positives Eingehen ergänzen, sonst besteht die Gefahr, daß beide Partner nur wechselseitig Aussagen gegenüberstellen und keiner dem anderen zuhört. Solche Fehler lassen sich vermeiden, wenn folgende Zuhörerregeln eingehalten werden:

- aufnehmendes Zuhören (dem anderen nonverbal zeigen, daß man zuhört; Blickkontakt halten, sich zuwenden)
- Paraphrasieren (die Äußerungen des Partners zusammenfassen und rückmelden)

- offene Fragen stellen
- positive Rückmeldung

Die Kommunikationsfertigkeiten und -regeln werden mit den Partnern in gestufter Form trainiert unter Heranziehung zuerst einfacher, konfliktfreier Übungen. Die Fertigkeiten werden mit Hilfe der einschlägig relevanten verhaltenstherapeutischen Techniken vermittelt (Rollenspiel, sukzessive Annäherung, Coaching und Shaping, Einsatz des Therapeuten als Modell).

Problemlösetraining

Das Training in Konfliktlösung setzt die offene Form von Kommunikation voraus. Mit Hilfe der erlernten kommunikativen Fertigkeiten sollten die Partner bei der Aussprache über einen Konflikt in der Lage sein, offen und direkt ihre gegenseitigen Wünsche und Bedürfnisse äußern und rückmelden zu können. Damit sind die Voraussetzungen für den Einsatz spezifischer Problemlösestrategien gegeben. Der Prozeß des Problemlösens wird dabei in eine Serie aufeinander aufbauender Schritte zerlegt, die im Training sukzessiv und bei Bedarf rekursiv anhand der aktuellen Konfliktbereiche des Paares durchgearbeitet werden (Kaiser & Hahlweg 1996).

Für ein effektives Training in Problemlösung ist es notwendig, dem Paar eine klare Struktur an die Hand zu geben. Das folgende sechs Schritte umfassende Konfliktgespräch liefert einen solchen "roten Faden":
1. Problem- und Zieldefinition
2. Entwicklung von Lösungsmöglichkeiten
3. Bewertung von Lösungsmöglichkeiten
4. Entscheidung über die besten Lösungsschritte
5. Planung der Umsetzung
6. Bewertung der Lösungsversuche

Ebenso wie bei der Einübung der Kommunikationsfertigkeiten wird auch beim Problemlösen in kleinen Schritten vorgegangen, d.h., das Training erfolgt zuerst anhand von kleineren Konflikten, nach und nach werden dann schwierigere in Angriff genommen. Während des Trainings kommen wiederum die üblichen therapeutischen Techniken wie Modeling, Rollenspiel, Coaching und positive Rückmeldung zum Einsatz.

Die Themen für die Konfliktgespräche, welche die Partner bis zum Therapieende führen, wurden in der Diagnostik-Phase erarbeitet. Nach Schwierigkeit oder Brisanz werden sie in eine Hierarchie gebracht. Das erste Konfliktgespräch wird über ein Thema geführt, das für beide von untergeordneter Bedeutung ist und deshalb mit großer Wahrscheinlichkeit erfolgreich abgeschlossen werden kann. Im Verlauf der Therapie werden dann nacheinander die noch ausstehenden Probleme angegangen. Darüber hinaus sollen die Partner sukzessive auch zu Hause üben und so eigenständig Problemlösekompetenzen erwerben. Beim Training in Problemlösung wird versucht, die Diskrepanzen zwischen den Partnern abzubauen, die zur Verschlechterung der Beziehung geführt haben. Durch die Bearbeitung der Konfliktbereiche werden Kompromisse bzw. Toleranzspielräume geschaffen und damit Streitauslöser systematisch abgebaut.

Kognitive Interventionen
Alltagsinteraktion, Konfliktlösung und Kognition bedingen sich gegenseitig. Durch neue Erfahrungen werden Kognitionen verändert, und durch die Kognition werden die Handlungen gesteuert. Demzufolge sind die kognitiven Strukturen ein zentraler Zielbereich.

Die Partner interpretieren Handlungen des anderen entsprechend ihrem individuellen Beziehungs-

konzept und der gemeinsamen Lerngeschichte. Die Interpretation wiederum führt zu bestimmten Sichtweisen und Zuschreibungen an den Partner. Dies zusammen beeinflußt die Vorhersage für das konkrete Verhalten des anderen in einer bestimmten Situation - und damit die eigene Handlung (s. Schindler et al. 1998).

Die entsprechenden Maßnahmen zur Modifikation von Annahmen, Zuschreibungen und Vorhersagen können hier nur kurz umrissen werden (zum weiteren Überblick s. Baucom & Epstein 1990; Revenstorf 1999; Schröder & Hahlweg 1994):

Annahmen
Annahmen beziehen sich darauf, wie Partnerschaft zu sein hat. Zunächst muß wertfrei festgehalten werden, daß jeder Mensch ein Recht auf seine persönlichen Bedürfnisse und Erfordernisse hat. Es wurden jedoch einige Annahmen und Erwartungen identifiziert, die eine geringe Wahrscheinlichkeit aufweisen, vom anderen erfüllt zu werden. Diese Annahmen wurden als irrational bezeichnet und sind bei unzufriedenen Paaren häufig festzustellen (z.B. "der andere muß mich lieben, egal wie ich mich verhalte"). Solche Annahmen sind unrealistisch, weil sie schwer bis gar nicht zu erfüllen sind. Nicht erfüllbar bedeutet aber, daß sie eine ständige Quelle der Enttäuschung darstellen.

Ziel der Intervention ist es, die Grundannahmen der beiden Partner transparent werden zu lassen und Toleranz bei Diskrepanzen zu erhöhen; aber auch, die Grundannahmen kritisch zu hinterfragen und zu modifizieren.

Eine Modifikation von Grundannahmen kann bereits dadurch einsetzen, daß sie mit Hilfe des Therapeuten identifiziert und vom Klienten verbalisiert werden (Beck et al. 1996). Dies ist damit zu erklären, daß Annahmen als nicht mehr hinterfragter Wirkfaktor agieren. Die Herausarbeitung läßt dann bereits die Unangemessenheit bewußt werden. Für eine weiterführende Modifikation von dysfunktionalen Einstellungen dient der sokratische Dialog (Beck et al. 1996). Eine zusätzliche Vorgehensweise stellt die logische Analyse dar, die von Epstein (1982) beschrieben wird. Zuerst wird die Einstellung deutlich herausgearbeitet und dann der Klient gebeten, alles Positive und Negative dieser Erwartung aufzuführen.

Zuschreibungen
Die Partner in unglücklichen Beziehungen tendieren dazu, dem Partner negative Absichten und Eigenschaften zu unterstellen. Was früher als Panne eingestuft wurde, wird jetzt als Anzeichen von Egoismus oder Mangel an Liebe interpretiert. D.h., dem Partner werden negative Persönlichkeitseigenschaften zugesprochen, die seinem Verhalten zugrunde liegen. Entsprechend wird für negative Ereignisse der Partner, für positive nur man selbst oder externe Gründe verantwortlich gemacht. Solche Interpretationen führen zu eigenem Rückzug oder Absicherung und vermindern die Bereitschaft zu konstruktiven Handlungen.

Ziel ist es, den einzelnen Partner dahin zu führen, daß er die automatisch angenommene Zuverlässigkeit seiner Interpretation in Frage stellt. Zum Abbau von ungünstigen Attributionen dient die Technik der rationalen Umstrukturierung. Diese Umattribuierung (z.B. bei "negativem Gedankenlesen") kommt in Selbstkommentaren zum Ausdruck, die eine neue Sichtweise beinhalten. Revenstorf (1993, S. 155f) beschreibt eine Reihe von Strategien, die hierbei einsetzbar sind.

Vorhersagen
Aufgrund von Annahmen und Zuschreibungen werden Vorhersagen über das zu erwartende Verhalten des anderen getroffen, die wiederum das eigene Verhalten bestimmen. Vorhersagen, die den anderen auf negative Reaktionen festschreiben, verhindern jede eigene Verhaltensänderung und vermitteln das subjektive Gefühl von Hilflosigkeit (z.B. "wenn ich ihn um einen Gefallen bitte, wird er sowieso nein sagen").

Negative Vorhersagen müssen durch eine Experimentierhaltung ersetzt werden ("Ich gebe ihm jetzt eine Chance").
Dies kann durch das Training von konstruktiven Selbstinstruktionen (Meichenbaum 1979) gefördert werden.
Veränderungen in den kognitiven Strukturen werden sich auf lange Sicht selbstverständlich nur dann etablieren, wenn tatsächlich konstruktives Verhalten des Partners erlebt wird.

Es hat sich als günstig erwiesen, den Einsatz von kognitiven Interventionen in Einzelsitzungen mit den Partnern getrennt vorzunehmen.

In Fällen, in denen der Partner nicht zur Therapie bereit ist, läßt sich dieses Behandlungskonzept auch mit einem Partner alleine durchführen. Gelingen dem Patienten eigene Verhaltensänderungen in der häuslichen Umgebung, so wird der Partner auch seinen Anteil verändern.

Therapeutenrolle
Der Therapeut muß Struktur bieten, weitaus mehr als in der Einzeltherapie. Läßt er die Partner gewähren (z.B. um aus diagnostischen Gründen die Interaktion zu beobachten), so wird das Paar relativ schnell das Streitverhalten entwickeln, das es in der häuslichen Umgebung zeigt. Die Etablierung von neuen Interaktionsmustern wird dann zunehmend schwierig.
Der Therapeut muß sich vor jeglicher Koalitionsbildung hüten. Die Gefahren lauern z.B. darin, daß man sich die subjektiven Berichte eines Partners

unhinterfragt zu eigen macht. Aber auch in der Identifizierung mit dem gleichgeschlechtlichen Klienten bzw. mit dem Klienten, dessen Wertvorstellungen den eigenen ähnlicher sind.

Der Therapeut darf nicht zum Schiedsrichter werden, sondern soll dem Paar dabei helfen, eigene Lösungen zu finden. D.h., er darf so gut wie nicht inhaltlich Stellung nehmen. Er darf nur dort raten, wo er theoretisches Wissen und empirische Daten als Basis hat (z.B. konstruktives vs. destruktives Verhalten). Er kann bei der Ideensammlung helfen und auf mögliche Risiken aufmerksam machen, die inhaltliche Entscheidung muß das Paar selbst treffen.

TRENNUNGSTENDENZEN

Erklärungsmodell

Um eine Beziehungskrise zu beenden, ist zumindest die Bereitschaft eines Partners notwendig, um mit positiven Beiträgen in Alltagsinteraktion und Konfliktlösung in Vorleistung zu gehen. Dies erfordert jedoch einen "heldenhaften" Schritt der Selbstkontrolle, da kurzfristig nicht mit Erfolg in Form von Änderung des anderen gerechnet werden kann. Reziprozität benötigt zumindest einige Tage Anlaufzeit und kommt nur in Gang, wenn einer systematisch und konsequent in Vorleistung geht. Diesem Akt der Selbstkontrolle stehen die negative Vorhersage des Partnerverhaltens sowie die eigenen negativen Gefühle entgegen.

Gelingt ein solcher Selbstkontrollschritt nicht und lassen sich beide weiter von der Einstellung leiten: "Ich mache nichts, jetzt ist erst der andere dran", dann wird der Zwangsprozeß weiter fortschreiten. Beide Partner steigern sich gegenseitig in der Häufigkeit und der Intensität von aversiven Maßnahmen.

Zunehmende Unzufriedenheit und Streit führen zu Trennungstendenzen. Die Gefahr einer Auflösung der Beziehung führt ihrerseits zu einer weiteren Verschärfung der emotionalen Befindlichkeit und schürt so die weitere Eskalation. Dieser Aufschaukelungsprozeß in der weiteren Beziehungsverschlechterung ist gekennzeichnet durch das Auftreten der sog. vier apokalyptischen Reiter (Gottman 1994):

- Kritik (typische "Du"-Sätze)
- Verachtung (persönliche Abwertung)
- Abwehr (rechtfertigen, Gegenkritik)
- Abblocken (versteinern, schweigen, "dichtmachen", "gegen eine Wand reden")

Die vier apokalyptischen Reiter führen zu immer schnelleren und heftigeren Eskalationen. Beide Partner müssen zu immer stärkeren aversiven Mitteln greifen, so kommt es zu persönlichen Beleidigungen, Trennungsandrohungen oder körperlichen Übergriffen.

Solche Angriffe und Herabsetzungen sind in der Regel nur verzweifelte Hilferufe, mit denen man dem anderen die Dringlichkeit seines eigenen Anliegens zeigen will. Sie bewirken fatalerweise aber genau das Gegenteil, weil der andere sie als Strafaktionen erlebt und sich herabgesetzt fühlt. So ist dieser mit seinen Verletzungen beschäftigt und kann deshalb die eigentliche Botschaft nicht erkennen.

In der Folge werden die Attributionsprozesse immer negativer und stabiler. Positives Verhalten des Partners wird external attribuiert ("Er schenkt mir nur deshalb etwas zum Geburtstag, weil es sich so gehört"), negatives Verhalten internal ("Er geht zum Sport, weil er mich ärgern will").

Wenn sich schließlich genügend an Verletzung, Wut und Hilflosigkeit eingestellt hat, kommt man in Versuchung, die gemeinsame Geschichte zu überdenken und umzuschreiben ("So gut kann das ja alles nicht gewesen sein"; „Die Anzeichen hätte ich ja schon damals sehen müssen"). Damit aber werden schließlich auch noch die letzten Ressourcen der Beziehung zerstört. Dies führt zu weiterer Distanzierung der Partner. Man geht dem anderen zunehmend aus dem Weg, entwickelt mehr Eigenständigkeit und sucht mehr und mehr Bestätigung außerhalb der Partnerschaft. Z.B. arbeitet man länger oder trifft sich öfter mit eigenen Freunden; oder es wird die Bereitschaft steigen, eine außereheliche Beziehung einzugehen. Man erwägt die Trennung ("Soll ich bleiben, soll ich gehen?").

Häufig erfolgen die ersten Trennungsandrohungen im Rahmen des Zwangsprozesses. D.h., ein Partner droht mit der Auflösung der Beziehung, um den anderen endlich zum Einlenken zu bewegen, ohne daß zunächst eine ernsthafte Absicht dahintersteht. Da wiederholte Drohungen Inflationscharakter haben, gerät in der Folge einer oder beide unter Zugzwang und meint, konkrete Maßnahmen ergreifen zu müssen.

Es kann sich aber auch um einen innerlichen, zunächst verdeckten Prozeß bei einem oder beiden Partnern handeln. Zunehmende Entfremdung und aversive Erlebnisse bewirken, daß man die Beziehung immer mehr in Frage stellt und Trennung zur echten Alternative wird. Konkretisiert sich die Trennungsabsicht eines Partners, bzw. droht der erste tatsächliche Trennungsschritt, so stellt sich meist die typische Rollenverteilung von Initiator und Verlassenen ein (Vaughan 1986). D.h., selbst wenn beide Partner vorher eine Trennung erwogen haben, versucht der Passive jetzt gegenzusteuern und die Beziehung zu erhalten - er klammert. Dieses Klammern allerdings verringert zusätzlich seine Attraktivität und drängt den Aktiven zu weiteren Ablösungsschritten, weil dieser ja mehr Distanz möchte.

Die Rollenverteilung kann sich auch umkehren, wenn der ursprünglich Passive den anderen im Trennungsprozeß quasi rechts überholt, z.B. indem er sich Rechtsberatung einholt, eine eigene Wohnung zu suchen beginnt oder eine andere Beziehung eingeht. Paradoxerweise: Je konkreter die Trennungsabsichten werden, desto mehr wird die Bindung spürbar, und zwar für beide Partner. Im Sinne eines Annäherungs-Vermeidungs-Konfliktes leben beide Partner zwischen Hoffen ("vielleicht wird ja alles wieder gut") und Bangen ("es hat einfach keinen Sinn mehr, ich muß mich trennen"). Dies bedeutet für beide eine emotionale Berg- und Talfahrt. Wenn an einem Tag liebevolle Gesten des anderen erkennbar werden, führt dies zu Erleichterung und Hoffnung. Wenn am nächsten Tag wieder Streit und Kränkung vorherrschen, machen sich wieder Trennungsgedanken breit. Dabei handelt es sich um einen Kipp-Prozeß, d.h., der einzelne Partner fällt abrupt vom Zustand des Wohlfühlens in den Zustand des Leidens und umgekehrt. Fatalerweise geschieht dies in der Regel nicht synchron, d.h., spürt der eine den Impuls zur Annäherung, befindet sich der andere gerade in einer Phase der Abwendung. Die dadurch wiederholt erlebte Zurückweisung schürt die Resignation und die Fluchtgedanken.

Intervention: Trennungstendenzen

Es ist nicht Ziel der Intervention, dem Paar die Entscheidung über Zusammenleben vs. Trennung abzunehmen. Man kann nicht oft genug betonen, daß eine solche Stellungnahme des Therapeuten eine krasse Kompetenzüberschreitung ist und als Kunstfehler eingestuft werden muß. Ziel muß vielmehr sein, den Partnern eine Hilfe bei der Entscheidungsfindung zu bieten.

Für einen solchen Entscheidungsprozeß sind neue Erfahrungen erforderlich. D.h., das Paar muß sich einen – in der Regel fest vereinbarten – Zeitraum geben, in dem es alles unternimmt, um eine Verbesserung der Beziehung zu versuchen. Gelingt dies, so wird sich der Wunsch nach einem weiteren Zusammenleben einstellen. Gelingt dies in diesem Zeitraum nicht, so kann dies eine Entscheidungshilfe für einen oder beide Partner in Richtung einer Trennung sein (allerdings ist dies auch noch nicht der Beweis für die Notwendigkeit einer Trennung).

Zur Motivierung der Partner lassen sich die beiden folgenden Argumente anführen:

- Es besteht die Gefahr, daß man aufgrund der aufgewühlten Gefühlslage übereilte Trennungsschritte unternimmt, daher ist es wichtig sich Zeit zu geben.
- Kommt es zur Trennung, ist es von großer Bedeutung, sich sagen zu können, ich habe vorher alles versucht.

Das Therapie-Rational entspricht dem Vorgehen beim "Reziprozitätstraining" (Schindler et al. 1998), wie es im vorigen Abschnitt geschildert worden ist. In gemeinsamen Sitzungen werden die folgenden Therapiekomponenten eingeführt:

- Steigerung der Reziprozität
- Kommunikationstraining
- Konfliktlösung
- Modifikation von kognitiven Strukturen

Als ergänzende Maßnahme kann es bei sehr zerstrittenen Paaren hilfreich sein, im Rahmen des Konfliktlösetrainings ein Vertragsmanagement einzuführen. D.h., die erarbeiteten Lösungen werden schriftlich festgehalten und mit freiwillig gewählten negativen Sanktionen bei Nichterfüllung versehen.

Neben den gemeinsamen Sitzungen empfiehlt es sich, bei Paaren mit Trennungstendenzen zusätzlich Einzelsitzungen vorzunehmen. Dies ist hilfreich, um kognitive Interventionen einzusetzen. Die Zielbereiche sind je nach Problemlage und Rolle verschieden.

Der Aktive:

- Information über Trennungsprozeß und Folgen
- Zwei-Spalten-Technik, um abzuwägen
- "Time projection", um Konsequenzen zu realisieren

Der Passive:

- Information über Entscheidungskonflikt des anderen
- Information über Distanz und Attraktion
- Entwicklung von Eigenständigkeit

Die therapeutische Hilfe wird dann ihre Grenzen finden, wenn beide Partner zu viele diskrepante Bedürfnisse entwickelt haben und damit ein zufriedenstellendes Zusammenleben für einen oder beide Partner nicht mehr möglich ist. Auch dies ist jedoch für die Partner nur dadurch feststellbar, daß sie zunächst versuchen, die Beziehung wieder zu verbessern.

Therapeutenrolle
Der Therapeut darf die Entscheidung über Zusammenbleiben oder Trennen nicht fällen. Unabhängig von einer eventuellen intuitiven eigenen Prognose muß er Wertfreiheit und Geduld aufbringen. Die Gefahr der Ungeduld liegt z.B. in der Situation mit einem Klienten, der depressiv klammert. Die Gefahr der Wertung, wenn ein Partner eine neue Beziehung eingeht.

Trennung

Phänomene und Erklärung

Die Scheidungszahlen steigen. Jede zweite Ehe wird geschieden, Trennungen ohne juristische Scheidung sind darin noch nicht einmal enthalten. Dies ist die gesellschaftliche Realität. Prozentual werden die meisten Scheidungen in den ersten fünf Jahren eingereicht. Erstaunlich bei einem Projekt, das freiwillig gewählt, auf ca. fünf Jahrzehnte ausgerichtet war. Somit muß man feststellen, daß die Bereitschaft der Menschen, große Beziehungskrisen zu bewältigen, zunehmend sinkt. Beziehungen werden häufig vorschnell beendet, genährt von der Illusion, der alternative Traumpartner sei leicht verfügbar. Gleichzeitig haben Partnerschaft und Familie Rangplatz eins in der Werteskala. Die meisten Menschen erhoffen sich nach wie vor eine lebenslange Verbindung. Entsprechend stehen die zunehmenden Scheidungszahlen in krassem Widerspruch zu dem essentiellen Bedürfnis nach Bindung. Das zeigt sich auch daran, daß ca. 80% aller Geschiedenen wieder heiraten - allerdings hat die zweite Ehe eine um 10% höhere Scheidungsrate. Demzufolge kann es am Partner alleine nicht liegen.

Trennung ist zusammen mit Tod des Partners das einschneidendste Lebensereignis. Würde die Energie, die in den Ablösungsprozeß investiert werden muß, für die Verbesserung der Beziehung eingesetzt, ließen sich sehr viele Beziehungen neu gestalten. Andererseits gibt es selbstverständlich Konstellationen, bei denen eine Trennung der bessere Weg ist. Wir müssen jedoch klar erkennen, daß wir über keinerlei stichhaltige Kriterien verfügen, die uns im Einzelfall erlauben, darüber zu entscheiden, ob es für dieses spezielle Paar besser ist, zusammenzubleiben oder sich zu trennen. Wir können nur dem einzelnen bei seiner

Entscheidungsfindung helfen. Wobei die Entscheidung über die "Sollbruchstelle" einer Beziehung eine der schwierigsten Lebensentscheidungen ist.

Daß das Unternehmen Ehe immer häufiger schiefgeht beruht auf einer Reihe von Faktoren, z.B. (vgl. Revenstorf 1986):
- längere Dauer der Ehe (die Dauer einer Ehe kann heute ca. 50 Jahre umfassen, während noch zu Beginn dieses Jahrhunderts eine Ehe durchschnittlich 15 Jahre dauerte)
- alte Normen sind überholt, gleichzeitig gibt es keine Tradition an Bewältigung und Neugestaltung bei Krisen
- weniger existentielle Notwendigkeit (die lebensnotwendige Wirtschaftsgemeinschaft entfällt heute meist)
- Individualisierung/Selbstverwirklichung des einzelnen
- Illusion der schnellen Verfügbarkeit von Alternativen (durch Medien geschürt)

Dies alles führt zu einer abnehmenden Bereitschaft, Durststrecken durchzustehen und Problemlösung zu versuchen.

Eine Anzahl von Studien gibt näheren Aufschluß darüber, welche individuellen Faktoren eine Scheidung begünstigen (Bierhoff & Grau 1999):
- Scheidung der Eltern
- "Neurotizismus" (leicht erregbar, verärgert, ungeduldig, ängstlich)
- Ängstlich-ambivalenter Bindungsstil

Trennung ist kein Ereignis, sondern ein Prozeß (Vaughan 1986). Es handelt sich dabei um eine fortschreitende Entwicklung, die gekennzeichnet ist durch "zwei Schritte vor, einen zurück". Wobei festzuhalten ist, daß dieser Prozeß prinzipiell in jedem Stadium umkehrbar wäre. Es gibt verschiedene Modelle, in denen versucht wird, einzelne Phasen des Trennungsprozesses zu erfassen bzw. zu beschreiben. Eines der bekanntesten stammt von Bohannan (1973) (s. auch Kaslow 1990). Diesen Modellen ist gemeinsam, daß sie den phasenhaften Verlauf des Ablösungs- und Individuationsprozesses hervorheben und zugleich betonen, daß durch die juristische Scheidung die emotionale Bewältigung bei weitem noch nicht vollzogen ist.

Auch wenn sich beide Partner mit Trennungsgedanken getragen haben, so geht die tatsächliche Trennung meist von einem Partner aus. Auslöser für den Entschluß, die Beziehung zu beenden, sind sich anhäufende Enttäuschungen. Sehr häufig wird der Absprung dann geschafft, wenn sich eine neue Liebesaffaire ergeben hat. Die Entscheidung vollzieht sich bei dem aktiv Betreibenden meist längere Zeit verdeckt. Oft gibt er seine Absicht erst zu erkennen, wenn er eine alternative Beziehung eingegangen ist. Daß beide Partner einstimmig eine Trennung beschließen, ist wie gesagt die Ausnahme. In der Regel ist ein Partner der Initiator. Dadurch ergibt sich eine typische Rollenverteilung in einen aktiven Partner, der die Trennung betreibt, und einen passiven Partner, der die Trennung erleidet (Vannoy 1995). Betont werden muß, daß beide Rollen von starker Ambivalenz gekennzeichnet sind. Niemand trennt sich mit 100%iger Stimmigkeit. Beide spüren die vorhandene Bindung, daher ist für beide der Trennungsprozeß gleichermaßen belastend, auch wenn sich für die jeweilige Rolle andere emotionale Schwerpunkte ergeben.

Der Aktive
ist dem Passiven in der Ablösung zunächst zeitlich voraus, da er sich kognitiv bereits seit längerem darauf vorbereitet hat. So wird er einerseits Erleichterung spüren, weil er die Trennungsabsicht in die Tat umsetzt, und sich auf seine neue Lebensperspektive freuen. Andererseits wird er

starke Schuldgefühle entwickeln, weil er das Auseinanderbrechen seiner Familie verursacht und den anderen Familienmitgliedern so großen Schmerz bereitet hat. Auch kommen zwischendurch Angst und Zweifel auf, ob er seinen neuen Weg verwirklichen kann und ob die Entscheidung richtig war. Auch der Aktive muß sich durch die Trennung vom Partner von einem Stück Lebensgeschichte und eigener Identität verabschieden und somit einen Ablösungsprozeß vollziehen. Dies wird vor allem dann spürbar, wenn der andere eine neue Liaison eingeht. Dies löst in der Regel einerseits Erleichterung aus, weil es die Schuldgefühle lindert, läßt andererseits aber auch Eifersucht aufkommen, weil die noch bestehende Bindung berührt wird.

Der Passive
kann meist die Entscheidung des Partners nicht nachvollziehen, v.a. wenn er überraschend mit der Entscheidung konfrontiert wird. Er wird die für ihn unfaßbare Situation zunächst verneinen, durchläuft dann eine Phase des Protestes und versinkt schließlich in tiefer Verzweiflung. Selbst wenn der Verlassene selbst zuvor an Trennung gedacht hat, wird er jetzt gegensteuern, weil ihm durch die Aktion des anderen die Wahlfreiheit genommen ist. Er wird versuchen, durch diverse Verhaltensweisen die Zuneigung des anderen wiederzuerlangen. Ein verzweifeltes Klammern bewirkt aber meits genau das Gegenteil, die Attraktivität wird weiter sinken. Der Verlassene findet sich dann in einer grenzenlosen Hilflosigkeit wieder; Wut, Haß und Rachegedanken stellen sich ein.
Das emotionale Befinden nach der Entscheidung zu einer Trennung wird von beiden Betroffenen mit Gefühlen von Schmerz, Trauer, emotionaler Erstarrung, Selbstmitleid, Depressivität, Hoffnungslosigkeit, Angst, Unsicherheit, Wut, Haß, Verbitterung, Rachegefühlen, Aggressivität, Minderwertigkeitsgefühlen, Selbstzweifeln und Schuldgefühlen

beschrieben (Textor 1991). Diese Zustände dauern lange an und wechseln in Art und Intensität. Sie werden abgelöst von Phasen, in denen der Überlebenswille siegt und sich Euphorie breitmacht. Diese emotionalen Turbulenzen führen häufig zu unüberlegtem und irrationalem Verhalten, wodurch wiederum die labile Gefühlslage aufrechterhalten wird.

Ausprägung und Gewichtung werden individuell natürlich unterschiedliche Form annehmen. Die Ablösung vom Partner wird sich für beide in der Regel über Jahre hinziehen, in manchen Fällen kommt sie nie ganz zum Abschluß.

Während des Ablösungsprozesses treten bei beiden Partner immer wieder Impulse auf, auf den anderen zuzugehen und eine Versöhnung zu versuchen. Allerdings treten diese Impulse fatalerweise meist asynchron auf, d.h., setzt ein Partner einen solchen Impuls in die Tat um, so ist die Gefahr groß, daß sich der andere gerade in einer Phase von Verbitterung befindet und ihn abweist. Der jeweils Einlenkende erfährt somit eine erneute Zurückweisung (Weiss 1980).

Es liegen sehr unterschiedliche Daten darüber vor, wie erfolgreich die Menschen eine Trennung bewältigen. So berichten beispielsweise Spanier & Thompson (1984), daß in ihrer Untersuchung etwa vier Fünftel der Befragten zwei Jahre nach der Scheidung "sich wieder wohl fühlen". Hingegen berichten Wallerstein & Blakeslee (1989) von einer Längsschnittuntersuchung, bei der 10 Jahre nach der Scheidung ein Viertel der Betroffenen das Leben noch nicht wieder in den Griff bekommen hatte. Der Anpassungsprozeß an eine neue Lebenssituation ist von verschiedenartigen Faktoren bestimmt wie:
- dem Bindungsstil
- Qualität der aufgelösten Beziehung
- persönliche Ressourcen
  (soziale Fertigkeiten u.ä.)

- Ressourcen im sozialen Umfeld
- neue Beziehungsversuche

Die erfolgreiche Bewältigung einer Trennung beinhaltet eine neue Identität. Dies wiederum erfordert sowohl eine Neugestaltung der eigenen Lebenssituation als auch eine Befriedung der Beziehung zum Ex-Partner. Letzteres stellt eine große persönliche Herausforderung dar, da zu Beginn v.a. Entsetzen, Wut, Rache oder Abwertung des anderen vorherrschen. Textor (1991, S.82) beschreibt die Entwicklung zum Konstruktiven mit Hilfe von sechs verschiedenen Beziehungsformen zwischen getrennten/geschiedenen Partnern:

1. Es besteht kein Kontakt zwischen den früheren Ehepartnern. Der nicht-sorgeberechtigte Elternteil kümmert sich nicht oder nur sehr wenig um seine Kinder.

2. Die geschiedenen Ehegatten bleiben miteinander verfeindet. Ihr Ärger, ihre Wut und Enttäuschung zeigen sich in zahlreichen Konflikten, Machtkämpfen, dem häufigen Einschalten von Rechtsanwälten und Gerichten, Bestrebungen, die Kinder zu Bündnispartnern zu machen, und im Versuch, Besuchskontakte zu unterbinden. Die Kinder müssen sich für einen der beiden Elternteile entscheiden.

3. Die geschiedenen Ehepartner empfinden noch negative Emotionen füreinander und versuchen, den Kontakt auf ein Minimum zu beschränken. Der nicht-sorgeberechtigte Elternteil kann aber ungehindert von seinem Besuchsrecht Gebrauch machen. Auch findet eine Abstimmung bei wichtigen Entscheidungen über den weiteren Lebensweg der Kinder statt. Diese erleben häufig Loyalitätskonflikte.

4. Die früheren Ehegatten haben sich noch nicht voneinander abgelöst und empfinden positive Gefühle füreinander. Sie benutzen jede sich ihnen bietende Gelegenheit, um miteinander

ins Gespräch zu kommen oder einander zu treffen. Dabei werden – neben Erziehungsfragen – auch persönliche und interpersonale Probleme sowie allgemeine Themen erörtert. Die Kinder haben Kontakt zu beiden Elternteilen.

5. Die früheren Ehepartner empfinden weder stärkere positive noch negative Gefühle füreinander. Sie haben aber erkannt und akzeptiert, daß beide Elternteile für ihre Kinder wichtig sind und einen positiven Einfluß auf sie haben. Beide sind aktive und verantwortliche Eltern, stimmen wichtige Erziehungsfragen miteinander ab, haben aber ansonsten wenig Kontakt miteinander. Konflikte sind selten.

6. Die früheren Ehepartner sind Freunde geworden – obwohl es für eine derartige Entwicklung keine Rollenmodelle gibt und sie vom Netzwerk in der Regel nicht gefördert wird. Sie respektieren einander als Eltern, erziehen ihre Kinder weiterhin gemeinsam und verbringen viel Zeit mit ihnen (und miteinander). Auch Kontakte zu den Schwiegereltern werden fortgesetzt.

In der therapeutischen Praxis wird man naturgemäß eher mit schwierigen Trennungsverläufen konfrontiert.

Intervention

Ziel der Trennungshilfe ist es,

• den Ablösungsprozeß der Partner zu strukturieren und zu unterstützen,

• die Gestaltung der neuen Lebenssituation jedes einzelnen zu fördern,

• eine neue konstruktive Beziehung zwischen den getrennten Partnern herzustellen.

In den letzten Jahren wurden zahlreiche Programme zur Trennungshilfe veröffentlicht. Im Gegen-

satz zur Partnerschaftstherapie steckt die empirische Überprüfung und Absicherung des therapeutischen Vorgehens in diesem Bereich jedoch noch in ihren Anfängen (Lee et al. 1994). Im folgenden soll ein Überblick über die wesentlichen Interventionsbausteine gegeben werden (vgl. Haynes et al. 1993; Krabbe 1992; Siewert 1983; Textor 1991).

Ein zentraler Stellenwert im therapeutischen Vorgehen kommt der Informationsvermittlung und der kognitiven Strukturierung zu. Da sich beide Partner in der Regel in einer Ausnahmesituation befinden, die von Gefühlsstürmen gekennzeichnet ist, muß ihnen ein kognitiver Rahmen geboten werden, der es ihnen ermöglicht, ihr Erleben einzuordnen und zu sortieren. D.h., den Partnern wird das Hintergrundwissen vermittelt, das im vorigen Abschnitt dargestellt wurde.

Von zentraler Bedeutung ist dabei, Trennung nicht als Ereignis zu sehen, sondern als Prozeß, der sich über Jahre erstreckt und auch mit dem Auszug eines Partners oder der juristischen Scheidung noch nicht abgeschlossen ist. Zur Erklärung dieser langwierigen Ablösung wird die Bindungstheorie herangezogen und vermittelt (Hazan & Shaver1992). So soll den Partnern geholfen werden, ihre intensiven Gefühle und die starken Ambivalenzen zuzulassen und zu verstehen.

Der aktive Partner leidet meist unter starken Schuldgefühlen. Diese können gelindert werden, indem man ihm hilft, sich bewußt zu machen, was er unternommen hatte, um die Ehe zu retten. Des weiteren sollte man ihm seinen Entscheidungsprozeß in Erinnerung rufen und hervorheben, was ihn letztlich zu seinem Trennungsschritt bewogen hat. Zugleich spürt auch er die noch vorhandene Bindung, die er zulassen und gedanklich bearbeiten muß.

Der passive Partner ist mit seinen tiefen Verletzungen und dem Verlust von Perspektive beschäftigt. Einem verzweifelten Klammern kann man mit der Devise begegnen: "Wollen Sie wirklich mit jemandem verheiratet sein, der mit Ihnen nicht verheiratet sein will?" (Sprenkle 1989). Aus der extremen Enttäuschung entstehen massive Wut- und Rachegedanken. Hier ist es entscheidend, die Handlungsimpulse in eine konstruktive Richtung zu lenken ("Die beste Rache ist es, dem anderen zu zeigen, daß man glücklich ist" [Textor 1991]). Der verlassene Partner braucht in der Regel starke Unterstützung, um sich aus dem depressiven Zustandsbild herauszuarbeiten und aktiv seine neue Lebenssituation zu gestalten.

Die therapeutische Unterstützung zu Beginn des Trennungsprozesses hat in der Regel den Charakter einer Kriseninterventiion. Dies bedeutet zum einen, eine Erklärung zu liefern für den aktuellen Befindlichkeitszustand, aber auch eine Perspektive zu bieten und Zuversicht aufzubauen (Hoffmann 1993). Daraus lassen sich hilfreiche Gedanken für die aktuelle Bewältigung ableiten. Der Therapeut muß zudem Hilfen für die aktuelle Lebensgestaltung einbringen, d.h. auf Tagesstruktur und Selbstorganisation achten, sowie die tägliche Nutzung von Verstärkquellen und Ressourcen sicherstellen. Dies erfordert in der Anfangsphase in der Regel ein höheres Maß an Anleitung und Direktivität (im Sinne: was ist jetzt hilfreich, was kann schaden). Der Therapeut muß den Partnern im weiteren dabei helfen, dem Trennungsprozeß Struktur zu geben. In der Anfangsphase bedeutet dies, beide zu Geduld und Umsicht anzuhalten, um übereilte und unbedachte Schritte zu verhindern. Nur bei genügend Zeit können sich beide Partner bei jedem einzelnen Schritt ausreichend informieren und das richtige Vorgehen wählen (z.B. Gespräche mit den Kindern, Auszug aus der Wohnung, Vermögensteilung, Scheidungstermin). Der Therapeut kann

dabei bei der Ideensammlung helfen, aber keinesfalls inhaltliche Entscheidungen für den einzelnen treffen. Er kann (und muß meistens) allerdings zu einem langsamen Vorgehen raten. Dies gilt auch für den Fall, daß es übereilte Schritte zurück zu einem neuen Versöhnungsversuch gibt.

In dem Verlauf einer Trennung tritt eine Vielzahl von Konflikten auf, die das Paar gemeinsam lösen muß. Dies stellt sich um so schwieriger dar, als das Paar ja meist im Vorfeld bereits keine gemeinsam getragenen Lösungen mehr erarbeitet hat. Daher kommt dem Konfliktlösetraining bei der Trennungshilfe besondere Bedeutung zu. Nur wenn beide Partner zu gemeinsamen Lösungen kommen, kann einer fortschreitenden Eskalation entgegengewirkt werden. Dazu ist es zunächst erforderlich, daß sich jeder auf die eigene Person und die persönlichen Bedürfnisse besinnt, anstatt sich von strategischen Gedanken im Hinblick auf den anderen leiten zu lassen. Die jeweiligen individuellen Bedürfnisse treten dann bei der Problemlösung in fairen Wettbewerb, und der Therapeut hilft dabei, die Gesprächsstruktur einzuhalten, die zur Erarbeitung einer Lösung erforderlich ist.

Langfristig muß das Ziel sein, daß sich beide Partner auch als Geschiedene konstruktiv begegnen können. Der andere ist ein Teil der eigenen Lebensgeschichte; hadert man mit ihm, so hadert man auf Dauer mit dieser Phase der eigenen Biographie. Daher muß beiden Partnern geholfen werden, sich langfristig einem versöhnten Zustand anzunähern. Bei der Trennungshilfe finden zu Beginn meist gemeinsame Sitzungen statt, die durch Einzelsitzungen ergänzt werden. Die Einzelsitzungen werden dabei überwiegen, da durch die Rollenverteilung (aktiv/passiv) unterschiedliche Inhalte zum Tragen kommen. Häufig ergibt sich eine Tendenz zum Übergang in eine Einzeltherapie für den Verlassenen.

Therapeutenrolle

Wenn eine Paartherapie mit einer Trennung endet, so kann es dem Therapeuten eventuell zunächst schwerfallen, sich auf die neue Zielsetzung einzustellen. Keinesfalls darf er jedoch von einer Trennung abraten. Er kann nur wie beschrieben langsame Schritte im Sinne einer strukturierten Trennung vorschlagen. Auch muß sich der Therapeut auf wechselnde Zielsetzungen einstellen (auseinander – zusammen – auseinander). Bei der Trennungshilfe muß er besonders darauf achten, nicht manipuliert oder in den Dienst von individuellen Zielen gestellt zu werden (z.B. Koalition mit dem Passiven, um auf den Aktiven Druck auszuüben; Diagnosen, wie z.B. Alkoholabhängigkeit, um das Sorgerecht zugesprochen zu bekommen).

Single auf der Suche

Beschreibung der Situation

Als natürliche Konsequenz bei einem Verlust der Beziehung droht die Einsamkeit (Hazan & Shaver 1992). In einer repräsentativen Umfrage in den USA (Simenauer & Carroll 1982) gaben nur 6% der geschiedenen Frauen an, das Leben als Single sei "wunderbar". Auch nur 6% der Männer bevorzugten den Lebensstil als Single. Generell erscheint den meisten das Leben nach der Scheidung viel schwieriger als vorher erwartet (Wallerstein & Blekeslee 1989). Der "glückliche Single" scheint somit eher selten.

Alleinlebende Menschen weisen psychisch wie körperlich ein schlechteres Befinden auf. Geschiedene und getrennt Lebende sind als ambulante und stationäre psychiatrische Patienten ungefähr sechsmal stärker vertreten als verheiratete Personen. Es zeigt sich auch eine deutlich höhere Inzidenzrate für psychosomatische und chronische körperliche

Erkrankungen ebenso wie für klinisch relevante Depressionserkrankungen (Hahlweg 1995). Vor allem zu Beginn des Alleinlebens ist in der Regel ein depressives Zustandsbild zu beobachten. Dies ist charakterisiert durch ein geringes Selbstwertgefühl, Stimmungstiefs, dem Verlust von Perspektive, Antriebslosigkeit und sozialem Rückzug. Extreme Stimmungsschwankungen werden berichtet, so folgt auf einen depressiven Einbruch eine Phase von Euphorie ob der neuen Freiheit, die bereits durch geringfügige Auslöser wieder in einer emotionalen Talfahrt enden kann. Die Intensität und die Dauer dieses emotionalen Befindens werden individuell unterschiedlich ausfallen. Anhand der vorliegenden Erhebungen muß jedoch eher in Jahren als in Monaten gerechnet werden.

Folgende Faktoren haben einen günstigen Einfluß bei dem (Wieder-)Aufbau von Stabilität und der Neugestaltung der eigenen Lebenssituation (Textor 1991):

* gute Fertigkeiten in sozialer Kompetenz und Problemlösung, Kreativität und Selbstgenügsamkeit
* bereits vor der Trennung gab es wenige psychische und interpersonelle Probleme
* die Trennung war mit weniger Eskalation und Streß verbunden
* konstruktive Bewertung der Trennung, des Partners und der neuen Lebenssituation
* viel Unterstützung im sozialen Netzwerk
* eigene Ressourcen und Verstärkerquellen
* Zuwendung vom anderen Geschlecht bzw. neue Partnerbeziehung

Da die Menschen mit der Sehnsucht nach Bindung geboren werden, wünscht sich im Prinzip fast jeder, der alleine lebt, wieder einen Partner, mit dem er eine mehr oder weniger enge Beziehung führen kann. In verschiedenen Umfragen geben ca.

zwei Drittel der Geschiedenen an, daß sie wieder heiraten möchten (z.B. Spanier & Thompson 1984). Die neue Partnersuche wird jedoch oft durch das geringe Selbstwertgefühl und die Angst vor neuen Verletzungen erschwert. Man fühlt sich "aus der Übung", hat Angst, sich lächerlich zu machen und abgewiesen zu werden. Bei dem Gedanken an eine neue feste Partnerschaft stellt sich die Angst ein vor einem neuen Scheitern oder einem weiteren Verlassenwerden. Auch eine zu große Rücksicht auf die eigenen Kinder kann neuen Versuchen im Wege stehen.

Häufig sind die Gelegenheiten, bei denen man potentiellen Partnern begegnen könnte, eingeschränkt. So bewegen sich die Menschen mit zunehmendem Alter immer mehr in geschlossenen Kreisen mit wenig Fluktuation (sowohl in der Arbeit wie in der Freizeit). Ebenso verringern sich mit zunehmendem Alter die Stätten der Begegnung.

Ergibt sich eine neue Beziehung, so wirkt sich dies schlagartig positiv auf das Wohlbefinden aus. Die psychische Anpassung wird gefördert, die negativen Gefühle werden weniger (Coysh et al. 1989).

Intervention

Die im vorhergehenden Abschnitt genannten Faktoren, die einen günstigen Einfluß auf die Bewältigung und Neugestaltung haben, stellen zugleich die wesentlichen Zielbereiche der Intervention dar. Jedoch kann im Einzelfall nur eine genaue individuelle Bedingungsanalyse Aufschluß geben über Defizite und Ressourcen des Betroffenen.
Der Therapeut muß lege artis Ist- und Soll-Zustand mit dem Patienten erarbeiten (Kanfer et al. 1996), bevor er den persönlich zugeschnittenen Behandlungsplan erstellen kann.

Die Gestaltung des Alleinlebens erfordert in der Regel Hilfen bei der Struktur (Tages- und Wochenabläufe, Arbeitsorganisation u.ä.) wie bei den Inhalten (Pläne und Perspektive, Quellen für Lebensfreude).

Aufgrund des in der Regel vorherrschenden depressiven Zustandsbildes kommen die üblichen Interventionsmaßnahmen zur Behandlung von Depression zum Einsatz (siehe z.B. Hautzinger 1997):
- Kognitive Interventionen
- Aufbau eines positiven Selbstbildes
- Maßnahmen zur Stimmungskontrolle
- Training in sozialer Kompetenz und Problemlösung
- Aufbau von Aktivitäten und Kontakten
- Ausbau von Verstärkerquellen
- Genußtraining

Zum Aufbau eines positiven Selbstbildes können persönliche Ressourcen dienen wie:
- sich auf die eigenen persönlichen Stärken besinnen
- an die Zeit vor der Ehe denken (Selbstbild, Grundeinstellung, Lebensgestaltung, Partnersuche, persönliche Erfolge)
- idealisiertes Selbstbild (Hautzinger 1993)
- auf das gewachsene soziale Netzwerk zurückgreifen (Verwandte, alte Freunde), um soziale Bestätigung zu erfahren
- frühere Hobbies und Interessen pflegen; sich alte Träume endlich erfüllen (zum Aufbau einer neuen Identität)

Besondere Bedeutung kommt selbstverständlich der neuen Partnersuche zu. Nicht nur, weil jeder der alleine ist, im Prinzip sucht, sondern weil jede Form von gegengeschlechtlicher Zuwendung sich sofort und massiv positiv auf das Wohlbefinden auswirkt. Zuneigung stellt die stärkste Form von

Bestätigung dar. Jedes Neu-sich-Verlieben erzeugt immer wieder Euphorie, da durch jeden Partner auch jeweils andere Aspekte der eigenen Person angesprochen werden. Das Selbstkonzept wird in intensiver Weise neu belebt (Aron et al. 1995).

Die therapeutische Unterstützung bei der Partnersuche besteht zunächst in der Etablierung von förderlichen Einstellungen. So kann es erforderlich sein, daß sich der Klient den Partnerwunsch erst einmal selbst eingesteht. Im weiteren müssen Experimentierhaltung und Neugierde entwickelt werden ("ich will mich und andere ausprobieren"). Dem Klienten muß gegenwärtig sein, daß es um kleine Schritte geht, nämlich zunächst nur um den Versuch, in ein Gespräch zu kommen. Eventuell ist es erforderlich, die Frustrationstoleranz zu erhöhen (ich muß vieles ausprobieren; Qualität finde ich nur über Quantität). Nach der kognitiven Vorbereitung müssen Kontaktmöglichkeiten zusammengetragen werden (frühere Freunde bzw. Freundinnen, aktueller Bekanntenkreis, sympathische Personen im beruflichen Umfeld, Lokale, [Sport-] Vereine, Kurse; eventuell eine Bekanntschaftsanzeige). Schließlich werden Kontakt- und Gesprächsfertigkeiten erarbeitet und geübt. Wichtig ist, daß der Klient Eigeninitiative entwickelt und aktiv Gelegenheiten wahrnimmt. Für das weitergehende Flirten bietet die Sozialpsychologie anregende empirisch belegte Verhaltensmuster (Tramitz 1995).

Zweitehe

Mögliche Komplikationen

Ca. 60 bis 80% aller Geschiedenen heiraten wieder. Jedoch hat die zweite Ehe eine um ca. 10% höhere Scheidungsrate als die erste Ehe.
Ein wichtiger Grund dafür mag sein, daß die zwei-

te Ehe häufig mit mehr Hypotheken belastet ist. Eine Komplikation kann die Beziehung zum Ex-Partner darstellen. Ein destruktives Verhältnis zum früheren Ehegatten kann eine persönliche Belastung wie ein Störfaktor für die neue Ehe sein. Ist das Verhältnis konstruktiv, so kann dies zu Eifersucht beim neuen Partner führen. Das gleiche gilt für die Beziehung zu den Kindern aus der ersten Ehe. Leben sie mit in der neuen Familie, so stellen sich persönliche Herausforderungen durch die Rolle als Stiefeltern ein (Visher & Visher 1995). Des weiteren können finanzielle Verpflichtungen gegenüber dem Ex-Partner oder den Kindern zu Konfliktstoff in der neuen Beziehung führen.
Dies sind mögliche Komplikationen die zu den üblichen Herausforderungen einer Ehe hinzukommen (Sager 1986).

Intervention

Gerät ein Paar in zweiter Ehe in die Krise und bemüht sich um therapeutische Hilfe, so unterscheidet sich das therapeutische Vorgehen im wesentlichen nicht von dem bei Paaren in erster Ehe. Der Therapeut sollte jedoch mit den möglichen spezifischen Problemen solcher Familien vertraut sein. Er muß dem Paar vermitteln können, daß es sich um typische Herausforderungen für Paare in zweiter Ehe handelt, und dies bei der Hilfe zur Konfliktlösung mit einfließen lassen.

Zusammenfassung

Es war die Absicht dieses Beitrages, einen Überblick zu geben über die Gesetzmäßigkeiten, die einer gelungenen Partnerschaft zugrunde liegen, sowie über die Mechanismen der "Erosion" und die damit verbundenen Leidenszustände der Betroffenen.

Wir verfügen heute über fundierte Maßnahmen der therapeutischen Intervention für jeden der beschriebenen Zustände. Die Hoffnung ist, daß die Schlaglichter, die hier gegeben werden konnten, zur weiteren Auseinandersetzung anregen und eventuell die eingangs erwähnten Berührungsängste verringern helfen.

Bei der Darstellung wurde implizit von dem einfacheren Fall ausgegangen, daß sich ein Partner oder ein Paar zusammen wegen Beziehungsproblemen um therapeutische Hilfe bemüht. Aber auch wenn im Rahmen einer Einzeltherapie die Partnerschaft zum Interventionsbereich wird, ist es immer möglich, den Partner mit einzubeziehen und ihm gleichermaßen gerecht zu werden. Für den Therapeuten ist lediglich entscheidend, daß er jedem einzelnen (ob anwesend oder nicht) in gleicher Weise mit Wertschätzung und Akzeptanz bei gleichzeitiger kritischer Widerspiegelung und Hinterfragung begegnet.

LITERATUR

Arentewicz, G. & Schmidt, G. (1986). Sexuell gestörte Beziehungen. Heidelberg: Springer.

Aron, A., Paris, M. & Aron, E.N. (1995). Falling in love: Prospective studies of self-concept change. Journal of Personality and Social Psychology 69, 1102-1112.

Baucom, D.H. & Epstein, N. (1990). Cognitive-behavioral marital therapy. New York: Brunner/Mazel.

Beck, A.T., Rush, A.J., Shaw, B.F. & Emery, G. (1996). Kognitive Therapie der Depression (5. Aufl.). Weinheim: Beltz/Psychologie Verlags Union.

Bierhoff, H.W. & Grau, I. (1999). Romantische Beziehungen: Bindung, Liebe und Partnerschaft. Göttingen: Huber.

Bohannan, P. (1973). The six stations of divorce. In: M.E. Lasswell & T.E. Lasswell (ed.). Love, marriage, family: A developmental approach. Glenview: Scott & Foresman.

Bowlby, J. (1995). Bindung: Historische Wurzeln, theoretische Konzepte und klinische Relevanz. In G. Sprangler &. P. Zimmermann (Hrsg.). Die Bindungstheorie: Grundlagen, Forschung und Anwendung. Stuttgart: Klett-Cotta.

Coysh, W.S., Johnston, J.R., Tschann, J.M., Wallerstein, J.S. & Kline, M. (1989). Parental postdivorce adjustment in joint and sole physical custody families. Journal of Family Issues 10, 52-71.

Epstein, N. (1982). Cognitive therapy with couples. The American Journal of Family Therapy 10, 5-16.

Fremmer-Bombik, E. (1995). Innere Arbeitsmodelle von Bindung. In G. Sprangler & P. Zimmermann (Hrsg.). Die Bindungstheorie: Grundlagen, Forschung und Anwendung. Stuttgart: Klett-Cotta.

Gottman, J.M. (1994). What predicts divorce? The relationship between marital processes and marital outcomes. Hillsdale: Lawrence Erlbaum.

Gottman, J.M. & Krokoff, L.J. (1985). Oral history interview. Seattle: University of Washington. Unpublished manuscript.

Guerney, B.G. (1977). Relationship enhancement. San Francisco: Jossey-Bass.

Hahlweg, K. (1995). Einfluß interpersoneller Faktoren auf Verlauf und Therapie psychischer und somatischer Erkrankungen. Verhaltenstherapie 5 (Suppl.), 1-8.

Hahlweg, K. (1996). Fragebogen zur Partnerschaftsdiagnostik (FPD). Göttingen: Hogrefe.

Hautzinger, M. (1993). Idealisiertes Selbstbild. In: Linden, M. & Hautzinger, M. (Hrsg.). Verhaltenstherapie. Heidelberg: Springer.

Hautzinger, M. (1997). Kognitive Verhaltenstherapie bei Depressionen (4. Aufl.). Weinheim: Psychologie Verlags Union.

Haynes, J.M., Bastine, R., Link, G. & Mecke, A. (1993). Scheidung ohne Verlierer. Ein neues Verfahren, sich einvernehmlich zu trennen. Mediation in der Praxis. München: Kösel.

Hazan, C. & Shaver, P.R. (1992). Broken attachments: Relationship loss from the perspective of attachment theory. In: T.L. Orbuch (ed.), Close relationship loss: Theoretical approaches. New York: Springer.

Hoffmann, N. (1993). Zeitprojektion. In: Linden, M. & Hautzinger, M. (Hrsg.). Verhaltenstherapie. Heidelberg: Springer.

Kaiser, A. & Hahlweg, K. (1996). Kommunikations- und Problemlösetraining. In: J. Margraf (Hrsg.) Lehrbuch der Verhaltenstherapie (Bd. 2). Heidelberg: Springer.

Kanfer, F., Reinecker, H. & Schmelzer, D. (1996). Selbstmanagement-Therapie (2.Aufl.). Heidelberg: Springer.

Kaslow, F.W. (1990). Der Scheidungsprozeß – Entwicklungsstufen, Dynamik, Behandlung und differentielle Auswirkungen. In: M. Textor (Hrsg.). Hilfen für Familien: Ein Handbuch für psychosoziale Berufe. Frankfurt: Fischer.

Kockott, G. (1996). Sexuelle Störungen. In: J. Margraf (Hrsg.). Lehrbuch der Verhaltenstherapie (Bd. 2). Heidelberg: Springer.

Köcher, R. (1993). Lebenszentrum Familie. In: Bundesministerium für Familie und Senioren, 40 Jahre Familienpolitik in der Bundesrepublik Deutschland, S. 37-51. Neuwied: Luchterhand.

Krabbe, H. (1992). Beratungsangebote vor, während und nach Trennung und Scheidung. In: W.F. Fthenakis & H.R. Kunze (Hrsg.) Trennung und Scheidung – Familie am Ende? Grafschaft: Vektor.

Lee, C.M., Picard, M. & Blain, M.D. (1994). A methodological and substantive review of intervention outcome studies for families undergoing divorce. Journal of Family Psychology 8, 3-15.

Lutz, R. (1993). Genußtraining. In: M. Linden & M. Hautzinger (Hrsg.) Verhaltenstherapie. Heidelberg: Springer.

Magai, C. (1995). Bindung, Emotionen und Persönlichkeitsentwicklung. In: G. Sprangler &. P. Zimmermann (Hrsg.). Die Bindungstheorie: Grundlagen, Forschung und Anwendung. Stuttgart: Klett-Cotta.

Meichenbaum, D. (1979). Cognitive-behavior modification. New York: Plenum.

Mikula, G. & Stroebe, W. (1991). Theorien und Determinanten der zwischenmenschlichen Anziehung. In: A. Amelang, H.-J. Ahrens & H.W. Bierhoff (Hrsg.). Attraktion und Liebe: Formen und Grundlagen partnerschaftlicher Beziehungen. Göttingen: Hogrefe.

Notarius, C. & Markman, H. (1996). Wir können uns doch verstehen. Paare lernen mit Differenzen leben. Reinbek: Rowohlt.

Overall, J.E., Henry, B.W. & Woodward, A. (1974). Dependence of marital problems on parental family history. Journal of Abnormal Psychology 83, 446-450.

Revenstorf, D. (1986). Liebe, Ehe und Scheidung. Zur Psychologie und Therapie der Paarbeziehung. Vortrag 13. Verhaltenstherapiewoche Freiburg.

Revenstorf, D. (1990). Eheberatung. In: M. Textor (Hrsg.). Hilfen für Familien: Ein Handbuch für psychosoziale Berufe. Frankfurt: Fischer.

Revenstorf, D. (1993). Paartherapie. In: D. Revenstorf (Hrsg.) Psychotherapeutische Verfahren: Gruppen-, Paar- und Familientherapie (Bd. 4). Stuttgart: Kohlhammer.

Revenstorf, D. (1999). Paartherapie. München: Beck.

Rogers, C.R. (1951). Client-centered therapy. Boston: Houghton Mifflin.

Rusbult, C.E., Verette, J., Whitney, G.A., Slovik, L.F. & Lipkus, I. (1991). Accommodation processes in close relationships: Theory and preliminary evidence. Journal of Personality and Social Psychology 60, 53-78.

Sager, C.J. (1986). Therapy with remarried couples. In N.S. Jacobson & A.S. Gurman (eds.) Clinical handbook of marital therapy. New York: Guilford.

Schindler, L., Hahlweg, K. & Revenstorf, D. (1998). Partnerschaftsprobleme: Diagnose und Therapie. Therapiemanual. Heidelberg: Springer.

Schröder, B. & Hahlweg, K. (1994). Kognitive Verhaltenstherapie bei Partnerschaftsproblemen. In: Hautzinger M. (Hrsg.) Kognitive Verhaltenstherapie bei psychischen Erkrankungen. Berlin, München: Quintessenz.

Siewert, G. (1983). Scheidung: Wege der Bewältigung. München: Urban und Schwarzenberg.

Simenauer, J. & Carroll, D. (1982). Singles: The new Americans. New York: Simon and Schuster.

Spanier, G.B. & Thompson, L. (1984). Parting: The aftermath of separation and divorce. Beverly Hills: Sage.

Sprenkle, D.H. (1989). The clinical practice of divorce therapy. In: M.R. Textor (ed.) The divorce and divorce therapy handbook. Northvale: Aronson.

Steinglass, P. (1978). The conceptualization of marriage from a systems theory perspective. In: T. J. Paolino & B. S. McCrady (Eds.). Marriage and marital therapy. Psychoanaytic, behavioral and systems theory perspectives. New York: Brunner/Mazel

Textor, M.R. (1991). Scheidungszyklus und Scheidungsberatung. Göttingen: Vandenhoeck & Ruprecht.

Thurmaier, F., Engl, J. & Hahlweg, K. (1998). Eheglück auf Dauer? Methodik, Inhalte und Effektivität eines präventiven Paarkommunikationstrainings. Ergebnisse nach 5 Jahren. Zeitschrift für Klinische Psychologie 28, 54-62.

Tramitz, C. (1995). Irren ist männlich. München: Goldmann.

Vannoy, D. (1995). A paradigm of roles in the divorce process: Implications for divorce adjustment, future commitments and personal growth. Journal of Divorce and Remarriage 24, 71-87.

Vaughan, D. (1986). Uncoupling. Oxford University Press.

Visher, E.B. & Visher, J.S. (1995). Stiefeltern, Stiefkinder und ihre Familien. Probleme und Chancen. Weinheim: Psychologie Verlags Union.

Wallerstein, J.S. & Blakeslee, S. (1989). Gewinner und Verlierer. Frauen, Männer, Kinder nach der Scheidung. Eine Langzeitstudie. München: Droemer Knaur.

Watzlawick, P., Beavin, J.H. & Jackson, D.D. (1969). Menschliche Kommunikation. Formen, Störungen, Paradoxien. Bern: Huber.

Weiss, R. (1980). Trennung vom Ehepartner. Stuttgart: Klett-Cotta.

Zimmer, D. (1985). Sexualität und Partnerschaft: Grundlagen und Praxis der Behandlung. München: Urban & Schwarzenberg.

CHRISTOPH BRAUKHAUS, KURT HAHLWEG
PRÄVENTION VON BEZIEHUNGSSTÖRUNGEN
- EIN KONZEPT

ZUSAMMENFASSUNG

Kommunikations- und Problemlösefertigkeiten sind aus empirischer Sicht die wichtigsten Prädiktoren für eine langandauernde und zufriedenstellende Partnerschaft. Defizite in diesem Bereich scheinen jedoch nicht sofort ungünstige Auswirkungen auf die wahrgenommene Zufriedenheit beider Partner zu haben. Ist jedoch ein 5:1-Verhältnis von positiver zu negativer Interaktion dauerhaft nicht erfüllt, kommt es zu Einstellungsänderungen und Unzufriedenheit. Professionelle Hilfe kann dann nur noch einem Teil der Betroffenen ausreichend helfen. Es gilt, präventiv Partnerschaften zu stabilisieren und so Beziehungsstörungen vorzubeugen. Prävention auf verschiedenen Intensitätsebenen scheint ein sinnvoller Weg zu sein, Paaren nötige Informationen und Leistungen zukommen zu lassen: Auf Ebene 1 in Form von universellen Maßnahmen für alle Paare (z.B. Fernsehserien, Infoseiten im Internet), auf Ebene 2 durch Maßnahmen für Paare bei spezifischen Änderungswünschen (z.B. spezielle Videoreihen), auf Ebene 3 kann Kontakt zu professionellen Helfern durch Infoabende oder aktive Gruppentrainings hergestellt werden, und auf Ebene 4 kommt es zur individuellen Einzelbetreuung. Die vier Ebenen sollten konzeptionell so geschlossen sein, daß sie sich inhaltlich und formal nicht widersprechen. Ein einheitliches Layout würde den Zugang erleichtern und zur stärkeren Identifikation mit dem Inhalt führen. Alle Maßnahmen sollten evaluiert werden. Evaluationsstudien zu dem Kommunikationstraining „Ehevorbereitung: ein partnerschaftliches Lernprogramm (EPL)" auf der Ebene 3 und der Verhaltenstherapeutischen Ehetherapie (VET) auf der Ebene 4 liegen bereits vor. Ein globales Präventionskonzept kann nur dem Leitspruch folgen: „Soviel wie nötig, sowenig wie möglich." Aus unserer Sicht ist der Einsatz moderner Medien (interaktive CD, Internet usw.) bei der Verbreitung und Akzeptanz äußerst wichtig.

Das Zusammenleben zweier Menschen kann viele Formen und Facetten haben, aber in den meisten Beziehungen besteht der gleiche Wunsch, mit dem Partner* möglichst lange glücklich zu sein . Stabilität und Qualität sind wohl die wichtigsten Kriterien für eine gelungene Partnerschaft. Daß beide Kriterien nicht immer erreicht werden, zeigen die steigenden Scheidungsraten westlicher Kulturen (Gottman 1998). Spekuliert werden kann, daß mit dem Wegfall der gesellschaftlichen Ächtung von Trennung und Scheidung sowie der Auflösung klassischer Rollenmuster neue Herausforderungen an eine zeitgemäße Partnerschaft gestellt werden. Herausforderungen, denen scheinbar nicht alle Partner gewachsen sind. Wir lernen in der Schule, wie man sinnvoll in Sachdiskussionen argumentiert, fraglich ist aber, ob uns dieses Wissen auch bei partnerschaftlichen Konflikten hilfreich ist. Der folgende Artikel widmet sich nach einer kurzen

---

* Wir verwenden aus Gründen der Lesbarkeit nur die männliche Form. Selbstverständlich sind gegebenenfalls beide Geschlechter gemeint.

Darstellung der empirischen Ergebnisse aktueller Paarforschung einem Denkmodell zu Qualität und Stabilität von Partnerschaft. Abgeleitet von diesem Modell, sollen Prävention und Therapie von Beziehungsstörungen unterschieden und der Wirkmechanismus von Prävention erläutert werden. Bereits existierende Angebote werden unter Berücksichtigung von Bedarf und Effektivität in ein globales Konzept von Prävention integriert, das auf unterschiedlichen Intensitätsebenen den Bedürfnissen von Paaren entgegenkommen wird. In der Diskussion wird der Vorschlag reflektiert und bewertet.

1. PARTNERSCHAFT

1.1 Empirische Grundlagen

Empirische Untersuchungen zu Qualität und Stabilität von Partnerschaften begannen in den frühen 30er Jahren des letzten Jahrhunderts mit den ersten Analysen psychologischer Variablen (Terman et al. 1938). In der Mitte des Jahrhunderts widmete man sich verstärkt Hypothesen, die Persönlichkeitsvariablen der Partner in den Vordergrund stellten. Seit den 70er Jahren ist Kommunikation die heiße Spur, um das Geheimnis einer glücklichen Partnerschaft zu entschlüsseln (Übersicht siehe Braukhaus et al. im Druck). In Querschnittsuntersuchungen wurde zu ermitteln versucht, was glückliche und unglückliche Partnerschaften voneinander unterscheidet. Schild (1990) faßt die gefundenen Variablen in drei mögliche Bereiche zusammen:
1) interpersonelle Wahrnehmung des Partners
2) Kommunikations- und Problemlösefertigkeiten
3) kognitive, erwartungstheoretische Annahmen und Attributionsfaktoren
Eine gelungene Partnerschaft ist jedoch stärker als Prozeß und weniger als Momentaufnahme zu ver-

stehen und muß dementsprechend mit aufwendigeren Längsschnittstudien untersucht werden.

In einer Metaanalyse werteten Karney und Bradbury (1995) 115 Langzeitstudien aus dem Bereich der Partnerschaftsforschung aus. Nach einer Beurteilung der Güte der einzelnen Studien versuchten sie die 900 verschiedenen Effekte zusammenzufassen und in Hinblick auf ihre Relevanz für Partnerschaftszufriedenheit und -stabilität in Form von Effektstärken (rs) zu ordnen. Die Effektstärke (rs) ist nach Cohen (1988) ähnlich einer Korrelation zu interpretieren: Sie kann maximal 1 bzw. –1 erreichen; ihr Quadrat $(rs)^2$ spiegelt die durch die Variable aufgeklärte Varianz wider. Die Informationen von insgesamt 45.000 Partnerschaften zeigten, daß sowohl Stabilität als auch Qualität am stärksten durch das Kommunikations- und Interaktionsverhalten der Partner beeinflußt werden. So hat der Analyse zufolge "Positives Kommunikationsverhalten des Mannes" mit rs=.54 den stärksten Einfluß. Eine einzelne Kommunikationsvariable erklärt damit 29% der aufzuklärenden Varianz. Persönlichkeitsvariablen im weitesten Sinne wie "Ähnliche Einstellungen" mit rs=.28 und "Ähnliche Persönlichkeit" mit rs=.11 haben nur geringen Einfluß. Auch die Auswirkungen eher sozioökonomischer Variablen scheinen verhältnismäßig gering zu sein, wie der Faktor "Anzahl früherer Beziehungen", der mit rs=.30 den stärksten Einfluß aus diesem Bereich aufweist, zeigt. Die Ergebnisse von Karney und Bradbury (1995) können als wegweisend, jedoch nicht als befriedigend betrachtet werden. Zwar hat das Kommunikationsverhalten eines Paares den Studien zufolge einen deutlichen Einfluß, die Aufklärung der Gesamtvarianz für Erfolg in einer Partnerschaft durch eine einzelne Variable ist jedoch nur mäßig. So plädieren die Autoren auch für eine verstärkte Systematisierung der Forschung, um Abhängigkeiten und Interaktion der Variablen zu testen. Studien sollten so angelegt werden, daß bestimmte Einflußfaktoren kontrollierbar sind (z.B. Anzahl oder Alter der Kinder oder Dauer der Beziehung). Bisherige Studien verlieren durch fehlende Kontrolle dieser Einflußfaktoren an Güte. Für den Praktiker bedeutet dies eine Abkehr von einem monokausalen Denkmodell zu einem komplexen Funktions- und Bedingungsmodell partnerschaftlicher Beziehungen.

1.2 Ein mögliches Denkmodell

Ein theoretisches Modell, das das Verstehen und Funktionieren von Partnerschaft hinsichtlich Qualität und Stabilität zu erklären versucht, ist das Ablaufmodell von Trennung und Scheidung nach Gottman (1994). Kernstück ist die Balancetheorie, die eine wechselseitige Abhängigkeit von Kommunikation bzw. Interaktion, Wahrnehmung und psychophysiologischem Geschehen postuliert. Gottman nimmt an, daß die Erfahrungen, die Partner in Form von Interaktionen miteinander machen, in ihrer Summe als deutlich vorteilhaft oder

günstig erlebt werden müssen. Aus Beobachtungsstudien an glücklichen bzw. unglücklichen Paaren schloß Gottman auf ein günstiges 5:1-Verhältnis: Fünf positive Interaktionen wiegen eine negative auf. Subjektiv betrachtet muß ich folglich deutlich mehr Zuneigung als Ablehnung durch meinen Partner erfahren. Entscheidend ist, daß Gottman kein absolutes Maß für positive Interaktion annimmt, sondern von einem Verhältnismaß ausgeht. So kann es Paare geben, die wenig miteinander interagieren, jedoch aufgrund des eingehaltenen Verhältnisses von positiver zu negativer Kommunikation glücklich und dauerhaft miteinander leben. Es erklärt auch, warum es glückliche Paare geben kann, die heftig streiten, sich jedoch gemäß dem Verhältnis von 5:1 voller Zuneigung wieder versöhnen. Beide Paartypen können langfristig glücklich und stabil sein. Gottmans Annahmen gleichen in diesem Punkt einem Beziehungskonto, auf das eingezahlt wird und von dem entsprechend der erfolgten Einzahlungen abgehoben werden kann.

Unter dem Aspekt der Wahrnehmung versteht Gottman die Sichtweise bzw. die kognitiven Einstellungen und Erwartungen, mit denen ein Partner dem anderen begegnet und seine Handlungen bewertet. Dabei fungiert die Wahrnehmung wie ein Filter, der die Aufmerksamkeit lenkt und hypothesengemäß die Realität konstruiert. Der beschriebenen Annahme liegt ein dichotomes Konzept zugrunde: Der Partner wird als positiv und wohlwollend eingestuft oder als bedrohlich erlebt. Im Verlauf einer Beziehung kann die positive Wahrnehmung wie ein Kippschalter umschlagen. Das System wird hier als wenig differenziert angenommen. Gottman zufolge kippt eine Grundeinstellung wie "Ich kann dem anderen voll vertrauen" relativ plötzlich in eine Position wie "Ich muß auf der Hut sein" um. Von einem relativ genau definierbaren Zeitpunkt an hat man eine

DIE TRIADISCHE BALANCE

Interaktion/
Kommunikation
5:1
↔
Wahrnehmung
>Kippschalter<

Physiologie
Streß/Ruhe

bei andauerndem Ungleichgewicht:
⇨Unmut und neg. Attribution
⇨Distanz und Isolierung
⇨Uminterpretieren der Beziehungsgeschichte
⇨**Trennung / Scheidung**

Abb.1: Die Triadische Balance einer glücklichen und stabilen Beziehung nach Gottman (1994) und mögliche Folgen gemäß dem Ablaufmodell von Trennung und Scheidung

andere Sicht der Dinge. Das Faß ist übergelaufen. Der dritte wichtige Aspekt in Gottmans Balancetheorie ist die psychophysiologische Reaktion des Partners auf den anderen. Zu Beginn einer Partnerschaft geht eine angenehm stimulierende Wirkung vom Partner aus. Körperlich reagiert das vegetative Nervensystem mit Wohlgefühl auf den anderen. Spekuliert wird, daß es möglicherweise zu einer Kopplung von hormoneller Ausschüttung und Anblick oder Gedanke an den Partner kommt (zur Übersicht siehe Miketta & Tebel-Nagy 1996). Er oder sie "tut gut". Letztlich stellt der Partner einen Auslöser für Entspannung dar. Ist dies nicht der Fall, kann der andere als aversiv erlebt werden. Körperliche Spannungszustände, die vom Partner ausgelöst werden, sind unangenehmer Streß, gehen mit einer körperlichen Kampf-Flucht-Reaktion einher, deren Spannung kurzfristig reduziert werden muß.

Da Partnerschaften meist glücklich beginnen, kann man davon ausgehen, daß sich die Partner zu diesem Zeitpunkt in einem Zustand der Balance befinden. Man interagiert deutlich positiv miteinander (Kommunikation), beide betrachten die Gegenwart durch die "rosa Brille" (Wahrnehmung), die Augen funkeln beim Anblick des anderen, Wohlbefinden breitet sich aus (Physiologie). Kommt es auf lange Sicht zu einem dauerhaften Unterschreiten des Verhältnisses von fünf positiven Interaktionen zu einer negativen, kippt die Wahrnehmung, und man spürt körperlichen Widerwillen. Eine Spirale von Kampf und/oder Rückzug setzt ein. Dabei wirkt die anfängliche Balance kurzzeitig wie ein Puffer: Es dauert einige Zeit, bis das gesamte System ins Wanken gerät. Ist das Gleichgewicht so stark aus den Fugen geraten, daß Interaktion, Wahrnehmung und Physiologie ungünstig sind, kommt es bei den Partnern zu Unmut und weiterer negativer Attribution zu (Beck et al. 1996): Der Partner wird zum Schuldi-

gen für alles, was passiert. Um dem Streß zu entgehen, muß man sich distanzieren oder isolieren. Zudem wird nicht nur die Gegenwart und Zukunft als negativ betrachtet, sondern auch die gemeinsame Geschichte in einem anderen Licht gesehen. Positive Aspekte und gemeinsame freudige Ereignisse werden schlechter erinnert. Die Vergangenheit kann regelrecht uminterpretiert werden, und aus dem ehemals umworbenen Traummann wird ein Zufallsprodukt naiver Kinderei. Die letzte Stufe dieses Prozesses ist die Trennung bzw. Scheidung.

Gottman (1994) führt korrelative Belege an, um die einzelnen Hypothesen des Modells zu beweisen. Jedoch kann es im wissenschaftlichen Sinne nicht als abgesichert gelten, sondern muß als Arbeitsmodell verstanden werden. In der praktischen Tätigkeit ist es jedoch hilfreich für die Erklärung von Beziehungsproblemen, kann diagnostischer Wegweiser und Indikationsgrundlage für bestimmte Interventionen sein.

Ob Prävention von Beziehungsstörungen oder Paartherapie indiziert ist, läßt sich anhand des Modells aber gut abgrenzen: Ist die Balance zwischen Kommunikation, Wahrnehmung und Physiologie gefährdet, es jedoch noch nicht zu einem vollkommenen Zusammenbruch dieses sich ausgleichenden Systems gekommen, ist Prävention indiziert. Fehlt selbst ein Minimum an ausgleichender Stabilität, sollte eine spezifische Intervention mit deutlich therapeutischen Anteilen gewählt werden.

1.3 Gründe zu handeln

Nicht selten heißt es „besser ein Ende mit Schrekken als ein Schrecken ohne Ende", jedoch verlaufen die wenigsten Trennungen glücklich. Ein Auseinandergehen ist nur in seltenen Fällen eine gute

Lösung. Gesundheitliche Belastungen der Partner durch Partnerschaftsstreß und Trennung sind in den letzten Jahren vermehrt Gegenstand wissenschaftlicher Forschung gewesen. Eine Längsschnittstudie, die 1921 mit 1.528 teilnehmenden Jungen und Mädchen begann, ermöglichte Friedman et al. (1995) eine Analyse des Zusammenhangs zwischen Beziehungsstatus und Lebenserwartung. Die Ergebnisse zeigen deutlich, daß der eigene Beziehungsstatus wie auch eine Scheidung der Eltern Einfluß auf die Lebensdauer zu haben scheinen. Die Berechnungen des Sterberisikos (Methode der Sterbetafeln) zeigten, daß geschiedene, getrennte oder verwitwete Männer und Frauen ein höheres Sterberisiko haben als unglücklich Verheiratete. Beide Gruppen hatten ein höheres Risiko als glücklich verheiratete oder Alleinstehende, wenn man bei letzteren soziale Bindung als Kontrollvariable mit in die Berechnungen aufnahm. Unverheiratete Menschen und Partner in erster, intakter Ehe scheinen somit die höchste Lebenserwartung zu haben.

Die Auswirkungen einer unglücklichen Partnerschaft sind vielfältig und werden gerade in gesundheitlicher Hinsicht häufig unterschätzt. Einige Untersuchungen weisen darauf hin, daß Beziehungsstörungen als Dauerstreß im Zusammenhang mit ungünstigen Kommunikationsmustern zu betrachten sind. Sie können mit einer Beeinträchtigung der Immunfunktion aufgrund endokriner Veränderungen einhergehen (Groth et al. 1996; Kiecolt-Glaser et al. 1996). Zudem konnten Verbindungen zu kardiovaskulären Parametern, wie Blutdruck und Herzrate hergestellt werden (Ewart et al. 1991; Lassner et al. 1994). Ewart et al. (1991) baten Männer und Frauen mit Bluthochdruck, in einer Laborsitzung einen Konflikt mit ihren Partnern zu diskutieren. Zur Erfassung der Basisraten diente ein nicht konflikthaftes Gespräch mit dem Partner. Die Forschergruppe maß den Blutdruck und die Herzrate des an Hypertonie erkrankten Teilnehmers. Betroffene Frauen zeigten eine deutliche Zunahme des systolischen Blutdruckwertes. Dieser Effekt war höher als bei den betroffenen Männern. Inhaltliche Analysen der Konfliktgespräche, in denen zwischen positiven Verhaltensweisen (Zustimmung, Verantwortung äußern usw.) und negativen Äußerungen (Kritik, Abstreiten usw.) unterschieden wurde, zeigten für Frauen einen Zusammenhang von 48% Varianzaufklärung zwischen negativen Äußerungen und Anstieg des systolischen Blutdrucks.

Die "Hypo-Reaktivitäts-Hypothese" (Fehm-Wolfsdorf et al. im Druck) beschreibt die Annahme, daß dauerhaft gestreßte Partner die Streßreaktion in ihrem Körper hormonell nicht mehr drosseln können. Der normale Ablauf der Hypothalamus-Hypophysen-Nebennierenrinden-Achse (HHN) scheint gestört zu sein, so daß das Hormon Cortisol nicht ausreichend ausgeschüttet wird. Kommt es zu einer normalen Streßreaktion werden über das ZNS der Hypothalamus und der Hypophysenvorderlappen angeregt. Das im Hypophysenvorderlappen produzierte ACTH (adrenokortiotropes Hormon) bewirkt eine Ausschüttung von Cortisol aus der Nebennierenrinde. Entsprechend dem Prinzip der „Regelung durch Rückkopplung" (Silbernagl & Despopoulos 1991) wirkt das Cortisol inhibitorisch auf die vorhergehenden Systeme (ZNS, den Hypothalamus und den Hypophysenvorderlappen). Es bremst die Streßreaktion. Groth et al. (1996) konnten in einer Studie mit länger verheirateten Paaren bei einigen nach deutlich streßreichen Konfliktgesprächen keine Cortisolreaktion feststellen. Möglicherweise ist bei diesen Paaren die HHN dauerhaft gestört.

Burman und Margolin (1992) zufolge liegt bei einer geringeren Partnerschaftszufriedenheit auch ein geringeres Gesundheitsverhalten vor. Darunter ist jedes Verhalten zu betrachten, das zur Aufrechterhaltung und Stabilisierung der eigenen somatischen Gesundheit erfolgt (Zähne putzen, gesunde Ernährung usw.). Julien et al. (1996) untersuchten das Safer Sex-Verhalten von männlichen Homosexuellen in fester Partnerschaft mit Partnern außerhalb der Beziehung. Unglückliche Partner benutzten beim Geschlechtsverkehr außerhalb und innerhalb der Beziehung seltener Kondome als glückliche Partner. Es wurde gezeigt, daß mit geringerer Partnerschaftszufriedenheit das Gesundheitsverhalten sank. Man gefährdete sich und damit den festen Partner durch ein risikoreicheres Sexualleben. Gesundheitlich risikoreich sind auch Eskalationen in Partnerschaften, die im Extremfall in Gewaltausbrüchen gegenüber dem Partner oder den Kindern enden können. Gewalt tritt insgesamt deutlich häufiger bei unglücklichen Paaren auf (Holtzworth-Munroe et al. 1995).

Das Risiko, psychopathologisch zu erkranken, scheint mit sinkender Partnerschaftszufriedenheit zu steigen. Dies gilt vor allem für Frauen, die nach Weissman (1987) bei unglücklichen Partnerschaften ein ein 25fach erhöhtes Risiko haben, an einer Depression zu erkranken. Der Zusammenhang zwischen Partnerschaften und Angststörungen und ihrer Behandlung kann noch nicht als geklärt betrachtet werden (Emmelkamp & Gelsma 1994, Halford & Bouma 1997). Schröder et al. (1998) berichten von einem deutlich moderierenden Einfluß der Beziehungsqualität auf das Therapieergebnis, wenn man Agoraphobiepatienten durch massierte Konfrontation behandelt. Es konnte gezeigt werden, daß Patienten mit geringerer Partnerschaftszufriedenheit zu Beginn der Therapie einen besseren Behandlungserfolg hatten.

Bei schizophrenen Patienten geht ein ungünstiges Familienklima mit einer Erhöhung der Rückfallgefahr einher (Hahlweg & Dose 1998). Die familiäre Situation kann mit Hilfe des Expressed-Emotion-(EE)-Konzeptes erfaßt werden. Einzelinterviews mit Angehörigen werden nach Kritik und emotionaler Überinvolviertheit eingeschätzt. Zeigt einer der nahen Angehörigen eine dieser Verhaltensweisen in ausgeprägter Form, wird die Familie als hoch EE (HEE) klassifiziert, sind alle Angehörigen eher wenig kritisch oder wenig emotional überinvolviert, wird die Familie als niedrig EE (NEE) beurteilt. Kavanagh (1992) berichtet in einer Übersichtsarbeit, daß nach neun Monaten durchschnittlich 48% aller Patienten, die in HEE-Familien zurückkehrten, wieder stationär aufgenommen werden mußten, hingegen nur 21% der in als NEE klassifizierten Familien lebenden Patienten rückfällig wurden.

Wichtige Auswirkung von Beziehungsqualität betreffen auch Menschen, die von dem Paar oder einem der Partner betreut oder versorgt werden. Deutlich gefährdet sind Kinder, die unter einer schlechten Beziehung der Eltern psychisch und häufig auch physisch zu leiden haben (Cox et al. 1998). Ebenso belastend sind Auswirkungen auf zu pflegende Angehörige oder nahe Arbeitskollegen. Im Alltag sind nahezu alle betroffen: Wer möchte schon seine Kinder zu einem Lehrer schicken, der gerade in einer massiven Ehekrise steckt, oder sich in ein Flugzeug setzen, dessen Pilot gerade über eine mögliche Trennung nachdenkt.

Das Problem ist offensichtlich, und seine Auswirkungen sollten nicht unterschätzt werden. Informationen und Hilfen anzubieten stellt sich als Aufgabe für die Allgemeinheit dar, so wie im somatischen Bereich Antiraucherkampagnen oder HIV-Aufklärung selbstverständliche Bestandteile unseres gesellschaftlichen Systems geworden sind.

2. Prävention von Beziehungsstörungen

2.1. Effektivität von Therapie und Beratung

Therapeutische Interventionen kommen dann zum Einsatz, wenn ein deutliches Defizit und ein entsprechender Leidensdruck entstanden sind. Sie sind Angebote, die für ein Paar mit hohen Kosten und großer Überwindung einhergehen. Diese Angebote sind als hochschwellig zu betrachten, da Paare sie erst in Anspruch nehmen, wenn ein Ende der Beziehung kaum noch abwendbar erscheint. Gottman (1994) zufolge scheint die Balance bei diesen Paaren nicht nur gefährdet, sondern deutlich aus den Fugen geraten zu sein. Entsprechend schwierig gestaltet sich die Behandlung. Die am besten untersuchte Vorgehensweise der Paartherapie ist die verhaltenstherapeutischen Ehetherapie (VET). VET kombiniert in der Regel Komponenten zur Kompetenzerhöhung (Kommunikations- und Problemlösetrainings) mit kognitiven Interventionen (Schindler et al. 1998). Eine Metaanalyse von Hahlweg und Markman (1988) sowie die Ergebnisse von Shadish et al. (1993) belegen für die VET eine große Effektstärke von ES=0.95. Systemische Therapie, psychoanalytisch orientierte Psychotherapie und humanistische Therapie bei Beziehungsstörungen sind deutlich weniger untersucht oder von geringerer Effektivität (Grawe et al. 1994). Neben der statistischen Verbesserung, die sich in der Effektstärke widerspiegelt, muß jedoch auch die sogenannte klinische Signifikanz berücksichtigt werden. Hiermit ist gemeint, wie viele der ehemals unzufriedenen Paare nach Therapieende zu der Gruppe der Zufriedenen gezählt werden können. Nach Jacobson et al. (1984) beträgt die Chance, nach einer VET zur Gruppe der zufriedenen Paare zu gehören, 50%. Die am besten untersuchte Methode bietet somit die Möglichkeit, eine Partnerschaft zu festigen, die Ergebnisse können aber nicht als befriedigend angesehen werden. Diese Feststellung sollte dazu motivieren, möglichst früh zu intervenieren.

Es gibt über 2.600 Beratungsstellen in der Bundesrepublik Deutschland. Die Berater entstammen sehr unterschiedlichen Berufsgruppen. So können Psychologen, Soziologen, Sozialarbeiter und intern ausgebildete Mitarbeiter ein multiprofessionelles Team einer Beratungsstelle bilden, das mit unterschiedlichen therapeutischen Schwerpunkten und Ausbildungen arbeitet. In der Mehrzahl der Beratungen wird jedoch systemisch orientiert vorgegangen. Bisher sind diese Einrichtungen kaum evaluiert worden, so daß ihre Effektivität noch nicht als belegt gelten kann. Die existierenden Studien (Klann & Hahlweg 1994; Vennen 1992) leiden deutlich an sehr hohen Drop-out-Raten, die die statistisch erreichten Ergebnisse anfechtbar machen. So berichtet Vennen (1992), daß 67% seiner retrospektiv befragten Paare signifikante Verbesserungen in der Partnerschaftszufriedenheit angaben. Die Rücklaufquote in der Vennen-Studie mit 32% läßt jedoch darauf schließen, daß es sich bei den Ergebnissen um eine maximale Wirksamkeitsschätzung handelt, da sich unglückliche Paare vermutlich eher nicht an der Untersuchung beteiligt haben (Schindler et al. 1998). Klann und Hahlweg (1994) evaluierten im Projekt „Beratungsbegleitende Forschung (BF)" Ehe und Lebensberatungsstellen. Die Effektivität von Beratung ermittelten die Autoren anhand einer Stichprobe von 234 Paaren und 27 Einzelklienten. Die mittlere Effektstärke lag mit ES=0.27 deutlich unter der mittleren Effektstärke von ES=0.95 bei kontrollierten VET-Studien (Hahlweg & Markmann 1988). Zudem litt ein Großteil der Klienten an depressiven oder psychosomatischen Symptomen, und möglicherweise wäre ein stärkeres therapeutisches Vorgehen indiziert gewesen.

Die Ergebnisse der Studien zu Ehetherapie und -beratung weisen darauf hin, daß es zu einer Optimierung der Behandlung durch bessere Indikation von bestimmten Interventionsstrategien kommen muß (Wishman & Snyder 1997). Ferner müssen vor allem niedrigschwellige Angebote bereitgestellt werden, damit es zu einer früheren Behandlung der auftretenden Probleme kommt.

2.2. Universelle Prävention

Beziehungsstörungen beeinträchtigen das individuelle und gesellschaftliche Wohlbefinden. Frühzeitige Prävention kann eine Möglichkeit darstellen, effektiver zu helfen. Dabei ist entscheidend, daß die Bereitstellung von Hilfen als gesellschaftliche Aufgabe im Sinne eines Public Health-Ansatzes verstanden wird (Halford et al. 1997). Eine Partnerschaft ist einer der privatesten und intimsten Bereiche des menschlichen Daseins; droht jedoch aus einer guten Beziehung eine Dauerkrise zu werden, können gesundheitliche und gesellschaftliche Auswirkungen für mehr als die beiden direkt Betroffenen relevant sein. Bei der Etablierung oder Umgestaltung momentaner Hilfen für Paare ist zu bedenken, ob eine generelle Prävention möglich und notwendig ist. Zur Prävention von Autounfällen müssen alle Fahranfänger eine spezielle, professionell geleitete Schule besuchen. Ein ähnlicher Ansatz würde beispielsweise bei den 1997 geschlossenen 426.500 Ehen zu einem sehr großen Aufwand führen. Prävention sollte nach dem Prinzip angeboten werden „soviel wie nötig, sowenig wie möglich". Ein solches bedarfsgerechtes Angebot benötigt konzeptionelle Überlegungen. Dabei sollten zwei Aspekte beachtet werden: 1) Es muß eine Struktur geschaffen werden, die den Bedürfnissen und dem Alltag der Benutzer entgegenkommt. Wichtig ist, daß diese gegliederte Struktur jeweils aufeinander bezogen ist. Widersprüchlichkeiten, wie zum Beispiel in Form von unterschiedlichen

therapeutischen Ansätzen, würden stören und führen zu Ablehnung oder Widerstand; 2) Die Eigenverantwortung der Benutzer sollte so groß sein, daß die Inanspruchnahme durch ihn selbst und nicht durch allgemeine Verordnungen geregelt wird.

2.3. Ein Mehr-Ebenen-Ansatz

Als mögliche Struktur für einen Public-Health-Ansatz im Bereich der Prävention von Beziehungsstörungen schlagen wir ein Konzept vor, das sich in vier Ebenen gliedert (vgl. Abbildung 2):

Ebene 1: Universelle Maßnahmen für Paare (ohne Kontakt zu Professionellen)

Mit dieser Ebene sind breitgestreute Kampagnen gemeint, die wissenschaftlich fundierte Information allgemeinverständlich vermitteln. Sie sollten mit wenig Aufwand in Anspruch genommen werden können. Schnelle und leicht verfügbare Information kann durch den Einsatz moderner, attraktiver Medien in Form von Infotainment-Angeboten (Sanders & Black 1997) den Charakter spielerischen Lernens haben. Der Einsatz von Printmedien, Fernsehsendungen und Internet ist möglich. Die Aufmerksamkeit und das Interesse der Paare sollten durch attraktive Gestaltung geweckt werden.

Ebene 2: Maßnahmen für Paare bei spezifischen Änderungswünschen (ohne Kontakt zu Professionellen)

Bei spezifischem Interesse und Veränderungswünschen von Paaren mit isolierten Problembereichen sollte als Ergänzung zu den vermittelten Inhalten der vorherigen Ebene spezifischere Information bereitgestellt werden. Möglich sind hier spezifische Videos mit Information oder eine, wie an der Universität Braunschweig geplante, interaktive CD (Compact Disc). Mit ihrer Hilfe werden günstige Kommunikationsstrategien in Videoszenen am PC demonstriert und die Benutzer zu interaktiven Übungen eingeladen.

Ebene 3: Informationen und aktives Training für Paare in Gruppen (mit Kontakt zu Professionellen)

In Abhängigkeit vom Bedürfnis des Paares kann ein Angebot dieser Interventionsebene ein Informationsabend oder ein Training sein (Halford 1998). Es handelt sich nicht um spezifisch auf ein Paar abstimmte Interventionen, sondern in der Regel um Gruppenprogramme, die einen empirisch gesicherten Erfolg versprechen. Der direkte Kontakt mit Professionellen sollte in der Regel kein 1:1-Kontakt sein. Die Informationen und Interventionen dürfen nicht im Widerspruch zu den vorherigen Ebenen stehen.

Ebene 4: Informationen und individuelle Betreuung einzelner Paare mit spezifischen Änderungswünschen (enger Kontakt zu Professionellen)

Bei intensivem 1:1-Kontakt mit einem Professionellen und einer individuellen Betreuung mit genauer Abstimmung der Interventionen auf die Bedürfnisse des Paares handelt es sich nur noch im entferntesten Sinne um Prävention. Paartherapie und -beratung stellen den intensivsten Kontakt mit Professionellen in dieser Konzeption dar. Auch sie sollten nicht im Widerspruch zu den vorherigen Ebenen stehen, sondern als Intensivierung der Maßnahmen auf den anderen Ebenen gelten.

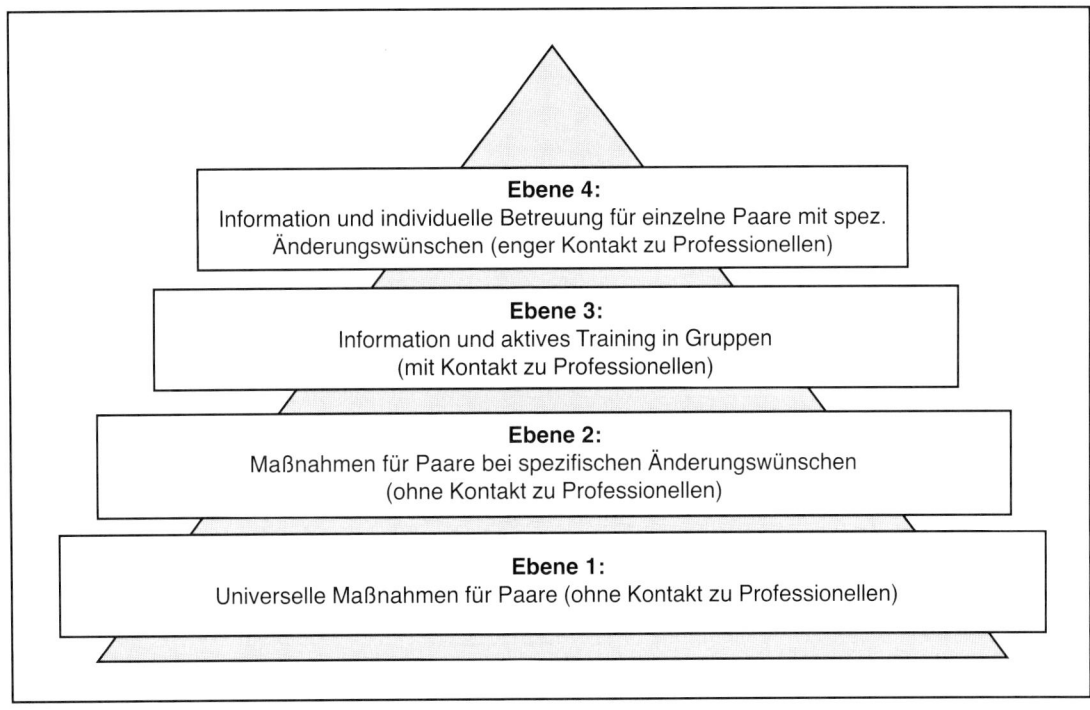

Abb. 2: Konzeption eines Mehr-Ebenen-Ansatzes zur Prävention von Beziehungsstörungen

Abbildung 2 veranschaulicht den hierarchischen Aufbau des Mehr-Ebenen-Ansatzes.

In Abhängigkeit von den jeweiligen Ebenen 1-4 verringert sich die Anzahl der erreichbaren Paare und intensiviert sich der Aufwand für Professionelle.

Dabei sollte es sich jedoch nicht um ein buntes Gemisch von Ansätzen und Zielen handeln, sondern um ein konzeptionell geschlossenes Werk, das auf jeder Ebene auf den gleichen therapeutischen Rahmen zurückgreift. Einheitliches Logo und Layout signalisieren den gemeinsamen konzeptionellen Ursprung. So wird Paaren die Orientierung erleichtert und ihre Identifikation mit dem Ansatz gefördert.

Basierend auf dem empirischen Wissen um die Notwendigkeit von Kommunikations- und Problemlösefertigkeiten, läßt sich eine verhaltensorientierte Mehr-Ebenen-Prävention von Beziehungsstörungen wie folgt vorstellen (vgl. Abbildung 3):

Beispiele für Ebene 1-Prävention:
- Fernsehserie mit positiven, modellnahen Kommunikationsbeispielen, die wissenschaftlich fundiert über verschiedene Aspekte einer Partnerschaft informiert
- Printmedien, die leicht verständlich Informationen aufbereiten (z.B. Arbeitsbuch mit Anregungen für gemeinsame Diskussionen und Übungen)
- Infoseiten im Internet

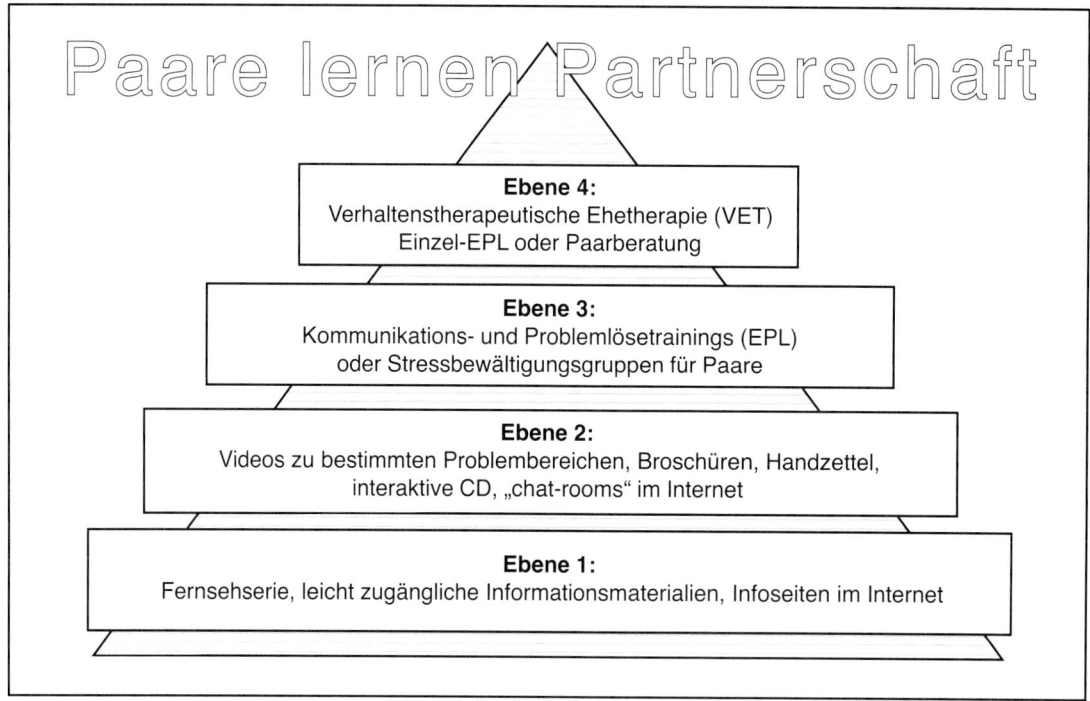

Abb. 3: Beispiele für Interventionen auf den vier Ebenen des Mehr-Ebenen-Ansatzes bei einem konzeptionell geschlossenen Vorgehen

Beispiele für Ebene 2-Prävention:
- Videoserie jeweils zu spezifischen Problemen in Partnerschaften (z.b. zu Kommunikation, Sexualität, Erziehung usw.)
- Broschüren oder Handzettel zu bestimmten Themenbereichen (z.b. zu Mythen und unangemessenen Vorstellungen im Bereich der Sexualität)
- Interaktive CD, die spielerisch zur Auseinandersetzung einlädt und unterschiedliche thematische Vertiefungsmöglichkeiten anbietet
- "chat rooms" im Internet, in denen sich Menschen mit bestimmten Problemen austauschen sowie Informationen von Professionellen abrufen und diskutieren können

Beispiele für Ebene 3-Prävention:
- Kommunikations- und Problemlösetrainings (z.b. Ehevorbereitung: ein partnerschaftliches Lernprogramm, EPL, siehe Thurmaier et al. 1992)
- Streßbewältigungsgruppen für Paare (z.b. Dyadisches Coping, Bodenmann 1997)

Beispiele für Ebene 4:
- Verhaltenstherapeutische Ehetherapie (VET) nach Schindler et al.(1998)

Alle vier Ebenen sollten ständiger Evaluation in der Praxis unterliegen. Evaluation auf Ebene 1 und 2 sind dabei natürlich mit der Schwierigkeit des fehlenden direkten Kontaktes zu den Paaren verbunden und können nur durch experimentelle Studien (z.B. Erheben des Lernerfolges bei reiner Wissensvermittlung per Video), Verbreitungszahlen (Einschaltquote, Auflage) oder Befragungen geschätzt werden. Für das im Beispiel vorgeschlagen Vorgehen auf Ebene 3 und 4 liegen bereits deutliche Wirksamkeitsnachweise vor (Hahlweg et al. 1998, Kaiser et al. 1998, Schindler et al. 1998, Thurmaier et al. 1992, 1999).

3. Ein Gruppenprogramm zur Prävention von Beziehungsstörungen

3.1. Ehevorbereitung: ein Partnerschaftliches Lernprogramm (EPL)

EPL ist ein Kommunikations- und Problemlösetraining für Paare, das in Anlehnung an das amerikanische "Premarital Relationship Enhancement Program" (PREP, Markmann et al. 1988) entwickelt wurde. Das standardisierte Programm ist ein Angebot von zwei Trainern an vier Paare. Jede Sitzungseinheit beginnt damit, daß in der Großgruppe Kommunikationsregeln und theoretisches Wissen um Problemlöseprozesse erarbeitet werden. Es folgen dann Gesprächsübungen mit dem eigenen Partner in einem separaten Raum mit zeitweiliger Unterstützung eines Trainers. Der Arbeitsschwerpunkt liegt deutlich im aktiven Einüben der neuen Fertigkeiten. Der Trainer unterstützt die Partner durch Verstärkung und Strukturierung innerhalb der Gesprächssituation, läßt sich aber zu keiner inhaltlichen Wertung des Gespräches verleiten. Seine Rolle ist die eines Professionellen, der den Partnern als Experten der eigenen Beziehung ein wissenschaftlich fundiertes Handwerkszeug zur Konfliktlösung an die Hand gibt. Das Training ist wöchentlich angeboten genauso effektiv wie als Kompaktangebot an einem Wochenende (Hahlweg et al. 1998). Im Verlauf des Kurses zieht der Trainer sich immer mehr zurück und fördert so die Eigenverantwortlichkeit des Paares. Die Intensität der diskutierten Themen soll mit zunehmender Kompetenz von Sitzung zu Sitzung gesteigert werden. Das EPL gliedert sich in sechs Sitzungseinheiten:

1. Kommunikationsregeln und erste Übung. Es werden Kommunikationsfehler erarbeitet und geeignete Regeln sowie das Trennen von Zuhörer- und Sprecherrolle (vgl. Abbildung 4) in der Großgruppe abgeleitet. Anschließend kommt es zum Erproben der Regeln mit dem Partner an einem positiven Thema bei fester Rollenverteilung in Sprecher und Zuhörer.

Sprecherregeln	Zuhörerregeln
1. **Ich**-Gebrauch	1. Aufnehmend **zuhören** (hm, aha, nicken)
2. Eigene **Gefühle und Bedürfnisse** ansprechen	2. **Paraphrasieren/** wiederholen, was der andere gesagt hat
3. **Konkrete Situation** ansprechen	3. Offene **Fragen** stellen
4. **Konkretes Verhalten** ansprechen	4. **Loben**, wenn ich möchte
5. Bei **einem Thema** bleiben	5. **Notfallregel:** Eigene Gefühle rückmelden

Abb. 4: Sprecher- und Zuhörerregeln des EPLs

2. Äußern negativer Gefühle. Es werden Bedingungen zum optimalen Äußern von negativen Gefühlen (Wut, Ärger und Enttäuschung) besprochen und anhand wenig konflikthafter Themen geübt. Im Verlauf der Sitzung kommt es zur Flexibilisierung der Zuhörer- und Sprecherrolle und zur Steigerung der Konflikthaftigkeit der Themenauswahl.

3. Einführung eines Problemlöseschemas. Es wird ein Schema (vgl. Abbildung 5) eingeführt, das den Problemlösevorgang strukturiert. Exemplarisch soll das Paar innerhalb einer Sitzung das Schema individuell für ein Thema einsetzen und erproben.

4. Erwartungen an die Partnerschaft. Mit Hilfe eines Fragebogens sollen die Partner über eigene Werte und Erwartungen ins Gespräch kommen. Ziel ist die Beschreibung komplexer Begriffe (z.B. Vertrauen, Freundschaft usw.) anhand konkreter Beispiele (z.B. „Vertrauen habe ich gespürt, als du gestern deine Hand auf meine gelegt hast...").

5. Partnerschaft und Sexualität. Begriffe aus dem Bereich der Sexualität (Vertrauen, Erotik, Orgasmus usw.) sind auf kleine Karten gedruckt und werden dem Paar ausgehändigt. Innerhalb der Sitzung soll das Paar die Begriffe gemeinsam ordnen und aus den Karten ein gemeinsames Gebilde formen (z.B. ein individuelles Haus der Sexualität). Ziel ist es, die Begriffe mit konkreten Situationen und Erlebnissen zu verbinden.

6. Freie Themenwahl. Je nach Bedürfnis des Paares bzw. dem Angebot entsprechend (z.B. „Elternschaft" bei einem Kurs für werdende Mütter und Väter) kann die Zeit zu Gesprächen mit dem Partner im Beisein des Trainers genutzt werden. Das Programm ist in Form eines Manuals stark strukturiert und damit auch von jungen, unerfahrenen Trainern nach einer intensiven Wochenendausbildung erfolgreich durchzuführen (Kaiser 1997). Jede Einheit wird von einem Trainer thematisch durch einen Kurzvortrag in der Großgruppe eingeleitet. Dann folgen Übungen in der Kleingruppe. Feedbackrunden in der Großgruppe dienen nicht zur inhaltlichen Thematisierung der Beziehungsschwierigkeiten mit dem Partner, sondern zur Besprechung der Regeln und ihrer Umsetzbarkeit. Hausaufgaben wie Verwöhntage, die die Wahrnehmung der Partner auf positive Erfahrungen lenken sollen, werden dem Paar von Woche zu Woche bzw. von Tag zu Tag aufgegeben. Die Paargespräche unter Anleitung des Trainers folgen einem strukturierten verhaltenstherapeutischen Konzept (vgl. Abbildung 6). Der Trainer spricht mit dem Paar das Thema des folgenden Gespräches ab und läßt sich von beiden bestätigen, daß die Themenwahl in Ordnung ist.

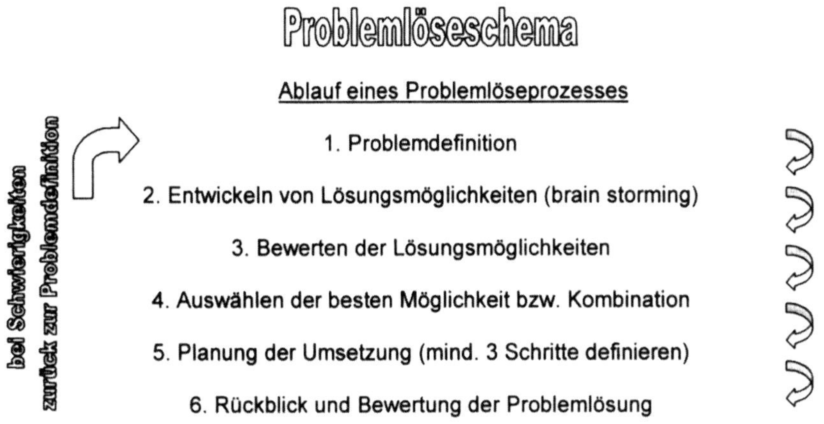

Problemlöseschema

Ablauf eines Problemlöseprozesses

1. Problemdefinition

2. Entwickeln von Lösungsmöglichkeiten (brain storming)

3. Bewerten der Lösungsmöglichkeiten

4. Auswählen der besten Möglichkeit bzw. Kombination

5. Planung der Umsetzung (mind. 3 Schritte definieren)

6. Rückblick und Bewertung der Problemlösung

bei Schwierigkeiten zurück zur Problemdefinition

Abb.5: Vorgehen anhand eines Problemlöseschemas

Dann folgt die Bestimmung der Sprecher- und der Zuhörerrolle. Der Sprecher sollte die Sprecherregeln wiederholen (ggf. ablesen) und der Zuhörer die Zuhörerregeln. Bei Beginn des Gesprächs kann der Trainer fünf Interventionstechniken nutzen, um es in einen günstigen Verlauf zu lenken: a) Kontingentes Verstärken; b) Coaching; c) Soufflieren; d) Schnitt und e) Feedback. Alle Interventionen folgen den verhaltenstherapeutischen Konzepten von Verstärkung und Löschung. Bestrafung in Form von Kritik oder Richtigstellung sollte vermieden werden.

a) Kontingentes Verstärken. Unter dieser Methode versteht man schnelles und deutlich positives Feedback, das der Trainer während des laufenden Gespräches gibt. Hat ein Partner eine EPL-Regel erfolgreich umgesetzt, sollte dieses konsequent vom Trainer durch lobende Einwürfe ("Prima!"; "Gut gesagt!") mitgeteilt werden. Nonverbal kann der Trainer nicken oder lächeln, um einem

Partner zu signalisieren, daß sein Versuch, eine EPL-Regel umzusetzen, erfolgreich war. Diese Interventionstechnik muß genau auf das Bedürfnis des Paares abgestimmt werden. Flexible Trainer achten auf Anzeichen der Partner, die signalisieren, daß kontingentes Verstärken erwünscht oder abgelehnt wird. Das Verstärken ist, wird es richtig angewandt, eine erfolgversprechende Methode, ungeübten und verunsicherten Partnern einen positiven Weg der Kommunikation aufzuzeigen. Wichtig ist, daß es wirklich zeitnah zum erfolgreichen Regeleinsatz erfolgt und nicht unabhängig vom Gesprächsverlauf. Falsch eingesetztes Verstärken stört das Gespräch des Paares und verhindert einen Lernerfolg.

b) Coaching. Kontingentes Verstärken führt zum Lernen, da die Wahrscheinlichkeit erhöht wird, regelgerechtes Verhalten erneut zu zeigen. Coaching ist eine Technik, bei der der Trainer den Partnern Tips für richtiges Verhalten leise zuflüstert ("Kon-

---

Aufbau einer Übungseinheit

Themenauswahl und Vorbereitung

1. Fragen, welches Thema gewählt wird
2. Partner fragen, ob Themenwahl in Ordnung ist
3. Absprache: Wer fängt an und wer hat welche Rolle
4. Wiederholen der Regeln

Aktives Einüben

1. Kontingentes Verstärken
2. Coaching
3. Soufflieren
4. Schnitt
5. Feedback

Feedback nach Übung

1. Spezifisch rückmelden, was positiv war
2. Max. zwei Verbesserungsvorschläge geben

Abb. 6: Aufbau jeder Übungseinheit im EPL

krete Situation erzählen!"; "Wie haben Sie sich gefühlt?"). Aktiv lenkendes Verhalten soll dem Partner ermöglichen, alte, eingeschliffene Kommunikationsmuster zu verlassen und die neuen Regeln zu verwirklichen. Umgesetzte Regeln sollen dann sofort wieder verstärkt werden. Nonverbal ist Körpereinsatz gefragt: Durch Vorbeugen und den Einsatz deutlicher Gesten kann der Trainer auch nonverbales Verhalten (anschauen, zugewandt sitzen) anregen.

c) Soufflieren. Einigen Partnern fällt es schwer, Gefühle oder konkrete Situationen zu benennen. Es fehlen ihnen die Worte. Der Trainer kann helfen, indem er mögliche Alternativen anbietet

("Fühlten Sie sich einsam, allein gelassen oder überflüssig?"). Es sollte sich hierbei um mindestens zwei bis drei Alternativen handeln. Häufig führt das Anbieten schon zur Findung eigener Begriffe und Umschreibungen, die den Zustand oder die Situation treffender charakterisieren. Bei großen Schwierigkeiten eines Partners kann der Trainer auch ganze Satzanfänge formulieren, um einen Einstieg ins Gespräch zu ermöglichen ("Und was ich mir von dir wünsche ist...").

d) Schnitt. Schnitt meint die Unterbrechung des Gespräches mit einer Geste ähnlich einer Anweisung eines Regisseurs beim Film. Sie kommt zum Einsatz, wenn die anderen Interventionen keinen Effekt mehr zeigen und das Gespräch abgleitet. Bevor sich beide Partner gegenseitig massiv verletzen, sollte die Unterhaltung unterbrochen werden. Die Technik des Schnittes dient auch dazu, die Übung zu beenden. Nach einem Schnitt folgt immer ein genaues Feedback. Danach kann das Gespräch regelentsprechend fortgesetzt werden oder aber erneut von vorn beginnen. Dieser Neuanfang ist bei sehr schwierigen Paaren sinnvoll, da mit jedem Durchgang der Lernerfolg deutlich sichtbar ist und mit den anderen Techniken stabilisiert werden kann.

c) Feedback. Kommt es zum Schnitt, erfolgt ein Feedback an das Paar. Jeder Partner sollte spezifisch für Regeleinsatz gelobt werden ("Genau den Regeln entsprechend war es, als Sie von ihrer Unsicherheit gegenüber Ihrem Chef sprachen – es war wichtig, Ihrer Partnerin dies Gefühl mitzuteilen!"). Die Rückmeldung sollte immer positiv sein und mit spezifischen Beispielen untermauert werden. Lieber weniger, aber konkret loben als viel und unspezifisch. Pauschales Lob ohne nachvollziehbares Beispiel verliert schnell seine Wirkung und wirkt eher hemmend auf den Lernprozeß. Kritik unangemessener Verhaltensweisen sollte vermieden werden. Hier kommt die Technik des Löschens zum Einsatz: Unsicherheiten, Fehler und ähnliches werden beim Feedback nicht beachtet. Sie sollten - wenn nötig - im Gesprächsverlauf durch frühzeitiges Coaching des Trainers vermieden werden ("Erzählen Sie Ihrem Partner, wie es Ihnen da gegangen ist..."). Am Ende eines Feedbacks sollten Verbesserungshinweise stehen. Jedem Partner können maximal zwei Änderungsvorschläge zur Umsetzung im nächsten Gespräch mitgeteilt werden. Die Hinweise sollten angemessen und positiv formuliert sein ("Beim nächsten Gespräch darauf achten, konkret zu beschreiben, wie es Ihnen ergangen ist, als Sie nach Hause kamen...").

Da vier Paare an jedem Kurs teilnehmen, es jedoch nur zwei Trainer gibt, wechseln die Trainer im Rotationsverfahren die Räume. Jedes Paar ist also von Beginn des Trainings an zum Teil selbständig für die Umsetzung der Regeln verantwortlich. Kommt ein Trainer zu einem laufenden Gespräch hinzu, wird dies nicht unterbrochen, sondern mit Unterstützung des Trainers fortgeführt. Es sind keine Gespräche auf der Metaebene mit dem Trainer vorgesehen. Schwierigkeiten bei der Umsetzung können anschließend in der Großgruppe diskutiert werden.

3.2 Die Effektivität von EPL

Die erste deutsche Studie zur Effektivität von EPL wurde in München in Kooperation mit der katholischen Kirche durchgeführt. 64 junge Paare, die sich zur Heirat entschlossen hatten, nahmen an einem EPL-Kurs teil (Experimentalgruppe). 18 Paare aus üblichen Ehevorbereitungskursen der Kirche und 14 Paare ohne Vorbereitung, die über Zeitungsanzeige geworben wurden, bildeten die Vergleichsgruppe. Mit Fragebögen und Verhaltensbeobachtungen wurden wichtige Variablen zur Partnerschaft und zum Verhalten in Konfliktdiskussionen erhoben. Messungen fanden unmittelbar vor dem Training bzw. zu Beginn der Untersuchung statt (prä), 2 Monate später (post) und 1.5, 3 und 5 Jahre später. Ein deutliches Zeichen für die langfristige Effektivität des strukturierten Kommunikationstrainings EPL sind die Trennungs- und Scheidungsraten nach 5 Jahren im Vergleich zwischen Experimental- und Kontrollgruppe. Es konnten nach fünf Jahren noch 69% der EPL-Paare und 41% der Kontrollgruppen-Paare befragt werden. Die deutlich signifikanten Unterschiede der Scheidungsrate zugunsten der EPL-Gruppe mit zusammen 4% gegenüber den in der Normalbevölkerung üblichen 16% der Kontrollgruppe (s. Tab. 1) sprechen für die Effektivität der Intervention (Thurmaier et al. 1999).

Tabelle 1: Ergebnisse des EPL im Vergleich zur Kontrollgruppe (aus Schindler et al. 1998, S. 112)

N	EPL-PAARE 64			KONTROLLGRUPPEN-PAARE 32		
Follow up	GES	Trennung	Scheidung	Scheidung	Trennung	GES
1,5 Jahre	4,7	4,7	0	6,9	6,3	13,2
3 Jahre	9,4	7,8	1,6	12,5	9,4	21,9
5 Jahre	11,0	7,8	**3,2**	**15,6**	9,4	25,0

GES= Gesamtrate an Trennungen und Scheidungen

Bei den Gesamtergebnissen der beschriebenen Studie ist zu bedenken, daß Paare beim Entschluß zur Heirat im Regelfall glücklich sind, d.h. nach dem Konzept der triadischen Balance Kommunikation, Wahrnehmung und Physiologie als ausgeglichen gelten können (Gottman 1994). Die Beziehung wird als harmonisch und wohltuend empfunden. Daß selbst glückliche Paare noch etwas dazulernen, zeigten die genauen Analysen von Konfliktgesprächen, die mittels Video aufgezeichnet wurden. Geschulte Auswerter analysierten mit Hilfe eines Kodiersystems (Kategoriensystem für Partnerschaftliche Interaktionen, KPI, siehe Hahlweg et al. 1988) jede Interaktionssequenz. Paare, die am EPL teilgenommen hatten, zeigten einen signifikanten Lerneffekt im Vergleich zur Kontrollgruppe. Sie unterschieden sich durch einen häufigeren Gebrauch von positiver Kommunikation (Selbstöffnung, Zustimmung, Äußern von Akzeptanz und Äußern positiver Lösungsvorschläge) und griffen seltener auf negative Kommunikation (Kritik, Nichtübereinstimmung, Äußern von scheinbaren Lösungsvorschlägen und Rechtfertigung) zurück als Partner der Kontrollgruppe. Die Paare haben also deutlich günstiger zu kommunizieren gelernt als die untrainierten Vergleichspaare. Bei allen Paaren nimmt im Verlauf der Nachuntersuchung von 1.5, 3 und 5 Jahren günstiges Kommunikationsverhalten leicht ab, die EPL-Paare bleiben jedoch über ihrem Ausgangsniveau. Der erarbeitete Abstand zur Vergleichsgruppe bleibt kontinuierlich gleich groß. Dieser deutliche Vorsprung in den Analysen von Konfliktgesprächen spiegelt sich jedoch zu keinem Zeitpunkt in den subjektiven Einschätzungen der Partnerschaftszufriedenheit wider. Ein Anstieg der Partnerschaftszufriedenheit, erhoben mittels Fragebogen, war nicht signifikant. Schröder und Hahlweg (1998) beschreiben diesen Effekt als Schere zwischen objektiv beobachtbarem Kommunikationsverhalten und subjektiver Bewertung der Qualität der Beziehung. Möglicherweise neh-

men Paare objektiv beobachtbare Hinweise nicht frühzeitig wahr. Gottman (1994) zufolge ist dies schlüssig: Ein nicht eingehaltenes kommunikatives Verhältnis von 5:1 positiver zu negativer Interaktion kann kurzfristig durch die Pole Wahrnehmung und Physiologie kompensiert werden. Auf Dauer droht jedoch Instabilität. Bei den EPL-Paaren scheint sich ein solcher Effekt nicht anzukündigen. Analysen der geplanten 8-Jahres-Nachuntersuchung können diese Hypothese überprüfen.

Ein weitere Frage ist, ob EPL auch von Paaren, die schon lange ungünstig miteinander kommunizieren, erlernt werden kann und die Partnerschaft langfristig stabilisiert. Diese wichtige Fragestellung wurde in einer neueren Untersuchung an der Universität Kiel und an der Technischen Universität Braunschweig überprüft (Kaiser et al. 1998). Insgesamt wurden 67 Paare per Zufall der Experimentalgruppe, die ein EPL erhielt (N=31), oder der Warte-Kontrollgruppe, die ein EPL erst nach der Postmessung bekam (N=36), zugeteilt. Wieder wurden Fragebogendaten erhoben und Konfliktgespräche vor und nach dem Training der Experimentalgruppe bzw. nach der Wartezeit der Kontrollgruppe beobachtet. Um weitere Fragestellungen zu beantworten, wurden noch physiologische Maße (Cortisolausschüttung, Blutdruck) gemessen. Die Paare waren durchschnittlich 11 Jahre zusammen. 71% der Paare waren mit ihrer Partnerschaft unzufrieden, wollten aber keine Paartherapie in Anspruch nehmen. Die kurzfristige Effektstärke des EPL 15 Wochen nach der Intervention mit diesen schwierigen Paaren lag bei ES=0.51 in den objektiven Kommunikationsdaten und lediglich bei ES=0.03 bei den subjektiven Einschätzungen der Beziehungsqualität (Kaiser 1997). Wieder ist der Effekt der subjektiven Einschätzung deutlich geringer als der als mäßig bis gut zu beurteilende Lernerfolg im Kommunikationsverhalten. Folgt man der Balancetheorie von Gottman (1994) könnte man schlußfolgern, daß bei großer Instabililtät ein Lernerfolg erzielbar ist, die subjektive Einschätzung der Partnerschaft jedoch (vorerst) schlecht bleibt. Längerfristige Nachuntersuchungen werden dies prüfen müssen.

4. Diskussion

Kommunikation scheint der wichtigste Prädiktor für Beziehungserfolg zu sein. Unglückliche Partnerschaften belasten beide Partner, die Angehörigen und die Gesellschaft. Einzelne wichtige Faktoren sind hinreichend belegt, müssen aber in der Zukunft in ihrer Interaktion untersucht werden (Karney & Bradbury 1995). Sind Partnerschaften erst einmal unglücklich und nehmen Partner das hochschwellige Angebot einer Paartherapie in Anspruch, kann oft nicht zufriedenstellend geholfen werden. Neben der Verbesserung von therapeutischen Interventionen scheint Prävention von Beziehungsstörungen indiziert zu sein. Ein Konzept für das Funktionieren von zufriedenen und stabilen Beziehungen stellt die Balancetheorie von Gottman (1994) dar. Kommt es zu kurzzeitigen Defiziten im Bereich einzelner Komponenten (Interaktion, Wahrnehmung und Psychophysiologie), werden diese durch die anderen ausgeglichen. Erst bei lang anhaltenden Belastungen gerät das komplette System aus den Fugen. Letztlich kann dies zu Distanzierung, Trennung und Scheidung führen. Die Balancetheorie und das Ablaufmodell konnte Gottman (1994) durch Korrelationsstudien belegen, eine Replikation ist jedoch notwendig. Es eignet sich aber als Denkmodell sowohl für Professionelle wie auch für Paare. Prävention bedeutet, das Balancesystem vor dem Auftreten von Schwierigkeiten zu stärken bzw. als indizierte Prävention bei bereits aufgetretenen Defiziten erneut zu stabilisieren (Kaiser 1997). Therapie ist angezeigt, wenn die Balance nicht mehr gegeben ist. Bei der großen Anzahl an Partnerschaften ist es

wenig effektiv, jedem Paar das gleiche Angebot machen zu wollen. Der vorgeschlagene Mehr-Ebenen-Ansatz soll niedrigschwellige Informationen vermitteln und innerhalb eines konzeptionellen Rahmens Angebote bieten, die von interessierten Paaren individuell genutzt werden können.

Das eigentlich Neue an diesem Vorgehen ist nicht der Ebenen-Ansatz an sich. Schon heute gibt eine Flut von Informationsmaterial und Ratgebern sowie verschiedenste Kurse und Therapiemethoden auf dem Markt. Entscheidend ist, daß die Materialien und Ansätze einem Konzept angehören und einem roten Faden folgen. Paare sind so in der Lage, sich erst grob zu informieren und dann bei Bedarf die nächste Ebene anzustreben. Widersprüche zwischen den Ebenen werden ausgeschlossen und der Zugang zu hochschwelligen Angeboten erleichtert.

Daß ein solcher Ansatz praktikabel und umsetzbar ist, zeigt das australische "Triple P"-Projekt (Positive Parenting Program, im deutschen: Positives Erziehungsprogramm), ein Präventionsprogramm von Verhaltensauffälligkeiten bei Kindern (Sanders 1998). Eltern werden erfolgreich auf verschiedenen Angebotsebenen günstige Erziehungsstrategien vermittelt. Konzeptionell folgt Sanders dem Mehr-Ebenen-Ansatz: Fernsehsendungen, Handzettel, Bücher und Videofilme, Gruppentrainings und Einzeltherapie. Alle Ebenen sind gut evaluiert und auf ihre Wirksamkeit hin optimiert worden. Ein ansprechendes Logo und einheitlicher Aufbau der Materialien und Interventionen steigern den Wiedererkennungswert und die Identifikation der Eltern mit dem Ansatz.

Ein ähnlicher Ansatz ist für den Partnerschaftsbereich wünschenswert: ein Konzept, das Prävention von breitgestreuten Informationen über funktionierende Partnerschaften bis hin zu individuellen Paartherapien anbietet, modern gestaltet, leicht verfügbar, konzeptionell einheitlich und empirisch evaluiert. Erste Schritte in diese Richtung sind durch die beschriebenen Studien zum EPL und der Paartherapie geleistet worden. Vielleicht ist der nächste Schritt der der Namensfindung für ein Präventionsprojekt, das alle Ebenen integriert. Wie wäre es mit "Paare lernen Partnerschaft" – Engagement ist gefragt, sowohl von Professionellen wie von den betroffenen Paaren!

5. Literaturverzeichnis

Beck, A. T., Rush, A. J., Shaw, B. F. & Emery, G. (1996). Kognitive Therapie der Depression (5. Aufl.). Weinheim: Beltz/Psychologie Verlags Union.

Burman, B. & Margolin, G. (1992). Analysis of the association between marital relationships and health problems: An interactional perspective. Psychological Bulletin 112, 39-63.

Braukhaus, C., Saßmann, H. & Hahlweg, K. (im Druck). Erfolgsbedingungen von Partnerschaften. In: P. Kaiser (Hrg.). Partnerschaft und Paartherapie. Göttingen: Hogrefe.

Bodenmann, G. (1997). Streß und Partnerschaft. Gemeinsam den Alltag bewältigen. Bern: Huber.

Cohen, J. (1988). Statistical power analysis for the behavioral science. Hillsdale, N.Y.: Erlbaum.

Cox, M. J., Paley, B. & Payne, C. C. (1998). Der Übergang zur Elternschaft: Risiken und Schutzfaktoren bei Eheproblemen. In: K. Hahlweg, D. Baucom, R. Bastine & H. Markman (Hrg.). Prävention von Trennung und Scheidung. Internationale Ansätze (S. 133-146). Stuttgart: Kohlhammer.

Emmelkamp, P. M. G. & Gerlsma, C. (1994). Marital functioning and the anxiety disorders. Behavioral Therapy 25, 407-429.

Ewart, C. K., Taylor, C. B., Kraemer, H. C. & Agras, W. S. (1991). High blood pressure and marital discord: Not being nasty matters more than being nice. Health Psychology 10, 155-163.

Fehm-Wolfsdorf, G., Groth, T., Kaiser, A. & Hahlweg, K. (in Druck). Cortisol response to marital conflict depend on marital interaction quality. International Journal of Behavioral Medicine.

Friedman, H. S., Tucker, J. S., Schwartz, J. E., Tomlinson-Keasey, C., Martin, L. R., Wingard, D. L. & Criqui, M. H. (1995). The aging and death of the „Termites". American Psychologist 50, 69-78.

Gottman, J.M. (1994). What predicts divorce? The relationship between marital processes and marital outcomes. Hillsdale, N.J.: Erlbaum.

Gottman, J. M. (1998). Psychology and the study of marital processes. Annual Review of Psychology 49, 169-197.

Grawe, K., Donati, R. & Bernauer, F. (1994). Psychotherapie im Wandel. Von der Konfession zur Profession. Göttingen: Hogrefe.

Groth, T., Fehm-Wolfsdorf, G., Kaiser, A. & Hahlweg, K. (1996). Partnerschaftskonflikte als Untersuchungsparadigma sozialer Psychophysiologie. Vortrag, Kongreß der Deutschen Gesellschaft für Psychologie.

Hahlweg, K. & Dose, M. (1998). Schizophrenie. Göttingen: Hogrefe.

Hahlweg, K. & Markman, H. (1988). Effectiveness of behavioral marital therapy: Empirical status of behavioral techniques in preventing and alleviating marital distress. Journal of Consulting and Clinical Psychology 56, 440-447.

Hahlweg, K., Feinstein, E. & Müller, U (1988). Analyse familiärer und partnerschaftlicher Kommunikation. In: M. Cierpka (Hrg.). Familiendiagnostik (S.153-169). Göttingen: Hogrefe.

Hahlweg K., Markman H.J., Thurmaier, F., Engl, J. & Eckert V. (1998). Prevention of marital distress: Results from a German prospective longitudinal study. Journal of Family Psychology 12, 543-556.

Halford, W.K. (1998). Prävention von Beziehungsproblemen in Risikopartnerschaften. In: K. Hahlweg, D.H. Baucom, R. Bastine & H.J. Markman (Hrg.). Prävention von Trennung und Scheidung. Internationale Ansätze (S. 217-239). Stuttgart: Kohlhammer.

Hahlford, W.K. & Bouma, R. (1997). Indiviudal psycho-pathology and marital distress. In: W.K. Halford & H.J. Markman (eds.). Clinical handbook of marriage and couple therapy (pp. 291-322). Chichester: John Wiley & Sons.

Halford, W.K., Kelly, A. & Markman, H.J. (1997). The concept of a healthy marriage. In: W.K. Halford & H.J. Markman (eds.). Clinical handbook of marriage and couple therapy (pp. 3-12). Chichester: John Wiley & Sons.

Holtzworth-Monroe, A., Beatty, S.B. & Anglin, K (1995). The assessment and treatment of marital violence: An introduction for the marital therapist. In: N.S. Jacobson & A.S. Gurman (eds.). Clinical handbook of couple therapy (pp. 317-339). New York: Guilford Press.

Jacobson, N.S., Follette, W.C., Revenstorf, D., Baucom, D.H., Hahlweg, K. & Margolin, G. (1984). Variability in outcome and clinical significance of behavioral marital therapy: A reanalysis of outcome data. Journal of Consulting and Clinical Psychology 59, 547-557.

Julien, D., Chartrand, E. & Bégin, J. (1996). Male couple's dyadic adjustment and the use of safer sex within and outside of primary relationships. Journal of Family Psychology 10, 89-96.

Kaiser, A., Hahlweg, K., Fehm-Wolfsdorf, G. & Groth, T. (1998). The efficacy of a compact psychoeducational group training program for married couples. Journal of Consulting and Clinical Psychology 66, 753-760.

Kaiser, A. (1997). Indizierte Prävention von Beziehungsstörungen. Effektivität eines Gruppenprogramms für (Ehe-)Paare mit längerer Beziehungsdauer zur Verbesserung der partnerschaftlichen Kommunikation und Beziehungsqualität. Unveröffentlichte Doktorarbeit an der Technischen Universität Braunschweig, Institut für Psychologie.

Karney, B.R. & Bradbury, T.N. (1995). The longitudinal course of marital quality and stability: A review of theory, method, and research. Psychological Bulletin 118, 3-34.

Kavanagh, D.J. (1992). Recent developments in expressed emotion and schizophrenia. British Journal of Psychiatry 160, 601-620.

Kiecolt-Glaser, J.K., Newton, T., Cacioppo, J.T., MacCallum, R.C., Glaser, R. & Malarkey, W.B. (1996). Marital conflict and endocrine function: Are men really more physiologically affected than women? Journal of Consulting und Clinical Psychology 64, 324-332.

Klann, N. & Hahlweg, K. (1994). Beratungsbegleitende Forschung. Evaluation von Vorgehensweisen in Ehe-, Familien- und Lebensberatung und ihre spezifischen Auswirkungen. Stuttgart: Kohlhammer.

Lassner, J.B., Matthews, K.A. & Stoney, C.M. (1994). Are cardiovascular reactors to asocial stress also reactors to social stress? Journal of Personality and Social Psychology 66, 69-77.

Markman, H.J., Floyd, F., Stanley, S. & Storaasli, R. (1988). Prevention of marital distress: A longitudinal investigation. Journal of Consulting and Clinical Psychology 56, 210-217.

Miketta, G. & Tebel-Nagy, C. (1996). Liebe und Sex. Über die Biochemie leidenschaftlicher Gefühle. Tübingen: Trias.

Sanders, M. R. & Black, M. (1997). Media and parenting: The effects of parental responsibility and information presented in a secondary modality on the implementation of specific strategies. Manuscript in preparation.

Sanders, M.R. (1998). Verhaltenstherapeutische Familientherapie: Eine „Public-Health" Perspektive. In: K. Hahlweg, D. Baucom, R. Bastine & H.J. Markman (Hrg.). Prävention von Trennung und Scheidung. Internationale Ansätze (S. 273-288). Stuttgart: Kohlhammer.

Schild, H. (1990). Einführung. In: G. Hank, K. Hahlweg & N. Klann. Diagnostische Verfahren für Berater (S. 1-11). Weinheim: Beltz.

Schindler, L., Hahlweg, K. & Revenstorf, D. (1998). Partnerschaftsprobleme: Diagnose und Therapie. 2. Aufl. Berlin: Springer.

Schröder, B., Hahlweg, K., Frank, M & Schneider, S. (1998). Einfluß der Partnerschaft auf den Therapieerfolg bei agoraphobischen Patienten. Unveröffentlichter Vortrag, Dinklar.

Schröder, B. & Hahlweg, K. (1998). Prävention von Beziehungsstörungen. In: G. Amann & R. Wipplinger (Hrg.). Gesundheitsförderung. Ein multidimensionales Tätigkeitsfeld (S. 261-281). Tübingen: DGVT-Verlag.

Shadish, W. R., Montgomery, L., Wilson, P., Wilson, M. R., Bright, I. & Okwumabua, T. (1993). Effects of family and marital psychotherapies: A meta-analysis. Journal of Consulting and Clinical Psychology 61 992-1002.

Silbernagl, S. & Despopoulos, A. (1991). Taschenatlas der Physiologie. 4. überarbeit. Aufl. Stuttgart: Thieme.

Terman, L.M., Buttenweiser, P., Ferguson, L.W., Johnson, W.B. & Wilson, D.P. (1938). Psychological factors in marital happiness. New York: National Council on Family Education.

Thurmaier, F., Engl, J., Eckert, V. & Hahlweg, K. (1992). Prävention von Ehe- und Partnerschaftsstörungen EPL (Ehevorbereitung - Ein Partnerschaftliches Lernprogramm). Verhaltenstherapie 2, 116-124.

Thurmaier, F., Engl, J. & Hahlweg, K. (1999). Eheglück auf Dauer? Methodik, Inhalte und Effektivität eines präventiven Paarkommunikationstrainings. Ergebnisse nach 5 Jahren. Zeitschrift für Klinische Psychologie 28, 54-62.

Vennen, D. (1992). Behandlungsergebnisse und Wirkfaktoren von Eheberatung. Göttingen: Hogrefe.

Weissman, M. M. (1987). Advances in psychiatric epidemiology: Rates and risks for major depression. American Journal of Public Health 77, 445-451.

Wishman, M.A. & Snyder, D.K. (1997). Evaluating and improving the efficacy of conjoint marital therapy. In W.K. Halford & H.J. Markman (eds.). Clinical handbook of marriage and couple therapy (pp. 679-694). Chichester: John Wiley & Sons.

BERND HIPPLER

WIEDER LIEBEN LERNEN
INTEGRATIVE PAARTHERAPIE NACH JACOBSON & CHRISTENSEN

1. VON DER TRADITIONELLEN VERHALTENSTHERAPEUTISCHEN PAARTHERAPIE ZUR "AKZEPTANZARBEIT"

Jüngere psychologische Kollegen sind oftmals erstaunt, von einer verhaltenstherapeutischen Paartherapie zu hören. Andere Therapierichtungen wie Gestalt-, Familien- und systemische Therapie werden dagegen leicht mit Paartherapie assoziiert. Die Verhaltenstherapie als Paartherapie scheint kaum mehr bekannt zu sein. Dabei ist bereits 1971 von Mandel und Zimmer ein Buch mit dem Titel "Einübung in Partnerschaft durch Kommunikationstheorie und Verhaltenstherapie" erschienen. Mittlerweile gibt es davon die 10. Auflage. Schon damals war allerdings verhaltenstherapeutische Paartherapie offensichtlich ein integrativer Ansatz.

Es folgte eine Reihe von differenzierten Manualen zur Diagnose und Therapie von Partnerschaftsproblemen in Deutschland, besonders von Hahlweg, Schindler und Revenstorf (1982) und erst kürzlich davon eine Überarbeitung (Schindler et al. 1998). In USA wurden verhaltenstherapeutische Ansätze vor allem durch Jacobson (1992) über viele Jahre hinweg bekannt. Obwohl diese Ansätze empirisch gut überprüft waren, hatte ich als Praktiker oft Unbehagen bei deren Anwendung. Sie gingen nach meiner Erfahrung oft an dem vorbei, was die Paare brauchten, die vor mir in der Praxis saßen. Beide Partner waren meist in einer

akuten Krise, in der sie keineswegs bereit waren, auf Veränderungsstrategien einzugehen, wie dies in der traditionellen Verhaltenstherapie für Paare vorgesehen ist. Sie basiert auf drei Elementen, die sehr differenziert ausgearbeitet und gut anzuwenden sind, wenn beide Partner motiviert und veränderungsbereit zur Therapie kommen:

> Elemente der Traditionellen
> Verhaltenstherapie für Paare:
>
> • Übungen zum Verhaltensaustausch
> • Kommunikations- und Konfliktlösetraining
> • Problemlösetraining

Die Frustration für die Paare und für mich als Therapeut war vorprogrammiert, da die empirisch nachgewiesenen therapeutischen Interventionen nicht ausreichten. Den meisten Paaren waren die angebotenen Veränderungsinterventionen zwar einleuchtend, trotzdem gelang es ihnen nicht, sie sinnvoll einzusetzen. Ich begann, vermutlich wie viele andere Kollegen ebenfalls, bei anderen Therapierichtungen zu suchen, war aber auch damit nicht zufrieden, da es keinen Ansatz gab, der systemische und individuumzentrierte verhaltenstherapeutische Aspekte, wie ich sie für unsere Klientel als sinnvoll erachtete, vereinte. Erst in den letzten Jahren fand ich bei Jacobson und Christensen (1996) eine Bestätigung für mein Unbehagen, die interessanterweise beide eine ähnliche persönliche Entwicklung für paartherapeutisches Vorgehen schildern, wie ich sie erlebte. Deren Arbeit stelle ich durch wörtliche Zitate nach Übersetzungen, durch Zusammenfassungen, Überarbeitungen und Hinzufügungen dar. Um für den Leser deutlich zu machen, was originär von Jacobson und Christensen stammt, wurden Zitate mit Seitenangaben gekennzeichnet. Alle Kapitel stammen von ihnen, außer das Einführungs- und Schlußkapitel, im Kapitel 5. "Akzeptanzarbeit" die Unterpunkte 5.1.1 bis 5.1.5, 5.2, 5.4. und das Kapitel 6.2. „Kommunikationstraining". Alle Abbildungen, grafischen Darstellungen und einzelne Fallbeispiele sind vom Autor zum leichteren Verstehen und als Übungsvorschläge eingefügt. Für den interessierten Leser ist die Originalliteratur von Jacobson und Christensen (1996 und 1998, s. Literaturverzeichnis) sehr zu empfehlen.

Der paartherapeutische Ansatz von Jacobson und Christensen hat Ähnlichkeit mit der in den letzten Jahren manchmal als radikal-behavioristisch bezeichnete Therapie von Hayes et al. (1993) "Acceptance and Commitment Therapy". Beide können als emotionsfokussiernd und prozeßerlebnisorientiert bezeichnet werden.

Ich möchte im folgenden kurz auf die Kritik an der traditionellen verhaltenstherapeutischen Paartherapie eingehen und daraus die notwendige Erweiterung dieses Ansatzes begründen. Aus dem leitet sich mein therapeutisches Vorgehen ab, das ich hier vorstelle. Zusammengefaßt lautet die Kritik von Jacobson und Christensen (1996, 10 ff.) folgendermaßen:

Traditionelle Verhaltenstherapie mit Paaren hat eine wesentliche Beschränkung:
Sie war nur erfolgreich mit Paaren, die in der Lage und bereit waren, sich zu verändern. Solche, die nicht wußten, ob sie zusammenbleiben wollen oder nicht, denen unklar war, was ihnen in der Partnerschaft überhaupt fehlte, oder die nicht bereit waren, über die erlittenen Kränkungen zu sprechen, konnte mit einem Kommunikations- und Konfliktlösetraining nicht geholfen werden.
Der Erfolg traditioneller verhaltenstherapeutischer Paartherapie hängt damit weitgehend vom Grad der Bindung, dem Alter und dem emotionalen Engagement der Paare ab. Im einzelnen gelten dafür folgende Wirkfaktoren einer erfolgreichen verhaltenstherapeutischen traditionellen Paartherapie:

Wirkfaktoren erfolgreicher traditioneller verhaltenstherapeutischer Paartherapie:

1. Je stärker die Bindung, desto erfolgreicher die positive Reaktion,
2. je jünger die Paare, desto eher profitierten sie von Veränderungsarbeit und
3. je stärker die emotionale und sexuelle Verbundenheit, desto größer der Erfolg. Außerdem war es günstiger, wenn Paare noch miteinander stritten, als wenn sie damit aufgehört hatten.

Anders ausgedrückt heißt dies: Wenn Paare kurz vor der Trennung stehen, älter sind, traditioneller, weniger gleichgesinnt im Hinblick auf Beziehungsgestaltung und wenig zur Zusammenarbeit bereit sind, desto eher scheiterten bisherige verhaltenstherapeutische Ansätze (siehe dazu Jacobson und Christensen 1996, 10 ff.). Genau diese Klientel kommt aber zu uns in die Praxis. Für diese Paare ist Veränderungsarbeit in einem so frühen Stadium der Therapie nicht angesagt.

Was dem traditionellen Ansatz verhaltenstherapeutischer Paartherapie fehlte, war die Möglichkeit, das scheinbar Inakzeptable am anderen Partner akzeptieren zu lernen oder, wie Jacobson und Christensen (1996, 11) es ausdrücken:

"Acceptance is the missing link in traditonal Behavior Therapy" (Akzeptanz ist das fehlende Bindeglied in der traditionellen Verhaltenstherapie).

Sie haben ein Modell entwickelt, in dem sie die sogenannte Akzeptanzarbeit als wichtiges, gelegentlich ausreichendes Glied der Veränderungsarbeit voranstellen. Damit vollziehen sie einen Schritt, der in der humanistischen Paartherapie einen Schwerpunkt bildet. "Urvater" einer Kommunikation, die Wert auf Akzeptanz des andern legt, ist Martin Buber, Religions- und Sozialphilosoph. Ideales Ziel der Therapie mit Betonung auf Akzeptanzarbeit wäre nach Buber:

> **Die Grundlage menschlichen Zusammenlebens ist eine zweifache und doch eine einzige -**
> *der Wunsch jedes Menschen, von dem anderen als das* **bestätigt** *zu werden,* **was er ist** *oder* **sogar was er sein kann (...)**
> **Wirkliche Menschlichkeit besteht nur dort, wo sich diese Fähigkeit entfaltet.**
> (Martin Buber, Das dialogische Prinzip, 1992)

In meiner Auslegung heißt "bestätigt" soviel wie akzeptiert, anerkannt, gesehen werden. Betont wird auch, "was er ist", und nicht, was er sein soll oder wie ich ihn oder sie brauche. Damit ist die Annahme des anderen in seinem So-sein gemeint. Unter der Zielvorstellung "was er sein kann", verstehe ich die Entstehung von Mitgefühl dafür, wie sich mein Partner entwickelt oder welche Fähig-

keiten und Eigenschaften er hat. Man könnte auch von Ressourcen sprechen, die ich beim anderen vermute.

Das Erlernen von Akzeptanz in der Beziehung beinhaltet folgende übergeordnete Ziele :
- Ich werde geliebt auch ohne die Bedingung, etwas Bestimmtes dafür tun zu müssen, also mir die Liebe zu verdienen, möglicherweise auch dadurch, daß ich selbst liebe und dies auch zeige.
- Wenn ich die Liebe in mir zulasse, belaste ich die Beziehung weniger, der andere wird es spüren.
- Je stärker ich bereit und in der Lage bin, für mich und meine Bedürfnisse zu sorgen, desto mehr läßt die Anspruchshaltung und damit der Zwang, vom anderen geliebt werden zu müssen, allmählich nach.

2. ÜBERSICHT ZUM THERAPIEVERLAUF

Jeder kennt im tiefsten Inneren, was Liebe eigentlich heißt. Ich gehe davon aus, daß dieses Gefühl nicht gelernt werden muß, sondern daß es jeder hat. Leider ist es oft kaum mehr zu spüren und verbirgt sich um so mehr, je mehr Verletzung droht. Daher könnte ich diesen Ansatz auch "Wieder lieben lernen" nennen. Damit ist das Wieder-Erlernen und die Ermutigung gemeint, den anderen grundlegend zu akzeptieren. Vermutlich hat diese Akzeptanz am Beginn der Beziehung bestanden, was die Erzählung von Kennenlern-Geschichten bei Paaren beweist. Das Bedürfnis nach Liebe und Liebe zu geben soll wieder geweckt, und Verhaltensmöglichkeiten sollen angeboten werden, die diese Fähigkeit dann aufrechterhalten. Die Therapie beruht ursprünglich auf einer verhaltenstherapeutischen Basis, wird aber durch systemische, gestalt- und gesprächspsychotherapeutische Elemente erweitert. Sie stellt damit einen integrativen Ansatz dar, deren Bindeglied die Akzeptanz ist.

Sie beginnt mit der Ermittlung des Status quo über Anlaß und Grund einer Paartherapie. Im zweiten Schritt werden hauptsächlich grundlegende Kommunikations- und Beziehungsmuster, die das Paar voneinander entfernen, identifiziert. Dabei wird dem Paar zunächst die Polarisierung des Musters in einer sich ständig erweiternden Eskalation und anschließend die "Falle", die zum gegenwärtigen Stillstand geführt hat, attribuiert.

In den weiteren hauptsächlichen Therapieblöcken wird nach Möglichkeiten gesucht, die Muster aufzulösen oder sie zumindest zu modifizieren. In der Akzeptanzarbeit wird als Voraussetzung für die spätere veränderungsorientierte Arbeit das gegenseitige Eingehen, das Verstehen der Problematik und der kognitiven Grundannahmen über sich und den anderen und der empathische Hintergrund für die Beziehung angebahnt. Dabei wird versucht, den Kontakt zwischen den Partnern auf allen Ebenen herzustellen: Auf der *kognitiven Ebene* durch Erkennen und Verstehen der Bedürfnisse und der Muster aus der Lebensgeschichte, auf der *Wahrnehmungsebene* durch Unterscheiden von Beobachtung und Bewertung, auf der *Verhaltensebene* durch Entwicklung von Mitgefühl und Aufbau von Toleranz und auf der *emotionalkörperlichen Ebene* durch Berührung, den anderen spüren, und Zulassen von tiefen Empfindungen. Manchmal reichen die Interventionen im Bereich von Akzeptanzaufbau aus, besonders dann, wenn die Fähigkeiten der Paare zur Kommunikation und Konfliktlösung nicht defizient sind. Meist schließt sich aber nach Herstellen von Akzeptanz und Toleranz für den Partner die "Veränderungsarbeit an. Sie beinhaltet die ursprünglichen Elemente der traditionellen verhaltenstherapeutischen Paartherapie: Verhaltensaustausch als eine Wiederherstellung des Ausgleichs im Geben und Nehmen unter den Partnern, Kommunikations- und Konfliktlösetraining.

Die Abfolge der einzelnen Schritte wird in Abbildung 1 (s. Seite 63) veranschaulicht:

Wann immer im Abschnitt der Veränderungsarbeit Stagnation oder Widerstände durch Nichterledigen von Aufgaben, neuer polarisierender Streit oder Rückzugsverhalten einer der Partner auftreten, wird zur Akzeptanzarbeit zurückgekehrt. Wenn die Unterschiede der Partner nicht so sehr in der Kommunikation liegen, sondern eher in der Abneigung dem anderen Partner gegenüber, müssen Anstrengungen unternommen werden, mit dieser grundlegenden Ablehnung fertig zu werden. Dazu reicht die Vermittlung von Kommunikationstechniken nicht aus.

Andererseits können in einer bestimmten Phase der Akzeptanzarbeit beispielsweise Aufgaben zum Verhaltensaustausch gegeben werden, um die Bereitschaft zur Akzeptanz zu überprüfen. Insofern ist der therapeutische Ablauf nicht standardisiert, sondern richtet sich jeweils nach den Bedürfnissen des Paares. Schwerpunkt der Akzeptanzarbeit ist es, das Gefühl von Liebe zwischen den Partnern wieder entstehen zu lassen oder erst zu lernen, was Liebe eigentlich heißt. Bei der Veränderungsarbeit liegt die Betonung dagegen mehr auf der offenen, wahrhaftigen Auseinandersetzung mit dem Partner (Moeller, 1994, van der Veen 1977), der Wiederherstellung des Ausgleichs im Geben und Nehmen und dem Aufbau der Kommunikations- und Problemlösefähigkeit (Hahlweg 1986, Bornstein und Bornstein 1993, Schindler et al. 1998, 35 ff.).

3. ERHEBUNG DES STATUS QUO

Eine Paartherapie ergibt sich nicht selten im Anschluß an eine Einzeltherapie bei unterschiedlichen Störungsbildern wie Angst- und Zwangsstörungen, Depressionen und Suchterkrankungen.

ÜBERSICHT ZUM THERAPIEVERLAUF: INTEGRATIVE PAARTHERAPIE

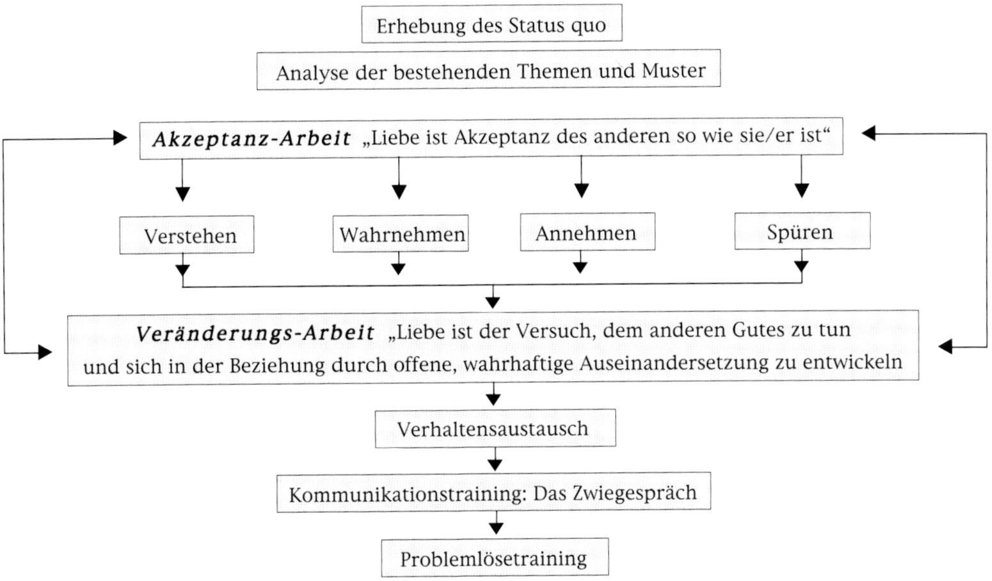

Erhebung des Status quo

Analyse der bestehenden Themen und Muster

Akzeptanz-Arbeit „Liebe ist Akzeptanz des anderen so wie sie/er ist"

| Verstehen | Wahrnehmen | Annehmen | Spüren |

Veränderungs-Arbeit „Liebe ist der Versuch, dem anderen Gutes zu tun und sich in der Beziehung durch offene, wahrhaftige Auseinandersetzung zu entwickeln

Verhaltensaustausch

Kommunikationstraining: Das Zwiegespräch

Problemlösetraining

Abb.1 : Darstellung des Therapieverlaufs der Integrativen Paartherapie

Bei diesen Störungen sind Partner besonders häufig involviert und tragen zur Aufrechterhaltung oder der Lösung, je nach Verhalten, erheblich bei. Fragen, die sich speziell daraus ergeben, werden aus Platzmangel nicht erörtert, können aber durchaus Anlaß sein, um eine Therapie zu beginnen. Am häufigsten kontaktieren Frauen zunächst den Therapeuten mit dem Wunsch, eine Paartherapie zu beginnen. Der männliche Partner kommt später mit. Männer sind weniger initiativ, aber meist nicht unwillig. Auslöser dafür sind in erster Linie Lebensereignisse, die die Beziehung gefährden: Aufnahme oder Beendigung einer Außenbeziehung, Tod oder Krankheit eines Familienmitglieds, Geburt eines Kindes, berufliche Veränderungen oder Zusammenbruch bisheriger Muster in der Beziehung durch persönliche Weiterentwicklung einer der beiden oder beider Partner. Bei letzterem handelt es sich oft um die Auflösung von "Kollusionen" (Willi 1975, 1991). Darunter wird "ein Beziehungsarrangement" verstanden, "in dem zwei Menschen zusammentreffen, die intuitiv spüren, daß sie einander die Erfüllung tiefer Sehnsüchte und Wünsche anzubieten vermögen mit der gleichzeitigen Möglichkeit, die Ängste vor Nähe unter Kontrolle zu halten" (Willi 1998, 77). Beide Partner brauchen einander, und es entsteht immer eine Zirkularität, in der das Verhalten des einen Partners mit dem des anderen begründet wird und umgekehrt. Einfach erklärt ist dieser Mechanismus mit komplementären Verhaltensweisen, wenn beispielsweise sie sich hilfsbedürftig, er sich machtvoll-bestimmend, helfend verhält. Beide brauchen einander, da der Wegfall dieses Zusammenspiels mit Angst verbunden ist. Typische Kollusionen sind beispielsweise: Helfer[1] und Hilflose, Aktive und Passiver, Anlehnungsbedürftiger und Führende, Bewunderungsbedürftige und Bewunderer. Was wäre die Hilflose ohne Helfer, der Helfer ohne Möglichkeit, helfen zu können? Entwickelt ein Partner mehr Selbständigkeit, wird die Kollusion aufgelöst, und es kommt zur Bedrohung der Beziehung, einer oder beide Partner werden destabilisiert. Dies ist häufig der Grund für die Aufnahme einer Therapie(Willi 1991, 320 ff.). Daraus ergeben sich die folgenden Fragen (in Anlehnung an Jacobson & Christensen 1996, 71 ff.).

1.Wie belastet ist das Paar mit der gegenwärtigen Problematik?

Bei dieser Frage geht es um die Entscheidung, wie schnell die Therapie beginnen muß. Ist eine Krisenintervention angesagt, insbesondere bei Suizidrisiken, Gewalt in der Familie, kindlichem Mißbrauch oder Psychosen? Die Art und Weise, wie die Partner miteinander sprechen, zeigt normalerweise den Grad des emotionalen Stresses, der zwischen beiden zur Zeit herrscht.

2.Wie ist das Paar in die Beziehung eingebunden? Welche Verpflichtungen sind beide eingegangen?

Diese Frage befaßt sich hauptsächlich mit dem Grad der Bindung (durch gemeinsame Kinder, Vermögen oder Schulden, Zeitdauer der Beziehung, Bedürftigkeit einer der Partner etc.)beider Partner. Im allgemeinen kann man sagen, je mehr die Partner aneinander gebunden sind, desto weniger sind sie auch belastet, und je weniger sie aneinander gebunden sind, desto größer ist auch die

jeweilige Belastung in der Krisensituation. Durch die Einschätzung der gegenwärtigen Belastung kann man eine Aussage darüber treffen, wie erfolgreich die Paartherapie sein kann und wie sehr sich die Partner anstrengen wollen, in die Therapie zu investieren.

3.Wodurch werden beide voneinander getrennt? Wodurch oder worin unterscheiden sich beide?

Diese Frage ist besonders wichtig, um das jeweilige Muster oder das entsprechende Thema, das in dieser Beziehung zur Zeit zur Krise geführt hat oder das schon immer zu Streit führt, zu identifizieren. Die Fragen sind: Worüber streiten Sie? Was sind Ihre bestimmten Positionen oder Gesichtspunkte in bestimmten Bereichen? Streiten Sie beispielsweise um Geld? Streiten Sie über Nichteinhaltung von Verabredungen? Was sind die äußeren Faktoren, die diesen Konflikt beeinflussen? Häufig hat diese Frage auch damit zu tun, in welchem Entwicklungsprozeß sich das Paar derzeit verfangen hat oder welche Kollusionen sich gerade auflösen.

4.Warum sind die vorgebrachten Probleme ein so großes Problem für beide?

Diese Frage geht auf den Polarisierungsprozeß und die wechselseitige Falle ein. Dadurch erfährt der Therapeut, wie beide auf Konflikte reagieren und wie sie aufeinander antworten. Vermeiden sie beispielsweise, Konflikte zu diskutieren? Beschweren sie sich massiv übereinander, und eskaliert das bis zu einem solchen Punkt, wo dann Tage oder Wochen des Schweigens folgen? Versucht der eine den anderen zu ändern, während dieser sich im Ärger zurückzieht?

---

[1] Die Verwendung von maskuliner oder femininer Form ist zufällig und genauso gut austauschbar. Die maskuline Form wird wegen der besseren Darstellung gebraucht. Ebenso sind immer dann, wenn von Partnern gesprochen wird, Frauen oder Männer gemeint.

5. Was hält das Paar zusammen? Was sind die Stärken der Partnerschaft?

Diese Frage richtet sich vor allen Dingen auf die Kennenlernphase dieses Paares, also auf die Frage, was die beiden ursprünglich einmal zusammengebracht hat. Welche dieser Merkmale wirken noch heute, um die Beziehung aufrechtzuerhalten? Eine Variation dieser Frage könnte sein: Wie haben es die Partner geschafft, zusammenzubleiben, trotz dieser Schwierigkeiten, die sie in die Therapie gebracht haben?

6. Was kann eine Therapie helfen?

Bei dieser Frage geht es hauptsächlich darum, herauszufinden, ob beide Partner bereit sind, sich gegenseitig zu akzeptieren, insbesondere ihre Unterschiedlichkeit, und ob sie sich in Konfliktbereichen ändern können oder möchten. Im allgemeinen ist davon auszugehen, daß je größer die Bereitschaft zur Zusammenarbeit und Mitarbeit ist, man desto früher mit der Veränderungsarbeit innerhalb der Therapie beginnen kann. Umgekehrt, je größer die Unvereinbarkeit zwischen den Partnern, je größer die Belastung, je geringer die Bindung, je unterschiedlicher die Ziele in der Partnerschaft und je traditioneller die Ehe verläuft, desto größer liegt die Betonung auf der Akzeptanzarbeit am Beginn der Therapie. Außerdem ist zu klären, welche Ziele die Partner mitbringen und wie sehr sie zu Kompromissen bereit sind.

4. Analyse der bestehenden Themen, Polarisierung und Falle

Eines der wesentlichsten Organisationsprinzipien in der integrativen Paartherapie ist die passende Zuschreibung der bestehenden problematischen Themen und Interaktionsmuster, wegen der das Paar zur Therapie kommt. Dabei ist nicht entscheidend, ob diese Zuschreibung richtig oder falsch

ist. Sie wird gemeinsam mit dem Paar erarbeitet und sollte für die weitere Therapie und darüber hinaus hilfreich sein. Mit hilfreich ist dabei die zunehmende Fähigkeit gemeint, gegenseitige Schuldzuschreibungen und Anklagen zu unterlassen und sich für Akzeptanz und Veränderung zu öffnen (Jacobson & Christensen 1996, 41 ff.). Sie besteht aus drei Teilen: dem Thema, dem Polarisierungsprozeß und der wechselseitigen Falle.

4.1. Themen in Paarbeziehungen

Man kann davon ausgehen, daß jedes Paar ein bestimmtes Thema in die Therapie einbringt, was scheinbar ungleiche Konfliktbereiche vereint. Zwei hauptsächliche Regulationsmechanismen, nämlich Nähe und Distanz und Dominanz und Unterordnung, sind in vielen Streitthemen übergeordnet zu finden. Sie treten unabhängig davon auf, worüber immer auch gestritten wird, z.B. über Geld, Sexualität, Kindererziehung, gemeinsame Aktivitäten und ähnliche Themen. Das Thema kann als ein Etikett angesehen werden, was man in der Verhaltenstherapie als Reaktionsklassen bezeichnet hat, also eine Klasse von miteinander verbundenen Verhaltensweisen, die ähnlichen Funktionen dienen. Zum Beispiel: mehr Zeit vom Partner zu fordern, mehr intime Gespräche oder sexuelle Aktivität, die mehr Gefühle einschließt und ein ausgiebigeres Vorspiel, sind als Wunsch nach größerer Nähe zu sehen. Auf der anderen Seite wird mit der Suche nach Zeit für sich alleine, oberflächlichen Gesprächen oder Sex ohne gefühlsmäßige Beteiligung oder sexuelles Vorspiel, der Versuch gemacht, größere psychische Distanz zu erhalten oder zu schaffen. Durch die Zuschreibung des Themas wird damit ein bestimmtes Verhalten identifiziert. Einer der Partner ist bei der Nähe-Distanz-Thematik mit der "Suche nach Nähe" identifiziert, der andere mit der "Wahrung von Distanz". Daraus ergibt sich der Konflikt. Die Hoffnung besteht, daß sich die ursprüngliche Generalisierung eines

Problemverhaltens (z.b. immer Suche nach Nähe) umkehren läßt und sich einzelne Kommunikations- und Konfliktverhaltensweisen der Partner ändern, wenn das grundlegende Identifikationsmuster modifiziert werden kann. Insofern ist es sinnvoll, eine bestimmte Verhaltensklasse zu fokussieren und dann festzustellen, daß eine Generalisierung von einem Bereich in der Partnerschaft auf den anderen erfolgt.

Die Themen basieren hauptsächlich auf Unterschieden zwischen diesen beiden Partnern, z. B. das Thema von Nähe und Distanz impliziert gleichzeitig einen Unterschied in der Definition einer idealen Partnerschaft: Der eine empfindet eine relativ nahe Beziehung als das Ideal, wohingegen der andere mehr Distanz ideal für eine Partnerschaft ansieht. Diese Unterschiede werden möglicherweise als unvereinbar wahrgenommen. Die meisten Paare versuchen dann die sie störende Eigenschaft des anderen zu beseitigen. Damit beginnt die Polarisierung. Darüber hinaus sehen Partner diese Unterschiede als Mangelerscheinungen in der anderen Person. Die eigene Wahrnehmung wird als richtig, die des anderen als falsch angenommen. Unterschiede gelten dann als problematisch und müssen deswegen geändert werden, damit sich die Paare besser gegenseitig akzeptieren können. Wenn Paare die Therapie erfolgreich durchlaufen, wäre es wünschenswert, daß sie andere Standpunkte als natürlich, unvermeidbar und vielleicht sogar wünschenswert ansehen. Die Haltung im Hinblick auf Unterschiede in Paarbeziehungen müßte sich im Laufe der Therapie zu mehr Akzeptanz und Toleranz verändern.

Die speziellen Themen werden mit den Partnern erarbeitet und am besten auch gemeinsam "etikettiert". Damit ist gewährleistet, daß sie die Zuschreibung auch übernehmen.

Folgende Themen treten am häufigsten auf (modifiziert nach Jacobson und Christensen 1996, 43 ff.):

Nähe - Distanz:

In der Regel suchen Frauen mehr Nähe und Männer häufiger Distanz. Der Nähe suchende Partner initiiert auch gewöhnlich den ersten Therapiekontakt. Wenn der Abstand suchende Partner in die Therapie kommt, steht dieser gewöhnlich stark unter Druck durch den anderen Partner, oder er möchte den bestehenden Status quo aufrechterhalten. Der Abstand suchende Partner ist in der Regel der Mächtigere in der Partnerschaft. Er hat nämlich bestimmte Ressourcen, die der andere haben möchte, wie z.b. nicht ausgedrückte Gefühle, intime Verhaltensweisen, mehr Zeit etc. Er kontrolliert damit, was der andere Partner haben will.

Dominanz - Unterordnung oder Kontrolle - Verantwortlichkeit:

Paare mit dieser Thematik streiten häufig darüber, wer welche Bereiche der Partnerschaft kontrolliert und wer verantwortlich für solche Bereiche ist, die keiner von beiden übernehmen möchte. Häufig will ein Partner in einem bestimmten Bereich die Verantwortung an den anderen abgeben, aber gleichzeitig Kontrolle darüber behalten. Der Ehemann will die täglichen Finanzgeschäfte abgeben, aber gleichzeitig letztendlich die Kontrolle über finanzielle Entscheidungen behalten. Die Ehefrau will dagegen den Mann an der Hausarbeit beteiligen, korrigiert ihn aber ständig, wenn sie nicht bis ins Detail in ihrem Sinne erledigt wird. Dieses Thema tritt häufig bei Paaren mit demokratischem oder Gleichheitsanspruch in der Ehe auf, wo es keine typische geschlechtsspezifische Aufteilung zwischen Männern und Frauen gibt.

Sex ist alles - ohne Sex geht's auch

Der sexuelle Wunsch eines Partners wird dann zum Mittelpunkt der Thematik, wenn er gleichzeitig auf

Ablehnung beim anderen stößt. Dabei kann es sowohl um Nähe- und Distanz- als auch um Dominanzkonflikte gehen. Es wird meist um die Häufigkeit von Sex gestritten, weniger um die Art. Im allgemeinen wünscht sich der männliche Partner mehr Sex, während der weibliche beweisen möchte, daß sich die wirkliche Liebe in der Enthaltsamkeit zeigt und erst nach genügend emotionaler und kommunikativer Nähe möglich ist. Dies wird von den Männern meist umgekehrt gefordert.

Du liebst mich nicht - doch, ich schon, du bist es, der mich nicht liebt:

Bei dieser Thematik beschuldigen sich beide Partner gegenseitig, daß er ihn oder sie nicht liebt, nicht wertschätzend genug und zu wenig fürsorglich sei. Diese Gefühle werden nicht direkt angesprochen, aber hinter einer Wolke von Kritik, Beschuldigung und Rückzug versteckt. Beide Partner setzen Liebe, Wertschätzung und Achtung mit dem Verhalten gleich, das sie zeigen, wohingegen sie die Methoden des anderen Partners, Liebe auszudrücken, nicht anerkennen. Sie sehen nicht die Möglichkeit, Liebe unter Umständen in unterschiedlicher Weise auszudrücken. Ein Partner hat einen bestimmten Begriff von Liebe und stellt sich genau vor, wie er vom anderen geliebt werden möchte. Wenn dieser die erwartete Liebe nicht zeigt, dann wird dieses Verhalten nicht als Liebe bewertet.

Partnerschaftskünstler - Partnerschaftswissenschaftler:

Der Partnerschaftskünstler glaubt an Spontaneität und Spiel, und für ihn ist Spaß am Leben zu haben viel wichtiger, als bestimmte Aufgaben zu erfüllen. Der Partnerschaftswissenschaftler hingegen kann nicht spontan und nicht sehr spielerisch sein. Statt dessen plant er für die Zukunft, setzt Ziele, erledigt Aufgaben, um damit wesentliche Ziele zu erreichen.

Konventionalität - Unkonventionalität:

Dieses Thema findet sich sehr häufig in der Phase der Paarfindung, wenn sich ein Partner durch den anderen angezogen fühlt, weil dieser bestimmte Verhaltensqualitäten zeigt, die er auch hat, aber nicht offen ausdrücken kann. Der andere hilft ihm damit, bestimmte Wünsche und Sehnsüchte in der Partnerschaft zu verwirklichen. Die Unterschiedlichkeit des anderen wirkt als Attraktion. Leute, die ein konventionelles Leben führen, aber sich gleichzeitig nach Abenteuer sehnen, werden oft von Außenseitern angezogen und sind später dann fürchterlich enttäuscht, wenn sie entdecken, daß derjenige sich dann genau diametral dazu verhält, was er ursprünglich erhofft hat.

4.2. Der Polarisierungsprozeß

Wenn Paare die Unterschiedlichkeit nicht akzeptieren können, versuchen sie den daraus resultierenden Schmerz zu vermeiden, indem sie den anderen verändern wollen. Damit wird eine Polarisierung unausweichlich. Es kommt zwangsläufig zu einer Interpunktion, bei der jedes Ereignis gleichzeitig Reiz, Reaktion und Verstärkung ist. Der Rückzug des Mannes ist Reiz für die Frau zu nörgeln, was wiederum Auslöser für den Mann ist, sich zurückzuziehen. Das jeweilige Verhalten ist negativ verstärkend für den jeweiligen Partner. Es wird also eskalieren, Interpunktionsketten entstehen (Watzlawick et al. 1972, 57 ff.).

Es gibt folgende Gründe für eine Polarisierung der jeweiligen Themen:
1. Es ist üblich, daß Partner bei auftretenden Konflikten glauben, der andere habe falsch gehandelt.
2. Die Partner tendieren dazu, es als ihre Aufgabe anzusehen, die Mangelerscheinungen des anderen zu korrigieren, insbesondere dann, wenn ihnen diese Mangelerscheinungen Schmerzen verursachen. Sie wollen, daß der andere die Welt so sieht, wie sie sie selbst sehen.

3. Wenn die Partner mittlerweile ein "gut eingespieltes Verhaltensrepertoire ihrer Partnerschaft" haben, versuchen sie gewöhnlich, den
anderen von seinen üblichen Verhaltensweisen
wegzubringen. Die Methoden dazu sind Über-
treibung, "mehr desselben"(ständige Wiederholungen) und Druck.

Polarisierung macht das Problem immer schlechter, nicht besser. Die Unterschiede werden über-
trieben, die unvereinbaren Verhaltensweisen
wachsen zu unversöhnlichen Unterschieden an,
und die gegenseitig zugefügten Schmerzen und
das Leiden multiplizieren sich.

Zur Verdeutlichung sollen zu jedem Thema die
Polarisierungen kurz aufgeführt werden. Es können sich folgende Polarisierungen bilden:

Nähe - Distanz:
Verkürzt wird dieses Muster in der untenstehen-
den Tabelle (Abb. 2) wiedergegebeben.

Dominanz und Unterordnung oder Kon-
trolle und Verantwortung
Machtkämpfe in der Beziehung werden am meisten durch kontrollierendes Verhalten hervorge-
rufen und aufrechterhalten. Wenn Macht und
Kontrolle die dominante Motivation in einer Partnerschaft werden, wird jeder Versuch, mehr Verantwortlichkeit bei einem Partner zu erreichen,
durch den anderen mit immer kreativeren Möglichkeiten, sich aus der Verantwortung zu schlei-
chen, beantwortet werden.

Sex ist alles - ohne Sex geht's auch
Zur Erläuterung dieser Polarisierung, durch die
die gesamte Familie beeinträchtigt wurde, soll ein
Beispiel (aus der Praxis des Autors) dienen:
In einer Familie mit 2 Kindern im Alter von 1 1/2
und 4 Jahren hatten der Ehemann, 26, und die
Ehefrau, 24, anhaltenden Streit um die Notwen-
digkeit und Häufigkeit von Sex. Nach der Geburt
des zweiten Kindes hatte sich die Frau sexuell ver-
weigert, da sie seine Sprachlosigkeit und Anerken-

Nähesucher	Distanzhalter
leidet unter zunehmender Sprachlosigkeit, sucht Gesprä-che, stellt Fragen, macht Angebote	
	fühlt sich eingeengt, will Freiheit, zieht sich zurück, glaubt, der andere wolle ihn an der persönlichen Entwicklung hindern, Desinteresse am anderen steigt
kontrolliert, beschuldigt den andern, nicht mehr zu lie-ben, oder schreibt dem anderen eine Angst vor Intimi-tät zu, droht (mit Trennung oder anderen Machtmit-teln)	
	antwortet mit dem Vorwurf, der andere wolle sich abhängig machen, sei unfähig, alleine zu leben, weist den anderen zurück
resigniert, zieht sich (gekränkt) zurück, wird depressiv	
	zeigt sich gleichgültig

Abb.2: Polarisierung des Nähe-Distanz-Musters

nung ihrer Arbeit durch ihn beklagte. Er hatte sie daraufhin mehr oder weniger gezwungen, ihm bei der täglichen Masturbation zuzusehen. Sie tat dies mit Widerwillen, wußte aber, daß er danach wesentlich ruhiger werden und sie im Haushalt und der Beaufsichtigung der Kinder unterstützen würde. Gleichzeitig unterließ er dadurch die häufige Kritik in bezug auf Sauberkeit und Ordnung in der Wohnung. Je mehr er von ihr Sex verlangte, desto mehr ekelte sie sich vor ihm. Je mehr er sich von ihr abgelehnt fühlte, desto mehr zwang er sie, seiner Masturbation beizuwohnen. Je unwilliger sie darauf einging, um seiner Kritik zu entgehen, desto mehr verlor sie auch die Achtung vor sich selbst und wurde gefühllos.

Du liebst mich nicht - doch, ich schon, du bist es, der mich nicht liebt:

Je mehr ein Partner den anderen kritisiert, desto weniger Interesse hat er am anderen. Je mehr aber der andere sich durch dieses Desinteresse zurückgewiesen fühlt, desto depressiver wird er.

Partnerschaftskünstler - Partnerschaftswissenschaftler:

Bei einem Paar mit diesem Thema möchte der "Wissenschaftler" von ihr klare Anweisungen, wie er sich verhalten soll. Außerdem plant er alle Ereignisse weit im voraus. Sie dagegen möchte die Dinge auf sich zukommen lassen und aus dem Augenblick heraus handeln. Je mehr er plant, desto mehr beschimpft sie ihn als unflexibel und fühlt sich durch ihn gebremst. Dadurch fühlt er sich verunsichert und fragt bzw. plant noch mehr, dadurch glaubt sie sich in ihrer spontanen Handlung eingeengt und neigt zu extremen Übertreibungen in allen Bereichen, um ihn zu schocken.

Konventionalität - Unkonventionalität

Bei den konventionell/unkonventionellen Paaren besteht die Polarisierung darin, daß der eine Part-

ner auf traditionellen familiären Werten mit Prinzipienbildung besteht. Der andere wird um so regelloser. Ein Mann, der "diesmal sichergehen wollte" und von seiner Frau die Einhaltung von Regeln einforderte, die am Beginn der Ehe vereinbart worden waren, entdeckte, daß sie sich diesen Regeln um so mehr entzog, je rigider er damit wurde und je häufiger er ihr Vorwürfe machte. Am günstigsten wirken Musterbeschreibungen, die im Therapieprozeß offensichtlich geworden sind und von den Paaren mit Hilfe des Therapeuten selbst benannt werden.

Ein Paar (aus der Praxis des Verfassers) nannte sein polarisierendes Thema: **"Wenn ich alles richtig mache, dann wird's auch gut – „Grüner-Plastikeimer-Syndrom"**

Die Identifikation des Musters entwickelte sich aus der Besprechung zur Übung "Awareness-Continuum"(siehe unten). Dabei geht es darum, daß sich das Paar gegenübersitzt, schweigend Blickkontakt hält, sich anschließend austauscht, was jeder gesehen, gehört, gedacht, gefühlt hat, ohne zu bewerten. Schließlich soll es die Wirkung dessen auch emotional beschreiben. Beide sollten die Übung zweimal zu Hause alleine durchführen. Das erste Mal war sie an der Reihe, mit der Übung zu beginnen, beim zweiten Mal er.

Er berichtet, daß er beim ersten Mal heftigen Widerstand gespürt habe. Er habe die Übung als Blödsinn abgewertet, sei unruhig und angespannt gewesen und habe sich massiv unter Druck gefühlt. Sie berichtet, daß sie im Bestreben, alles richtig zu machen, kleine Kärtchen geschrieben habe, um diese dann immer bei Verstoß gegen Regeln zu zeigen oder daraufhinzudeuten. Beide hätten auch bei der ersten Übung auf einer Couch Platz genommen, die häufig schon Ort früherer massiver Streitigkeiten gewesen sei. Der Abstand sei nicht

frei wählbar gewesen, und viele Assoziationen an früher hätten die Übung erschwert.
Beim zweiten Mal habe er die Initiative ergriffen und versucht, die Übung so zu gestalten, daß er sich wohler fühlte. Dazu hätte er zwei Stühle in angemessenem Abstand in die Mitte des Raumes gestellt. Er habe dabei ein Gefühl größerer Freiheit bekommen mit dem Gedanken, sich jederzeit zurückziehen zu können, und er habe begonnen, über seine Gefühle vom letzten Mal zu sprechen. Sie sei völlig erleichtert gewesen, daß er die Initiative übernommen habe, sei sich dadurch gestützt vorgekommen und habe Verantwortung abgeben können. Sie habe nicht alles richtig machen müssen, sondern sie habe ihm den Verlauf überlassen oder sich auf das Gespräch einlassen können, ohne Vorgaben zu haben.

Bei der Besprechung dieser Übungserfahrungen stellte sich heraus, daß ihn die erste Übung an seine Kindheit und bestimmte Verhaltensweisen seiner Mutter erinnert hat. Wann immer seine Mutter anfing, mit ihm zu schimpfen, manchmal zu schreien, ihn zu tadeln, geriet er in eine Art Trancezustand, um nichts mehr davon mitzubekommen. In ganz extremen Fällen habe er sich einen grünen Plastikeimer über den Kopf gestülpt, um so von der Umwelt nichts mehr zu merken. Ein ähnliches Gefühl habe er, wann immer die Partnerin "anfinge, ihn zu reglementieren". Sie konnte sich erinnern, daß sie in der häufig angespannten, sehr zerbrechlichen Beziehung ihrer Eltern, die schließlich geschieden wurden, vermittelt hatte. Dabei hatte sie die Regel entwickelt, "wenn ich alles richtig mache, dann wird's schon gut". Dies gab ihr Sicherheit, und sie konnte den drohenden Beziehungsabbruch und damit die Angst vor dem Verlassenwerden abwenden.

Die daraus entwickelte Polarisierung sieht folgendermaßen aus:

In Konfliktsituationen ist sie sehr bemüht, alles richtig zu machen, um damit den drohenden Beziehungsabbruch zu verhindern. Im Extremfall stellt sie Regeln auf und hofft, daß auch er sich daran halten möge. Je mehr Regeln sie allerdings einführt, desto stärker fühlt er sich in seiner Autonomie bedroht, zieht sich zurück, spricht nicht mehr mit ihr, im schlimmsten Falle bricht er die Kommunikation für Tage ab, was ihr wiederum das Gefühl gibt, daß sie es letztendlich doch falsch gemacht hat. Sie bemüht sich also um so mehr, ein neues Gespräch mit ihm zu beginnen. Da sie eloquent und rhetorisch geschickter ist als er, spürt er noch größeren Widerstand, weil er sich endgültig von ihr unterdrückt glaubt. Deshalb setzt er sich den "grünen Plastikeimer auf" (siehe Abbildung 3).

Dieser Erklärungsversuch gibt dem Paar die Möglichkeit, bisherige negative Verhaltensweisen positiv umzudeuten. Aus ihrem Verhalten vermeintlicher Bedrängnis, unentwegten Klammerns und im schlimmsten Fall Unterdrückung von ihm wird nun ihr Bemühen verständlich, es im Kontakt mit ihm möglichst richtig zu machen, damit sie viel Sicherheit gewinnt. Aus seinem Rückzugsverhalten und zunehmender Distanz bis hin zum Abbruch der Beziehung wird jetzt der Versuch, seine bedrohte Autonomie zu wahren, verständlich.

4.3. Die Falle

Das Ergebnis der Polarisierung ist die wechselseitige Falle. Die Paare beschreiben sich als steckengeblieben in einer Art von Sinnlosigkeit und Vergeblichkeit für weitere Bemühungen. Sie sagen oft, ich habe alles getan, was ich konnte, aber kann den anderen nicht ändern. Je mehr ich das versuche, desto schlechter werden die Dinge. Aber ich weiß nicht, was ich anderes tun soll. Wenn ich aufgebe, geht die Partnerschaft einen verhängnisvollen Weg. Aber weil ich keine Alternative weiß, mache ich eben weiter. Vielleicht muß ich kreativer sein oder andere Wege finden, um meinen Partner zu verändern. Das Aufdecken der wechselseitigen Fallen (Jacobson & Christensen 1996, 54 ff.), in die die Partner geraten sind, ist ein wesentlicher Schritt, um gegenseitig Mitgefühl und Akzeptanz zu erzielen. Wenn man nicht weiß, daß der Partner in die Falle geraten ist, kann man kein Mitgefühl für seinen oder ihren Sinn des Gefangenseins entwickeln. Mitgefühl führt zwar nicht direkt zur Akzeptanz, aber es ist ein "Königsweg" zur Akzeptanz. Eine Vorbedingung ist es, nicht nur zu verstehen, dass der andere Partner in die Falle geraten ist, sondern auch dessen Steckenbleiben zu erleben. Erfährt man, daß der

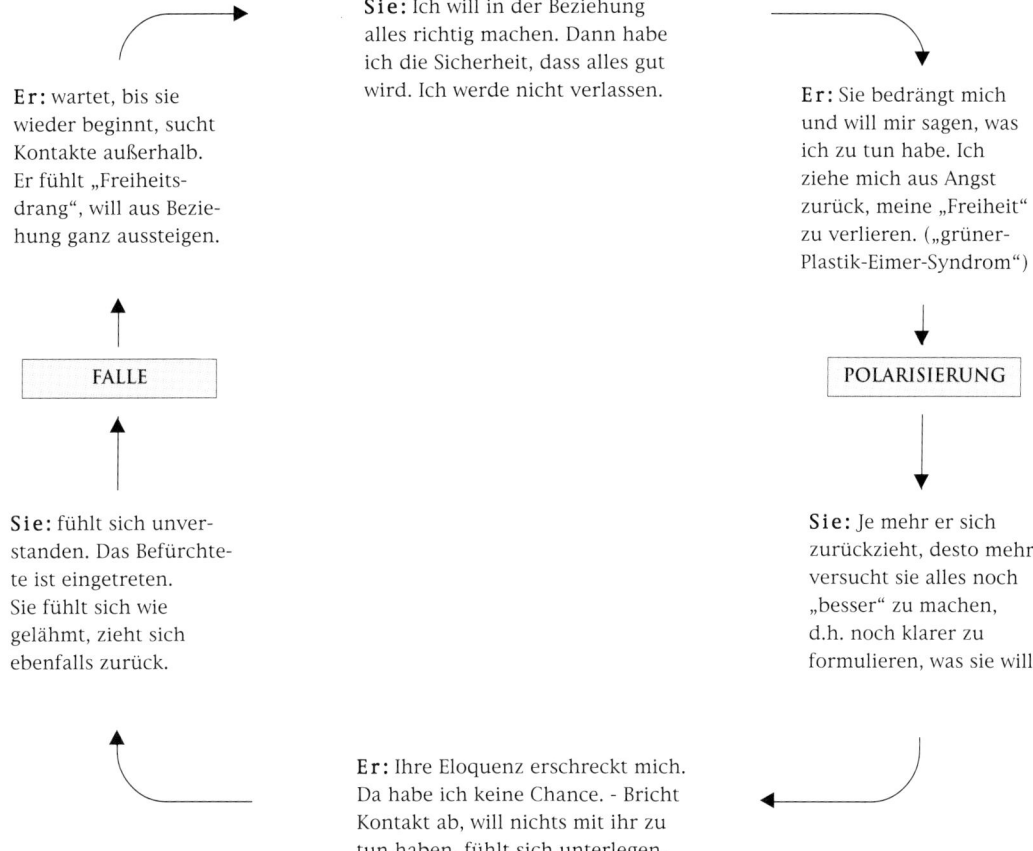

Abb.3 Polarisierung: Ich will alles richtig machen - "Grüner-Plastik-Eimer-Syndrom"

andere sich um eine bessere Beziehung bemüht und dabei steckengeblieben ist, vergrößert das in der Regel auch das Gefühl von Nähe und Intimität. Die Partner fühlen sich gegenseitig verstanden, wohingegen sie in der Vergangenheit überhaupt kein gemeinsames Empfinden mehr hatten. Dies ist ein wesentlicher Teil, Akzeptanz zwischen den Partnern zu erreichen.

Wenn die Zuschreibung durch den Therapeuten genau zutrifft, erleben es beide Partner als tiefes Verstehen, und durch diese Einsicht allein wird schon Nähe geschaffen. Die Falle im Beispiel der "Nähesucherin" und des "Distanzhalters" drückt sich aus als Sprachlosigkeit und anhaltende Spannung in bezug auf Gefühle und emotionale Nähe, als Vermeiden von Kontakt in jeglicher Form und der Reduktion von Kommunikation auf das Nötigste. In der Therapiesitzung vermeiden die Partner Blickkontakt, drücken sich nur vorsichtig aus, um nicht zu verletzen oder verletzt zu werden, und die Kommunikation über emotionale Inhalte läuft zunächst nur über den Therapeuten.

5. AKZEPTANZARBEIT

Ziel der Akzeptanzarbeit ist es, daß sich die Partner in ihrem Sosein anzunehmen lernen, auch mit den erlebten Unterschieden, ohne weiterhin alle Energie darauf zu verwenden, diese verändern zu wollen. Idealerweise kommen sie dadurch zu einem Begriff von Liebe, der die Akzeptanz des anderen in den Mittelpunkt stellt und sich davon entfernt hat, Liebe als Bedürftigkeit zu verstehen. Gleichzeitig sollen sie durch den Therapieprozeß erkennen, daß Veränderungen zwar möglich sind, diese aber freiwillig und bereitwillig nur vom betreffenden Partner ausgehen können. Nachdem das Paar sich gegenseitig bedingt (Moeller 1994, 170 ff. - "Das Tun des einen ist das Tun des ande-

ren") und sein ihm eigenes Muster schafft, ist es auch nur durch beide Partner zu verändern.

Im Sinne von Satir (1978) wird davon ausgegangen, daß Kontakt zu einer anderen Person auf allen Wahrnehmungsebenen hergestellt werden muß, nicht nur auf der sprachlich kommunikativen. Kontakt entsteht, wenn eine Person von der anderen gesehen, gehört, gerochen, berührt, gespürt und verstanden wird und umgekehrt. Daher wird die Akzeptanzarbeit auch unterteilt in die Bereiche Verstehen, Wahrnehmen, Annehmen und Spüren. Der Bereich Annehmen ist der von Jacobson und Christensen beschriebene, die anderen Bereiche stammen vom Verfasser. Sie sind als Angebot zur Auswahl gedacht. In der Therapie können diese Bereiche optional verwendet werden.

5.1. Verstehen

Das Bemühen, das Verhalten des Partners verstehen zu können, dient als Mittel die Akzeptanz zu erhöhen. Dazu werden drei Bereiche genauer thematisiert. Diese können auch die Grundlage zu Erklärungen über die Entstehung der Polarisierung bilden. Zunächst kann das Problemverhalten der Partner als Folge früherer Lernerfahrungen in der Herkunftsfamilie gesehen werden, dann als Ergebnis der bisherigen Entwicklung in der Partnerschaft und schließlich als Vorstellung von dem, was Liebe sein soll. Zur besseren Übersicht soll Abbildung 4 helfen.

5.1.1 Erforschen der erfüllten oder unerfüllten Bedürfnissse

Die Erforschung der erfüllten oder unerfüllten Bedürfnisse gibt Hinweise darauf, was ein Partner vom anderen erwartet, um das eigene Selbstgefühl zu stabilisieren. Wie unter Punkt 1 ausgeführt, verstehen viele Partner Liebe als Erfüllung unerfüllter Bedürfnisse. Liebe wird gleichgesetzt mit brauchen. Unerfüllte Bedürfnisse in verschiedenen Altersstufen werden in der Beziehung vom Partner nachträglich eingefordert, wenn das Selbstgefühl gering ist und der Partner zur Erfüllung dieser Sehnsucht nach Vollkommenheit und Bedürfnisbefriedigung gebraucht wird (siehe dazu ausführlicher die tabellarische Zusammenfassung von Sulz 1994, 27 ff.). Die heimliche Sehnsucht nach Erfüllung besonders früher Bedürfnisse wie "willkommen sein", "dazu gehören", "Geborgenheit und Wärme", "Schutz, Sicherheit und Zuverlässigkeit", "Liebe erhalten", "Aufmerksamkeit", "Beachtung", "Wertschätzung" (Sulz 1994, 27) bilden oft die Grundlage für sich ständig wiederholende Themen in der Partnerschaft. Bei einem Paar war beispielsweise häufig die Begrüßungssituation wiederholt Anlaß für Streitigkeiten. Wenn der Ehe-mann seine Frau nicht berührte, küßte oder sich nach einem von ihr erwarteten Ritual verhielt, schloß sie daraus, daß er sie ablehnte, oder sie fühlte sich verunsichert. In ihrer Kindheit hatte sie nicht das Gefühl, daß sich die Eltern nach einer Reihe anderer Kinder über ihre Geburt freuten. Sie fühlte sich als überflüssig und unerwünscht. Äußerungen von ihr wurden selten durch die Eltern validiert, so daß häufig ein Gefühl von "ich bin richtig" aufgekommen wäre. Nicht erfüllte Erwartungen in der Partnerschaft führen zu oftmals chronischen Frustrationen, und die Kränkungsbereitschaft erhöht sich. Das primäre Ziel der Therapie ist es allerdings, nicht die Erwartungen zu erfüllen, sondern dem Partner die Erwartung zu verdeutlichen. Es liegt dann an ihm, zu entscheiden, ob er auf die Erwartung eingeht oder lediglich Verständnis dafür zeigt, was bereits ein großer Fortschritt wäre.

Verstehen

Erkennen, daß die Muster aus der Herkunftsfamilie stammen durch:
- Erforschen der erfüllten oder unerfüllten Bedürfnisse
- Einsicht in die Wirkung bestimmter Ordnungen in der Familienstruktur der Herkunftsfamilie, Wirkung von Regeln, Werten
- Ermitteln von kognitiven Grundannahmen

Erkennen des aktuellen Entwicklungsstandes in der gegenwärtigen Beziehungskrise durch
- Analyse der bisherigen Geschichte als Paar
- durch Erzählen der Kennenlerngeschichte und der seitdem erlebten Veränderungen

Überprüfen der Vorstellungen, was Liebe ist und wie das Paar danach lebt, durch Sternbergs Dreieckstheorie der Liebe
- Intimität (Sympathie, Vertrautheit, Nähe, Verbundenheit, Wärme)
- Leidenschaft (hohe Aktivierung, starke Gefühle, sexuelle Wünsche, Selbstwerterhaltung und -steigerung, Dominanz, Unterwürfigkeit, Bedürfnis für jemand zu sorgen, Bedürfnis nach Einsamkeit etc.)
- Entscheidung/Bindung (Kurz- und Langzeitbindung: entscheiden, daß das gespürte Gefühl Liebe ist, und langfristige Bindung eingehen)

Abb.4: Übersicht zum Therapieabschnitt "Verstehen"

5.1.2 Wirkungen der Strukturen aus der Herkunftsfamilie

Zum anderen können bestimmte Strukturen in der Herkunftsfamilie Regeln, Werte, Rolleneinnahmen und -erwartungen in der Gegenwartsbeziehung bewirken. Durch die Methode des Familien-Stellens (Weber 1993, Hellinger 1994) oder der Aufstellung der Familien-Skulptur nach der konstruktivistischen-systemischen Familientherapie (Lenz et al. 1995, Hippler 1990) können diese Wirkungen sichtbar gemacht werden. Ich habe mich entschlossen, die Methode des Stellens zu übernehmen, da sie gerade in ihrer Schlichtheit starke Wirkungen zeigt, ohne aber die Sichtweise Hellingers zu vertreten. Die Familienaufstellung dient in der integrativen Paartherapie stärker der Sichtbarmachung der Wirkungen, unter denen das Paar noch immer steht, und weniger den Lösungen nach den von Hellinger beschriebenen Prinzipien von Bindung, Ordnung und Ausgleich oder Ausklammerung eines früheren Familienmitglieds. Die Hoffnung richtet sich auch hier auf die Verbesserung der Akzeptanz durch Verstehen.

Im paartherapeutischen Setting werden die einzelnen Familienmitglieder aus der Herkunftsfamilie in Beziehung zum Paar gestellt. Durch die räumliche Entfernung und die körperliche Zu- bzw. Abwendung können die Gefühle der Familienmitglieder in dieser Konstellation nachempfunden werden. Beim jeweiligen Partner ergibt sich ein inneres Bild der Familie, in dem auch die Verstrickungen enthalten sind, durch die eben die Wahrnehmungen, Einstellungen und Verhaltensweisen gebildet wurden und die noch heute auf die Paarbeziehung einwirken. Besonders wichtig für die Therapie sind die Fragen: Welchen Platz, welche Rolle hat der einzelne Partner in seiner Herkunftsfamilie eingenommen? Mit wem in der Familie war er am meisten identifiziert? Welche Delegationen von Eltern oder Geschwistern hat er übernommen, die er in die Beziehung einbringt? Welche Koali-

tionen oder Ausschlüsse bestanden in der Familie? Wie waren die Generationen voneinander abgegrenzt? Wie grenzte sich die Familie nach außen ab? Handelte es sich hauptsächlich um eine "verstrickte" oder "losgelöste" Familie? Die verstrickte Familie zeichnet sich aus durch die Angst vor Trennung und vor dem Alleinsein. Die Grenze zwischen den Familienmitglieder ist diffus und verwischt. Die Autonomiebestrebungen der Familienmitglieder werden eingeschränkt. Bei der losgelösten Familie sind Loyalität und Zusammengehörigkeit schlecht ausgeprägt. Unterstützende Hilfe wird verweigert oder schlichtweg übersehen. Angst vor Nähe und Bindungsunsicherheit bestimmen das Beziehungsgeschehen (Minuchin 1977).

Anders als im gruppentherapeutischen Setting können hierbei keine Stellvertreter gewählt werden, die den jeweiligen Platz einnehmen. In der Sitzung mit dem Paar stellt daher zunächst jeder Partner seine Familie, indem er für jedes relevante Familienmitglied ein Blatt auf den Boden des Raumes legt, das mit dem Namen des jeweiligen Familienmitglieds beschriftet ist, und nimmt der Reihe nach dessen Platz ein. Durch Nachfühlen formuliert er das innere Erleben, die Position, die Problematik. Anschließend kann er die Familie des anderen hinzufügen, um deren Wirkung ebenso nachzuvollziehen. Durch das Nachspüren wird das Erleben im Beziehungspartner deutlich gemacht, und das Verstehen mancher Schwierigkeiten in der Partnerschaft wird möglich. Es entstehen Bilder, die lange nachwirken und auf die in der weiteren Therapie zurückgegriffen werden kann. Statt der Fertigung einer "Familienlandkarte" im Raum kann auch eine Metalltafel mit Magnetplättchen verwendet werden, die nach gleichem Vorbild gelegt werden. Dies führt stärker zu einer Außenbetrachtung und einer Diskussion über die bestehenden Muster. Das innere Erleben ist dabei oft geringer spürbar. Die Arbeit mit Familienskulpturen als diagnostisches Mittel und zur Vergrößerung der Akzeptanz setzt spezifische Kenntnisse beim Therapeuten voraus.

Bei einem Paar mit dem Thema "Dominanz - Unterordnung", oder in diesem Fall (aus der Praxis des Verfassers) "Wer darf das Kind sein?" genannt, möchte er nichts tun, was Streit mit seiner Frau auslösen könnte. Er erwartet, daß sie ihm genaue Anweisungen gibt, was er zu tun hat. Aus seiner Herkunftsfamilie berichtet er: "Wenn ich etwas selber machte, kamen meine Eltern (beide Lehrer) und überzeugten mich doch, daß sie recht hatten, und ich hatte Streit mit ihnen." Die Partnerin dagegen ist gewohnt, aus spontanen Impulsen heraus zu handeln. Sie erwartet dies auch von ihm. Aus ihrer Herkunftsfamilie erzählt sie: "Meine Mutter hat mir alles überlassen, ich mußte selbst entscheiden, und ich machte es. Als der Vater nach Hause kam, war ich nicht mehr wichtig. Sie hat mich mißbraucht." Sein Bedürfnis an sie ist:" Ich will, daß du mir genau sagst, was ich tun soll. Ich will keinen Streit, will "dein lieber Junge sein". Ihr Bedürfnis an ihn ist: "Du sollst dafür sorgen, daß es mir gutgeht. Ergreife die Initiative, daß ich mich nicht mißbraucht fühlen muß. Drükke dich klar aus." Beide geraten oft darüber in gewalttätigen Streit, weil er nicht spontan handelt und ihre Bedürfnisse errät und sie ihm keine klaren Anweisungen zu seiner Sicherheit gibt.
Beim Stellen der Familien wird diese Polarisierung verdeutlicht (siehe Abb.5): Er stellt sich seiner Frau gegenüber. Seine Mutter steht eng hinter ihm (er sagt: "Sie sitzt auf mir"), beide mit Blickrichtung auf die Ehefrau. Sein Vater steht unmittelbar hinter der Mutter. Die Frau stellt ihre Eltern in großem Abstand zu sich auf, die Mutter halb, den Vater ganz abgewandt. Sein übergeordnetes Gefühl in der Paarbeziehung ist, von den Eltern nicht loszukommen und unter dem Einfluß der Mutter zu stehen. Ihr anhaltendes Gefühl ist, den Mann nicht richtig

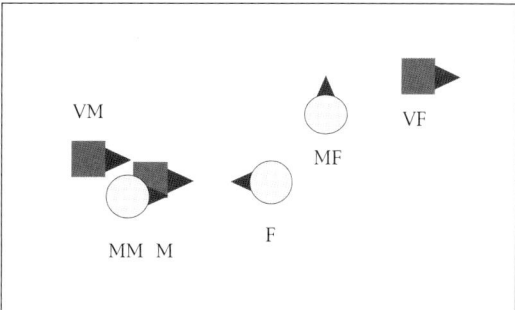

Abb. 5: Skizze der Familienaufstellung: M= Ehemann, F= Ehefrau, MM= Mutter des Ehemanns, VM= Vater des Ehemanns, MF= Mutter der Ehefrau, VF= Vater der Ehefrau; Pfeil = Blickrichtung

zu kennen, sondern eher mit seiner Mutter zu sprechen, wenn sie sich an ihn richtet.

Sie möchte ihn am liebsten zwingen, sich von den Eltern zu lösen, damit er ganz zu ihr als Ehefrau steht ("Sei ein Mann"). In der abgebildeten Familienaufstellung konnten beide erspüren, daß es ihnen nach fast 20 Ehejahren nicht gelungen ist, unter dem gravierenden Einfluß der Eltern eine Beziehung zu schaffen. Wie am Beginn der Ehe begegnen sie sich noch immer wie Kinder, die den Rückhalt noch zu Hause suchen (Frau) bzw. behalten wollen (Mann) und sich darum streiten, wer von beiden das "Kind" sein darf, das vom anderen versorgt wird. Diese Erkenntnis hat geholfen, das ständig praktizierte Muster zu verstehen und über Veränderungsmöglichkeiten zu diskutieren.

5.1.3 Ermitteln von kognitiven Grundannahmen

Besonders häufig vorkommende Überzeugungen bezüglich des Partners können am Beginn der Therapie abgefragt werden, um Hindernisse im Prozeß zu größerer Akzeptanz abzubauen. Bei den meisten Paaren treten dabei fünf Grundannahmen auf (Bornstein & Bornstein 1993, 33):

- **Meinungsverschiedenheiten und die Feststellung von Unterschieden sind zerstörerisch.** Daher müssen Streitigkeiten in jedem Falle vermieden werden, sonst ist die Beziehung bedroht. Die Folge ist Harmonie um jeden Preis, Unterschiedlichkeiten werden unterdrückt oder heimlich auf Umwegen ausgelebt. Diese Überzeugung ist ein Grundgedanke, der in der Akzeptanzarbeit verändert werden soll.
- **Gedankenlesen wird erwartet.** Partner rechnen häufig damit, daß der andere tiefe innere Gedanken und Wünsche von den Augen abliest. Dies wird als ein Zeichen der Liebe und der erhofften Einfühlung angesehen. Um dies zu ermitteln, kann eine Partnerübung durchgeführt werden nach folgendem Dialog mit den Satzhülsen: "Wenn ich dies (eine bestimmte Handlung) mache, dann denkst du ... (bestimmte erwartete Gedanken), also mache ich dies nicht, weil ich sowieso schon weiß, was du dazu sagen würdest." Diese gedankliche Kette läßt sich auch umkehren: "Weil ich weiß, wie du darüber denkst, mache ich dies schon von vornherein nicht." Die grundlegende Idee dazu beinhaltet den Schluß: Wenn A mich liebt, kann er/sie meine geheimsten Wünsche erraten. Trifft er/sie nicht, liebt er/sie mich nicht."
- **Partner können sich nicht ändern.** Dabei wird angenommen, daß Partner in ihrer Persönlichkeit festgelegt und prinzipiell nicht veränderbar sind. Es hat daher keinen Sinn, Änderungswünsche überhaupt vorzubringen. Würde sich der andere ändern, so würde er es nur tun, weil es von ihm verlangt worden ist, nicht freiwillig, aus eigener Überzeugung. Das ist, nach dieser Annahme, aber weniger wert. Die Folge davon ist oft Resignation, nicht Akzeptanz oder Toleranz der Unterschiedlichkeit. Resignation bedeutet, daß der jeweilige Partner die eigenen Wünsche äußerlich aufgibt, sich aber chronisch frustriert fühlt und sich innerlich zurückzieht.

- **Partner können sich ändern**, weil sie in ihrer Einstellung irren. Dieser Überzeugung liegt die Wertvorstellung zugrunde, daß die eigene Meinung und Einstellung der des anderen überlegen ist oder daß die Unterschiedlichkeit des anderen schmerzt. Also muß der andere verändert werden. Daraus kann sich ein Muster des Mehr-desselben, wie oben beschrieben, entwickeln.
- **Männer und Frauen haben andere Vorstellungen in Beziehungen.** Diese Überzeugung ist besonders häufig bei traditionellen Paaren mit rigiden Geschlechtsrollenerwartungen, z. B. Frauen wollen Gefühle zeigen und empfangen und darüber sprechen, Männern zeigen ihre Zuneigung durch Verläßlichkeit, ohne sich über ihr Innerstes mitteilen zu müssen (Frauen fühlen, Männer handeln).

Es gibt für jedes Paar und das jeweilige Muster eigene Überzeugungen, die individuell herausgearbeitet werden müssen.

5.1.4. Erkennen des aktuellen Entwicklungsstandes

Der derzeitige Entwicklungstand in der Beziehung läßt sich aus der bisherigen Geschichte des Paares ableiten. Dazu bietet sich das Erzählen der Kennenlerngeschichte an, wie sich beide zum ersten Mal getroffen haben, welche Gefühle aufkamen, welche Erwartungen daran geknüpft wurden, wie grundsätzliche Lebenspläne (Familie, Kinder, Arbeitsaufteilung, Geld und materieller Wohlstand, Freunde, Wertvorstellungen im politischen und religiösen Bereich) in der Beziehung durch den anderen hätten erfüllt werden sollen. Auch die äußere Lebensbedingung, unter der beide am Beginn der Beziehung standen, ist aufschlußreich. Wenn sich beide selbstunsicher, wenig unterstützt durch die Eltern fühlten, ist anzunehmen, daß Gemeinsamkeit und Entwicklung eines Wir-Gefühls im Vordergrund standen. Eine Krise entsteht dann, wenn einer von beiden sich schneller als der andere persönlich entwickelt, sich verselbständigt und die frühere Solidarität innerlich aufgekündigt wird. Möglicherweise hatten andere Partner durch ihre Sehnsucht, im Leben etwas Besonderes zu sein oder zu schaffen, ein gemeinsames Thema gefunden, das mittlerweile erfüllt ist bzw. sich nicht hat erfüllen lassen. Natürlich sind auch Veränderungen der familiären Struktur zu explorieren. Dazu zählen beispielsweise Krankheit eines Familienmitgliedes, Umzug, Arbeitslosigkeit, Schichtdienst, Flucht in die Arbeit, Arbeitspause der Frau, Ablösung der Kinder, Versorgung der älter werdenden und pflegebedürftigen Eltern.

Bereits oben wurde auf die Bedeutung der Auflösung von Kollusionen hingewiesen, die gerade durch Kennenlerngeschichten erarbeitet werden können. Durch das Verstehen der Entwicklung sollen neue Zielperspektiven angeregt werden. Die jetzige Krise kann sowohl als Folge einer völlig nachvollziehbaren persönlichen als auch gesellschaftlich induzierten Entwicklung angesehen werden. Schuldzuschreibungen werden dadurch reduziert. Gleichzeitig hilft die Erinnerung an frühere glückliche Zeiten der Kennenlernphase die angespannte Stimmung zu lösen und Vorbedingungen für Akzeptanz zu schaffen.

5.1.5. Überprüfen der Vorstellungen, was Liebe ist

Es scheint so, als würden sich jüngere Paare mehr als ältere mit der Frage beschäftigen, weshalb sie überhaupt eine Beziehung mit allen Folgen eingehen sollen. Bei Überprüfung aller Gründe bleibt der für viele nebulöse Begriff von Liebe als Motivation zur Beziehungsaufnahme übrig. Oftmals leben Paare viele Jahre zusammen und haben völlig unterschiedliche Vorstellungen, was Liebe ist und wie der andere diese erfüllen soll. Es kommt zu anhaltenden Mißverständnissen. Gleichzeitig ist ihnen häufig nicht bewußt, was sie miteinander verbindet. Sie verstehen unter Liebe meist folgendes:

1. Man gibt Liebe nur jemand Bestimmtem, d.h., man spürt Liebe deshalb nicht sehr oft, weil sie für diese bestimmte Person reserviert ist.
2. Man gibt die Liebe nur dann, wenn die andere Person so ist, wie sie sein soll (d.h., Liebe wird nur unter speziellen Bedingungen gespürt oder gegeben).
3. Liebe ist ein Gefühl anderen gegenüber, weniger sich selbst gegenüber.
4. Liebe muß zurückgegeben werden, und wir müssen davon genug erhalten. Das Interesse der meisten Menschen ist üblicherweise, nicht zu lieben, sondern Liebe zu bekommen.
5. Liebe wird hauptsächlich mit Bedürftigkeit verbunden. "Ich liebe dich" wird gleichgesetzt mit "Ich brauche dich". Oder: "Gib mir irgend etwas, nimm meine Liebe wahr" heißt "Nimm mich wahr, sag' mir, daß du mich liebst". Demzufolge ist, dem anderen zu sagen, daß ich ihn liebe, wie eine Einzahlung auf ein Sparkonto. Je mehr ein Partner eingezahlt hat, desto mehr erhofft er sich in Zukunft davon zurückzubekommen. Mit der Äußerung "Ich liebe dich" wird häufig eine Transaktion oder ein Wunsch nach Veränderung verbunden.

Liebe ist sehr stark an die Persönlichkeit und die Bedürftigkeit dieser Person gebunden. Daher ist die Liebe um so stärker ausgeprägt, je größer die Bedürftigkeit der jeweiligen Person ist. Ist sie zu reduzieren, weil sich die Person in der Lage fühlt, ihre eigenen Bedürfnisse zu erfüllen, läßt die Anspruchshaltung und damit der Zwang, vom anderen geliebt werden zu müssen, allmählich nach.

Um Klarheit zu schaffen und eine Diskussion darüber anzuregen, welche Art der Beziehung in Liebe ihnen vorschwebt, wird die von Sternberg (1986, 1987) entwickelte "Dreieckstheorie der Liebe" den Paaren vorgestellt. Die Dreieckstheorie (Sternberg 1986) geht davon aus, daß es drei Liebeskomponenten gibt:

- Intimität (Vertrautheit) als sogenannte warme
- Leidenschaft als heiße und
- Entscheidung, Bindung (Commitment) als kalte Komponente.

Die Theorie heißt Dreieckstheorie, weil die verschiedenen Formen der Liebe als Dreiecke oder Teildreiecke dargestellt werden können. Intimität ist die obere Spitze des Dreiecks, Leidenschaft die linke und Entscheidung, Bindung die rechte. Dem Ausmaß der Liebe entspricht die Größe des Dreiecks (Sternberg 1986, 128ff.). Vollständige Liebe, die alle drei Grundkomponenten in gleichem Maße enthält, wird als gleichseitiges Dreieck dargestellt. Andere Liebesvarianten werden durch entsprechende Teildreiecke veranschaulicht (Abb.6). Das linke gleichseitige Dreieck (a) stellt die vollkommene Liebe dar, die Paare nur selten oder nur über bestimmte Zeiten hinweg erreichen. Das Dreieck (b) daneben mit dem starken spitzen Winkel bei L stellt eine Partnerschaft dar, in der die Leidenschaftskomponente über die beiden anderen dominiert. Das Intimitätsdreieck (c) bezeichnet eine Beziehung, in der beide Partner gute Freunde und sich sehr nah sind. Die körperlichen Aspekte und die Bindung im Hinblick auf die Zukunft sind aber eher nebensächlich. Im Bindungsdreieck (d) sind Nähe und Attraktivität unbedeutend geworden oder waren es schon immer. Hier stehen finanzielle, materielle Aspekte, Wertvorstellungen wie Treue ohne die anderen Komponenten im Vordergrund.

Die Intimitätskomponente bezieht sich auf Gefühle, die Sympathie, Vertrautheit, Nähe, Verbundenheit, Wärme fördern. Sie schließen Gefüh-

le ein, die dem Geliebten Gutes tun sollen, die gemeinsam Glücksempfinden auslösen, dem anderen hohe Wertschätzung vermitteln, wechselseitiges Verständnis fördern, sich dem andern mitteilen, emotionale Unterstützung anbieten, intime Kommunikation mit ihm führen.

Die Leidenschaftskomponente schließt vor allem Gefühle ein, die eine starke Sehnsucht nach Einheit mit dem anderen ausdrücken. Sie ist verbunden durch eine hohe Aktivierung, durch starke Gefühle, sexuelle Wünsche, aber auch andere Motive wie Selbstwerterhaltung, Selbststeigerung, Dominanz, Unterwürfigkeit, Wunsch, für jemanden zu sorgen, Bedürfnis nach Vermeidung von Einsamkeit etc.

Die Entscheidungs-, Bindungskomponente besteht aus einer Kurzzeit- und Langzeitkomponente: Der Kurzzeitaspekt ist die Entscheidung, einen bestimmten Menschen zu lieben, der Langzeitaspekt ist die Entscheidung, eine langfristige Bindung aufrechtzuerhalten. Beide Aspekte müssen nicht zwangsläufig parallel laufen. Gelegentlich gibt es Bindungen, ohne daß ihnen wirklich eine Entscheidung vorausgegangen wäre. Meist aber ist der logische Weg, erst die Entscheidung zu treffen, auch durch Heirat, und sich dann die Bindung entwickeln zu lassen. Größer werdende Bindung hilft über Krisen in den anderen Komponenten, die als Bewältigungsstrategien anzusehen sind, hinweg.

Die Komponenten sind nicht unabhängig, sondern beeinflussen einander gegenseitig. Aus den verschiedenen Kombinationen der Liebeskomponenten ergeben sich acht Varianten der Liebe:

1. *Nicht-Liebe* bei Fehlen aller drei Komponenten.
2. *Sympathie* (nur Intimität). Verbundenheit und Wohlwollen ohne Leidenschaft und ohne Bindung.

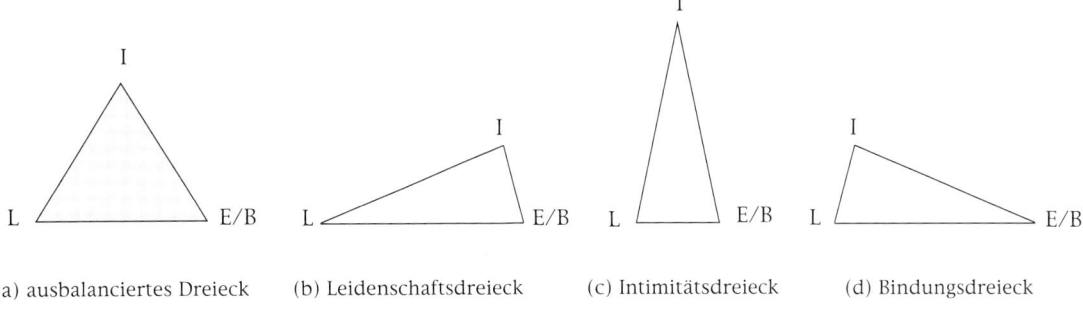

(a) ausbalanciertes Dreieck   (b) Leidenschaftsdreieck   (c) Intimitätsdreieck   (d) Bindungsdreieck

Abb. 6: Dreiecksformen als Ausdruck der Liebesart nach Sternberg (1986)

3. *Verliebtheit* (nur Leidenschaft). Verliebtheit ist durch ein hohes Ausmaß an Aktivierung gekennzeichnet, setzt plötzlich ein, kann ebenso schnell zu Ende sein.

4. *Leere Liebe* (nur Bindung). Leidenschaft und Intimität sind verschwunden. Die Beziehung wird nur aufrechterhalten, weil man sich dazu entschlossen hat, z.B. Ehe aus finanziellen oder geschäftlichen Gründen, wegen der Kinder etc.

5. *Wahre Liebe* (Kombination von Intimität und Leidenschaft). Sie wird auch „romantic love" genannt: eine tiefe Liebe, die wegen fehlender Bindung unerfüllt bleibt.

6. *Kameradschaftliche Liebe* (Kombination von Intimität und Bindung). Sie ist charakteristisch für tiefe, langfristige Freundschaft, aber auch für viele Partnerschaften, in denen die vor allem sexuell bedingte Leidenschaft nicht mehr vorhanden ist.

7. *Alberne Liebe* (Kombination aus Leidenschaft und Bindung). Sie ist das Lieblingsthema der Trivialfilme und -romane: Aufgrund einer kurzen, aber heftigen Verliebtheit wird eine Ehe geschlossen. Das stabilisierende Element der Intimität fehlt jedoch, daher ist die Wahrscheinlichkeit des Mißlingens besonders groß.

8. *Vollkommene Liebe* (alle Komponenten). Diese Form der Liebe wird wohl von den meisten Menschen angestrebt als Kombination von Leidenschaft, Intimität und Bindung, kommt aber vermutlich sehr selten vor. Sie scheint auch nicht sehr langlebig zu sein, weil die Leidenschaftskomponente nur selten dauerhaft ist.

Während Intimität und Bindung mit der Zeit zunehmen und konstant bleiben, verliert die Leidenschaft in der Regel nach einem frühen Höhepunkt zwangsläufig die Intensität. Nach Sternberg (1986) ist die leidenschaftliche Komponente der Liebe ein quasi suchtartiges Verhalten und hat daher ähnliche Eigenschaften wie der Konsum von Kaffee, Zigaretten, Alkohol und Drogen. Das bedeutet in Verbindung mit der leidenschaftlichen Liebe, daß jedes Zusammensein mit dem Partner zuerst sehr heftige positive Gefühle auslöst, die aber bald von weniger heftigen abgelöst werden. Nach Beendigung der positiven Gefühle treten negative Gefühle wie Traurigkeit und Einsamkeit ein.

Alle drei Komponenten sind bedeutende Teile von liebenden Beziehungen, obwohl sich ihre Wichtigkeit von einer zur anderen Beziehung unterscheidet. Den Paaren suggeriert dieses Modell auch eine Gleichheit und Unverzichtbarkeit der einzelnen Komponenten, so daß die Polarisierungsdiskussionen, wie z.B. erst Sex, dann Gefühle oder umgekehrt, oder wenn ich dich nicht hinter mir spüre, dann kann ich dir kein Vertrauen entgegen bringen, damit vorläufig zumindest aufhört. Teufelskreise können durchbrochen werden.

In einer der Anfangssitzungen wird den Paaren zunächst das Modell vorgestellt, und die Partner werden anschließend gebeten, einzeln für sich ein repräsentatives Dreieck der gegenwärtigen Beziehung zu zeichnen. Die Beurteilungen werden diskutiert, und es wird versucht, der Beziehung einen Namen zu geben. Moeller (1994) hat beispielsweise von "Verwaltungsbeziehungen" gesprochen. Das sind solche, in denen nur noch oder hauptsächlich die Bindungskomponente dominiert. Diese Beziehungen zeichnen sich aus durch lange Diskussionen über Einhaltung von Regeln und Vereinbarungen oder den gerechten Ausgleich von Geben und Nehmen. Andere Beziehungen werden völlig vom Thema Sex beherrscht, mit dem alles Einvernehmen in der Partnerschaft steht und fällt. Auch Konflikte werden nicht durch Reden, sondern durch Sexualität zu lösen versucht. Wieder andere Paare erkennen, daß sie nur noch wie Freunde oder Geschwister mit einem hohen Grad an Intimität miteinander leben. An diesem Punkt kann dann die Frage der Therapieziele gestellt werden, so daß beide ein realistisches Bild für die künftige Paarbeziehung entwerfen. Die Inhalte der Paartherapie werden darauf ausgerichtet. Es ist keineswegs verwerflich, wenn sich beide entscheiden, auch künftig in einer "Bindungsbeziehung" leben zu wollen, aber mit besseren kommunikativen und verläßlicheren Möglichkeiten. Insofern ist dieses Modell geeignet, diagnostisch den Zustand der Partnerschaft zu beschreiben und Therapieziele zu begrenzen. Manchmal allerdings wird daran auch die Unzufriedenheit mit der Beziehung

deutlich, und Paare erkennen erleichtert, was ihnen bisher fehlte. Sie können sich entscheiden, ob es sinnvoll ist, beispielsweise am Aufbau von Leidenschaftlichkeit zu arbeiten oder die bisherigen Unterschiede tolerieren zu lernen.

5.2. Wahrnehmen

Ein hypothetisches Beispiel für gegenseitige Annahmen und Projektionen bezüglich des Partners ist jenes von einem Mann, der eine Frau um ein Rendezvous bittet, was sie ablehnt. Der Mann fühlt sich zurückgewiesen, weil er annimmt, daß irgend etwas mit ihm nicht in Ordnung ist. Er projiziert seine eigene Abwertung auf die Frau: Sie lehnt ihn ab, obwohl eigentlich er es ist, der sich nicht mag und meint, bei Frauen nicht gut anzukommen. In Wirklichkeit aber sagt die Frau nein, weil sie glaubt, daß sie ihr Gefühl von Unzulänglichkeit nicht mehr verstecken kann, wenn sie den Mann einmal näher kennenlernt. Sie mag ihn, weist ihn jedoch aus Angst vor Entdeckung ihres schwachen Selbst zurück. Damit projiziert sie wiederum ihre Selbstbeurteilung auf ihn. Beide leiden damit an der Konsequenz einer ungenauen Wahrnehmung, die durch die Projektionen gestört wird. Diese Vorstellungen gehen auf bestimmte persönliche Vorurteile zurück, die in der Kindheit oder der früheren Lebens- oder auch Beziehungsgeschichte entstanden sind.

Ein gesunder, psychologisch normal denkender Mann würde die Ablehnung bald vergessen, und zwar ohne ein Vorurteil über sich oder die Frau anzustellen. Möglicherweise hätte er auch die Frau gar nicht gefragt, weil er schon vorher sicher geahnt hätte, wie sie antworten würde.

Ein Mann mit geringem Selbstwertgefühl ist statt dessen fixiert auf die Idee, zurückgewiesen zu werden, weil etwas mit ihm nicht stimmt. Die Kommunikation wird immer hintergründig sein, selten offen und direkt.

Paare stehen häufig unter dieser Tyrannei aufgrund ihrer persönlichen Lebensgeschichte in der Kindheit, in der Zeit vor, aber auch und vor allem wegen dieser Partnerschaft. Damit sind sie nicht frei, anstehende Konflikte zu klären, Lösungen zu finden, ja nicht einmal zu fühlen, was in dem Konflikt vor sich geht. Ihre Handlungen sind Abfolgen von bekannten Mustern, und es verändert sich nichts. Statt dessen ergehen sie sich in einer Kette von Projektionen, die eigentlich die Nähe, die sie suchen, vermeidet. Viele dieser Annahmen und Vorurteile werden noch dadurch verstärkt, daß sie im Laufe der Zeit eine doppelte Wirkung erfahren haben. Die Partner wissen nämlich im Erwachsenenalter meist selbst sehr gut, welche Eigenschaften sie nicht im gewünschten Maß aufgebaut haben oder problematisch sind. Gewöhnlich halten sie dieses Wissen aber versteckt, um sich vor Verletzungen zu schützen. Sie haben auch eine Reihe von Verhaltensweisen ausgebildet, um die Aufdeckung zu vermeiden. In der Partnerschaft aber können diese Verhaltensweisen oder Eigenschaften nicht so unter Verschluß gehalten werden wie fremden oder auch bekannten Personen gegenüber, sei es, weil der eine Partner dem anderen in Augenblicken der Nähe davon erzählt hat oder weil er intuitiv spürt, daß es in bestimmten Situationen immer zu Verletzungen, Kränkungen oder Rückzugsverhalten beim Partner kommt. Das macht neugierig. Ein Geheimnis wird vermutet. Durch bewußtes oder unbewußtes Ausprobieren lernen beide ihre Schwachpunkte kennen und können in Streit- und Konfliktsituationen scheinbar nach Belieben diese "Knöpfe" drücken, die dann schließlich wie eine doppelte Attacke wirken.

Besonders feindlich wirken gegenseitige Zuschreibungen der Partner, die auf das sogenannte Unbewußte des Partners zielen. Ein Partner behauptet zu wissen, was im anderen vor sich geht, meist aufgrund der Dauer der Beziehung. Diese Behauptungen werden oft mit einer Sicherheit geäußert, wie sie Eltern machen, die meinen, ihr Kind in- und auswendig zu kennen, oft besser, als das Kind selbst es tun würde. Die Annahmen über das Unbewußte des anderen werden als psychologische Wahrheiten oder Erkenntnisse verwendet, ohne daß vom Partner die Erlaubnis dazu gegeben wurde. Diese Behauptungen sind besonders geeignet, den anderen zu verletzen, weil eigentlich darüber nicht diskutiert werden kann und damit die Kommunikation abgeschnitten ist. Nach einiger Zeit des Zusammenlebens werden die Partner Experten darin, auf bestimmte Knöpfe zu drücken, und damit wird ein ständig versteckter, auch für den Therapeuten lange nicht sichtbarer Krieg geführt.

In der Arbeit mit Paaren können diese gegenseitigen Annahmen in folgenden Schritten aufgelöst werden:

Wahrnehmen

Den Partner ohne Bewertung und Voreingenommenheit wahrnehmen lernen durch:

* Unterscheidung von Beobachtung und Bewertung (Awareness-Continuum)
* genaues, innerlich präsentes Zuhören (Monolog mit jeweiliger Zusammenfassung)
* Hören der versteckten Botschaften mit Hilfe des Therapeuten (Wirkung des Gehörten beschreiben)

Abb. 7: Übersicht zu "Wahrnehmen"

Um die gegenseitige vorurteilsfreie Wahrnehmung des Partners zu fördern und damit die Versuchung des Gedankenlesens und der wechselseitigen Projektionen abzubauen, wird eine Übung in drei Phasen mit den Paaren durchgeführt. Jede Phase wird auf zunächst 10 Minuten beschränkt. Die Übung des "awareness continuum" entstammt ursprünglich der Gestalttherapie der 50er Jahre. Sie erscheint einfach und ist aber gleichzeitig bei Überwindung der zahlreichen Widerstände, die es dagegen gibt, enorm wirkungsvoll. Die sich anschließenden Übungen dienen der Einführung zum Kommunikationsaufbau und dem sich darauf aufbauenden Zwiegespräch.

5.2.1. Unterscheidung von Beobachtung und Bewertung (Awareness-Continuum)

Ein Ehepaar hatte in der Sitzung zuvor die Aufgabe, zu überprüfen, welche Zielsetzung die Fortsetzung der Ehe nach massiv anhaltender Außenbeziehung haben könnte: die Beziehung zu "verwalten", sie für die drei kleinen Kinder aufrechtzuerhalten oder eine emotionale Wiederannäherung zu versuchen.

Nachdem sich beide dafür entschieden hatten, sich wieder anzunähern und die bisherigen Konflikte durch die Außenbeziehung der Ehefrau zu bewältigen, wurde die Sitzung zunächst mit dem „awareness continuum" begonnen.

Beide Partner setzen sich so nahe gegenüber, wie es ihnen im Augenblick möglich ist, möglichst aber doch so, daß sich die Knie fast berühren, und sehen sich einige Zeit an, wobei sie in der **Wahrnehmung** (1.Phase) zwischen der inneren und äußeren Erfahrung hin und her pendeln. Dabei sollen sie nicht nur Blickkontakt halten, sondern gelegentlich auch den Körper und das Umfeld des anderen mit einbeziehen und dann schließlich zu den Augen des Partners zurückfinden. Es ist zu betonen, daß es sich nicht um eine Selbstbehauptungsübung handelt und Vermeidungen die Absicht der Übung stören.

Nach fünf Minuten beginnen sie wechselnd ihre **Wahrnehmung einander mitzuteilen** (2. Phase), wobei sie scharf zwischen Beobachtung und Bewertung trennen. Dabei könnte der erste Satz heißen: "Ich sehe, höre oder nehme auf diese oder jene Weise wahr…" Erwünscht ist also, wenn einer sagt: "Deine Augen schauen unbeweglich auf mich, die Augenlider sind etwas zusammengekniffen", statt zu sagen "Du musterst mich, wie wenn ich wieder etwas falsch gemacht habe. Sicherlich findest du mich abstoßend." Die Sätze werden abwechselnd, kurz und auf die Wahrnehmung bezogen, gesagt. Kommentare sind nicht erlaubt. Bei jeglicher Bewertung unterbricht der Therapeut durch Fragen wie "Woran sehen Sie, daß er Sie mustert? Wie hören Sie jetzt seinen Atem? Können Sie die Körperhaltung genau beschreiben?"

Im zweiten Teil kann der erste Satz aus der reinen Wahrnehmungsübung wiederholt werden, und es wird angefügt, welche **Reaktion** (3.Phase) das in der jeweiligen Person auslöst. Also sie sagt beispielsweise: "Ich sehe, wie deine Augen etwas feucht sind (Wahrnehmung) …und du wirkst auf mich traurig (Bewertung), und ich habe dann die Idee, daß du mir Vorwürfe machst, daß ich dir das angetan habe (Reaktionsauslöser), und ich bekomme Schuldgefühle, so wie ich sie dir gegenüber die ganze Zeit über habe" (daraus entstehende Gefühle).

Zusammenfassend könnten die Schritte lauten: Ich nehme etwas an dir oder mir gerade wahr. Das teile ich dir mit. Was ich wahrnehme, löst in mir ein Gefühl, eine Bewertung, eine Reaktion aus. Es macht etwas mit mir. Diese Übung schafft meist entweder sehr rasch eine für viele Partner lange nicht mehr gespürte innere Nähe oder genau das Gegenteil. Sie ertragen die Situation kaum, werden unruhig, beginnen die Instruktionen zu hinterfragen oder verwenden andere Vermeidungsstrategien. Meistens ist sie aber glücklicherweise der Einstieg in größere wechselseitige Akzeptanz. Nicht selten führt sie bei guter Einführung zum richtigen Zeitpunkt in der Paartherapie zu Aussagen, daß beide Partner zuvor ähnliche emotionale Nähe nicht erlebt hätten, zuletzt bei einem Paar, das über 30 Jahre verheiratet ist. Der Effekt der Übung liegt in der geringen Vermeidungsmöglichkeit durch die Einengung der äußeren Struktur, was für viele zunächst künstlich wirkt, und in der Beobachtung der kurzen Gesprächssequenzen. Der Wechsel von einem Wahrnehmungsinhalt auf den andern wird oft dann vorgenommen, wenn einer der Partner das Bedürfnis hat, sich zu verstecken. Mit Hilfe des Therapeuten werden die Partner darauf aufmerksam und können ihre Bereitschaft spüren, sich noch mehr zu öffnen und herausfinden, welche Gefahren das angeschnittene Thema verbirgt.

5.2.2. Genaues, innerlich präsentes Zuhören (Monolog mit jeweiliger Zusammenfassung)

Bei dieser zweiten längeren Übung können die Partner die derzeitige Wahrnehmung unter Einhaltung der drei Schritte in einem Monolog mitteilen. Folgender formaler Ablauf wird vorgeschlagen: Beide wählen den räumlichen Abstand, der momentan angemessen ist, achten auf die Körperhaltung des anderen und nehmen nach Möglichkeit Blickkontakt auf. Jeder Partner hält zunächst 15 Minuten einen Monolog über ein aktuelles Thema, während der andere aufmerksam zuhört, sich einzufühlen versucht, so daß er am Ende dieses Monologs zunächst eine inhaltliche Zusammenfassung des Gehörten geben kann. Er äußert dann erst wie in der Übung zuvor spontane Reaktionen auf den Bericht, nur diesmal sehr viel komplexer.

Während des Monologs soll sich der andere jeweils zurückhalten, auch wenn es ihn noch so stark dazu drängt, zu intervenieren. Er soll eher die Rolle eines aufmerksamen Beobachters einnehmen. Anschließend wechseln die Partner, so daß der andere jetzt den Monolog hält und der erste zuhört, danach gibt der ursprünglich erste Partner

eine Zusammenfassung des Gehörten und schließlich eine Darstellung seiner Reaktionen. Anschließend können beide nach Lösungen und einer gemeinsamen Aufgabe bis zur nächsten Sitzung suchen.

5.2.3. Hören der versteckten Botschaften mit Hilfe des Therapeuten (Wirkung des Gehörten beschreiben)

Im Zustand des projektiven Gesprächs gibt es kaum Möglichkeiten der Intervention, außer wenn der Therapeut (oder ein anderer Dritter) scharf dazwischengeht, beide zu einer Pause veranlaßt und über das Gespräch reflektieren läßt. Eine Technik dazu wäre, erst einen, dann den anderen der Partner aufstehen zu lassen, die Szene von außen anzusehen und zu beschreiben, was vor sich geht. Es schließt sich eine Metakommunikation an.

Eine andere Intervention, die stärker nach innen wirkt, besteht in der Aufforderung des Therapeuten an das Paar, die Augen zu schließen, nach innen zu hören, zu fühlen und sich die Frage zu stellen: Mit wem (welchem Teil) in mir bin ich jetzt in Kontakt? Ist es mein "Antreiber", der unbedingt etwas von mir will, das ich nach außen verlagere? Ist es meine Angst, etwas Wichtiges nicht zu bekommen oder einen verletzlichen Teil herzeigen zu müssen? Ist es mein Ärger, bestimmte Bedürfnisse nicht erfüllt zu bekommen? Der jeweilige Partner wird befragt, wie diese vermuteten Absichten und Vorannahmen auf ihn oder sie wirken, welche Gefühle oder andere Impulse dadurch ausgelöst werden.

Partner in dieser Phase neigen oft dazu, eine Fülle von Beispielen zu bringen, um den eigenen Standpunkt zu beweisen. Dies führt zu einer Vermeidung der Innensicht und setzt die Beschuldigung des anderen eskalierend fort. Damit distanzieren sich beide, statt sich anzunähern. Es ist wichtig, hier einen Fokus zu bilden, am besten in Form einer Frage. Beide werden gebeten, sich dann auf die Erforschung dieser Frage zu einigen. Beispielsweise kommt es bei einem Ehepaar häufig zu folgendem Muster: Der Mann beklagt sich bei der Frau über störende oder zu Sorge Anlaß gebende Verhaltensweisen der Kinder. Beide sind sich in der sachlichen Beurteilung einig. Die Frau trägt die Kritik des Mannes in einer Art, die vom Mann nicht akzeptiert wird, an die Kinder weiter. Dies ist eine klassische Umleitung der Kommunikation. Schließlich verbünden sich die Kinder mit dem Mann, die Frau steht alleine. Bei dieser Kollusion, die für die Frau nachteilig ausgeht, könnten sie sich fragen: Was bringt mich (den Mann) dazu, einerseits Verantwortung an meine Frau abzugeben, und was bewegt mich (die Frau), diese Delegation aufzunehmen und den Konflikt nach außen (auf die Kinder) weiterzutragen, um ihn zu klären. In diesem Beispiel findet der Mann heraus, daß er Kritik an den Kindern gegenüber der Frau äußert, um damit weiter in Harmonie mit den Kindern leben zu können (sein Muster ist es, Konflikte zu vermeiden). Die Frau erkennt, daß sie die Kritik an die Kinder weitergibt, um das Zuhause für ihn möglichst angenehm zu gestalten (ihr Muster ist es, die Verantwortung für ein gemütliches, entspanntes Heim zu übernehmen). Bei dieser Offenheit wird Nähe möglich, Muster können sich auflösen.

Wird es versäumt, am kritischen Punkt zu stoppen, kommt es zur Polarisierung. Sie neigt beispielsweise dazu, sich schlecht zu fühlen, indem sie denkt: "Immer bin ich die Dumme, dauernd werde ich kritisiert, und er ist fein heraus, obwohl ich ihm etwas Gutes tun möchte." Er könnte denken, daß er alles tut, um Harmonie herzustellen, dabei aber keinen Erfolg hat. Die Folge davon ist die oben beschriebene Falle.

5.3. Annehmen

Den Partner lieben lernen, heißt lernen, ihn so anzunehmen, wie er ist. Es wird davon ausgegan-

gen, daß Menschen erst dann bereit sind, sich zu ändern, wenn sie sich in einer sicheren Umgebung und vom anderen unterstützt fühlen. Alle bisherigen Interventionen dienten hauptsächlich dem Aufbau von Vertrauen durch Verstehen des gegenwärtigen Konflikts, dem Herstellen von emotionaler Nähe und der Überprüfung der derzeitigen Beziehung bei nachfolgender realistischer Sicht, wie die Beziehung gelingen kann. Beide sind im idealen Fall bereit, sich offen und aufrichtig zu zeigen, ohne Angst haben zu müssen, zumindest in der Therapiesitzung vom anderen dafür verletzt zu werden. Von diesem Zeitpunkt an werden die eigentlich problematischen Muster in der Therapiesitzung aktiviert: einerseits durch die Verbesserung der Intimität und andererseits durch den Aufbau von Toleranz (Jacobson und Christensen 1996, 103 ff., siehe dazu Abb.8).

5.3.1. Akzeptanzstrategien zur Verbesserung der Intimität

Die generelle Regel für die integrative Paartherapie heißt: "Versuche Probleme in Vehikel für Intimität zu verwandeln, als neue Quellen für Stärke und Nähe" (Jacobson und Christensen 1996, 103). Dazu werden zwei therapeutische Interventionen verwendet: Das empathische Joining zum Aufbau von Mitgefühl und die gemeinsame innerliche Distanzierung („detachment") vom Problem.

5.3.1.1. Empathisches Joining

Joining ist ein Begriff aus der Familientherapie und meint das einfühlende innere Mitgehen mit dem anderen, sich auf ihn einstellen, zunächst unabhängig davon, welche Position oder Meinung er vertritt. Das therapeutische Joining will die Akzeptanz der Partner zueinander erhöhen. Der Therapeut faßt das Problem zunächst zusammen, zeigt die negativen Verhaltensweisen mit Beschreibung des jeweiligen gefundenen Musters auf und schildert den Polarisierungsprozeß bis hin zur Falle, in der das Paar steckt. Das negative Verhalten wird als ein Beispiel üblicher Unterschiede zwischen Menschen betrachtet und der Polarisierungsprozeß wird als Teil einer natürlichen, verständlichen und vielleicht sogar unvermeidlichen emotionalen Reaktion auf diese Differenzen angesehen. Besonders wichtig dabei ist zu betonen, daß die Anstrengungen des Partners, auch wenn sie erfolglos bleiben, unternommen werden, um die wechselseitigen Schmerzen, die man sich zufügt, zu mildern. Den Polarisierungsprozeß zu ertragen und nicht durch Schuldzuschreibung zu reagieren würde heißen, die aufgetretenen Schmerzen im Konflikt zu ertragen. Dies ist mit der Reizexposition bei Angststörungen vergleichbar: Flucht oder Vermeidung (in diesem Falle durch Schuldzuschreibung und Etikettierung des anderen) macht das Problem immer größer, Konfrontation auch unter Schmerzen führt zur Reduktion und Lösung. Bei den meisten Paaren ist die Neigung, alte Muster zu wiederholen, eine Flucht, um eigene Verletzungen oder Schwächen nicht wahrnehmen zu müssen. Um diese automatische Reaktion zu verhindern, ist nachfolgende mantraartige Zusammenfassung (Abb. 9) hilfreich:

Als "Erste-Hilfe"-Technik sollen Partner allmählich die unmittelbaren und langfristigen Folgen ihres Kommunikationsverhaltens begreifen lernen und es abstoppen. Der seelische Schmerz plus die Beschuldigung führen zu steigender Feindseligkeit, der seelische Schmerz minus Beschuldigung erhöht die Akzeptanz.

Eine Methode, um empathisches Joining herzustellen, ist die traditionelle verhaltenstherapeutische Methode des Aufbaus von Kommunikationsfertigkeiten nach der Art der gesprächstherapeutischen Vorgehensweise. Wesentliche Teile dieses Kommunikationstrainings sind das aktive Zuhören, das Abschwächen durch den Gebrauch von Ich-Äußerungen, das Zusammenfassen und das Widerspiegeln. Die bisherigen Erfahrungen damit sind allerdings eher wenig zufriedenstellend

---

Annehmen

1. Die Intimität zwischen den Partnern erhöhen durch:
1.1. Empathisches Joining (Aufbau von Mitgefühl)
- Gründe für die Unterschiedlichkeit verstehen lernen; schmerzhafte Interaktionen werden als Ergebnis von verständlichen Reaktionen und Gegenreaktionen interpretiert
- Antizipation problematischer Ereignisse
- Diskussion negativer Ereignisse, insbesondere Kränkungen (als Selbstbild/Fremdbild-Diskrepanz)
- Diskussion positiver Ereignisse zur Rückfallprophylaxe
1.2. Gemeinsame innerliche Distanzierung („detachment")
- Ereignisse auf spezielles Muster und den davon abhängigen Polarisierungsprozeß beziehen
- Problem in "Stuhl" setzen und über "es" reden
- Zuhause vorstellen, der Therapeut wäre anwesend und ihm/ihr die Sachlage erklären

2. Die emotionale Akzeptanz durch Aufbau von Toleranz erhöhen durch:
- Hervorheben der positiven Züge des Verhaltens (ähnlich dem Umdeuten)
- Negative Verhaltensweisen in der Sitzung üben (wie Desensibilisierung oder Reizexposition)
- Negatives Verhalten zwischen den Sitzungen vortäuschen (wie Symptomverschreibung)
- Selbstfürsorge und Unterstützung aufbauen (alternative Verhaltensweisen entwickeln)

Abb.8: Übersicht zu "Annehmen"

(Jacobson und Christensen 1996, 108 ff.). Dies scheint folgende Gründe zu haben, die ich in der Praxis bestätigt finde:

Die gelehrten Fertigkeiten in den standardisierten Programmen geben nicht die Art und Weise wider, wie Menschen natürlich miteinander umgehen. Jacobson führt das Beispiel eines Workshops an, bei dem er fragte, wie viele von den anwesenden Therapeuten die Methode des aktiven Zuhörens anwenden, wenn sich die Partner übereinander ärgern. Von etwa 200 Mitgliedern in der Zuhörerschaft haben sich dabei nur drei gemeldet. Standardisierte Kommunikationsprogramme suggerieren, daß sie richtige und universelle Regeln dafür beinhalten, wie eine gute oder eine schlechte Kommunikation in der Partnerschaft sein soll. Keine dieser sogenannten Universalregeln läßt sich auf alle Paare anwenden. Viele Partner werden ärgerlich oder irritiert, wenn ihre Partner Techniken des aktiven Zuhörens praktizieren. Ich-Äußerungen lassen den Zuhörer oft völlig kalt, er empfindet sie als psychologische Strategie und wertet sie daher ab. Daher müssen immer funktionsanalytische Methoden angewandt werden, die danach suchen, welche Kommunikationsstrategien für beide Partner passen. Kommunikationstrainings sind deshalb nur eine Methode und nicht die alleinige, um Akzeptanz zu erreichen.

Eine weitere Methode des Joining ist das Geben von Hilfestellungen, damit der jeweilige Sprecher seine Mitteilungen abschwächt. Aggressive Äußerungen des Partners sollen vom Therapeuten so abgemildert werden, daß sie vom Zuhörer angenommen und akzeptiert werden können. Besser ist es natürlich, mit dem jeweiligen Sprecher zuvor ein kurzes Gespräch über Inhalt und Klang der Sätze zu führen, so daß die späteren Äußerungen dem zuhörenden Partner gegenüber weicher ausfallen. Die Partner können auch überprüfen, ob die vorgegeben Sätze mit der inneren Absicht übereinstimmen. Der Erfolg der Hilfestellungen hängt davon ab, ob es gelingt, die vom Klienten gebrauchten Wörter aufzunehmen und sie wirksam in eine angenehmere, akzeptablere Äußerung zu übersetzen. Des weiteren soll die Formulierung des Polarisierungsprozesses dem Therapeuten überlassen bleiben. Viele Personen fin-

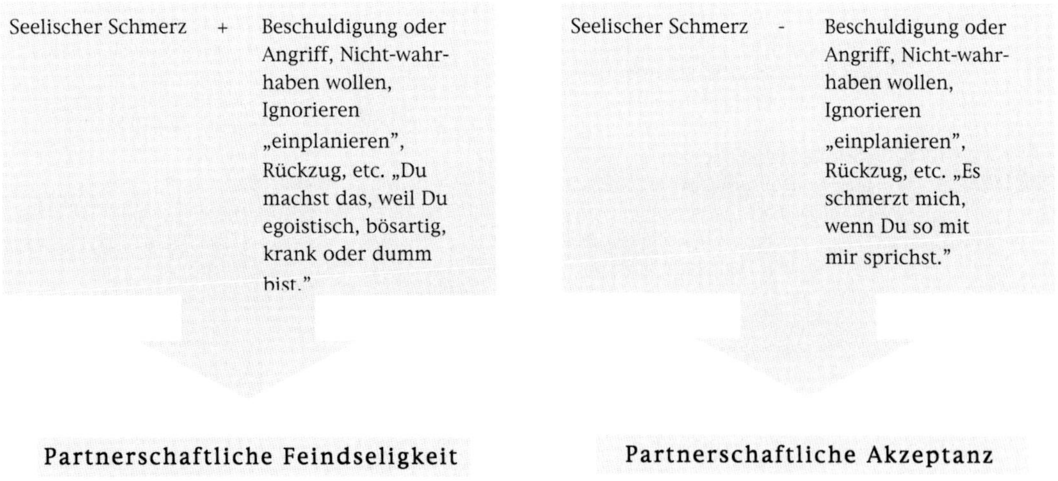

Seelischer Schmerz	+	Beschuldigung oder Angriff, Nicht-wahr-haben wollen, Ignorieren „einplanieren", Rückzug, etc. „Du machst das, weil Du egoistisch, bösartig, krank oder dumm bist."

Seelischer Schmerz	-	Beschuldigung oder Angriff, Nicht-wahr-haben wollen, Ignorieren „einplanieren", Rückzug, etc. „Es schmerzt mich, wenn Du so mit mir sprichst."

Partnerschaftliche Feindseligkeit   **Partnerschaftliche Akzeptanz**

Abb. 9: Wirkungen von seelischem Schmerz und Beschuldigungen

den es sehr schwierig, ihre Erfahrung in einer Art und Weise zu beschreiben, die den Zuhörer beruhigt. Daher ist es oft nicht wünschenswert, daß die Partner diese Äußerungen selbst machen. Wenn statt dessen der Therapeut das Verhalten des Sprechers phrasieren oder paraphrasieren kann, wird die Akzeptanz wahrscheinlich eher stattfinden. Gleichzeitig dient der Therapeut damit dem Sprechenden als Modell.

Der Fokus zum Aufbau von Mitgefühl liegt auf vier Arten von therapeutischen Gesprächen:

a) Allgemeine Diskussionen über die grundlegenden Unterschiede zwischen den beiden und den daraus resultierenden Interaktionsmustern
Ziel ist es, die Gründe für die Unterschiedlichkeit verstehen zu lernen (durch Erklären der persönlichen Geschichte, den gegenwärtigen Druck durch Außenbedingungen, die familiäre Konstellation, alle Erkentnisse aus den oben beschriebenen Erfahrungen). Die schmerzhaften Interaktionen werden als Ergebnis von verständlichen Reaktionen und Gegenreaktionen der Partner im Hinblick auf ihre Unterschiede interpretiert.

b) Diskussionen über zukünftige Ereignisse, die das Problem hervorbringen können
Dabei sind künftige, möglicherweise problematische Ereignisse herauszufinden: Typische Reaktionen sollen antizipiert, Verstehen für diese Reaktionen soll entwickelt werden, und es wird ein Plan aufgestellt, der die risikohafte Situation zu retten versucht.
Zur Anleitung und Bewußtmachung von Streitsituationen wird den Partnern ein Arbeitsblatt (Abb.10) in Anlehnung an den Vorschlag von O'Hanlon und Hudson (1995) gegeben. Die Partner werden gebeten, auf die einzelnen Elemente

in den Sitzungsintervallen zu achten. Bei starkem Streit empfiehlt sich der Auftrag an das Paar, während der Woche nicht über das Thema zu sprechen, sondern Beobachtungslisten in die nächste Sitzung mitzubringen. Dann erst werden Lösungsmöglichkeiten erarbeitet. Diese haben immer die Struktur, das Muster zu identifizieren, es zu benennen und schließlich offen, statt wie bisher versteckt darüber zu sprechen.

c) Diskussionen über ein früheres negatives Ereignis, bei dem das Problem auftrat
Einzelne frühere negative Ereignisse dienen der Diskussion über die Gründe auf verschiedenen Ebenen, der Entstehung von Polarisierungen und über den jeweiligen Anteil, den die einzelnen Partner dabei haben. Manche Ereignisse waren für die Partner so verletzend, daß ohne eine Aufarbeitung keine Entwicklung möglich erscheint.

d) Diskussionen über ein früheres positives Ereignis, bei dem beide das Problem besser in den Griff bekamen
Die Diskussion positiver Ereignisse soll künftigen Fehlern und Rückschlägen vorbeugen helfen. Es wird davon ausgegangen, daß es keinen besseren Zeitpunkt gibt, um über Rückfälle zu sprechen, wenn zuvor positive Ereignisse berichtet worden sind, bei denen man dann fragt, wie sie künftig bei eventuellen Rückfällen in ähnlichen Situationen reagieren würden.

5.3.1.2. Gemeinsame innerliche Distanzierung („detachment")

Neben dem empathischen Joining ist die Intervention der gemeinsamen innerlichen Distanzierung („unified detachment") die zweite hauptsächliche, um die Intimität durch Akzeptanzarbeit zu vergrößern. Meist nehmen die Partner in den Streitsituationen eine bestimmte Rolle oder Position ein, die es zu verteidigen gilt. Sie sind damit identifiziert. Deren Aufgeben empfinden viele als Gesichtsverlust oder als Verlust ihres eigentlichen Selbst. Sich vom jeweiligen Geschehen zu distanzieren bedeutet für die Partner deshalb auch, sich von ihrer in der Partnerschaft eingenommen Rolle zu "disidentifizieren".

Das Ziel ist, eine distanzierte, beschreibende, nicht bewertende Sichtweise des Problems zu erreichen, so daß es den Partnern im Laufe der Zeit möglich ist, auch über das Problem zu reden und dabei eine intellektuelle Analyse vorzunehmen, statt in große Erregung und Streit zu geraten. Außerdem könnten sie überprüfen, wie das Aufgeben der bisher identifizierten Rolle in der Partnerschaft wirkt und ob die angenommen Konsequenzen tatsächlich eintreten.

Es eignen sich dazu folgende Übungen:
Das Problem wird in den Stuhl gesetzt und beide sprechen davon in der Es-Form. Bei Gesprächen, die Zuhause stattfinden, sollen sich beide vorstellen, daß der Therapeut anwesend wäre, und sie sollten ihm erklären, was los ist.

Eine Gestalttechnik eignet sich ebenfalls, bei der beide gebeten werden, ihren Streit oder das Gespräch zu unterbrechen, aufzustehen und sich selbst von außen zu beobachten, um zu analysieren, was gerade abläuft (welche Rolle jeder von ihnen einnimmt, welches "Spiel" gerade mit welchen Regeln im Gange ist), so als wären sie ein Beobachter von außen.

Beide könnten sich vorstellen, sie seien in einem Film, und beschreiben, was die Handelnden gerade tun. Sie könnten versuchen, in der Therapiesitzung ihre jeweilige Rolle als Skulptur darzustel-

---

Problemmuster enthalten folgende typische Elemente:

- **Triggerwörter oder -sätze** (ein Partner wiederholt bestimmte Eigenschaften vom anderen, die möglicherweise bereits aus der Kindheit bekannt sind und die beim Partner dann jedesmal zur Explosion führen)
- **Lautstärke und Modulation der Stimme** (dazu gehört, wie etwas gesagt worden ist und nicht was gesagt worden ist)
- **Nonverbales Verhalten** (nonverbale Handlungen wie Gesten, Bewegung, bestimmte Körperhaltung, Blickkontakt etc., die unbewusst sind, können ebenfalls Teil des Problemmusters sein)
- **Orte** (häufig ereignet sich das Problemmuster an einem bestimmten Ort, wie im Auto, im Schlafzimmer, in der Küche etc.)
- **Zeiten** (manchmal beobachten Paare, daß das Muster immer nur nach bestimmten Ereignissen stattfindet, wie z.B. unmittelbar dann, wenn der eine Partner nach der Arbeit nach Hause kommt)

Übung dazu:
- Beobachten Sie in der kommenden Woche, was Sie tun, wenn Ihr Partner aufgeregt ist und was schließlich zu Ergebnissen oder Reaktionen führt, die Sie nicht mögen.
- Erstellen Sie eine Liste von Wörtern, Sätzen, Modulation der Stimme oder Lautstärke, Gesten, Körperhaltungen, die ein Trigger für die negative Reaktion des Partners sind.
- Wo ereignen sich normalerweise Ihre Probleme? Wenn es zuhause ist, wo im Haus findet es statt?

Abb. 10: Arbeitsblatt zur Ermittlung von Streitauslösern

len, wie es Satir (1978) für die vier hauptsächlichen Kommunikationsstile vorgeschlagen hat: Ankläger, Beschwichtiger, Rationalisierer und Ablenker. Neue Wort- und Rollenschöpfungen regen die humorvolle und kreative Seite der Partner an und führen allein schon dadurch spielerisch zu einer Distanzierung.

5.3.2. Aufbau von emotionaler Akzeptanz durch Aufbau von Toleranz

Eine weitere Art, Akzeptanz bei den Partnern zu vergrößern, ist, deren Toleranz für das Verhalten des anderen Partners zu stärken und es damit weniger schmerzhaft werden zu lassen. Toleranz ist allerdings nur dann möglich, wenn die Partner mit ihren übermäßigen Anstrengungen aufhören, dem aversiven Verhalten des anderen vorzubeugen oder es zu vermeiden, indem sie weiterhin versuchen, den Partner zu verändern, oder wenn sie sich von diesem Verhalten durch Rückzug flüchten. Der Schlüssel zum Aufbau von Toleranz besteht also darin, die Partner jeweils in die Lage zu versetzen, den Kampf, den anderen verändern zu wollen, aufzugeben.

Übergeordnetes Ziel des Toleranztrainings ist es, den Kontext, in dem jeweils negative Verhaltensweisen vorkommen, zu verändern. Unter Kontext wird der Einfluß verstanden, der durch die individuelle und gemeinsame Lerngeschichte ausgeübt wird. Bestimmte neue Erfahrungen, die durch Übungen in den Therapiesitzungen und außerhalb durch Hausaufgaben eingeleitet werden sollen, beabsichtigen, einen Umschwung, also ein Kippen des Kontextes herbeizuführen.

Das Toleranztraining ist analog den Reizexpositionstechniken bei Angststörungen zu sehen. Der Therapeut kontrolliert dabei den Kontext, in dem der Reiz erfahren wird. Bei richtiger Handhabung kommt es zur Löschung, entweder durch die Techniken der Reizexposition, durch Flooding oder

durch graduierte Übungen, so daß Habituation eintritt, des weiteren durch Desensibilisierung auf negative Verhaltensweisen oder durch negative „practice". Es unterscheidet sich vom Joining und der gemeinsamen Distanzierung, weil es nicht wie diese Techniken trotz des bestehenden Problems die Intimität erhöht, sondern sie eher verringert. Es kann zwar geschehen, daß sich auch durch diese Techniken Intimität herstellt, jedoch ist es nicht beabsichtigt. Wesentliches Ziel dabei ist es, den Konflikt zu entschärfen und die Fähigkeit, mit negativem Verhalten umgehen zu lernen, zu verstärken, besonders dann, wenn größere Intimität und Nähe zu erreichen unrealistisch ist.

Es gibt vier primäre therapeutische Interventionsmethoden, Toleranz aufzubauen.

5.3.2.1. Positive Züge negativen Verhaltens hervorheben

Das Hervorheben positiver Züge des negativen Verhaltens ähnelt der positiven Umdeutung innerhalb der Familientherapie, unterscheidet sich jedoch in folgenden Punkten:
a) durch das Unterlassen einer vollständigen Umdeutung des Problems, da diese oftmals die Realität der bestehenden Beschwerden ignoriert und
b) durch geringere strategische Absicht, da die Interpretation die Realität des Paares berücksichtigen muß. Damit soll die problematische therapeutische Intervention des positiven Umdeutens verhindert werden, indem inkongruente Umdeutungen eher zum gegenteiligen Effekt führen und daher bei Paaren oft auf Ablehnung stoßen.

Die Strategie des Umdeutens fällt dann am leichtesten, wenn der Therapeut das negative Verhalten als einen ebenfalls denkbaren Teil einer Charakteristik des jeweiligen Partners ansehen kann, der ursprünglich durchaus anziehend auf den anderen war oder immer noch ist. Wenn z. B. bei einem Paar (aus der Praxis des Verfassers) die sexuellen Bedürfnisse sehr unterschiedlich verteilt sind, leidet sie (öfter als er) darunter, daß er schon wieder sexuelle Aktivitäten haben möchte, und er unter der Abweisung, die er sich jeweils einholt. Wenn gleichzeitig die Frau von der Angst berichtet, nicht mehr so attraktiv für ihn oder für andere Männer zu sein, und auch befürchtet, durch die fortwährende Ablehnung ihrem Mann gegenüber die Ehe zu verschlechtern, könnte die positive Umdeutung darin bestehen, ihr zu sagen, daß das Verhalten des Mannes eigentlich sehr deutlich beweist, für wie attraktiv er sie auch nach 30 Ehejahren noch einschätzt und sie begehrt, obwohl sie ihr Aussehen eher ablehnt. Auf der anderen Seite könnte das negativ wirkende Verhalten für den Mann eher positiv hervorgehoben werden, nämlich, daß seine Frau sich der Problematik durch die Aufnahme einer Therapie sehr wohl bewußt ist und daß sie momentan alles tut, damit die Befürchtung, die Partnerschaft könnte wegen ihrer sexuellen Schwierigkeiten zerbrechen, nicht eintritt. Sie habe ihren Mann als ersten Sexualpartner kennengelernt und es geschätzt, wie vorsichtig er mit ihr umgegangen sei, so daß sich allmählich alle sexuellen Tabus aus dem Elternhaus aufgelöst hätten. Damals seien ihr die sexuellen Initiativen ihres Mannes durchaus willkommen gewesen. Andererseits habe sich der Ehemann in der Vergangenheit häufiger über das zu wenig selbstsichere Verhalten seiner Frau beklagt. Was die Verweigerung sexueller Aktivitäten anbelangt, zeige sie es durchaus. In diesem Falle könnte er ihre Verweigerung im sexuellen Bereich also als einen Zuwachs an Selbstsicherheit sehen, der sich allerdings jetzt in diesem Bereich auch auf ihn ungünstig auswirkt.

Die Unterschiede sollten dabei auch mehr als "interessant" oder im Sinne eines neugierigen Therapeuten- oder Erforschungsverhalten des Paares benannt werden und weniger als ein Problem. Bei der Verwendung des Wortes "interessant" wird eher eine positive Komponente dieses Verhaltens suggeriert, und es wird vor allen Dingen herausgestrichen, daß die jetzt wahrgenommene Differenz ursprünglich eine Quelle gegenseitiger Anziehung zwischen den Partnern war.

In ähnlicher Weise könnten die folgenden, ursprünglich positiven Eigenschaften am Beginn einer Beziehung wieder in Erinnerung gebracht und positiv umgedeutet werden:

- Aus ursprünglicher Suche nach Schutz, Sicherheit und Gemeinsamkeit wird im Laufe einer Partnerschaft Enge, Beschränkung der Autonomie, fehlende Entfaltungsmöglichkeit.
- Aus ursprünglichem Bewahren der persönlichen Freiheit in der Beziehung und dem Gewähren von weiterhin persönlichen Aktivitäten werden Losgelöstheit, Desinteresse und Zusammengehörigkeit.
- Aus sexueller Leidenschaftlichkeit und großer erotischer Anziehung werden sexuelle Triebhaftigkeit, Forderung und im schlimmsten Falle Degradierung zum Sexualobjekt.
- Aus Anziehung durch Wissen und Intellektualität wird Rationalisierung, Gefühlskälte und Distanz.
- Aus ursprünglich spontanem, flexiblem, intuitivem Verhalten wird ungeplantes, chaotisches, desorganisiertes, vorschnell impulsives Verhalten.
- Aus dem Bemühen um Einfühlung, Akzeptanz, Geltenlassen, Versöhnung wird "Friedhöflichkeit", übermäßige Harmonie, Langeweile.
- In ähnlicher Weise läßt sich eine Reihe von persönlichen Eigenschaften, die ursprünglich am Beziehungsbeginn eine hohe Attraktivität für den anderen Partner hatten, umdeuten, wie z.B. Toleranz wird zu Gleichgültigkeit, Engagement zu Fanatismus, Vorsicht wird zu Feigheit, Kühnheit und Mut werden zu Übermut und Leicht-

sinn, Durchsetzungsvermögen wird zur rücksichtslosen Ellbogenmentalität, Rücksicht zu Selbstverleugnung und mangelnder Selbstbehauptung, Pragmatismus wird zu Opportunismus und Schlawinertum, Prinzipientreue und Wertbindung werden zu unflexibler Prinzipienreiterei oder ideologischer Starrheit (siehe dazu Schulz von Thun 1989).

5.3.2.2. Negative Verhaltensweisen in der Therapiesitzung üben

Trotz vieler Veränderungen werden die Partner in ihre alten Muster rückfällig. Um dafür vorbereitet zu sein und diesen Rückfall nicht so zu sehen, als wenn alles Bisherige umsonst gewesen wäre, werden Rückfälle während der Sitzung geübt. Typische Situationen, in denen der Streit eskaliert, werden nachgestellt. Dabei werden auch die üblichen Muster mit ihren Inhalten nochmals erörtert. Dazu werden Gedanken und Gefühle geäußert. Ziel für den Therapeuten ist es, die Reaktionen zu erklären und sie jeweils für den anderen verständlich zu machen.

Die hauptsächliche Absicht dieser Intervention besteht darin, das Paar mit höchst problematischen Situationen zu konfrontieren, **ohne daß sie es ausagieren müssen**. Statt dessen sollen sie die aufkommenden Gefühle spüren und auszuhalten lernen. Die zerstörerischen Eskalationen bleiben dann während der Therapiesitzung aus. Geübt wird die Toleranz dem Partner und dessen negativem Verhalten gegenüber, und nachdem die aversiven Konsequenzen ausbleiben, kann es zur Löschung führen.

Wichtig dabei ist, zwischen dem **Vorbereitetsein** und dem **Vorbeugen** zu unterscheiden. Vorzubeugen oder zu verhindern wäre ein zu großes Ziel, das an der Realität vermutlich vorbeigeht. Es wird statt dessen erwartet, daß die Partner weiterhin rückfällig werden. Mit guter Vorbe-

reitung darauf soll die Situation weniger zerstörerisch gehandhabt werden können.

Diese Technik kann auch als Desensibilisierungsmethode angesehen werden. Wenn der Partner weniger empfindlich auf das negative Verhalten des anderen reagiert, kann er dieses Verhalten auch gelegentlich hinnehmen, ohne in der alten Art und Weise zu reagieren.

Die Paare sollen lernen,

1. daß Rückfälle unvermeidlich sind, sie aber besser toleriert werden können,
2. daß sie sich schneller von Rückfällen in alte Muster erholen können, wenn sie darauf vorbereitet sind,
3. daß die Übung negativen Verhaltens ohne die bisher immer erlebten negativen Konsequenzen zu einer Löschung dieses Verhaltens führt und damit die Toleranz erhöht wird und
4. daß die gegenseitige Zuneigung und die Möglichkeit zusammenzuleben, auch dann erhalten bleibt, wenn gegenseitig negative Verhaltensweisen gezeigt werden.

Instruktion zur Übung:

"Ich hätte gerne, daß Sie heute über das Thema XY sprechen, so als wenn Sie zu Hause wären. Versuchen Sie nicht es besser zu machen, weil ich hier bin. Probieren Sie aus, es so schlecht zu machen, wie Sie nur können, verwenden Sie die lauteste und die stärkste Kommunikation, die Sie zur Verfügung haben, und übertreiben Sie ruhig ein wenig, so daß damit die alten Muster deutlicher werden als je zuvor."

Die Partner machen dabei in der Regel die Erfahrung, daß dieses negative Verhaltensmuster automatisch ritualisiert abläuft. Beide stimmen hinterher häufig darin überein, daß es genauso ist, wenn sie zu Hause sind, und manchmal gelingt es dann beiden spontan, sich von diesem Streit zu distanzieren, andere Etiketten dafür zu finden, sich eher von außen zu sehen oder Gefühle auszubilden, wie z.B. Scham, die künftig die Eskalation solcher Streitsituationen vermeiden und die Toleranz erhöhen sollen. Man kann die Übung nach folgenden ernstgemeinten Regeln, nicht als paradoxe Intention durchführen. Als Anleitung wird ein Arbeitsblatt (Abb.11) gegeben.

5.3.2.3. Das negative Verhalten zwischen den Sitzungen zu Hause vortäuschen

Ziel dieser Übung ist es, mehr Toleranz gegenüber negativem Verhalten aufzubauen. Daher sollen die Partner zu Hause das negative Verhalten zeigen, obwohl es innerlich nicht in dem üblichen Maße in diesem Augenblick vorhanden ist. Es wird also vorgetäuscht. Vorteil dieser Übung ist es, nicht darauf zu warten, bis das negative Verhalten wirklich eintritt, sondern es in einer weniger emotional belastenden Situation, in der Kontrolle noch möglich ist, zu erproben. Der vortäuschende Partner kann auch mit mehr innerer Ruhe die Kränkung beim anderen sehen. Kurze Zeit nach den ersten Reaktionen soll der vortäuschende Partner

allerdings seine Absicht kundtun, um weitere Eskalation oder Streit zu vermeiden. Beide Partner werden in der vorausgehenden Therapiesitzung davon unterrichtet, daß er oder sie künftig mit einem speziellen, in der Therapiesitzung zu vereinbarenden negativen Verhalten rechnen muß, das der jeweils andere vortäuscht.

Aus einem ursprünglich kontingenzkontrollierten Verhalten wird ein durch Regeln gesteuertes Verhalten. Diese Intervention ähnelt der Symptomverschreibung in der strategischen Therapie. Die Absicht besteht auch hierbei nicht darin, die Auftretenswahrscheinlichkeit des Verhaltens durch eine paradoxe Intention zu reduzieren, sondern größere Desensibilisierung und damit die Akzeptanz des unvermeidlich negativen Verhaltens zu erreichen.

5.3.2.4. Größere Achtsamkeit mit sich selbst

Gewöhnlich gehen Partner besonders dann nicht aufeinander ein, wenn sie sich bedürftig oder ver-

---

Anleitung zum polarisierenden Streit zwischen Paaren

- Übertreiben oder untertreiben Sie die Dinge.
- Wiederholen Sie ständig die Mangelerscheinung beim andern.
- Bleiben Sie nicht bei einer konkreten Sache, sondern versuchen Sie so viele Beispiele zu finden wie nur eben möglich. Generalisieren Sie.
- Gehen Sie in Ihrer "Beweisführung" möglichst zurück bis in die Kindheit. Weisen Sie ihm/ihr nach, daß er/sie so wie der Vater oder die Mutter ist.
- Setzen Sie auf jede Anklage eine Gegenanklage, schenken Sie dem andern nichts.
- Lesen Sie die Gedanken des andern:
  - Schreiben Sie entweder bestimmte Absichten oder Motive zu oder
  - raten und vermuten Sie, was er/sie gerade denkt, fühlt und erfährt.
- Begründen Sie alle Beschwerden mit persönlichen Eigenschaften des andern und nicht mit störenden Handlungen. Sagen Sie: " du bist..., statt du machst..."
- Nehmen Sie richtiges Handeln als selbstverständlich hin, sonst verändert er/sie sich gar nicht mehr. Nur anhaltender Druck schafft die Veränderung.

Abb.11: Arbeitsblatt zum polarisierenden Streit

letzlich fühlen. Ohne daß die Gründe genauer bekannt sind, ist es ihnen oft nicht möglich, den anderen dann zu unterstützen. Es ist häufig ein Streitpunkt, der dadurch zu verringern oder zu verhindern ist, daß Selbstvertrauen und Selbstfürsorge der Partner so erhöht werden, bis sie mit der Situation dann besser umgehen können. Beispielsweise wird eine Frau, die sich vorgestellt hat, den Abend mit dem Mann zu verbringen, um etwas Gemeinsames zu tun, einen Streit vom Zaun brechen, um ihn zu überzeugen, mit ihr mitzugehen. Er aber hat an diesem Abend andere Pläne, beispielsweise noch irgendwelche Arbeiten zu verrichten, und verneint daher. Ist sie nun in der Lage, sich an diesem Abend ohne den Anspruch der Gemeinsamkeit um sich selbst zu kümmern, und etwas alleine zu unternehmen, verringert dies das Konfliktpotential und erhöht gleichzeitig die Toleranz ihm gegenüber. Er könnte ihren Entschluß akzeptieren und ihn vielleicht sogar wertschätzen. Es müssen also mit dem einen Partner immer alternative Möglichkeiten exploriert werden, um persönliche Bedürfnisse zu befriedigen. Diese Exploration muß sehr empfindsam durchgeführt werden, da alternative Mittel zu finden immer bedeutet, daß sie "suboptimal" sind, da der eine Partner ja immer gerne etwas Gemeinsames mit dem anderen tun möchte und dies in seiner Prioritätenskala ganz oben steht.

Es kann eine Diskussion darüber geführt werden, inwieweit der eine Partner vom anderen erwartet, da zu sein, wann immer er gebraucht wird. Damit soll die übermäßig konsumorientierte Haltung bestimmter Partner dem anderen gegenüber problematisiert werden, um klarzustellen, daß der andere Partner nicht alle persönlichen Bedürfnisse, die der eine hat, erfüllen kann. Dies wäre eine maßlose Überforderung der Beziehung.

5.4. Spüren

Die vierte Ebene, den Partner zu akzeptieren und damit lieben zu lernen, geht über körperliche und sensorische Wahrnehmungen. Alle Ebenen zuvor fördern eher die Zusammengehörigkeit und Bindung, die Intimität und die Nähe, nicht aber die linke Spitze des Sternbergschen Dreiecks (siehe 5.1.5.): die Leidenschaft, körperliche und sexuelle Attraktivität. Für viele Paare ist es nach langen Streitphasen unmöglich geworden, miteinander zu sprechen. Sogar Blickkontakt als erste Kontaktaufnahme mit dem anderen wird vermieden. Im Therapieraum versuchen dann beide, durch Ausrichtung ihrer Stühle das Gespräch nur über den Therapeuten laufen zu lassen. Um diese körperliche Blockade aufzuheben, werden je nach Bedarf und Zeitpunkt folgende Übungen vorgeschlagen:

Die Blickkontaktübung wurde unter 5.2 ausführlich vorgestellt. Sie wird hier mit anderer Intenti-

---

Spüren

Zärtlichkeit, körperliche Nähe, sexuelle Attraktivität und Empfindsamkeit für den Partner erhöhen durch:

- Blickkontakt (Bk)
- Bk und Berühren, Streicheln der Hände
- den Kopf des Partners in den Schoß nehmen
- Atmen und Unterstützung dabei (Partner-Atmen)
- gemeinsame Entspannung, Meditation
- gemeinsame Spaziergänge mit Sprechverbot (in eindrucksvoller Umgebung zu verschiedenen außergewöhnlichen Tageszeiten)
- gemeinsame anspruchslose Arbeiten verrichten, ohne zu sprechen
- Streicheln bei Sexverbot
- neue sexuelle Varianten erproben

Abb.12: Übersicht zu "Spüren"

on eingesetzt. Beide Partner werden gebeten, unterschiedliche Gefühle wie Ärger, Durchsetzung, Bestrafung und Vorwurf, Angst, Neugier, Freude, Interesse etc. durch den Blick auszudrücken. Bei vielen ist der Blick ein Trigger für Streitverhalten, den nur sie beide kennen, ohne daß es ausgesprochen wird. Oftmals entwickelt sich so viel Nähe, daß einer der Partner feuchte Augen bekommt und der andere dann näher rückt, die Hände des andern in seine nimmt und ihn tröstet. Geschieht es nicht spontan, wird es therapeutisch angeleitet. Eine Steigerung ist, den Kopf an die Schulter des andern oder in dessen Schoß zu legen. Besser ist es, innerhalb der Therapie auf Situationen zu warten, die Trost, Zärtlichkeit, Anlehnung implizieren, und den Partnern dann eine Hilfestellung zu geben, als durch eine Übung dies anzuleiten. Die Übung "Partner-Atmen" sowie eine Reihe anderer gut anzuwendender Übungen sind bei Görlitz (1998, Bd.1, 145 ff. und 1998, Bd. 2) ausführlich beschrieben. Diese Übung halte ich für besonders effektiv, weil sie langsam aufgebaut und im Sinne einer Desensibilisierung gesteigert werden kann. Sie beinhaltet vier Phasen:

a) Partner A spiegelt Partner B in Körperausdruck, Mimik und Atmung, während sich die Partner schweigend gegenüber sitzen. A fühlt sich ganz in B ein (1.Phase).

b) B beginnt, sich bei geschlossenen Augen ein angenehmes Ereignis (2.Phase) zwischen beiden vorzustellen. A beobachtet die äußeren Veränderungen. Dann stellt sich B ein unangenehmes Ereignis vor (3.Phase). Beginn und Ende der Übungen werden durch Fingerzeichen angedeutet. A beobachtet die Unterschiede und gibt Rückmeldung, beide stellen Vermutungen an.

c) Beide tauschen die Rollen.

d) A spiegelt Partner B erneut, hauptsächlich die Atmung beobachtend. Schließlich tritt A hinter B, legt die Hände sanft auf die Schultern von B und unterstützt die Atembewegung, indem A

seine Hände im Rhythmus des Atems von B hebt und senkt (4.Phase). A kann dies auf den oberen Brustbereich und den Bauch um die Gegend des Nabels ausweiten, zu Hause als Aufgabe noch auf weitere Körperregionen, die beide zuvor vereinbaren.

e) Beide tauschen die Rollen.

Diese Übung zeigt die Bereitschaft, sich aufeinander einzulassen, sich zu vertrauen, körperliche Nähe abzulehnen oder zuzulassen und zu führen oder sich führen zu lassen.

Weitere, bei passender Gelegenheit einzuführende Übungen stellen mehr das gemeinsame Erleben in den Vordergrund. Gemeinsame Entspannung über Kassetten oder durch die vom Partner gelesene Instruktion sowie Einrichtung von Meditationszeiten. Andere Partner bevorzugen körperliche Aktivitäten, die wie im Sinne der Erlebnispädagogik gemeinsame Abenteuer fördern, wie z. B. eine gemeinsame Nachtwanderung, bei der nicht gesprochen werden darf, eine sportliche Unternehmung (Hochseilklettern, wo jeder auf die Hilfe des andern angewiesen ist), die für beide neu ist. Auch gemeinsame anspruchslose Arbeiten im Garten oder bei Renovierungen können den Grad an Kooperationsbereitschaft steigern.

Schließlich können die Körperübungen auf sexuelle Annäherung ausgeweitet werden, zumal bei sehr vielen Paaren sexuelle Probleme bestehen. Bei ihnen ist nach langen Jahren der Partnerschaft Langeweile eingekehrt und es gilt bisherige Sexpraktiken abzulegen und neue zu erproben (siehe dazu Masters & Johnson, 1973, O'Hanlon & Hudson 1995, 28 ff., Moeller, 1994).

6. Veränderungsarbeit

Erst mit diesem Punkt sind wir in der klassischen, traditionellen verhaltenstherapeutischen Paar-

therapie angelangt, die nach wie vor unverzicht-
bar und wichtig ist, aber erst dann erfolgreich
angewandt werden kann, wenn die Voraussetzungen durch die Akzeptanzarbeit geschaffen worden
sind. Nach meiner Erfahrung scheitern häufig vom
Therapeuten gegebene Aufgaben zur Veränderung, oder die therapeutischen Aufgaben bleiben
nur auf die Therapiezeiten beschränkt. Gründe liegen in der nur gering ausgeprägten Bereitschaft
der Partner, den anderen wirklich im augenblick-
lichen Verhalten zu verstehen und zu akzeptieren. Sobald man daher mit Veränderungsarbeit
beginnt und starke Widerstände auftreten, sollte
man zur Akzeptanzarbeit zurückkehren. Nach ausreichender gegenseitiger Akzeptanz zeigt sich die
Stimmung der Paare in den Sitzungen gelöster,
spielerischer, und der Eindruck entsteht, daß nun
beide wirklich wieder lieben lernen wollen, weil
die notwendige Basis dazu geschaffen wurde. Ähnlich wie in der Bindungstheorie beschrieben, vergrößert sich das Explorationsverhalten auch bei
Erwachsenen dann, wenn ein sichere Bindung
durch eine "sichere Basis" in der Partnerschaft
wieder hergestellt wurde (Mestel et al. 1996). Als
Aufforderung zur Exploration werden die folgenden Übungen auch eingeführt. Sie sollen neugierig machen.

6.1. Verhaltensaustausch

Beziehungen werden im Laufe der Jahre leer, weil
sie einer natürlichen Habituation unterliegen. Das
ist kein pathologischer, sondern ein natürlicher
Prozeß. Es kommt zu einer Verstärkungserosion
(Jacobson & Christensen 1996). Auch ursprünglich positive Verhaltensweisen werden wechselseitig nicht mehr verstärkt und dadurch gelöscht.
Andererseits verschiebt sich häufig das Verhältnis
von Geben und Nehmen (im allgemeinen als Quid-
proquo bezeichnet), und der Ausgleich zwischen
beiden ist gestört. Dadurch ziehen sich Partner
aufgrund fehlender positiver Resonanz vom an-

deren zurück. Glückliche Paare finden dagegen
einen gemeinsamen Weg, durch Kreativität und
Phantasie ihr Interesse in allen Bereichen der Beziehung (gemeinsame Aktivitäten, persönliche
Gespräche, Sexualität) aufrechtzuerhalten. "**Eines
der Geheimnisse einer erfolgreichen Beziehung scheint darin zu bestehen, wie
man für den anderen interessant bleiben
kann**" (Jacobson & Christensen 1996, 153). Durch
Übungen zum Verhaltensaustausch (der so genannt wird, weil beide Partner sich etwas geben,
also Verhalten tauschen) sollen folgende Einsichten bei den Partnern erreicht werden (Jacobson &
Christensen 1996, 154ff.):
1. Wie jede andere Aktivität im Leben muß die Beziehung genährt werden, damit sie blühen kann.
2. Durch Verhaltensübungen kann die Qualität der
   Beziehung durch tägliche Verhaltensaufzeich-
   nung der vereinbarten Aufgaben besser eingeschätzt werden.
3. Die Beziehungsqualität kann erhöht werden.
   Statt wie bisher nur auf die negativen Effekte
   der Beziehung zu schauen, können nun wieder
   Belohnungseffekte eingeleitet werden. Die in der
   Ehe oder Partnerschaft entstandene Leere kann
   abgebaut werden.

Es gibt eine Reihe von klassischen Aufgaben zum
Verhaltensaustausch, die anderweitig sehr differenziert beschrieben wurden (Schindler et al. 1998;
Bornstein und Bornstein 1993) Nur zwei davon sollen hier kurz erwähnt werden. Exemplarisch wird
danach eine Übung von Jacobson und Christensen
(1996, 156 ff.) vorgestellt, die in ihrer Anwendung
viele der bisherigen Übungen übertrifft.

*a) Den anderen dabei erwischen, wie er
mir etwas Gutes tut* (Hahlweg et al. 1982,
150)

Instruktion: Vereinbaren Sie für jeden von Ihnen einen Tag oder Abend, an dem Sie Ihren Part-

ner intensiv beobachten. Registrieren Sie dabei alle Verhaltensweisen, die Ihnen guttun, gefallen, was Sie schön oder nett vom anderen finden. Dabei kommt es nicht auf das Außergewöhnliche an, vielmehr sind kleinen Gesten, Verhaltensweisen oder Eigenarten gemeint, die so leicht im Alltag selbstverständlich werden. Halten Sie nur das Positive fest, ohne Einschränkungen. Einigen Sie sich bitte gleich auf die Tage, wann wer wen beobachtet.
Auswertung: Aufzeichnung der beobachteten Verhaltensweisen, Rückmeldung dazu und Diskussion.

b) Was ich an dir mag

Instruktion: Nehmen Sie sich an einem Abend der kommenden Woche die Zeit, sich gegenüberzusetzen und eine Weile still zu betrachten. Lassen Sie Ihren Partner auf sich wirken. Seien Sie also in gutem Kontakt zu ihm/ihr. Notieren Sie dann, was Sie an Ihrem Partner, Ihrer Partnerin mögen, schätzen, bewundern. Das könnte beispielsweise sein: "Mir gefällt, wenn du dieses Kleid anziehst" oder "Ich mag es, wie du dich in kalten Winternächten an mich kuschelst". Besprechen sie die gefundenen Feststellungen nicht mit Ihrem Partner, sondern warten Sie damit bis zur nächsten Sitzung.
Auswertung: Sind die beobachteten Verhaltensweisen so konkret, daß sie vom anderen verstanden werden können? Hat der Partner davon gewußt? Was lösen diese Feststellungen in ihm aus?

Als diagnostische Frage für den Therapeuten ergibt sich daraus: Wie viele dieser Feststellungen könnten in einen Satz verwandelt werden, der statt "was ich an dir mag..." auch heißen könnte "was ich von dir brauche"? Wie viele dieser Feststellungen beziehen sich auf Dinge, die mehr mit der Person des anderen als mit dessen Funktion für den jeweiligen Partner zu tun haben? In welcher Weise beziehen sich die Antworten auf die Kategorien Zärtlichkeit, gemeinsame Aktivitä-

ten, Zufriedenheit, Nähe durch Gespräche etc.?

Die Aufgabe kann erweitert werden, indem bis zum nächsten Mal jeder Partner aufschreibt, was er an sich selbst liebt. In der darauffolgenden Stunde werden dann die Dinge, die die Partner an sich selbst lieben, mit denen, die sie am anderen lieben, verglichen. Ziel der Übung ist es, herauszufinden, inwieweit Partner wirklich bereit sind, den anderen um seiner selbst willen zu lieben, und wie hoch noch die Bedürftigkeit ist, die an den anderen gerichtet wird, auch im Hinblick darauf, ob der betreffende Partner sich diese Wünsche selbst erfüllen könnte (als Ergänzung zu Punkt "Größere Achtsamkeit für sich selbst" unter 5.3.2.4).

c) Die Zufriedenheit des Partners steigern oder herausfinden, wie ich meinen Partner liebe (Jacobson & Christensen 1996, 156 ff.)
Bei dieser von Jacobson und Christensen favorisierten Übung zum Verhaltensaustausch werden prinzipiell einige der Schwierigkeiten, die in den bekannten Übungen häufiger auftreten, umgangen. Da danach gefragt wird, wie die Partner lieben, besteht weniger die Gefahr in die Bedürftigkeitsfalle des einen oder andern Partners zu geraten. Das Denken beschäftigt sich nicht mit der sonst üblichen Frage, wie ein Partner sich vorstellt, vom andern geliebt zu werden oder was er vom andern will, sondern nimmt die aktive Rolle ein, indem er sich fragt: "Was muß ich tun, damit der andere meine Liebe zu ihm/ihr bemerkt, sieht, spürt?" Die Übung besteht aus vier Schritten, die der Reihe nach in aufeinanderfolgenden Therapiesitzungen durchgeführt werden.

1.Schritt: Jeder Partner wird zunächst gebeten, unabhängig vom anderen eine Liste aller der Verhaltensweisen zu erstellen, die zu einer größeren partnerschaftlichen Zufriedenheit beim anderen führen und die mehr oder weniger oft ausgeführt werden. Mit anderen Worten lautet das Motto dieser Aufgabe: *"Frage nicht, was dein Partner für dich tun kann, sondern frage, was kann ich für meinen Partner tun."* Der Ehemann erstellt also eine Liste von Verhaltensweisen, als wenn es eine Wunschliste seiner Frau wäre, ohne zuvor mit ihr darüber gesprochen zu haben. Seine Liste ist der beste Versuch, sie von Tag zu Tag ein wenig glücklicher zu machen. Die Frau macht es umgekehrt genauso. Beide bringen die Liste in die nächste Therapiesitzung mit, ohne sich zuvor darüber ausgetauscht zu haben.

Diese Aufgabe sendet folgende Botschaft aus: Beide haben die Macht, von sich aus die Qualität der Beziehung zu beeinflussen. Anstatt sich selbst als unschuldige Opfer der Unterdrückung durch die andere Person zu sehen und passiv darauf zu warten, daß sich der andere verändert, beginnen sie eine breitere Perspektive zu entwickeln und zwar eine, die den Fokus mehr darauf richtet, die eigene Rolle in der Partnerschaft so zu betrachten, wie sie ist.

2. Schritt: Der Therapeut interviewt jeden Partner einzeln zu den Feststellungen auf der Liste. Die aufgeschriebenen Beispiele werden konkretisiert, so daß ein innerlich detailliertes Bild der geschilderten Handlung entsteht. Das beugt späteren Mißverständnissen vor. Die gerade nicht interviewten Partner sind angehalten, kommentarlos zuzuhören und das Gesagte auf sich wirken zu lassen. Auch gestische oder mimische Zeichen sollen als Reaktion auf das Gesagte unterbunden werden, um den jeweils Sprechenden nicht zu beeinflussen. Sind die Partner dazu nicht bereit und halten sich nicht an diese Regeln, ist dies als Zeichen dafür zu werten, daß es für die Veränderungsarbeit noch zu früh ist, und die Rückkehr zur Akzeptanzarbeit ist anzuraten. Bei der Aufgabenstellung sollte der Therapeut darauf achten, daß die Paare keine Einzelaufgaben von ihrer Liste wählen, die in irgendeiner Weise selbstverletzend oder kompromittierend sind und die nur mit großen Mühen gemacht werden können. Wenn beispielsweise auf der Liste einer Frau gegen ihre Bereitschaft steht: "Ich zeige meine Liebe, wenn ich sehr viel häufiger sexuelle Aktivitäten initiieren würde", und sie würde dies ausführen, dann wäre das zwar im Sinne ihres Mannes, aber sie machte dabei sehr unerfreuliche Erfahrungen. Das wiederum würde sie von ihrer eigenen Zufriedenheit in der Partnerschaft entfernen.

Der Therapeut arbeitet also mit dem einen Partner, während der andere einfach zuhört. Der Therapeut fragt bei jedem Punkt der Liste dann genauer nach, falls es nicht verstanden wird. Wenn der Partner beispielsweise schreibt: Sie würde es gerne haben, wenn ich romantischer wäre, fragt der Therapeut nach, was er wohl glaubt, das seine Frau unter "romantisch" versteht (will sie mehr Gefühle, auch außerhalb des Schlafzimmers, mehr Berührung oder die Hand halten, während beide beim Fernsehen sitzen, mehr Blumen oder alles das oder nichts davon?). Ein Ehemann (aus einer Therapie des Verfassers) wußte von seiner Frau, daß sie Blumen als Liebeszeichen wünschte. Er erfüllte es, sie war aber sehr verärgert, weil er über viele Ehejahre hinweg nicht bemerkt hatte, aus welchem Geschäft sie die Blumen besonders gerne hatte. Damit wird klar, daß es hier um sehr subtile Verhaltensweisen geht, nämlich den sehr verletzlichen Wunsch, vom anderen "gesehen" zu werden. Wird dieser Wunsch nicht richtig wahrgenommen, führt es zu einer Fortsetzung bisheriger Verletzungen.

Beim Aufstellen der einzelnen Wünsche ist nicht die Frage wichtig, ob diese Dinge auch wirklich getan werden könnten, sondern einfach die Spekulation darüber, was der andere sich wünschen könnte. Am Ende dieser Sitzung sollte jeder Partner eine Liste von vermuteten Verhaltensweisen des anderen haben. Diese sollte die Vorstellungen des anderen enthalten, wie er die Zufriedenheit seines Partners steigern kann, entweder durch die Erfüllung positiver Wünsche oder durch das Unterlassen problematischer Verhaltensweisen. Nach Kenntnisnahme der Liste sollten keine Einwände oder Bemerkungen dazu gemacht haben. Dies ist die Voraussetzung für die Fortsetzung dieser Aufgabe.

3. Schritt: Bevor die Partner die Sitzung aber verlassen, bekommen sie folgende weitere Hausaufgabe: *"Ich bitte Sie, daß Sie aus Ihrer Liste einen oder mehrere Wünsche aufgreifen, die Sie dort genannt haben, und diese Sache zu einem bestimmten Zeitpunkt in der Zeit bis zur nächsten Therapiesitzung durchführen. Beobachten Sie, wenn Sie diese Dinge tun, wie und ob sich die Zufriedenheit Ihres Partners verändert. Also: Sie (zur Frau zugewandt) nehmen einige der Wünsche, die Sie über Ihren Mann aufgestellt haben, von ihrer Liste. Sagen Sie ihm nicht, welche Wünsche Sie gewählt haben. Führen Sie sie einfach aus, und schauen Sie, was dann passiert. Ihr Ziel ist es, seine Zufriedenheit in dieser Woche zu vergrößern. Aber sagen Sie ihm nicht, wann Sie es tun oder was Sie tun oder warum Sie es tun. Und Sie (gewandt zum Mann) tun innerhalb dieser Zeit genau dasselbe mit Ihrer Liste. Entscheiden Sie heute oder morgen, welche dieser unterschiedlichen Wünsche Sie bearbeiten wollen. Sagen Sie ihr nicht, welche Dinge Sie von der Liste wählen, tun Sie sie nur, und sehen Sie, was diese bewirken.*
Nun hören Sie mir bitte noch einmal sorgfältig zu: Zu keiner Zeit zwischen heute und der nächsten Sitzung sollten Sie diese Liste in irgendeiner Weise besprechen oder die Aufgabe diskutieren. Keiner von Ihnen ist gezwungen, irgend-

einen besonderen Wunsch von der Liste zu nehmen. Es ist mir gleich, was Sie tun, solange Sie nur irgend etwas tun, und es ist sehr wichtig, daß Sie auf keinen Fall irgendeinen Wunsch aus der Liste nehmen, der für Sie zu schwierig ist, um ihn zu erfüllen. Machen Sie es einfach und so, daß es Sie nicht zu viel Mühe kostet. Das ist alles. Nächste Woche, bringen Sie bitte diese Liste in die Sitzung mit, und wir werden darüber diskutieren, wie alles abgelaufen ist. Haben Sie noch Fragen?" (leicht modifiziert nach Jacobson & Christensen 1996, 158 f.)

Wie bereits erwähnt, sind hierbei beide Partner angehalten, aufzuschreiben, was sie sich vom anderen wünschen. Weil der Erfüller der Aufgabe sich die jeweiligen Wünsche, die er dem anderen erfüllen möchte, selbst auf der Liste aussuchen kann, hat er damit "die Freiheit der Wahl". Er fühlt sich also nicht so sehr gezwungen, eine bestimmte Aufgabe durchzuführen, und kommt damit weniger in die Gefahr, sich dem anderen bei dieser Aufgabe unterordnen zu müssen. Damit wird die Compliance für diese Aufgabe deutlich erhöht. Zum andern wird durch die vom Therapeuten auferlegte Zurückhaltungsregel bei Einwänden und Bemerkungen zur Wunschliste des Partners die Wahrscheinlichkeit erhöht, daß die ausgewählten Verhaltensweisen vom Empfänger eher angenommen werden. Gewöhnlich ist es so, daß die Empfänger bei Übungen die Anstrengungen des Gebers ablehnen, indem sie meinen, das machst du ja nur, weil der Therapeut es von dir so gewollt hat oder weil es in der Therapie so verlangt worden ist. Man könnte auch sagen, nachdem das positive Verhalten für den anderen selbst gewählt worden ist und weder vom anderen Partner oder Therapeuten erzwungen wurde, wird erwartet, daß die Effekte eher verstärkend wirken. Menschen scheinen Verhaltensweisen vom anderen angenehmer und freudvoller zu erleben, wenn der Geber diese Verhaltensweisen freiwillig, spontan zeigt oder so wirkt, als würde er oder sie es von sich aus tun, und weniger so, als müßte er es tun.

4.Schritt: Ob diese Aufgabe erfolgreich war oder nicht, ist normalerweise offensichtlich, sobald das Paar wieder in die Praxis kommt. Nach erfolgreicher Erledigung der Aufgabe wirken die Paare irgendwie leichter, spielerisch, fangen sofort an, Anekdoten über die letzte Woche zu erzählen. Im allgemeinen klappt diese Übung, oder sie geht völlig schief.

Wenn die Übung erfolgreich war, geht der Therapeut folgendermaßen vor:
Er fragt nach den Aufgaben der Liste, welche davon vom Empfänger überhaupt bemerkt wurden und welche davon geeignet waren, die Zufriedenheit in der Partnerschaft zu steigern. Dann wird der Empfänger zum ersten Mal um ein Feedback gebeten. Damit bekommt der Geber schließlich eine genaue Rückmeldung darüber, welche der ausgewählten Verhaltensweisen am besten geeignet waren, die Zufriedenheit innerhalb der Partnerschaft seit der letzten Sitzung zu steigern.
Es sollte auch nachgefragt werden, wieviel Aufwand es für den Geber war, bestimmte positive Verhaltensweisen zu zeigen oder für den anderen unangenehme Verhaltensweisen zu unterlassen. Manchmal tritt bei dieser Erfahrung ein "Honeymoon-Effekt" ein. So kommt zum Beispiel ein Partner zu der Auffassung, daß es ziemlich einfach war, an den Sonntagen mit seiner Familie Aktivitäten zu unternehmen, obwohl er zuvor gedacht hatte, daß diese Erfahrung eine ungeheure Last für ihn bedeuten würde. Als er in der darauffolgenden Sitzung gefragt wurde, sagte er seiner Frau, sie könne zumindest jedes zweite Wochenende mit der Fortsetzung dieser Sache rechnen. Wenn Ver-

haltensweisen, die ursprünglich als enorm belastend angesehen wurden, sich als relativ mühelos erweisen, können die positiven Änderungen, die aus dieser Übung resultieren, auch den weiteren Verlauf positiv bestimmen.

Nach dieser ersten Erforschung wird nun der Empfänger dieser Wünsche gebeten, jede dieser Feststellungen auf der Liste des Gebers zu kommentieren. Er bewertet sie entweder als "Treffer", als "weniger zutreffend, aber immer noch angenehm" oder als "außer Bewertung". Mit dieser Information kann der Geber in der kommenden Woche dann gezielter seine jeweiligen Aufgaben verrichten, ohne daß irgendeine dieser Rückmeldungen des Empfängers so interpretiert werden sollten, als wäre das eine Verschreibung, die der Geber tun "sollte". Es ist eher eine Information, dem Geber zu helfen, Entscheidungen zu treffen, um die Qualität der Beziehung in den folgenden Wochen zu verbessern.

Schließlich ist es dem Empfänger während dieser Sitzung möglich, dem Geber Wünsche vorzuschlagen, die dieser dann seiner oder ihrer Liste hinzufügen kann. Diese sollten aber ebenfalls wieder nur als Vorschläge betrachtet werden, und es ist darauf zu achten, daß es keinerlei Vorschriften oder Forderungen sind. Dies ist ein sehr verletzlicher Punkt, weil beim Geber möglicherweise durch falsche Ausdrucksweise des Empfängers ein Widerstand entstehen könnte. Die Rückmeldung wird lediglich als Mehrinformation für den Geber betrachtet, um die Wahrscheinlichkeit zu erhöhen, daß erfolgreiche Aufgaben in den kommenden Wochen ausgewählt werden. Auf diese Weise hat jeder einzelne Partner eine präzisere Information darüber, was der andere als angenehm oder vergnüglich empfindet.

Diese Übung wurde so ausführlich dargestellt, weil

deren Erfolg von der genauen Instruktion und der Fähigkeit des Therapeuten abhängt, die einzelnen Schritte engagiert und ernsthaft zu vermitteln. Sie kann verdeutlichen, wie stark die Partner wirklich noch interessiert und fähig sind, Liebe für den anderen zu empfinden. Durch ein besonders subtiles Fallbeispiel (aus eigner Praxis) wird dies unterstrichen: Der Mann berichtet, daß er beim Kajakfahren spontan liebevoll an seine Partnerin gedacht habe, von der er an diesem Wochenende getrennt war. Gleichzeitig habe er eine im Wasser treibende Kielfeder gesehen. Er habe sie mitgenommen und sie behutsam getrocknet. Zu Hause habe er sie in den Behälter für Stifte seiner Frau gesteckt. Er sei furchtbar neugierig gewesen, ob sie dieses "Zeichen" entdecken würde. Sie hat es entdeckt und seine "Botschaft" verstanden. Die emotionale Berührung wird an den feuchten Augen der Frau wahrnehmbar, während er es in der Sitzung schildert. Beide sind sich dadurch innerlich begegnet.

6.2. Kommunikationstraining: Das Zwiegespräch

Obwohl viele Paare Kommunikationsdefizite haben, ist dies nicht das primäre Defizit. Es besteht vielmehr darin, daß bei vielen Paaren der Sprecher irgend etwas an dem Zuhörer nicht mag und der Zuhörer es nicht richtig findet, was der Sprecher sagt, ganz egal, wie es auch immer ausgedrückt wird. (Jacobson & Christensen 1996, 177). Ein Problem dieser Art läßt sich nicht mit Kommunikationstraining lösen. Es kommt hinzu, daß es die wenigsten Paare nach Beendigung der Therapie bei akuten Konflikten und Streitsituationen fortsetzen. Zum andern sind fehlende Konfliktlösemöglichkeiten als die hauptsächlichen großen Belastungen, die die partnerschaftlichen Schwierigkeiten ausgelöst oder aufrechterhalten haben, anzuzweifeln (Jacobson und Christensen 1996,

172). Kommunikationstrainings sind daher ein Teil des gesamten Konzepts der Paartherapie und nicht der eigentliche Kern. In früheren Jahren gab es eine Tendenz, Kommunikations- und Konfliktlösetrainings zu stark zu betonen und deren Wirksamkeit zu überschätzen. Trotzdem sind sie unverzichtbarer Bestandteil, denn bei guter Anwendung des Kommunikationstrainings werden immer aktuelle problematische Situationen angesprochen in der Hoffnung, dadurch eine Übertragung in den Alltag zu erreichen.

Damit die Paare über die Therapie hinaus ein adäquates Gesprächsverhalten praktizieren, werden die innerhalb der Akzeptanzarbeit bereits eingeführten Techniken fortsetzt. Es wird auch nicht von Kommunikationstraining, sondern von "Zwiegespräch"(in Anlehnung an Buber 1992, van der Veen 1977, Moeller 1994) gesprochen. Der Begriff Kommunikationstraining impliziert, daß es sich um ein Training handelt, das bestimmten Regeln zu folgen hat und am Ende aufhört. Zwiesprache kann man immer halten, unabhängig davon, ob der Therapieprozeß gerade noch anhält oder schon beendet ist. Zwiegespräche sollen regelmäßiger Bestandteil der weiteren Kontakte des Paares bleiben und die Partnerschaft lebendig erhalten. Die Absicht besteht darin, eine Gesprächskultur zu schaffen, die vielen Paaren abhanden gekommen ist und die über die Therapie hinaus anhält. Die meisten Paare in Krisen sind nicht in der Lage, ein Zwiegespräch zu führen, da ihnen die Bereitschaft zur grundlegenden Akzeptanz des anderen und eben auch die Fertigkeit fehlen, Probleme so anzusprechen, daß sie vom anderen überhaupt oder richtig gehört werden können. Nach Aufbau von Akzeptanz können diese Fertigkeiten angebahnt werden in der Hoffnung, durch regelmäßige Zwiegespräche eine Weiterentwicklung der Paarbeziehung zu erreichen. "Das ideale Modell für das Zwiegespräch besagt, daß Kommunikation dann erfolgreich ist, wenn wir aussprechen, was wir meinen und wenn dies genau und mit Achtung aufgenommen wird, so daß wir uns verstanden und akzeptiert fühlen. In dem Ausmaß, in dem diese Schritte nicht geschehen, wenn wir also nicht ausdrücken, was wir mitteilen wollen oder wenn wir nicht verstanden oder mit Achtung angehört werden, ist eine konstruktive Kommunikation mißlungen. Deshalb bedarf das Zwiegespräch der Fertigkeit, sich selbst auszudrücken, den anderen zu verstehen und zu respektieren, d.h., kongruentes Gesprächsverhalten und empathisches Zuhören. Es braucht aber auch bestimmte Fertigkeiten im Wechsel des Modus, d.h., um vom Zuhören auf das Sprechen umzuschalten und umgekehrt, so daß die Kommunikation in beiden Richtungen verläuft und ein richtiger Austausch im Dialog stattfindet" (van der Veen 1977, 11).

Folgendes Vorgehen wird eingeführt:

6.2.1 Instruktionen und Einübung zum Gesprächsverhalten

Die in die Therapie eingebrachten Themen werden exemplarisch verwendet, um kommunikative Fertigkeiten mit den Paaren einzuüben. In einer Kontaktaufnahmephase schildern die Partner die aktuellen Gefühle. Daraus ergeben sich immer unterschiedliche Themen. Diese werden nach ihrer Priorität gewichtet und zum Thema der Sitzung gemacht. Dabei hat automatisch derjenige Partner die Rolle des Sprechers, der das Thema einbringt. Der andere nimmt die Rolle des Zuhörers ein. Es wird bei Beginn vereinbart, daß der Therapeut nach bestimmten zeitlichen Intervallen unterbrechen darf, um mit beiden in einer Metakommunikation die angewandten Kommunikationsformen zu besprechen. Nach dem Klärungsprozeß werden Vorschläge für eine andere Art des Ausdrucks bzw. Feedbacks benutzt und die Wirkung der neuen, alternativen Verhaltensweise wird

überprüft. Dabei werden je nach Erfordernis Fertigkeiten für den Sprechenden (a), für den Zuhörer (b) und des Modulwechsels (c) eingeübt.

---

a) Fertigkeiten für den Sprechenden
- Sprechen Sie persönliche Gefühle aus
- Seien Sie konkret
- Gehen Sie von Ihrem subjektiven Standpunkt aus
- Sagen Sie, welche Verhaltensweise Sie sich wünschen
- Machen Sie eine positive Beziehungsaussage
- Vermeiden Sie, "übergriffig" zu werden

Abb. 13:
Übersicht für "Fertigkeiten für den Sprechenden"

Informationen für die Paare im einzelnen, die am aktuellen Beispiel eingeübt werden (in Anlehnung an van der Veen 1977, 11 ff.):

1. Sprechen Sie persönliche Gefühle aus
   Sprechen Sie aus, was Sie spüren oder fühlen, z.B.: Ich bin verärgert, enttäuscht, frustriert, mein Hals ist wie zugeschnürt...

2. Seien Sie konkret
   Benennen Sie in konkreten Begriffen die spezifische Situation und das spezifische Verhalten. Statt zu sagen: "Wenn du mich immer fragst, wo und mit wem ich da gewesen bin, dann machst du mir solche Schuldgefühle, und es engt mich so ein, daß ich glaube, du kontrollierst mich." - Sagen Sie besser: "Als ich kürzlich am Abend mit meinen Frauen in der Gaststätte XY war, hast du mich ganz genau gefragt, wer da kommt und wie viele Leute da sind, wie lange wir dort waren usw. Ich weiß aber, daß dir das eigentlich bekannt ist, weil das alle paar Wochen dieselbe Situation ist, und ich habe dann den Eindruck, daß du mich das fragst, um mich zu kontrollieren."

3. Gehen Sie von Ihrem subjektiven persönlichen Standpunkt aus

Sagen Sie, wie Sie sich fühlen oder wie Sie über etwas denken, nicht wie etwas vermeintlich, wirklich oder objektiv ist. Ein Streit ist weniger wahrscheinlich, wenn wir das, was wir sagen, klar als unsere subjektive Erfahrung und nicht als Tatsache kennzeichnen, z.B. anstatt zu sagen: "Du machst mir Schuldgefühle und engst mich ein" sagen Sie besser: "Wenn du nachfragst, wo ich am Abend gewesen bin, dann bekomme ich (oder da habe ich) Schuldgefühle, weil ich dann ein schlechtes Gewissen habe, den Abend nicht mit dir verbracht zu haben."

4. Sagen Sie, welche Verhaltensweise Sie sich wünschen

Es ist wichtig, in Ihre Botschaft einen konkreten Wunsch mit einzubeziehen, wie sich Ihr Partner verhalten oder was er sagen soll. Besser als zu sagen: "Ich möchte, daß du dir mehr Mühe gibst", wäre der Satz: "Ich wünsche mir, daß du mich umarmst, wenn ich heimkomme" oder "Ich wünsche mir, daß Du mich fragst, wie ich mich fühle, wenn ich aufgeregt bin."

5. Machen Sie eine positive Beziehungsaussage

Sagen Sie etwas Positives über Ihre Beziehung, warum sie Ihnen wichtig ist oder warum Sie die andere Person gern haben. Das verringert die Wahrscheinlichkeit, daß der Wert Ihrer Beziehung durch das momentane Problem verschüttet wird. Einige Beispiele positiver Beziehungsaussagen sind: "Ich glaube, ein Grund, warum ich so aufgebracht bin, wenn du mir nicht zuhörst, liegt darin, daß es mir viel wichtiger ist, von dir verstanden zu werden als von irgend jemand anderem."

"Ich bin froh, daß du dieses Problem ausgesprochen hast, denn unsere Beziehung bedeutet mir eine Menge, und ich wünsche mir auch, daß du dir um mich Gedanken machst."

"Obwohl ich mich ärgere, weiß ich auch, daß du dir Mühe gegeben hast, und das erkenne ich wirklich an" (van der Veen 1977, 113).

6. Vermeiden Sie, "übergriffig" zu werden und den anderen zu "kolonialisieren"

Am besten vermeiden Sie, "übergriffig" zu werden, d.h., den anderen in irgendeiner Weise ändern oder bestimmen zu wollen ("kolonialisieren"), indem Sie radikal darauf achten, keine Fragen zu stellen, keine Ratschläge zu erteilen, und indem jeder nur über sich selbst spricht (Moeller 1994).

"Wenn wir das berücksichtigen, nehmen wir uns selbst den häufigsten Fluchtweg, nämlich mit Hilfe unserer Beziehung uns selbst zu vermeiden. In den **Zwiegesprächen** machen Sie Ihrem Partner bitte deutlich, **wie Sie fühlen**. Nur in **Beziehungskisten** zeigen Sie ihm/ihr, wie **er/sie fühlt oder fühlen sollte**. Indem jeder sich selbst entwickelt, und nur dadurch, hilft er dem anderen, sich selbst zu entwickeln" (Moeller 1994,138 ff.).

---

b) Fertigkeiten für den Zuhörer
- Hören Sie vorurteilsfrei, innerlich präsent zu (Nehmen Sie die Haltung eines „inneren Zeugen" ein)
- Fassen Sie das Gehörte zusammen
- Äußern Sie spontane Gefühle, Gedanken und Impulse zu Reaktionen

---

Abb.14: Übersicht zu "Fertigkeiten für den Zuhörer"

1. Hören Sie vorurteilsfrei zu

Setzen Sie sich dem(der) Sprechenden so gegenüber, daß Sie ihn/sie in angemessenem Abstand betrachten und das Gesprochene auf sich wirken lassen können. Versuchen Sie zunächst, sich innerlich frei von eigenen Gedanken und Gefühlen zu machen, um damit möglichst vorurteilsfrei das Gesagte aufnehmen zu können.

Versuchen Sie sich in die Haltung eines inneren Zeugen für Ihr Gegenüber zu versetzen. Das gelingt auch, wenn Sie den Atem des anderen beobachten, versuchen in diesen Atem einzuschwingen, vielleicht auch zu Beginn die Körperhaltung des anderen für kurze Zeit zu imitieren, so daß Sie auch ein Gefühl von dessen/deren körperlicher Empfindung in diesem Augenblick bekommen.

2. Fassen Sie das Gehörte zusammen
Achten Sie auf den Grundsatz: Zuerst wahrnehmen, möglichst mit allen Kanälen (Sehen, Hören, Spüren, Riechen, Schmecken), dann erst die eigenen Gefühle reflektieren und das Wahrgenommene bewerten. Dies geht am besten, wenn Sie zuerst eine Zusammenfassung des Wahrgenommenen wiedergeben, so daß sich der andere in adäquater Weise widergespiegelt fühlt. Viele Paare haben im Laufe einer leidvollen Beziehungsgeschichte die Hoffnung aufgegeben, vom anderen in richtiger Weise widergespiegelt zu werden, und sind enttäuscht über das chronische Nicht-verstanden-Werden.

3. Äußern Sie spontane Gefühle:
Sprechen Sie nach dieser Zusammenfassung aus, wie Sie sich beim Zuhören gefühlt haben, welche spontanen Gedanken aufgekommen sind und wie Sie am liebsten auf einzelne Äußerungen reagiert hätten.

---

c) Fertigkeiten des Moduswechsels
(Erkennen, wann von Zuhören auf Sprechen umgeschaltet wird)

- Steuerungsäußerungen zum Moduswechsel
- Ein Thema halten, bis es zu Ende ist

Abb. 15: Übersicht zu "Fertigkeiten des Moduswechsels"

1. Steuerungsäußerungen zum Moduswechsel
Wesentlich in einem Gesprächsaustausch ist die Fähigkeit, zum richtigen Augenblick den Modus zu wechseln, d.h. zu erkennen, **wann und wie das wechselseitige Hin und Her, Geben und Nehmen im Dialog stattfinden soll.** Der Wechsel im Modus kann entweder durch den Wunsch des Sprechenden oder des Zuhörenden veranlaßt werden. Zum Beispiel mag der Sprechende vielleicht wissen, wie der Zuhörer das eben Erzählte empfunden hat, oder der Zuhörer mag die eigene Reaktion verspüren, die er gern zum Ausdruck bringen will. Beispiele für eine Aufforderung zum Moduswechsel sind: "Ich möchte jetzt gern mal was sagen, wenn du bereit bist, zuzuhören" oder: "Ich möchte gerne wissen, wie du das empfindest, was ich gerade gesagt habe." "Ich würde jetzt gern dir zuhören" oder: "Du hast jetzt gesehen, daß ich, während ich das gesagt habe, anfangen mußte zu weinen. Mich würde interessieren, nachdem du in keiner Weise darauf reagiert hast, was in der Zeit in dir vorging." Der beste Zeitpunkt für einen Moduswechsel ist, wenn der Sprechende den Hauptteil dessen ausgedrückt hat, was er sagen wollte, und wenn der Zuhörende ihn zu seiner Zufriedenheit verstanden hat.

2. Ein Thema halten, bis es zu Ende ist
Das Zwiegespräch führt mit größerer Wahrscheinlichkeit zum Erfolg bei Beschäftigung mit jeweils **nur einem Hauptthema.** Es ist also von Vorteil, den Modus zu wechseln, nachdem der Sprechende einen Hauptpunkt behandelt hat. Die Fähigkeit, sich beim Sprechen abzuwechseln, ist oft durch alte und tief eingewurzelte Kommunikationsgewohnheiten und Muster behindert, und manchmal ist es notwendig, über mögliche Hintergründe des Wechsels und der damit verbundenen Muster zu sprechen. Dies nennt man eine Metakommunikation füh-

ren, d.h. darüber zu diskutieren, wie beide gerade miteinander sprechen. Das Abwechseln im Gespräch kann beispielsweise behindert werden durch bestimmte Machtansprüche eines Partners oder durch Verweigerung, durch den Anspruch, sich im Gespräch selbst darzustellen, oder sich, was den Inhalt betrifft, erhaben zu fühlen etc. Finden Sie selbst heraus, was für Sie gut daran sein könnte, im Gespräch mit dem anderen nicht abzuwechseln, sei es, daß sie der Sprechende oder der Zuhörende sind.

6.2.2 Einübung des Zwiegesprächs in der Sitzung

Zusammenfassend wird die Übung, die in der Akzeptanzarbeit unter "wahrnehmen" (5.2) durchgeführt wurde, wieder aufgegriffen. Das Zwiegespräch soll ritualisiert werden, so daß beide Partner wissen: Wir beginnen mit der Kontaktaufnahme zum eigenen Gefühl und Körper, dann zum Gegenüber. Das erste ist die Wahrnehmung all dessen, was gerade ist. Dies geschieht in Schweigen und anschließendem Mitteilen in kurzen Sätzen. Aus diesem Austausch entwickeln sich Themen. Das wichtigste für einen der Partner wird zum Hauptthema bestimmt. Beide bemühen sich, die in den vorausgegangenen Übungsstunden erlernten Methoden anzuwenden. Wichtig ist die gegenseitige Validierung durch die Partner, um dadurch die Sicherheit, richtig gehört und verstanden worden zu sein, die in der Akzeptanzarbeit aufgebaut worden ist, weiter zu vertiefen. Validierung bezieht sich nicht nur darauf, daß der Zuhörer den Redner verstanden hat, sondern auch darauf, daß der angeführte Gesichtspunkt verständlich und nachvollziehbar ist, auch wenn einer einen anderen Standpunkt hat. Erst dadurch wird der Sprecher zufrieden sein.

Einübung des Zwiegesprächs in der Therapiesitzung
- Sitzhaltung und Abstand wählen
- Blickkontakt-Übung (5 Min.)
- Awareness-Continuum
- Thema festlegen und Rollen von Sprecher und Zuhörer verteilen
- A spricht (anfangs als 10-Min.-Monolog), B hört zu
- B faßt zusammen
- A bestätigt die Richtigkeit (Validierung)
- B teilt Gefühle, Gedanken, spontane Handlungsimpulse mit (1.Moduswechsel)
- A greift diese auf und nimmt Stellung dazu, Lösungsgespräch kann beginnen

Abb. 16: Übersicht zu "Einübung des Zwiegesprächs in der Therapiesitzung"

6.2.3 Vorbereitung des wöchentlichen Zwiegesprächs zu Hause

Gegen Ende der Therapie vergrößern sich die Sitzungsintervalle. Dadurch haben die Partner Gelegenheit, mehrere Zwiegespräche ohne Therapeuten durchzuführen. Auch dazu ist es notwendig, zuvor den Ablauf genau zu vereinbaren. Den Partnern wird geraten, sich auch künftig einen Termin in der Woche zu reservieren, der den bisherigen Therapietermin ersetzt. Wie in der Sitzung sind dafür ähnliche Rahmenbedingungen zu schaffen. Diese sollten keine Möglichkeiten der Vermeidung durch äußere Störungen, frühzeitigen Abbruch, Ablenkungen durch Bewegung, Essen, Telefon, Musik im Hintergrund oder ähnliches beinhalten. Es ist empfehlenswert, daß sich beide Partner in der Verantwortung für die Terminabsprache und den Themenbeginn abwechseln. Danach läuft es nach der vorher erlernten Methode ab.

6.2.4 Rückmeldung zu häuslichen Zwiegesprächen in der Therapiesitzung

In den wieder folgenden Therapiesitzungen werden die gemachten Erfahrungen besprochen. Diese geben großen Aufschluß über noch bestehende oder wiederaufgetretene Problemmuster, und es können erneut Veränderungen eingeführt werden. Die Chance, neue Verhaltensweisen in den Alltag zu übertragen, steigt damit an. Bei anhaltenden Mißerfolgen ist die Frage zu stellen, ob die bisherige Akzeptanzarbeit ausreichte.

6.3 Problemlösetraining

Innerhalb der Zwiegespräche können bei erlernter Methode Konflikte in einem Problemlöstraining angegangen werden. Es gibt zwei voneinander unterscheidbare Phasen: die Phase der Problemdefinition und die der Problemlösung. Während der Phase der Problemdefinition wird kein Versuch gemacht, das Problem zu lösen, bis beide das Problem genau verstanden haben. In der Problemlösephase, wird das Gespräch auf mögliche Lösungen fokussiert und eine Vereinbarung getroffen, die verbindlich ist. Die Unterscheidung zwischen den Phasen ist wichtig, weil die Paare häufig zu schnell mit Lösungen kommen, obwohl beiden das Problem noch nicht klar ist. Die Folge ist ein chaotisches Aneinandervorbeireden, und das Gespräch wird ohne Ergebnis abgebrochen. Für eine sehr gute ausführliche Darstellung zur Konflikt- und Problemlösung wird auf Schindler et al. (1998, 201) verwiesen.

1. Problemdefinition
   Ein gut definiertes Problem beinhaltet eine positive Bemerkung über den anderen, eine Beschreibung des unerwünschten Verhaltens, eine konkrete Darstellung der Situation und welche Konsequenzen daraus für den Partner erwachsen sind. Folgende Beispiele können als gut definierte Probleme gelten (Jacobson und Christensen 1996, 192 ff.):
   • Ich mag es gern, mit dir etwas gemeinsam zu tun und, ich fühle mich dir dann auch sehr

nahe, aber an den letzten Sonntagen, als keiner von uns arbeitete, hast du mir nur selten geholfen, Aktivitäten zu planen, die wir gemeinsam unternehmen können. Ich fühlte mich dann so, als hätte ich ganz alleine die Verantwortung für unsere Freizeit. Darüber habe ich mich geärgert. Ich fühle mich dann auch ungeliebt und verlassen.

• Deine Meinung zählt für mich viel, und ich fühle mich gut dabei, wenn du mich Dinge machen läßt und dich auf mich auch verläßt. Aber ich höre ziemlich viel Kritik von dir, wie ich meinen Haushalt verrichte, insbesondere Geschirr spüle. Ich finde es besonders ärgerlich, wenn du das sagst, wo ich doch ca. 90% vom Haushalt mache.

• Ich mag es, wenn du mich umarmst, wenn du nach Hause kommst und wenn wir darüber reden, wie der Tag so gelaufen ist. Aber wenn du am Morgen aufstehst und völlig ruhig bist und weder "Guten Morgen" oder "Hallo" oder "Willst du einen Kaffee?" sagst, dann fühle ich mich von dir sehr entfernt.

Diese Beispiele enthalten vier weitere Regeln, die bei der Problemdefinition wichtig sind:
• *Erkennen Sie Ihre Rolle bei der Entstehung und Aufrechterhaltung des Problems an.*
Diese Regel gilt für beide Partner gleichermaßen, denn wenn einer das Problem des anderen nicht anerkennt, fangen beide an, sich gegenseitig zu beschuldigen, kommen in ein Muster von Beschuldigung, Anklage und Gegenverteidigung bzw. Verleugnung der Verantwortlichkeit für dieses Problem.

	Negativbeispiel dazu:
Frau:	Du verbringst ziemlich wenig Zeit damit, mit Linda zu spielen.
Mann:	Ich spiele mit Linda mehr als du (Zurückweisung von Verantwortung). Außerdem, immer wenn ich mit Linda spielen will, gehst du

dazwischen (er beschuldigt sie
für das Problem).

Frau: Das ist nicht wahr (Ablehnung).

Positivbeispiel dazu:
Frau: Du verbringst ziemlich wenig Zeit,
            um mit Linda zu spielen
Mann: Du hast recht, ich habe wirklich
            wenig Zeit momentan mit ihr
            verbracht (steht zu seiner Rolle).
Frau: Ich weiß schon, ich mache es dir
            ziemlich schwer, mit Linda zu spielen,
            weil ich manchmal hereinkomme
            und störe (sie stimmt zu, daß sie auch
            einen Anteil an dem Problem hat).

- *Besprechen Sie immer nur ein Problem zur gleichen Zeit.*
  Die Partner sollten sensibel dafür werden, wann
  sie vom eigentlichen Thema ablenken. Beispiele, wie ein Problem mit einem weiteren beantwortet wird, sind wie folgt:

Sie: Das Problem ist, ich hätte gerne,
     daß du zu meiner Mutter freundlicher bist.
Er: Seit wann bist du denn freundlich zu
     meiner Mutter?
     Oder:
Sie: Ich würde mir mehr interessante Gespräche
     mit dir wünschen.
Er: Vielleicht, wenn du mehr Interessen
     außerhalb hättest.

- *Ziehen Sie keine Schlüsse, sprechen Sie nur darüber, was Sie beobachten können*
  Beispiele für Schlußfolgerungen sind
  beispielsweise:
  Er: Ich glaube nicht, daß du ärgerlich auf mich
  bist, weil ich dich kritisiert habe, wie du Auto
  fährst.
  Sie: Ich denke, es hat mehr damit zu tun, daß

ich gestern abend keine Lust auf Sex hatte.
Oder: Ich spüre eine Menge Ärger bei dir, der
herauskommen möchte.
Oder: Sobald ich unabhängiger von dir werde,
verläßt du mich, und das ist der Grund, warum
du mit zur Therapie kommst.
Mit diesen Sätzen wird einer der Partner übergriffig, Es werden Spekulationen über das, was
der andere denkt oder fühlt, angestellt.

- *Versuchen Sie, eher neutral zu sein als negativ.*
  Wenn Paare miteinander streiten, versuchen sie
  sehr häufig, sich zu verletzen, sich herunterzu-
  machen. Solche Machtkämpfe sind eine Kon-
  traindikation für das Problemlösen. Auch in
  diesem Falle muß zur Akzeptanzarbeit zurückgekehrt werden.

2. Problemlösen
Wenn beide sich auf ein klar definiertes Problem
geeinigt haben, beginnt die Lösungsphase. Dabei
gelten ebenfalls vier Aspekte:

- *Den Fokus auf die Problemlösung richten*
  Die Diskussion zur Lösung sollte zukunftsorien-
  tiert sein und folgende Frage beantworten: "Was
  können wir tun, um das Problem abzuschaffen,
  so dass es in Zukunft nicht mehr auftritt?"
  Die effektivste Art ist Brainstorming. Beide Partner finden so viele mögliche Lösungen des Problems, wie sie nur denken können, ohne zunächst diese Lösungen zu bewerten. Wenn das
  Problem beidseitig ist, sollten die Lösungen auch
  die Wünsche beider Partner berücksichtigen.
  Beide sollten ihre Phantasie benutzen und alles
  sagen, was ihnen im Augenblick in den Sinn
  kommt, ohne es zu zensieren, unabhängig davon, wie dumm oder wie unbrauchbar es auch
  zu sein scheint. Erst nachdem genügend Beispiele gefunden worden sind, werden diese bewertet, und daraus wird schließlich eine Vereinbarung abgeleitet.

- *Die Verhaltensänderung sollte immer wechsel-seitig geschehen und einen Kompromiß bein-halten*

  Der wichtigste Grund für Kompromisse liegt darin, daß beide Partner der Änderung vermut-lich eher zustimmen, wenn es nicht einer der Partner alleine tun muß. Ansonsten gerät man zu sehr in die Gefahr von Schuldzuschreib-ungen. Ein weiterer Grund für diese Regel ist die Möglichkeit, Feedback zu geben beim Ver-such des anderen, das beklagte Verhalten zu verändern. Wenn Verhaltensänderungen ange-strebt werden, sind zwei hilfreiche Fragen zu stellen:

  1. Was möchte ich idealerweise?
  2. Was bin ich bereit zu tun?

  Bezogen auf das vorhergehende Beispiel, bedeu-tet dies:

  1. Idealerweise wünscht sich die Frau, daß ihr Mann zumindest jeden zweiten Sonntag Verant-wortung für die Gestaltung der Freizeit über-nimmt.
  2. Als einen Kompromiß schlägt sie vor, daß ihr Mann wenigstens einen Sonntag im Monat über-nimmt.

- *Diskussion zu Vor- und Nachteilen der ange-strebten Lösungen*

  Bei vielen Paaren kommt es zu erheblichen Schwierigkeiten herauszufinden, ob die gefun-denen Probleme auf der Liste des Brainstor-mings absurd oder brauchbar sind. Um dies klarer zu entscheiden, werden folgende Fragen gestellt: Wenn wir diese Lösung annehmen wür-den, würde es uns bei der Bewältigung dieses Problems weiterhelfen? Wenn die Antwort ja ist, dann können sie die Vor- und Nachteile und auch den Aufwand dieser Lösung diskutieren. Danach müssen sich die Partner entscheiden, ob sie den jeweiligen Vorschlag von der Liste streichen wollen, ob sie ihn als einen Teil der

Lösung ansehen, ob sie ihn verändern wollen oder ob sie die Entscheidung verschieben wol-len, bis alle anderen Lösungsvorschläge eben-falls ausdiskutiert sind. Um es einfacher zu ge-stalten, könnten die beiden Partner allerdings auch mit einer Bewertungsskala zwischen 0 und 10 die einzelnen Vorschläge einschätzen, viel-leicht ergibt sich dadurch nach einer Phase der "Stillarbeit" automatisch Übereinstimmung, was die Diskussion insgesamt verkürzen würde.

- *Vereinbarung treffen*

  Vereinbarungen müssen sehr konkret sein, sie sollten so beschrieben werden, daß sie für bei-de klar nachvollziehbar sind.

  Die Vereinbarung sollte beinhalten, was jeder Partner in Zukunft anders zu tun gedenkt. Wenn jede Person aus der Sitzung mit einer unter-schiedlichen Interpretation der Vereinbarung weggeht, finden natürlich wiederum neue Strei-tigkeiten darüber statt, was nun die richtige Auslegung der Vereinbarung gewesen ist. Ver-einbarungen sollten möglichst nicht interpre-tiert werden müssen, sondern absolut klar sein.

Schlecht wäre beispielsweise eine Vereinbarung mit folgendem Inhalt: Er wird mehr Interesse am Tagesablauf von ihr zeigen. Gut dagegen wäre folgende Formulierung: Jeden Tag, wenn beide nach Hause kommen, wird sie mit ihm über die Ereignisse des Tages sprechen. Er wird mindestens fünf Fragen an sie stellen, die den Tag betreffen. Sie wird es vermeiden, sich ab-fällig über ihn zu äußern, um damit das beob-achtete Desinteresse an ihm zu kennzeichnen. In diesem Fall sind die Vereinbarungen in ih-rem Inhalt sehr strukturiert, sie erscheinen wenig mechanisch und künstlich. Das ist leider nur selten möglich. Man darf nicht vergessen, daß in vielen Fällen die Paare sehr lange anhal-tende Muster zu verändern versuchen. Das ist sehr schwierig und diese Veränderungen kommen nicht auf natürliche Weise zustande. Deshalb ist eine klare Struktur am Anfang notwendig. Wenn diese Veränderungen eingetreten sind, werden sie natürlich werden, und die Notwendigkeit solcher artifizieller Strukturen wird sich reduzieren.

Beim Problemlösen können sich die ursprünglichen Muster wieder in voller Stärke zeigen. Paare neigen dazu, vom Nebensächlichen ins Grundsätzliche zu kommen (siehe dazu "Anleitung zum polarisiernden Streit", Abb.10). Es ist dann auch die Aufgabe des Therapeuten die Probleme der verschiedenen Ebenen aufzuzeichnen und mit den Partnern zu entscheiden, welche der Ebenen die höchste Lösungswahrscheinlichkeit besitzt. Geglückt sind Zwiegespräche, wenn sie zunehmend Problemlösungen schaffen, die auf der Akzeptanz des anderen beruhen.

ABSCHLIESSENDE BEMERKUNGEN

Der vorgestellte integrative Ansatz bietet die Möglichkeit, adäquat auf die gegenwärtige Situation und die bisherige Entwicklung der Paare einzugehen. Er eignet sich auch für Paare mit unterschiedlichem Bildungsniveau und aus unterschiedlicher sozialer Schicht. Je nach Notwendigkeit können Teile der Paartherapie entfallen oder hinzugefügt werden. Die Reihenfolge der einzelnen Elemente kann dem Therapieprozess angepaßt werden. Dies verlangt vom Therapeuten eine präsente Haltung, die Bereitschaft zu Flexibilität und eine genaue Kenntnis der einzelnen Interventionen. Akzeptanz herzustellen ist aber das zentrale Anliegen. Sie bildet die Verbindung, die über einzelne Interventionen hinausführt. Der Akzeptanz-Begriff und die damit verbundene veränderte Sichtweise fördert meines Erachtens eine tiefere Ebene in der Arbeit. Der Schwerpunkt liegt auf der Präsenz dessen, was

sich vor mir als Therapeuten, in der Therapie ereignet. Auch die Paare beginnen mit ihrer Arbeit an dem Punkt, an dem sie gerade stehen, weil sie die Erlaubnis dafür haben, die gegenwärtigen Empfindungen, wie immer sie auch sein mögen, zuzulassen. Durch therapeutische Unterstützung, insbesondere durch das Abschwächen von harten, aggressiven Aussagen, gelangen sie allmählich zu einer offenen und realistischeren Sicht ihrer Beziehung, die keineswegs schmerzfrei ist, aber innerlich befreiend wirkt.

Traditionelle verhaltenstherapeutische Methoden passen durchaus in die integrative Paartherapie. Veränderung wirkt aber unterschiedlich, wenn sie durch ein von Regeln geleitetes Verhalten bedingt wird oder durch einen "kontextuellen Umschwung" (Jacobson und Christensen 1996, 255). Damit ist ein Umbruch, ein Kippen, eine tiefgehende Einsicht in der individuellen und kollektiven Lerngeschichte der Paare gemeint. Die Paare haben im besten Falle dann begonnen, den anderen als Menschen, nicht als "Bildmenschen", der ihnen gegenübersitzt und von dem sie eine bestimmtes Bild haben, mit dem sie dann eigentlich sprechen, wahrzunehmen. Statt dessen könnten sie sagen: "Ich (der eine Partner) werde mir seiner (des anderen Partners) inne, werde dessen inne, daß er anders, wesenhaft anders ist als ich, und ich nehme den Menschen an, den ich wahrgenommen habe, so daß ich mein Wort in allem Ernst an ihn, eben als ihn, richten kann" (Buber 1992, 283). Diese Aussagen von Buber klingen idealistisch, und doch wird in der Therapie von Paaren immer wieder bestätigt, daß es möglich ist, sich zunehmend wahrer zu begegnen. Wenn sie sich erst einmal innerlich "wesenhaft" begegnet sind, spüren die meisten Nähe durch die Akzeptanz der Unterschiedlichkeit, ganz im Gegensatz zu dem, was sie zuvor befürchtet hatten. Bisherige Mechanismen der Manipulation haben weniger Chancen.

Literatur

Bornstein, T.H. & Bornstein, M.T. (1993). Psychotherapie mit Ehepaaren: Ein integrativer Ansatz. Bern: 1993

Buber, M. (1992). Das dialogische Prinzip.Gerlingen: Schneider, 6.Aufl.

Hahlweg, K., Schindler, L. & Revenstorf, D. (1982). Partnerschaftsprobleme: Diagnose und Therapie. Berlin: Springer

Hayes, S.C., Mc Curry, S.M., S.M. Afari, N. & Wilson, K.G. (1993). Acceptance and Commitment Therapy (ACT): An approach for the treatment of emotional avoidance. Reno: Context Press

Hellinger, B. (1994). Ordnungen der Liebe: Ein Kursbuch. Heidelberg: Carl-Auer-Systeme

Hippler, B. (1990). Systemisch-strukturelle Familientherapie. In: Speck, O. & Martin, K.R. (Hrsg.) Sonderpädagogik und Sozialarbeit. Handbuch der Sonderpädagogik. Berlin: Marhold

Görlitz, G. (1998). Körper und Gefühl in der Psychotherapie - Basisübungen. München: Pfeiffer

Görlitz, G. (1998). Körper und Gefühl in der Psychotherapie - Aufbauübungen. München: Pfeiffer

Jacobson, N.S. (1992). Behavioral couple therapy: A new beginning. Behavior Therapy 23, 493-506)

Jacobson, N.S. & Christensen, A. (1996). Integrative Couple Therapy. Promoting Acceptance and Change. New York: Norton

Jacobson, N.S. & Christensen, A. (1998). Acceptance and Change in Couple Therapy: A Therapist's Guide to Transforming Relationships. New York: Norton

Lenz, G., Osterhold, G. & Ellebracht, H. (1995). Erstarrte Beziehung - heilendes Chaos. Einführung in die systemische Paartherapie und -beratung. Breisgau: Herder

Mandel, A., Mandel, K. H., Stadter, E. & Zimmer, D. (1971). Einübung in Partnerschaft durch Kommunikationstherapie und Verhaltenstherapie. München: Peiffer

Mestel, R. (1996) Bindungstheorie, klinische Psychologie und Psychotherapie bei Erwachsenen. In: Oppl, M. & Stiehl-Werschak: Bindungstheorie und klinische Anwendungen. Unveröfftl. Manuskript

Minuchin, S. (1977). Familie und Familientherapie. Theorie und Praxis struktureller Familientherapie. Freiburg im Breisgau: Lambert

Moeller, M.L. (1994). Die Wahrheit beginnt zu zweit. Das Paar im Gespräch. Reinbek: Rowohlt

Moeller, M.L. (1996). Worte der Liebe. Erotische Zwiegespräche. Ein Elixier für Paare. Reinbek: Rowohlt

O'Hanlon,B. & Hudson, P. (1995) Stop Blaming, start Loving. A solution-oriented approach to improving your relationship. New York. Norton

O'Hanlon Hudson,P. & Hudson O'Hanlon, W. (1997) Liebesgeschichten neu erzählen. Ein Lehrbuch für Paare und Therapeuten. Heidelberg: Auer

Satir, V. (1978). Selbstwert und Kommunikation. Familientherapie für Berater und zur Selbsthilfe. München: Pfeiffer

Schindler, L., Hahlweg, K. & Revenstorf, D. (1998). Partnerschaftsprobleme: Diagnose und Therapie. 2. Aufl., Berlin: Springer

Schulz von Thun, F. (1989). Miteinander reden. Stile, Werte und Persönlichkeitsentwicklung. Bd.2. Reinbek: Rowohlt

Sternberg, R.J. (1986). A Triangular Theory of Love. Psychol. Rev., 93, 119-135

Sternberg, R.J. (1987). Liking versus Loving: A Comparative Evaluation of Theories. Psychol. Bull. 102, 331-345

Sulz, S.K.D. (1994). Strategische Kurzzeittherapie. München: Cip-Medien

Van der Veen, F. (1977). Dialogueing: A Way of Learning to Relate Constructively in Close Relationships. In. Tscheulin, D. (1983). Beziehung und Technik in der klientenzentrierten Therapie. Weinheim: Beltz

Watzlawick. P., Beavin, J.H. & Jackson, D.D. (1972). Menschliche Kommunikation. 3. Aufl. Bern: Huber

Weber, G. (Hrsg.) (1993). Zweierlei Glück. Heidelberg: Auer

Willi, J. (1975). Die Zweierbeziehung. Reinbek: Rowohlt

Willi, J. (1991). Was hält Paare zusammen? Reinbek: Rowohlt

Willi, J. (1998). Die ökologische Dimension in der Psychotherapie. Ein aus der Paartherapie entwickeltes theoretisches Modell. In: Psychotherapeut 43 : 69 - 79. Wien, New York: Springer

Dirk Revenstorf
Liebe und Paartherapie[1]

1. Vorbemerkung

In den menschlichen Gesellschaften sind dauerhafte Beziehungen zwischen Mann und Frau üblich, meist verbunden mit Eheschließung. Zwar gibt es die biologische Besonderheit, daß der Mensch von der Natur mit den Geschenken der Dauerbrust und der Dauerbrunft ausgestattet ist und außerdem das Kleinkind die ersten fünf bis sieben Jahre schlechter als die Brut anderer Tiere ohne Familie überleben kann. Das würde auch wechselhafte und polygame Beziehungen ermöglichen. In den meisten Kulturen sind Ehe-Beziehungen jedoch monogam, obwohl viele Gesellschaften Polygynie (Vielweiberei) zulassen. Und das mag eine Folge der patriarchalen Gesellschaftsordnungen sein, in denen der Mann sein Erbrecht dadurch sichert, daß er alleiniger Vater in der Familie ist.

Dabei werden die Eheschließungen in weiten Teilen der Welt von den Eltern arrangiert, und so war es auch in Europa bis vor etwa 200 Jahren. Die Liebesheirat ist erst ein Produkt der Romantik. Aber heute setzen die Menschen in den westlichen Ländern ihr individuelles Glück über die kollektiven Werte und heiraten, wenn sie glauben, daß die Liebe zu und von ihrem Partner sie glücklich macht. Und sie lassen sich zunehmend leicht wieder scheiden, wenn das Liebesglück in Frage gestellt ist. Frauen sind im allgemeinen sensibler bezüglich emotionaler Unstimmigkeiten und können es sich mit wachsender Unabhängigkeit leisten, sich zu trennen. Dennoch kommen Paare zur Therapie: sie, die

sich einst ihrer ewigen Liebe ganz sicher waren, sind ratlos, wenn sie feststellen, daß die positiven Gefühle schwinden und die negativen zunehmen. Ein Aufgeben der Beziehung wird oft als persönliches Versagen empfunden. Mag sein, daß es Verlustangst ist, die Angst, wieder allein zu sein, verbunden mit dem Risiko, mit einem neuen Partner schlechter zurechtzukommen (der Spatz in der Hand ...), oder die Hoffnung darauf, am Ende die eigentliche Liebe in der Beziehung sichtbar zu machen. Was ist das Ziel therapeutischer Bearbeitung von Beziehungskrisen? Im Gegensatz zur Einzeltherapie steht meist nicht die Funktionstüchtigkeit der Individuen bzw. des Familiensystems im Vordergrund, d. h. die Verringerung von Leiden oder die Vermehrung von Kompetenz. Vielmehr ist es in der Paarbeziehung die Wiederherstellung von Liebe. Liebe ist nach dem Geld der am höchsten bewertete Begriff in den westlichen Gesellschaften. Sie führt mehr als alles andere im Leben zu dem, was als Glück empfunden wird. Aber was sind Liebe und Glück? Der Therapeut sollte die Variationsbreite dieser Begriffe kennen.

2. Liebe und erfüllte Beziehungen

Was Menschen hauptsächlich von einer Liebesbeziehung erhoffen, sind fünf Dinge (Swenson, 1972), nämlich Sehnsucht, Zärtlichkeit, Fürsorge, Vertrauen und Toleranz. Diese Komponenten ha-

[1] Ich möchte Elsbeth Freudenfeld für die vielen Anregungen und kritischen Anmerkungen zu diesem Artikel danken.

ben in den einzelnen Phasen der Beziehung unterschiedliche Gewichtung. Im Stadium der Verliebtheit spielen Sehnsucht, Zärtlichkeit und Fürsorge die größte Rolle. Diese Bedürfnis-Kombination ermöglicht den Liebenden, große Anstrengungen zu unternehmen, um die Beziehung gelingen zu lassen. Zärtlichkeit, Fürsorge und Vertrauen sind zusammen geeignet, eine stabile Familieneinheit zu bilden, die eine dauerhafte Grundlage für die Kinderaufzucht darstellt. Und im Alter sind die Faktoren Fürsorge, Vertrauen und Toleranz wichtig; sie scheinen auch dann ein Zusammenleben zu garantieren, wenn die Hinfälligkeit und die Beschränkungen des Partners nicht mehr zu übersehen sind.

Es gibt große individuelle Unterschiede darin, wie Menschen eine Liebesbeziehung eingehen. Das zeigen die sechs Liebesstile, die auf Lee (1976) zurückgehen und in vielen Kulturen gefunden wurden (vgl. Bierhoff und Grau 1997):

Ludus: die spielerische, auf Genuß und Abwechslung bedachte Liebe. Sie ist nicht auf einen Partner festgelegt, vermeidet Abhängigkeit und versucht, den hedonischen Anteil zu maximieren, ohne das Risiko des Leidens einzugehen, getreu dem Prinzip Epikurs: Suche das Angenehme, vermeide das Unangenehme, und wenn es nicht zu vermeiden ist, ignoriere es.

Eros: die auf den idealen Partner ausgerichtete Liebe. Sie ist romantisch und stark an einem körperlichen und seelischen Ideal ausgerichtet. Der Partner wird nach der optimalen Passung ausgesucht, und es wird viel Energie in das Gelingen der Beziehung investiert. Entsprechend groß ist der Schmerz, wenn sie zerbricht.

Mania: die besitzergreifende Liebe, bei der gegenseitige Kontrolle sowie Treue und Eifersucht eine große Rolle spielen. Die absolute Gewißheit, für den Partner wichtig zu sein, und eine große Ausdauer darin, ihn dazu zu bringen, sind für diesen Liebesstil charakteristisch. Die Hingabe kann schließlich in Zerstörung umschlagen,

wenn der Partner nicht in dem gewünschten Maß verfügbar ist.

Agape: die altruistische Hingabe an den geliebten Menschen, wo geben wichtiger als nehmen ist. Sie entspricht der elterlichen wie auch der christlichen Liebe, deren Geduld und Toleranz unerschöpflich zu sein scheint. Langfristig löst sie in dem Partner, der weniger selbstlos ist, Schuldgefühle aus.

Storge: die Liebe, in der der Partner der beste Freund ist; Liebe, die aus Freundschaft entstand. Sie wächst meist langsam und ist beständig. Da Erotik nicht im Vordergrund steht, zerbricht sie nicht wie Ludus, Mania und Eros am Nachlassen der Leidenschaft.

Pragma: die an ökonomischen, sozialen Vorteilen und der Bequemlichkeit orientierte Liebe. Hier scheint die Ressource in den Annehmlichkeiten der Umstände zu liegen und weniger in Altruismus, Leidenschaft oder Romantik.

Während diese Typologie eher die Prozesse beschreibt, wie sich Liebesbeziehungen auf unterschiedliche Weise konkret abspielen, haben alle dauerhaften Beziehungen nach Sternberg und Barnes (1988) drei Komponenten gemeinsam. Die erste ist *Leidenschaft*. Sie hat viel mit Sehnsucht und Zärtlichkeit zu tun und ist besonders ausgeprägt bei Eros, Ludus, Mania und Agape. Die zweite Komponente ist die *Verbindlichkeit* der Zuneigung, die sich bei Ludus am wenigsten findet. Und schließlich bedarf es der *Intimität* zwischen zwei Liebenden, damit ihr Glück überdauert. Intimität entsteht durch die Kenntnis des anderen, auch seiner Abgründe und Schattenseiten.

Über die Dauer einer Beziehung nehmen diese drei Komponenten einen unterschiedlichen Verlauf. Verbindlichkeit ist meist eine Alles-oder-nichts-Entscheidung und wird bewußt getroffen - entweder durch Heirat, Hauskauf oder den Wunsch nach Kindern. Sie wird auch meist bewußt auf-

rechterhalten, bröckelt aber oft unter der Fassa-
de, verbunden mit Umorientierung oder Untreue.
Die Leidenschaft läßt häufig nach anfänglich stei-
lem Anstieg während der Verliebtheit nach, muß
aber nicht zusammenbrechen. Ein wesentlicher
Motor der Leidenschaft ist die Sexualität. Und sie
kann wahrlich schlampig behandelt oder auch kul-
tiviert werden. Die Intimität verödet ebenfalls
häufig in der Beziehung, weil die Partner denken,
sie würden den anderen schon in- und auswendig
kennen. Dann läßt das Interesse nach, und die Beziehung wird pragmatisch und ohne Nähe. Tatsächlich lernt man den anderen nie ganz kennen,
und das Geheimnis einer guten Beziehung ist die
Neugier, am anderen immer noch andere Seiten
zu entdecken.

Wenn der Therapeut versucht, der individuellen
Glücksbestimmung des behandelten Paares auf die
Spur zu kommen, wird er die Beziehungs-Phase,
in der sich das Paar befindet, und ihre beiden möglicherweise unvereinbaren Liebesstile im Auge behalten müssen. Und er wird dann überprüfen, wieweit sich aus diesen Voraussetzungen Leidenschaft, Verbindlichkeit und Intimität wiederherstellen lassen. Er wird aber auch seine eigenen
Präferenzen reflektieren, um sich soweit wie möglich von Vorurteilen freizuhalten.

3. SEXUALITÄT

Die Sexualität des Menschen unterscheidet sich
von der seiner nächsten Verwandten, den Men-
schenaffen, erheblich. Keine anderes Tier ist während des ganzen Jahres ein Leben lang sexuell

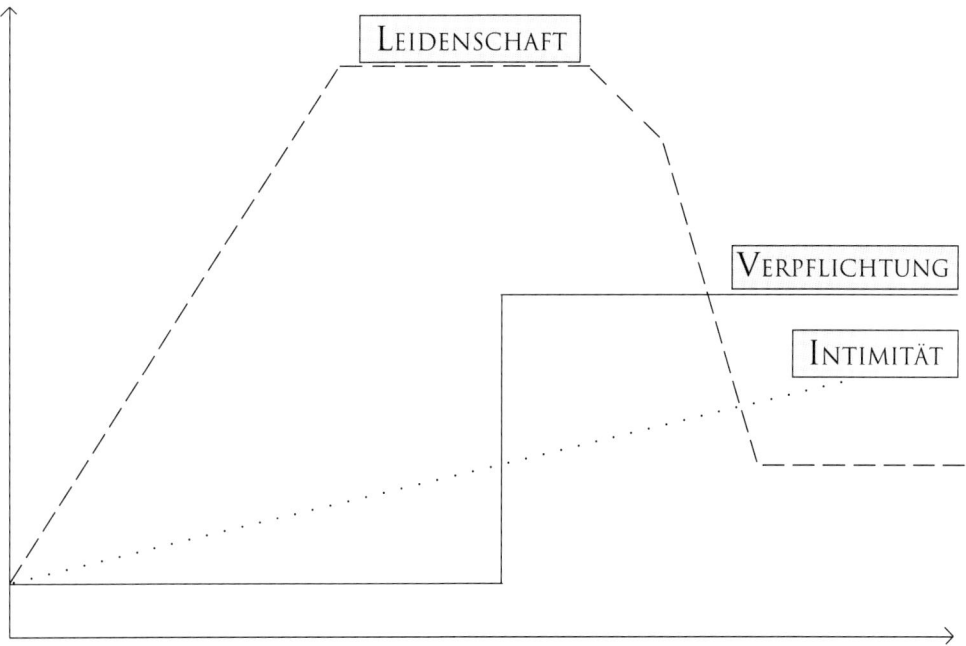

Abb. 1: Verlauf der drei Komponenten einer vollständigen Liebe (nach Sternberg) über die Dauer der Beziehung

empfänglich, wie es Mann und Frau sind. Kein weibliches Tier hat wie die Frau einen Orgasmus, und bei keiner Tierart dauert der Geschlechtsakt besonders lange. Im Gegensatz dazu kann er sich bei Menschen über Stunden hinziehen. Auch hat der Mensch die nackte Haut als ein besonders sensibles Organ, das Formen der Zärtlichkeit zuläßt, die mit denen behaarter Tiere nicht vergleichbar sind. Und schließlich zeigt der Mensch durch seinen aufrechten Gang ständig mehr oder weniger verdeckt seine Genitalregion. Das alles macht die Sexualität zu einem herausragenden Merkmal der menschlichen Paarbindung.

In der Liebesbeziehung ist die sexuelle Anziehung die am unmittelbarsten empfundene Komponente. Sie scheint dem Menschen vorübergehend die verlorengegangene Instinktleitung wiederzugeben. Dadurch ist sie gleichermaßen wünschenswert für den einzelnen und, wie Reich (1933) meinte, bedrohlich für die Gesellschaft, da dadurch die mit der bürgerlichen Moral der Einheitsfamilie verbundene Machtstruktur in Frage gestellt werden könnte. Anders als Freud sind Reich und seine Schüler, die Bioenergetiker Lowen und Pierrakos, der Auffassung, daß im Orgasmus die Urform der Erfahrung zu sehen ist, in der die Lebensenergie frei von seelischen Hemmungen fließen kann, die sich normalerweise durch muskuläre Blockaden ausdrücken.

Asiatische Traditionen haben die Sexualität als Zugang zur Gesundheit einerseits und zur Spiritualität anderseits beschrieben. In der hinduistischen Liebeslehre des Kamasutra ist die Sexualität etwas Heiliges, das kultisch betrieben wird und mit Yoga-Praktiken verbunden ist (Fowkes 1996). Dabei geht es ebenfalls um Lebensenergie, die im menschlichen Körper aus verschiedenen Zentren, den Chakren, gespeist wird. Die sieben Chakren verteilen sich vom Beckengrund bis zum Scheitel und können in der sexuellen Ekstase miteinander verbunden sein (Anleitungen hierzu s. Anand 1990).

In der taoistischen Tradition Chinas geht es um die Gesundheit fördernde und Leben verlängernde Vereinigung der männlichen Energie Yang und der weiblichen Energie Yin, die in der sexuellen Ekstase des Koitus frei werden. Damit diese Ekstase lange und oft möglich ist, muß der Mann lernen, seine Ejakulation zurückzuhalten, besonders wenn er älter wird. Das gelingt ihm dadurch, daß er die Emission des Samens in den Beginn der Harnröhre und Ejakulation unter Beimengung der Prostata-Flüssigkeit zu trennen lernt. Auf diese Weise kann der Mann beliebig lange koitieren und mehrfache innere Orgasmen (Emissionen) haben, ohne zu ejakulieren. Er bewahrt seine Yang-Energie, die mit dem Feuer verglichen wird, und die Frau hat Zeit, Orgasmen zu erleben, bei denen sie ihre Yin-Energie nicht verausgabt, die mit einem Wasserfall verglichen wird. Die Verzögerung der Ejakulation gelingt dem Mann mit der Druck- und der Verschlußtechnik, die in der Sexualtherapie wieder auftaucht. (Chang 1978).

Die moderne westliche Sexualtherapie geht von einer grundsätzlichen Ähnlichkeit der Sexualität bei Mann und Frau aus: Es folgen die vier Phasen der Erregung, des Plateaus, des Orgasmus und der Erholung einem unterschiedlichem Verlauf und die Kunst der Liebe ist es, die Phasen zwischen Mann und Frau aufeinander abzustimmen. Viele Störungen der Sexualität hängen mit einem asynchronen Verlauf und einer leistungsorientierten Haltung zusammen, wodurch Sexualität mit Angst besetzt und die Ekstase verhindert wird. Die häufigsten Störungen sind Erektionsschwäche und Vaginismus in der Erregungsphase und Ejaculatio praecox und Anorgasmie in der Orgasmus-Phase. Diese Störungen korrespondieren mit den Mythen wie, daß der Mann die Führung in der Sexualität übernehme, kaum Gefühle zeige, Sex immer koital sei, Leistung zähle, der Mann jeder Zeit eine Erektion haben könne, Orgasmus das Ziel aller Zärtlichkeit sei usw. (Zilbergeld 1986).

Die Basis der gesunden Sexualität besteht in einer Verlängerung der Plateau-Phase beim Mann und einer grundsätzlichen Entzerrung der Sexualtät durch die Wiedereinführung von Zärtlichkeit, die nicht leistungsorientiert ist. Dazu werden Paare angeleitet, ihre Sinnlichkeit in der Sexualität zu steigern, z. B. durch Streichelübungen ohne und mit Einbeziehung der Genitalbereiche, mit und ohne Koitus und ohne und mit Orgasmus (Masters & Johnson 1970: "sensate focus"). Zur Verzögerung der Ejakulation wird auf die traditionellen Verschluß- und Druck-Techniken zurückgegriffen. Damit nähert sich die westliche Psychologie der Sexualität der östlichen Tradition (vgl. Anand 1990)

4. NEUROTISCHE ASPEKTE DER PAARBEZIEHUNG

Aus diesen Beschreibungen mögen einige Randbedingungen dessen, was Liebe ist, klarer geworden sein. Was Liebe "wirklich" ist, geht daraus nicht hervor und kann eher durch das umschrieben werden, was sie nicht ist. Liebe ist etwas, das es dem Menschen möglich macht, von sich selbst abzusehen, wo er seine mühevoll errungene Identität und Ich-Grenzen hinter sich lassen kann, ohne daß es ihn ängstigt. Er kann auf den konkurrenzorientierten Lebensstil des Alltags verzichten und lebt für den geliebten Menschen ohne Furcht, ausgebeutet zu werden. Zugleich kann er dem anderen so nahe sein, daß er seine existentielle Einsamkeit vergißt. Dichter betrachten Liebe als etwas Göttliches, zu dem der Mensch dauerhaft gar nicht fähig sei. Im typischen Liebesdrama wird die irdische Existenz des Liebespaares zerstört – durch Tod oder Trennung, und gerade dadurch wird die Liebe verewigt. Dante sah Beatrice nur einmal, als sie 12 Jahre alt war, und hat sie bis an sein Lebensende geliebt. Romeo und Julia starben, ebenso Tristan und Isolde. Amor und Psyche dagegen

konnten ihre Liebe leben, da Amor ein Gott war – allerdings erst nach einigen Prüfungen, die Psyche überstehen mußte. Ein Versuch, das Paradoxon von der Unrealisierbarkeit der Liebe zu überwinden, ist der ludische Liebessstil kurzer Affären (s. o.), der aber nicht jedem liegt. Und selbst Hugh Hefner, der Playboy-Herausgeber und Befürworter eines solchen Liebeslebens, bekannte sich in seinen späteren Jahren zur Monogamie. Eine andere Möglichkeit ist es, Liebe nicht als Zustand zu betrachten, sondern als Prozeß, der vor Stagnation geschützt werden kann. Zu den Ursachen der Stagnation gehören außer Entwicklungskrisen (s. u.) die Überformung durch neurotische Bedürfnisse, von denen Moeller (1988) neun nennt:

1) Die Beziehung erscheint so wunderbar, weil die Welt so unfreundlich ist

2) Die Angst, Liebe zuzulassen, aus Furcht vor dem Ende der Liebe

3) Die auserwählte Person wird überbewertet, als Versuch, darüber hinwegzutäuschen, daß es keine Alternativen gibt

4) Der Versuch, in der Liebe die Ambivalenz und die damit verbundene Aggression gegen den Partner zu verbergen

5) Die zum Partner empfundene Liebe als nostalgischer Abglanz der Liebe zu den Eltern

6) Liebe als Versuch, ein Trauma aus der Beziehung zu den Eltern zu korrigieren

7) Liebe als Versuch, das individuelle Wachstum zu fördern, da man sich, so Buber, nur in der Beziehung selbst erkennt

8) Liebe als Versuch, ein orgastisches Triebleben zu führen, wie es zu den Zielen der Leistungsgesellschaft gehört

9) Liebe als Erlebnis des "kleinen Todes". Im Orgasmus verliert der Mensch kurzzeitig das Gefühl für die Ichgrenzen und kann die Erfahrung der Selbstauflösung machen wie im Tod (Bataille 1994)

Erst wenn diese Anteile unwichtig geworden sind, bleibt als Filtrat die eigentliche Liebe zurück - vorausgesetzt, es bleibt nach der Lüftung dieser Schleier noch etwas übrig. Nach Bowlby (1975) und anderen Entwicklungspsychologen kommen diese neurotischen Anteile durch Defizite bei der Entwicklung des kindlichen Bindungsverhaltens zustande. Die Fähigkeit, zu lieben und sich in der Beziehung sicher zu fühlen, resultiert aus der Erfahrung einer sicheren Bezugsperson in den ersten zwei Jahren der Kindheit und der weiteren Erfahrung der Unabhängigkeit während der folgenden Jahre, in denen das Kind die Umwelt exploriert. Bindungs- und Explorationsverhalten können behindert sein, wenn es unsichere, abwertende oder überbehütende Eltern gab. Daraus resultieren Ambivalenz, symbiotische Tendenz oder Angst vor Nähe sowie damit verbundene irrationale Ansprüche an die Beziehung, womit der Partner oft überfordert ist.

5. Irrationale Erwartungen an die Liebe

Unzählige Paare streiten sich täglich in fast gleicher Weise ihr Leben lang und vertiefen lustvoll den Graben des Hasses zwischen sich. Sie verhindern erfolgreich, daß die Liebe sichtbar wird, die sie für einander empfinden. Ihr Leben gleicht einer unaufhörlichen Kette von Streitigkeiten, und obwohl die Vernunft dafür sprechen würde, ein so wenig erfreuliches Zusammenleben schnell zu beenden, scheint eine Trennung unendlich schwerzufallen. Langfristig verschärft sich oft die Auseinandersetzung, oder die Beziehung verödet.

Es ist so, als würde eine tiefe Sehnsucht bestehen, den anderen endlich zu der Einsicht zu bringen, daß er den Partner nicht genug liebt. Dieses Bedürfnis nach mehr Liebesbeweisen und die Kränkung, Wut und Eifersucht darüber, daß der andere dazu nicht in der Lage oder nicht bereit ist, kann man nur als kindlich bezeichnen. Wenn schon die Umstände es nahelegen, an der Bezie-

hung festzuhalten, könnte man dann nicht auch vernünftig miteinander umgehen? Denn zu sagen: „Wieso hast du mich den ganzen Tag nicht angerufen, du hast dich wohl mit jemand anderem gut unterhalten? Du liebst mich nicht wirklich" bringt Verstimmung auf beiden Seiten mit sich. Es wäre viel vernünftiger zu sagen: „Dein Tag ist so vollgepackt, daß du gar nicht zu dem kommst, was dir eigentlich wichtig ist und wofür du die ganze Arbeit machst, nämlich daran zu denken, daß wir uns lieben."

Es fällt uns vielleicht deswegen so schwer, da wir als Kinder nicht gelernt haben, daß die Liebe der Eltern begrenzt ist. Pierrakos (1990) geht von einem übergroßen Liebes- und Fürsorgebedarf aus, weil Menschen im Vergleich zu anderen Säugetieren als relativ unreife Wesen zur Welt kommen. Die Eltern wollen sich möglicherweise nicht eingestehen, daß ihre Liebe begrenzt ist, da es zu den Idealen der Gesellschaft gehört, daß elterliche Liebe altruistisch und unerschöpflich ist. Das Kind fordert mehr, als die Eltern geben können. Manchmal wird das Kind auch einfach abgewiesen. Es wird jedenfalls notwendigerweise vielfach frustriert – besonders in seiner frühen Entwicklung. So bleibt ein unerfüllter und unerfüllbarer Wunsch nach Liebe. Das ist eine Fehldisposition, die sich nach Bowlby (1975) auf spätere Bindungen nachteilig auswirkt.

Das Kind denkt, durch Wohlverhalten oder Fleiß die gewünschte Zuneigung vielleicht doch zu erhalten. So entwickeln sich irrationale Perfektions-Ideen, wie es Ellis (1961) nennt: „Ich bin nur etwas wert, wenn mich alle lieben oder wenn mich wichtige Personen in jeder Hinsicht lieben, und ich werde nur geliebt, wenn ich perfekt bin." Tatsächlich sind die meisten Menschen natürlich weit davon entfernt, perfekt zu sein, und werden auch nur von wenigen geliebt – und selbst von diesen nicht in jeder Hinsicht. Wir gestehen uns nicht ein, daß wir diese Ziele nicht erreichen können, und sind gekränkt, wenn die uns entgegengebrachte Liebe nicht vollkommen ist. Diese Kränkung dulden wir nicht und versuchen, die Liebesbeweise vom anderen zu erzwingen. Als Kind fehlte uns dazu die Macht. Aber in späteren Beziehungen lebt dieses Bedürfnis wieder auf, und jetzt können wir uns mit seelischer oder körperlicher Grausamkeit rächen. Es ist so, als hätten wir nie gelernt, zwischen dem kindlichen Anspruch, geliebt zu werden, und dem Gefühl, den anderen zu lieben, zu unterscheiden.

6. PROGNOSE VON STABILITÄT UND TRENNUNG

Es zeigt sich, daß es nicht individuelle Persönlichkeitsmerkmale sind, die Glück und Zufriedenheit in der Paarbeziehung voraussagen, sondern Interaktionsmerkmale. Hinzu kommt, daß diese Merkmale im Verlauf der Beziehung ihre Priorität verändern. In den ersten fünf gemeinsamen Jahren etwa gelten die Prinzipien der sozialen Homogamie. Es finden sich Partner mit gleichen Interessen, gleichem sozio-ökonomischen Hintergrund, gleicher körperlicher Attraktivität, ja sogar die Blutdrucke und die Größe der Ohrläppchen korrelieren miteinander. Später überprüfen die Partner, ob ihre Wertsysteme zu einander passen, wie z.B. Religiosität, politische Haltung, ökologische Einstellung, Meinung zur Untreue usw. Und zuletzt lernen sich die Partner nach Kerckhoff und Davis (1962) in ihrer gegenseitigen Ergänzung schätzen; d. h., sie lernen, von ihrer charakterlichen Komplementarität zu profitieren. Allerdings zeigen empirische Untersuchungen für einfache Komplementaritäten wie Dominanz – Unterwerfung oder Extraversion – Introversion keine Korrelation mit ehelicher Zufriedenheit. Die zeitliche Sequenz der oben genannten Filter ist meistens

nicht berücksichtigt, und entsprechend wurden Paare über alle Altersklassen hinweg zusammengeworfen. Komplementäre Attraktion hat auch Willi konstatiert (1975) und „Kollusion" genannt. Er beschränkt sich dabei auf das psychoanalytische Modell der psychosexuellen Phasen. Danach finden sich oft Partner, die in derselben Phase der psychosexuellen Entwicklung fixiert sind, nämlich entweder narzißtisch, oral, anal oder phallisch, – aber in komplementärer Weise. Z. B. will der eine gern versorgt werden ("oral- regressiv"), und der andere bezieht seinen Selbstwert daraus, ein guter Versorger zu sein ("oral-progressiv"). Auf dem Niveau der analen Fixierung leitet der eine den anderen ("anal-progressiv"), der sich in der Behütung gut aufgehoben fühlt. [2]

Eine derartige Komplementarität kann zu einer starken Attraktion der Partner führen. Allerdings halten im Streßfall beide oft in rigider Weise an ihrer Haltung fest und überfordern damit den andern, so daß die Krise vorprogrammiert ist.

Eine Frau, die sich schwertut, ihre Absichten offen zu vertreten, weil sie als Kind von ihrer Mutter stets eifersüchtig überwacht wurde, reagiert extrem empfindlich auf alles, was nach Überprüfung aussieht. Ihr Partner lebte als Kind in ständiger Sorge, daß die Eltern sich streiten und trennen könnten, und entwickelte ein besonderes Sensorium für verheimlichte Unstimmigkeiten. Außerdem war seine Mutter für ihn schwer erreichbar. Er fühlt sich zu seiner Partnerin, die sich gern bedeckt hält, besonders hingezogen, denn wenn er ihre Anerkennung gewinnen könnte, wäre seine Kindheitsbefürchtung widerlegt. Sie dagegen genießt das große Interesse, was ihr Partner mit seiner Präsenz und Neugier für sie hat. Allerdings fühlt sie sich in der Krisensituation oft von ihm verdächtigt und versucht daher möglichst alles, was zur Auseinandersetzung führen könnte, zu verbergen. Das wiederum bestätigt seinen Ver-

---

[2] Diese beiden Komplementäritäten haben sich in einer Voruntersuchung an der Universität Tübingen an 12 Paaren tatsächlich finden lassen (narzißtisch und phallisch nicht).

dacht, daß etwas nicht stimmt, und veranlaßt ihn zu Nachforschungen, die ihr invasiv vorkommen. Das führt zu einem unerfreulichen Zirkel: Sie als vermeintlicher Täter erregt seinen Verdacht – er empfindet sich als Opfer und wird zum Verfolger und spioniert ihr nach – und bewirkt, daß sie sich nun als Opfer seines Argwohns fühlt.

Unabhängig von solchen in Komplementaritäten vorprogrammierten Krisen gibt es nach Gottman (1993) drei Ehekonstellationen. Die folgenden Beziehungstypen sind sehr unterschiedlich und erscheinen nicht unbedingt als erstrebenswerte Beziehungsformen, erweisen sich aber über lange Zeit stabil:

1) Die *Explosiven*
   Die Auseinandersetzungen sind heftig und häufig; dies wird aber durch positive Affekte wie Lächeln, Lachen, Sich-in-den-Arm-Nehmen und Zärtlichkeit aufgewogen. Verständnis für den anderen ist dabei nicht so wichtig; die Intimität bleibt teilweise begrenzt.

2) Die *Empathischen*
   Der Moment einer Problemkonfrontation wird sorgfältig gewählt; durch Zusammenfassung der Standpunkte wird gegenseitige Unterstützung gewährt. Solche Paare haben eine hohe Fähigkeit der Konfliktlösung – häufig um den Preis der Spontaneität.

3) Die *Konfliktscheuen*
   Die Meinungsverschiedenheiten werden verleugnet und offene Konflikte vermieden. Die Probleme werden häufig ignoriert. Der Hausfrieden kann dadurch lange gewahrt werden; langfristig besteht die Gefahr des Kontaktverlustes.

Wenn eine Beziehung zu zerbrechen droht, kann man das lange vorher an den vier sog. Apokalyptischen Reitern bemerken: Das sind Verächtlichkeit, Verletzung, Leugnung des Problems und Rückzug. Diese Merkmale des Umgangs findet man in vielen Paaren in Phasen der Verschlechterung, und der Therapeut sollte sie als Warnsignal erken-

nen und ihnen entgegenarbeiten. Langfristig sind sie mit zwei instabile Beziehungstypen verbunden:

4) Die *Metzler*
   Die Auseinandersetzungen steigern sich regelmäßig in verletzender Weise und eskalieren mit seelischen Schlägen unter die Gürtellinie oder körperlicher Gewalt.

5) Die *Verächtlichen*
   Die negativen Interaktionen überwiegen, und die Auseinandersetzungen führen zu einseitigem oder beidseitigem Rückzug und zur jeweiligen Abwertung des anderen.

Manche Verhaltenstheoretiker betrachten eine Liebesbeziehung als eine Art soziales Tauschgeschäft, das dann für beide lohnend bleibt, wenn dafür drei Bedingungen eingehalten werden. Die erste ist Reziprozität: Der eine gibt so viel, daß der andere ihn attraktiv findet und seinerseits viel zurückgibt (gegenseitige Verstärkung). Die zweite Bedingung ist eine gute Balance zwischen positivem und negativem Austausch. Das Verhältnis sollte 5 zu 1 sein: Auf einen Streit sollten fünfmal soviele erfreuliche Dinge wie Humor, Zärtlichkeit, Fürsorge, gemeinsame Freude usw. kommen. Schließlich ist der Vergleichswert der Beziehung von Bedeutung. Ist der Schaden der Trennung hoch und fehlen attraktivere Alternativen, bleibt die Beziehung stabil – wenn auch vielleicht nicht erfreulich. Diese drei Aspekte der Beziehung kann der Therapeut ebenfalls im Auge behalten und das Paar veranlassen, sie zu fördern. Unberücksichtigt bleibt bei einer solchen Erhöhung des "ökonomischen Werts" der Beziehung die Intimität. Der Tauschwert der Beziehung darf daher wohl eher als notwendige Randbedingung, nicht als hinreichend fürs Glück betrachtet werden. Er ist wie der Sauerstoff, den ein Feuer benötigt um zu brennen. Die Zündung muß aus anderer Quelle kommen.

7. DIE BEHANDLUNG DER GESTÖRTEN BEZIEHUNG

7.1 Die Rolle des Therapeuten

Der Therapeut wird eingeladen, vorübergehend ein Teil des Paarsystems zu werden, weil die Partner nicht mehr weiterwissen. Beide gehen im allgemeinen davon aus, daß er fair ist und die Verantwortung für die Veränderung übernimmt und es ihnen erlaubt ist, in ihrer jeweils egozentrischen Position zu verharren. In ihm wird der Richter gesehen, der geduldig ihre Klagen anhört und jedem der beiden recht gibt, ohne daß die Beziehung darunter leidet, oder er soll dem einen zur Trennung verhelfen und den anderen trösten. In jedem Fall hat er die Ressourcen in jedem der Partner zu mobilisieren, mit denen sie die Kränkungen und Verletzungen hinter sich lassen und die Beziehung heilen können. Ihm wird daher – mindestens zu Anfang – eine gewisse Autorität eingeräumt, die er nutzen kann, um bestimmte Werte zu vermitteln oder Verschreibungen zu geben. Er sollte vermeiden, Verhalten oder Haltung des einen oder anderen zu bewerten – von extremen Fällen wie Gewalt oder Mißbrauch abgesehen. Die Grenze sollte er mit seiner eigenen Ethik in Einklang bringen. Er muß außerdem in der Lage sein, Geheimnisse der einen Seite gegenüber der anderen Seite zu bewahren. Er kann nicht unparteiisch sein, sondern soll sich im Sinne Stierlins allparteilich verhalten: Er kann je nach situativer Notwendigkeit den einen oder anderen mehr unterstützen und dabei versuchen, eine Balance aufrechtzuerhalten. Weil dies für einen einzelnen Therapeuten schwierig ist und weil man sich oft eines Vorurteils gegenüber dem eigenen oder dem anderen Geschlecht schwer entziehen kann, ist ein Therapeutenpaar die beste Lösung.

7.2 Veränderung von Regeln im System

Der implizite Vertrag des Paares und die Kollusi-on der Bedürfnisse führt zu bestimmten Regeln. Etwa bezeugt der eine weitgehende Bewunderung für den anderen, und der kann, dadurch gestärkt, besonders großzügig sein, und beide fühlen sich wohl. Oder der eine repräsentiert die Familie nach außen, und der andere sorgt fürs materielle Wohl. Diese Regeln können sehr gut funktionieren, bis es zu einer Krise kommt. Diese tritt häufig bei bestimmten Ereignissen auf, die einen Einschnitt im Leben des Paares oder der Familie darstellen.

• Das erste Kind wird geboren
• Das jüngste Kind wird eingeschult
• Die Frau nimmt ihren Beruf wieder auf
• Die Kinder verlassen das Elternhaus
• Ein Partner geht in Rente
• Ein Partner wird krank

In einem Fall von Madanes (1982) wurde der Mann depressiv und vernachlässigte seinen Job als Makler, nachdem die Frau ihren Beruf als Therapeutin wiederaufgenommen hatte. Die für das Paar angenommene Regel, der Mann solle die dominante Position innehaben, war durch den beruflichen Erfolg der Frau gefährdet. Um die Machtbalance unbewußt wieder zu seinen Gunsten zu verschieben, kann er seine Frau veranlassen, ihm als Therapeutin zu helfen und sie damit scheitern lassen. Für dieses Ergebnis wird jedoch ein hoher Preis gezahlt, denn so gibt es immerwährenden Ärger, weniger Intimität und weniger Einkommen. Aus systemischer Sichtweise ist dieses ein Moment des Übergangs zu einem neuen Beziehungskontrakt. Es könnte eine neue Regel etabliert werden, die des Mannes Konkurrenzdenken nutzt und den Aufmerksamkeits-Fokus verschiebt. Dazu wird die Depression des Mannes als Vernachlässigung der Arbeit umgedeutet, die er allerdings seiner Frau zuliebe hinnehmen würde, damit sie von seiner Seite keine Konkurrenz zu spüren hat. Die Frau kann dadurch als Therapeutin nicht mehr tätig und ebenso wenig vom Mann entwertet werden. Ihr wird stattdessen vorgeschlagen, die Organisation des Büros des Mannes übernehmen. Das ermutigt ihn, ihr zu beweisen, daß er das allein kann. Dadurch liegt der Fokus wieder auf dem Thema Arbeit. Außerdem soll die Frau Vorschläge machen, wie die Sexualität in der Beziehung abwechslungsreicher gestaltet werden kann. Das gibt ihm die Macht zur Bestimmung wieder, denn er entscheidet darüber, welcher Vorschlag angenommen wird. Das gemeinsame nächtliche Gespräch ersetzt die aggressive durch eine kooperative Interaktion. Die Umformulierung des Problems (in diesem Fall: Der Mann zieht sich zurück, um seiner Frau das Gefühl von Erfolg zu vermitteln) erleichtert meist die Veränderung, da sie die alte Regel aufhebt (als Therapeutin kann die Frau entmachtet werden). Dadurch wird das System vorübergehend destabilisiert und zugleich offener für Suggestionen.

7.3 Kommunikationsfähigkeit

Vielleicht haben die Partner einen schlechten Kommunikationsstil entwickelt. Dies kann leicht geschehen, wenn sie die Argumentationstechnik, die sie im Beruf anwenden und brauchen, auf ihr Eheleben übertragen haben. Im Beruf muß das Argument überzeugen, gut verteidigen und gegen aggressive Opportunisten wirksam sein. Diese Strategie verhilft in der Ehe zu einer sicheren Position – aber der Preis ist der Verlust von Intimität. Um gut geschützt zu sein, baut man einen Wall, durch den der andere auf Distanz gehalten wird. Anstatt den Weg zum Herzen zu ebnen, veranstalten die Partner ein Hindernisrennen und unterbinden damit eine intime Beziehung. Auf diesem Wege sind sie sicher – aber allein. Und was ist das Schöne einer lang andauernden Beziehung? Zusammensein. Die Ehe ist eine der wichtigsten Bemühungen um die drohende existentielle Einsamkeit zu überwinden. Hierfür bietet der Therapeut verschiedene Möglichkeiten zur Problemdiskussion an. Zuerst schlägt er dem Paar vor, das vom Part-

ner Gesagte zusammenzufassen – unabhängig davon, ob man dem zustimmt oder nicht, um dann erst den eigenen Standpunkt darzustellen. Durch dieses Vorgehen wird eine Unterscheidung zwischen Verstehen und Zustimmung eingeführt. Das Paar wird instruiert, die Sichtweise des Partners aus diesem Grunde zu paraphrasieren. Es kann sein, daß dies mehrere Male geschehen muß, bis der andere den Eindruck hat, daß er/sie verstanden wurde ("Aktives Zuhören"). Danach tauschen sie. Ein zweites Charakteristikum dieser Dialogform ist, jede Kritik in einer nicht abwertenden Weise zu formulieren, um eine Kränkung der zuhörenden Person zu minimieren. Dies erleichtert dem anderen, zuzuhören, und schützt vor Verteidigungsstrategien (nicht abwertende Kritik). Z. B. anstatt zu sagen:

"Du läßt immer deinen vollen Aschenbecher stehen und erwartest von mir, daß ich deine Putzfrau spiele." Statt dessen sollte sie sagen:

"Ich hasse es, deine Putzfrau zu sein, es gibt mir das Gefühl wertlos zu sein im Vergleich zu dem, was ich für dich sein möchte: deine Prinzessin."

Daraufhin sollte der Ehemann antworten: "Wenn du diese Dinge tust, fühlst du dich von mir nicht respektiert" (aktives Zuhören). Wenn sie zustimmt, sollte er fortfahren:

"Weißt du, nach einem langen Tag wünsche ich mir wirklich ein Prinz zu sein und andere die Arbeit machen lassen zu können." Und sie sollte antworten: "Deine Arbeit beansprucht dich so stark, daß du das starke Bedürfnis hast, dich auszuruhen."

Und vielleicht kommen sie zu der Erkenntnis, daß sie sich gegenseitig mehr wie Prinz und Prinzessin behandeln könnten. Im Prinzip geht es darum, daß in der Paar-Beziehung die gewohnten Regeln des Überlebens in der unbarmherzigen Außenwelt nicht hilfreich sind. Konkurrenz und Abwehr führen nicht zu mehr Nähe, sondern verhindern sie. Mit dieser Gesprächsform können Konflikte ventiliert oder auch Problemlösungen angestrebt werden. Dann würden sich an die Phase der Aussprache ebenfalls mit Hilfe des aktiven Zuhörens eine Darstellung der Wünsche und ein Aushandeln von aktiven Problemlösungen anschließen.

Neben solchen empathischen Gesprächen sind auch *Streitgespräche* sehr sinnvoll, in denen beide sich entladen können. Dazu sollten vorher Verletzungsbegrenzungen festgelegt werden. Das sind z. B. bestimmte Tabuworte und die Möglichkeit, daß jeder der beiden wegen Überhitzung eine Auszeit von mindestens 20 Min. beantragen kann (vgl. Bach & Wyden 1968).

7.4 Die emotionale Basis des Kontaktes

In diesem gelenkten Dialog ist es die wichtigste Aufgabe des Therapeuten, die nonverbalen Signale in der Kommunikation zwischen den Partnern zu beobachten und nach den unbemerkt gebliebenen Spuren verschütteter Emotionen Ausschau zu halten. Er sollte versuchen, diese Emotionen wieder in das Bewußtsein des Paares bringen. Auf diesem Wege lernt das Paar mehr über die bisher unbekannten Seiten des anderen, seine unterdrückte Wut, Interessen, Spaß und Traurigkeit.

Häufig nimmt der eine Partner im anderen Traurigkeit oder Wut wahr, will jedoch nichts davon wissen, da er sie nicht vollständig versteht. Er denkt, ihre Wut sei Verteidigung, damit er aufgebe, aber tatsächlich ist sie darüber hinaus Verletztheit. Vielleicht denkt sie, seine Trauer ist Anklage, damit sie sich schuldig fühle, aber tatsächlich ist sie darüber hinaus Einsamkeit. Oder vielleicht denkt er, ihre Ängstlichkeit sei darauf angelegt, daß er mehr Verantwortung übernehme, aber tatsächlich fürchtet sie die Ablehnung durch die Mitmenschen. Der Therapeut nutzt seine Wahrnehmung der nonverbalen, oft sich nur andeu-

tenden Veränderungen in Gesichtsausdruck und Körperhaltung der Klienten und versucht durch genaues Nachfragen ("Was nehmen Sie wahr, was denken, fühlen, möchten Sie, was hindert Sie, was erwarten Sie ...") die unterschwelligen Nuancen der Befindlichkeit ans Tageslicht zu bringen. Durch aktives Zuhören kann der andere an diesem Vorgang teilnehmen.

Wenn in der Sitzung die Überzeugung gelingt, daß die Gefühle des Partners nicht gegen den anderen gerichtet sind, sondern eine Form von Hilflosigkeit darstellen, ein Versuch den eigenen Selbstwert zu retten, dann kann der Konflikt integriert werden und dazu dienen, die Intimität zu vergrößern. Es geht darum, ein fixiertes Bild vom anderen zu verlassen und neugierig darauf zu sein, am anderen noch wenig bekannte Seiten zu erkennen. Die Attraktion hält nur so lange an wie die Neugier, den anderen zu entdecken.

Eine Form dieser empathischen Gespräche sind Moellers *Zwiegespräche*, die nicht der Krisenbewältigung dienen, sondern der Vertiefung der gegenseitigen Kenntnis. Dabei soll der andere keinerlei Stellungnahme oder Ratschlag abgeben, wenn der eine etwas über sich berichtet – jede "Kolonialisierung" des Partners soll vermieden werden. Lediglich über die eigenen Erfahrungen, die dem anderen beim Zuhören einfallen, soll er sprechen. Auf diese Weise sind beide eingeladen, einen Blick in das Innenleben des anderen zu werfen, und genießen zugleich die Wohltat, über ihre tieferen Regungen angstfrei zu reden – da sie keinerlei Bewertung oder Reformversuche durch den anderen zu erwarten haben.

7.5 Umstrukturierung destruktiver Gedanken

Nach Ellis und Harper (1961) sowie Epstein und Eidelson (1981) haben unglückliche Paare, die sich mit Konflikten herumschlagen, häufig irrationale Ansprüche an die Beziehung, die zum großen Teil diesen kindlich überhöhten Liebesanspruch wider-spiegeln. Die häufigsten dieser Überzeugungen sind die folgenden:

1) Der andere muß mich ganz und gar lieben.
2) Der andere muß meine Fehler akzeptieren.
3) Streit ist furchtbar.
4) Eine Beziehung muß ewig halten.
5) Gegenseitige Unvereinbarkeiten sind unerträglich.
6) Es ist unvorstellbar, daß Partner oder Beziehung sich verbessern.
7) Der Partner muß meine Wünsche von den Lippen ablesen.

Stellen Sie sich vor, Ihr Partner ist unterwegs und vergißt, Sie an Ihrem Geburtstag anzurufen.
Wie reagieren Sie:

a) Er/sie liebt mich nicht wirklich, und das ist ein Unglück! (1)
b) Das ist das Ende der Beziehung. Eine Katastrophe.(4)
c) Er/sie weiß doch, wie wichtig mir Geburtstage sind. Er/sie nimmt einfach keine Rücksicht (7)
d) Ich hab' immer gewußt, daß ihm/ihr das nichts bedeutet - die Beziehung ist sinnlos. (6)

Jede dieser Interpretationen könnte richtig sein, aber keine von ihnen löst eine angenehme Befindlichkeit aus, und wahrscheinlich führt keine der Interpretationen zu einer Verbesserung der Beziehung. Sie hängen mit den sieben Erwartungen an die Beziehung zusammen (siehe Zahlen in Klammern), die jeweils schwer zu erfüllen sind, aber Bestandteil eines impliziten Beziehungsvertrages sein können, der die Beziehung immer wieder in eine Krise führt und daher in einer Paartherapie bewußtgemacht und neu verhandelt werden sollte.

Die Irrationalität kann auch durch eine Rekapitulation biographischer Episoden deutlicher werden, die mit dem überhöhten Liebesanspruch zusammenhängen. Sie können aus Kränkungen der bestehenden Beziehung, aus früheren Beziehungen oder aus der Kindheit stammen.

Ein Paar, Herr A und Frau B, hatten eine stark komplementäre Beziehung, in der die Frau B ängstlich auf die Kontrolle des Mannes reagierte und versuchte, sich ihr zu entziehen. Das dominante Verhalten ihres Mannes löste ständig Gedanken aus, daß sie ihm ohnmächtig ausgeliefert sei. Ihr Rückzug steigerte üblicherweise das Kontrollbedürfnis des Ehemannes. Er hatte ständig den unbegründeten Verdacht, seine Frau würde Geld auf die Seite schaffen, um ihn dann mit den Kindern zu verlassen. Daraufhin verstrickten sie sich in Vorwürfe über die Paranoia bzw. die Phobie des anderen, wobei es zu Verachtung und Rückzug kam. Die Biographie des Mannes zeigte, daß er ein „gebranntes" Kind war: Er hatte nach der Scheidung seiner Eltern seinen Vater nicht sehen dürfen und hatte nach seiner geschiedenen ersten Ehe ebenfalls keinen Zugang zu seinen eigenen Kindern gehabt. Die Frau dagegen war von ihrem älteren Bruder mißbraucht und zugleich erfolgreich erpreßt worden, daß sie ihn nicht verriete.

Diese z. T. unbewußten Erwartungen an die Haltung des anderen, etwa Fügsamkeit oder Schonung wie in dem Beispiel, sind Teil des unausgesprochenen Beziehungskontraktes. Daß der andere sie nicht erfüllt, wird als Beweis seiner mangelnden Liebe genommen. Solche Ansprüche zerstören die Liebe langfristig, und der Therapeut sollte dem Paar zeigen, daß die Beziehung auch glücklich machen kann, ohne daß der andere diese Erwartungen in perfekter Weise erfüllt. Damit soll nicht jeder Streit aus der Welt geschafft werden. Im Gegenteil: Streit schafft vorübergehend Distanz, die der Beziehung guttun kann, denn Nähe in Beziehungen ist zyklisch, und man kann sich nur so nahekommen, wie man sich zwischendurch entfernt. Nur sollten Eskalationen begrenzt werden und nicht die Würde der Partner verletzen (siehe Streitgespräche).

Um mit irrationalen Ansprüchen umzugehen, können die Partner die Dysfunktionalität diagnostizieren lernen, indem sie sich bei jedem Gedanken, den sie haben und aussprechen oder in die Tat umsetzen möchten, sich vorher fragen:

- Ist das gut für die Beziehung?
- Verschafft es mir ein gutes Gefühl?
- Bringt es mich meinem Ziel näher? (Trennung oder Glück)
- Ist es realistisch?

Wenn sie eine dieser Fragen verneinen müssen, ist es der Gedanke nicht wert, berücksichtigt zu werden – vielmehr noch ist er schädlich. Es ist nützlich, solche Gedanken oder entsprechende Vorkommnisse umstrukturieren zu können. Wenn etwa der Partner nicht pünktlich ist, ohne anzurufen, kann sich der spontane Gedanke einstellen: "Sie liebt nicht wirklich, anderes ist ihr wichtiger". Statt dessen könnte der wartende Partner sich auch vorstellen:

- Er/sie hat den Bus verpaßt und es kein Telefon in der Nähe.
- Er/sie kauft noch etwas für die Familie ein.
- Jemand möchte was von ihm/ihr, und er möchte ihn nicht enttäuschen.
- Wenn es chronisch ist: Vielleicht habe ich meinen Anteil daran: Ich werde ärgerlich, weil er/sie zu spät kommt, und er/sie kommt zu spät, weil ich ohnehin immer ärgerlich bin.

Die Möglichkeiten der Umstrukturierung sind zahllos (vgl. Revenstorf 1996), und sie sollten immer dann eingesetzt werden, wenn damit die Schädigung der Beziehung verhindert werden kann. Entspricht der Partner nicht perfekt den Erwartungen, ist es ebenfalls sinnvoll, sich auf seine positiven Seiten zu konzentrieren. Eine solche Denkweise gleicht der hedonistischen Philosophie Epikurs (340-270 v. Chr.). Zugleich sollte über die Ursache des Streits geredet werden, um andere Lösungen zu finden (siehe Konfliktgespräch weiter oben).

7.6 Austausch

Die Beziehung lebt nicht nur von Worten und Gedanken. Die Art des Umgangs der Partner mit einander entscheidet über die Beziehungsqualität. Die unmittelbarste Begegnung ist die Sexualität. Hier gibt es auch die größten Vorurteile und Hemmungen. Die meisten Partner gehen davon aus, daß sie wissen müßten, was dem anderen guttut, und fragen deshalb nicht. Aber woher soll ein Mann wissen, was eine Frau beim Orgasmus empfindet und was sie von ihm an Zärtlichkeiten will? Und umgekehrt. Da Wissen um Sexualität in der Schule nicht und von den Eltern selten im Detail vermittelt wird, beruht die ganze Weisheit meist auf den nonverbal vermittelten Mythen der Filme. Die wichtigste Voraussetzung für eine erfüllte Sexualität ist daher die Fähigkeit, darüber ungeniert zu reden – auch beim Geschlechtsverkehr.

Neben den sexuellen Dysfunktionen ist die Unfähigkeit, Zärtlichkeit auszutauschen, ohne unter Leistungsdruck zu geraten und ohne ihr Ziel auf den Orgasmus zu reduzieren, das größte Hindernis für eine für Mann und Frau gleichermaßen ekstatische Sexualität. Und erst recht in der Orgasmusphase kann durch eine kontrollierte Ejakulation eine viel größere Übereinstimmung zwischen Mann und Frau erreicht werden (s. oben). Die Sensualitäts-Übungen von Masters und Johnson (1970) zielen darauf ab, daß die Partner Streicheln, Erregung, Orgasmus und Koitus als unabhängige Komponenten ihrer Sinnlichkeit wiederentdecken und dadurch viele Beeinträchtigungen ihrer Sexualität zu überwinden lernen (s. Arentewicz & Schmidt 1980).

Die Zuneigung drückt sich auch im täglichen Miteinander aus. Verhaltenstherapeuten haben Programme entworfen, um den Austausch von Wohltaten, gemeinsame Aktivitäten und Arrangements für gemeinsame Pflichten zu fördern (s. Schindler et al. 1998). Dabei wird von der Annahme ausgegangen, daß sich gegenseitige Verstärkung selbst aufrechterhält, aber gegenseitige aversive Kontrolle ebenfalls ("Zwangsprozeß"). Es gilt daher, durch Absprache die aversive Kontrolle zu überwinden und die gegenseitige Verstärkung wieder einzuleiten. Dies erhöht die Attraktivität der Partnerschaft in ihrem Vergleichswert gegenüber Alternativen. Derartige Arrangements können allerdings nicht die Klärung der emotionalen Basis für die Beziehung ersetzen.

7.7 Wachstum in der Beziehung

Viele Paare trauern ihrem anfänglichem Liebesglück nach und jammern: „Warum ist es nicht mehr so wie früher?" Sie übersehen die Tatsache, daß Beziehungen gelungen sind, wenn sie sich verändern, und nicht dann, wenn sie stagnieren. Beziehungen entwickeln sich genauso wie Individuen und beide Veränderungsprozesse überlagern sich. Das bringt über den normalen Famlienzyklus (s. o.) hinaus zusätzliche Krisenherde mit sich. Für die Entwicklung der Paarbeziehung haben Bader und Pearson (1988) das Modell der Mutter-Kind Beziehung vorgeschlagen, wie M. Mahler (1972) es beschrieben hat. Danach folgt auf eine anfängliche Phase starker Symbiose eine Periode, in der ein oder beide Partner bestrebt sind, in mehreren Schritten ihre Autonomie wiederzugewinnen. Erst dann, können sie sich erneut annähern und eine konsolidierte gemeinsame Basis ihrer Beziehung finden, neben der die Autonomie des einzelnen ohne Widerspruch bestehen kann. Viele Paare bleiben in den Phasen der Symbiose oder Differenzierung hängen, und die Beziehung wird glanzlos oder durch Dauerkonflikte beeinträchtigt. Diese Krisenmomente sind sinnvollerweise nicht reparativ, sondern nur evolutionär zu lösen, und der Therapeut kann dem Paar und dem einzelnen dabei helfen, Blockaden zu überwinden und den nächsten Schritt zu tun.

Bei der symbiotischen Stagnation können zwei Formen unterschieden werden: die harmonisierende und die aggressive Verstrickung.

Beispiel einer harmonischen Verstrickung: Herr H., ein liebenswürdiger Fünfziger in seinen besten Jahren, litt unter melancholischen Verstimmungen an den Wochenenden, die mit unerklärlichem Weinen und dem Gefühl von schweren Beinen einhergingen, für die es keinen organischen Befund gab. Herr H. hatte seinen Vater nie gesehen, weil er vor der Geburt seines Sohnes im Krieg gefallen war. Die ersten vier Jahre seines Lebens wurde Herr H. ins Waisenhaus gesteckt, denn seine psychisch labile Mutter war nicht in der Lage, für ihn zu sorgen. Später hatte sie ihn zwar zu sich genommen, aber zwischen den beiden konnte sich kein herzliches Verhältnis entwickeln. Seit mehr als fünfundzwanzig Jahren war Herr H. mit einer sehr liebevollen Frau verheiratet, die ganz in der Fürsorge für ihren Gatten aufging und dabei nach und nach alle weiblich-erotischen durch mütterliche Körperformen ersetzt hatte. Die beiden hatten in den letzten zwanzig Jahren keine intimen Beziehungen mehr gehabt. Sie stritten sich niemals, jeder versuchte es dem anderen, soweit es ging, recht zu machen. Sie hätten sich niemals trennen können, obwohl ihre Ehe nur noch sehr begrenzt funktionierte. Herr H. hatte eine Frau gefunden, die ihm alles das geben konnte, was er als Kind vermißt hatte, und, um das Risiko des Verlassenwerdens – sein größtes Trauma – aus der Welt zu schaffen, wurde jeder Streit aus der Ehe verbannt und alles in Wohlwollen eingehüllt.

Beispiel einer aggressiven Verstrickung: Herr und Frau B. hatten eine stattliche Familie: Zwei Kinder im Schulalter, Frau B. war halbtags als Krankenschwester tätig, er, von eindrucksvoller männlicher Erscheinung, jettete als gehobener Manager einer großen Computerfirma durch die Welt. Der Streit lief typischerweise wie das folgende Beispiel ab: Er sagt, sie möchte doch nicht in Anwesenheit der Kinder rauchen, sie empfindet das als Kritik (was er bestreitet) und schweigt. Er fühlt sich abgelehnt und wird lauter. Sie kriegt Angst und schließt sich in ihr Zimmer ein. Er interpretiert das als Verachtung und tritt die Tür ein, und der Rest ist eine fast automatisch ablaufende Eskalation, an deren Ende sich alle Befürchtungen bewahrheitet haben: er bedroht sie, und sie lehnt ihn ab. Ein Teil der Erklärung für dieses Muster ist die Biographie der Frau. Ihr Vater war Alkoholiker, der die Mutter im Suff mißhandelt hatte, als die Tochter klein war. In ihrem Partner hat sie einen Mann gefunden, der zu cholerischen Reaktionen neigt wie ihr Vater, bei dem sie aber ansonsten guten Grund zur Annahme hat, daß sie von ihm Respekt und Schutz erhält, was sie bei ihrem Vater immer vermißt hatte.

Die Differenzierung kann zur Krise führen, wenn einer oder beide gleichzeitig einen Individuations-Schub erleben, für den die Beziehung hinderlich erscheint. Häufig ist in den sog. westlichen Kulturen die Frau diejenige, die sich nach außen orientiert, um ihre berufliche Karriere wiederaufzunehmen, nachdem die Kinder in der Schule sind. Es können aber auch beide Partner spüren, an die Grenze ihrer Möglichkeiten geraten zu sein, ohne zu wissen, wie sie die Basis ihrer Liebe verbreitern können.

Beispiel einer einseitigen Differenzierungs-Bemühung: Frau S. war sehr jung und wohlbehütet, als ihr Mann, 10 Jahre älter und ein weitgereister Exportkaufmann, sie heiratete. Sie geriet praktisch von einer behüteten Situation in die nächste, in der sie sich ihrem Mann gern unterordnete, der von den meisten Dingen sowieso mehr verstand. Als die Kinder alt genug waren, begann sie, an Abendkursen und Selbsterfahrungskursen teilzunehmen, erlernte schließlich das Schreinerhandwerk und machte einen Möbelladen auf. Im Laufe dieser sich über vier Jahre hinziehenden Entwicklung lernte sie auch Männer kennen, die an ihr ganz andere Seiten bewunderten als ihr eigener Mann. Aufgrund dieser Angebote und ihrer zunehmenden Unabhängigkeit mußte der Ehemann mit Recht fürchten, ins Abseits zu geraten, und die Ehe wäre sicher zerbrochen, wenn sich die beiden nicht in einer Paartherapie bemüht hätten, das Verständnis für den

anderen aufrechtzuerhalten und die Entwicklung der Frau für eine veränderte Basis der Beziehung zu nutzen.

Eine harmonische Verstrickung kann überwunden werden, wenn das Paar lernt, ohne Verlustangst miteinander zu streiten, um das Verhältnis zwischen Identität als Idividuum und Symbiose wieder ins Gleichgewicht zu bringen. Auch Abgrenzungen zur Festigung der Ichgrenzen sind hilfreich. Beide können etwa Listen mit Aktivitäten erstellen, die sie alleine und zusammen machen möchten. Bei der aggressiven Verstrickung können Hilfsstrukturen eingeführt werden, die dem Paar helfen, das Verletzungs-Risiko einzugrenzen (s. Streitgespräche). In der Differenzierungsphase ist ebenfalls die Unterscheidung von gemeinsamen und individuellen Bereichen von Bedeutung – allerdings mehr zur Verhinderung der Auflösung des Paarsystems.
Die folgende Liste enthält einige Interventionen für die unterschiedlichen Entwicklungskrisen der Paarbeziehung. (Revenstorf 1999).

Interventionen für einzelne Phasen der Beziehung

Auflösung harmonischer Verstrickung:
- Exposition gegenseitiger Aggression
- Streitverschreibungen
- Förderung gegenseitiger Abgrenzung
- Rekapitulation symbiotischer Prägung
- Ablösungsrituale von der Primärfamilie

Auflösung feindseliger Verstrickung:
- Umdeutung der Aggression
- Triangulierung des Gesprächs über den Therapeuten
- Unterbrechung des Blickkontakts während des Streits
- Streitregeln und Verletzungsgrenzen
- Verzeihen lernen
- Rationale Umstrukturierung und Humor
- Rekapitulation von Prägungssituationen

Förderung der Konsolidierung:

• Etablierung getrennter und gemeinsamer Aktivitäten
• Förderung gemeinsamer Außenkontakte
• Problemlösetraining
• Trennungsphantasie
• Konstruktive Trennung

Es ist in vielen Fällen hilfreich, die signifikanten Ereignisse in den Biographien der beiden Partner durchzugehen, um herauszufinden, wo Bedürfnis-Komplementaritäten, die auf Entwicklungsdefiziten beruhen, die Attraktion und zugleich den Konflikt mitbestimmen. Dabei lernen beide, ihre Bindungsmuster zu reflektieren und zu unterscheiden, welche Affekte in der Übertragung von alten Beziehungsschemata begründet sind (s. Fallbsp. S.117). Krisen veranlassen dazu, nach einem Verursacher zu forschen und mögliche Ungerechtigkeiten auszuräumen. Das geschieht in der Hoffnung, daß mehr Gerechtigkeit und Klärung der Schuldfrage die Beziehung stabilisieren könnten. Das ist aber ein ähnlicher Irrtum wie der Glaube, durch Verteidigung der eigenen Position in der Liebe einen Streit für sich entscheiden zu können (s. o.). Liebe basiert nicht auf der Gleichverteilung von Leid und Freud unter den beiden, sondern auf der Bereitschaft, mehr zu geben als zu nehmen – oder besser im Geben das Gefühl zu haben, etwas zu erhalten. Liebe stabilisiert sich nicht durch Aufrechnung der Ungleichheiten sondern durch Verzeihen und Vergessen[3]. Wachstum in der Liebe erfordert nicht nur die Akzeptanz der unterschiedlichen Phasen, die die Beziehung durchläuft, sondern auch die Aufrechterhaltung und Vertiefung der Intimität, die auf mehreren Ebenen erlebt werden kann. Die körperliche Intimität steht in der Phase der Verliebtheit im Vordergrund und kann später durch Kultivierung der Sexualität vertieft werden (s. o.). Die emotionale Ebene der Intimität kommt in Erfahrungen zum Ausdruck, die gefühls-

mäßig geteilt werden können, sei es Angst, Freude, Begeisterung über Natur, Freundesbeziehungen, Kunst oder Arbeit. Ideelle Intimität erleben beide, indem sie ihre Werte austauschen und aneinander messen und entwickeln. Dies kann im Austausch über Politik, Kindererziehung, Arbeitsprojekte und ähnliches geschehen. Und spirituelle Intimität wächst durch gemeinsame Visionen über das Verständnis ihrer Biographie und die Sinnhaftigkeit des gemeinsamen Lebensweges, über ein mögliches Seelenleben über den Tod hinaus und über die Bindung der Partner aneinander, unabhängig von materieller Sicherheit und körperlicher Jugend.

9. SCHLUSSBEMERKUNG

Verteidigung seines Besitzes und der Versuch, seine Rechte einzuklagen, sind im alltäglichen Leben mit der anonymen Umwelt die bewährtesten Überlebensstrategien. In der Beziehung führen Einfordern, Aufrechnen, Verteidigen jedoch eher zu Entfremdung als zu Intimität und zerstören die Grundlage der Liebe. Liebe ist die vermutlich einzige Motivation, das Konkurrenzdenken hinter sich zu lassen und ein Zusammenleben zu ermöglichen, das nicht davon diktiert ist, den anderen auszunutzen. Irgendwann werden wir auch in größerer Umwelt von Konkurrenz und Verteidigung Abschied nehmen müssen, weil das, was wir dem anderen nehmen, uns selber schadet, da der andere ein Teil von uns ist. Wenn es uns in der Familie gelingt, diesen grundsätzlich parasitären Lebensstil zu überwinden, dann besteht vielleicht auch Hoffnung für einen besseren Lebensstil gegenüber den Mitmenschen und der Umwelt. Deshalb ist Liebe nicht ein romantisches Relikt aus vergangenen Zeiten, sondern eine Motivation, die fürs Überleben wichtig sein könnte.

---

[3] Ich möchte Herrn PD Dr. A. Retzer, Institut für Systemische Therapie, Heidelberg für die Diskussionen dieses Gesichtspunktes danken.

LITERATUR

Anand, M. (1990). Tantra oder die Kunst der sexuellen Ekstase. München: Goldmann TB 13847.

Arentewicz, G. & Schmidt, G. (1980). Sexuell gestörte Beziehungen. Heidelberg, New York: Springer.

Bach, G. R. & Wyden, P. (1968). The intimate enemy. How to fight fair in love and marriage. New York: Avon.

Bader, E. & Pearson, P. T. (1988). In quest of the mythical mate. New York: Brunner/Mazel.

Bataille, G. (1994). Die Erotik. München: Mathes & Seitz.

Bierhoff, W. & Grau, I. (1997). Dimensionen enger Beziehungen: Entwicklung von globalen Skalen zur Einschätzung von Beziehungseinstellungen. Diagnostica 43; 3, 210-229.

Bowlby, J. (1975). Bindung. Eine Analyse der Mutter-Kind Beziehung. München: Kindler.

Chang, J. (1980). Das Tao der Liebe. Hamburg: Rowohlt

Ellis, A. & Harper, R. (1961). A Guide to Successful Marriage. Hollywood: Wilshire.

Ellis, A. & Harper, R. (1975). A New Guide to Rational Living. Hollywood: Wilshire.

Epstein, N. & Eidelson, R. J. (1981). Unrealistic beliefs of clinical couples. The American Journal of Family Therapy 9, 13-22.

Fowkes, Ch. (1995). Kamasutra. Niedernhausen: Bassermann

Gottman, J. M. (1993). A Theory of Marital Dissolution and Stability. Journal of Family Psychology 7, 57-75.

Kaplan-Singer, H. (1979). Sexualtherapie. Ein neuer Weg für die Praxis. Stuttgart: Enke.

Kerckhoff, A. C. & Davis, K. (1962). Value consensus and need complementary in mate selection. American Sociological Review 27, 295-303.

Lee, J. H. (1976). The colours of love. Englewood Cliffs. New York: Prentice-Hall.

Lee, J. A. (1988). Love-Styles. In: Sternberg, R. J. & Barnes, M. L. (HG.). The psychology of love. New Haven: Yale University.

Madanes, C. (1982). Strategic family therapy. London. Jossey-Bass Publishers.

Mahler, M. S. (1972). Symbiose und Individuation Bd. I: Psychosen im frühen Kindesalter. Stuttgart: Klett.

Masters, W. H. & Johnson, V. E. (1970). Die sexuelle Reaktion. Wissenschaftl. Bearb. V. Sigusch, Reinbek: Rowohlt.

Mead, M. (1992). Mann und Weib. Frankfurt/M. Ullstein Sachbuch 24835.

Maturana, H. R. & Varela, F. J. (1987). Der Baum der Erkenntnis. Bern München Wien: Scherz-Verlag.

Moeller, M. L. (1988). Die Wahrheit beginnt zu zweit. Reinbek: Rowohlt.

Moeller, M. L. (1996). Liebe ist ein Kind der Freiheit. Reinbek: Rowohlt.

Pierrakos, J. C. (1990). Core energetics. Developing the Capacity to Love and Heal. Mendocino: Life Rhythm.

Reich, W. (1933). Charakteranalyse. Wien: Internationaler Psychoanalytischer Verlag.

Revenstorf, D. (1996a). Psychotherapeutische Methoden. Bd. 2: Verhaltenstherapie. Stuttgart: Kohlhammer.

Revenstorf, D. (1996b). Hypnose und Kognitive Verhaltenstherapie. Hypnose und Kognition.13, 23-51.

Revenstorf, D. (1999). Wenn Lust zur Unlust wird.

Schindler, L. Hahlweg, K.; & Revenstorf, D. (1981). Partnerschaftsprobleme: Möglichkeiten zur Bewältigung. Heidelberg: Springer.

Schindler, L.; Hahlweg, K.; & Revenstorf, D. (1998). Partnerschaftsprobleme: Möglichkeiten zur Bewältigung II. Heidelberg: Springer.

Sternberg, R. J. & Barnes, M. L. (Hrsg.) (1988). The Psychology of Love. London: Yale University Press.

Swenson, C. H. (1972). The behavior of love. In: H. O. Otto (ed.), Love today: A new exploration. New York: Association. 35-56.

Willi, J. (1975). Die Zweierbeziehung. Reinbek: Rowohlt.

Willi, J. (1993). Was hält Paare zusammen? Reinbek: Rowohlt Sachbuch 9394.

Zilbergeld, B. (1986). Männliche Sexualität. Tübingen: DGVT.

SERGE K. D. SULZ
STRATEGISCHE PAAR-ENTWICKLUNG

1. EINLEITUNG UND PAARDIAGNOSTIK

Paare entstehen, Paare vergehen

Wie kommt es zu Partnerschaften störenden und nicht selten zerstörenden Polarisierungen?
Die Polarisierung dient dem Erhalt des Paarsystems und geht auf Kosten der beiden Individuen. Sie dient aber zugleich auch dem Erhalt des Individuums und geht auf Kosten des Paarsystems. Sie ist das Ergebnis einer entgleisten Homöostase (Sulz 1994, 1999a). Homöostase ist das Fließgleichgewicht, das lebende Organismen durch kybernetische Regelungen herstellen und das die Voraussetzung des Überlebens des Organismus ist. In einem gesunden Organismus werden die Sollwerte, die die Gesunderhaltung und die Funktionsfähigkeit der Teilorgane oder Teilsysteme dieses Organismus überwachen, mitberücksichtigt. Der Organismus bleibt nur gesund, wenn seine Organe gesund bleiben. Die Organe bleiben nur gesund, solange der Organismus sich gesund erhalten kann. Der Organismus erhält sich durch seine Organe gesund. Die einzelnen Fließgleichgewichte müssen ständig aufeinander abgestimmt werden. Gelingt dies nicht, dann kommt es zu einem Konkurrieren der einzelnen Teilsysteme untereinander und zu einer Konkurrenz zwischen den Teilsystemen und dem gesamten System. Der Überlebenskampf des einen gefährdet das Überleben des anderen. Statt zu einem Ausgleich der Sollwerte kommt es zu einer Polarisierung, die eine Eskalation und Entgleisung der Homöostase mit sich bringt.

Diese komplexen Zusammenhänge können dem Ehepaar folgendermaßen dargelegt werden:
Versuchen wir zunächst unsere Psyche zu verstehen. Sie ist es schließlich, die das alles einfädelt und sich verliebt.
Wir können eine bewußte willkürliche und eine autonome, meist nicht-bewußte Psyche unterscheiden. Unsere willkürliche Psyche ist unser bewußtes Empfinden, Wahrnehmen, Fühlen, Denken und Handeln. Sie ist gesteuert durch die autonome Psyche. Diese geht mit unserem bewußten psychischen Apparat um wie ein Puppenspieler mit seiner Marionette.
Was wir mit unserem Intellekt erkennen, wozu wir uns entscheiden, wie wir handeln, welche Wirkung unser Handeln hat, dient unserer Homöostase.
Das ist das steuernde System des Menschen. Wir kennen die körperliche Homöostase. Sie sorgt dafür, daß die Atmung, die Blutversorgung, die Nahrungsverarbeitung, der Wärmehaushalt, die laufende Erneuerung von Körperzellen etc. einen Sollwert durch ein Fließgleichgewicht einhält. Die psychische Homöostase regelt unsere psychischen Funktionen:

- die Befriedigung unserer Bedürfnisse
- die Vermeidung von Bedrohungen
- das Bewahren unserer Beziehungen
- die Wahl eines Geschlechtspartners
- unser individuelles und kollektives Überleben

Damit unsere willkürliche Psyche sie dabei nicht stört, gibt uns die autonome Psyche nur so viele und nur diejenigen Informationen preis, die ihr helfen, uns zu steuern. Denn: Haben Sie schon einmal eine widerspenstige Marionette gesehen?

Beispiel Partnerwahl: Wenn es unserer autonomen Psyche darum geht, ein sehr spezifisches Exemplar des anderen Geschlechts zu angeln, das sich z.B. später als impulsiv, gewaltsam und alkoholabhängig herausstellen muß, so dürfen wir, um uns verlieben zu können, nichts von diesen Begabungen ahnen.

Statt dessen - Verlieben ist verrückt - geraten wir in einen quasi psychotischen Zustand der Wahrnehmungsverzerrung, der wahnhaften Überzeugung, daß genau dieser Mensch uns das Glück bescheren wird, das wir in unserem bisherigen Leben entbehrten. Ganz so schlimm ist es bei den meisten nicht, aber lebenslanges Glück findet niemand.

Das ist Homöostase? Wo will unsere autonome Psyche also hin? Wie will sie dies erreichen? Weshalb muß ich ins Unglück rennen? Sie kennen den Witz vom betrunkenen Radfahrer, der den Schlüssel zu seinem Fahrradschloß vergeblich unter einer Laterne sucht. Er antwortet auf die Frage, was er denn da suche, er suche seinen Schlüssel. Da er aber hier nicht ist, wo er ihn denn sonst verloren haben könnte? „Ja, den Schlüssel habe ich dort hinten unter dem Baum verloren, aber dort ist es zu dunkel. Deshalb suche ich lieber hier unter der Laterne."

Unsere autonome Psyche sucht klugerweise - sofern wir eine unglückliche oder unbefriedigende Kindheit hatten - unter dem Baum, dort wo wir das Glück verloren haben: bei möglichst genau dieser Art von Mensch, der mich in meiner Kindheit unbefriedigt ließ oder unglücklich machte! Am Ort des größten Unglücks liegt der Schlüssel zum Paradies. Denn als Kind gab es einen Elternteil, von

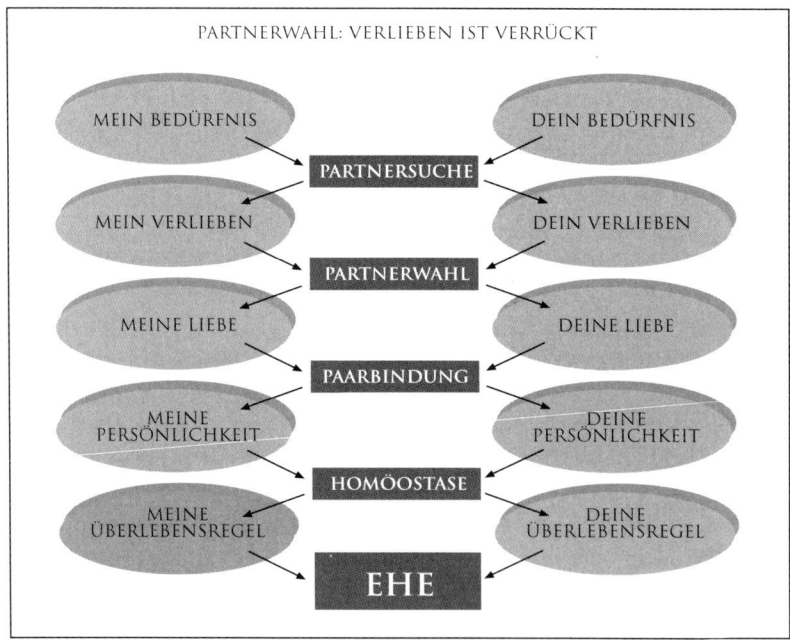

Abbildung 1: Partnerwahl. Verlieben ist verrückt

dem wir Bedürfnisbefriedigung dringend gebraucht hätten. Von ihm, dem Frustrierenden muß diese Befriedigung kommen, nicht vom anderen Elternteil, der immer gab, was ich wollte. Paradies ist, von dem, der es mir nie gab, genau das zu erhalten, was ich nie bekam! Partnersuche ist die Suche nach genau dem Baum meiner Kindheit. Sie ist nicht die Suche nach dem Schlüssel. Und sie ist nicht die Suche nach dem Glück. D.h. nur indirekt: Baum - Schlüssel - Glück. Und so wenig wie in der Kindheit finden wir heute unter dieser Art von Baum das Glück. Es sei denn, wir hätten es schon in der Kindheit gefunden. Welchem Elternteil ist Ihr Partner ähnlicher - Vater oder Mutter? Nicht das Aussehen, einfach ihre/seine Eigenschaften, ihre/sein Verhalten, nicht in jeder Hinsicht, einfach im Umgang mit Menschen und mit Ihnen. Inwiefern ist Ihr Partner unbefriedigend? Fragen Sie Ihr Gefühl, was das Unbefriedigende an Ihrem Partner ist. Kennen Sie dieses Unbefriedigende von einem Ihrer Eltern? Von welchem? Also hat Ihre autonome Psyche sich das Unglück der Kindheit geholt! Sie sind unter dem Baum angekommen, unter dem Sie den Schlüssel zum Paradies der Kindheit verloren haben. Meinen Glückwunsch! Der erste Schritt ist erfolgreich getan. Wenn Sie eine befriedigende Partnerschaft auch noch nach 5 bis 10 Jahren haben und wenn Ihr Partner dies auch hat (woher wollen Sie dies wissen?). Wenn Sie das Unglück Ihrer Partnerschaft in eine gegenseitige Zufriedenheit transformieren können, hat ihre autonome Psyche erreicht, was sie eigentlich wollte. Wenn Sie noch nicht soweit sind, steht Ihnen noch der zweite Schritt bevor. Am Ort des Unglücks der Kindheit und des Unglücks Ihrer Partnerschaft liegt noch der Schlüssel zum Paradies. Doch Sie können ihn nicht sehen und nicht greifen. Dies gilt es zu lernen. Doch Sie sind schon am richtigen Ort.

Das ist die Strategie der autonomen Psyche. Ziel der Homöostase ist die Befriedigung eines zentralen Bedürfnisses, das Wiederherstellen eines befriedigenden Zustandes - eines Sollwertes. Und zwar nicht irgend einer Befriedigung, sondern genau derjenigen, die in der Kindheit unbefriedigt geblieben ist. Und von der die autonome Psyche meint, sie zum emotionalen Überleben zu brauchen. Es übersteigt die Intelligenz unserer willkürlichen Psyche weitaus, die Vorgänge zu erkennen, die beim Verlieben geschehen. Wir können nur aus vielen Biographien erschließen, daß obige Abläufe stattfinden. Auch wenn der Vorgang viel zu oft ins Unglück führt, so ist es doch ein Beispiel der großartigen Fähigkeiten, die im Menschen vorhanden sind. Nicht der Prozeß des Verliebens ist verrückt, sondern unsere Kindheit war verrückt. Das Verlieben weist uns den richtigen Weg. Nur leider ist der Ort, an dem wir ankommen, ebensowenig das Paradies, wie es unsere Kindheit war. Doch können wir nur glücklich werden mit dem guten Teil der Kindheit. Um dieses Glück erfahren zu können, müssen ich und mein Partner - jeder für sich - die Fähigkeit erwerben, sich von dem Teil im anderen, der sein Unglück ausmacht, zu lösen. Ihn nicht mehr zwingen zu wollen, sich zu ändern, sondern ihn einfach so sein zu lassen, wie er ist. Und sich mit dem Rest zufrieden geben, der anderen Hälfte, die vielleicht ausreichend Glück und Zufriedenheit bieten kann. Die in der Paarbeziehung entstehende Liebe schafft die besten Voraussetzungen dafür, daß eine feste Bindung mit dem Menschen zustande kommt, den die autonome Psyche ausgewählt hat. Wir leben diese Partnerschaft entsprechend unserer Persönlichkeit, die sich ebenfalls aus unseren Kindheitserfahrungen heraus gebildet hat. Wir bauen die Bindung auf die Weise auf, wie es unsere Persönlichkeit kann. Das Gute, das sich dank unseres Verliebtseins und unserer Liebe eingestellt hat, und die Art und Weise, wie wir mit unseren persönlichen Eigenschaften diese Beziehung pflegen, ebenso wie die positiven Reaktionen unseres Partners zeigen unserer Psyche, daß wir auf dem rechten Weg sind. Unsere Homöostase ist erfüllt (Sulz 1999).

Doch zu unserem Leidwesen hat uns unsere Kindheit mitgegeben, uns auch den unglücklichen Anteil unserer Kindheit ins Haus zu holen. Beide Partner schaffen sich je ihr vertrautes Unglück der Kindheit. So weit-so gut. Wenn der dritte Schritt möglich wäre, so wäre auch dies ein gutes Zwischenergebnis. Doch leider reichen unsere Fähigkeiten nur genau bis zu der Stelle. Und hier bleiben wir stecken, jahrelang. Es kommt zur Polarisierung und zum Ehekrieg, weil wir diesen dritten Schritt nicht beherrschen. Wir können die Chance nicht nutzen, diesen entscheidenden Schritt in unserem Leben weiterzugehen. Könnten wir es, so wären wir auf einer höheren Stufe der Beziehungsgestaltung angekommen und hätten auch unser Selbst weiterentwickelt. Doch dieser Schritt ver-

langt den Verzicht auf das ganz Gute im anderen, auf das ganze Glück, auf das Paradies unserer Kindheit. Und wie der langjährige Ehekrieg zeigt, sind wir zu diesem Verzicht nicht bereit. Der andere frustriert unser zentrales Bedürfnis in der Beziehung. Es entsteht eine große Wut in uns. Diese macht uns angst. Statt uns heftig zu wehren, reagieren wir entsprechend unserer Persönlichkeit, z.B. selbstunsicher konfliktmeidend, dependent unterwürfig, zwanghaft rigide, passiv-aggressiv, überemotional, beziehungsmeidend oder z.B. nachtragend gekränkt. Wir können uns einfach nicht anders verhalten, können den Partner nicht anders sehen. Unsichtbare Schranken halten uns davon ab, Frieden zu schließen. Wir werden durch unsere Überlebensregel gesteuert, durch eine Regel, die durch unausgesprochene Gebote und Verbote unser emotionales Überleben sichert (Sulz 1994). Es handelt sich um ein Überleben in der Beziehung. Und der Ehekrieg scheint die einzige Überlebensform zu sein. Unsere Überlebensregel

Abbildung 2: Ehekrieg. Der Kampf ums Überlebensgleichgewicht

sagt uns, nur wenn unser Partner unser zentrales Bedürfnis zumindest eines Tages befriedigt, können wir überleben. Da er es immer seltener und weniger freiwillig tut, müssen wir es von ihm erkämpfen. Und natürlich geben wir ihm mitten im Ehekrieg auch nicht, was er zu seinem emotionalen Überleben braucht. Denn wir können seine gute Seite, für die wir ihn geliebt haben, kaum noch wahrnehmen. Wir sehen nur noch seine frustrierende Seite, wenden uns nur noch an diese und wollen von ihr genau das haben, was sie nicht geben kann. Weil wir nicht verzichten, erhalten wir nicht, was wir brauchen. Weil wir den Partner zwingen wollen, sich zu ändern, kann er sich nicht ändern.

Deshalb ist es die Aufgabe der Paartherapie, diesen Verzicht zu ermöglichen und zu einer Akzeptanz des Partners mit seiner guten und seiner nicht guten Seite hinzuführen (Jacobson und Christensen 1996). Die frustrane Anstrengung, den anderen zu ändern, wird abgelöst durch eine Änderung der eigenen Verhaltensweisen und des eigenen Selbst. Und genau dies bedeutet persönliches Wachstum.

Paardiagnostik

Zur Diagnose des Istzustandes der Partnerschaft und zur Messung der therapeutischen Veränderungen benötigen wir

1. aus dem Partnerschaftsdiagnostikum von Hahlweg et al. (1996):
   PFB Partnerschaftsfragebogen
   PL Problemliste
2. den im Anhang abgedruckten Explorationsbogen „Ehekrieg". Er befaßt sich mit folgenden Fragen:
* Was ist für jeden von Ihnen unerträglich geworden?
* Welche Situationen dürfen einfach nicht mehr vorkommen?
* Welche Verhaltensweisen des anderen sind nicht mehr auszuhalten?
* Welche eigenen Verhaltensweisen stören Sie am meisten?
* Welche konkreten Auswirkungen hatten diese Situationen auf Sie?
* In welchen Zustand haben sie Sie versetzt (Gefühle)?
* Was haben Sie bisher getan, um die Beziehung zu reparieren?
* Was haben Sie getan, um das alles aushalten zu können?
* Was haben Sie nicht getan, obwohl es nötig gewesen wäre?
* Wie wünschen Sie sich Ihre Partnerschaft?
* Was müßte dazu alles anders werden?
* Was müßte Ihr Partner Konstruktives tun?
* Was müßten Sie Konstruktives tun?
* Was sind Sie bereit zu tun?
* Wieviel Zeit pro Tag werden Sie investieren?
* Welcher Änderungsbeitrag von Ihnen würde gleich zu Beginn eine Entlastung bringen?
* Können Sie dieses Einstiegsverhalten zwei Wochen lang ausprobieren?
* Legen Sie sich verbindlich fest auf dieses Verhalten?

Ja? Dann können Sie jetzt mit der Entwicklung Ihrer Partnerschaft beginnen! Viel Erfolg!

Manche Therapeuten gehen davon aus, daß Paartherapien weniger Eingangsdiagnostik erfordern als Einzeltherapien. Das Gegenteil ist der Fall. Es muß dreierlei Diagnostik ablaufen: die vollständige Diagnostik beider Personen wie bei einer Einzeltherapie und die Diagnostik der Paarbeziehung.

Deshalb ist es durchaus sinnvoll, jeden der beiden Partner allein zu mindestens einer Doppelstunde Individualdiagnostik einzubestellen und eine weitere Stunde für die Paardiagnostik zu verwenden. Zu unterscheiden ist, ob z.B. die Biographie zum therapeutischen Thema werden soll oder ob sie notwendiges Wissen für den Therapeuten bringt. Letzteres ist notwendig, um das Paar in seiner Dynamik zu verstehen. Der Therapeut hat die Wahl zwischen zwei Fehlern: Zu viel Individualdiagnostik zu machen, die nicht notwendig gewesen wäre, weil eine einfache systemische Intervention eine stabile Veränderung der Paarbeziehung bewirkt. Dann wurde Zeit verloren, sonst nichts. Der zweite Fehler besteht darin, die Störung als zu einfach einzuschätzen, mit der falschen Intervention Schiffbruch zu erleiden und noch mal von vorne anfangen zu müssen. Hier wird nicht nur Zeit verloren. Im Rahmen der Strategischen Paarentwicklung hat es sich bewährt, zu Beginn der Therapie folgende individuellen Diagnostiken zu erheben:

aus dem Verhaltensdiagnostiksystem
(Sulz 1992, 1997)
    VDS1 Fragebogen zur Lebensgeschichte,
aus den Therapieplanungsmaterialien
(Sulz 1999)
    VDS27 zentrale Bedürfnisse
    VDS28 zentrale Ängste
    VDS29 zentrale Wutformen
    VDS30 Persönlichkeitsskalen
    VDS31 Entwicklungsskalen.

Weitere Diagnostiken aus der Therapieplanungsmappe des Verhaltensdiagnostiksystems (Sulz 1999) wie Emotionen, Werte, Normen oder Ressourcen können fallweise hilfreich sein.

1. PAARSITZUNG: VEREINBARUNGEN

Viele Paartherapien bleiben ohne die gewünschten Veränderungen, obgleich z.B. zwanzig Therapiesitzungen regelmäßig besucht wurden. Viele Paartherapien werden abgebrochen, weil das Ausmaß der Änderungsarbeit pro Tag unterschätzt

wurde und die Eheleute sich nicht für ein halbes Jahr aus ihren Lebensgewohnheiten ausklinken wollten. Für Therapeuten ist eine Paartherapie ein so großer Aufwand, daß sie diese Therapieergebnisse vermeiden wollen: Lieber fang' ich als Therapeut eine Paartherapie gar nicht an.

Es ist deshalb zuerst eine ausführliche Aufklärung über den erforderlichen Zeit- und Arbeitsaufwand und die Art der therapeutischen Tätigkeit notwendig. Ohne sie merkt das Paar zu spät, daß es sich auf etwas eingelassen hat, das es gar nicht oder nicht so wollte.

Es entsteht ein wachsender Widerstand von einem oder beiden Partnern.

Wer meint, mit einem Zeitaufwand von 14 Stunden pro Woche würde mit Kanonen auf Spatzen geschossen, dem sei entgegnet, daß eine Stunde/ Woche ein Tropfen auf den heißen Stein ist. Genau hier liegt der Unterschied zwischen Paartherapie und Paarberatung. Es kann durchaus sinnvoll sein, es bei fünf diagnostischen Sitzungen zu belassen, die die Funktion einer Paarberatung haben. Danach einen klaren Schlußstrich zu ziehen und dem Paar mitzuteilen, daß zwar Diagnostik und Beratung stattgefunden haben, daß aber mit einer Paartherapie nicht begonnen wurde, bedarf von seiten des Therapeuten eines eindeutigen Standpunktes, der seinem eigenen Schutz dient. Es gehört zu den inhärenten Eigenschaften eines Paarsystems, daß es, so wie es ist, bleiben will. Unangenehme Symptome sollen verschwinden, aber die Grundpositionen sollen stabil bleiben. Man könnte sagen, der Ehekrieg ist die letzte verfügbare Notmaßnahme gewesen, um das Paarsystem vor Veränderung zu schützen.

Hierin besteht also die Koalition der Ehepartner: Wir kämpfen um den Erhalt unseres Paarsystems, auch wenn wir dazu gegeneinander kämpfen müssen. Dabei ist es wichtiger, daß die Parterschaft s o bleibt, als daß sie überhaupt bleibt. Veränderung des Paarsystems ist schlimmer als sein Un-

tergang: „Lieber geht die Partnerschaft zugrunde, als daß sie anders wird, als ich sie brauche!"
Da die Interventionen des Paartherapeuten auf Veränderung des Paarsystems abzielen, besteht eine uneingestandene Einigkeit des Paares darin, diese Interventionen unwirksam zu machen. Sein Ziel ist es, den freundlichen „Störenfried" daran zu hindern, ihr Paarsystem zu stören. Und das Paar „weiß", wieviel es höchstens bei der Therapie mitmachen darf, damit keine Veränderung geschieht.

Das Paar ist klug genug, um die neue Aufgabe zu meistern, gleichzeitig für das Paarsystem und für das neu geschaffene „Therapiesystem" (bestehend aus Paar und Paartherapeut) zu sorgen - auf seine eingespielte Weise und unter Beibehaltung seines bisherigen impliziten Ziels: grundlegende Veränderungen der Partnerschaft zu verhindern.

Bereits beim Einfädeln der Therapie kann der Therapeut so viel Terrain verlieren, daß er es nie wieder zurückgewinnen kann. Er spielt ein Spiel mit, dessen Spielregeln er nicht kennt und dessen Ziel ihm nicht bekannt ist. Das Paar läßt ihn durch seine partielle Kooperationsbereitschaft im Glauben, es sei sein Spiel, und es läßt ihn Spielregeln aufstellen, die es partiell einhält, die aber dazu führen, daß die Therapie nicht am Ziel des Therapeuten, sondern am Ziel des Paares ankommt: Das Paar bleibt so, wie es war. Sie bauen sein Spiel in ihr Spiel ein. Das Therapiesystem wird Teilsystem des Paarsystems. Und schließlich dient die Therapie ebenso wie der bisherige Paarkrieg der Stabilisierung des Paarsystems.

Zu Beginn der Therapie wird also entschieden, ob das Therapiesystem es schaffen wird, einen neuen Rahmen für das Paarsystem zu setzen oder ob es sich instrumentalisieren läßt für die alte Überlebenshomöostase des Paares. Das Therapiesetting und der Therapievertrag dienen dieser Weichenstellung.

THERAPIESETTING

Dauer einer Sitzung

Für eine Paarsitzung werden 90 bis 100 Minuten benötigt, also eine Doppelstunde. Da zwei Menschen zu berichten, zu antworten, Stellung zu nehmen haben, vergeht eben die doppelte Zeit.

Frequenz der Sitzungen

Je unzuverlässiger das Paar die Therapiearbeit zwischen den Sitzungen macht, sei es, weil es die Aufgaben nicht verstanden hat, keine Einigkeit erzielen konnte, wie sie durchzuführen sind, oder in Eintracht Widerstand leistet, um so dichter müssen die Paarsitzungen aufeinander folgen. Die ersten vier Paarsitzungen sollten bei allen Paaren in wöchentlichem Abstand stattfinden. Danach kann auf 14tägige Termine übergegangen werden. Wenn das Paar die Therapiearbeit völlig selbständig in die Hand genommen hat, genügt ein monatlicher Abstand (meist letztes Therapieviertel).

Bezahlung

Je nach individuellem Honorarsatz des Therapeuten bezahlt das Paar bei Abschluß des Therapievertrages 3000.- DM bis 4000.- DM für die ersten 10 Therapiesitzungen. Dies entspricht einem Stundensatz von 150.- bis 200.-, wobei die umfangreichen Vorbereitungs- und Nachbereitungsarbeiten des Therapeuten unbezahlt bleiben. Findet die Paartherapie in angemessener Relation zur Einzeltherapie bei krankheitswertigen psychischen und psychosomatischen Beschwerden statt, so kann sie als „Einbeziehung der Bezugsperson" direkt mit der Krankenkasse abgerechnet werden. Dies setzt voraus, daß die Paartherapie einer von mehreren Bestandteilen der Gesamtstrategie der Einzelbehandlung ist.

Absagen der Therapiesitzungen, Ausfallhonorar

Da der Therapeut eine Doppelstunde nicht mehr belegen kann, ist generell bei Absagen ein Ausfallhonorar von 300.- DM zu zahlen, auch wenn eine Kassenbehandlung vorliegt. Dabei sollte der Grund der Absage keine Rolle spielen. Auch hier gewinnt das Paar schnell eine Eintracht. Zu groß ist die Versuchung, der unbequemen Therapiearbeit aus dem Weg zu gehen. Und ohne es selbst zu bemerken, findet es genial begründete Anlässe, um die nächste Stunde abzusagen incl. der Erkrankung eines Ehepartners. Nur ein Finanzbetrag, der schmerzlich genug ist, bewahrt das Paar vor dieser Vermeidung. Die humanitäre, empathische Grundhaltung des Therapeuten, verbunden mit seiner Selbstunsicherheit, die es ihm schwermacht, Forderungen zu stellen und Grenzen zu setzen, wirkt auch hier kontratherapeutisch.

Aufbau der Therapiesitzungen

Die Therapiesitzung hat drei Abschnitte:
• Hausaufgaben-Nachbesprechung
• Das neue Thema
• Instruktion für die neuen Hausaufgaben
• Rückblick auf die Sitzung

a) Hausaufgaben-Nachbesprechung

Die Zeit ist kostbar, die Therapiesitzung ist schneller zu Ende als bei Einzeltherapie. Nette Erzählungen, die helfen, das Herz auszuschütten oder den Therapeuten an seinem Leben teilhaben zu lassen, gehören nicht in die Paartherapie. Die erste Frage ist deshalb nicht „Wie ging es Ihnen?", sondern *„Was haben Sie gemacht? Berichten Sie bitte über Ihre zwischenzeitliche Paararbeit. Bevor Sie mit Ihrem Bericht anfangen, würde ich gerne von Ihnen hören, wie Sie die Aufgabenstellung und deren Ziele in Erinnerung haben, d.h., was Sie alles wozu machen wollten. Und anschließend, wie es Ihnen dabei gegangen ist."*

Nicht oder nicht richtig gemachte Hausaufgaben/Therapiearbeiten erfordern eine detaillierte Verhaltensanalyse. Ein freundliches Darüberweggehen ist eine Verstärkung für das Nichtstun und damit ein grober Fehler des Therapeuten. Je weniger gemacht wurde, um so ausführlicher die Verhaltensanalyse. Auch wenn oder gerade weil dieses Nachfragen und Bohren recht unangenehm sind, ist sie ein wichtiger Therapiebestandteil. Außerdem kann bei ausgebliebenen Hausaufgaben nicht zum nächsten Thema übergegangen werden. Das Thema der letzten Stunde ist erst abgeschlossen, wenn es in die Praxis des Ehelebens umgesetzt wurde. Es wäre ein absoluter Therapiefehler, ginge der Therapeut trotz nicht gemachter Hausaufgaben zu dem neuen Thema über, auf das er sich vorbereitet hatte. Jedes neue Thema baut auf dem alten auf. Die Zeit, die nach der Verhaltensanalyse übrigbleibt, wird deshalb zur Wiederholung des alten Themas verwendet. Es ist eine unumstößliche Tatsache, daß abseits jeglicher noch so einleuchtender Gründe für das Nichtmachen der Hausaufgaben der Stellenwert der Therapie vom ersten Rangplatz auf den zweiten oder dritten (eventuell nach dem Beruf oder nach den Kindern) abgesunken ist - entgegen dem Therapievertrag. Vor allen inhaltlichen Themen ist es die wichtigste Aufgabe des Therapeuten, dafür zu sorgen, daß die Paartherapie ein halbes Jahr lang das wichtigste Projekt im Leben des Paares bleibt. Wenn er diese Aufgabe aus dem Auge verliert, ist dies, wie wenn er das Ehepaar mit einem lecken Tank auf eine Autofahrt mitnimmt, auf der es keine Tankstellen und keine Pannenhilfe gibt. Normalerweise dauert die Hausaufgaben-Nachbesprechung 20 Minuten.

b) Das neue Thema

Eine der Hausaufgaben bis zur Sitzung war es, das neue Thema vorzubereiten, zu lesen und Arbeitsblätter auszufüllen. Wir beginnen mit der Frage

„Können Sie mir bitte sagen, wie Sie das neue Thema verstanden haben. Worum geht es Ihres Erachtens dabei?"

Aus den folgenden Schilderungen hört der Therapeut Widerstände und falsche Erwartungshaltungen heraus und kann diese gleich zu Beginn ansprechen. Nach diesen Vorklärungen erläutert der Therapeut das neue Thema und führt mit dem Paar die zugehörigen Übungen und Dialoge durch. Im Normalfall stehen hierfür 45 Minuten zur Verfügung. Möglichst alle Therapiearbeiten, die später als Hausaufgabe gegeben werden, sollten bereits in der Sitzung einmal geprobt worden sein. Dadurch verringert sich der Widerstand vor Neuem, und der Therapeut kann sicher sein, daß durch die praktische Vermittlung die Art des Vorgehens besser verstanden wurde und Mißverständnisse rechtzeitig beseitigt werden konnten.

c) Instruktionen für die neuen Hausaufgaben

Die nächsten 20 Minuten dienen der Unterweisung bezüglich der neuen Hausaufgaben. Das *„Was wird gemacht? Wie wird es gemacht? Wo wird es gemacht? Wann wird es gemacht? Wie lange wird es gemacht? Wie oft wird es gemacht?"* wird diskutiert und unbedingt schon in dieser Sitzung festgelegt, nachdem das *„Wozu wird es gemacht?"* akzeptiert wurde. Erst wenn der Therapeut ein sicheres Gefühl hat, daß eine kontinuierliche Therapiearbeit bis zur nächsten Sitzung gewährleistet ist, beschließt er diesen Teil der Sitzung. Ohne diesen Teil ist die Therapie keine Therapie, sondern eine Beratung. Nur wenn der Therapeut gewissenhaft dafür sorgt, daß die Instruktion zu den neuen Hausaufgaben zum verbindlichen Auftrag wird, hat er seine therapeutische Aufgabe erfüllt. Die Präzision und Klarheit dieses Teils bestimmen, wie gut das Paar das Eigentliche der Therapie bewerkstelligen will und kann: die Therapiearbeit zwischen den Sitzungen.

d) Rückblick auf die Sitzung

In den letzten fünf bis zehn Minuten sagen die beiden Partner, was aus ihrer Perspektive wie in dieser Sitzung geschah. Negative Gefühle, die jetzt geäußert werden, dürfen so stehenbleiben und müssen nicht vom Therapeuten unter Überziehung der Therapiezeit weggeredet oder etwas wieder gutgemacht werden. Aber in der nächsten Sitzung werden diese Gefühle noch einmal angesprochen.

Therapiearbeit zwischen den Sitzungen/ Hausaufgaben

Gute Therapiesitzungen machen zwar Therapeut und Paar kurzfristig zufrieden, aber langfristig zählt nur, in welchem Ausmaß die Beziehungsgestaltung über die Therapiesitzungen hinaus eine grundlegende und dauerhafte Veränderung erfuhr. Gute Sitzungen können dazu verhelfen. Sicher ist sie jedoch nur, wenn das Paar zwischen den Sitzungen Änderungen durchführt und deren Ergebnis dann in der nächsten Sitzung besprochen wird. Wir vermitteln dem Paar, daß die Arbeit des Therapeuten in der Therapiesitzung (zusätzlich zu deren Vor- und Nachbereitung) erfolgt und daß die Arbeit des Paares zwischen den Sitzungen stattfindet. Und daß die Arbeit des Therapeuten auf dem Fundament der Therapiearbeit des Paares zwischen den Sitzungen aufbaut. Ohne dieses Fundament kann die nächste Sitzung nicht stattfinden. Führt das Paar die vereinbarte Therapiearbeit nicht durch, so wird dies als Vertragsverletzung betrachtet. Ihr muß eine ernsthafte Analyse der Bedingungen dieser Bedrohung der Therapie gewidmet werden. Die Therapie kann erst fortgesetzt werden, wenn diese Störung behoben und ihr künftiges Auftreten weitgehend vermieden wird. Der Therapeut verpflichtet sich im Therapievertrag, dem Paar tatkräftig bei dieser Störungsanalyse behilflich zu sein und mit ihm Vereinbarungen zu treffen, die für die Zukunft solche Störungen ausschließen. Er erklärt, daß er sich seinerseits verpflichtet, der Verhaltensanalyse des Nicht-Hausaufgaben-Machens stets eine ganze Doppelstunde einzuräumen und auf keinen Fall in derselben Therapiesitzung mit dem nächsten Thema weiterzumachen.

Zeitaufwand für die Therapiearbeit/Hausaufgaben

Der Therapeut erwartet, daß die gesamte Freizeit für die Dauer von sechs Monaten der Therapiearbeit gewidmet wird. Alles andere wird für diese Zeit ausgesetzt. Diese Verpflichtung ist zunächst ohne Abstriche von beiden Partnern einzugehen. Nur in dieser Radikalität können alle äußeren Vermeidungen erfaßt werden, die der Systemstabilisierung dienen. Vieles wird trotzdem in diesem halben Jahr stattfinden können, wenn z.B. ein Abend für sich allein vorgesehen ist und auch gesellige Treffen des Paares mit Freunden und Betreiben einer Sportart. Allerdings darf es nicht sein, daß diese Unternehmungen als vorrangige Termine die Paararbeit boykottieren helfen. Sie müssen aus der Paararbeit heraus neu entwickelt werden als Bestandteil der Paararbeit mit einem Stellenwert, der im Zweifelsfall anderen aktuellen Therapiearbeiten nachzuordnen ist.

Inhalte der Therapiearbeit/Hausaufgaben

Der Erwerb von psychologischem Wissen ist ein erster wichtiger Bestandteil. Dies erfolgt entsprechen den Empfehlungen je Therapiesitzung durch die **Lektüre des Buches** „Als Sisyphus seinen Stein losließ. Oder: Verlieben ist verrückt"(Sulz 1999a). Das **Durcharbeiten des „Praxismanuals** zur Strategischen Kurzzeittherapie" (Sulz 1995) erfolgt ebenfalls nach Angaben je Therapiesitzung im Selbsterfahrungsmodus mit dem Ziel, die eigene Person kennen und akzeptieren zu lernen und diese Kenntnis dem Partner in den Paargesprächen mitzuteilen. Dieser erhält

dadurch Gelegenheit, sein Gegenüber kennen und akzeptieren zu lernen.

Die **tägliche Protokollführung** über die erledigte Therapiearbeit ist ebenso durchgängig fester Bestandteil. Sie hilft dabei, sich und dem Therapeuten transparent zu machen, ob und wie die Therapiearbeit durchgeführt wurde.

Schon ab der ersten Sitzung findet **wöchentlich ein angenehmer Abend zu zweit** statt. Ziel dieses Abends ist es, sich in der Wahrnehmung der positiven Seiten und Handlungsweisen des Partners zu üben und aus dieser Wahrnehmung Verhaltensweisen entstehen zu lassen, die dem Partner ein angenehmes Gefühl, ein Wohlbehagen vermitteln: angenehmes Erleben durch- und miteinander. Daneben wird **wöchentlich ein Abend allein** gepflegt. Dieser dient für manche dem Lernen, allein sein zu können. Für andere gilt es, das Schuldgefühl auszuhalten, wenn ich mir für mich allein Zeit nehme, ohne den Partner mit einzubeziehen und ohne für ihn etwas zu tun. Möglicherweise erwartet der Therapeut, daß mit einer Sportart oder mit einem Hobby begonnen wird.

Zwingend notwendig ist die **Bereitschaft, seine Gefühle wahrnehmen zu lernen und sie auszusprechen.** Insbesondere Männer schützen sich durch Vernunft vor eventuellem emotionalen Ausgeliefertsein. Partnerschaft ohne Gefühlsaustausch von beiden ist nicht möglich. Wer seine Gefühle zeigt, macht sich verletzlich und benötigt ein Gegenüber, das Verständnis zeigt.

Dies geht mit einer **Offenheit, eigene Gedanken, Phantasien, Erinnerungen und Pläne auszusprechen,** einher. Damit ist nicht das Beichten alter Sünden gemeint. Der Wert solcher Beichten ist anzuzweifeln. Es geht vielmehr darum, dem anderen mitzuteilen, was mich gerade bewegt: jetzt, während wir miteinander sprechen, oder in den letzten Wochen - immer wieder. Dazu gehört auch ein eventueller Plan, aus der Partnerschaft auszusteigen. Unter dem Deckmäntelchen, dem anderen nicht weh tun zu wollen, werden durch Verheimlichen viel größere Verletzungen zugefügt. Manche haben sich schon längst zum Ausstieg aus der Partnerschaft entschlossen und benutzen die Paartherapie als schmerzlinderndes Mittel für den Partner, damit dieser die Trennung besser verkraftet. Diese Unoffenheit sollte nicht das Vorzeichen der Therapie bleiben.

Spätestens zu Therapiebeginn muß diese Absicht auf den Tisch kommen, damit alle Beteiligten entscheiden können, ob sie unter dieser Bedingungen die Paarsitzungen fortführen wollen. Der Therapeut wird nur dann einverstanden sein, wenn das Paar dennoch dieses Paarkonzept als Inhalt der Therapiesitzungen verbindlich akzeptiert und trotz der beabsichtigten Trennung die Therapiearbeit in Art und Umfang bereitwillig auf sich nimmt - auch wenn das Paar nicht mehr zusammenwohnt.

Was tun, wenn der Partner eine Geliebte, die Partnerin einen Geliebten hat?

Da die Paartherapie nur 20 Wochen, maximal 30 Wochen dauert, kann ewartet werden, daß eine Zweitbeziehung solange ruht. Hält diese Beziehung diese Pause nicht aus, dann war sie es ohnehin nicht wert. Die Strategische Paarentwicklung geht davon aus, daß zwei Menschen wieder zusammenfinden wollen. Daß sie beide mit aller Kraft diesen Versuch machen wollen, daß sie sich klar für diese Therapie entscheiden und sich mit Haut und Haaren diesem Versuch widmen. Parallel eine Nebenbeziehung aufrechtzuerhalten ist wie das Ausschöpfen des überschwemmten Kellers, ohne vorher den Wasserhahn zuzudrehen, oder wie der Versuch, gleichzeitig in zwei Autos einsteigen zu wollen. Besteht eine heimliche Nebenbeziehung ohne Pause während der Therapie weiter, so ist diese verschwendete Zeit. Sie kann keinerlei Fortschritte erzielen.

Der Therapievertrag

Die bisher ausgesprochenen Punkte werden in den Therapievertrag aufgenommen. Es ist günstig, individuelle Varianten zu formulieren, die für das Paar bestmöglich passen. Diese sollten aber nicht Abmilderungen der Anforderungen an alle Beteiligten enthalten, lediglich auf die individuelle Lebenssituation abgestimmte Veränderungen mindestens gleicher Verbindlichkeit. Der Vertrag wird tunlichst nach der zweiten Sitzung unterschrieben. Das Paar erhält je einen Vertragstext mit nach Hause und bringt den unterschriebenen Vertrag zur dritten Sitzung mit. Jeder unterschreibt jedes Vertragsexemplar, und jeder erhält ein vom Therapeuten und von jedem Partner unterschriebenes Exemplar zum Verbleib, auch der Therapeut. Ein Vorschlag zur Formulierung des Therapievertrags befindet sich im Anhang.

Warum diese drastischen vertraglichen Verpflichtungen?

Weil es keinen Spaß macht, erfolglose Paartherapie durchzuführen. Weil viele Paartherapien daran gescheitert sind, daß der Therapeut mitgeholfen hat, Veränderungen zu vermeiden. Weil die Therapie nicht aus 10 bis 15 Sitzungen besteht, sondern aus 20 bis 30 Wochen Paararbeit, die die ganze Freizeit ausfüllt. Weil es nicht um kosmetische Korrekturen geht, sondern um eine Kehrtwendung um 180 Grad. Weil ohne diesen Vertrag und ohne das konsequente Einhalten dieses Vertrags ein völlig falsches Bild der Therapie und der eigenen Rolle in dieser Therapie bestehenbleibt.

2. Paarsitzung: Paar-Kampfstrategie und der Waffenstillstand

In Paartherapien wird für den Außenstehenden als erstes deutlich, daß hier zwei Menschen einen erbitterten Kampf gegeneinander führen. Und daß

sie um etwas kämpfen, was sie niemals gegeneinander erkämpfen, sondern nur miteinander verwirklichen können. Also würde der Beobachter am
liebsten ins Kampfgetümmel hineinrufen:
„Hört auf mit diesem Kampf! Ihr erreicht doch
damit genau das Gegenteil dessen, was Ihr erreichen wollt!"
Die Antwort ist meist: „Ich kämpfe gar nicht! Der
andere kämpft, er soll aufhören! Ich wehre mich
ja nur."
Also ist den beiden Kriegern der Spiegel vorzu-
halten, damit sie erkennen können, daß sie tatsächlich kämpfen, wie sie kämpfen, welche Waf-
fen sie einsetzen und welche konkreten Auswirkungen ihre Kampfmaßnahmen haben. Doch zuerst betrachten wir das, worum gekämpft wird.
Teilweise wurde das schon in der ersten Paar-Sit-
zung deutlich. Wir knüpfen deshalb an dieses
Thema an:
„Auf der nächsten Seite haben Sie Gelegenheit, alle
Eigenschaften und Verhaltensweisen Ihres Partners, die Ihnen das Leben schwermachen oder Sie
über alle Maßen frustrieren, aufzulisten.
Darüber hinaus können Sie notieren, welche Eigenschaften und Verhaltensweisen Sie bei ihm/
ihr vermissen.
Bedenken Sie, daß Ihr Kampf ein innerlicher sein
kann. Sie sträuben sich gegen diese Verhaltensweisen, können diese Eigenschaften einfach nicht
akzeptieren. Sie wünschen oder erhoffen sich, daß
sie sich endlich ändern. Auch wenn Sie nichts laut
aussprechen, so ist das doch ein innerliches Ankämpfen.
Noch schwerer fällt das Verständnis dafür, daß
man selbst eine Kampfmaßnahme betreibt, wenn
man überhaupt nie ärgerlich oder unzufrieden ist.
Wenn man einfach nur leidet. Wir erklären hiermit jedoch auch die Leidenden, die Opfer zu
Kriegsteilnehmern im Paar-Krieg. Hiermit sind
nicht die Kinder gemeint. Denn diese sind wirkliche Opfer.

Wir erklären ganz einfach, daß ein stillschweigen-
des Übereinkommen getroffen wurde, wer die Tä-
ter- und wer die Opfer-Rolle übernimmt. Still-
schweigend meint so still, daß die bewußte Psyche beider Partner nichts von diesem Arrangement
mitbekommt. Es ist die autonome Psyche beider
Menschen, die diese Rollenverteilung als die hilf-
reichste empfand. Dies ist kaum zu verstehen, wir
werden später darauf zurückkommen.
Schreiben Sie nun auf der nächsten Seite alles auf,
was an Ihrem Partner dringend geändert werden
müßte. Nehmen Sie „kein Blatt vor den Mund".

Wogegen ich ankämpfe, wogegen ich mich sträu-
be, worunter ich leide:
Seine/Ihre unerträglichen Eigenschaften/Ver-
haltensweisen sind:
....
....

Leider fehlen ihm/ihr folgende Eigenschaften/
Verhaltensweisen:
....
....
....
Vermutlich reicht der Platz nicht, schreiben Sie
eine ganze Seite oder mehr, bis alles raus ist.

Anschließend ist es allerdings notwendig, daß
Sie - damit wir miteinander arbeiten können -
eine **Waffenstillstanderklärung** unterzeich-
nen. Dies ist eine zeitlich begrenzte Entscheidung, die Sie jederzeit widerrufen können - allerdings nur hier im Rahmen unserer Paarsitzung.

Waffenstillstandserklärung

Bis zum Ende der Paartherapie werde ich nicht
mehr gegen diese unerträglichen Eigenschaften
und Verhaltensweisen ankämpfen und nicht
mehr fehlende Eigenschaften und Verhaltensweisen erzwingen.

Datum: ....   Unterschrift:......................

Damit wissen wir, worum Sie kämpfen. Daß Sie kämpfen, haben wir behauptet.

Sie kämpfen darum, daß Ihr/e Partner/in endlich so wird, wie Sie ihn/sie brauchen

Was brauchen Sie? Wie ist der Mensch, den Sie brauchen? Wie ist die Beziehung, die Sie brauchen? Welche Bedeutung hat ein Partner, hat Partnerschaft für Sie?

Ich schlage vor, daß wir eine kleine Übung machen. Diese hilft Ihnen, die Antworten zu diesen Fragen vom Gefühl her zu finden:
Wenn Sie bereit sind, schließen Sie die Augen und nehmen sich wahr. Lassen Sie dann eine Vorstellung Ihres Partners entstehen, so daß Sie ihn/sie vor ihrem geistigen Auge sehen, aber auch seine Anwesenheit spüren können.
Ich werde einige **Sätze beginnen, die Sie vom Gefühl her ergänzen.** Lassen Sie Ihr Gefühl diesen Satz bilden, sprechen Sie ihn innerlich deutlich noch einmal. Machen Sie das so mit allen Sätzen, die ich anfange (Sie können diese Übung auch allein zu Hause machen. Dann öffnen Sie kurz die Augen, um den nächsten Satzanfang zu lesen, schließen wieder die Augen und lassen Ihr Gefühl den Satz ergänzen. Öffnen Sie wieder die Augen, um den nächsten Satzanfang zu lesen usw.).

Ich beginne:
Ich fühle in mir ...
Ich brauche von dir ...
Ich fürchte von dir ...
Ich will von dir ... (dieses oder jenes Verhalten)
Ich mag an dir ...
Du bist für mich ...

Nun können Sie die gefundenen **Sätze aufschreiben. Lesen** Sie nun - Ihrem Partner zugewandt - zuerst **alle Sätze vor,** und erläutern Sie diese anschließend.

Fazit: Sie konnten spüren, daß Sie damit Ihr emotionales Anliegen an Ihre Beziehung ausgesprochen haben. Auch das Gute, das Sie noch empfinden. Kurzum den Grund, der Sie in der Partnerschaft hält, der verhindert hat, daß Sie beide auseinandergingen. Und dieses Anliegen ist einfach da und ist die positive Kraft, die wir in der Paartherapie nutzen können. Und Sie können sich entscheiden, diese Kraft zu spüren und sie einzusetzen, um eine für Sie befriedigende Beziehung gestalten zu lernen.

Unsere Bedürfnisse, unsere Angst und unsere tief in uns konservierte Wut/Aggression sind die wichtigen Motoren unseres Handelns. Sie sorgen auch dafür, daß wir die objektive Welt subjektiv verzerrt wahrnehmen. Demnach werden wir unseren Partner auch völlig anders wahrnehmen, wenn wir gerade ein sehnsuchtsvolles Bedürfnis nach Nähe und Zärtlichkeit haben, als wenn wir unbedingt Freiraum und Selbständigkeit brauchen. Wie wir unseren Partner erleben, hängt also nur zum Teil von seinem wirklichen Verhalten ab, sondern von der Bedeutung, die wir im Moment diesem Verhalten zukommen lassen, je nach vorherrschendem Bedürfnis, gegenwärtiger Angst und eventuellem Wutstau, der nach außen drängt.
Und da wir zu Erlebens- und Handlungsautomatismen neigen, färben häufige Wahrnehmungen auf künftige ab. Wenn sich unser Partner neunundneunzigmal genähert hat, um uns auszunutzen, erwarten wir dies auch beim hundertsten Mal, auch wenn er es diesmal nicht vorhatte. Wir können durch diese Automatismen rascher und ökonomischer reagieren, dies ist ein großer Vorteil. In einer Partnerschaft, die immer schlechter wird, entsteht hierdurch jedoch ein Fahrwasser, aus dem wir nur noch schwer herauskommen.

Wir verlieren den **Blick für Ausnahmen.** Gerade die Ausnahmen bergen aber die Chance der

Veränderung. Statt auf eine Bestätigung meiner unvorteilhaften Sicht meines Partners zu lauern und dadurch das Kampfgeschehen aufrechtzuerhalten, könnte ich aufmerksam auf die Ausnahme warten und auf diese ausgesprochen positiv reagieren.

So aber sind wir gefangen in unserer Jagd nach Bestätigungen dafür, daß der andere ein Missetäter oder ein Versager etc. ist. Und wir sind Gefangene einer **Rolle**, die wir in dieser Partnerschaft eingenommen haben, die wir uns so sehr zu eigen gemacht haben, daß wir meinen, die Rolle sei unsere Persönlichkeit, und unsere eigentliche Persönlichkeit gar nicht mehr kennen.

Unser Partner hat die **Gegenrolle** eingenommen. Er verhält sich komplementär zu uns. Dadurch halten wir uns gegenseitig fest in unseren Rollen. Partnerschaftsproblemen und -konflikten begegnen wir, indem daß wir diese Rolle noch konsequenter und extremer einnehmen und uns gegenseitig noch unerträglicher machen.

Die Lösung des Problems liegt allerdings nur im **Verlassen der alten Rolle. Dadurch** mache ich meinem Partner den Weg frei, um auch seine Rolle zu verlassen. Um meine Rolle verlassen zu können, muß ich sie mir zuerst bewußtmachen. Es gibt einige **häufige Rollenverteilungen**, die nicht vom Geschlecht abhängen. Nach dem Betrachten Ihrer obigen Angaben zu Ihrem typischen Umgang mit Ihren Bedürfnissen, Ängsten und Ihrer Wut und den nachfolgenden Reaktionen Ihres Partners ist vielleicht Ihre Rollenverteilung schon deutlich geworden. Wenn nicht, kann folgende Liste weiterhelfen.

Kreuzen Sie Ihre Rollenspiele an, unterstreichen Sie Ihre jeweilige Rolle:

O Elternperson - Kind
O Polizist - Verkehrsteilnehmer
O Täter - Opfer
O Streithansl - Konfliktmeider
O rivalisierende Geschwister
O Sieger - Verlierer
O zwei Küken im Nest
O Wissender - Unwissender
O echte Kameraden
O männliche Frau - femininer Mann
O Tyrann - Rebell
O Held - Angsthase
O Der Star - sein Fan
O Wichtig - Unwichtig
O Helfer - Hilfloser
O Liebenswert - Unbeliebt
O Eifersüchtig - Flirtend
O Altruist -Egoist
O Betriebsnudel - Außenseiter
O Chef - Angestellter
O Sündenbock - Unschuldiger

Oft ist man selbst blind für die Rollen, in die man sich eingefunden hat.
Wir versuchen nun gemeinsam, **Ihr altes Paar-Rollenspiel** und Ihre jeweilige Rolle zu beschreiben: ....

Ihre neue Rolle ist vorerst einfach das Gegenteil der alten.
Wer bisher die Kindrolle einnahm, übernimmt eine Zeitlang die Elternrolle. Wer Chef war, fragt nun, was er tun soll und ob es so richtig ist, wie er es gemacht hat, etc.:..

Hinter Ihrem Rollenverhalten können wir eine **Beziehungsstrategie** entdecken, die dazu beiträgt, daß Ihre Partnerschaft exakt einem Drehbuch folgt, das Sie beide ins Unglück führt- eine Strategie, die Ihre Beziehung und Sie retten sollte:

Einerseits ging ich so vor ....,
um zu erreichen, daß ....
Andererseits unterließ ich es, ...,
um zu verhindern, daß ....

Oft ist es das zentrale Bedürfnis, dessen Befriedigung bewahrt oder erreicht werden soll, und die zentrale Angst und die durch sie signalisierte Bedrohung, die verhindert werden soll. Ist dies erkannt, so kann die Strategie geändert werden:

Einerseits mache ich ab jetzt weniger ....,
da ich nicht mehr erreichen will, daß ....
Andererseits werde ich ab jetzt mehr ....,
da ich nicht mehr verhindern will, daß ....

3. PAARSITZUNG: SICH
UND DEN ANDEREN KENNEN
UND AKZEPTIEREN LERNEN

Ständig ist die ganze Aufmerksamkeit beim anderen Partner, bei dessen Verhalten, dessen fehlender Bereitschaft, etwas zu ändern, endlich so zu werden, wie ich ihn brauche.
Hier ist eine Pause erforderlich. Ziel ist Akzeptanz des Partners und auch Akzeptanz der eigenen Person. Beginnen wir damit, uns völlig auf unsere eigene Person zu konzentrieren. Es ist hilfreich, sich möglichst gut kennenzulernen und seine Psyche zu verstehen. Der Partner ist dabei nur insofern wichtig, als er Adressat meiner Bedürfnisse, Ängste, Wut und Handlungen ist. Wir lassen ihn in dieser Hinsicht also erst einmal ganz in Ruhe. Aus unseren Betrachtungen heraus richten wir keinerlei Wünsche und Forderungen an ihn. Nur unsere eigenen Reaktionen und deren mögliche Änderung sind jetzt das Thema.

Nachdem Sie im Praxismanual zur Strategischen Kurzzeittherapie (Sulz 1995) die entsprechenden Arbeitsblätter allein für sich durchgearbeitet haben, können Sie Ihr Verständnis jeweils so zusammenfassen.

• Mein wichtigstes Zugehörigkeitsbedürfnis ist:
Willkommensein - Geborgenheit - Schutz - Liebe - Beachtung - Verständnis - Wertschätzung
(Zutreffendes unterstreichen)
• Um es zu befriedigen, habe ich bisher folgendes getan ....
• Mein Partner reagierte bisher darauf so:.............
• Die unangenehme Auswirkung war:...................
• Es wäre besser gewesen:
Auszuhalten - zu bitten - zu verhandeln - mir es woanders holen - mir es selbst geben
(Zutreffendes unterstreichen)
etc.

Wie sehr ein Mensch und seine Beziehungsgestaltung durch diese Betrachtungen verstehbar wird, zeigt das folgende Beispiel. Es handelt sich um einen 33jährigen Steuerberater, seit 4 Jahren verheiratet, ein 3jähriges Kind):

Meine zentralen Bedürfnisse

Mein **wichtigstes Zugehörigkeitsbedürfnis** ist: *Geborgenheit*
Um es zu befriedigen, habe ich bisher folgendes getan: *in Harmonie mit jemand gelebt*
Mein Partner reagierte bisher folgendermaßen darauf: *strampelte sich frei*
Die unangenehme Auswirkung war:
für mich selbst: *Trennungsangst*
für meinen Partner: *Sie fühlte sich von mir angezapft, benutzt, umklammert, eingeengt*
für unsere Beziehung: *ständiger Kampf um mehr Nähe bzw. um mehr Distanz*
Es wäre besser gewesen: *Auszuhalten, daß ich nicht so viel bekomme, wie ich brauche*

Mein **zweitwichtigstes Zugehörigkeits-bedürfnis** ist: *Wertschätzung (nicht so sehr von ihr)*

Um es zu befriedigen, habe ich bisher folgendes getan: *glänzende Leistungen erbracht*

Mein Partner reagierte bisher folgendermaßen darauf: *ignorierend, voll heimlichem Neid*

Die unangenehme Auswirkung war:

für mich selbst: *Ich fühlte mich von ihr nicht sonderlich geschätzt*

für meinen Partner: *Sie fühlte sich minderwertig, benachteiligt*

für unsere Beziehung: *ein Gegeneinander*

Es wäre besser gewesen: *Mich schätzen zu lernen, ohne dafür leisten zu müssen*

Mein **wichtigstes Autonomiebedürfnis** ist: *Selbst machen, selbst können*

Um es zu befriedigen, habe ich bisher folgendes getan: *mir alles selbständig erarbeitet*

Mein Partner reagierte bisher folgendermaßen darauf: *fühlte sich ausgeschlossen, mißachtet*

Die unangenehme Auswirkung war:

für mich selbst: *daß sie mein Schaffen ablehnte*

für meinen Partner: *Sie hatte das Gefühl, daß mir mein Leistungsbereich wichtiger ist als sie*

für unsere Beziehung: *weniger Gemeinsamkeit*

Es wäre besser gewesen: *Deutlich und freundlich um das zu bitten, was ich mir wünsche*

Mein **zweitwichtigstes Autonomiebedürfnis** ist: *Selbstbestimmung*

Um es zu befriedigen, habe ich bisher folgendes getan: *heimlich gemacht, was ich wollte*

Mein Partner reagierte bisher folgendermaßen darauf: *empört, fühlte sich übergangen*

Die unangenehme Auswirkung war:

für mich selbst: *Ich hatte zunächst schlechtes Gewissen, wenn sie es erfuhr. Streit*

für meinen Partner: *verlor das Vertrauen zu mir, hielt mich für egoistisch*

für unsere Beziehung: *spannungsreich*

Es wäre besser gewesen: *Zu verhandeln, unter welchen Bedingungen er/sie bereit ist, mir das zu geben*

Mein **wichtigstes Homöostasebedürfnis** ist: *Aggressionsfreiheit*

Um es zu befriedigen, habe ich bisher folgendes getan: *Streit aus dem Weg gegangen*

Mein Partner reagierte bisher folgendermaßen darauf: *wurde noch wütender*

Die unangenehme Auswirkung war:

für mich selbst: *dauernd auf der Hut, um Konflikten aus dem Weg zu gehen*

für meinen Partner: *Ihr fehlte der Gegenüber zum Auseinandersetzen*

für unsere Beziehung: *unzufrieden, unbefriedigt, schlechte Stimmung*

Es wäre besser gewesen:

Auszuhalten, daß ich nicht so viel bekomme, wie ich brauche

Mein **zweitwichtigstes Homöostasebedürfnis** ist: *keine bedrohliche Bezugsperson*

Um es zu befriedigen, habe ich bisher folgendes getan: *heimlich machen, was ich will / Konflikten aus dem Weg gehen*

Mein Partner reagierte bisher folgendermaßen darauf: *gereizte Unzufriedenheit, Frustration*

Die unangenehme Auswirkung war:

für mich selbst: *Sie wird zur Kritikerin, Nörglerin, ich zum Abwiegler oder Sündenbock*

für meinen Partner: *Sie ist unglücklich, kein spürbares Gegenüber zu haben, der sie achtet*

für unsere Beziehung: *oberflächliches Nebeneinander, bis es kracht*

Es wäre besser gewesen: *Zu verhandeln, unter welchen Bedingungen er/sie bereit ist, mir das zu geben*

Meine zentralen Ängste/Vermeidungstendenzen

Meine **wichtigste Angst** ist: *Trennungsangst*
Um sie gering zu halten bzw. zu vermeiden, habe ich bisher folgendes getan: *nicht offen für meine Interessen eingetreten bzw. oft nachgegeben, wenn sie etwas wollte*
Mein Partner reagierte bisher folgendermaßen darauf: *Einerseits fühlte sie sich bei mir sicherer, als es war, andererseits war sie alarmiert, wenn ich ihre Sicherheit störte*
Die unangenehme Auswirkung war:
für mich selbst: *Heimlichkeit und Nachgeben machen sehr unfrei*
für meinen Partner: *wie bereits gesagt, fehlt ihr das authentische Gegenüber*
für unsere Beziehung: *Sie kommt nicht zu einer lebendigen Begegnung, ist erstarrt*
Es wäre besser gewesen: *Mein Vermeidungsverhalten zu unterlassen*

Meine **zweitwichtigste Angst** ist: *Angst vor Liebesverlust*
Um sie gering zu halten bzw. ganz zu vermeiden, habe ich bisher folgendes getan: *Nichts Verbotenes getan*
Mein Partner reagierte bisher folgendermaßen darauf: *Sie fand mich nicht aufregend*
Die unangenehme Auswirkung war:
für mich selbst: *Sie steht nicht auf mich als Mann*
für meinen Partner: *Sie ist frustriert*
für unsere Beziehung: *Fehlende Erotik, keine Mann-Frau-Spannung*
Es wäre besser gewesen: *Die Angst auszuhalten, bis sie von selbst nachläßt*
Auch Ihre wichtigsten Wutformen und Ihre wichtigsten Persönlichkeitszüge können entsprechend betrachtet werden. Wenn Sie für sich ein Verständnis erarbeitet haben, können Sie das Ihrem Partner mitteilen.

Emotionale Dialoge

Sie haben jetzt Ihre eigene Psyche durchleuchtet und Ihre bisherigen Verhaltensweisen bezüglich ihres Nutzens für Sie und für die Partnerschaft bewertet. Sie wissen jetzt über sich Bescheid, Ihr Partner noch nicht. Also ist dieses neue Wissen auszusprechen. Was dieses Wissen bedeutet, wird erst offenkundig, wenn Sie es nicht nur vom Verstand her verstehen, sondern seine Bedeutung mit dem Gefühl erspüren. Also tun Sie das. Da Sie wissen, daß man nur das ändern kann, was man akzeptiert hat, versuchen Sie als nächstes, das bei Ihnen Vorgefundene selbst zu akzeptieren. Im Dialog hört Ihr Partner, was Sie von sich wissen, und versucht, Sie damit zu akzeptieren. Sie wiederum denken an einen vorteilhafteren Umgang damit, sprechen es aus, und Ihr Partner hört genau zu und akzeptiert diesen neuen Umgangsversuch:

aussprechen - erspüren - selbst akzeptieren - akzeptiert werden - lernen, damit umzugehen - dabei akzeptiert werden

Führen Sie zunächst ritualisierte Dialoge durch. Nur so wird aus dem Dialog eine emotionale Begegnung mit sich selbst und mit dem anderen. Themen sind die oben zusammengetragenen Aspekte Ihrer Psyche und Ihres Verhaltens: Ihre Bedürfnisse, Ihr Umgang mit diesen. Ihre Ängste, Ihr Umgang mit diesen. Ihre Wut/Aggressionen, Ihr Umgang mit diesen. Ihre Persönlichkeit, Ihr Umgang damit. Gehen Sie so vor:
a) Sprechen Sie jedes Bedürfnis aus, z.B.: *„Ich brauche Aufmerksamkeit."*
b) Erspüren Sie dieses Bedürfnis in Ihnen, evtl. mit geschlossenen Augen
c) Sagen Sie z.B.: *„Ich akzeptiere, daß ich Aufmerksamkeit brauche."*
d) Ihr Partner sagt: *„Ich will verstehen und akzeptieren, daß du dieses Bedürfnis hast."* Wenn es für ihn vom Gefühl her stimmt, kann er auch

die stärkere Aussage wählen: *„Ich verstehe und akzeptiere ...“*

e) Sagen Sie, welche Art des Umgangs mit diesem Bedürfnis Sie neuerdings versuchen werden, z.B.: *„Ich werde ab jetzt mit diesem Bedürfnis so umgehen: deutlich und freundlich um das bitten, was ich mir wünsche.“*

f) Ihr Partner sagt: *„Ich verstehe und bin bereit, zu akzeptieren, daß du jetzt deutlich und freundlich um das bittest, was du dir wünschst.“*

Oft ist ein Ritual die einzige Weise, durch die die destruktiven eingefahrenen Kampfstrategien gestoppt werden können.

4. PAARSITZUNG: WIEDER GEBEN UND NEHMEN

a) Der angenehme Abend

Gute funktionierende Partnerschaften und Paare nach erfolgreicher Paartherapie zeichnen sich dadurch aus, daß liebevolles Verhalten absichtslos erfolgt, ohne dafür Gegenleistung zu erwarten. Nicht funktionierende Partnerschaften leiden darunter, daß jeder vom anderen erzwingen will, ihm endlich das wieder zu geben, was er ihm ganz zu Beginn der Partnerschaft freiwillig gab bzw. wozu er als Partner herhalten soll, sei es, ein Nest bieten, Geborgenheit und Wärme spenden, ein schützender Hort sein, Liebe geben, Beachtung schenken, wann immer sie gebraucht wird, prinzipielles Verständnis signalisieren, bewundern und wertschätzen. Oder: Selbständigkeit und Selbstbestimmung einräumen, fordern, fördern, Grenzen setzen, zur Idealisierung dienen, Bedürfnisse nach Erotik und Hingabe befriedigen bzw. ein präsentes Gegenüber sein, das sich der Beziehung und dem Austausch auch intensiver Gefühle stellt, sich z.B. intensiv lieben läßt.

Vielleicht hegen Sie beide derzeit so viel Groll gegeneinander, weil Sie das Gefühl haben, daß der andere Ihnen in letzter Zeit so viel Schlimmes angetan hat, daß Sie ihm alles antun wollen, nur nichts Gutes. Vielleicht erinnern Sie sich aber auch daran, daß Sie früher in der Lage waren, die Beziehung positiv zu beeinflussen, indem Sie über Ihren Schatten sprangen und dem andern eine Freude machten. Vielleicht können oder wollen Sie jetzt gar nicht mehr wissen, was dem andern guttut oder was den andern freut. Vielleicht können oder wollen Sie jetzt vom andern gar nichts mehr Gutes annehmen. Vielleicht entscheiden Sie sich aber jetzt, gute Erinnerungen an guten Austausch zuzulassen und diese zu nutzen, um einen kleinen Anfang einer Besserung des Paarklimas zu machen, während Sie den Groll vorübergehend beiseite stellen.

Wenn ja, dann können Sie wieder lernen, zu geben und zu nehmen. Und auch dies will geübt sein.

Wir beginnen, wenn Sie beide einverstanden sind, mit dem **Geben-und-nehmen-Kurs**. Auch dieser besteht aus zwei Teilen - wie jeder Kurs:

1. aus dem „Unterricht“, das ist unsere Paarsitzung und
2. aus dem täglichen Üben zu Hause.

Beginnen wir mit dem Wichtigsten, dem **täglichen Üben**:

Was? Einer von Ihnen beginnt damit, dem anderen etwas zu geben, für ihn etwas zu tun, was diesem guttut oder ihn freut bzw. verwöhnt. Dies kann durch Worte, Gesten, materielle Gaben oder einen Liebesdienst geschehen.

Wie oft? Sie nehmen sich täglich eine Stunde Zeit, abends wenn Sie einerseits noch wach genug sind, andererseits nicht mehr gestört werden (z.B. durch Kinder, zu erwartende Telefonanrufe).

Wann? Legen Sie die Uhrzeit fest (......... Uhr). Am besten schalten Sie das Telefon ab.

Wo? Nehmen Sie dort Platz, wo Sie beide sich wohl fühlen können.

Wie lange? Sie haben je 30 Minuten Zeit.

Wie? Ich kann dem anderen ein liebes Wort sagen, ihm übers Haar streichen, kurz den Arm um ihn legen, ein bequemes Kissen reichen, sein Lieblingsgetränk bringen, eine Süßigkeit aus meinem Schatzkästchen kredenzen, ihn im Schulter-Nacken-Bereich massieren etc.

Und Ihr Partner? In diesen 30 Minuten stellt sich der andere auf Nehmen, Annehmen und Wahrnehmen ein, erspürt das prinzipiell Wohltuende und Erfreuliche der Gabe. Erst wenn Ihre 30 Minuten vergangen sind, wechseln Sie beide die Rolle. Sie werden Nehmender, und Ihr Partner wird Gebender.

Wenn Sie wollen, können Sie anschließend noch Ihr jeweiliges Erleben aussprechen. Sie können sagen, wie für Sie das Geben war. Achten Sie auch bei dieser Nachbesprechung darauf, daß Sie nicht in fünf Minuten durch unachtsame, verletzende Bemerkungen das gerade gebaute Kartenhäuschen allzu schnell zum Einstürzen bringen. Und Sie können sagen, wie für Sie das Nehmen war. Was konnten Sie besonders gut annehmen und genießen? Beim Feedback über die nicht so gelungenen Gaben achten Sie darauf, daß Ihre Äußerung keine Zurückweisung und keine Abwertung des anderen enthalten. Sprechen Sie auch hier in Ich-Sätzen.

Und zuletzt: ein kurzes Protokoll führen. Zusätzlich parallel ein Tagebuch zu führen ist eine wertvolle Ergänzung dieses Protokolls.

• **Verwöhnen:**
• **Reservieren Sie sich einen Abend, an dem Sie nicht gestört werden**
• **Sie machen es sich an Ihrem Lieblingsplatz bequem, lesen, hören Musik oder ähnliches**

• **Ihr Partner verwöhnt Sie nun eine halbe Stunde lang mit allem, was ihm einfällt**
• **Ausnahme: Er darf nichts machen, was Ihnen unangenehm ist, oder so intensiv oder so oft machen, daß es Ihnen unangenehm wird**
• **Nach einer Stunde wechseln Sie die Rollen**
• **Sagen Sie, was besonders angenehm war und „danke"**
(verändert nach Schindler, Hahlweg und Revenstorf 1998)

Und nun zum zweiten Teil, dem „Unterricht":
Der angenehme Abend dient dazu, daß Sie wieder einander geben und voneinander nehmen. Daß Sie wieder auf positive Weise miteinander in Beziehung treten, wieder an die guten Zeiten in der Beziehung anknüpfen.

Für den Anfang sollen wieder Regeln helfen, das Neue zu etablieren.

Je eine halbe Stunde ist jeder von Ihnen **Absender** einer lieben, guten Botschaft, einer freundlichen oder liebevollen oder zärtlichen Geste, einer erfreulichen, angenehmen Handlung.

Versuchen Sie herauszufinden, was dem andern wirklich gefällt oder wirklich guttut, und zwar jetzt im Moment.

Der **Adressat** nimmt die Worte, Gesten, Handlungen entgegen und zeigt soweit es geht, wie angenehm diese sind. Er soll in dieser Stunde nichts wirklich erwidern. Dem Absender sollte auch signalisiert werden, wenn etwas nicht angenehm oder zu intensiv ist oder zu lange dauert, so daß dieser schnellstmöglich, sein Verhalten verändern kann.

Nach einer halben Stunde wechseln Sie.

Der bisherige Absender wird zum Adressaten der angenehmen Worte, Gesten und Handlungen.

Sie entscheiden sich zu Beginn, jetzt 30 Minuten lang Verhaltensweisen auszuprobieren, die für den andern angenehm sind und nicht zugleich für Sie unangenehm. Tun Sie das, wozu Sie bereit sind und wozu Sie sich nicht gezwungen fühlen. Kommen Ihnen Zweifel, ob das, was Sie vorhaben, wirklich angenehm für den andern ist, fragen Sie einfach. Oder wenn Sie nicht sicher sind, ob der andere damit einverstanden ist, was Sie tun wollen, fragen Sie vorher.

Abschließend berichten Sie gegenseitig gemäß dem obigen Vorschlag, wie Sie welche Worte, Gesten und Handlungen erlebt haben. Wie angenehm war es? Hätte es intensiver sein dürfen oder länger dauern können? Sprechen Sie darüber, was noch für Sie angenehm gewesen wäre. Vielleicht werden Sie dies am folgenden Abend erhalten.

Und natürlich gibt es viele Gelegenheiten, täglich aufmerksam zu sein:
- Gut miteinander umgehen:
- Finden Sie an jedem Tag eine Situation, in der Sie bewußt gut mit ihrem/r Partner/in umgehen.
- Am besten greifen Sie die erste Gelegenheit auf, denn vielleicht ist es die letzte (an diesem Tag).
- Schaffen Sie zuerst in sich ein gutes Gefühl Ihrem/r Partner/in gegenüber, indem Sie sich z.B. bewußtmachen, daß Sie ihn/sie ja mögen und was Sie mögen.
- Handeln Sie dann aus diesem Gefühl heraus. Sagen oder tun Sie etwas Freundliches.
- Erwarten Sie keine freundliche Gegenreaktion. Er/Sie ist noch nicht soweit.

b) Entspannung

Die einfachste Art, sich gegenseitig etwas zu geben und zugleich dabei etwas zu bekommen, ist vielleicht, den andern zu entspannen, während man sich selbst auch entspannt.

Eine einfach zu erlernende Möglichkeit ist die Progressive Muskelrelaxation nach Jacobson. Sie ist nur ein Beispiel der vielen Entspannungsverfahren wie Autogenes Training, Atementspannung, Yoga usw.

Von Vorteil ist dabei der an eine kontinuierliche Instruktion gebundene Ablauf, d.h., man bleibt ständig im Kontakt mit dem Sprecher. Der zweite Vorteil ist, daß der Sprecher sich gleichzeitig selbst entspannen kann. Er tut dabei auch etwas für sich. Und er kann sich, da er das gleiche tut, besser in den andern einfühlen.

Wer nicht nur Gedanken ändern will, sondern Gefühle direkt wahrnehmbar und bewußt regulierbar machen möchte, ist auf die Wahrnehmung der körperlichen Teilprozesse der Gefühle angewiesen. Entspannungsverfahren sind der leichteste Einstieg zur Körper- und Gefühlswahrnehmung. Wer mit Konzepten wie Spannung. Streß, Angst und Aggression arbeitet, kommt über die Wahrnehmung und gezielte Beeinflussung von Muskelspannung zu oft zentralen Veränderungen.
- Entspannen:
- Reservieren Sie sich an einem Abend eine halbe Stunde, in der Sie nicht gestört werden
- Sie machen es sich auf einer Liege oder in einem Sessel bequem
- Ihr Partner liest nun eine Entspannungsinstruktion vor
- Er macht alle Übungen selbst mit
- Sie lassen sich von ihm entspannen
- Anschließend geben Sie kurz Feedback, wie Sie sich entspannen konnten
- Bedanken Sie sich für die Entspannung

Die Zusammenhänge seien hier kurz erläutert: Muskelspannung und -entspannung sind die beiden Teilkomponenten von Bewegung. Ein erhöhter Muskeltonus kann entweder als Vorbereitung zur baldigen Bewegung verstanden werden oder als zurückgehaltene Bewegung. Chronische Muskelverspannungen sind in diesem Sinne blockierte Bewegungen. Aus Bewegung wird Haltung mit einer **Haltespannung** der Muskulatur. Es wird gehalten, wo keine Haltung notwendig ist. Und es wird in **Haltung** verharrt, wo längst die situative Notwendigkeit vorbei ist.

Gehen wir in unseren Betrachtungen weiter, so sind Bewegungen Bestandteil von Handlungen. Es gibt zwei Hauptgründe, um in einer intendierten **Handlung** innezuhalten: Annäherung an den anderen Menschen **aus Zuneigung** werde ich abbrechen oder schon im Ansatz blockieren, wenn ich große **Angst vor Ablehnung** und Zurückweisung habe. Ärgerliche oder **wütende Annäherung** werde ich zu verhindern suchen, wenn ich **Angst vor der Gegenaggression** des mir eventuell körperlich überlegenen oder sozial mächtigeren anderen verspüre oder äußere oder innere Normen mir rechtzeitig Einhalt gebieten.

Vor diesem Hintergrund bekommt **Entspannung** eine tiefere Bedeutung. Entspannung bedeutet **Behebung der Blockade** einer ursprünglich intendierten Handlung, sei es Annäherung aus Zuneigung oder aus Ärger. Beides zusammen genommen heißt, daß Zurückhaltung oder ein In-sich-Halten, die bzw. das sich der Hilfe muskulärer Verspannungen bediente, einer Bewegung auf den anderen Menschen zu weicht. Der Mensch geht nun aus sich heraus, geht auf den anderen Menschen zu. Und er hat den Mut, sich der Begegnung mit dem anderen zu stellen, seine zuneigenden oder seine ärgerlichen Intentionen quasi öffentlich werden zu lassen - bereit, die Reaktionen des Gegenübers anzunehmen und ihnen potentiell standhalten zu können.

Kehren wir zurück zur Bedeutung von Spannung als Fest- bzw. Zurückhalten einer aggressiven Handlung aus Angst vor den Folgen dieser Handlung. Damit ist Spannung ein emotionales **Kon-** **glomerat von Aggression und Angst**. Dasselbe trifft übrigens auch für Streß zu. Die Spannung wird aufrechterhalten, weil es scheinbar nur eine mögliche Konsequenz von Nicht-mehr-Anspannen zu geben scheint: "Wenn ich nicht mehr anspanne, werde ich die verbotene bzw. tabuisierte aggressive Bewegung bzw. Handlung durchführen, und es wird Schreckliches mit mir geschehen (ich werde Rache, Strafe oder Schuld auf mich ziehen)." Daß es daneben andere Möglichkeiten gibt, der Spannung zu entkommen, wird vom Betroffenen nicht bedacht.

So wie die muskuläre Spannung außer durch Bewegung auch einfach durch Verzicht auf den Bewegungsimpuls, d.h. durch einfaches Loslassen der Spannung beseitigt werden kann, ebenso kann psychische Anspannung außer durch aggressives Ausagieren bzw. Angreifen auch durch vorübergehenden Verzicht auf eine wehrhafte Handlung behoben werden. Die muskuläre Entspannung ist damit ein vorübergehendes Zurücknehmen des konflikthaften Handlungsimpulses, ein Zurückgehen aus der zwischenmenschlichen Konfliktzone, das naturgemäß zur Abnahme der Angst führt. Die geringere Angst kann auch mehr Loslassen gewähren, was wiederum zu weniger Angst führt.

Viele Menschen bleiben statt dessen in ihrer konflikthaften Intention, ihrem Anliegen stecken, sie können es auch nicht für eine Stunde loslassen, bleiben dadurch selbst nachts in einer inneren Streßhaltung. Spannung als ständiges Gegeneinander von Agonisten und Antagonisten blockiert so rund um die Uhr wichtige physiologische und biochemische Körperabläufe. Bedenkt man, daß auch die glatte Muskulatur der Blutgefäße, des Herzkreislaufsystems, der Atemorgane, des Magen-Darm-Systems, des Haut- und Bindegewebes mitreagiert und daß die hormonelle Unterstützung und Vorbereitung von Bewegungs- und Handlungsmustern ebenfalls nicht ausgeschaltet wird, so sind nicht nur die psychischen, sondern auch die körperlichen Folgen von chronischen Verspannungen verstehbar.

So wie Wilhelm Reich vom Charakterpanzer als Schutzschild vor den anderen Menschen spricht, so tragen auch manche Menschen einen **Muskelpanzer** mit sich herum. Im Panzer steckt beides: meine **intendierte Aggression** und meine Einschätzung der sozialen Umwelt als so bedrohlich, daß ich mich durch einen Panzer schützen muß. Er zeigt auch den Ursprung des Bedrohlichen auf, denn nur wer selbst Kämpferisches im Sinn hat, muß erwarten, daß die „Gegner" zurückschlagen. Entspannung bedeutet also auch seinen Schutzpanzer ablegen. Dies erfordert aber ein Vertrauen darin, daß ich jetzt den Schutz loslassen kann und während dieses Loslassens nichts Bedrohliches geschehen wird.

Wenn wir nun auch wieder die annähernde Bewegung aus Zuneigung betrachten und fragen, welche Bedrohung durch Loslassen antizipiert werden könnte, so stoßen wir auf das Problem der **Hingabeangst**. "Gebe ich mich in Vertrauen liebevoll dem anderen hin, wird er ein gleiches tun? Oder wird er die Gelegenheit nutzen, um meine so entstandene Wehrlosigkeit auszunutzen?". Nicht wenige Menschen begegnen dieser Frage bei ihren Versuchen, sich zu entspannen. Entspannung ist für sie deshalb so bedeutungsgeladen, weil es ihnen schwerfällt, sich darauf einzulassen. Um so wichtiger ist es gerade für diese Menschen, Entspannung zu lernen.

Wir werden jetzt zum Kennenlernen eine Entspannungsübung machen. Sie können in Ihren Stühlen sitzen bleiben. Zu Hause ist es vorteilhaft, wenn derjenige, dem die Entspannung gegeben wird, auf einer nicht zu weichen Unterlage liegt, die breit genug ist, daß beide Arme gut aufliegen ...
(siehe Anhang: Entspannungsinstruktion).

Eine nicht oberflächlich abzuhandelnde Art der Entspannung ist Sexualität (siehe auch das Kapitel von Kochenstein über Sexualität in diesem Buch). Sie entspannt vor allem die Beziehung.

- Gut miteinander umgehen und Entspannen durch Sex?
- Wenn Ihre Sexualität trotz aller Probleme eine Oase schöner Gemeinsamkeit geblieben ist und Sie Sex noch mit Ihrem/r Partner/in genießen können, dann wäre es schade, wenn Sie diese Quelle nicht nutzen würden!
- Wenn es für Sie beide ruhig etwas mehr sein könnte oder wenn es für Sie beide etwas genüßlicher gestaltet werden könnte, dann tun Sie das!
- Sorgen Sie dafür, daß die Oase größer und die Wüste kleiner wird!
- Wer weniger Appetit auf Sex hat, lädt ein und darf bestimmen, wann, wie oft und wie.

Dies sollte nur geschehen, wenn der Bereich der Sexualität konfliktfrei geblieben ist. Sonst ist es besser, weitere Möglichkeiten der gegenseitigen Bereicherung zu erforschen:

- Gut miteinander umgehen durch Vermehrung des Schönen in unserer Beziehung:
- Gibt es weitere Quellen von schönem gemeinsamem Erleben?
- Was ist das?
- Wann können wir das tun?
- Führen Sie eine gemeinsame Entscheidung herbei!
- Notieren Sie in Ihrem Paar-Tagebuch, wenn Sie es getan haben, und berichten Sie darüber.

5. Paarsitzung
Mich und dich aus unseren
Biographien verstehen

Wie es kommt, daß ich so geworden bin, wie ich bin, und daß mein Partner so geworden ist, wie er ist. Die Beantwortung dieser Fragen bringt sehr viel Verständnis und Akzeptanz.

Wir können dieses Thema so bearbeiten, wie dies im Praxismanual zur Strategischen Kurzzeittherapie (Sulz 1995) vorgeschlagen wird. Jeder der beiden Ehepartner füllt zunächst den Anamnesefragebogen im Anhang des Praxismanuals aus. Eine Woche später schreiben Sie mit Hilfe dieses Materials Ihre Biographie.
Sie beschreiben Ihre Eltern, deren erfüllende und nicht erfüllende Seiten, Ihre damalige Beziehung zu ihnen, deren Beziehung untereinander. Ihre Geschwister, deren Beziehung zu den Eltern, Ihre Beziehung zu Ihren Geschwistern. Wie Sie als Kind waren, Erwachsenen und Kindern gegenüber. Ihr Verhalten in Gruppen, in der Schule, den Lehrern gegenüber. Ihre schulischen Leistungen. Die Reaktionen der Eltern darauf. Ihren und deren Umgang mit Gefühlen, mit dem Körper, der Sexualität. Belastende Lebensereignisse in der Kindheit wie Klinik- oder Heimaufenthalte, Verlust wichtiger Bezugspersonen. Schöne Erinnerungen und schmerzliche Erinnerungen. Ihre Vorpubertät, Pubertät und Jugendzeit und Ihre Beziehungen in dieser Zeit. Ihre schulische und berufliche Laufbahn. Freundschaften. Partnerschaften und die Erfahrungen mit diesen. Belastende Lebensereignisse im Erwachsenenalter. Die bereichernden, Kraft gebenden Ereignisse Ihres Lebens. Bis zum Kennenlernen Ihres Partners bzw. Ihrer Partnerin.

Nach dem Schreiben besinnen Sie sich auf folgende Aspekte:
Welche Gefühle traten während des Schreibens auf?
Welche Erinnerungen kamen neu oder verstärkt hoch?
Lesen Sie Ihre Lebens- und Krankheitsgeschichte einige Tage nach dem Schreiben durch.
Was fällt Ihnen nun am meisten auf? Notieren Sie die Besonderheiten und Auffälligkeiten Ihrer Biographie in kurzen Stichworten.

- Was fehlte in Ihrer Kindheit? Worin finden Sie die Frustration Ihres zentralen Bedürfnisses, worin Ihre zentrale Bedrohung?
- Können Sie verstehen, wie diese Kindheitsgeschichte zu Ihrer Überlebensregel mit Ihren gebotenen, nützlichen Gefühlen und Verhaltensweisen und Ihren Gefühls- und Verhaltensverboten führte?
- Daß Sie so ein Kind wurden? So ein/e Jugendliche/r? So ein/e Erwachsene/r?
- Wie es kam, daß Sie so mit Gefühlen, mit Leistung, mit Ihrem Körper, mit Sexualität umgingen?
- Wozu verhielten Sie sich gegenüber Erwachsenen, gegenüber Kindern so, wie Sie es taten?
- Welche Chance wurde Ihnen nicht gegeben? Zu welchen Fähigkeiten, welchen Entwicklungen gab Ihre Kindheit Ihnen keine Förderung?
- Wozu verhalf Ihnen Ihre Rolle in sozialen Gemeinschaften/Gruppen? Was verhinderten Sie durch dieses Rollenverhalten?
- Welche Vorteile hatte für Sie die Position, die Sie in Zweierbeziehungen einnahmen? Was erhielten/bewahrten Sie dadurch in Ihren Beziehungen?
- Was fehlt in Ihrer heutigen Lebensgestaltung, was ist überbetont?
- Wozu brauchen Sie Ihre Partnerschaft/Ihre wichtigen Beziehungen/Ihre Familie?

• Was verhinderte, daß Sie Ihr Leben, Ihre Beziehungen befriedigender gestalten konnten?

• Was hätten Sie tun müssen, ändern müssen, um zu einem befriedigenderen Leben, zu befriedigenderen Beziehungen zu kommen?

• Welche Funktion und Wirkung hatte diesbezüglich Ihrer Partnerschaft?

• Wie wäre Ihr Leben ohne Partnerschaft weitergegangen, welche Vorteile, welche Nachteile hätte dies gehabt?

• Welche Stärken haben Sie entwickelt, welche Quellen geben Ihnen Kraft?

• Welchen neuen, alternativen Lösungsweg können Sie sich heute vorstellen?

Nun wird dem Partner die Biographie vorgelesen, und diese Aspekte werden mit ihm erörtert. Dieser ist sich bewußt, daß diese Art der Eröffnung der Lebensgeschichte ein Vertrauensbeweis ist. Er/ sie verhält sich einfühlsam und unterläßt kritische oder besserwisserische Anmerkungen. Er/sie versucht, diese Biographie zu verstehen und Antworten zu den obigen Fragen zu finden.

Einige Tage später liest er/sie seine/ihre Biographie vor und bespricht sie auf die gleiche Weise mit Ihnen.

Ergebnis dieser biographischen Arbeit sollte sein, daß Sie sich sagen können: "Ich verstehe und akzeptiere, daß ich so geworden bin, wie ich bin. Ich bin einverstanden mit mir." Und daß Sie zu Ihrem Partner sagen können: "Ich verstehe und akzeptiere, daß du so geworden bist, wie du bist. Ich bin einverstanden mit dir."

Abschied von den Eltern meiner Kindheit

Vielleicht stellen Sie fest, daß die Beziehung zu Ihren Eltern noch ungeklärt ist, daß Sie diesen innerlich oder auch äußerlich noch sehr verhaftet sind. Vielleicht ahnen Sie, daß diese Unabgelöstheit eine Hypothek für Ihre Partnerschaft ist. So lange Sie z.B. einen Elternteil noch sehr idealisieren, fehlt Ihrem Partner das Ideale, das Ihre Beziehung brauchte. Solange Sie noch ganz eng und nah mit einem Elternteil sind, ist Ihre Partnerschaft zu unverbindlich. Oder Sie hadern noch mit einem Elternteil wegen Eigenschaften, die er mit Ihrem Partner gemeinsam hat. Das hält Sie von Ihrem Partner ab. Oder es ist etwas zwischen einem Elternteil und Ihnen geschehen, das Sie nicht verzeihen können. Hat Ihr Partner gewisse Ähnlichkeiten mit diesem Elternteil, so können Sie beide nicht zusammenfinden.

Wenn Sie die Gelegenheit nutzen wollen, sich von den Eltern Ihrer Kindheit zu verabschieden und Ihre Kindheitsgeschichte abzuschließen, dann können Sie gemeinsam eine Imagination durchführen. Vielleicht haben Sie nach dem Schreiben und Erörtern Ihrer Biographien noch über Ihre Eltern gesprochen. Wenn Sie bereit sind, Abschied von den Eltern Ihrer Kindheit zu nehmen (nicht von den alten Menschen, die heute Ihre Eltern sind), dann gehen Sie in diese Imagination.

Einer von Ihnen läßt sich die Instruktion zur Imagination vorlesen. Während Sie mit geschlossenen Augen entspannt sitzen oder liegen, hören Sie auf die Worte, und lassen Gefühle, Gedanken, Erinnerungen und Bilder entstehen. Lassen Sie sich ganz darauf ein:

"Liebe Mutter (lieber Vater). Du hast Deine elterliche Aufgabe so gut gemacht, wie Du konntest. Es hat mich einige Mühe gekostet, mich als Kind auf Deine Besonderheiten einzustellen. Ich mußte dadurch ein ganz anderes Kind werden, als ich natürlicherweise oder mit einer anderen Mutter (einem anderen Vater) geworden wäre. Auf viele natürliche Kind-Eigenschaften mußte ich verzichten, um mit Dir gut zurechtzukommen, viele natürliche Impulse und Gefühle habe ich mir nicht zu haben erlaubt, damit ich Dich weiterhin so sehr lieben konnte, wie es unsere Beziehung brauchte. Vermutlich habe ich viel mehr Energie in die gute Qualiltät unserer Beziehung investiert als Du. Du hattest ja neben mir noch so viel anderes, das Dir wichtig war und um desssen Bewältigung Du kämpfen mußtest. Du mußtest ja Deine Haut und meine Haut retten, ich nur meine.

Ich habe mich meine Kindheit lang so sehr auf Dich eingestellt, daß meine ganze Persönlichkeit auf die bestmögliche Bewältigung der Schwierigkeiten mit Dir abgestimmt ist. Ich habe dadurch meine Kindheit, d.h. mein Leben damals mit Dir, ganz gut geschafft. Und unser gemeinsames Leben ist ja mit meinem Erwachsenwerden zu Ende gegangen. Ich danke Dir für Deinen guten Beitrag, den ich vielleicht zu wenig spüren kann und deshalb noch nicht genügend achte.

Jetzt, wo ich erwachsen bin und in meiner Erwachsenen-Welt lebe, habe ich leider noch Probleme, die die Folge meiner großen Anpassungsleistung an Dich sind. Meine Erwachsenen-Welt und meine Erwachsenen-Beziehungen funktionieren nach völlig anderen Gesetzmäßigkeiten als die Welt meiner Kindheit, in der Du die Gesetzmäßigkeiten vorgabst. Meine Persönlichkeit mit all meinen Bedürftigkeiten, Gefühlen, Gedanken und Handlungsweisen ist leider in einigen Punkten nicht für diese Erwachsenen-Welt entwickelt worden. Ich komme mit den in der Kindheit entstandenen Reaktionsweisen heute zum Teil zu sehr unbefriedigenden Ergebnissen mit vielen unschönen und zum Teil quälenden Gefühlen. Und obwohl meine Kindheit mit Dir sicher kein Paradies war, ist mir manchmal, als ob nur in meiner Kindheits-Welt mit Dir so etwas wie ein Paradies verborgen war. Daß ich damals mit Dir ein Paradies hätte erleben können, wenn ich und Du besser miteinander hätten umgehen können. Besonders wenn ich mich

schlecht fühle, taucht als Kontrast eine Sehnsucht nach diesem paradiesischen Zustand des Befriedigtseins, wunschlosen Zufriedenseins, des Wohlig-behaglich-, Warm-und-frei-, Unbeschwert-und-leicht- und-doch-gut-aufgehoben-Fühlens auf. Aber meine Kindheit ist zu Ende. Du bist aus Deiner elterlichen Pflicht entlassen, ich habe keine Ansprüche mehr an Dich und auch keine Rechte auf Bedürfnisbefriedigung durch Dich mehr. Die Sehnsucht ist geblieben, und ich werde versuchen, sie in meinen heutigen Beziehungen zur Erfüllung zu bringen. Wenn ich merke, daß für mich als erwachsenen Menschen diese Sehnsucht und diese Bedürfnisse nicht mehr stimmen, werde ich versuchen, meinen aus der Kindheit verbliebenen Wunsch nach ihrer Erfüllung loszulassen und mich trauernd von ihm zu verabschieden - als etwas, das eben nur in meiner Kindheit hätte erfüllt werden können. Ich werde in diesem Fall lernen, darauf zu verzichten. Ich kann Dich aus Deiner Elternrolle gehen lassen. Gegenwart und Zukunft sind meine eigene Entwicklungsarbeit und meine Verantwortung allein. Ich beginne nun, meine Persönlichkeit auf meine jetzige Welt einzustellen. Dazu muß ich mich von Dir und meiner Vergangenheit verabschieden. Nicht mehr Deine Liebe, Dein Verständnis, deine Anerkennung sind wichtig, sondern die Art und Weise, wie ich mit meinen heutigen Beziehungen umgehe. Und das muß ich neu lernen, und ich habe begonnen, diese Lernschritte zu tun. Ich fange an, auf meine Weise meine Welt und meine Beziehungen zu gestalten."

Wenn Ihnen dieser versöhnliche Abschied gelungen ist, wenn Sie zunächst von einer Traurigkeit erfüllt sind, dann können Sie erwarten, daß Sie aus dieser Akzeptanz Ihrer Kindheit heraus zu einer Akzeptanz Ihres Selbst finden. Und dies gibt Ihnen Kraft für die Gestaltung Ihrer Paarbeziehung.

6. Paarsitzung: Das Paar-Spiel - spielend miteinander umgehen

Um den Umgang mit den bisher erarbeiteten wichtigen Erkenntnissen spielerisch zu üben, werden wir ein Spiel verwenden, durch das Sie sich selbst und den Partner besser kennenlernen. Zudem lernen Sie dabei, wie Sie Ihre Stärken einsetzen und mit den Schwächen des Partners umgehen können.

Täglich 20 Minuten Spiel, jeweils ein neues Thema, hilft Ihnen, im Bewußtsein zu bewahren, was sonst wieder vergessen wird, so daß die alten verfahrenen, zermürbenden Interaktionsmuster nicht weiter ablaufen.

Die meisten Spielteile sind Ratespiele (siehe Anhang): So hat z.B. jeder 7 Kärtchen, auf denen je eines der Ihnen schon bekannten zentralen Bedürfnisse steht.
Der Partner, der an der Reihe ist, sucht sich die zwei Kärtchen aus, auf denen seine beiden zentralen Bedürfnisse stehen, und legt diese Kärtchen verdeckt auf den Tisch.
Der andere Partner versucht nun, zu erinnern oder zu raten, welche beiden Bedürfnisse dies sein könnten, und legt diese beiden Kärtchen offen auf den Tisch.
Der erste Partner deckt seine Kärtchen auf.
Der zweite Partner erhält für jedes richtig geratene Kärtchen einen Punkte-Schein (kleine Zettel mit dem Aufdruck „1 Punkt").
Nun erläutert der erste Partner seine beiden Bedürfnisse, spricht dazu, was ihm einfällt - nicht länger als 3 bis 5 Minuten. Achten Sie darauf, daß Sie keine Meinungen und Überzeugungen formulieren, sondern aus Ihrem Gefühlsleben berichten. Finden Sie Beispielsituationen.
Dann ist der andere Partner an der Reihe und sucht seine beiden zentralen Bedürfnisse heraus, legt die

zwei Kärtchen verdeckt hin usw. Auch er spricht noch anschließend über seine beiden Bedürfnisse und versucht, dies an Beispielsituationen anschaulich zu machen.

Wieviel Punkte jeder von Ihnen hat, wird über alle Spieltage auf einem Spiele-Protokoll festgehalten. D.h., Sie können einen Vorsprung des anderen im Lauf der Tage wieder einholen.

Ein Spiel dauert etwa 20 Minuten. Sie können an einem Abend auch zwei oder drei Spiele machen. Wenn man aber so lange spielt, hat man am nächsten Abend nicht schon wieder Lust dazu. Das tägliche Spiel hat den Vorteil, daß Sie dadurch bereits ein mögliches Thema für Ihr Paar-Gespräch haben - sofern Sie es vor dem Paar-Gespräch spielen. Haben Sie genügend andere Themen, so bietet sich das Spiel zum Schluß an, um die Schwere des Gesprächsthemas durch die Leichtigkeit des Spiels auszugleichen.

Wir werden jetzt gleich ein Spiel machen, dann sind Ihnen die Spielregeln schon vertraut, wenn Sie zu Hause damit anfangen. Wir beginnen mit dem genannten Beispiel „zentrale Bedürfnisse" ...

Für das letzte Ratespiel „Meine alte Überlebensregel" gehen Sie folgendermaßen vor:
1. Legen Sie verdeckt die entsprechenden Kärtchen (Sie haben diese bei den vorausgehenden Spielen schon für sich herausgesucht) auf das Übungsblatt „Meine alte Überlebensregel".
2. Wenn Sie fertig sind, versucht nun Ihr Partner – entweder aus dem Gedächtnis oder ratend – auf seinem Übungsblatt diejenigen Kärtchen offenzulegen, die er als zutreffend für Sie empfindet oder erinnert.
3. Er erhält für jedes richtig geratene Kärtchen je einen Punkt. Es können also bis zu 6 Punkte gewonnen werden.

4. Sie erläutern Ihre Überlebensregel.
5. Sie versuchen beide praktische Beispielsituationen zu finden, in denen Sie so reagieren. Und Sie selbst prüfen die Wahrscheinlichkeit der in Ihrer Regel steckenden Befürchtungen. Ihr Partner gibt hierzu keine Stellungnahme ab. Er weiß es ja ohnehin besser, und das hilft Ihnen nicht.
6. Nun ist Ihr Partner dran. Er legt verdeckt seine Kärtchen für seine Überlebensregel, und Sie gehen wieder entsprechend der Punkte 1 - 5 vor.

7. PAARSITZUNG: DIE ÜBERLEBENSREGELN – UND IHRE EMPIRISCHE PRÜFUNG

Nicht funktionierende Partnerschaften und Paare zeigen zunehmend Überlebenskämpfe der einzelnen, die gegeneinander gerichtete Überlebensmuster aufweisen. Der andere bedroht mein Überleben in der Partnerschaft. Also muß mein Überlebenskampf gegen ihn gerichtet sein. Folglich gerät seine Überlebens-Homöostase aus dem Gleichgewicht. Er kämpft um sein Gleichgewicht - gegen mich. Ich fühle mich noch bedrohter und muß noch heftiger kämpfen. Dies gefährdet sein Gleichgewicht noch mehr, und er intensiviert seine Kampfmaßnahmen. Es kommt zu heftigeren Schlägen, tieferen Verletzungen. Dadurch entsteht bei mir so viel Wut, daß sie für die Beziehung gefährlich wird. Ich muß nun nicht nur gegen meinen Partner, sondern auch gegen meine Gefühle kämpfen, um mein Überleben in dieser Beziehung zu sichern und damit auch die Beziehung zu erhalten. Meine Angst wird dadurch größer. Die resultierende Mischung von Angst und Wut ergibt Streß und Spannung mit entsprechenden Streßphänomenen wie Kopfschmerz, Schlafstörungen, Muskelverspannungen, Magenschmerzen, gehäuften Erkältungen etc. Da ich die Beziehung zum Überleben brauche, nehme ich diese Beschwerden

lieber in Kauf, als etwas zu tun, das die Beziehung zerstört. Also kämpfe ich weiter an diesen beiden Fronten - gegen meinen Partner und gegen meine beziehungsgefährdenden Gefühle, ertrage den Beziehungsstreß. Die Eskalation geht weiter. Wie in einem richtigen Krieg tritt eine allgemeine Verarmung ein – hier an Bedürfnisbefriedigung. Entweder machen die resultierenden Defiziterscheinungen schließlich Symptome, oder die gegen die Beziehung gerichteten Gefühle werden so stark, daß sie nur noch durch die Entwicklung eines Symptoms in Schach gehalten werden können. Dann hilft mir das Symptom, in der Beziehung bleiben zu können, bzw. die Beziehung wird mit Hilfe des Symptoms erträglich.

So fürsorglich mit der Beziehung umzugehen ermöglicht mir mein Symptom. Und die Symptombildung wurde möglich mit Hilfe meiner Überlebensregel, an deren Einhaltung ich zwingend gebunden bin. Ich kämpfe um mein Überleben, und meine bisherige Überlebensregel befiehlt mir, wie ich zu kämpfen habe und was ich auf keinen Fall tun darf. Ich kämpfe gegen meinen Partner um mein Überleben. Ich kämpfe gegen meine Gefühle um mein Überleben. Ich kämpfe um das Überleben meiner Partnerschaft.

Und mein Partner macht dies ebenso. Man meint, wir würden um das gleiche kämpfen, um unsere gemeinsame Beziehung. Doch leider ist die Gemeinsamkeit nicht so groß: Ich kämpfe um meine Beziehung, und er kämpft um seine Beziehung. Und diese sind sehr verschieden. Wir brauchen zwei völlig verschiedene Beziehungen, um überleben zu können. Zumindest meinen wir das.

Also sind die subjektiven Überlebensbedingungen der beiden Lebenspartner genau zu studieren. Diese sind in ihrer Überlebensregel festgehalten. Wenn sich ein statisches Gleichgewicht in diesem Gegeneinander eingestellt hat, ergaben die individuellen Überlebensregeln vielleicht ein Konglomerat, das zur Paar-Überlebensregel geworden ist. Trotz des Kampfes gegeneinander hat sich langfristig eine symptomatische gemeinsame Überlebensform herausgebildet, z.B.: „Ich brauche es, dich zu beherrschen. Und du brauchst den Alkohol, um meine Herrschaft auszuhalten" oder „Ich brauche Harmonie, und du brauchst einen Liebhaber, um diese Harmonie auszuhalten".

Wir suchen also sowohl nach den individuellen Überlebensregeln als auch nach der Paar-Überlebensregel, die ein Versuch ist, einen gemeinsamen Nenner für diese beiden zu finden.

Ihre eigene Überlebensregel können Sie ganz leicht niederschreiben. In der zweiten Paarsitzung haben wir alle Bestandteile dieser Regel zusammengetragen. Sie können in den Materialien zu dieser Sitzung nachschauen:

Nur wenn ich immer

die meinem ersten Persönlichkeitszug folgenden Verhaltensweisen zeige, nämlich ....
bzw. die meinem zweiten Persönlichkeitszug folgenden Verhaltensweisen zeige: ....
bzw. wie bisher mit meinen Bedürfnissen umgehe: ....
bzw. wie bisher mit meinen Ängsten umgehe: ....
bzw. wie bisher mit meinen Aggressionen umgehe: ....
bewahre ich mir meine Beziehung, die ich zum Überleben brauche.

Betrachten Sie nun die Überlebensregel Ihres Partners:

Nur wenn er/sie immer

die seinem ersten Persönlichkeitszug folgenden Verhaltensweisen zeigt, nämlich ....
bzw. die seinem zweiten Persönlichkeitszug folgenden Verhaltensweisen zeigt: ....

bzw. wie bisher mit seinen Bedürfnissen umgeht:
....
bzw. wie bisher mit seinen Ängsten umgeht:
....
bzw. wie bisher mit seinen Aggressionen umgeht:
....
bewahrt er/sie seine/ihre Beziehung, die er/sie zum Überleben braucht.

Sie können daraus erkennen, wozu Sie sich in der Partnerschaft so verhalten, wie Sie es tun. Und Sie können verstehen, wozu sich Ihr Partner sich Ihnen gegenüber so verhält, wie er es tut.

Und Sie können daraus ablesen, daß Ihr Verhalten ihn aus dem Gleichgewicht bringt (Sie haben dies bereits in der zweiten Paarsitzung erarbeitet) und er deshalb Ihr Verhalten nicht unterstützen kann, sondern durch **seine Reaktion auf Ihr Verhalten** verhindern muß, daß Ihr Verhalten die von Ihnen beabsichtigte Wirkung erzielt:

Und Sie können **Ihre Reaktionen auf sein Verhalten** identifizieren als Versuch, wieder ins Gleichgewicht zu kommen, indem Sie verhindern, daß sein Verhalten die von ihm beabsichtigte Auswirkung hat:

Sie retten jeweils Ihr eigenes Gleichgewicht, indem Sie verhindern, daß der andere ins Gleichgewicht kommt. Und dies durch zunehmend heftige Manöver.

Es scheint, daß die **vordringlichste Maßnahme** ist, dem anderen mitzuteilen, welche Auswirkungen sein Gleichgewichtsbemühen auf mein eigenes Gleichgewicht hat - wie seine Verhaltensweisen mein Gleichgewicht bedrohen, so daß ich mich gegen ihn schützen muß:

**Ihm sagen,
was sein Verhalten bei mir bewirkt**

Die zweite Maßnahme sollte sein, **in Verhandlungen darüber zu treten**, bei der Auswahl der Verhaltensweisen, jene seltener werden zu lassen, die den Partner gleichzeitig destabilisieren. Ziel ist, auf Verhaltensweisen überzugehen, die mich zwar stützen, ohne zugleich den anderen zu bedrohen oder zu frustrieren:

Für mich, ohne gegen den anderen zu handeln

Wir werden jetzt ein erstes Paar-Gespräch in dieser Richtung versuchen:

1. **Sie sprechen Ihre alte Überlebensregel aus** als Ihre noch nicht abgelegte Unfreiheit in Ihrem Verhalten. Wichtig ist dabei das Wort „noch". Denn Sie sind dabei, sich von dem Diktat dieser Regel zu befreien.

2. **Benennen Sie seine Reaktion auf Ihr regelgeleitetes Verhalten** (wie Ihr Partner normalerweise noch auf Ihr regelgeleitetes Verhalten reagiert).

3. **Ihr Partner nennt die Auswirkungen Ihres regelgeleiteten Verhaltens** auf ihn (sagt Ihnen, inwiefern Ihr Verhalten noch droht, ihn aus dem psychischen Gleichgewicht zu bringen, und seine Reaktion ein Versuch ist, sich zu schützen).

4. **Verhandeln Sie über neue Gleichgewichtsbestrebungen, die den anderen nicht aus dem Gleichgewicht bringen.** Sie verhandeln, wie Sie anders als bisher für das Bewahren Ihrer zentralen Bedürfnisse und das Verhindern Ihrer zentralen Bedrohung/Angst sorgen können, ohne ihn damit aus dem Gleichgewicht zu bringen.

5. **Verhandeln Sie über neue Gleichgewichtsreaktionen Ihres Partners,** falls es Ihnen noch nicht gelingt, entgegen der alten Überlebensregel zu handeln. Wenn er versteht, daß dies ein altes Überbleibsel Ihrer Kindheit ist und er nicht eigentlich gemeint ist, zumindest nicht so, wie er es bisher irrtümlich noch auffaßte, bringt ihn dies nicht mehr so sehr aus dem Gleichgewicht und er muß nicht mehr so heftig gegenreagieren.

Wer möchte beginnen? (Übung) ....
Sie können das, was wir gerade eben geprobt haben, gleich durch **tägliches Üben** in die Praxis umsetzen:
Was? Führen Sie ein Paar-Gespräch, das in obige 5 Punkte gegliedert ist.
Wie oft? Sie nehmen sich täglich eine Stunde Zeit.
Wann? Legen Sie die Uhrzeit fest (......... Uhr). Schalten Sie das Telefon ab.
Wo? Nehmen Sie dort Platz, wo Sie beide sich wohl fühlen können, ohne in Alltagsmuster zu verfallen.
Wie? Insgesamt eine Stunde, aber **diesmal nicht je 30 Minuten, sondern im Dialog:** Ich sage dir, was ich unbedingt für mein emotionales Überleben tun muß. Du sagst mir, welche Wirkung dieses Verhalten bei dir entfaltet und wie du dich vor diesen Wirkungen schützen mußt. Dann verhandeln wir beide, welche meiner Verhaltensweisen mir dienen, ohne dich zu schädigen.
Und Ihr Partner? Anschließend sagt der Partner, was er für sein emotionales Überleben tun muß etc.

Wenn Sie wollen, können Sie anschließend noch Ihr jeweiliges Erleben aussprechen. Sprechen Sie in Ich-Sätzen. Haben Sie das **Ziel dieser Übung** erreicht? Zum einen verstehen, wie mein Bemühen um mein psychisches Gleichgewicht meinen Partner aus dem Gleichgewicht bringt, zum anderen verstehen, daß seine Reaktion nur dazu dient, dieses Gleichgewicht wiederzuerlangen. Verstehen, daß jeder von beiden das Recht und sich selbst gegenüber sogar die Pflicht hat, sein Gleichgewicht wiederherzustellen. Verstehen, daß fehlende Abstimmung zu unbeabsichtigten gegenseitigen massiven Störmanövern führen muß. Verstehen, daß wie in einem kleinen Boot, das jederzeit umkippen kann, jede größere Bewegung der Abstimmung bedarf.

Und zuletzt: ein kurzes Protokoll führen.

Damit sind wir am Ende unserer heutigen Paarsitzung angekommen. Wir haben vereinbart, welchen täglichen Beitrag Sie in den nächsten zwei Wochen leisten werden. Bitte rufen Sie mich sofort an, wenn Sie merken, daß Sie unsere Vereinbarungen nicht einhalten können. Wir können uns dann telefonisch über eine praktikable Lösung einigen.

Und denken Sie bitte daran, daß wir Ihre **kurzen täglichen Protokolle** unbedingt brauchen. Sie fertigen diese am besten noch am gleichen Tag an.

8. PAARSITZUNG: DIE PAAR-GEFÜHLE, FREUD UND LEID

Gefühle helfen in der Partnerschaft
- die Bedeutung von Situationen zu erkennen und
- mobilisieren dazu, das stimmigste Verhalten zu finden und zu zeigen.

Jeder Mensch hat andere zu ihm gehörige Gefühle. Wir erkennen einen Menschen u.a. an seinen bevorzugten Gefühlsreaktionen.

Betrachten Sie Ihre Gefühlswelt:
Die Symbole bedeuten:

! = dieses Gefühl habe ich oft/intensiv

? = dieses Gefühl lehne ich aus Überzeugung ab

+ = dieses Gefühl hätte ich gerne (mehr), traue mich aber nicht

- = dieses Gefühl ist so unangenehm, daß ich es vermeide

GEFÜHLE IN DER PARTNERSCHAFT							
! ? + -	Freude	! ? + -	Traurigkeit	! ? + -	Angst	! ? + -	Ärger, Wut
	Freude Begeisterung Glück Übermut Leidenschaft Lust Zufriedenheit Stolz Selbstvertrauen Gelassenheit Überlegenheit Dankbarkeit Vertrauen Zuneigung, Liebe Rührung		Traurigkeit Verzweiflung Sehnsucht Einsamkeit Leere, Langeweile Enttäuschung Beleidigtsein Mitgefühl		Angst, Furcht Anspannung und Nervosität Verlegenheit Selbstunsicherheit Unterlegenheit Scham Schuldgefühl Reue Sorge Ekel Schreck		Ärger, Wut, Zorn Mißmut Ungeduld Widerwille, Trotz Abneigung, Haß Verachtung Mißtrauen Neid Eifersucht
BEFRIEDIGUNG VERSUS VERLUST				VERLETZUNG VERSUS AGGRESSION			

a)! Welche Gefühle habe ich als Partner/in so häufig oder so intensiv, daß sie zu meiner Partnerschaft gehören, auch wenn sie mir unangenehm sind?

Kennzeichnen Sie in obiger Tabelle die Gefühle, die zu Ihnen als Partner/in gehören, auch wenn Sie sie nicht an sich mögen oder sie Ihnen unangenehm sind oder Sie sie ablehnen. Beginnen Sie mit den Gefühlen der ersten Spalte (Überschrift "Freude"). Um diese Frage zu beantworten, versuchen Sie bei jedem Gefühl der Tabelle kurz die Augen zu schließen, in sich hineinzuspüren und zu erinnern, sich zu fragen: "Gehört Freude bezüglich meiner Partnerschaft zu mir als Partner/in?" Wenn ja, machen Sie ein !-Zeichen in die schmale Symbol-Spalte vor dieses Gefühl. Dann weiter: "Gehört Begeisterung bezüglich meiner Partnerschaft zu mir als Partner/in?" Wenn ja, machen Sie ein !-Zeichen vor dieses Gefühl, sonst gehen Sie weiter zum nächsten Gefühl. Wenn Sie dies für alle Gefühle der ersten Spalte gemacht haben, betrachten Sie alle in dieser Spalte mit einem !-Zeichen versehenen Gefühle. Welches von ihnen ist das wichtigste der Spalte "Freude"? Schreiben Sie hinter das !-Zeichen bei diesem Gefühl die Zahl "1", z.B. "!1 Lust".

Welches ist das zweitwichtigste dieser Spalte? Schreiben Sie hinter das !-Zeichen bei diesem Gefühl die Zahl "2", z.B. "!2 Freude". Gehen Sie dann zur zweiten Spalte ("Traurigkeit"), und machen Sie ein !-Zeichen in die schmale Symbol-Spalte vor alle Gefühle, die zu Ihnen gehören. Nun bestimmen Sie wieder, welches von den ausgewählten Gefühlen das wichtigste ist. Schreiben Sie hinter das !-Zeichen bei diesem Gefühl die Zahl "1". Bei „Welches ist das zweitwichtigste dieser Spalte?" schreiben Sie hinter das !-Zeichen bei diesem Gefühl die Zahl "2".

Gehen Sie bei den beiden weiteren Spalten "Angst" und "Ärger, Wut" ebenso vor. Jetzt haben Sie zwei mal vier, also acht Gefühle als besonders häufig oder intensiv, besonders zu Ihnen gehörig gekennzeichnet.

Welches dieser acht Gefühle ist das am meisten zu Ihnen gehörige, auch wenn es unangenehm ist?
Welches der eingekreisten Gefühle ist das am zweitmeisten zu Ihnen gehörige?
Welches am drittmeisten usw. Schreiben Sie die acht eingekreisten Gefühle auf.

b) In welchen Situationen habe ich diese Gefühle? Versuchen Sie, diese wichtigen Gefühle typischen Situationen zuzuordnen, indem Sie einen Satz formulieren, z.B.: 1. Am meisten fühle ich Lust, wenn ich in der Disco bin und tanze.

c) Zu welchen Handlungen gegenüber meinem Partner bewegen mich meine Gefühle? Versuchen Sie sich genau zu erinnern, was Sie typischerweise tun, wie Sie handeln, wenn Sie eines der acht Gefühle spüren.
Sie erkennen daraus
• wozu Ihre Gefühle Sie bewegen, und umgekehrt,
• aus welchen Gefühlen heraus Ihre Handlungen entstehen.
Zum Beispiel: Habe ich das Gefühl Übermut, handle ich meinem Partner gegenüber herabsetzend.

d) Mit welchen Gegenbewegungen verhindere ich Bewegung aus meinen Gefühlen? Hier ist wieder wichtig, die Psychologie der Gefühle zu kennen. Denn bei fast allen Gefühlen gibt es allgemeine Gefühl-Reaktions-Abfolgen, die quasi natürliche Reaktionen auf das betreffende Gefühl sind, z.B. Flucht aus Angst, Angriff aus Wut, Weinen aus Traurigkeit, Umarmen oder ähnliches aus

Liebe. Wenn Ihre erinnerte Reaktion diesen natürlichen Reaktionen in etwa entspricht, ist Ihre
Reaktion eine **"Bewegung"** aus dem Gefühl heraus, dasjenige Handeln, zu dem das Gefühl sie
bewegt.

In der Partnerschaft lernen wir jedoch, daß unser
Partner viele unserer emotionalen Reaktionen
überhaupt nicht mag oder aushalten kann. Um
mit dem Partner einigermaßen zurechtzukommen,
müssen wir uns deshalb viele natürliche Reaktionen schnellstens abgewöhnen. Ergebnis ist entweder

- daß wir das Gefühl zwar spüren, aber keine Reaktion zeigen,
- oder daß wir das Gegenteil von dem tun, wozu
  unser Gefühl uns bewegen will,

d.h., daß wir eine **Gegenbewegung** gegen das
Gefühl vollziehen, z.B. um nicht mit dem Partner
in Streit und Auseinandersetzung zu geraten. Oder
um keine zu nahe, liebevolle Begegnung zu riskie-
ren, nach der ich ja doch wieder nur enttäuscht
werden würde.

So ist Weggehen, wenn ich mich ärgere, eine Gegenbewegung gegen das Gefühl von Ärger und
Wut. Ich verhindere dadurch, aus Ärger anzugreifen. Einen Streit anzufangen, wenn ich Sehnsucht
nach einer Umarmung habe, ist ebenfalls eine
Gegenbewegung. Versuchen Sie nun, in diesem Sinne Ihre unter d) erinnerten Reaktionen als Bewegung oder als Gegenbewegung einzuschätzen. Haben Sie eine oder mehrere Gegenbewegungen gefunden, so machen Sie sich am Rand ein großes
Fragezeichen. Später sollte diese Gegenbewegung
noch genauer betrachtet werden. Vielleicht ist sie
Hinweis auf eine zentrale Gefühlsblockade, die ja
oft zu psychosomatischen Symptomen führt (z.B.
Kopfweh etc.). Oder die einen Streit verhindern
will und in Wirklichkeit viel mehr böses Blut macht
als ein offenes Zeigen des Gefühls.

**e) ? Welche Gefühle lehne ich bei mir als
Partner/in ab?** Unser Umgang mit unseren Gefühlen wird auch dadurch beeinflußt, welche Einstellungen, Überzeugungen, welche Wert-
orientierung wir haben.

Gefühle, die ich ablehne, werde ich meinem Partner gegenüber zu vermeiden suchen. Wenn ich
sie trotzdem habe, lehne ich mich dafür ab, so
wie ich meinen Partner für dieses Gefühl vielleicht
ablehne.

Prüfen Sie Ihre Einstellung zu verschiedenen Gefühlen, indem Sie in obiger Tabelle diejenigen
Gefühle durchstreichen, die Sie bei sich oder
bei Ihrem Partner **ablehnen.** Es kann sein, daß
Sie diese nur bei sich ablehnen. Suchen Sie in
obiger Tabelle aus jeder Spalte die beiden Gefühle aus, die Sie am ehesten ablehnen. Am einfach-
sten gehen Sie wieder so vor, daß Sie zunächst vor
jedem Gefühl **ein ?-Zeichen** in die schmale Symbol-Spalte schreiben, das Sie aus Überzeugung ablehnen (nicht, weil es Ihnen unangenehm ist, sondern weil Sie überzeugt sind, daß es nicht gut ist,
solche Gefühle zu haben). Welche beiden Gefühle
der Spalte "Freude" lehnen Sie am meisten ab?
Schreiben Sie hinter das ?-Zeichen vor diesem Gefühl eine "1"und eine "2". Welche beiden Gefühle
der Spalte "Trauer" lehnen Sie am meisten ab?
Schreiben Sie auch hier eine "1" bzw. eine "2" hinter das ?-Zeichen vor diesen beiden Gefühlen. Gehen Sie bei den Spalten "Angst und "Ärger, Wut"
ebenso vor.

(Falls Sie in einer Spalte absolut kein Gefühl finden, das Sie aus Überzeugung ablehnen, suchen
Sie in anderen Spalten so viele abgelehnte Gefühle, bis Sie ebenfalls insgesamt acht abgelehnte
Gefühle gefunden haben.)

Jetzt haben Sie acht Gefühle ausgewählt. Welches
von diesen **lehnen Sie am meisten ab,** wel-

ches am zweitmeisten, welches am drittmeisten usw. bis achtens? Schreiben Sie diese acht Gefühle jetzt auf.

Jetzt kann ich Ihnen ja meine Meinung sagen: Ich persönlich bin überzeugt, daß jedes Gefühl in einer bestimmten Situation seine Berechtigung und seinen Sinn hat und daß es deshalb nicht gerechtfertigt ist, irgendein Gefühl als solches prinzipiell abzulehnen. Unsere Ablehnung eines Gefühls ist vielleicht nur Mittel zum Zweck und dient dazu, daß wir eine für unser emotionales Überleben wichtige Gefühlsblockade aufbauen zu können.

f) + Welche Gefühle traue ich mich nicht zu haben oder zu zeigen? Manche Gefühle

lehne ich nicht ab, ich hätte sie gern, traue mich aber nicht, mich z.B. so richtig zu ärgern und das auch so richtig zu zeigen. Oder ich habe Angst davor, traurig zu sein, z.B. weil ich fürchte, daß ich nicht mehr aus der Traurigkeit herausfinde oder daß ich sie nicht aushalte.

Es gibt außerdem Gefühle, die ich einfach "nicht kann", z.B. gelassen sein. Machen Sie in obiger Tabelle in der schmalen Symbol-Spalte vor alle Gefühle **ein +-Zeichen**, die Sie bisher vermieden haben, bei denen Sie aber froh wären, wenn Sie diese im richtigen Moment haben könnten, z.B. stolz sein auf etwas, das mir gerade sehr gut gelungen ist. Machen Sie **außerdem vor diejenigen Gefühle, die Sie gern hätten, die Sie aber einfach "nicht können"** ein +-Zeichen. Als nächstes wählen Sie aus den mit einem +-Zeichen gekennzeichneten Gefühlen diejenigen acht Gefühle aus, zu denen Sie am wenigsten Mut haben, obgleich Sie sie sich wünschen oder sie für wichtig und notwendig halten.

Es kann sein, daß Sie einen großen Teil Ihrer Erlebens- und Handlungsfähigkeit auf diese Weise von sich fernhalten und Ihr Gefühls- und Beziehungsleben deshalb viel ärmer ist, als es sein müßte. Manchmal ist dies nicht nur Folge, sondern auch Ursache von Depression und fehlendem Selbstvertrauen.

In welchen Paar-Situationen hätte ich diese Gefühle gern? In welchen Situationen würden Sie gern mit diesem Gefühl reagieren, wenn Sie sich nur trauen würden?

Zu welchen Handlungen gegenüber meinem Partner würden mich diese Gefühle bewegen? Versuchen Sie sich vorzustellen, wie Sie Ihrem Partner gegenüber handeln würden, wenn Sie diese Gefühle spürten, z.B. in den gerade genannten Situationen.

Stellen Sie sich vor, Sie hätten gerade dieses Gefühl. Sie können dazu die Augen schließen. Wenn dieses Gefühl deutlich spürbar ist, was tun Sie dann?

Welche befürchteten Konsequenzen halten Sie von diesen Gefühlen ab?

g) – Welche Gefühle vermeiden Sie, weil sie so unangenehm sind?

Lesen Sie ein letztes Mal die 43 Gefühle in obiger Tabelle durch. Welches ist im Erleben, wenn es gerade da ist, so unangenehm oder so schmerzlich, daß Sie seit langem unter allen Umständen versuchen, es zu vermeiden, sofern dies Ihnen möglich ist? Machen Sie **ein „–"-Zeichen** in die schmale Symbol-Spalte vor das Gefühl, **das sich als solches unangehm oder schmerzlich anfühlt** (und nur das ist hier gemeint). Wenn es Ihnen lediglich aus irgendeinem Grund unangenehm ist, dieses Gefühl zu haben, gehört das nicht hierher (diese Möglichkeiten haben wir inzwischen ja oben betrachtet). Wählen Sie - egal aus welcher der vier Spalten (Freude - Trauer - Angst – Ärger, Wut) diejenigen acht Gefühle aus, die für Sie am unangenehmsten, am schwersten auszuhalten sind und die Sie deshalb so oft wie möglich vermeiden. Höchst unangenehme **Gefühle, die Sie nicht vermeiden, sollten Sie hier nicht notieren.**

k) Diejenigen Gefühle, die Ihre Eltern früher abgelehnt haben und die Sie heute noch ablehnen (siehe (e)) bzw. zu denen Ihnen noch heute der Mut fehlt (siehe (f)) bzw. die so schwer zu ertragen sind, daß Sie diese möglichst konsequent vermeiden (g), nennen wir

**primäre, tabuisierte
oder schädliche Gefühle.**

Manche Gefühle setzen wir ungewollt ein, damit wir ein anderes, primäres, tabuisiertes Gefühl nicht zugleich haben können, welches wir ablehnen, oder zu dem wir nicht den Mut haben. Wer z.B. große Angst hat, hat keine Wut mehr. Er flieht statt anzugreifen. Wer sich z.B. völlig unterlegen fühlt, mag sich zwar innerlich sehr ärgern, unterläßt aber berechtigte Kritik. Gefühle, die so eingesetzt werden, werden in der Transaktionsanalyse recht treffend Ersatzgefühle genannt. Wir nennen sie

**sekundäre, gegensteuernde,
erwünschte oder nützliche Gefühle.**

Sie sollen ja dem primären unerwünschten Gefühl gegensteuern, damit es nicht auftritt, damit es verschwindet, und vor allem, damit wir nicht das tun, was dieses primäre Gefühl uns tun lassen würde. Da es für den Laien sehr schwer ist, seine gegensteuernden Gefühle zu identifizieren, gehen wir ganz rigoros vor: Bis das Gegenteil bewiesen ist, können Sie **bei allen unter (a) markierten** zu Ihnen gehörigen Gefühlen, **sofern sie nicht zur Gruppe der abgelehnten Gefühle (e) gehören,** davon ausgehen, daß es erwünschte, nützliche Ersatzgefühle sind. Sie können dies prüfen, indem Sie sich fragen, ob die

meisten Menschen in typischen Situationen andere Gefühle hätten, z.B. eines der von Ihnen abgelehnten, tabuisierten.

Und nun die Frage, wozu diese sekundären Gefühle dienen. Welches primäre Gefühl und welche aus diesem Gefühl resultierende Handlung werden dadurch verhindert? Auch hier ist ein großes Fragezeichen am Rand angebracht.

Sie haben nun eine sehr wichtige **emotionale Arbeit** vor sich:

1. Die Gefühle, die Sie bisher abgelehnt haben, annehmen und akzeptieren.
2. Die Gefühle, zu denen bisher der Mut fehlte, ins Bewußtsein lassen.
3. Die Gefühle, die bisher unerträglich unangenehm waren, ertragen lernen.

Wenn das primäre Gefühl da ist, was dann? Es gibt einige bekannte Arten, auf eine für sich selbst und auch für die Paarbeziehung äußerst schädliche Weise mit seinen Gefühlen umzugehen, und es ist von großer Wichtigkeit, diese Reaktionsmuster zu identifizieren. Was trifft auf Sie zu? Bezüglich welcher Gefühle? In welchen Situationen?

- Ich kann nichts gegen mein Gefühl tun, es ist so intensiv und beherrscht mich.
- Ich nehme einfach kein Gefühl wahr, obwohl ich weiß, daß ich Grund zu diesem Gefühl habe.
- Ich habe das Gefühl nur ganz schwach.
- Vorsorglich passe ich gut auf, daß keine Situation kommt, in der ich dieses Gefühl habe.
- Ich nehme ein ganz anderes Gefühl wahr als das zur Situation eigentlich passende.
- Ich reagiere eher körperlich als mit Gefühlen.
- Ich lenke mich ab, sage mir, daß es keinen Grund für dieses Gefühl gibt.

- Ich lasse mir nichts anmerken, reagiere eher sachlich oder zurückhaltend.
- Mein Gefühl geht in eine Stimmung oder Verstimmung über, die einige Zeit anhält.
- Ich bleibe sehr lange in einem starken Gefühl hängen und komme nicht mehr daraus heraus.
- Ich empfinde mich selbst fremd oder unwirklich.
- Ich verstumme völlig. Man merkt mir nicht an, daß ich alle Ereignisse trotzdem sehr wach wahrnehme.
- Ich werde völlig bewegungslos, als ob ich erstarrt wäre.

Meine Gefühle in der Partnerschaft

Meine wichtigstes Freude-(Trauer-, Angst- oder Wut-)Gefühl ist: ....

- Aus .... habe ich bisher folgendes getan ....
- Mein Partner reagierte bisher darauf so: ....
- Die unangenehme Auswirkung war: ....
- Es wäre besser gewesen: (Zutreffendes unterstreichen) *Prüfen, ob das Gefühl angemessen ist - das Gefühl aushalten - zu sagen, welches Gefühl ich habe - aus dem Gefühl handeln - die aus dem Gefühl entstandene Handlung zu unterlassen*

Selbst- und Fremdakzeptanz ist der erste Schritt. Das ist für beide Partner schwer. Vielleicht ist folgende Übung ein hilfreicher Einstieg:
Setzen Sie sich gegenüber. Beginnen Sie folgenden Dialog:

- Sprechen Sie:
- Mein Freude-Gefühl ist ....
- Schließen Sie die Augen, spüren Sie Ihr Gefühl ....

- Sagen Sie: Ich akzeptiere, daß ich das Gefühl .... habe
- Ihr Partner sagt: Ich akzeptiere, daß du das Gefühl .... hast
- Sagen Sie: Ich werde ab jetzt so mit meinem Gefühl .... umgehen: ....
- Ihr Partner sagt: Ich akzeptiere, daß du jetzt mit deinem Gefühl .... so umgehst: ....

Der zweite Schritt ist, den aktiven Umgang mit seinen Gefühlen zu lernen:

1. Das Gefühl bewußt wahrnehmen.
2. Prüfen, ob das Gefühl jetzt angemessen ist. Wenn ja:
3. Mein Gefühl ganz zulassen
4. Prüfen, ob die Intensität meines Gefühls dem Anlaß entspricht. Wenn ja:
5. Mein Gefühl aussprechen.
6. Spüren, was ich aus meinem Gefühl heraus tun möchte.
7. Prüfen, ob meine Gefühls-Handlung angemessen ist. Wenn ja:
8. Sagen, was ich aus meinem Gefühl heraus tun möchte.
9. Hören, was der andere antwortet. Wenn es noch stimmig/notwendig ist:
10. Aus meinem Gefühl heraus handeln.

9. Paarsitzung: Probleme und Lösungen

a) Problem-Situationen: Die täglichen Kämpfe

Auch wenn Sie vielleicht in der Zwischenzeit etwas mehr gegenseitiges Verständnis gewonnen haben, so werden Sie sich doch geradezu reflexhaft in wiederkehrende alltägliche Scharmützel stürzen, als ob es gelte, gerade diese sich bietende Gelegenheit absolut zu nutzen, um dem anderen Paroli zu bieten, als ob es eine Genugtuung wäre, sich gegenseitig zu schlagen. Jede Verletzung, die mir der andere angetan hat, ist für mich Rechtfertigung, nun ihm weh zu tun. Und es ist mir ein Bedürfnis dies zu tun - und es scheint irgendeine Befriedigung daraus zu resultieren - entlastende Aggressionsabfuhr oder völlige Bestätigung, daß wieder einmal die Welt hätte sehen können, wie er/sie in Wirklichkeit ist, oder Sättigung eines Opfer-Märtyrer-Bedürfnisses.

Sie wissen das alles. Stunden später, wenn sich das Gemüt wieder beruhigt hat und der Verstand wieder einsetzt, ist völlig klar, was sich abspielte. Und trotzdem wird es beim nächsten Mal wieder genauso ablaufen. Manchmal merken Sie schon währenddessen, was sich abspielt, und können doch nur zuschauen, nicht eingreifen. Und Sie wissen, wenn es uns gelänge, diese zermürbenden Wechselspiele von Verletzungen und Abwertungen bleiben zu lassen, wäre Ihr Partnerschaftsproblem nur noch halb so groß.

Beginnen wir also mit der Arbeit: Wir sammeln alle typischen Problemsituationen. Am besten wäre es, sie als Video- oder Tonbandaufnahme hier in der Paarsitzung gemeinsam anschauen zu können. Ersatzweise fertigen Sie **Gedächtnisprotokolle aller aktuellen Problemsituationen** an. Machen Sie für jede Situation, die Ihnen einfällt, Ihr je eigenes Protokoll. Auf das Gedächtnis Ihres Partners wollen Sie sich hierbei doch nicht etwa verlassen?

Gehen Sie so vor: Schreiben Sie alles **mit Kugelschreiber** oder Tinte, was Sie sicher über sich und Ihr Erleben und Verhalten **wissen**. Was Sie nur **vermuten,** schreiben Sie nur **mit Bleistift,** z.B. was Ihr Partner in dieser Situation gewollt, gedacht und gefühlt hat. Was Sie höchstens raten können, weil Sie davon nichts wissen, lassen Sie weg. Später - nachdem Sie im Rahmen der täglichen Paar-Gespräche mit Ihrem Partner darüber gesprochen und ihn genau danach gefragt haben, ändern Sie die Bleistifteinträge und schreiben auch das auf, was Sie nicht wissen konnten, er Ihnen aber eröffnet hat.

Es kann sein, daß Ihre Partnerschaft wie eine Kutschfahrt ist. Sie beide sitzen auf dem Kutschbock, und Sie beide versuchen Einfluß auf die Fahrtrichtung zu nehmen, auf die Gangart, auf Ort und Zeitpunkt der Pausen, wie mit den Pferden umgegangen wird, wann wieviel und welches Futter sie bekommen sollen. Anfangs konnten Sie sich noch einigen, wer wann wie lange die Zügel in die Hand nimmt, konnten noch darauf vertrauen, daß der andere die Kutsche gut führt und es eine gute gemeinsame Fahrt ist und bleibt, auch wenn Sie vorübergehend ein Nickerchen machen. Längst fahren Sie aber auf Wegen, die nicht mehr zu Ihrem Ziel führen. Der andere nutzt jede Gelegenheit, um seinem Ziel näher zu kommen, um die Kutschfahrt auf seine bevorzugten Wege zu lenken. Deshalb müssen Sie unentwegt wachsam sein. Dürfen keine Situation auslassen, die Ihnen die Chance gibt, sei es, zu verhindern, daß der andere wieder einmal die Fahrt noch weiter in seine Richtung lenkt, sei es, dafür zu sorgen, daß Sie es schaffen, die Fahrt wieder etwas mehr in Ihre Richtung zurückzulenken.

Jedes Partnerschaftsproblem, jeder Streit ist so eine Gelegenheit, die Fahrt aktiv in seine eigene Richtung umzulenken oder zu verhindern, daß der Partner dasselbe tut. Dieses Bild der Partnerschaft geht von zwei Voraussetzungen aus:

1. Sie bleiben auf derselben Kutsche sitzen, und Sie beide wollen es. Denn sonst würden Sie sich nicht so lange mit einem Menschen abmühen, der woanders hinfahren will als Sie. D.h., Sie sind beide sehr für die Partnerschaft engagiert.
2. Sie sind sicher, daß der andere ein anderes Ziel erreichen will als Sie. Denn sonst könnten Sie ihm nachsehen, wenn er manchmal einen anderen Weg wählt - im Vertrauen, daß auch dieser Weg zu Ihrem gemeinsamen Ziel führen wird.

Oder: Sie wissen zwar, daß Ihr Partner genau das gleiche Ziel hat wie Sie, aber Sie wollen auf keinen Fall, daß die Kutsche auf den von ihm ausgewählten Wegen zu diesem gemeinsamen Ziel fährt.

Eine **Interaktionsübung** kann helfen, diese Voraussetzungen zu klären. Führen Sie diese für die Partnerschaftsprobleme durch und für die konkreten Problem-Situationen, die Sie bisher gesammelt haben. Durch sie wird konsequent Ihr altes dysfunktionales Streitmuster durchbrochen. Anfangs werden Sie es erst im nachhinein anwenden. Bald werden Sie diese Selbst-Aussagen in Ihre Problemgespräche und Auseinandersetzungen einflechten und dafür Vorwürfe und Behauptungen bzw. Rechtfertigungen oder Ausreden weglassen. Wir werden jetzt die Interaktions-X-Übung hier einmal ausprobieren.

Dazu verwenden wir die gerade besprochene Beispiel-Situation.

Ich werde Ihnen, wenn Sie die Augen geschlossen haben, Anweisungen geben, die Sie beide durch die Situation und durch Ihr Erleben in dieser Situation leiten. Bleiben Sie dann bei der Vergegenwärtigung dieser Situation, und öffnen Sie die Augen wieder. Sie (die Partnerin) beginnen mit dem Satz: "Ich brauche ...". Sprechen Sie aus, was Sie aus Ihrem Gefühl heraus in dieser Situation brauchen. Sie (der Partner) wiederholen diesen Satz

"Du brauchst ...", und fügen dann Ihren eigenen Satz hinzu: "Ich brauche ...". Woraufhin Sie (die Partnerin) seinen Satz wiederholen "Du brauchst ..." und Ihren zweiten Satz aussprechen: "Ich fürchte ...". Diesen Satz wiederholt wiederum Ihr Partner, um dann seinen zweiten Satz hinzuzufügen "Ich fürchte ..." usw.

Wir setzen dies gleich in die Praxis um, durch **tägliches Üben:**

Was? Sammeln von **Problem-Situationen** aus dem Gedächtnis oder aktueller Beobachtung.

Protokollierung dieser Situationen. Dies machen Sie so zwischendurch, sobald Ihnen etwas einfällt oder auffällt.

a) Sie wählen eine Problem-Situation aus Ihrer bisherigen Protokoll-Sammlung. An einem Tag bestimmen Sie, am nächsten Tag Ihr Partner die Problem-Situation.
b) Sie lesen dem Partner Ihr bisheriges Protokoll vor. Sie fragen ihn, wie für ihn diese Situation war, was für die Teile Ihres Protokolls zutrifft, die Sie nur mit Bleistift ausgefüllt haben bzw. leer gelassen haben, weil nur er wissen kann, was ihn selbst betrifft. Schreiben Sie ohne Veränderungen seine Angaben auf. Lassen Sie sich nicht von ihm Änderungen der Angaben aufzwingen, die Sie über sich und Ihr eigenes Erleben mit Kugelschreiber aus Überzeugung geschrieben haben.
c) Eine **Interaktionsübung (Interaktions-X)** zu genau dieser Problem-Situation.
   Vorgehen nach Instruktion, wie in dieser Therapiesitzung geübt.
d) Im nun folgenden **Paargespräch** sprechen Sie je die Hälfte der Zeit über Ihre Bedürfnisse, Ihre Furcht, Ihre Gefühle, Ihre Gedanken, Ihre Aussagen und Handlungen **in dieser Problem-Situation** (nicht über die des Partners).

b) Problem-Lösungen
Wollen wir das denn?

Sie hatten beide Ihren guten Grund, Ihre Partnerschaft so lange so problematisch zu lassen. Das Aufrechterhalten des Problems bzw. der Probleme hat Entscheidungen verhindert, die die momentane Balance in eine bedrohliche Richtung zu ändern gedroht hätten. Lösungen könnten die Partnerschaft aufheben, um deren Erhalt haben Sie beide aber so sehr gekämpft. Wenn wir also nach Lösungen suchen, so können wir schon jetzt sagen, daß sie in dieser Hinsicht gleich viel leisten müssen wie das Partnerschaftsproblem, nämlich die Partnerschaft stabil halten.

Endgültige Lösungen gibt es nicht, ebensowenig wie endgültig schönes Wetter. Wir beschränken uns auf das Erlernen vorübergehender Problemlösungen - das **Umgehen mit Problemen**. Dies bedeutet, die Problem-Gespräche zu optimieren. Das Ergebnis soll allen dreien gerecht werden, Ihnen, Ihrem Partner und Ihrer Partnerschaft. Drei verschiedene Interessen sind also zu berücksichtigen werden.

Da Problemlösungen im Gespräch versucht werden, geht es um **Kommunikationsoptimierung**, d.h., eine Gesprächsform zu finden, die hilft, gemeinsam zu einer Problemlösung zu kommen, die von beiden unterstützt wird, von der beide das Gefühl haben, daß Verzicht und Gewinn sich die Waage halten, daß der andere nicht besser wegkam.

Es sind erforderlich:
• emotionale Bereitschaft, gemeinsame Ziele zu formulieren,
• Fähigkeiten im kreativen Finden von neuen Lösungswegen,

• Verhandlungsgeschick, damit die eigene Position gut vertreten bleibt, und die
• Fähigkeit, nachzugeben und zu verzichten, um einen gemeinsamen Nenner entstehen zu lassen.

Beginnen wir also mit der Arbeit:
Schreiben Sie ein Drehbuch eines Problem-Lösungsgesprächs, in dem
1. die eigene Problem-Wahrnehmung und die des Partners ausgesprochen wird,
2. die Perspektive des anderen akzeptiert und verstanden wird,
3. das eigene Anliegen geäußert wird und der Partner sein Anliegen ausspricht. Das sind Bedürfnisse, Befürchtungen, Gefühle, Wünsche, Bereitschaft zu Zugeständnissen,
4. dem anderen für seine Bereitschaft gedankt wird,
5. Verhandlungen aufgenommen werden, wenn es schwerfällt, auf den Wunsch des anderen einzugehen,
6. weitere Kompromisse gesucht und gegenseitig angeboten werden,
7. für das zusätzliche Nachgeben gedankt wird,
8. konkrete Abmachungen getroffen werden,
9. das künftige Verhalten des anderen in dieser Problem-Situation akzeptiert und verstanden wird,
10. die Problem-Lösung schriftlich als vertragliche Vereinbarung festgehalten wird.

Wir werden dies jetzt einmal an einer von Ihnen mitgebrachten Problem-Situation probieren ...
Dies verdeutlicht das Wechselspiel von eigenem Anliegen und Akzeptanz des anderen während der ersten drei Phasen des Lösungsgesprächs. Bei hartnäckigen Problemen geht es leider nicht so leicht. Es müssen weitere Schritte folgen, die jeweils wie ein Echo vom anderen erwidert werden:

- Es **fällt mir schwer**, auf deinen Wunsch einzugehen, so zu reagieren: ...
- Ich verstehe und akzeptiere dein Festhalten.
- Deshalb schlage ich als **Kompromiß** vor, daß ich so reagiere: ...
- Ich verstehe und akzeptiere deine Vorstellung.
- **Ich gebe mich** dafür auch damit **zufrieden,** daß du meinem Wunsch nur so weit entgegenkommst, daß du so reagierst: ...
- Ich danke dir für dein Nachgeben.
Falls Ihnen das nicht reicht, geht es weiter:
- Mir ist das sehr wichtig, daß du an folgendem Punkt (..............) doch so zu reagierst wie ich es vorhin gewünscht habe. **Ich bitte dich** deshalb sehr darum, daß du mir mehr entgegen kommst und dich so verhältst: ...
- Ich verstehe und akzeptiere dein Bitten.
- **Ich bin bereit,** mich so zu verhalten: ...
Ich danke dir für deine Bereitschaft, dich so zu verhalten: ...

Es ist notwendig, daß Sie nach diesem Gespräch zu konkreten Vereinbarungen kommen, seien die Zugeständnisse auch noch so klein!

Konkrete Abmachungen:

Ab jetzt werde ich in dieser Situation so reagieren: ....
Ab jetzt wirst Du in dieser Situation so reagieren: ....
Ich verstehe und akzeptiere Deine Reaktion.
Diese Abmachung ist unsere gemeinsame Entscheidung. Sie **ist gültig.**
Wenn ich mich nicht daran halte, bezahle ich DM 10,- in unsere Versäumniskasse.

Datum .... Unterschrift ....

10. Paarsitzung: Die Entwicklung des Selbst und der Beziehung

Die Paarbeziehung entwickelt sich aus sich heraus und durch die wechselnden Aufgaben der Ehe und Familie. Willi (1978) fand folgende Phasen der Ehe: Stabile Paarbildung, Ausbau- und Produktionsphase, Krise der mittleren Jahre, Altersehe. Böttcher (1983) differenzierte diese Phasen stärker: Annäherung, Vereinigung, Durchhalten, Bewährung, Altersehe, Nachlaßehe. Diese Phasen beschreiben den Lauf des Erwachsenenlebens bis zum Ende. Zwischen Durchhalten und Bewährung kommt es zur großen Krise, die manchmal zur Paartherapie führt. Die Krise kann Entwicklungsstagnation zeigen oder gar wie das Steckenbleiben des Kindes während der Geburt eine gefährliche Krise sein.

Kegan (1986) formulierte sechs Stufen der emotionalen und der Beziehungsentwicklung:
1. einverleibend
2. impulsiv
3. souverän
4. zwischenmenschlich
5. institutionell
6. überindividuell

Wir folgen dieser Einteilung. Eine kurze Paartherapie kann keine Entwicklung begleiten. Diese braucht mehr Zeit. Aber sie kann Entwicklungsbarrieren entfernen helfen und Entwicklungsanreize geben. Sie können feststellen, auf welcher individuellen Stufe der Entwicklung ihres Selbst und Ihrer Beziehungsgestaltung Sie stehen. Lesen Sie folgende sechs Texte durch und entscheiden Sie vom Gefühl her, welcher am besten auf Ihr Erleben und Verhalten in Ihrer Partnerschaft zutrifft - nicht im Beruf, nicht in der Öffentlichkeit und nicht unter Freunden. Wer sind Sie in der Paarbeziehung?

Sollten Sie sich auf den Stufen vier bis sechs wiederfinden, so legen Sie zusätzlich noch fest, welche der ersten drei Stufen am besten zu Ihnen als
Beziehungsmensch in Ihre Partnerschaft paßt. Diese Stufe wird unsere „Arbeitsstufe".

Stufe 1:
- Ich brauche, daß **du mir gibst,** was ich brauche, ohne daß ich dich darum bitte oder es von
dir fordere.
- Ich fürchte, **von dir nicht zu erhalten,** was
ich brauche,
- - daß von dir zu viel Schädliches an mich her-
ankommt,
- - daß ich zu gierig von dDir in mich aufnehme.
- Ich kann von dir annehmen, **mich öffnen,
mich verschließen.**
- Ich kann mir nicht von dir holen, was ich brauche.

Stufe 2:
- Ich brauche, daß du, wenn ich es mir holen will,
mir das abgeben willst, was ich von dir brauche.
- Ich brauche nicht zu warten, bis Du mir etwas
anbietest – ich hole es mir oder bitte Dich darum.
- Ich fürchte, daß ich mich von dir (oder du dich
von mir) so weit entferne/st, daß ich dich ver-
liere.
- Ich kann genau das tun, was mein momentanes
Bedürfnis befriedigt, mir von dir das holen, was
ich brauche, oder ablehnen, was ich nicht will.
- Ich kann nicht dich dazu bringen, in meinem
Sinne zu handeln

Stufe 3:
- Ich brauche, daß du dich durch mich beeinflussen läßt.
- Ich brauche nicht, daß du von dir aus immer
gleich denkst und fühlst wie ich.

- Ich fürchte, die Kontrolle über dich zu verlieren.
- Ich kann auf dich so einwirken, daß du in meinem Sinne handelst.
- Ich kann nicht Kontrolle abgeben, um mich
durch Verzicht auf eigene Interessen, der Beziehung zu dir zu überlassen

Stufe 4:
- Ich brauche eine gefühlvoll liebende Beziehung
- und Harmonie in unserer Beziehung.
- Ich brauche dich nicht zu beeinflussen oder zu
kontrollieren, damit du dich verhältst, wie ich
es brauche.
- Ich fürchte, etwas gegen deine Wünsche zu tun,
was mich deine Liebe kostet.
- Ich kann dich sehr gut verstehen und unsere Beziehung ganz vor meine Eigeninteressen stellen.
- Ich kann nicht: mir vorstellen, ohne deine Zuneigung sein zu können.

Stufe 5:
- Ich brauche klare Umgangsregeln und daß ich
mich darauf verlassen kann, daß du dich an
diese Regeln hältst.
- Ich brauche nicht: deine unerschütterliche Zu-
neigung, das Eingebettetsein in die Beziehung
zu dir.
- Ich fürchte, die Übersicht über die vernünftige
Regelung unserer Beziehung zu verlieren.
- Ich kann gefühlsmäßig Abstand von unserer
Beziehung und von dir nehmen.
- Ich kann nicht: mich über Regeln hinwegset-
zen, wenn ich sie im Einzelfall für ungerecht
halte.

Stufe 6:
- Ich hoffe nicht - auch wenn ich mich freue, wenn
von Dir oder mit dir Schönes kommt.
- Ich fürchte nicht - auch wenn etwas Unange-
nehmes zwischen uns geschehen sollte - z.B.
Trennung.

- Ich bin frei - mit dir meinen Lebensweg zu gehen oder eines Tages meinen eigenen Weg ohne dich.
- Ich brauche nicht: eine äußere Regelung zur Pflege des Umgangs mit dir.
- Ich kann unsere Umgangsregeln kritisch handhaben.
- Ich kann nicht: auf Dauer ohne andere Menschen sein (wie dich).

Wenn Sie auf einer bestimmten Entwicklungsstufe stehen, so haben Sie die zugehörigen Bedürfnisse, Ängste, und es fehlen Ihnen noch die Fertigkeiten der nächsthöheren Stufe. Es ist nicht sinnvoll, sich das abzuverlangen, was noch nicht entwickelt ist. Ebensowenig können Sie von Ihrem Partner verlangen, sich so zu verhalten, wie es auf der nächsten oder übernächsten Stufe selbstverständlich wäre. Vor jeglichem Änderungvorhaben sollte demnach eine Analyse des emotionalen Entwicklungsstandes der beiden Partner erfolgen.

Änderungziel darf dann nur sein, die Fähigkeiten der gegenwärtigen Stufe einzusetzen. Oder es muß der Schritt auf die nächste Entwicklungsstufe angestrebt werden. Gelingt dieser Entwicklungsschritt, dann stehen die neuen Fähigkeiten unmittelbar zur Verfügung. Sie müssen nicht eigens eingeübt werden. Damit jedoch der bisher blockierte und vielleicht schon längst anstehende Entwicklungsschritt gelingen kann, müssen Vorbereitungen getroffen werden. Gäbe es nicht massive Gründe für ein Verweilen auf der niedrigeren Stufe, so hätten Sie längst den Schritt getan. Vielleicht war die bisherige Stufe eine rettende Plattform aus großer Not und Ausgeliefertsein. Dann will unsere Psyche diesen sicheren Ort nicht mehr verlassen. Oder sie wartet immer noch auf emotionale Nahrung, die ihr auf höheren Stufen nicht mehr zugestanden wird.

- **Ich** habe mich in unserer Partnerschaft auf meiner Entwicklungsstufe eingerichtet, **du** auf deiner.
- **Wir** sind weder auf deiner noch auf meiner Stufe
- Ich kämpfe darum, daß du mich auf meiner Entwicklungsstufe bedienst, und du, daß ich dich auf deiner Stufe bediene
- Ich werde dir nicht gerecht und du mir nicht.

Lesen Sie also die Beschreibung der nächsthöheren Stufe durch, und stellen Sie sich vor, diese träfe auf Sie zu. Wird Ihnen mulmig? Verlieren Sie an Stabilität? Oder verlieren Sie etwas anderes? Ihre auftretende Veränderungsangst weist uns den Weg zu den Vorteilen des Unentwickeltbleibens.

Befinden Sie sich und Ihr Partner auf verschiedenen Stufen, so kann dies durchaus eine gute Ergänzung sein. Doch leider stellt sich auch diesbezüglich oft eine Polarisierung ein. Jeder verschanzt sich auf seiner Stufe und benutzt deren Fähigkeiten zum Kampf gegen den anderen. Deshalb kann diese Stufe nicht verlassen werden. Das wäre wie unbewaffnet über das Schlachtfeld des Ehekrieges laufen.

Statt dessen könnte jeder den anderen fördern in seiner Entwicklung:
a) durch Anreizschaffen für die Errungenschaften der nächsten Stufe,
b) durch dosierte Frustration der Bedürfnisse der alten Stufe,
c) durch In-der-Nähe-Bleiben, d.h., den durch die Entwicklung befürchteten Verlust nicht eintreten lassen.

Entwicklungshemmend wirkt ein Partner auf den anderen, wenn er
- dessen Ängste bestätigt, indem er z.B. ständig dessen Angst vor Alleinsein schürt,

• dessen Bedürfnisse nur unter bestimmten Bedingungen befriedigt (z.B. unter der Bedingung des Unentwickeltbleibens), aber dann reichlich,
• dessen stufenspezifische Überlebensregel bestätigt und signalisiert, daß ein emotionales Überleben anders nicht möglich ist,
• gegen die neuen Fähigkeiten ankämpft, so daß diese wirkungslos bleiben.

Oft ist es für den Partner sehr bedrohlich, wenn der andere sich weiterentwickelt. Er fühlt sich im Stich gelassen und will den anderen wieder so haben, wie er war. Manche Partner haben ausgeklügelte Strategien, die die Weiterentwicklung des andern effektiv ausbremsen. Diese müssen zunächst erkannt werden, um dann auf den boykottierenden Partner einzugehen. Denn er blockiert ja aus einer großen subjektiven Bedrohung heraus. Nur wenn es gelingt, ihm seine Angst zu nehmen (z.B. vor Kontrollverlust), kann er seine Blockade aufgeben. Oder bei Befriedigung seines zentralen Bedürfnisses, auch wenn der Partner sich entwickelt.

Die praktische Umsetzung sieht eine sichere Selbstdiagnose vor. Es wird in allen wichtigen Situationen darauf geachtet, wie stufenspezifisch das Erleben und Verhalten ist und welche falschen Bedeutungen dem Interaktionsprozeß gegeben werden. Es kann aber sinnvoll sein, ein Stadium der Bedürfnisbefriedigung einzuschalten, um die Befriedigung nachzuholen, die im bisherigen Leben vermißt wurde. In der Einzeltherapie geschieht diese durch den Therapeuten, in der Paartherapie durch den Partner. Er erhält eine präzise Unterweisung. Durch seine konsequente Befriedigung, seine Entängstigung, sein Zulassen des stufenspezifischen Wutausdrucks und durch die Bestärkung der Fähigkeiten wird die alte Stufe konsolidiert. Erfolgserfahrung löst die bisherige Erfahrung des Scheiterns ab. Die Stufe wird erfolgreich

abgeschlossen. Erst nach Verschwinden der alten Ängste werden die alten Bedürfnisse dosiert frustriert, um einen Anreiz zu schaffen, sich den Bedürfnissen der nächsthöheren Stufe zuzuwenden (Sulz 1994, 1999).

b) Ich ohne dich und du ohne mich

Paarentwicklung ist die Entwicklung des einzelnen Menschen und die der Partnerschaft. Wenn zu Beginn die Partnerschaft die Funktion hatte, das eigene Selbst zu komplettieren, eine Lücke in diesem auszufüllen oder gar das Selbst erst lebens- und funktionsfähig zu machen bzw. zu erhalten, so hat sich das Individuum vielleicht jetzt so weit entwickelt, daß es diese eine Beziehung nicht mehr zum emotionalen Überleben braucht. Dieser Partner ist kein notwendiger Bestandteil meines Lebens. Aber ein sehr wertvoller, für den ich mich jeden Tag neu entscheide. Wir sind nicht mehr verwachsen wie siamesische Zwillinge, wir müssen nicht mehr klammern, uns nicht mehr gegenseitig kontrollieren, nicht mehr erziehen. Wir schenken uns gegenseitig Vertrauen, und deshalb kann jeder von uns ein Eigenleben führen, das eine Pause ist in der Paarbeziehung, das ein wichtiger Teil meiner Identität geworden ist, mir Freiheit gibt - für mich und für die Partnerschaft.

Dieses Eigenleben ist ein Vermögen, mit dem ich in die Paarbeziehung gehe und dessentwegen ich für mich weniger aus der Partnerschaft herausziehen muß. Ich zehre nicht von der Paarbeziehung, sie ist nicht der Sauerstoff, den ich ständig atme, nicht das Wasser, das ich trinke, und nicht der Ofen, der mich wärmt. Ich benutze die Partnerschaft nicht mehr zur nowendigen Befriedigung meiner zentralen Bedürfnisse. Zur Not geht es auch ohne dich, aber schöner ist es mit dir. Ich bin ein eigenständiger und selbstbestimmter

Mensch geworden, der für meinen Partner einen deutlich größeren Wert darstellt als früher. Sein Verhalten mir gegenüber zeigt mir, wie wichtig ich für ihn bin.

Das läßt sich so schön sagen, aber können wir das auch leben? Oder vermeiden wir es doch, sind wir dieser reifen Form der Paarbeziehung noch nicht gewachsen? Wir müssen dieses Stadium nach 20 Wochen Paartherapie nicht erreicht haben. Aber vielleicht reizt es uns doch, festzustellen, wo wir stehen. Was löst dieses Thema in uns aus?

Partnerschaft ist der größte gemeinsame Nenner zweier Menschen. Der Rest ist die Individualität des Selbst.

Gibt es bei Ihnen diesen Rest, d.h. eine Identität abseits der Paarbeziehung?
• Ein Abend jeder Woche,
• ein Tag jeden Monats,
• eine Woche jeden Jahres
• gehört mir - für mich - ohne dich!
• und umgekehrt dir ohne mich.
• (Macht Ihnen das Angst?)

Wenn nicht, dann probieren Sie es mal aus:

Meinen Abend pro Woche werde ich so gestalten:
.... Wann?..................
Meinen Tag pro Monat werde ich so gestalten:
.... Wann?..................
Meine Woche pro Jahr werde ich so gestalten:
.... Wann?..................
Abende, Tage oder Wochen, die Sie aus beruflichen Gründen allein außerhalb der Partnerschaft verbringen müssen, zählen nicht.

Vielleicht machen Sie folgende Erfahrung:
• Wenn ich von dir weg war, freue ich mich auf dich.
• Wenn ich bei dir bin, so weil ich es will.
• Ich freue mich, wenn du bei mir sein willst.
• Ich bin frei, du bist frei.
• Wir sind frei für unsere Liebe.
• Dann wenn wir uns wollen
• und so oft, wie wir uns wollen,
• und so lange, wie wir uns wollen.

Erzwingen können Sie dies nicht. Es muß sich entwickeln.

Auch die gelassene Betrachtung der gemeinsamen Zukunft gehört zu diesem Entwicklungsstadium:

• Leben und Beziehung sind vergänglich.
• Nutze und genieße sie als dein kostbares Gut.
• Leben und Beziehung sind Geschenke.
• Nimm sie dankbar an, und fordere nicht mehr, als dir geschenkt wurde.
• Auch wenn andere vielleicht reicher beschenkt wurden.

Damit sind wir am Ende unserer Paartherapie angekommen. Sie können sich - wenn es jetzt noch nicht Zeit dafür ist - zu einem späteren Zeitpunkt diesen Themen nähern.

Explorationsbogen zum gegenwärtigen Stand der Paarbeziehung
S. Sulz

Unser Paarkrieg - unsere Kriegsmüdigkeit

- Was ist für jeden von Ihnen unerträglich geworden?

....

- Welche Situationen dürfen einfach nicht mehr vorkommen?

....

- Welche Verhaltensweisen des anderen sind nicht mehr auszuhalten?

....

- Welche eigenen Verhaltensweisen stören Sie am meisten?

....

- Welche konkreten Auswirkungen hatten diese Situationen auf Sie?

....

- In welchen Zustand haben sie Sie versetzt (Gefühle)?

....

- Was haben Sie bisher getan, um die Beziehung zu reparieren?

....

- Was haben Sie getan, um das alles aushalten zu können?

....

- Was haben Sie nicht getan, obwohl es nötig gewesen wäre?

....

- Wie wünschen Sie sich Ihre Partnerschaft?

....

- Was müßte dazu alles anders werden?

....

- Was müßte Ihr Partner Konstruktives tun?

....

- Was müßten Sie Konstruktives tun?

....

- Was sind Sie bereit zu tun?

....

- Wieviel Zeit pro Tag werden Sie investieren?

....

- Welcher Änderungsbeitrag von Ihnen würde gleich zu Beginn eine Entlastung bringen?

....

- Können Sie dieses Einstiegsverhalten zwei Wochen lang ausprobieren? ....

....

- Legen Sie sich verbindlich fest auf dieses Verhalten? Ja?
- Dann können Sie jetzt mit der Entwicklung Ihrer Partnerschaft beginnen!

Viel Erfolg!

VERTRAG ZUR PAARENTWICKLUNG

zwischen den (Ehe-)Partnern   Frau ....,   Herrn ....

und dem Therapeuten/der Therapeutin....................................

Die oben Genannten schließen mit Unterzeichnung folgenden Vertrag:

1. Die Unterzeichnenden führen eine Paartherapie nach dem Konzept der Strategischen Paarentwicklung (SPE) durch.
2. Diese Paartherapie umfaßt 10, maximal 15 Sitzungen zu je 90/100 Minuten
3. Die Therapie ist/ist nicht verlängerbar.
4. Das Honorar je Sitzung beträgt DM..............
5. Das Honorar für die ersten zehn Sitzungen (DM ....) wird im voraus bezahlt. Dieser Betrag ist mit Vertragsabschluß fällig. Er wird überwiesen auf das   Konto Nr. .... der Bank ....
   Kontoinhaber .... BLZ ....
6. Ab der 11. Sitzung wird das Honorar nach Rechnungsstellung bezahlt/durch Einzugsermächtigung im Lasteneinzugsverfahren eingezogen.
7. Bei Absagen von seiten des Paares oder eines Partners fällt ein Ausfallhonorar in Höhe des Sitzungshonorars gemäß Punkt 4 an, ungeachtet des Grundes der Absage.
8. Jeder (Ehe-)Partner verpflichtet sich für die Dauer von sechs Monaten, seine ganze Freizeit der Paartherapie zu widmen. Unmittelbar nach Vertragsabschluß werden alle betroffenen Personen aus dem Freundeskreis davon benachrichtigt, daß die gewohnten Treffen im kommenden halben Jahr vermutlich nicht oder bedeutend seltener stattfinden können.
9. Jeder Partner verpflichtet sich, die jeweils vereinbarte Therapiearbeit bis zur nächsten Sitzung zu erledigen und den jeweils anderen darin zu unterstützen, daß er seine Therapiearbeit ebenfalls erledigen kann.
10. Hat ein Partner oder haben beide Partner die Therapiearbeit nicht oder nicht im erforderlichen Umfang durchgeführt, so bedeutet dies eine schwere Vertragsverletzung.
11. Die folgende Therapiesitzung dient zur Gänze der Analyse der Bedingungen dieser ernsthaften Störung der Therapie.
12. Der Therapeut verpflichtet sich, in dieser Therapiesitzung bei der Verhaltensanalyse des Nicht-Hausaufgaben-Machens zu bleiben und auf keinen Fall zum nächsten Thema weiterzugehen. Er hilft dem Paar mit besten Kräften beim Finden der Ursachen und der künftigen Verhinderung dieser Störung.
13. Wird bis zur darauffolgenden Sitzung die Therapiearbeit wieder nicht erledigt, wird nach einer 20minütigen Besprechung die Sitzung beendet. Für diese Sitzung fällt das Ausfallhonorar in voller Höhe an.
14. Wird ein drittes Mal die Therapiearbeit nicht erledigt, wird die Therapie von seiten des Therapeuten beendet. Er wertet dies als unmißverständliches Signal, daß das Paar derzeit nicht in der Lage ist, die vereinbarte Paartherapie weiterzuführen. Mit der vorzeitigen Beendigung der Therapie ist keine Rückgabe des restlichen vorausbezahlten Honorars verbunden.
15. Die Therapiearbeit besteht (jeweils nach Anweisung in der betreffenden Therapiesitzung) aus
    a) dem Lesen des Buches „Als Sisyphus seinen Stein losließ. Oder: Verlieben ist verrückt"
    b) dem Bearbeiten des „Praxismanuals zur Strategischen Kurzzeittherapie" als Selbsterfahrung
    c) der täglichen kurzen Protokollführung über die erledigte Therapiearbeit
    d) täglichen Paargesprächen von 60minütiger Dauer
    e) einem wöchentlichen gemeinsamen angenehmen Abend
    f) einem wöchentlichen Abend allein
    g) Beginn einer neuen Art der Lebensgestaltung, z.B. neue Sportart, neues Hobby etc.
    h) Gefühle wahrnehmen und offen aussprechen
    i) Selbstöffnung (Aussprechen von Gedanken, Phantasien, Plänen, Erlebnissen, Erinnerungen)
    j) weiteren in den einzelnen Sitzungen vereinbarten Therapiearbeiten.

Alle Unterzeichnenden verpflichten sich, diesen Vertrag einzuhalten.   Datum:..........................

Das (Ehe-)Paar   Frau .... Herr .... Der Therapeut/die Therapeutin ....

ENTSPANNUNGSINSTRUKTION FÜR PAARE (S. SULZ)
(Du-Form)

Mache es dir auf deinem Stuhl (Liege) bequem. Ist die Brille abgenommen, der evtl. zu enge Gürtel gelockert? Du kannst in jedem Moment deine Sitzhaltung (bzw. deine Liegeposition) ändern, wenn es dadurch bequemer wird. Spüre deinen Körper auf der Unterlage, spüre die Kontaktfläche, die Größe der Kontaktfläche.
Wir werden jetzt der Reihe nach alle wichtigen Muskelgruppen anspannen und danach entspannen.
Nur beim ersten Mal vorlesen: Ziel dieser Übungen ist zunächst nur, daß du die Wahrnehmung für die verschiedenen Spannungszustände schulst. Bemühe dich nicht aktiv, Entspannung herbeizuführen. Ich werde alle Übungen selbst mitmachen, so daß du kurz zu mir herschauen kannst, wenn du dir nicht sicher bist.

Wir beginnen mit dem **rechten Arm und der rechten Hand.**
Balle die rechte Hand zur Faust. Spüre die Spannung in der rechten Hand und im rechten Unterarm. Nimm deutlich diese Spannung wahr (etwa 5 Sekunden).
Jetzt löse die Faust, lasse die Spannung los, und beobachte den Vorgang der Entspannung in den Muskeln des rechten Unterarmes. Gehe mit deiner Aufmerksamkeit ganz zum rechten Unterarm und spüre, wie die Muskeln sich immer weiter entspannen, ganz von selbst weiter entspannen. Du brauchst nur loszulassen und den Entspannungsvorgang zuzulassen.
Wir **wiederholen** diese Übung: Balle die rechte Hand zur Faust ...

Nun lenken wir die Aufmerksamkeit auf den **rechten Oberarm.**
Beuge den rechten Arm ab, und spanne den Bizeps kräftig an. Gut anspannen, die Spannung spüren, Spannung halten (etwa 5 Sekunden).
Jetzt loslassen, den Arm wieder zurücksinken lassen auf die Unterlage bzw. die Lehne. Nimm wieder den Vorgang der Entspannung in den Muskeln des rechten Oberarmes wahr. Spüre, wie die Muskeln sich von selbst entspannen, immer weiter entspannen. Vielleicht kannst du einfach noch mehr loslassen und den Entspannungsvorgang zulassen. Beobachte den angenehmen Vorgang der Entspannung.
Wir **wiederholen** diese Übung: Beuge den rechten Arm ab, ...

Wir haben jetzt den rechten Arm entspannt und gehen zum linken Arm.
Lenke deine Aufmerksamkeit auf den **linken Arm und die linke Hand.** Balle die linke Hand zur Faust. Spüre die Spannung in der linken Hand und im linken Unterarm. Nimm deutlich diese Spannung wahr (etwa 5 Sekunden).
Jetzt löse die Faust, lasse die Spannung los, und beobachte den Vorgang der Entspannung in den Muskeln des linken Unterarmes. Gehe mit deiner Aufmerksamkeit ganz zum linken Unterarm, und spüre, wie die Muskeln sich immer weiter entspannen, ganz von selbst weiter entspannen. Du brauchst nur loszulassen und den Entspannungsvorgang zu lassen.
Wir **wiederholen** diese Übung: Balle die linke Hand zur Faust ...

Nun lenken wir die Aufmerksamkeit auf den **linken Oberarm.**
Beuge den linken Arm ab, und spanne den Bizeps kräftig an. Gut anspannen, die Spannung spüren, Spannung halten (etwa 5 Sekunden).
Jetzt loslassen, den Arm wieder zurücksinken lassen auf die Unterlage bzw. die Lehne. Nimm wieder den Vorgang der Entspannung in den Muskeln des linken Oberarmes wahr. Spüre, wie die Muskeln sich von selbst entspannen, immer weiter entspannen. Vielleicht kannst du einfach noch mehr loslassen und den Entspannungsvorgang zulassen. Beobachte den angenehmen Vorgang der Entspannung.
Wir **wiederholen** diese Übung: Beuge den linken Arm ab, ...

Wir haben jetzt den linken Arm entspannt, beide Arme entspannt.

Erspüre jetzt deine **Schulter**, die Schulterblätter, die Muskeln des ganzen Schulterbereichs.

Presse deine Schultern fest gegen die Unterlage (im Liegen) bzw. die Lehne (im Sitzen). Spüre die Spannung in den Muskeln der Schulterpartie - deutlich die Spannung spüren. Spannung halten (etwa 5 Sekunden).

Jetzt loslassen, alle Kraft herauslassen, nichts mehr halten. Beobachte den Vorgang der Entspannung in den Muskeln der Schulterpartie, zwischen den Schulterblättern und über den Schulterblättern. Nimm wahr, wie die Muskeln sich von selbst weiter entspannen, wenn du einfach losläßt. Gib den Schulterbereich ganz an die Unterlage ab, lasse dich tragen. Nimm den angenehmen Vorgang der Entspannung wahr.

Wir **wiederholen** diese Übung: Presse deine Schultern fest gegen die Unterlage ...

Wir gehen weiter mit unserer Aufmerksamkeit zum **Nacken**. Nimm die Muskeln des Nackens war. Wenn dir dies nicht gelingt, mache eine leichte Bewegung mit dem Kopf.

Presse nun den Kopf fest gegen die Unterlage (im Liegen) bzw. gegen die Handflächen der hinter dem Kopf gefalteten Hände (im Sitzen). Spüre deutlich die Spannung in den Muskeln des Nackens - deutlich die Spannung spüren und die Spannung halten.

Lasse los, lasse den Kopf ohne Kraftaufwendung auf der Unterlage liegen, gib ihn an die Unterlage ab. Nichts mehr halten, einfach loslassen und den angenehmen Vorgang der Entspannung wahrnehmen. Spüre, wie die Muskeln sich von selbst weiter entspannen, weiter und weiter. Wie du noch etwas mehr loslassen kannst und der Entspannungsvorgang noch weitergeht.

Wir **wiederholen** diese Übung: Presse deinen Kopf fest gegen die Unterlage ...

Nun lenken wir die Aufmerksamkeit auf die **Stirn**. Nimm deine Stirn, die Muskeln der Stirn und deren Spannung wahr.

Wir spannen die Stirnmuskeln an, indem wir die Augenbrauen fest nach oben ziehen, so daß sich breite Furchen auf der Stirn bilden. Spüre die Spannung in den Muskeln der Stirn - deutlich die Spannung spüren und die Spannung halten.

Jetzt loslassen, die Stirn wieder glatt werden lassen. Ganz loslassen und den angenehmen Vorgang der Entspannung beobachten. Versuche, noch mehr loszulassen, einfach ganz loslassen und entspannen. Und wieder spüren, wie die Stirnmuskeln sich von selbst weiter und weiter entspannen.

Wir **wiederholen** diese Übung: Wir spannen die Stirnmuskeln an, indem wir die Augenbrauen ...

Nun gehen wir mit der Aufmerksamkeit zu den äußeren **Augenmuskeln**. Nimm die äußere Augenpartie wahr.

Zwicke deine Augen zu. Fest die Augen zuzwicken und die Spannung in den äußeren Augenmuskeln spüren. Spüre die Spannung, halte die Spannung.

Und jetzt loslassen, ganz loslassen. Alle Kraft herauslassen und den Entspannungsvorgang beobachten, den angenehmen Vorgang der Entspannung wahrnehmen. Bleibe ganz mit der Aufmerksamkeit bei den Augenmuskeln. Du kannst dir währenddessen vorstellen, daß sich nicht nur die äußeren Augenmuskeln entspannen, sondern die Augenpartie - die Augen insgesamt sich entspannen.

Wir **wiederholen** diese Übung: Zwicke die Augen fest zu ...

Jetzt gehen wir weiter zur Nase. Lenke die Aufmerksamkeit auf die **Nase**.

Du kannst die Nase etwas bewegen, um besser hinspüren zu können.

Rümpfe jetzt die Nase - fest die Nase rümpfen. Spüre die Spannung in den Muskeln der Nasenpartie - deutlich die Spannung spüren. Spannung spüren.

Und jetzt loslassen, ganz loslassen, locker lassen, alle Kraft herauslassen. Nimm den angenehmen Vorgang der Entspannung deutlich wahr. Spüre, wie die Muskeln sich von selbst weiter entspannen - noch mehr entspannen und wie du noch etwas mehr loslassen kannst.

Wir **wiederholen** diese Übung: Rümpfe die Nase ...

Nun lenken wir die Aufmerksamkeit auf die **Mundpartie**. Erspüre die Lippen, bewege diese leicht.

Nun presse die Lippen fest zusammen. Fest den Mund zupressen. Die Spannung spüren. Deutlich die Spannung spüren.

Und loslassen, ganz loslassen, locker lassen. Nimm den angenehmen Vorgang der Entspannung wahr. Beobachte, wie die Muskeln sich weiter und weiter entspannen. Lasse noch mehr los, ganz loslassen.

Wir **wiederholen** diese Übung: Presse die Lippen fest zusammen. ...

Wir kommen nun zu den **Kaumuskeln**. Mache eine leichte kauende Bewegung, um die Kaumuskeln zu spüren.

Beiße nun die Zähne fest aufeinander. Fest die Zähne zusammenbeißen und die Spannung in den Kaumuskeln spüren. Deutlich die Spannung spüren und die Spannung halten.

Jetzt einfach loslassen, ganz loslassen. Wenn der Mund sich öffnen möchte, so lasse das zu. Der Unterkiefer findet so die entspannteste Stellung. Bleibe mit deiner Aufmerksamkeit ganz bei den Kaumuskeln. Beobachte den angenehmen Vorgang der Entspannung.

Wir **wiederholen** diese Übung: Beiße die Zähne fest aufeinander ...

Wir haben nun alle wichtigen Muskeln des Gesichtes entspannt. Wir haben den Nacken, die Schultern und beide Arme entspannt. Nun kommen wir zu den Beinen.

Wir beginnen mit den **Füßen**. Bewege deine Füße leicht und nimm deine Füße wahr. Lasse in den folgenden Übungen deine Fersen im Kontakt mit dem Boden.

Beuge nun die Füße **in Kopfrichtung** bis du eine deutliche Spannung in den Waden verspürst. Fest anspannen und die Spannung in beiden Unterschenkeln spüren. Spüre die Spannung in den Muskeln des Unterschenkels.

Jetzt loslassen, ganz loslassen. Nichts mehr halten. Alle Kraft herauslassen. Spüre wieder, wie der Entspannungsvorgang ganz von selbst weitergeht, wenn du nur losläßt. Beobachte den angenehmen Vorgang der Entspannung.

Wir **wiederholen** diese Übung: Beuge die Füße in Kopfrichtung. Lasse dabei deine Fersen im Bodenkontakt. ...

Jetzt machen wir eine zweite Übung mit den Füßen.

Strecke jetzt deine Füße, **strecke die Füße weg** von dir. Wieder spürst du eine deutliche Spannung in den Unterschenkeln. Fest anspannen und die Spannung spüren.

Und jetzt loslassen, einfach loslassen. Ganz loslassen, locker lassen. Und deutlich wahrnehmen, wie sich die Muskeln von selbst weiter entspannen, wie die Entspannung immer weitergeht. Und noch weitergeht.

Wir **wiederholen** diese Übung: Strecke jetzt deine Füße, strecke die Füße weg ...

Wir gehen weiter mit der Aufmerksamkeit zu den Oberschenkeln. Erspüre deine **Oberschenkel**. Wir können diese gut isometrisch, d.h. ohne Bewegung anspannen.

Spanne jetzt die Muskeln beider Oberschenkel an. Lasse diese Muskeln ganz hart werden. Ganz hart werden lassen, anspannen und die Spannung deutlich spüren.

Jetzt loslassen, ganz loslassen, locker werden lassen und den Vorgang der Entspannung beobachten. Nimm den angenehmen Vorgang der Entspannung wahr. Und versuche, noch mehr loszulassen, die Entspannung zuzulassen. Alle Kraft herauslassen.

Wir **wiederholen** diese Übung: Spanne die Muskeln beider Oberschenkel an. ...

Nun lenken wir die Aufmerksamkeit auf das **Gesäß**. Erspüre die Muskeln des Gesäßes.

Spanne jetzt die Muskeln des Gesäßes an. Fest anspannen und die Spannung halten. Die Spannung spüren.

Jetzt loslassen und entspannen. Ganz loslassen und entspannen. Beobachte, wie die Muskeln des Gesäßes von selbst weiter entspannen, wie die Entspannung sich von selbst ausbreitet und die Muskeln noch entspannter werden.

Wir **wiederholen** diese Übung: Spanne die Muskeln des Gesäßes an. ...

Wir kommen nun zur **Becken-Boden-Muskulatur.** Das ist eine Muskelplatte zwischen dem After und den Genitalien. Erspüre den Beckenboden und seine Muskulatur.

Jetzt spannen wir die Muskeln des Beckenbodens an. Anspannen und die Spannung halten - die Spannung spüren.

Und - loslassen, locker lassen und entspannen. Nimm den angenehmen Vorgang der Entspannung wahr. Lasse zu, daß die Muskeln des Beckenbodens sich von selbst weiter entspannen.

Wir **wiederholen** diese Übung: Spannen Sie die Muskeln des Beckenbodens an. ...

Jetzt lenken wir die Aufmerksamkeit auf die **untere Rückenpartie** im Lendenwirbelbereich. Erspüre die Muskeln entlang der Wirbelsäule.

Mache jetzt ein Hohlkreuz und spanne die Muskeln entlang der Wirbelsäule an. Lasse diese Muskeln ganz hart werden. Du kannst mit den Händen prüfen, wie diese Muskeln jetzt angespannt sind.

Und jetzt loslassen, den Rücken wieder auf die Unterlage zurücksinken lassen. Ihn und den ganzen Körper an die Unterlage abgeben und sich einfach tragen lassen. Spüre, wie die Rückenmuskeln sich von selbst weiter entspannen, wie der Entspannungsvorgang weitergeht, wie du noch ein bißchen loslassen kannst, noch mehr loslassen. Ganz loslassen und nichts mehr halten.

Wir **wiederholen** diese Übung: Mache ein Hohlkreuz und spanne die unteren Rückenmuskeln an. ...

Wir gehen weiter mit der Aufmerksamkeit. Nimm deine **Bauchdecke** wahr. Während du ganz normal weiteratmest, spürst du deine Bauchdecke.

Lasse deine Bauchmuskeln in einer Mittelstellung hart werden. Spanne deine Bauchmuskeln an. Spüre die Spannung und halte die Spannung.

Jetzt loslassen, ganz loslassen, die Bauchdecke ganz weich werden lassen, so weich, daß sie vom Atem auf und ab bewegt wird. Beobachte, wie die Bauchmuskeln sich von selbst weiter entspannen. Einfach loslassen und den angenehmen Vorgang der Entspannung wahrnehmen.

Wir **wiederholen** diese Übung: Lasse die Bauchmuskeln hart werden. ...

Ohne in deinen Atemrhythmus einzugreifen, beobachte jetzt deine **Atmung**. Lasse es atmen und spüre, wie beim Einatmen die Spannung im Brustkorb steigt und beim Ausatmen die Spannung wieder sinkt. Beobachte das Wechselspiel von Spannung beim Einatmen und von Entspannung beim Ausatmen. Mit jedem Atemzug entspannt sich dein Brustkorb beim Ausatmen. Genieße diese Entspannung, während du deinen Atem strömen läßt. Nimm das entspannende Strömen während des Ausatmens wahr.

Du kannst jetzt eine bildliche Phantasie kommen lassen. Das Bild einer Situation, die für dich Ruhe und Entspannung bedeutet. Z.B. wie du entspannt an einem Strand liegst und die wärmenden Sonnenstrahlen angenehm spürst, während ein angenehmer frischer leichter Wind über deine Haut streicht. Oder wie du auf einer Blumenwiese im Schatten eines Baumes liegst, Vogelgezwitscher und das leise Rascheln der Blätter hörst, das Gras und die Kräuter riechen. Oder irgendein eigenes Bild - dein **Ruhebild**. Bleibe noch etwas in dieser Situation und genießen die Entspannung (etwa eine Minute ohne Worte).

Nimm jetzt wieder deine Atmung wahr. Nimm deutlich die strömende Atemluft wahr. **Atme jetzt tief**, hörbar riechend durch die Nase ein und wieder hörbar durch den Mund aus. Spüre, wie du mit jedem Atemzug frischer und wacher wirst.

Spüre, wie in deinem Körper Bewegung entstehen will, z.B. die Hände, die Füße. Lasse diese Bewegungen zu. Lasse zu, daß immer mehr Bewegung in deinen Körper hineinkommt, ein Rekeln und Strecken entstehen. Gähnen, Rekeln und Strecken. Strecke jetzt kräftig Arme und Beine, um den Kreislauf wieder in Schwung zu bringen und setze dich langsam von der Seite her auf. Wenn du dich noch mehr bewegen willst, stehe auf, und gehe langsam im Raum umher. Spüre nach, wie entspannt du jetzt bist? Wie ruhig du dich fühlst? Lasse Ruhe und Entspannung noch dasein, während du frisch und wach wirst.

Ich brauche (Mein Zugehörigkeitsbedürfnis ist)

WILLKOMMENSEIN
DAZUGEHÖREN

ZB 1

Ich brauche (Mein Zugehörigkeitsbedürfnis ist)

AUFMERKSAMKEIT
BEACHTUNG

ZB 5

Ich brauche (Mein Zugehörigkeitsbedürfnis ist)

WÄRME
GEBORGENHEIT

ZB 2

Ich brauche (Mein Zugehörigkeitsbedürfnis ist)

VERSTÄNDNIS

ZB 6

Ich brauche (Mein Zugehörigkeitsbedürfnis ist)

SCHUTZ
SICHERHEIT
ZUVERLÄSSIGKEIT

ZB 3

Ich brauche (Mein Zugehörigkeitsbedürfnis ist)

WERTSCHÄTZUNG
BEWUNDERUNG
LOB

ZB 7

Ich brauche (Mein Zugehörigkeitsbedürfnis ist)

LIEBE

ZB 4

So gehen Sie vor:
Jeder von Ihnen hat 7 Kärtchen*. Wählen Sie die zwei Kärtchen aus, die Ihre beiden wichtigsten Zugehörigkeitsbedürfnisse bezeichnen. Legen Sie die übrigen Kärtchen beiseite. Die Kärtchen legen Sie nun verdeckt auf den Tisch. Ihr Partner rät nun, welche die verdeckten Kärtchen sind, und legt die geratenen Kärtchen offen auf den Tisch. Für jedes richtige Kärtchen erhält er einen Punkt. Dann kommt der andere Partner an die Reihe.

*Fotokopieren und ausschneiden

Ich brauche   (Mein Selbstbedürfnis ist)

SELBST MACHEN
SELBST KÖNNEN

SB 1

Ich brauche   (Mein Selbstbedürfnis ist)

JEMAND ZUR
IDEALISIERUNG, EIN
VORBILD HABEN

SB 5

Ich brauche   (Mein Selbstbedürfnis ist)

SELBSTBESTIMMUNG

SB 2

Ich brauche   (Mein Selbstbedürfnis ist)

INTIMITÄT
HINGABE
EROTIK

SB 6

Ich brauche   (Mein Selbstbedürfnis ist)

GRENZEN GESETZT
BEKOMMEN

SB 3

Ich brauche   (Mein Selbstbedürfnis ist)

EIN GEGENÜBER,
MIT DEM ICH MICH
AUSEINANDERSETZEN KANN

SB 7

Ich brauche   (Mein Selbstbedürfnis ist)

GEFORDERT UND
GEFÖRDERT WERDEN

SB 4

So gehen Sie vor:
Jeder von Ihnen hat 7 Kärtchen. Wählen Sie die zwei Kärtchen aus, die Ihre beiden wichtigsten Selbstbedürfnisse bezeichnen. Legen Sie die übrigen Kärtchen beiseite. Die Kärtchen legen Sie nun verdeckt auf den Tisch. Ihr Partner rät nun, welche die verdeckten Kärtchen sind, und legt die geratenen Kärtchen offen auf den Tisch. Für jedes richtige Kärtchen erhält er einen Punkt. Dann kommt der andere Partner an die Reihe.

Ich brauche (Mein Homöostasebedürfnis ist) EINE ANGSTFREIE BEZUGSPERSON (ELTERN, PARTNER, FREUND/IN) HB 1	Ich brauche (Mein Homöostasebedürfnis ist) ZWEI GLEICH STARKE ELTERN/BEZUGSPERSONEN HB 5
Ich brauche (Mein Homöostasebedürfnis ist) EINE NICHT-BEDROHLICHE BEZUGSPERSON (ELTERN, PARTNER, FREUND/IN) HB 2	Ich brauche (Mein Homöostasebedürfnis ist) SCHULDFREIHEIT (KEINE SCHULDGEFÜHLE HABEN) HB 6
Ich brauche (Mein Homöostasebedürfnis ist) EINE UNGEFÄHRLICHE AUSSENWELT (WELT AUSSERHALB DER FAMILIE) HB 3	Ich brauche (Mein Homöostasebedürfnis ist) MISSBRAUCHS- FREIHEIT (NICHT AUSGENÜTZT WERDEN) HB 7
Ich brauche (Mein Homöostasebedürfnis ist) EINE MICH NICHT WÜTEND MACHENDE BEZUGSPERSON (ELTERN, PARTNER, FREUND/IN) HB 4	**So gehen Sie vor:** Jeder von Ihnen hat 7 Kärtchen. Wählen Sie die zwei Kärtchen aus, die Ihre beiden wichtigsten Homöostasebedürfnisse bezeichnen. Legen Sie die übrigen Kärtchen beiseite. Die Kärtchen legen Sie nun verdeckt auf den Tisch. Ihr Partner rät nun, welche die verdeckten Kärtchen sind, und legt die geratenen Kärtchen offen auf den Tisch. Für jedes richtige Kärtchen erhält er einen Punkt. Dann kommt der andere Partner an die Reihe.

Meine Wut ist

AUS WUT DENKEN/SAGEN: DICH SOLL ES NICHT MEHR GEBEN

W 1

Meine Wut ist

AUS WUT DENKEN/SAGEN: ICH MAG DICH NICHT MEHR, ICH LEHNE DICH VÖLLIG AB

W 5

Meine Wut ist

AUS WUT DENKEN/SAGEN: ICH GEHE WEG VON DIR, ICH LASS' DICH ALLEIN

W2

Meine Wut ist

AUS WUT DENKEN/SAGEN: ICH MACHE DICH ABHÄNGIG, ICH MACHE DICH HÖRIG

W 6

Meine Wut ist

AUS WUT DENKEN/SAGEN: ICH EXPLODIERE GLEICH, RASTE GLEICH AUS

W 3

Meine Wut ist

AUS WUT DENKEN/SAGEN: ICH SCHLAG' MIT ALLER WUCHT ZURÜCK

W 7

Meine Wut ist

AUS WUT DENKEN/SAGEN: ICH NEHME DICH IN DIE ZANGE, KANN DIR WEH TUN, WIE ICH WILL

W 4

So gehen Sie vor:
Jeder von Ihnen hat 7 Kärtchen. Wählen Sie die zwei Kärtchen aus, die Ihre beiden wichtigsten Wutformen bezeichnen. Legen Sie die übrigen Kärtchen beiseite. Die Kärtchen legen Sie nun verdeckt auf den Tisch. Ihr Partner rät nun, welche die verdeckten Kärtchen sind, und legt die geratenen Kärtchen offen auf den Tisch. Für jedes richtige Kärtchen erhält er einen Punkt. Dann kommt der andere Partner an die Reihe.

Meine Angst ist die ANGST, NICHT ZU SEIN VERNICHTUNGSANGST A 1	Meine Angst ist die ANGST, DIE LIEBE ODER ZUNEIGUNG ZU VERLIEREN, ANGST VOR ABLEHNUNG A 5
Meine Angst ist die ANGST, ALLEIN ZU SEIN TRENNUNGSANGST A 2	Meine Angst ist die ANGST VOR GEGENAGGRESSION, WENN ICH ANGREIFE A 6
Meine Angst ist die ANGST, DIE KONTROLLE ÜBER DEN ANDEREN ODER DIE SITUATION ZU VERLIEREN A 3	Meine Angst ist die ANGST, MICH IN DER HINGABE ZU VERLIEREN A 7
Meine Angst ist die ANGST, DIE KONTROLLE ÜBER MICH ZU VERLIEREN A 4	**So gehen Sie vor:** Jeder von Ihnen hat 7 Kärtchen. Wählen Sie die zwei Kärtchen aus, die Ihre beiden wichtigsten Angstformen bezeichnen. Legen Sie die übrigen Kärtchen beiseite. Die Kärtchen legen Sie nun verdeckt auf den Tisch. Ihr Partner rät nun, welche die verdeckten Kärtchen sind, und legt die geratenen Kärtchen offen auf den Tisch. Für jedes richtige Kärtchen erhält er einen Punkt. Dann kommt der andere Partner an die Reihe.

So verhalte ich mich persönlich:

Ich habe Angst, etwas zu tun oder zu sagen, wofür ich kritisiert, abgelehnt oder ausgelacht werde.
Ich befürchte, vor anderen in Verlegenheit zu geraten, z.B. durch Erröten oder Unsicherheit.
Ich weiß im Gespräch mit unvertrauten Menschen oft nicht, was ich sagen soll.
Ich traue mich selten, anderen zu sagen, was ich will.
Forderungen anderer kann ich schlecht ablehnen. Ich sage oft ja, obwohl ich lieber nein sagen möchte.
Wenn mich etwas ärgert, behalte ich es meist für mich, um Streit zu vermeiden.

VP 1 SELBSTUNSICHER

So verhalte ich mich persönlich:

Die wichtigsten Entscheidungen trifft fast immer meine Bezugsperson (Partner, Eltern, Freund).
Es macht mir einfach keinen Spaß, allein ohne meine Bezugsperson (Partner, Eltern, Freund) etwas zu unternehmen.
Wenn ich dadurch die Zuneigung meiner Bezugsperson (Partner, Eltern, Freund) erringe bzw. bewahre, übernehme ich dafür unangenehme Tätigkeiten.
Ich übernehme meist die Interessen und Vorlieben des anderen.

VP 2 ABHÄNGIG

So verhalte ich mich persönlich:

Ich werde oft nicht fertig, weil ich es perfekt machen will.
Ich gebe meist nicht nach.
Meine Pläne/Vorhaben sind mir wichtiger als meine privaten Vergnügen und als Geselligkeit.
Ich kann mich lange nicht entscheiden, weil ich das Für und Wider zu ausgiebig abwäge.
Ich bin sehr gewissenhaft, gesetzestreu, moralisch.
Mit Zeit, Geld oder Geschenken bin ich sparsam.
Gefühle drücke ich nur wenig aus.

VP 3 ZU GENAU

So verhalte ich mich persönlich:

Unangenehme Arbeiten verrichte ich langsam oder mürrisch oder als "Dienst nach Vorschrift".
Pflichten "vergesse" ich einfach.
Ich ärgere mich, wenn andere mir sagen, wie ich meine Arbeit besser machen könne, selbst wenn sie recht haben.
Wenn mich stört, was mein Gegenüber will, so gehe ich eher in passive Verweigerung als in offenen Protest.
Bei Autoritätspersonen fällt mir sofort ein, was es an denen zu kritisieren gibt, und achte sie nicht sonderlich.

VP 4 PASSIV-AGRESSIV

So verhalte ich mich persönlich:

Ich verschaffe mir Bestätigung und Beifall.
Attraktives Auftreten ist mir wichtig.
Ich drücke meine Gefühle sehr stark aus.
Ich fühle mich wohler, wenn ich im Mittelpunkt stehe.
Meine Gefühle können schnell wechseln - mal froh, dann wieder ganz traurig.
Ich reagiere so stark mit Gefühlen, daß sie mich in schwierigen Situationen eher kopflos machen.
Wenn der andere die Initiative ergreift, wird es mir schnell zu nah, und ich ergreife die Flucht.

VP 5 KONTRAKTFREUDIG

So verhalte ich mich persönlich:

Ich habe wenig Wunsch nach einer nahen Beziehung (Familie oder Freundeskreis).
Ich suche mir oft Unternehmungen aus, die ich allein machen kann.
Ich habe selten starke Gefühle wie Wut oder Freude.
Lob und Kritik anderer Menschen lösen in mir kaum Gefühle aus.
Abgesehen von Eltern und Geschwistern habe ich höchstens eine wichtige Bezugsperson (Freund/in).
Ich weiß von mir, daß ich eher distanziert wirke.

VP 6 KONTAKTMEIDEND

So verhalte ich mich persönlich:

Auf Kritik reagiere ich oft mit Wut oder Demütigung.
Wenn ich mal Probleme habe, dann ganz besondere.
Sehr oft bewegen mich Phantasien großen Erfolges.

Ich suche Aufmerksamkeit und Bewunderung.
Ich bin eine außergewöhnlichen Persönlichkeit und will nicht wie einer unter vielen behandelt werden.

Wenn ich es mal nicht geschafft habe, erstklassig zu sein, so fühle ich mich als der ganz große Versager.

Wenn andere besser sind als ich, kann ich es kaum aushalten.

VP 7 SELBSTBEZOGEN

So gehen Sie vor:

Jeder von Ihnen hat 7 Kärtchen. Wählen Sie die zwei Kärtchen aus, die Ihre beiden wichtigsten Persönlichkeitszüge bezeichnen. Legen Sie die übrigen Kärtchen beiseite. Die Kärtchen legen Sie nun verdeckt auf den Tisch. Ihr Partner rät nun, welche die verdeckten Kärtchen sind, und legt die geratenen Kärtchen offen auf den Tisch. Für jedes richtige Kärtchen erhält er einen Punkt. Dann kommt der andere Partner an die Reihe.

MEINE ALTE ÜBERLEBENSREGEL

Nur wenn ich immer (1. VP)

MEIN 1. PERSÖNLICHKEITSZUG

Legen Sie hier die Karte hin, die Ihren **wichtigsten** Persönlichkeitszug kennzeichnet.

oder wenn ich immer (2.VP)

MEIN 2. PERSÖNLICHKEITSZUG

Legen Sie hier die Karte hin, die Ihren **zweitwichtigsten** Persönlichkeitszug kennzeichnet.

Dann bewahre ich mir (ZB, SB, HB)

MEIN WICHTIGSTES BEDÜRFNIS (ZUGEHÖRIGKEITS- ODER SELBST- ODER HOMÖOSTASE-BEDÜRFNIS)

Legen Sie hier die Karte hin, die Ihr wichtigstes Bedürfnis kennzeichnet. Probieren Sie auch die anderen Karten aus, bis sich ein sinnvoller Satz ergibt.

oder/und bewahre ich (ZB, SB, HB)

MEIN ZWEITWICHTIGSTES BEDÜRFNIS (ZUGEHÖRIGKEITS- ODER SELBST- ODER HOMÖOSTASE-BEDÜRFNIS)

Legen Sie hier die Karte hin, die Ihr zweitwichtigstes Bedürfnis kennzeichnet. Probieren Sie auch die anderen Karten aus, bis sich ein sinnvoller Satz ergibt.

und ich verhindere (1. Angst)

MEINE 1. ANGST

Legen Sie hier die Karte hin, die Ihre wichtigste Angst kennzeichnet.

oder/und verhindere ich (2. Angst)

MEINE 2. ANGST

Legen Sie hier die Karte hin, die Ihre zweitwichtigste Angst kennzeichnet.

BRAVO
DAS WAR RICHTIG!

(1) PUNKT

BRAVO
DAS WAR RICHTIG!

(1) PUNKT

BRAVO
DAS WAR RICHTIG!

(1) PUNKT

BRAVO
DAS WAR RICHTIG!

(1) PUNKT

BRAVO
DAS WAR RICHTIG!

(1) PUNKT

BRAVO
DAS WAR RICHTIG!

(1) PUNKT

BRAVO
DAS WAR RICHTIG!

(1) PUNKT

BRAVO
DAS WAR RICHTIG!

(1) PUNKT

SPIEL-PROTOKOLL

Spiel	Spieler legte folgende Kärtchen	Rater legte folgende Kärtchen	Punkte Sie	Er

Zugehörig-keits-bedürfnis	Sie: 1.
	      2.
	Er: 1.
	      2.
		Er: 1.
		      2.
		Sie: 1.
		      2.
			----	----

Selbst-bedürfnis	Sie: 1.
	      2.
	Er: 1.
	      2.
		Er: 1.
		      2.
		Sie: 1.
		      2.
			----	----

Homöo-stase-bedürfnis	Sie: 1.
	      2.
	Sie: 1.
	      2.
		Er: 1.
		      2.
		Er: 1.
		      2.
			----	----

Wut
 	
Wut
	Sie: 1.
	      2.
	Sie: 1.
	      2.
		Er: 1.
		      2.
		Er: 1.
		      2.
			----	----

Angst
 	
Angst
	Sie: 1.
	      2.
	Sie: 1.
	      2.
		Er: 1.
		      2.
		Er: 1.
		      2.
			----	----

Persön-lichkeit
Persön-lichkeit
	Sie: 1.
	      2.
	Sie: 1.
	      2.
		Er: 1.
		      2.
		Er: 1.
		      2.
			----	----

Über-lebens-regel	Sie: Nur wenn ich... Immer bewahre verhindere Er: Immer bewahre verhindere	Er: Nur wenn ich... Immer bewahre verhindere Sie: Immer bewahre verhindere	----	----

Gesamtpunktzahl:

LITERATUR

Böttcher HR: Triadisch-kommunikative Partnerschafts-therapie. Partnerberatung 1983, 20, S.57-67

Fröhlich HH: Leben in der Zweierbeziehung. Intakte und gestörte Partnerschaften. Göttingen, Vandenhoeck & Ruprecht 1997

Hahlweg K: Fragebogen zur Partnerschaftsdiagnostik (FPD) Göttingen, Hogrefe 1996

Jacobson NS, Christensen A: Integrative Couple Thera-pie. Promoting Acceptance and Change. New York: Norton 1996

Kegan R: Entwicklungsstufen des Selbst - Fortschritte und Krisen im menschlichen Leben. München: Kindt 1986

Schindler L, Hahlweg K, Revenstorf D: Partnerschafts-problem: Diagnose und Therapie. Therapiemanual. Heidelberg: Springer 1998

Sulz S: Das Verhaltensdiagnostiksystem VDS – von der Anamnese zum Therapieplan. München: CIP-Medien 1992

Sulz S: Strategische Kurzzeittherapie – Wege zur effizi-enten Psychotherapie. München: CIP-Medien 1994

Sulz S: Praxismanual zur Strategische Kurzzeittherapie. München: CIP-Medien 1995

Sulz S: Als Sisyphus seinen Stein losließ. Oder: Verlieben ist verrückt. 2. Auflage. München: CIP-Medien 1999a

Sulz S: Materialmappe zum Verhaltensdiagnostiksystem VDS. München: CIP-Medien 1997

Sulz S: Strategische Kurzzeittherapie – Ein Weg zur Ent-wicklung des Selbst und der Beziehungen. In: Sulz S (Hrsg.): Kurz-Psychotherapien. München: CIP-Medi-en 1998a, S. 163-172

Sulz S: Praxis der Strategischen Kurzzeittherapie: Wirk-same Schritte zur Symptomreduktion, zur Persönlich-keitsentwicklung und zur funktionalen Beziehungs-entwicklung. In: Sulz S (Hrsg.): Kurz-Psychotherapi-en. München: CIP-Medien 1998b, 173-194

Sulz S: Therapieplanungsmaterialien-Mappe. München: CIP-Medien 1999.

Sulz S, Gräff U, Jakob C: Persönlichkeit und Persönlich-keitsstörung. Eine empirische Untersuchung der VDS-Persönlichkeitsskalen. Psychotherapie 3, Heft 1, 1998

Sulz S, Theßen L: Entwicklung und Persönlichkeit - Die VDS-Entwicklungsskalen zur Diagnose der emotiona-len und Beziehungsentwicklung. Psychotherapie 4, Heft 1, 1999, 31-44

Willi, J: Der Kampf der Geschlechter als Kollusion. Familiendynamik 1978, S.3-19

DAVID WILCHFORT
COUPLE COACHING®

EIN SELBSTHILFEKONZEPT, BASIEREND AUF DER SYSTEMISCHEN PAARTHERAPIE

EINLEITUNG

"Ich kenne dich doch!"

Das ist der Killersatz für jede Beziehung. Wenn dieser Satz in einer Partnerbeziehung ausgesprochen wird, impliziert er folgendes:

1. Man kennt den Partner in- und auswendig, mit all seinen Gefühlen.
2. Der Partner ist ein festgelegtes "Objekt" ohne Entwicklungsmöglichkeit.
3. Man selbst ist ein außenstehender Beobachter, dem ein objektives Urteil möglich ist.

Alle diese Implikationen nehmen einer Partnerschaft ihre Lebens- und Überlebensfähigkeit.

Um eine Partnerbeziehung lebendig sowie gegenüber den Belastungen des Alltags und den natürlichen Veränderungen des Lebens widerstandskräftig zu machen, ist eine Einstellung erforderlich, die ich in diesem Aufsatz erläutern will.

Die Erkenntnisse, über die ich im folgenden berichten werde, verdanke ich in erster Linie den vielen Paaren, die ich in ihrem Entwicklungsprozeß begleiten durfte. Ich schreibe diesen Bericht also als Praktiker, der auf der Basis von Ausbildungswissen, Weiterbildung und praktischer Erfahrung seine Vorstellung über die Möglichkeit, Paaren bei Beziehungsproblemen zu helfen, mit dem Leser teilen möchte. Ich nenne meine Arbeitsweise COUPLE COACHING®.

Zuerst möchte ich die theoretischen Grundlagen darlegen. Meine Überlegungen basieren auf dem systemischen Therapieansatz des MRI (Satir 1968, Watzlawick 19) und dem philosophischen Werk von Ludwig Wittgenstein (1982, 1969).

Die praktische Umsetzung möchte ich im Anschluß veranschaulichen.

THEORIE ODER PHILOSOPHISCHE GRUNDLAGE

Der systemische Ansatz

Das Erkennen und Verändern von Beziehungsregeln und pragmatischen wie redundanten Abläufen in einer Partnerbeziehung spielen in den systemischen Therapien eine große Rolle. In der Regel ist es aber nicht so wichtig, ob das Paar diese Abläufe erkennt. Wichtiger ist, daß der Therapeut sie ausreichend versteht, um durch Interventionen diese pathologischen Kreisprozesse zu unterbrechen und damit Möglichkeiten für gesündere Beziehungsregeln zu schaffen.

Ich habe daraus eine Behandlungsform entwickelt, die ich COUPLE COACHING® nenne. Dieses Vorgehen unterscheidet sich darin, daß die eigene kognitive Erkenntnisfähigkeit des Paares mit einbezogen wird. Dadurch ist ein späterer Selbsthilfeprozeß leichter möglich. Im folgenden werde ich beschreiben, daß es für das Paar zwar unmöglich ist, sich selbst auf direktem Wege zu erkennen, daß es aber durch die Vermittlung dritter Beobachter diesem utopischen Ziel nähergebracht werden kann. Wenn das Paar einmal diesen Bewußtseinsprozeß eingeschlagen hat, dann können die Partner ihre Ressourcen synergetisch ergänzen. Diesen Zusammenhang werde ich später ausführlicher erläutern.

Da der systemische Ansatz bereits an vielen anderen Stellen ausführlich beschrieben worden ist, möchte ich mich auf die Beschreibung meines eigenen Konzepts beschränken, für das mir die philosophischen Erkenntnisse von Ludwig Wittgenstein wertvolle Denkanstöße geliefert haben.

"Was man wissen kann"

Die Frage, "was man wissen kann", wurde von Ludwig Wittgenstein genauestens untersucht. Seine Erkenntnisse sind die Grundlage meiner nachfolgenden theoretischen Überlegungen. Er hat sich von seinem ersten Buch, dem „Tractatus" (1982), bis zu seinen letzten Buch "Über Gewißheit" (1969) mit diesem Thema auseinandergesetzt. Eine gut lesbare Einführung zum philosophischen Gebäude von Ludwig Wittgenstein findet man in "Wittgenstein Eine Einführung" von Joachim Schulte (1989).

"Was man kommunizieren kann"

Kommunikation zwischen zwei Menschen entsteht durch den Austausch von Informationen. Diese müssen als Wissen vorhanden sein. Wenn man sich über die Möglichkeiten der Kommunikation zwischen zwei Menschen Gedanken machen will, sollte man zuerst feststellen, über welches Wissen man sich täuschen kann und welches Wissen kommunizierbar ist. Ich möchte drei Formen des Wissens unterscheiden.

GEFÜHLE

Über seine Gefühle kann man sich nicht täuschen, da man sie unvermittelt wahrnimmt. Man kann nicht sagen, wodurch man weiß, daß man ein Gefühl hat. Man hat es einfach. Es ist deshalb nicht möglich, es direkt mit anderen zu teilen, so sehr man sich auch darum bemühen mag.

Man kann sich verrechnen, aber nicht verfühlen

Man könnte sagen, "man kann sich verrechnen, aber nicht *verfühlen*". Das eigene Gefühl ist einem auf so unmittelbare Weise zugänglich, daß ein Fehler nicht möglich ist. Man kann sich zwar in der Ursache des Gefühls täuschen, aber die Empfindung selbst ist immer richtig. Wenn ich mich vom Partner mißachtet fühle, dann kann es sein, daß ich mich verhört habe und er den Satz gar nicht so gesagt hat, wie ich meinte, aber das Gefühl selbst wird von mir richtig gefühlt. Ich weiß immer, was ich empfinde, und werde auch ein Gefühl wiedererkennen, wenn es wieder auftaucht. Aber ich kann dem Gefühl kein Wort zuordnen. Ich kann zwar sagen: "Ich bin traurig." Dies aber hat so viel mit meinem Gefühl zu tun wie das Wort "Schokoladenkuchen" auf der Speisekarte mit meinem Gefühl, wenn ich den tatsächlichen Ku-

Gefühle, bewußte Gedanken und Handlungswissen

Formen des Wissens	Definition	Täuschung möglich ?	Kommunizierbar?
Gefühle	Empfindungen selbst und nicht ihre Beschreibungen	nein	nein
Gedanken	Bewußte Überzeugungen und Erinnerungen	ja	ja
Handlungswissen	Handlungen, die ohne kognitive Vorbereitung durchgeführt werden	manchmal	mit Mühe

chen genüßlich auf der Zunge zergehen lasse. Auch die bestgesetzten Wörter werden nie wie Schokoladenkuchen schmecken. Ich werde mich auch nicht über mein Gefühl täuschen, wenn mir der Kellner den falschen Kuchen gebracht hat. Auch wenn es eigentlich der Marmorkuchen ist und ich sage, "der Schokoladenkuchen schmeckt heute etwas trocken", täusche ich mich nicht in meinem Gefühl. Der Geschmack, den ich in diesem Moment genieße, kann von mir nicht falsch gefühlt werden, auch wenn ich mich in der Ursachenerklärung täuschen kann. Es ist also wichtig, die Beschreibung des Gefühls nicht mit dem Gefühl selber zu verwechseln. Gefühle liegen jenseits der Worte. Es handelt sich um eine andere Kategorie von Information. Deshalb kann es auch keine "bessere" oder "schlechtere" Beschreibung geben. Meine Beschreibung wird immer etwas grundsätzlich anderes sein als mein Gefühl selbst. Auch wenn ich mich noch so bemühe, wird sich meine Beschreibung nicht dem erlebten Gefühl annähern. Es geht eben um zwei verschiedene Kategorien der Information. So nüchtern betrachtet, wird es den meisten Menschen einleuchten, aber im realen Beziehungsalltag wird dies größtenteils nicht beachtet. Im normalen Alltag spielt diese Differenzierung auch keine praktische Rolle. Es vereinfacht die Kommunikation, wenn man so tut, als wüßte man, wie sich etwas für den anderen anfühlt. Wenn jedoch ein Paar seine unterschiedlichen Sichtweisen austauschen will, dann ist die Beachtung dieser zwei Kategorien von sehr wesentlicher Bedeutung.

Man kann über alle Formen des Wissens kommunizieren

Man kann zwar über alle Formen des Wissens kommunizieren, sonst wäre dieser Text nicht möglich, aber man kann das Gefühl selbst nicht aussprechen. Man muß immer auf der beschreibenden Ebene bleiben. Auch wenn man sich mit Gesten ("das tut mir hier weh, was du gesagt hast") und

Betonungen ("es hat mich schrecklich getroffen") zu helfen versucht, kann man den Schmerz selber nicht mitteilen.

Terminologien für Empfindungen sind unmöglich

Da man der einzige Mensch auf der Welt ist, der das eigene Empfinden wahrnehmen kann, ist es unmöglich, mit jemandem eine Terminologie für das eigentliche Gefühl zu erstellen. Wenn man es dennoch versucht, verfällt man dem Utopiesyndrom (etwas Unmögliches für möglich zu halten). Dieser Versuch kann nur langwierig, frustrierend und enttäuschend werden. Viele Paare merken nicht, daß sie indirekt dieses Utopieziel verfolgen.

Versucht in einer Partnerbeziehung der eine dem anderen sein verletztes Gefühl zu erklären, dann steht in der Regel die Hoffnung dahinter: "Wenn du wirklich wüßtest was ich empfinde, würden sich alle Beziehungsprobleme in Wohlgefallen auflösen. Manche versuchen, ihr Gefühl besonders lautstark, emotional oder gestikulierend zu vermitteln, andere mehr intellektuell, mit Fremdwörtern und Unterstellungen gespickt, aber allen geht es eigentlich immer um das "Wisse-meine-Gefühle" und nicht um die Zusammenhänge, warum sie sich jetzt verletzt fühlen.

Gefühlsbeschreibung als Erklärungsbegriff

Wenn der Partner sagt, "ich bin traurig", spricht er in der Regel nicht nur von seinem Gefühl, sondern er stellt eine Theorie auf, z.B. "du hast mich traurig gemacht". Ob der Partner dies tatsächlich meint, unbewußt meint oder ganz etwas anderes damit ausdrücken will, wie z.B. "tröste mich", bleibt vorerst offen. Wenn jemand *über* sein Gefühl spricht, dann macht er meist indirekt eine Bemerkung über seine Theorie, warum er im Moment dieses Gefühl hat.

Die beiden verstehen sich

Dieser Satz ist doppeldeutig. Zum einen kann es
bedeuten, daß beide wissen, was der andere meint.
Zum anderen kann es zum Ausdruck bringen, daß
sich beide miteinander wohlfühlen. In der Regel
triffen beide oder keine der beiden Bedeutungen
zu. Eine Ausnahme dieser Regel findet manchmal
in der ersten Verliebtheitsphase statt. Viele Paare
versuchen den paradiesischen Zustand (d.h. sich
miteinander wohlfühlen, ohne zu klären, ob man
auch das gleiche meint) auch im real-existieren-
den-Beziehungsalltag aufrecht zu erhalten. Die Ver-
folgung dieses utopischen Ziels verbraucht oft viel
Zeit und Energie, die für das Erreichen des reali-
stischen und erreichbaren ersten Ziel verloren geht.

Die Bequemlichkeit des Utopiesyndroms

Der utopische Versuch, das eigentliche Gefühl dem
Partner zu vermitteln, führt dazu, daß man die Dinge, die kommunizierbar wären, außer acht läßt, ja
sie meist als weniger wichtig oder wert zu kommunizieren betrachtet. Bekanntlich ist es leichter, einem utopischen Ziel nachzueifern als einem erfüll-
baren. Es ist leichter, sich stundenlang über die
Dinge auszulassen, die man machen würde, wenn
die Umstände anders wären oder "es damals anders gelaufen wäre", als tatsächlich aufzustehen
und die Kleinigkeit zu verändern, die in diesem
Moment veränderbar ist. Es ist leichter, dem Partner, der einen "eh nicht verstehen kann", sein
Gefühl "zu erklären", als in mühevoller Kleinst-
arbeit die Zusammenhänge eines Mißverständnis-
ses gemeinsam aufzudecken. Hinter der Haltung,
"es ist in erster Linie wichtig, daß mein Partner
weiß, was ich fühle", steht eigentlich die Bequemlichkeit, die Arbeit des *möglichen* Informations-
austausches zu vermeiden, und die Gefahr, ihn zu
verpassen.

Passen Frauen und Männer zusammen? Der SPIEGEL
scheint zu meinen: Nein. Ich meine: Ja, sie müssen
nur wirklich wollen. In einigen Fällen beweisen sie es
ja schon. Allerdings gebührt diesen raren menschlichen Individuen, die den real existierenden Geschlech-
terabgrund dank persönlicher Anstrengung überwinden, wahrhaft Artenschutz. Alice Schwarzer, SPIEGEL
special 5/1998

Gefühle in der Psychotherapie

Wenn *ich* einen Patienten in der Therapie über seine Gefühle befrage, dann gehe ich nicht davon aus,
sie je zu erfahren. Es ist meine Absicht, ihm mit
meinen Fragen zur Wahrnehmung seiner eigenen
Empfindungen zu verhelfen. Meine Fragen dienen
dazu, daß er seine Gefühle in seine Erinnerung zu-
rückrufen kann. Gemeinsam können wir nur über
die Konsequenzen seiner Gefühle sprechen.

Im Trialog, gemeinsam mit seinem Partner, ist es
möglich, die Hypothesen und Überlegungen zu
erörtern, die durch die Gefühle ausgelöst werden.
Die Gefühle selbst bleiben unaussprechlich, und
es ist wichtig, die Gefühle selbst mit ihren Bedeutungen für den Betroffenen nicht zu verwechseln.

Der richtige Platz für Gefühle

Selbstverständlich soll dies nicht bedeuten, daß
Gefühle in einer Partnerbeziehung keinen Platz
hätten. Sie können nur nicht direkt ausgetauscht
werden. Jeder hat seine Gefühle, die auch Gefühle für den anderen sein können, aber jeder muß
das Fühlen des Gefühls zwangsläufig für sich behalten. Es gibt eine Situation, in der diese Sprachlosigkeit überwunden werden kann: während der
Verliebtheit. Scheinbar paradoxerweise wird der
Austausch von Gefühlen über das Nicht-mitein-
ander-Sprechen vermittelt. Verliebte machen deshalb das einzig Vernünftige: "Wovon man nicht
sprechen kann, darüber muß man schweigen."
Watzlawick et al. 1967) Natürlich ist es keine be-

wußte Entscheidung, nicht zu sprechen, sondern es kommt gar nicht das Bedürfnis nach Worten auf. In der wechselseitigen Verliebtheit glaubt man bzw. ist man überzeugt, im Gleichklang der Gefühle zu sein. Man hat keine Zweifel darüber, daß der oder die Geliebte in diesem Moment genau das gleiche, um nicht zu sagen dasselbe Gefühl hat, das man selbst empfindet. Es sieht fast so aus, als sei man in einer telepathischen Verbindung.

Die Funktion von Liebesgeflüster

Über Gefühle sprechen und dabei so zu tun, als spreche man die Gefühle selbst aus, ist ein beliebtes Spiel aller Verliebten und der Sinn aller Liebeslieder. Da es aber eine Utopie darstellt, wird es nie ein "endgültiges Liebeslied" geben. Das ist auch nicht das Ziel von Liebesliedern. Sie versuchen keinen Inhalt zu kommunizieren, sie möchten nur eine Basis liefern, um in Liebesgefühlen zu schwelgen. In einer Konfliktklärung ist jedoch Informationsaustausch angesagt, und deshalb ist der Versuch, Gefühle auszusprechen, ein untaugliches Mittel für Problemlösungen.

Gemeinsames Fühlen ermöglichen

Während sich in der Verliebtheit das gemeinsame Fühlen spontan einstellt, versucht man es im Streitfall zu erzwingen. Niemand kann sagen, wie er sich *verliebt gemacht hat*. Meist wird er antworten: "Ich weiß es nicht, aber plötzlich war ich mir ganz sicher" (*Falling* in love). Es hat sich noch keiner *verliebt-machen* können. Deshalb sind dafür auch "Zaubertrank" oder "Verliebtheitstropfen" nötig. Dieser Zustand der Gefühlsübermittlung ist nur erlebbar und nicht machbar. Man kann jedoch Bedingungen schaffen, die diesen Zustand eher herbeiführen - wenn auch nicht direkt hervorrufen. Es ist möglich, die Bedingungen in einer Partnerbeziehung so zu verändern, daß Amor eine Chance hat, seinen Pfeil abzuschießen und dabei auch zu treffen. Aber man kann den Pfeil nicht

direkt ins Ziel setzen. Es bleibt immer Amors Entscheidung, welches Paar das Glück der Verliebtheit erleben darf.

Über die Möglichkeiten der Unterstützung werde ich im therapeutischen Teil berichten. Hier soll nur deutlich gemacht werden, was möglich und was unmöglich ist und die Wichtigkeit dieser Unterscheidung, damit man nicht kostbare Beziehungsenergie an der falschen Stelle verschwendet.

GEDANKEN

Eine weitere Kategorie der Information ist der bewußte Gedanke. Diese Information beinhaltet alle bewußten Erinnerungen, gelerntes Wissen und Überzeugungen. Das sind Inhalte, über die man sich zwar täuschen, die man jedoch direkt kommunizieren kann. Im Vergleich zu Gefühlen besteht hier eine umgekehrte Gesetzmäßigkeit.

Unterschied zwischen Gefühl und bewußtem Gedanken

Ich kann behaupten, daß ich meinem Partner die Schlüssel hingelegt habe, aber es kann sich herausstellen, daß ich mich getäuscht habe. Im Unterschied zum Gefühl, d.h. bei meinem Gefühl, daß ich sie am vereinbarten Ort hingelegt habe, kann ich mich nicht täuschen. Diese Unterscheidung verwischt sich leicht im realen Beziehungsalltag und ist die Ursache vielen Leids. Es ist also wichtig festzuhalten: Auch wenn ich noch so überzeugt bin, etwas sei so, wie ich es glaube, kann ich einer Täuschung erlegen sein. Mein Gefühl selbst ist jedoch keine Täuschung. Mit Überzeugungen verhält es sich genauso wie mit gelerntem Wissen und Erinnerungen: ich kann mich täuschen. Hier kann ich mich *verrechnen*. Ich kann eine These über Zusammenhänge aufstellen, aber diese These kann auch falsch sein. Ich kann davon überzeugt sein, daß mein Partner sich nur so zu mir verhält, weil er in seiner Kindheit so und so geprägt wurde, aber sein Verhalten kann auch ei*nen ganz anderen Grund haben.*

Man kann die eigene Beziehung nicht sehen

Der Grund, warum man sich täuschen kann, liegt in der Tatsache, daß man nur einen sehr beschränkten Ausschnitt der Realität wahrnimmt. Der Ausschluß, der uns in diesem Zusammenhang besonders interessiert, ist folgender: *Keiner kann seine eigene Partnerbeziehung direkt beobachten.* Man kann seinen Partner und sich selbst bis zu einem gewissen Grad sehen, aber die Sicht auf die Beziehung zwischen den Partnern ist beiden nicht direkt zugänglich. Sie müssen in einen Spiegel schauen, um zu erkennen, was zwischen ihnen abläuft. In der Zwischenzeit sind sie von ihren Theorien oder Meinungen abhängig, die sie sich durch die Informationen über ihre Beziehung *errechnen.* Beide kennen nur ihre eigenen Gefühle und die Beobachtungen, die sie über das Verhalten des Partners machen. Daraus bilden sie ihre Thesen über die Zusammenhänge in ihrer Partnerbeziehung: "Ich fühle mich einsam, und ich sehe, daß mein Partner ständig auf Geschäftsreise ist. Er gibt sich keine Mühe, etwas daran zu verändern." Wenn jemand sein Gefühl so erlebt und die Fakten so sieht, dann wird er die These entwickeln: "Ich bin meinem Partner nicht mehr wichtig." Was ihm nicht zugänglich ist, sind die Gefühle und Gedanken seines Partners und die Handlungsabläufe zwischen beiden Betroffenen. (Über die Handlungsabläufe und das Handlungswissen werde ich weiter unten noch ausführlicher schreiben)

Wirklichkeit (er)finden

Mit seinen Erinnerungen und Hypothesen kann man sich täuschen, nicht weil man böse oder dumm ist, sondern weil es Aspekte gibt, die einem selbst nicht zugänglich sein *können* und man sie deshalb auch gar nicht wissen kann. Egal wie

klug man ist - ob Einstein oder Freud -, die eigene Partnerbeziehung wird man auf direkte Weise nie beobachten können. Statt dessen sind wir gezwungen, immer wieder unsere Wirklichkeit, d.h. unsere Thesen über Beziehungszusammenhänge zu (er)finden. Denn irgendein Verständnis von Zusammenhängen brauchen wir, um unser Handeln danach zu richten. Wir müssen dabei in Kauf nehmen, daß unsere Thesen auf einem unvollständigen Informationsstand beruhen.

Wenn die Metapher zum Beweis wird

Die psychologische Beziehung zwischen Mensch und Mensch ist eine erfundene oder gefundene Wirklichkeit. Sie wird oft metaphorisch ausgedrückt: "Er steht über mir." Sie ist nur verifizierbar im Erleben eines jeden für sich. Auch wenn der Betroffene sie als "objektive Tatsache erlebt". Wir vergessen mit der Zeit oft, daß es sich nur um einen Vergleich, eine Metapher handelt, und beginnen sie als physikalische Beschreibung zu betrachten, mit einer objektiven Wirklichkeit. Wir verlassen die Ebene der Metapher und sprechen über die Tatsache, daß wir das *Gefühl* haben, der Partner stehe über uns, wie über eine Beobachtung auf einer realen Leiter. Man verwechselt hier die Informationsebenen. Über Gefühle kann man sich nicht täuschen. Ich kann das *Gefühl* haben, mein Partner sei mir überlegen, und darin kann ich mich nicht täuschen. Wenn ich es aber zu einer These über unsere Beziehung mache, dann kann ich mich sehr wohl täuschen. Die Chancen stehen in diesem Fall sogar sehr hoch, daß ich mich täuschen werde, wenn ich unsere Beziehung *alleine* "ausrechnen" will. In der Partnertherapie geht es darum, dies gemeinsam zu tun.

Wissen, das man mitteilen kann

Auf der Informationsebene der bewußten Gedanken kann ich mich zwar täuschen, aber dies ist auch die Ebene, auf der ich am besten kommunizieren kann. Zumindest habe ich darüber die größte Kontrolle. Wir können unsere Gedanken aussprechen, wir müssen es aber nicht. Es liegt an jedem selbst, welche Mühe er sich macht, sein Wissen mit dem Partner zu teilen. Damit meine ich nicht nur die Inhalte, die man gelernt und erfahren hat, sondern auch die Thesen, die man über Zusammenhänge entwickelt hat. Hier interessieren natürlich die Thesen über die eigene Partnerbeziehung. Aufgrund der Begrenztheit des eigenen Blickfeldes hat man nur gemeinsam mit dem Partner eine Chance, fundierte Theorien über die Abläufe in der Partnerbeziehung aufzustellen.

Voraussetzung, um von einer falschen Überzeugung abgebracht zu werden

Die Voraussetzung, durch meinen Partner von meiner falschen Überzeugung abgebracht zu werden, ist mein Eindruck, daß dieser mein Gefühl akzeptiert, auch wenn er die Fakten anders sieht. Das klingt leichter, als es sich in der Realität umsetzen läßt. Es kann jedoch Wunder bewirken, wenn einem Paar diese gegenseitige Akzeptanz gelingt. Es ist ganz natürlich, die eigene Sichtweise zu verteidigen. Wenn ich mein Gefühl *und* meine Meinung zu verteidigen habe, werde ich mich hartnäckiger wehren als in einer Situation, in der zumindest mein Gefühl akzeptiert wird.

Der Rundum-Blick

Wenn zwei Soldaten sich einen Rundum-Blick verschaffen wollen, dann setzten sie sich Rücken an Rücken. Keiner von ihnen kann alleine die 360° überblicken. Nicht, daß sie zu dumm oder unfähig dazu wären, sondern es ist für beide alleine physikalisch unmöglich, alle Seiten gleichzeitig im Auge zu behalten. Also kooperieren sie und verschaffen sich einen Blick, der mehr ist als die Summe ihres jeweiligen Blickfelds. Das bedeutet, daß beide dem Bericht des anderen Glauben schenken müssen, auch wenn dieser noch so unwahrscheinlich oder

absurd anmutet. Nur den Soldaten, die ein absolutes Vertrauensverhältnis zueinander haben, wird ein Rundum-Blick gelingen. Wenn einer, "zur Sicherheit" zwischendurch immer wieder über seinen eigenen Rücken blickt oder sich selbst bei einem Warnhinweis seines Partners, sich selbst von der nahenden Gefahr überzeugen will, dann kann es leicht passieren, daß sie beide durch einen Überraschungsangriff untergehen. Der tödliche Angriff könnte nämlich plötzlich von der Seite kommen, die der Mißtrauische gerade verlassen hat. Der Begriff "blindes Vertrauen" hat hier seine Gültigkeit. Ohne dieses Vertrauen ist ein 360°-Blick und damit die Chance, Dinge zu sehen, die einem alleine nicht zugänglich sind, nicht möglich.

Gemeinsam weiß man mehr

Auch wenn wir Gefühle nicht direkt miteinander austauschen können, so ist doch der Austausch unserer Theorien und Gedanken möglich. Wenn ich meinem Partner wirklich zuhöre, dann weiß ich danach mehr als vorher. Ich beginne etwas zu begreifen, was mir vorher nicht zugänglich war. Wenn der Soldat nur auf die Worte seines Partners hört, ohne sich selbst von ihrer Richtigkeit zu überzeugen, dann erweitert sich sein Wissensstand. Wenn er dieses Wissen mit den ihm selbst sichtbaren Informationen zusammenführt, erhält er einen 360°-Blick. Das fehlende Vertrauen ist ein wichtiger Faktor, warum in einer Partnerbeziehung oft viel gesprochen, aber wenig Neues gehört wird.

Teufelskreis zwischen fehlendem Vertrauen und verhinderter Kommunikation

Kommunikation besteht aus Senden und Empfangen. Im kommunikativen Sinne habe ich nichts gesagt, wenn das, was ich senden wollte, auf der anderen Seite nicht verstanden wird. Auch wenn ein Tonband registrieren würde, daß ich viele Sätze gesprochen habe, ist es kommunikativ so lange ein Schweigen, bis tatsächlich Information geflossen ist. Viele Paare kennen das Erlebnis, eine halbe Nacht lang heftig gestritten zu haben und am Morgen aufzuwachen mit dem dumpfen Gefühl, eigentlich nichts Neues erfahren und nicht Neues vermittelt zu haben. Wenn man davon ausgeht, daß fehlendes Vertrauen zu fehlender Kommunikation führt und fehlende Kommunikation zu fehlendem Vertrauen, dann wird der Teufelskreis deutlich: Wir können uns nicht vertrauen, weil wir zu wenig voneinander wissen; wir wissen so wenig voneinander, weil wir so wenig kommunizieren; wir kommunizieren nicht miteinander, weil wir uns nicht vertrauen.

HANDLUNGEN

Die dritte Informationsform nenne ich Handlungswissen. Dies ist ein intuitives Wissen, bei dem ich mich nur selten täusche. Ich kann es erst kommunizieren, wenn ich es mir zuvor mit großer Mühe bewußtgemacht habe. Der Körper weiß, was er tut, ohne den Kopf dafür zu brauchen. Die Bewußtheit des Handlungswissens und seine Kommunizierbarkeit können von unterschiedlichem Ausprägungsgrad sein. Im Gegensatz zu den vorausgegangenen Wissensebenen sind hier die Fähigkeiten variabel: Ich kann mich mehr oder weniger täuschen, Fehler machen, besser oder schlechter darüber berichten.

Wie erfahre ich, wie ich meine Krawatte binde?

Als ich meine Krawatte zum ersten Mal gebunden habe, war es ein langsamer, mühsamer und bewußter Prozeß. Ich mußte mehrmals den Knoten öffnen, da ich eine Schlaufe vergessen hatte. Nach jahrelanger Übung kann ich jetzt meine Krawatte ohne große Überlegungen binden. Ich könnte es jedoch niemandem mehr in Worten beschreiben, wie ich es mache. Ich müßte mich vor den Spiegel stellen und dabei beobachten, *wie* ich ganz lang-

sam die Krawattenenden, Zug um Zug, in einer bestimmten Reihenfolge zum Knoten ziehe. Es ist leicht möglich, daß ich bei diesem bewußten Krawattenbinden manchmal nicht weiterweiß. Ich würde dann, ohne viel dabei zu denken, die Krawatte in der gewohnten flinken Art binden und mich im rechten Moment stoppen, um mir selbst auf die Schliche zu kommen.

Erst nachdem ich beim Krawattenbinden eine viel längere Zeit benötigt hätte als normal, wäre ich imstande, jemandem zu erklären, wie ich es mache. Wahrscheinlich fällt diese "Erkundungskrawatte" etwas ungleichmäßiger aus als sonst. Wenn ich diesen schlecht gebundenen Knoten wieder auflöse, um ihn schnell nochmals auf meine normale Art zu binden, wird mir dies nicht so leicht von der Hand gehen wie sonst. Die einmal in Gang gesetzte Selbstbeobachtung läßt sich schwer wieder abstellen. Sie steht dem spontanen Handlungsablauf im Wege.

Der Beziehungsvertrag als Handlungswissen

Den Umgang miteinander, der nach genau erarbeiteten Regeln abläuft, die unbewußt sind und sich durch Erfahrung langsam geformt haben, nenne ich das Handlungswissen des Paares. Es ist ein Wissen, welches das Paar *nur* in seinem Verhalten "weiß". Um es dem bewußten "Gedanken-Wissen" zugänglich zu machen, bedarf es eines vorsätzlichen Bemühens. Beide Partner "wissen", welche Reaktion auf welches Verhalten des anderen zu folgen hat, wenn sie "vertragstreu" bleiben wollen. Kein bewußt geplantes Beziehungsspiel kann so perfekt funktionieren wie diese unbewußt eingehaltenen Spielregeln, die in Fleisch und Blut übergegangen sind.

Der gelebte Beziehungsvertrag

Wenn zwei Menschen eine Partnerschaft eingehen, dann müssen sie ihre Beziehung langsam aufbauen. Eine geformte Beziehung besteht aus vielen Umgangsregeln. Ihr Entstehungsprozeß wird oft als ein sich Zusammenraufen bezeichnet. Wenn das Paar seinen "Beziehungstanz" ausgeformt hat, dann wird dies von den Menschen in ihrer Umgebung intuitiv wahrgenommen. Begegnet man zwei fremden Menschen im Zug, bemerkt man schon auf den ersten Blick, daß sie ein Paar sind, ohne daß man bewußt weiß, warum. Wenn ein Paar seine Beziehung "geformt" hat, finden Handlungsabläufe zwischen beiden statt, bei denen man spürt, daß sie "perfekt eingeübt" sind. Auch das Paar selbst könnte die Regeln der Abläufe nicht benennen und würde die Existenz solcher Regeln anzweifeln.

Einfach und langweilig oder schwierig und kreativ?

Je ähnlicher die beiden sich sind, desto einfacher wird das Zusammenraufen sein, aber desto langweiliger wird die Beziehung gelebt werden. Je unterschiedlicher sie sind, desto schwieriger wird der Prozeß, aber desto kreativer wird das Resultat. Die Beziehungsregeln - man kann auch von einem Beziehungsvertrag sprechen - sind fast alle unbewußt. In großen Dingen spricht man sich meistens bewußt ab (z.B. wird man vielleicht über den gemeinsamen Kinderwunsch sprechen oder den geplanten Wohnort). In den alltäglichen Umgangsformen bleibt hingegen die Absprache unbewußt (z.B., wieviel Raum läßt man sich gegenseitig, um Launen auszuleben, wie zeigt er und wie sie Wertschätzung für den anderen). Der Beziehungsvertrag wird als ungeschriebenes Gesetz sehr genau eingehalten. Auch wenn beide Partner die Gesetze nicht in Worten ausdrücken könnten und sich auch dagegen wehren würden, daß zwischen ihnen so etwas "Künstliches" wie ein Vertrag besteht, spüren beide sofort, wenn eine auch noch so kleine Gesetzesübertretung stattgefunden hat. Derjenige, dem Unrecht getan wurde, spürt Ärger oder Empörung. Er wird dann versuchen, sich sein Gefühl zu erklären und eine These darüber aufstellen, was der Partner ihm angetan hat. Hier muß man wieder unterscheiden: Im Ärgergefühl kann man sich nicht täuschen, in der Begründung jedoch, welcher Regelverstoß gerade stattgefunden hat, sehr wohl.

Das (Er)finden der Schachregeln

Nehmen wir an, jemand hat noch nie etwas vom Schachspiel gehört. Er bekäme nun die Gelegenheit, zwei Spieler beim Schachspiel zu beobachten. Auch ohne die Möglichkeit, die beiden Schachspieler zu befragen, könnte er bei aufmerksamen Beobachten ihres Verhaltens, mit der Zeit selbst ein paar Schachregeln erkennen. Je mehr Spielabläufe er miterleben würde, desto mehr würden sich seine Theorien über die Regeln denen des offiziellen Schachspiels nähern. Er würde sich sicher auch ein paarmal täuschen, aber die Grundzüge des Spiels könnte er auf diese Weise erkennen.

Wenn ein anderer Schachunwissender auch die Möglichkeit bekäme, dem Schachspiel zuzuschauen, diesmal aber nur die Züge und Figuren eines Spielers zu sehen bekommt, dann wäre es ihm fast unmöglich, die Regeln des Schachspiels daraus abzuleiten.

Die einzige Perspektive, aus der das Beziehungsspiel zu beobachten ist

In einer Partnerbeziehung sieht jeder nur das Verhalten des anderen und erlebt nur seine eigenen Gefühle, aber keiner von beiden sieht die Beziehung. Weder der eine noch der andere kann die Interaktionen in der Partnerbeziehung von außen beobachten. Alle Bekannten, auch ohne psychologische Vorkenntnisse, können Muster im Beziehungsspiel des Paares erkennen, ohne sich bewußt darum zu bemühen. Es "fällt einfach auf". Die Bekannten des Paares werden sich vielleicht untereinander darüber unterhalten, was ihnen am Umgang des Paares miteinander aufgefallen ist, aber nur sehr gute Freunde werden es dem Paar selbst sagen. Warum? Jeder Beobachter spürt intuitiv, daß den Beteiligten eines Beziehungsspiels ihre eigenen Spielregeln nicht bewußt sind. Er spürt auch die Überzeugung der beiden Partner, ihre Beziehung zu kennen. Es ist riskant, jemandem, der glaubt, ihm bleibe nichts verborgen, etwas aufzuzeigen, das er selbst nicht sieht. Es ist einem klar, daß man mit Widerstand, Unverständnis und einem "Das-siehst-nur-du-so" rechnen muß. Also vermeidet man das direkte Gespräch mit den Betroffenen und redet lieber mit denen darüber, die ebenfalls das ganze "Schachspiel" beobachten können.

Auf der anderen Seite sind viele Paare neugierig zu hören, wie andere über sie denken. Obwohl sie überzeugt sind, sich selbst am besten zu kennen, ist es der geheime Wunsch vieler Menschen, bei ihren Bekannten "Mäuschen spielen zu dürfen", um zu erfahren, wie über sie gesprochen wird.

Notwendigkeit und Vorteil des Erkennens des gemeinsamen Handlungswissens

Wenn sich ein Paar einen Tag lang von außen betrachten könnte, wie es von *anderen* gesehen wird, dann würde es sich "spontan" am nächsten Tag dramatisch anders verhalten. Ich meine hier die Utopie, daß es sich *durch* die Augen der Freunde sehen würde. Es macht einen erheblichen Unterschied, ob sich ein Paar nur in einem Videofilm sehen würde oder seine eigene Beziehung anschauen könnte, wie Fremde.

Eine wirklich dramatische Wirkung käme nur in der zweiten Situation zustande. Da aber niemand etwas direkt durch andere Augen betrachten kann, sind nur "indirekte Blicke" möglich. Ein Videofeedback in einer Therapiesitzung kann die eigene Beziehung bis zu einem gewissen Grad sicht-

bar machen. Eine andere Möglichkeit ist die 1gruppe, über die ich noch berichten werde. Sie besteht aus einer Runde von Zerrspiegeln, die sich gegenseitig ausbalancieren. Wenn das betroffene Paar die verschiedenen "Spiegelbilder" vergleicht, dann kann es einen naturgetreueren Eindruck von seiner Beziehung bekommen als allein durch die Reflektionen des Therapeuten.

" Ich weiß doch, was ich gesagt habe"

Oft streiten Paare darüber, was einer von beiden tatsächlich gesagt hat. Diese "Gerichtsverhandlungen" sind natürlich vollkommen nutzlos, da beide *alleine* nicht entscheiden können, was kommuniziert wurde. Man könnte auch sagen, beide "lügen", wenn sie behaupten, "ich weiß doch was ich gesagt habe", oder "ich weiß doch, was du gesagt hast". Tatsächlich können sie jeweils nur sagen, was sie glauben, gesendet oder empfangen zu haben. Was der andere senden wollte und was bei ihm angekommen ist, wissen sie nicht. Im Gegensatz zu einer Gerichtsverhandlung, bei der nur die äußeren Fakten zählen, ist in einer Partnerbeziehung nur das Gesagte und Gehörte im kommunikativen Sinne von praktischer Relevanz. Der Partner kann nur auf das reagieren, was er gehört hat, und nicht auf das, was (im faktischen Sinne) gesagt wurde.

Beziehungsregeln als unbewußte Kommunikation

In der Regel wird man keine Fehler machen, wenn "Krawattenbinden" zur selbstverständlichen Handlung geworden ist. Aber es gibt Ausnahmen: Man wird während des Krawattenbindens unterbrochen; man will eigentlich heute keine Krawatte anziehen und ist noch mit der eigenen Ambivalenz beschäftigt oder ähnliche Hindernisse.

Es kann sein, daß sich ein bestimmter Begrüßungsritus in der Partnerschaft eingespielt hat. Keiner überlegt mehr bewußt, ob er zuerst "guten Abend" sagen oder zuerst einen Begrüßungskuß geben soll. Es geschieht unbewußt in der "richtigen" Reihenfolge. Jeder weiß, welchen Part er hat, was er wann sagen und tun "muß". Eines Abends fällt dem Mann beim Hereinkommen etwas in der Wohnung auf. Obwohl ihre gemeinsame Beziehungsregel verlangt, daß er ihr nach dem Gruß auch noch einen Kuß gibt, ist er so von der Neuerung in der Wohnung beeindruckt, daß er den "regulären" Kuß unterläßt und statt dessen über seine Überraschung spricht. Es ist dabei unbedeutend, ob er die Veränderung in der Wohnung positiv oder negativ beurteilt. Wichtig ist nur, daß sich etwas im Verhaltensritual verändert hat und die Partnerin dies intuitiv spürt. Wenn sich eine Beziehungsregel eingestellt hat, dann hat sie eine bindende Bedeutung für beide Partner. Nehmen wir an, daß der Guten-Abend-Kuß eine Kurzformel für die Information ist: "Du bist mir wichtig." Wenn diese Bestätigung ausbleibt, dann wird die nun fehlende Information automatisch ins Gegenteil übersetzt. Der Anflug eines Verlassenheitsgefühls kommt hoch, und man beginnt eine These für seinen Ursprung zu entwickeln – man macht sich Gedanken. Oder man wird versuchen, die Welt wieder zurechtzurücken: "Du hast mir heute noch gar keinen Kuß gegeben!" Auch wenn jetzt der Kuß folgt, kann er nicht mehr so perfekt ihren Spielregeln entsprechen wie das normale spontane "Wertschätzungs-Ritual". Es bedarf nicht viel Phantasie, um den Unmut zu erahnen, der sich bei beiden langsam hochschaukeln wird.

Obwohl man sich beim Handlungswissen in der Regel nicht täuschen kann, ist manchmal durch Störungen ein "Fehlverhalten" möglich. Hier ist der Ursprung der meisten Beziehungskonflikte zu suchen. Sich aufschaukelnde Konflikte sind meist Folgen solcher unbeabsichtigten Übertretungen von Beziehungsregeln.

Und ich habe, mein Lieber, wieder bei diesem kleinen Geschäft gefunden, daß Mißverständnisse und Trägheit vielleicht mehr Irrungen in der Welt machen als List und Bosheit. Wenigstens sind die beiden letzteren gewiß seltener.
(Die Leiden des jungen Werther: Johann Wolfgang von Goethe. Hamburger Ausgabe, Band 6, Erstes Buch).

Beziehungsregeln in das Bewußtsein übersetzen

Auch wenn man das unbewußte Handlungswissen nicht unvermittelt kommunizieren kann, so wird es doch möglich, wenn man sich darum bemüht. Spontan kann ich zwar nicht sagen, wie ich mir jeden Morgen die Krawatte binde, aber wenn ich mich selbst genau dabei beobachte, dann bekomme ich die Information Stück für Stück zusammen. Will ein Paar sein Handlungswissen erkennen, muß es sich bewußt darum bemühen, wie die zwei Soldaten, die eine 360°-Sicht anstreben.

Das Wort "bewußt" ist in diesem Zusammenhang leicht mißverständlich. Es bedeutet nicht, daß ein Paar bewußt entscheiden muß: "So, jetzt schauen wir uns mal unser Beziehungsmuster an." Sondern daß beide bereit sein müssen, die Mühe auf sich zu nehmen, sich bewußt gegenseitig zuzuhören (Hören kostet mehr Mühe als Reden). In einer Partnerbeziehung, die man als gut bezeichnen würde, geschieht dies häufig. Spüren beide Probleme in der Kommunikation, werden sie spontan die gegenseitigen Sichtweisen sammeln und sich dabei wechselseitig vertrauen. Sie werden entweder Mißverständnisse aufdecken oder Veränderungen im Beziehungsvertrag vornehmen. Dies geschieht alles selbstverständlich, aber mit beidseitigem Bemühen. Auf diese Art und Weise kann es dem Paar möglich werden, den im Grunde unmöglichen Blick auf das gemeinsame Beziehungsspiel doch zu "erheischen".

Entwicklung der Beziehungsregeln

Es gibt zwei Situationen, in denen das normalerweise fehlerlos durchgeführte Handlungswissen aussetzt. Wenn ein Mißverständnis auftritt, wie ich bereits oben beschrieben habe, oder wenn die äußere Lebenssituation des Paares sich verändert und die Beziehungsregeln nicht mehr ihre Funktion erfüllen. Selbstverständlich trifft dies in den bekannten Schwellensituationen in einer Partnerbeziehung zu. Z. B. wenn Kinder hinzukommen oder die Familie wieder verlassen, funktionieren die alten gemeinsamen Verhaltensmuster nicht mehr. Es gibt jedoch ständig kleine Veränderungen in den Umweltbedingungen eines Paares. Es wird z. B. ein Haustier angeschafft, die Arbeitszeiten ändern sich oder einer entwickelt ein neues Hobby. Eine Partnerbeziehung verhält sich wie ein organisches selbständiges Wesen. In der organischen Welt ist eine ständige Anpassung erforderlich. In einer gesunden Partnerbeziehung mit ausreichendem Vertrauen, wird der Anpassungsprozeß möglich sein. In einer dysfunktionalen Beziehung, wird es zur Krise kommen.

Tick tack toe

Ein beliebtes Kinderspiel ist "Tick tack toe". Auf ein Blatt Papier werden zwei parallele Linien gezeichnet. Zwei weitere parallele Linien werden im rechten Winkel darüber gezogen. Dadurch entstehen 9 Quadrate. Das Spiel beginnt, indem das erste Kind ein Kreuz in ein Feld seiner Wahl setzt. Der Mitspieler zeichnet einen Kreis in ein weiteres Feld. Darauf setzt der erste ein Kreuz in ein nächstes Feld usw., bis einer der beiden es geschafft hat, eine senkrechte, horizontale oder diagonale Reihe zu formen. Kinder können dieses Spiel stundenlang spielen und kommen immer wieder zu neuen Resultaten. Wenn ein Spielverderber kommt und ihnen zeigt, daß der erste immer das Spiel gewinnt, wenn er eine bestimmte Strategie anwendet, dann spielen die Kinder das Spiel noch einige

Runden skeptisch weiter. Da sie es noch vor ein paar Minuten als sehr spannend erlebt haben, können sie gar nicht glauben, daß es jetzt plötzlich ein Spiel ohne Alternativen sein soll. Bald merken sie, daß der Erwachsene recht gehabt hat, und wenden sich gelangweilt einem anderen Spiel zu.

Therapeut = Spielverderber

Ziel einer Paartherapie ist, das Paar von seinen dysfunktionalen Beziehungsspielen abzubringen. Man könnte auch sagen, die Aufgabe des Therapeuten ist Spielverderber zu sein. Denn auch Beziehungsspiele werden nur aufrechterhalten, bis sie durchschaut sind. Die Voraussagbarkeit eines Spieles nimmt ihm den Sinn, und man gibt es auf. Das Paar wird dadurch gezwungen, neue, funktionalere Beziehungsregeln zu finden. Es gibt verschiedene Möglichkeiten, ein Paar von seinem festgefahrenen Beziehungsmuster abzubringen. Die Methode, die ich COUPLE COACHING® nenne versucht, dies auf kognitivem Wege zu tun.

BEISPIELE ZUR THERAPEUTISCHEN ANWENDUNG

Analyse eines Streitgesprächs

Der Zauber mit der geheimen Zahl

Folgender Zaubertrick kann Kinder in den ersten Schulklassen noch verblüffen: "Denke an eine Zahl, aber verrate sie mir nicht. Merke dir diese Zahl aber ganz genau. Addiere 5 dazu. Jetzt ziehe 2 davon ab. Addiere 10, und jetzt ziehe nochmal 3 davon ab. Zum Schluß ziehe nochmals 10 ab. Die Zahl bei der du jetzt angekommen bist, ist die, mit der du angefangen hast!" Für den Siebenjährigen ist es verblüffend, daß der Erwachsene die Endzahl vermeintlich kennt, obwohl sie ihm am Anfang verheimlicht wurde.

Wenn ein Patient über sein Gefühl spricht ("die Zahl, an die er denkt"), muß sich der Therapeut darüber im klaren sein, daß er diese "Zahl" nie erfahren wird. Man kann nur über den Umgang mit Gefühlen sprechen. Was auch immer das Gefühl "X" für den Betroffenen genau sein mag, andere werden es nie direkt wissen. Für die Partnerbeziehung und für die Paartherapie bedeutet dies, daß dem einzelnen seine Gefühle als Signale sehr wohl wichtig sind, aber für die Kommunikation nicht, da Gefühle nicht Teil einer Kommunikation sein können.

Ein Dialog-Beispiel

Mann: "Mir geht es ganz schlecht, wenn ich dich so zu mir sprechen höre. Ich habe das Gefühl, von dir richtiggehend erpreßt zu werden."

Frau: "So ein Unsinn! Ich muß doch die Möglichkeit haben, meine Wünsche zu äußern! Wie, glaubst du, geht es mir dabei, wenn ich das Gefühl habe, ich darf meinen Mund nicht aufmachen, ohne dich gleich zu belasten?"

Mann: "Ich will ja deine Meinung hören, aber es muß ja nicht immer gleich in diesem wütenden Ton geschehen."

Frau: "Ich bin gar nicht wütend, ich erkläre dir nur, was mir an deinem Verhalten nicht gefällt."

Mann: "Du bist sehr wohl wütend, ich höre ja, wie du mir förmlich an die Gurgel springst."

Frau: "Du mußt auch immer gleich diese Du-erpreßt-mich-Karte ziehen, da kann man ja wütend werden."

Schweigen.

Frau: "Eigentlich wollte ich endlich mit dir darüber sprechen, wie es mir mit deiner Entscheidung geht, und jetzt streiten wir schon wieder."

Mann: "Du sagst mir ja gar nicht deine Gefühle, sondern setzt mich nur unter Druck, meine Entscheidungen immer deinen Wünschen anzupassen."

Das Paar kann jetzt nahtlos zum Anfang des Dialogs zurückkehren und mit leichten Abänderungen halbe Nächte dieses Thema mit Variationen durchspielen.

Der Unterschied zwischen Lesen und Leben

Es macht einen großen Unterschied, ob man den vorangegangenen Dialog liest oder lebt. Als Leser kann man darüber lächeln und als intelligenter Leser auch mutmaßen, ähnlich mit seinem Partner zu streiten. Lebt man jedoch den Text, spürt man nur die Intensität der *eigenen* Gefühle. Die meisten Menschen wirken in dieser Art von Streitgespräch so, als würden sie denken: "Das kann doch nicht wahr sein, daß du so dumm oder böse bist, meine Gefühle nicht zu erkennen!"

Analyse des Dialogs

Ich möchte nun den Dialog genauer analysieren. Ich habe bewußt keine Rahmengeschichte dazu erfunden, um beim Leser nicht die Versuchung aufkommen zu lassen, herauszufinden, "was der eigentliche Konflikt ist" oder wessen Anliegen "berechtigter" oder "neurotischer" ist. Es geht mir nur darum, zu zeigen, wo das Paar Unmögliches versucht und dabei Mögliches versäumt.

Wenn der Mann am Anfang davon spricht, daß er sich von seiner Frau erpreßt fühlt, teilt er ihr mit, wie er ihr verbales Verhalten interpretiert. Sie hätte nun die Möglichkeit, seine Interpretation zur Kenntnis zu nehmen. Aber anstatt seine Gefühle als unbekanntes "X" stehenzulassen, zweifelt sie an der Berechtigung seiner Gefühle. Darüberhinaus zieht sie ihr eigenes Gefühl hinzu und verlangt ihrerseits, daß er es verstehen soll. Obwohl er als nächstes vorgibt, ihre Meinung hören zu wollen, zeigt der Verlauf des weiteren Gespräches, daß ihm die Klärung wichtiger ist, welches Gefühl seine Frau wirklich hat. Danach geht es nur nach darum, ob sie ein "Wutgefühl" hat oder nicht. Eine fruchtlose Diskussion, da sie nicht kommunizieren kann, was sie fühlt, und das Wort "Wut" als direkte Gefühlsbezeichnung unsinnig ist.

Das verzweifelte Bemühen des Paares setzt an der falschen Stelle an. Die Partner versuchen, sich über ihre Gefühlsbezeichnungen zu einigen, und verhaken sich dadurch in einen Disput, über ein Thema, das nicht entscheidbar ist. Beide verpassen auf diese Weise die Gelegenheit, über die Konsequenzen ihrer Gefühle zu sprechen und in einem etwaigen Interessenkonflikt zu neuen Lösungsmöglichkeiten zu kommen.

Was der Experte vom Novizen lernen kann

Angenommen, der von mir bereits beschriebene naive Beobachter eines Schachspiels würde einem Schachmeister die Regeln des Spiels erklären, die er gerade entdeckt hat. Er würde natürlich bei seiner Beschreibung ganz andere Worte verwenden und die Regeln in einer ganz anderen Reihenfolge auflisten, als es in einem Schachlehrbuch üblicherweise geschieht. Der Schachmeister könnte dann auf zweierlei Art reagieren. Er kann zum einen dem Naiven sagen, wie die Regeln "richtig" zu beschreiben sind, und zwar in der ganzen Spannbreite, von überheblichem Richtigstellen bis zum bemühten Aufklären. Er kann aber auch, durch die Augen des "Entdeckers", das Schachspiel auf neue Weise für sich selbst erschließen und sich vom Novizen aufklären lassen, wie dieser *seine* Regeln entdeckt hat. Dadurch können beim Meister ganz neue Schachzüge entstehen, die sein Spielrepertoire erweitern werden. Durch diese ungewöhnliche Methode könnten Spielzüge entstehen, die in keinem Schachbuch beschrieben sind und deshalb zu einem kreativeren und spannenderen Schachspiel führen. Diese zweite Reaktionsweise auf den "Schachspiel-Entdecker" entspricht der offenen geistigen Einstellung, die von Kleist in

einem kleinen Aufsatz beschrieben, und die von Birkenbihl (1) kommentiert wurde.

Ein "Kompaß" zur Verhaltensänderung

Auf einen Hinweis des Partners zum eigenen Verhalten reagiert man leicht mit dem Gefühl: "So ein Unsinn, ich verhalte mich doch gar nicht so!" Das ist verständlich, denn man hat seine eigene Vorstellung von den Regeln, die im eigenen Beziehungsspiel gelten. Nun kann man entweder in einer mehr oder weniger überheblichen bis bemühten Weise dem Partner erklären, wie der Sachverhalt "richtig" darzustellen ist, oder man kann mit einer offenen geistigen Haltung "neue" Regeln in der eigenen Partnerbeziehung entdecken. Es ist sehr schwer, die durch langjährige Erfahrung entwickelte Überzeugung in Frage zu stellen. Aber es lohnt sich, denn das "Unsinn-Gefühl", ist ein sicherer Kompaß, um zu neuen, bereichernden eigenen Verhaltensalternativen zu gelangen.

Die Rolle des Therapeuten

Es ist die Aufgabe des Therapeuten, beide Partner von ihrem Versuch abzubringen, in einem Streit ihr jeweiliges Gefühl "X" kommunizieren zu wollen. Es muß ihnen klargemacht werden, daß sie ihr Gefühl nicht aussprechen *können*. Statt dessen muß ihnen gezeigt werden, was sie tatsächlich austauschen *könnten*. Wenn sie anfangen, über ihre Befürchtungen, Vermutungen etc. zu sprechen, stellt sich oft heraus, daß die strittigen Themen gar nicht so strittig sind, wie es ihnen am Anfang schien. Beide können von Annahmen ausgegangen sein, die sich als Vorurteile entpuppen. Jeder hat die Gefühlsbegriffe des anderen auf seine Weise interpretiert und war in dem Irrglauben, der andere habe das gleiche Wörterbuch.

Ein gemeinsames Wörterbuch erstellen

Man stelle sich vor, ein Deutscher und ein Chinese träfen sich, beide beherrschten nur ihre eigene

Sprache. Sie könnten am Anfang natürlich nicht kommunizieren. Nehmen wir an, sie wären an einer einsamen Insel gestrandet und beide voneinander abhängig. Sie müßten sich also bemühen, sich gegenseitig ihre jeweiligen Sprache beizubringen und dabei eine gemeinsame zu formen. Bei diesem Prozeß würden sie beide bemüht sein, jeden neuen Begriff so unmißverständlich wie möglich gemeinsam zu definieren.

Wenn sich aber ein Paar trifft und davon ausgeht, bereits ein verbindliches Wörterbuch zu besitzen, da sie beide Deutsch sprechen, dann werden Doppeldeutigkeiten leicht übersehen. Es kann nämlich gut sein, daß ein Begriff in den zwei Ursprungsfamilien jeweils eine ganz andere Bedeutung hatte.

Die einfache Unterscheidung von verschiedenen "Suppen"
Beim Kochen fällt schneller auf, wenn beide unter dem gleichen Begriff Unterschiedliches verstehen. Denn beide können den Unterschied auf der Zunge feststellen. Das oben beschriebene Rechenspiel geht auf, denn jeder schmeckt, was er eben schmeckt. Wenn sie mehr Salz in die Suppe tun, von der sie beide kosten, dann wird sich ihr Geschmackseindruck parallel verschieben. Es ist egal, ob man mit der Zahl 1 oder 10 angefangen hat. Beim Hinzufügen einer Zahl wird es immer eine größere Zahl ergeben, und die Richtungsveränderung ist gleich. Wenn einer von beiden meint, man müßte mehr Salz dazu geben, dann kann sie dem einen versalzen vorkommen, während der andere sie jetzt als perfekt abgeschmeckt empfindet. Es macht natürlich keinen Sinn, darüber zu streiten, wer recht hat, sondern es ist nur sinnvoll, den ursprünglich einzigen Begriff für "richtig-abgeschmeckte-Suppe" in ihrem gemeinsamen Wörterbuch durch "ihre Suppe" und "seine Suppe" zu ersetzen. Für beide ist jetzt klar, wie

sich die zwei Suppen unterscheiden. Um es nochmals deutlich zu sagen: Es geht nicht darum aufzuschreiben, wieviel Salz in der jeweiligen Suppe war, sondern daß beide den Geschmack der beiden Suppen kennengelernt haben, der in Worten nicht auszudrücken ist.

Die schwierige Unterscheidung von abstrakten Begriffen
Was bei der Unterscheidung von Geschmacksempfindungen noch relativ leicht ist, ist bei abstrakten Begriffen sehr schwer. Wenn beide aus derselben Suppe löffeln, akzeptieren sie physiologische Unterschiede und Gewohnheiten. Sie können sich über die Unterschiede wundern, aber sie respektieren das Empfinden des anderen. Sie behaupten nicht, zu wissen, was der andere empfindet oder empfinden muß.

In einer bedrückenden Situation erlebt jeder *seine* eigene Traurigkeit. Wenn sie sich jetzt darüber streiten, wie man seine Trauer empfindet oder - noch schlimmer - empfinden sollte, dann wäre dies so unsinnig wie der Streit darüber, wie genau eine versalzene/perfekt gesalzene Suppe schmeckt. In der gleichen Weise, wie sie beim Suppengeschmack das Wohl- oder Unwohlempfinden des anderen akzeptieren müssen, wäre es auch notwendig, das Trauerempfinden des anderen nicht als richtig oder falsch zu bewerten. Denn das Empfinden selbst kann argumentativ nicht in Frage gestellt werden. Die Nicht-Akzeptanz hört sich in der Realität so an: "Jetzt reiß dich doch zusammen! Soo schlimm kann das doch für dich gar nicht sein!" Oder: "Du bist doch wirklich aus Holz! Was muß denn noch passieren, daß *du* dich mal von etwas berühren läßt."

Um mit unterschiedlichen Trauergefühlen besser umgehen zu können, müssen beide erst akzeptieren, daß keiner das Gefühl des andern fühlen kann.

Erst dann ist ein Austausch über die Auswirkungen ihrer Gefühle möglich. Beide können voneinander erfahren, wie unterschiedlich sie von ihren Gefühlsregungen bewegt werden. "Ich weiß zwar nicht, wie es sich für dich anfühlt, aber ich begreife jetzt, was es für dich bedeutet, wenn du davon sprichst, daß du traurig bist."

Wenn sie sich mehr über die Folgen ihrer Gefühle unterhalten, statt der Utopie nachzugehen, die Gefühle des anderen direkt "wissen" zu können, haben sie eher eine Chance, den Begriff "traurig", in ihrem gemeinsamen Wörterbuch durch zwei neue, unmißverständliche Begriffe zu ersetzen.

EINE TYPISCHE THERAPIESTUNDE

Anhand einer fiktiven Therapiestunde möchte ich aufzeigen, wie sich die beschriebenen theoretischen Überlegungen in einer Paartherapie nutzen lassen. Ich wähle bewußt diese Form und nicht einen konkreten Fall, um nicht mit inhaltlichen Überlegungen von der Beschreibung des Ablaufes abzulenken. Die nachfolgende Darstellung kann sich auf ein Erstgespräch oder eine Sitzung während einer Therapie beziehen

Die Lappalie

Nehmen wir an, ein Paar kommt in meine Praxis und berichtet über einen Konflikt, der auf der Herfahrt aufgetreten ist. Sie wirken beide noch sichtbar aufgewühlt und mit ihren jeweiligen Gefühlen beschäftigt. Beide betonen, es sei doch eigentlich lächerlich, daß sich zwei erwachsene Menschen über so eine Lappalie streiten "müssen". Ich erkläre ihnen, sie hätten sich wahrscheinlich nicht wegen der Lappalie gestritten, sondern wegen der Gefühle, die dadurch ausgelöst wurden, und die seien vermutlich keine Kleinigkeit. Beide sind noch skeptisch, ob man den Streit wirklich so wichtig nehmen sollte, denn es gehe doch nur um eine dumme Nichtigkeit. Ich schlage ihnen vor, den aktuellen Konflikt als Muster zu nutzen, um ihre Beziehung besser verstehen zu lernen.

Erklärung, warum es sinnvoll ist, einen nichtigen Streit genauer anzusehen

Ich erkläre ihnen, daß ich folgendes annehme: Wenn ein Paar miteinander streitet, tut es dies immer auf ähnliche Weise, egal, ob es sich dabei um einen Hauskauf handelt oder die Frage, wer vergessen hat, das Brot zu besorgen. Jedes Paar hat sein eingespieltes Kommunikationsmuster. In der Therapie geht es nicht darum, einen bestimmten Konflikt zu lösen, denn das würde zu einer Endlosbehandlung führen. Vielmehr ist das Verhaltensmuster wichtig, das immer wieder abläuft. Es ist einfacher, dieses Muster in einem Konflikt zu erkennen, dessen Inhalt nicht von großer Wichtigkeit ist. Ginge es z.B. bei dem aktuellen Streit um einen Hauskauf, würden wir immer wieder von der sachlichen Wichtigkeit abgelenkt werden. Würde ich Vorschläge machen, in der konkreten Situation anders zu handeln, dann würde einer von ihnen mit Recht einwenden: "Das kann ich mir nicht leisten. In einer derart wichtigen Sache mache ich keine Experimente, es geht schließlich um viel Geld – unser Geld." Da nun einmal Experimente notwendig sind, um neue Sichtweisen zu gewinnen, ist es besser, über etwas zu sprechen, das von beiden als Lappalie angesehen wird.

Ist das Paar zur Beziehungsarbeit bereit?

Nach dieser Erklärung, mache ich nochmals den Vorschlag, sich dem aktuellen Konflikt zuzuwenden. Es gibt nun zwei Möglichkeiten: Die Partner konnten meinem Exkurs über die Zielsetzung einer Paartherapie folgen, und es war ihnen möglich, sich aus ihrem "emotionalen Eck", in das gemeinsame "Gesprächszentrum" zu begeben. In diesem Fall kann ich zum nächsten Stadium übergehen.

Konnten sie mein Konzept nicht annehmen, sind mehrere Gründe möglich: Einer oder beide Partner sind kognitiv überfordert, da sie noch zu sehr gefangen sind in ihren Gefühlen und sich noch nicht auf eine neue Ebene begeben können. Oder es besteht eine andere Erwartung an eine Therapie. In beiden Fällen ist die hier beschriebene Therapieform nicht die richtige.

Ich überzeuge mich also durch verbale Zustimmung und durch nonverbale Zeichen, ob das Paar bereit ist, sich seinem mitgebrachten Beispiel auf meine Weise zuzuwenden. Wenn wir jetzt über die "Lappalie" sprechen, tun wir dies aus einem neuen Gesichtswinkel. Wir sprechen *über* den Konflikt und nicht *im* Konflikt. Die Partner beginnen, sich von außen als Paar zu betrachten. Während sie vorher nur den Partner und ihr eigenes Gefühl wahrgenommen haben.

Beziehungsmuster "live" beobachten

Wenn ich davon überzeugt bin, daß eine Gesprächsebene vorhanden ist, in der man *über* den Konflikt sprechen kann, dann ändere ich meine therapeutische Haltung. Während ich am Anfang in einer progressiven, aktiven und intervenierenden Stellung war, werde ich mich nun innerlich zurücklehnen (es hilft, wenn ich es auch äußerlich tue). Ich stelle die Frage in den Raum, wer erzählen möchte, was passiert sei. Ich überlasse es dem Paar, wer anfängt und womit sie oder er ihre oder seine Erzählung beginnt. Es ist für mich aufschlußreich, wie das Paar mit dieser Aufgabe umgeht. In diesem Moment zeigt es sein Beziehungsmuster "live" und berichtet nicht nur darüber.

Über den Konflikt und nicht "im" Konflikt sprechen

Nehmen wir an, der Mann beginnt, nachdem er seiner Frau das Angebot gemacht hat ("ladies first") und sie kopfschüttelnd erwidert: "Ach, er-

zähl *du* doch zuerst." Der Mann beginnt seine Geschichte an der Stelle, von der er annimmt, dort das ganze Problem entstanden sei. Z.B. als seine Frau ihn in unfairer Weise beschuldigte oder er der Meinung war, da hätte er mit Recht ein anderes Verhalten von ihr erwarten dürfen. Manchmal ist es sehr schwer für den Partner, diese Anschuldigungen und "Falsch-Darstellungen" widerspruchslos anzuhören. "Also, das war doch ganz anders!" An dieser Stelle ist die Intervention des Therapeuten besonders wichtig. Wenn das Paar entschieden hat, wer von beiden anfängt, dann ist es essentiell diesen Beschluß zu Ende zu bringen. Zum einen ist es bedeutsam, daß es modellhaft ein gegenseitiges Zuhören erleben kann, und zum anderen, daß es dem Paar nur durch abwechselndes Erzählen möglich ist, über den Konflikt zu sprechen und nicht *im* Konflikt zu bleiben. In Supervisionen erlebe ich immer wieder, wie schwer es für Anfänger ist, an dieser Stelle in der richtigen Weise zu intervenieren. Der Therapeut muß in dem Moment gegenüber dem Erzählenden eine rezeptive, offene Haltung einnehmen und gegenüber dem Zuhörenden eine aktive intervenierende. In meinem Beispiel wäre es wichtig für den Mann, seine Sicht in den Raum zu stellen, und für die Frau, seine Perspektive zu hören. Dabei kann es gut sein, daß er sich gerne von ihr unterbrechen läßt. Er könnte sich selbst grundsätzlich als Opfer erleben und diese These immer wieder sich selbst bestätigen. Das wäre eine Überlegung, die ich erst später genauer untersuchen würde. In diesem Moment ist mir wichtig, daß die Perspektive des Mannes deutlich im Raum steht. Die Intervention gegenüber dem Zuhörenden, in diesem Fall der Frau, muß auch deutlich zum Ausdruck bringen, daß sie später den gleichen Raum wie ihr Mann erhalten wird.

Die zwei Wahrheiten als Feedback des Therapeuten

Wenn der Mann mir zu verstehen gibt, daß er jetzt seine Seite dargestellt hat, dann versuche ich, in meinen Worten den berichteten Ablauf wiederzugeben. Ich bemühe mich dabei, seine Sicht der Dinge aufzuzeigen. Natürlich ist man auch als Therapeut versucht zu sagen: "Na, ganz so einseitig wird es wohl nicht gewesen sein!" Es ist jedoch wichtig, sich zuerst ganz auf die Perspektive des einen einzulassen. Man muß sich darum bemühen, die Sichtweise des einen erst einmal nachzuvollziehen, bevor man sich seinem Partner zuwendet. Ein nur aufgesetztes formelhaftes Erklären ("Ich verstehe, was Sie meinen") bringt *beiden* nichts. Es ist nämlich auch für die Frau in meinem Beispiel wichtig, die Sichtweise ihres Partners durch den Mund eines unbefangenen Dritten zu erfahren. Wenn ich als Therapeut wiederhole, was der Mann gerade berichtet hat, dann wird es sachlicher und in der dritten Person vorgetragen. Der Konflikt wird immer mehr zum "Objekt", über das man vernünftig miteinander sprechen kann, statt zum „Kampfgeschehen", in dem beide gefangen sind. In meinem Feedback lasse ich alle verletzenden Bemerkungen und Verdächtigungen aus. Ich konzentriere mich ganz auf den geschilderten Ablauf und seine sachliche Wiedergabe. Ich erwähne dabei auch die geschilderten Gefühle, immer mit der Maßgabe, daß es genau so gefühlt worden ist, wie es berichtet wird, daß man sich im Gefühl nicht täuschen kann, aber daß es noch offenbleibt, ob die Begründung des Gefühls nur so und nicht anders gesehen werden muß.

Wenn jetzt der Mann meine Schilderung des Verlaufs als akzeptable Wiedergabe des Konflikts bestätigt, dann wende ich mich sehr bewußt der Partnerin zu. Ich versuche, beim Anhören ihrer Darstellung die Ausführungen ihres Mannes zu vergessen. In gewisser Weise behandle ich die zwei Berichte, als wären es die Beschreibungen zweier verschiedener Situationen in zwei verschiedenen Partnerbeziehungen. In dieser Weise können die konträren Darstellungen erst einmal widerspruchsfrei nebeneinander bestehen.

Im Feedback der Frau gegenüber lasse ich mich ganz auf ihre Sichtweise ein. Widersprüche zwischen dem, was ich zum Mann gesagt habe, und meinen Ausführungen gegenüber der Frau sind damit vorprogrammiert. Ich gebe damit zu verstehen, daß aus meiner Sicht der Widerspruch in ihren Begründungen besteht, sie sich aber beide in ihren erlebten Gefühlen nicht täuschen könnten. Es geht also darum, ein mögliches Mißverständnis in ihrem "Beziehungsbild" aufzudecken, und nicht um Berechtigung von Gefühlen.

Die unterschiedlichen "Landkarten" aufdecken

In der nächsten Phase des Therapiegespräches arbeite ich heraus, nach welchen Thesen oder "Landkarten" beide das Verhalten des anderen beurteilen. In der Regel sind diese Überzeugungen implizit oder angedeutet bereits im Verlauf der Schilderung zur Sprache gekommen. Aber erst jetzt nach der Bestätigung, daß ihre jeweiligen Gefühle nicht falsch sein können, macht es einen Sinn, sich ihren Überzeugungen genauer zuzuwenden. Ich frage vorsichtig jeweils einen von beiden, ob ich in der Schilderung eines beschriebenen Zusammenhangs seine Meinung richtig verstanden habe. Oder ich bitte sie, mir nochmals genauer zu erklären, was sie oder er mit einem Schlagwort in ihrer oder seiner Erzählung gemeint hat. Dadurch versuche ich, die "Landkarten" aufzudecken, die bis dahin nur in der Verkleidung von Andeutungen in Erscheinung getreten sind.

Wen ich zuerst anspreche

Nehmen wir folgendes Beispiel an: Der Mann hat einen Aspekt seiner Schilderung mit der Bemerkung beendet: "Wie sie das immer so macht." Oder die Frau ergänzt ein wörtliches Zitat ihres Mannes mit den Worten: "Er ist halt ein typischer..." und benutzt dabei den Familiennamen des Mannes. Ich mache diese Nebenbemerkungen durch die Frage nach Erläuterung zum Hauptthema. In der Regel spreche ich denjenigen zuerst an, von dem ich annehme, er sei am ehesten fähig, seine Überzeugung, sein "Bild von der Partnerbeziehung" in Frage zu stellen. Für meine Entscheidung, mit wem ich den therapeutischen Entwicklungsprozeß anfange, spielt es keine Rolle, von wem ich glaube, daß er noch etwas loswerden möchte oder daß er zu wenig erzählt hätte. Auch die Frage, ob das "Opfer" oder der "Täter" in der Partnerbeziehung zuerst angesprochen werden sollte, fällt von vornherein weg, da ich nicht in diesen Schuldkategorien denke. Die Frage "wer ist mehr verletzt" erübrigt sich, da ich grundsätzlich davon ausgehe, daß in einer Partnerschaft, sofern sie noch besteht, der Schmerz gleichmäßig verteilt ist. Diese letzte Behauptung bedürfte zwar noch einer ausführlicheren Erklärung, sie würde jedoch den Rahmen dieses Aufsatzes sprengen.

Das ganze Theoriengebäude aufstellen

Nehmen wir an, ich wende mich erst der Frau zu, indem ich sie auffordere: „Bitte versuchen Sie, mir dieses typische Verhalten in der Familie Ihres Mannes näher zu erklären." Dadurch soll das "typische" Verhalten so genau wie möglich in den Raum gestellt werden. In der Regel würden dann sehr bald die Thesen zu den Verhaltensmotiven ihres Mannes zum Vorschein kommen. Z.B.: "Wenn die so reden, dann wollen sie einem doch immer nur zeigen, daß man ein kleines Nichts ist neben ihnen." Ich versuche dann, schrittweise ihr ganzes Theoriegebäude aufzuspüren. Auch hier ist es wichtig, erst einer Sichtweise die volle Aufmerksamkeit zu geben, um sie als ein komplexes Denkmodell mit allen seinen Konsequenzen zu erfassen.

Der Partner kennt normalerweise schon einige Teile des Theoriegebäudes, aber meist sind es nur unzusammenhängende Bruchstücke, denn er hatte oft schon seine Gegenthese geäußert, bevor sein Partner seine *vollständige* Meinung darlegen konnte.

Das Paar erwartet die Vermittlung einer sachlichen Atmosphäre durch den Therapeuten

Es ist wichtig, daß die Atmosphäre im Raum möglichst sachlich bleibt und die Partner sich nicht durch Aggressionsausbrüche gegenseitig blockieren. In der Regel haben beide schon häufig genug wütende Auseinandersetzungen miteinander erlebt. Wenn sie zur Therapie kommen, möchten sie etwas Neues erfahren. Es gibt Ausnahmen, in denen einer oder beide unfähig sind, ihre negativen Gefühle dem anderen gegenüber direkt zu äußern. In diesen Fällen muß erst die Aggressionsfähigkeit entwickelt werden, wofür eine andere Vorgehensweise erforderlich ist. In der momentanen Beschreibung gehe ich von einem Paar aus, das zu Hause zwar emotional streiten kann, aber dessen Streitereien unproduktiv sind.

Wenn eine kognitive Verständigung stattgefunden hat, wird dies automatisch zu einer positiveren Atmosphäre zwischen den Partnern führen. Beide fühlen sich entlastet, da sie nicht mehr gegen den Partner kämpfen, d.h. sich gegen ihn verteidigen müssen. Diese Befreiung aus dem Beziehungs-Clinch läßt beide freier atmen, und dies ist auch meist im Therapieraum spürbar.

Zuerst ist jede Theorie legitim

Um die Befreiung des Paares aus ihrem "Konflikt-Gefängnis" zu erreichen, ist die Regel wichtig, daß jede Theorie erst einmal legitim ist und es in dieser Phase nicht darauf ankommt, wieweit ihr jeweiliges Theoriegebäude „den Tatsachen" entspricht. Wenn Partner alleine diskutieren, versuchen sie meistens, die jeweiligen Thesen des anderen zu widerlegen. Beide senden gleichzeitig, auch wenn sie abwechselnd sprechen. Denn jeder versucht voller Energie, dem anderen etwas klarzumachen. Während der eine spricht, denkt der andere in erster Linie über seine nächsten Argumente nach, statt zu versuchen, die Argumente des Partners nachzuvollziehen. Es ist, als ob sie beide immer die Sendetaste und nie die Empfangstaste drücken. In der Therapiesitzung versuche ich, dem Paar aus dieser festgefahrenen Konstellation herauszuhelfen.

In meinem Beispiel würde ich öfters beim Mann rückfragen, ob er verstünde, was seine Frau im einzelnen meint, unabhängig davon, ob er es selbst ganz anders erklären würde. Er könnte darauf antworten: "Ja, ja, ich verstehe schon, wie sie das meint, aber ..." Hier würde eine lange Gegenrede folgen, wenn der Therapeut nicht das Umschalten auf die Redetaste stoppt. "Mir ist ganz wichtig, auch *Ihre* Sichtweise zu hören, aber wenn wir nicht zuerst genau zu verstehen versuchen, was Ihre Frau tatsächlich meint, dann werden wir später nicht verstehen können, wie sich Ihre Sichtweise von der Ihrer Frau unterscheidet."

Umdeutungen und andere Verfahren der systemischen Therapie

Im Sinne der systemischen Therapie bringe ich nun Umdeutungen ins Spiel, um den beiden Partnern mehr Spielraum zu lassen, das Verhalten ihres Partners weniger negativ zu interpretieren. Ich könnte z.B. folgende Hypothese einbringen: "Könnte es sein, daß Ihr Mann Sie nicht ärgern will, wenn er sich in der typischen Manier seiner Familie verhält, sondern meint, sich verteidigen zu müssen?" Passend dazu versuche ich ihr aufzuzeigen, daß ihm ihr Verhalten aufgrund seiner früheren Erfahrungen angst machen muß und er diese Angst abwehrt. Analog dazu erkläre ich ihm,

wie seine Abwehr ihr wiederum Angst einflößt und sie die Angst auf ihre Weise abwehren muß, die ihm wieder angst macht usw. Dadurch beginnt das Paar den Teufelskreis zu verstehen, in dem beide gefangen sind.

Im Verlauf des weiteren Therapiegespräches analysiere ich gemeinsam mit den beiden Partnern, wie sie sich in ihrem Verhalten gegenseitig bedingen. Wir erkunden, welche Theorien hinter ihrem jeweiligen Verhalten stehen und wie alles perfekt zusammenpaßt; wie jeder nur immer auf den anderen reagiert, ohne dabei etwas Böses zu wollen. Ich erkläre ihnen: "Sie sind wie ein gut eingespieltes Team, aber leider eines, das seine Fähigkeit dazu nutzt, sich wechselseitig zu blockieren." Durch das therapeutische Gespräch können beide ihre Fixierung auf ihre eigenen Gefühle und das irritierende Verhalten des Partners aufgeben und langsam beginnen, ihr eigenes Verhalten im Beziehungsspiel zu entdecken.

Das gemeinsame Handlungswissen aufdecken

Gegen Ende der Sitzung stellen wir eine Hypothese auf, wie das festgefahrene Beziehungsmuster der Partner aussehen könnte. In der Sprache des Theorieteils vom Anfang heißt dies: Wir versuchen, ihr gemeinsames Handlungswissen bewußtzumachen, das sie im gemeinsam entwickelten Beziehungsspiel einsetzen. Indem die Dynamik des Spiels aufgedeckt wird, können sie es nicht mehr unbefangen spielen und müssen es aufgeben, wie ich im theoretischen Teil erläutert habe. Sie sind jetzt frei, neue, insbesondere flexiblere, Umgangsformen miteinander zu entwickeln. Nachdem sie gemeinsam die Entdeckungsreise zur Ausgrabung ihres Beziehungsmusters gemacht haben, besitzen sie nun das Werkzeug, um erneute Konfliktmuster besser miteinander herauszuarbeiten. Sie haben dadurch auch die Gefahr verringert, in chronische Verstrickungsmuster zu geraten.

Die Hypothesen durch Experimente überprüfen

Am Ende der Sitzung schlage ich dem Paar vor, die von uns erarbeitete Hypothese in der folgenden Woche zu überprüfen. Ich gebe ihm eine konkrete Hausaufgabe mit. Meistens spreche ich von einem Experiment, das dazu dient, unsere erarbeiteten Hypothesen zu Thesen zu machen. In der darauffolgenden Sitzung nutzen wir die Erfahrungen, die beide in der vergangenen Woche machen konnten.

Beziehungskonflikte machen Paare "dumm"

Wenn das Paar sich aus seinem "Beziehungs-Clinch" befreit hat, sind beide wieder in der Lage, sich den konkreten Inhalten ihres Lebens zuzuwenden. Die Konflikte in einer Partnerbeziehung binden sehr viel Energie. Beide müssen ständig daran denken, "wie unmöglich der andere wieder war". Sie verbringen viel Zeit, sich miteinander über Lappalien zu streiten und immer spitzfindigere Argumente zu finden oder sich gegenseitig böswillige Unterstellungen an den Kopf zu werfen. Wenn es beiden gelingt, sich wieder gemeinsam gegen die Lebensprobleme zu verbünden, können sie in der Regel viele Probleme lösen, die vorher unüberwindbar schienen. Oft wirkt das Paar in der Streitphase, als sei es grundsätzlich unfähig, seine Angelegenheiten zu ordnen. Der Eindruck entsteht durch die Hilflosigkeit, mit der jeder Partner über das unverständliche Handeln des anderen klagt. Die beiden Beteiligten scheinen in einer ausweglosen Situation zu sein und sagen oft: "Also wenn er/sie nicht endlich etwas ändert, dann weiß ich wirklich nicht mehr weiter!" Dieses Ohnmachtgefühl bezieht sich zwar auf das Verhalten des Partners, aber es entsteht der Eindruck einer generellen Unfähigkeit.

Ich gehe davon aus, daß die Betroffenen besser als jeder Therapeut oder sonstige Außenstehende ihre faktische Lebenssituation am besten kennen. Ich bin auch davon überzeugt, daß die meisten Paare nicht grundsätzlich unfähig sind, ihr Leben auf die Reihe zu bringen. Wenn aber alle Energie auf die Auseinandersetzung mit dem Partner konzentriert ist, dann bleibt keine Kraft mehr, sich mit den Problemen des Lebens auseinanderzusetzen.

Wenn dieses Vorgehen nicht ausreicht

Ein Dermatologe setzt nicht als erstes ein Röntgengerät ein. Erst wenn ihm seine Sicht auf die Oberfläche nicht ausreicht, wird er tiefere Schichten der Pathologie freilegen. Wenn ich die Problematik des Paares durch sein Verhalten in der Sitzung bereits beobachten kann, dann werde ich nicht den Umweg über die Biographie wählen, um therapeutisch zu intervenieren. Merke ich aber, daß ich in meiner Arbeit mit dem Paar nicht vorankomme, beginne ich, mich schrittweise indirekteren Informationsquellen zuzuwenden. Als erstes schaue im mir die gemeinsame Vergangenheit des Paares an. Wenn auch diese Information nicht ausreicht, wende ich mich der Biographie der einzelnen Partner zu. Schließlich kann es auch erforderlich sein, mit einem der Partner alleine, im Sinne einer tiefenpsychologisch orientierten Einzeltherapie, an seiner individuellen Problematik zu arbeiten, falls eine Entwicklung im Rahmen einer Paartherapie für den Patienten eine Überforderung darstellt.

Warnung: Dies ist kein Kochrezept!

Die vorangegangene Beschreibung ist nicht als Kochrezept zu sehen, sondern als Veranschaulichung meiner Einstellung. Mein konkretes therapeutisches Vorgehen ist davon bestimmt, welche Inhalte auf welche Weise vom Paar vorgebracht werden. Meine Zielsetzung bleibt immer: Beide Partner sollen am Ende der Sitzung mit einer veränderten Sichtweise ihrer Partnerbeziehung aus dem Raum gehen. Wenn beide die Beziehung neu sehen, erweitern sich die Möglichkeiten ihres Umgangs miteinander.

Geleitete Selbsthilfegruppen

Viele Zerrspiegel heben sich gegenseitig auf

Wie Sie aus den theoretischen Überlegungen ersehen konnten, ist es einem Paar unmöglich, seine eigene Beziehung direkt zu beobachten. Nimmt es jedoch die Vermittlung von Außenstehenden zu Hilfe, kann das Paar Erkenntnisse über das eigene Beziehungsspiel erhalten. In einer Einzel-Paartherapie ist nur der Therapeut mit all seinen blinden Flecken vorhanden, um ein Feedback zu geben. In einer Gruppe mit ihren vielen Zerrspiegeln heben sich die blinden Flecken zum Teil gegenseitig auf, dadurch erlangt das Paar einen klareren Blick auf sein eigenes Verhalten.

Mit seinem Gegenüber kann man besser kommunizieren

In der Regel schlage ich den Paaren vor, sich ihrem Partner gegenüberzusetzen. Sie haben sich dadurch gegenseitig "im Blick". Durch diese Sichtweise können sie besser verbal und nonverbal kommunizieren. Da die Verständigung zwischen den Partnern dadurch quer durch den Raum erfolgt, spannt sich schrittweise ein immer dichteres Kommunikationsnetz. Wenn ich den Eindruck habe, daß für ein bestimmtes Paar die emotionale Nähe momentan wichtiger ist als die kognitive Kommunikation, schlage ich in Ausnahmefällen vor, sich für eine gewisse Zeit nebeneinanderzusetzen. Manchmal kommt dieser Wunsch von einem Paar selber.

Eigene Beziehungsmuster in anderen Partnerbeziehungen erkennen

Es ist leichter, etwas bei anderen Paaren zu bemerken, das man intuitiv aus der Interaktion in der *eigenen* Beziehung kennt. Man ist schnell ein Experte für die anderen, wenn es um ein Thema geht, mit dem man sich selbst schon lange herumgeschlagen hat. In diesem Fall hatte man mei-

stens schon unbewußt Lösungsmöglichkeiten entwickelt, deren Umsetzung durch die Verstrickungen in der Partnerbeziehung blockiert war. In der Konzentration auf das andere Paar löst sich diese Blockade. Man bringt seine unbefangenen Überlegungen ins Gruppengespräch ein, ohne zu erkennen, daß man über das eigene Belastungsthema spricht. Wenn man dies im nachhinein einsieht, kann man seine Ratschläge leichter in der eigenen Partnerschaft realisieren. Es ist also hilfreich, jemand über etwas aufzuklären, von dem man meint, daß es "nur" den anderen betrifft.

Schrittweise entsteht ein Kommunikationsnetz

Alle Paare im Raum sind durch ihre gegenseitige "Spiegelung" miteinander verbunden. Ich möchte Ihnen ein Beispiel skizzieren: Frau A berichtet über ein Problem, das sie mit ihrem Mann hat. Herr B unterstützt ihre Argumente, da er sich gut in Frau A hineinversetzen kann. Er erkennt nicht gleich die Parallele zur Problematik seiner eigenen Beziehung. Er spricht deshalb zu Herrn A wie ein engagierter neutraler Berater. Herr A hört nun die Sichtweise seiner Frau auf ganz neue Weise, da sie jetzt von einem Mann erklärt wird und nicht von seiner eigenen Partnerin. Herr A kann dadurch ganz anders als mit der üblichen Abwehr auf das Reizthema in seiner Partnerschaft eingehen. Diese neue Haltung macht es Frau A möglich, auch die Perspektive ihres Mannes wahrzunehmen. Frau B konnte während des Dialogs zwischen ihrem Mann und Herrn A langsam ihr Beziehungsthema erkennen und hörte es von ihrem Mann diesmal in einer neuen, ausgewogeneren Weise artikuliert. Sie bringt sich in das Gespräch ein, indem sie ihrem Mann sagt, daß sein Kommentar sie sehr erleichtert hat. Die anderen Paare kommen auf ähnliche Weise schrittweise ins Gespräch, bis das Thema als solches, losgelöst vom aktuellen Anlaß, im Raum steht.

Von der zweiten zu der dritten Dimension

Möchte man ein dreidimensionales Objekt darstellen, kann aber nur zweidimensionale Bilder machen, wird man das Objekt von möglichst vielen verschiedenen Seiten fotografieren. Je mehr Bilder man macht, desto deutlicher wird die 3D-Struktur des Objekts. Wird das Thema eines Paares in der Gruppe immer wieder aus einem anderen Winkel betrachtet, kann sein Kernproblem immer deutlicher werden. Man könnte sagen: Wenn der Beziehungskonflikt von vielen "Denk-Seiten" besprochen worden ist, dann werden nicht nur die einzelnen Erscheinungsformen betrachtet, sondern das Problem selbst wird zunehmend erkennbar. Es geht dann nicht mehr um die zweidimensionalen "Lappalien" (die Konfliktinhalte), sondern um das dreidimensionale Handlungswissen, das langsam wahrgenommen wird. Oder anders ausgedrückt: Nach Beobachtung vieler Schachzüge beginnt man die Spielregeln zu begreifen.

Von der Inhalts- zur Beziehungsebene

Ich versuche, das therapeutische Gespräch von der Inhalts- zur Beziehungsebene (d.h. vom Konfliktinhalt zum Beziehungsmuster) zu führen. Wenn ein konkretes Thema in die Gruppe eingebracht wird, werden die anderen Teilnehmer von ähnlichen Konfliktbeispielen berichten. Auf natürliche Weise entwickelt sich dadurch das Gespräch zum grundsätzlichen Thema. Es entsteht ein Sog zum gemeinsamen Nenner aller berichteten Konfliktinhalte. Diese Gruppendynamik kann ich regelmäßig beobachten. Sie macht es den Paaren leichter, ihre Beziehungsmuster von außen zu betrachten.

Vom Berichten über den Konflikt in den Konflikt

Durch das Sprechen über einen Konflikt gerät das Paar auch sehr schnell wieder in den Konflikt. Die beiden werden, ohne es selber zu beabsichtigen, ihr Beziehungsmuster zeigen. Dadurch können die anderen "live" beobachten, wie sich dieses Paar in sein Verhaltensmuster hineinmanövriert. Wenn in den vorangegangenen Sitzungen die "schmerzhaften Beziehungstänze" des Paares schon besprochen worden sind, dann wird für die beobachtenden Paare schneller deutlich, wie der aktuelle Konflikt, nicht durch böse Absicht sondern durch Mißverständnisse entstanden ist.

Einseitige Berichte sind naturgemäß tendenziös

Im Gegensatz zur Schilderung einer Freundin oder eines Freundes, deren oder dessen Bericht der Situation immer einseitig ist, können in einer Paargruppe alle Teilnehmer stets beide Seiten hören. In einer parteiischen Darstellung wird dem Zuhörer schnell deutlich, wie "bösartig" der Nicht-Anwesende "wirklich" ist. In der Gegenüberstellung der Ausführungen beider Partner in der Gruppe fällt eher auf, wie beide zwar dem anderen nichts Böses wollen, sich aber durch ihre Verstrickung gegenseitig unbeabsichtigt weh tun. Selbstverständlich werden sich nicht alle Teilnehmer gegenseitig als Engel erleben. Aber sie werden sich nicht so negativ einschätzen wie in der tendenziösen Berichterstattung eines Freundes, der sich bei einem von ihnen Hilfe holt.

Schmerzfreier tanzen lernen

Pathologische Beziehungsmuster in der Partnerschaft sind wie Fehlkoordinierung im Beziehungstanz, bei dem jeder Partner immer wieder auf den Zehen des anderen endet. Wenn in einer Gruppe die anderen Paare miterleben dürfen, wie ein Paar sein Tanzrepertoire erweitert hat und schmerzfreier miteinander tanzen kann, dann ist das für die anderen Paare sehr ermutigend. Diese Hoffnung gibt Mut, mit der eigenen Beziehung auf das Tanzparkett der Gruppentherapie zu gehen. Durch die Bereitschaft zu diesem Risiko entwickeln sich auch beim nächsten Paar Veränderungen, die wiederum auf ein weiteres wirken. Schließlich entsteht eine allgemeine Bereitschaft, sich auf den Entwicklungsprozeß einzulassen. Ich vermute, wenn man aus der Nähe *miterlebt*, wie eine andere Partnerbeziehung schmerzfreier geworden ist, dann stimmt das optimistisch und macht Mut, es nochmals miteinander zu versuchen.

Sichtweisen zu ändern ist ansteckend

Der andere Veränderungsschub kommt durch die Möglichkeit, den kognitiven Entwicklungsprozeß bei einem anderen Paar *mitdenken* zu dürfen. Die konkreten neuen Sichtweisen sind häufig auch auf die eigene Beziehung anwendbar. Der Mann gibt der Frau z. B. mit belehrendem Ton Ratschläge (er bemüht sich, ihr zu helfen) und merkt nicht, daß er sie damit verscheucht, während ihn die Frau durch ihren skeptischen Blick (sie fühlt sich von ihm "klein gemacht") zu immer mehr Erklärungen anstachelt. Wenn man mitverfolgen kann, wie diese anderen Interpretationen von Beziehungszusammenhängen zu einem besseren gegenseitigen Verständnis führen, dann ist es naheliegend, diese ungewohnten Sichtweisen auch für die eigene Beziehung zu nutzen. Man könnte sagen: "Die Sichtweisen zu ändern ist ansteckend."

Was für andere zutrifft, trifft auch für mich zu

Wenn ich beobachte, daß sich andere in ihrer Selbstwahrnehmung täuschen, dann bin ich eher bereit, meine eigene Selbsteinschätzung anzuzweifeln. Da ich etwas erkennen kann, das der Betroffene nicht wahrnimmt, muß ich einsehen, daß es auch umgekehrt möglich ist. D.h., andere erkennen vielleicht etwas in unserer Beziehung, das mir selbst nicht zugänglich ist. Daraus entsteht eine Bereitschaft, die Sichtweisen anderer nicht gleich als falsch zurückzuweisen, auch wenn sie einem selbst als "absolut unsinnig" erscheinen. Das Paar wird eher auf neue Beschreibungen von Zusam-

menhängen eingehen, und es wird leichter eigene Thesen zurückstellen. "Vielleicht stimmt es doch nicht, was ich über unsere Beziehung dachte?"

Schatzsuche ist nur gemeinsam sinnvoll

Bei einer Schatzsuche hat manchmal einer den rechten Teil der Landkarte entdeckt, während ein anderer den verschollen geglaubten linken Teil gefunden hat. Jeder alleine hat keine Chance, den Schatz zu bergen. Gemeinsam aber haben beide eine relativ gute Aussicht auf Erfolg. Deshalb ist eine vertrauensvolle Zusammenarbeit sinnvoll. Beide müssen dabei die Informationen des anderen mit Respekt behandeln. "Dein Teil der Landkarte ist genauso wertvoll wie mein Teil." Sobald die beiden Bruchstücke zusammengelegt werden, wird ein nachvollziehbarer Plan daraus. Erst dann kann der Schatz gehoben werden.

Welche "Kartenteile" in einer Gruppe zusammenkommen müssen

In einer Paargruppe trifft diese Metapher gleich auf zwei Systeme zu: Das erste System ist die Beziehung eines Paares zueinander. Die beiden Partner müssen ihre unterschiedlichen Sichtweisen zusammenlegen, um einen 360°-Blick zu erhalten. Darüber habe ich schon im theoretischen Teil geschrieben. Das zweite System ist die Gruppe. Sie besteht aus einem Paar auf der einen Seite und dem Therapeuten mit den restlichen Paaren auf der anderen. Das Paar bringt sein *subjektives* Erleben in die Gruppe ein und alle anderen ihre Sichtweisen von *außen*. Nur das Paar kennt seine Gefühle, und nur die Beobachter sehen den Beziehungstanz direkt. Es geht um eine gemeinsame Entdeckungsreise, deren Zielort keiner der beiden Parteien von vornherein bekannt ist. Wenn beide Seiten ihren Teil der Landkarte offenlegen und diese beiden Teile zusammenfügen, entsteht ein kompletter Plan. Erst jetzt ist es eine Karte, mit der man fündig werden kann.

Ein schwingfähiges System schwingt dann mit der sogenannten Eigenfrequenz, wenn man dieses System zu Schwingungen anregt und anschließend sich selbst überläßt. Diese stets gedämpften Schwingungen bezeichnet man auch als Eigenschwingungen. Jedes schwingende System kann mehrere Eigenfrequenzen besitzen, wobei die angeregten Eigenschwingungen sich überlagern. Von der sogenannten Resonanzfrequenz spricht man, wenn das System sich in Resonanz befindet. In diesem Falle nehmen die Amplituden der resultierenden Schwingung maximale Werte an. Den größten Wert erreichen die Amplituden, wenn die Erregerfrequenz gleich der Resonanzfrequenz ist. Das schwingende System kann dabei derart stark schwingen, daß es sich quasi selbst zerstört. Mit diesem Problem beschäftigt man sich z.ßB. bei der Konstruktion von Gebäuden und Brücken. „Schwingung", *Microsoft® Encarta® 97 Enzyklopädie.* © 1993-1996

Jedes Paar hat seine eigene "Frequenz"

Kommt in einer Paargruppe das Thema einer bestimmten Partnerbeziehung zum Vorschein, kann es auch bei einem anderen Paar Teil seiner Eigenschwingung sein. Das Paar braucht sich dieser Konkordanz nicht bewußt zu sein, die Resonanzschwingungen setzen ganz von alleine ein. Im Gegenteil, je mehr sich das Paar seiner Eigenfrequenz bewußt ist, desto mehr wird es sein Mitschwingen unterdrücken können. Bringt andererseits die Thematik eines Paares ein anderes zum Schwingen, wird dieses sein eigenes Thema maximal spüren und dadurch auch artikulieren. Durch den Anstoß der Resonanzfrequenz wird das betroffene Paar in maximale "Schwingungsintensität" geraten, weshalb der Beziehungstanz des Paares für alle Beobachter besonders deutlich wird. Jetzt sind für den Therapeuten und die anderen Gruppenteilnehmer neue Erkenntnisse über das Paar möglich, und dadurch kann man dem Paar selbst neue Brücken zur Selbsterkenntnis bauen.

Festgefahrene Denkmuster geraten aus den Fugen

Das betroffene Paar, mit seinen festgefahrenen Denkmustern, kann so stark in Schwingung gebracht werden, daß sein altes Weltbild aus den Fugen gerät. Ist es einem Paar lange Zeit "gelungen", sein Problem nicht direkt anzugehen, dann wird die intensive Erfahrung der Resonanzwirkung eine Krise auslösen. Wenn sich dann beide Partner auf das Risiko der Krise einlassen und nicht schnell wieder flüchten, hat dieser "Gang durch das Fegefeuer" oft schon eine heilende Wirkung.

Wenn eine Paargruppe über mehrere Monate miteinander arbeitet, dann wird es immer häufiger zur "Erregung der Eigenfrequenz" kommen. Da sich die Paare sich immer besser kennenlernen, werden sie auch ihr gegenseitiges Vokabular besser verstehen. Zusätzlich werden sie mehr Vertrauen zueinander und vor allem zum Gruppenprozeß entwickeln und sich leichter auf diesen einlassen können.

"Ich fühle Luft von anderem Planeten"

Wenn ein oder beide Partner so heftig in Eigenschwingung geraten, daß sie aus ihrem ursprünglichen Denksystem herauskatapultiert werden, dann spürt man im Raum diese Öffnung des alten Gedankengefängnisses. Alle im Raum scheinen die freiere Luft zu atmen, und es entsteht auf einmal eine gelöstere Atmosphäre. Es entspricht dem Text von Stefan George, den er für das erste atonale Werk von Arnold Schönberg geschrieben hat: "Ich fühle Luft von anderem Planeten". Das veränderte Klima zeigt sich häufig in einem humorvolleren Gesprächston miteinander. Es wird oft gelacht, meist über sich selbst und die eigenen früheren Engstirnigkeiten. Alle Paare im Raum, egal, ob es das ursprüngliche Paar ist, von dem das Thema stammte, oder das Paar, dessen Resonanzfrequenz angesprochen wurde, oder eines der Paare, die aktiv zugehört haben, werden von dieser Strömung mitgerissen. Diese neue Atmosphäre ist sicherlich anders als Verliebtheit im engeren Sinne, aber sie ist doch auch vergleichbar damit. Es fällt allen leicht im Hier und Jetzt zu bleiben und die momentane Situation gemeinsam zu genießen. Was in diesem Moment im Gruppenraum passiert, fühlt sich nicht mehr wie Beziehungsarbeit an, sondern wie etwas deutlich Lustvolleres.

Andere Verfahren
Weitere systemische Techniken in meiner Arbeitsweise sind z.B. zirkuläres Fragen, Erzählen von Metaphern und therapeutischen Geschichten, Symptomverschreibungen und Umdeutungen. Diese sind in der Fachliteratur ausführlich beschrieben worden. Andere therapeutische Methoden, die sich aus meiner Erfahrung bewährt haben, sind Video-Feedback, Rollenspiele und Gestaltübungen.

MÖGLICHKEITEN DER SELBSTERFAHRUNG FÜR PAARE DURCH DIE NEUEN ELEKTRONISCHEN MEDIEN

Inhalte und Medien der Kommunikation
In meinen theoretischen Überlegungen am Anfang habe ich unterschieden, welche Informationen kommunizierbar sind und welche nicht. Nun möchte ich zusätzlich unterscheiden zwischen dem Inhalt der Mitteilung und dem Medium, über das man diese Mitteilung macht. Obwohl fast jede Kommunikation über jedes Medium möglich ist, besteht doch ein Unterschied in der Eignung für bestimmte Inhalte. Ob ich "Hilfe" rufe oder "SOS" morse, die Mitteilung ist die gleiche, auch wenn die Medien sehr unterschiedlich sind. Wenn ich in Rufnähe bin, werde ich die eine Alternative wählen, wenn ich mich einsam auf hoher See befinde, die andere. Jedes Medium hat seine Vor-

und Nachteile. Welche überwiegen, hängt von dem gewünschten Zweck der Kommunikation ab.

Man kann sich nahesein ohne in der Nähe zu sein
In früheren Jahrhunderten haben Menschen es verstanden, sich durch Briefe sehr nahezukommen. Die schöngeistige Literatur zeigt, daß manche es vorzogen, sich zu schreiben, obwohl sie sich auch hätten treffen können. Schiller und Goethe wohnten nur eine halbe Gehstunde voneinander entfernt und hatten neben einem persönlichen auch einen regen brieflichen Austausch. Viele Paare berichten, daß sie sich oft sehr nahe sind, wenn sie miteinander telefonieren. Diese Empfindung verflüchtigt sich jedoch nach kürzester Zeit, sobald sie sich zu Hause treffen.

Emotionen sind nicht Teil der Kommunikation
Da Emotionen nicht in Wörtern enthalten sind, sondern beim Sender und beim Empfänger entstehen, wird die Wirkung einer Mitteilung von der jeweiligen Interpretation des Inhalts abhängen. Egal ob ich ein dreimal langes, dreimal kurzes Klopfzeichen von einem Verschütteten entdecke oder ob ich seine Hilfeschreie höre, in beiden Fällen wird es mich zutiefst berühren. Die Voraussetzung ist natürlich, die Interpretation der Klopfzeichen. Die emotionale Wirkung ist davon unabhängig, ob der Kommunikationsweg ein direkter (rufen) oder ein technischer ist (Morsezeichen klopfen). Ich werde noch auf die Gefahren zu sprechen kommen, die bei einer unsauberen Unterscheidung zwischen Medium und Inhalt der Kommunikation entstehen.

Die Emotion entwickelt sich aus der Bedeutung, die ich dem Inhalt der Mitteilung gebe. Sie ist nicht in der Mitteilung oder ihrem Kommunikationsweg enthalten. Aus diesem Grund können Gefühle über jedes Medium vermittelt werden, vorausgesetzt, dieses wird von beiden Kommunikationspartnern akzeptiert. Sagt ein Mann zu seiner Frau: "Du brauchst nicht zu glauben, daß ich mich von deinen Tränen erpressen lasse!", so hat sie einen Kommunikationsweg gewählt, den er nicht akzeptiert.

Passende Kommunikationsmittel für unterschiedliche Psychotherapieformen

Verschiedene Psychotherapieformen benötigen unterschiedliche Kommunikationswege. Während in der einen Therapieform der Ausdruck von Emotionen durch körperliche Gesten und Berührungen im Vordergrund steht, beschäftigt sich eine andere Form von Psychotherapie mehr mit dem Ausdruck von Gedanken in Worten. Um eine körperliche Geste verstehen zu können, müssen Sender und Empfänger im selben Raum sein. Worte können sie jedoch auch indirekt über ein Medium kommunizieren.

Kognitive Kommunikation kann auch über ein technisches Medium vermittelt werden

In der Form der Paartherapie, die ich beschrieben habe, spielen zwar die Interpretation von nonverbalen Gesten sowie das Empfinden von atmosphärischer Stimmung eine große Rolle, aber die kognitive Kommunikation steht im Vordergrund. Letztere ist auch durch technische Medien vermittelbar. Deshalb ist für die Kommunikation dieser Inhalte nicht zwingend notwendig, daß die Paare und der Therapeut gleichzeitig im selben Raum sind. Aus der Beschreibung meiner Paargruppen geht hervor, daß die gegenseitigen Rückmeldungen der Paare den wichtigsten Teil des Selbsterfahrungsprozesses ausmachen. In einer Gruppe, die im realen Raum stattfindet, müssen Gruppengröße und der Therapiezeitraum einen ausreichenden Austausch ermöglichen. Die neuen Kommunikationsmittel könnten diese Begrenzungen graduell erweitern. Eine Selbsterfahrungsgrup-

pe für Paare im Internet läuft auf zwei Kommunikationswegen ab. Die Interaktion zwischen den Paaren wird durch den Telefon-Computer vermittelt. Die Kommunikation zwischen den Partnern dagegen findet ohne technische Vermittlung statt, da sie sich im selben Raum befinden. Dadurch kann man die Vorteile beider Kommunikationswege nutzen.

Geleitete Selbsterfahrungsgruppen im Internet

Eine ausführliche Diskussion über die Möglichkeit, geleitete Selbsterfahrungsgruppen im Internet durchzuführen, würde den Rahmen dieses Aufsatzes sprengen. Ich möchte hier nur einige Aspekte des Gruppenprozesses auflisten, die über dieses Kommunikationsmedium besser möglich wären:

• Die höhere Anzahl der "Zerrspiegel" gleicht deren jeweils geringere Wirkung stärker aus.
• Ein größeres Kommunikationsnetz macht es leichter, das "Konfliktspiel" vom Inhalt zu lösen.
• Dadurch, daß jedes Paar den Entwicklungsprozeß bei einer größeren Anzahl von Paaren miterleben kann, wird es öfters beobachten, wie Paare lernen können, schmerzfrei zu "tanzen".
• Die Erkenntnisse einer größeren Auswahl von Paaren können auf die eigene Beziehung umgesetzt werden.
• Im Internet ist es für ein Paar wahrscheinlicher, sein passendes Pendant zu finden, als in einer herkömmlichen Gruppe.
• Es ist auch wahrscheinlicher, daß eine "Resonanzfrequenz" ausgelöst wird und dadurch eine heilsame Entwicklungskrise entsteht.

Einige Aspekte, die durch die elektronischen Kommunikationsmittel nicht oder noch nicht möglich sind:

• Die nonverbale Kommunikation zwischen einem Paar wird für die anderen Paare nicht sichtbar. Auch wenn in den nächsten Jahren Videokonferenzsysteme leichter zugänglich werden, sind die Feinheiten dieser Kommunikationsebene nur in der persönlichen Präsenz wirklich wahrnehmbar.

- Ebenso ist eine unbewußte nonverbale Kommunikation zwischen den Gruppenteilnehmern schlecht möglich, z.B. kann man nicht einem anderen Gruppenteilnehmer durch kurzes Zunicken Mut machen.

Die Vorurteile auf beiden Seiten

Zum jetzigen Zeitpunkt besteht noch ein zwiespältiges Verhältnis zu den elektronischen Kommunikationsmedien. Während die Mehrheit der Psychotherapeuten dem Medium skeptisch bis ablehnend gegenübersteht, gibt es eine immer größer werdende Gruppe von „Usern", die das Medium vorbehaltlos bejahen. Die meisten Therapeuten halten das Medium für zu unpersönlich und technisch, um es für die intimen und diffizilen Inhalte einer Therapie zu nutzen. Die Gemeinde der User dagegen nutzt dieses Medium, um sich mit Fremden, über ihre intimsten und geheimsten Gedanken auszutauschen. Ob dieser Austausch in den vielen bereits bestehenden "Chatrooms" und "Foren" eine therapeutische Wirkung hat, ist noch nicht wissenschaftlich gesichert. Von den Betroffenen selbst wird es auf alle Fälle so empfunden. Unvoreingenommene Experimente und Untersuchungen wären erforderlich, um die Möglichkeiten und Unmöglichkeiten der neuen Kommunikationsmedien genauer zu erkunden. Sehr wichtig ist es, die eingangs erwähnte Unterscheidung zwischen den Inhalten und den Kommunikationswegen genau zu beachten. Es kann sonst leicht passieren, daß man ein Medium verwirft mit Argumenten, die nur für den Inhalt relevant sind. Auch wenn die Telefone immer technischer und komplexer werden, haben die Inhalte, die man darüber kommuniziert, nicht zwangsläufig etwas mit Technik zu tun.

ZUSAMMENFASSUNG

Am Anfang meines Aufsatzes habe ich auf einen "Killersatz" in Partnerbeziehungen hingewiesen. Ich hoffe, es war mir möglich, Ideen zur Überwindung der dahinterstehenden Haltung zu vermitteln. Ich möchte zum Abschluß die wichtigsten Gedanken zusammenfassen:

1. Nur die eigenen Empfindungen sind einem selbst zugänglich. Gefühle kann man nur fühlen und nicht kommunizieren. Sprechen kann man nur über Ursachen und Konsequenzen von Gefühlen. Wenn man den Wunsch hat, daß der Partner "mitfühlt", dann ist das nur möglich im Glückszustand der Verliebtheit oder wenn man mit seinem Partner auf kognitivem Wege ein besseres Beziehungsverständnis erarbeitet hat. Dazu bedarf es der Bereitschaft beider Partner, sich "kennenlernen" zu wollen.
2. Ein Paar kann sich nicht direkt sehen, da keiner von beiden außerhalb der Beziehung steht. Um das eigene Beziehungsspiel aufzudecken, braucht es die Hilfe von "Spiegeln".
3. Wenn die Partner sich gegenseitig ihre Sichtweise mitteilen, können sie ein gemeinsames Bild ihrer Beziehung entwickeln. Die dargestellte Form der Selbsthilfegruppe durch den Effekt der "Spiegelung" durch andere Paare hat zum Ziel, diese Entwicklung in Gang zu setzen.
4. Wenn sich eine Beziehung aus ihrem festgefahrenen Konfliktmuster befreit hat, entsteht eine positivere Stimmung in der Beziehung, und beide Partner können wieder ihre Ressourcen für die Partnerbeziehung einsetzen.
5. Das hier dargestellte Konzept für geleitete Selbsthilfegruppen kann interaktiv im Internet angewendet werden, da es vorwiegend auf kognitivem Informationsaustausch beruht.

Zum Zeitpunkt des Schreibens dieser Zeilen ist die erste Version von COUPLE COACHING®-Interactive unter www.cc-i.de im Internet abrufbar.

LITERATUR

Kleist, Heinrich von: Über die allmählige Verfertigung der Gedanken beim Reden. Zwiespältige Ausgabe mit aktuellen Überlegungen von Vera F.Birkenbihl. Frankfurt a. M.: Axel Dielman Verlag. ISBN 3 929232 55 3

Satir, Virginia: Conjoint family therapy. Palo Alto: Science and Behavior books Inc.,1968.

Schulte, Joachim: Wittgenstein. Eine Einführung. Stuttgart: Philip Reclam jun., 1989 Universal-Bibliothek Nr. 8564, ISBN 3-15-0088564-0

Watzlawick, Paul/ Beavin, Janet H./ Jackson, Don D.: Pragmatics of Human Communication. New York: W.W. Norton & Company, Inc., 1967.

Wittgenstein, Ludwig: Über Gewissheit. Frankfurt a. M.: Suhrkamp Verlag, 1969 ISBN 3-518-01250-9.

Wittgenstein, Ludwig: Tractatus logico-philosophicus, Logisch-philosophische Abhandlung. Frankfurt a. M.: Suhrkamp Verlag, 1982. ISBN 3-518-10012-8.

Martin Schmidt
Systemische Paartherapie

*"Es gibt absolut keine Aussicht, daß ein Wort je etwas auszudrücken vermag.
Sobald wir anfangen, unsere Gedanken in Worte und Sätze zu fassen, geht alles schief"*

"Es gibt keine Lösungen, weil es keine Probleme gibt"
Marcel Duchamps

1 Systemische Therapie. Systemverständnis

Die systemische Therapie kann als eine Rahmentheorie verstanden werden, die es gestattet, die Komplexität menschlichen Erlebens und Handelns zu beschreiben, zu erklären und Veränderungsmöglichkeiten von verschiedenen Arten menschlicher Systeme zu gestalten. Das besondere Interesse der systemischen Therapie richtet sich auf die Dynamik und Organisation interpersoneller Beziehungen, die individuellen Erlebens- und Verhaltensmuster sowie auf die in Sprache gefaßte Bedeutung der Erlebens- und Verhaltensqualitäten.

Systemtheorien lenken den Blick auf Muster, Zusammenhänge und Dynamiken. Ein System (systema griech. = das Zusammengesetzte) ist aufzufassen als ein strukturiertes Ganzes, bei dem die Eigenschaften des Systemganzen von seinen Teilstrukturen abhängen und bedingt werden (Kausalität von unten). Ebenso gilt umgekehrt, daß die Eigenschaften der Teilstrukturen von den Eigenschaften des Gesamtsystems abhängen und bedingt werden (Kausalität von oben). Eigenschaften des Gesamtsystems sind solche, die bei der Beschreibung von Systemteilen oder Teilstrukturen nicht vorkommen. In der Übertragung dieser Überlegungen auf Paarsysteme können die Partner mit ihren Eigenschaften (z.B. Autonomie) als Teilstrukturen, der Grad an Verbundenheit der Partner als Eigen-

schaft des Gesamtsystems angesehen werden. Teilstrukturen und Teilprozesse eines in der Zeit sich wandelnden Systems beeinflussen sich wechselseitig. Im Prinzip der zirkulären Kausalität werden Kausalität von unten und Kausalität von oben zusammen gedacht. Das Netzwerk dieser Interaktionen ist das entscheidende Band zwischen dem Ganzen und seinen Teilen, oder übertragen auf Paarbeziehungen, des Zusammenspiels der Ich-Du-Perspektive der Partner mit der Wir-Perspektive des Paares.

Die Systemwissenschaften stellen die konkreten Methoden zur Beschreibung, Analyse und Modifikation der Netzwerke von Interaktionen bereit. Darunter werden alle Phänomenbereiche verstanden, die den Blick auf Dynamik, Organisation und Komplexität lenken. Dynamik meint Zeitabhängigkeit. Organisation bedeutet, daß die zu untersuchenden Phänomene aus der Sicht eines Beobachters klare raumzeitliche und/oder sinnhafte Strukturen aufweisen. Jedes System hat eine Grenze und eine Umwelt. Beobachter unterscheiden, was zum System gehört und was nicht. Komplexität bezeichnet die in den Strukturen des Systems enthaltende Informationsdichte im Sinne von Nicht-Redundanz bzw. Nicht-Vorhersagbarkeit. Komplexität kann näher definiert werden durch den Grad der

Vielschichtigkeit, Vernetzung und Folgelastigkeit eines Systems. Vielschichtigkeit meint den Grad der funktionellen Differenzierung eines sozialen Systems und die Zahl der bedeutsamen Referenzebenen. Mit dem Begriff der Vernetzung werden Art und Grad der wechselseitigen Abhängigkeiten zwischen Teilen und Ganzem eines Systems bezeichnet. Schließlich bedeutet Folgelastigkeit die Zahl und das Gewicht der durch bestimmte Entscheidungen in einem System hervorgerufenen Folgeprozesse.

Therapie findet in Sprache statt. In der Therapie lassen sich nicht nur Sprach- und Kommunikationsstrukturen beobachten, sondern die Sprache selbst dient dazu, Strukturen darzustellen. Der Mainstream unserer Kultur transportiert über die Sprachstruktur die Vorstellung einer dinghaften, statisch relationalen, kausal bewirkbaren und analytisch zerlegbaren Welt. Die systemische Therapie, die sich mit prozeßhaften, komplexen selbstorganisierenden, vernetzten und holistisch verbundenen Phänomenen beschäftigt und sich durch ein nichtlokales Verständnis von Kausalitäten auszeichnet, kann mit der beschriebenen, der Sprache inhärenten Struktur kaum angemessen symbolisiert werden. Probleme einer der systemischen Therapie angemessenen Symbolisation zeigen sich auf der Ebene der Darstellung und Rezeption dieser Therapieform, der in der Therapie verwandten Sprache sowie der Therapieforschung

2. Modelle systemischer Therapien

Unter dem Oberbegriff der „systemischen Therapie" ist eine begriffliche Klammer für unterschiedliche Varianten systemischer Praxis zu verstehen. Diese haben sich im Laufe der Entwicklung der systemischen Therapien herausgebildet und befinden sich selbst in einem dynamischen wechsel-

seitigen Integrations- und Differenzierungsprozeß. Mit dieser Entwicklung geht auch eine Geschichte der Übertragungsversuche wechselnder Systemtheorien und eines damit je verschiedenen Systembegriffs auf die systemische Praxis einher. Dallos und Urry (1999) unterscheiden verschiedene Varianten der systemischen Therapie in Begriffen der Entwicklung der Kybernetik I. bis III. Ordnung. Jede dieser Varianten basiert auf einer unterschiedlichen Ontologie. In Abhängigkeit davon variiert die Beantwortung der Fragen, wie kann ich erkennen und welche Methoden kann ich zur Erkenntnisgewinnung einsetzen. Je nach Beantwortung dieser Fragen werden Erkenntnisse und Erfahrungen von Praktikern im klinischen Kontext in spezifischer Art und Weise strukturiert und formuliert.

Ursprünglich wurde in der systemischen Therapie ein Systembegriff verwendet, der der Kybernetik, der Steuerungslehre technischer Systeme, entlehnt ist. Die Kybernetik erster Ordnung kann als die Entwicklung von Theorien über *beobachtete Systeme* beschrieben werden. Sie beinhaltet allgemeine Systemmerkmale wie Regelung (Regelkreis, Rückkoppelungstrukturen, Homöostase), Informationsverarbeitung und Speicherung, Anpassungsfähigkeit, die Fähigkeit, sich selbst zu organisieren und Strategien für das eigene Verhalten zu entwickeln. Interaktionen eines Paares werden analog zu Regelkreismodellen gesehen, die der Therapeut „von außen" beobachten und analysieren kann. Dieser Ansatz basiert auf der Annahme, daß komplexe Prozesse in einem System durch Außenstehende planbar und steuerbar sind. „Durchschaut" der Therapeut als vom Paarsystem unabhängiger und objektiver Beobachter die Interaktionen des Paarsystems gut genug, kann er entsprechende Maßnahmen einleiten und das System Paar gezielt verändern. Er orientiert sich dabei an normativen Vorstellungen von Paarbeziehungen. In der Therapie wird angestrebt, die Bemühungen des Paares um Homöostase zu unterlaufen und Krisen therapeutisch zu erzeugen, da Veränderungen nur in Krisensituationen für möglich gehalten werden.

Im Unterschied zur Kybernetik erster Ordnung, die mit der allgemeinen Systemtheorie (Bertalanffy, 1968) gleichgesetzt wird, schließt die Kybernetik der Kybernetik die Situation des Beobachters mit in die Konstruktion der beobachteten Wirklichkeit ein. Die Kybernetik der *beobachtenden Systeme* fragt nach den Bedingungen des Erkennens und seiner Funktionsprinzipien. In der therapeutischen Theorienbildung werden nun die innere autonome Logik der Selbstorganisation sowie die Grenze externer Einflußnahme betont. Das Credo konstruktivistischer Philosophie kann in dem Postulat von v. Foerster (1981) formuliert werden: „Die Welt, so wie wir sie wahrnehmen, ist unsere Erfindung."

In Sinne des konstruktivistischen Modells interessieren sich Therapeuten dafür, wie sich Personen – und zwar Klienten wie Therapeuten – ihre Wirklichkeiten konstruieren, wie sie Wahrnehmungen selektieren, Deutungen vornehmen und Entscheidungen treffen. Paarsysteme werden nun als "lebende Systeme" begriffen, die sich selbst regulieren und erhalten. In diesem Sinn autonome Systeme können nicht von außen determiniert und instruiert werden. Die Situation des Therapeuten als Beobachter des Paares wird nun mit einbezogen, der Therapeut wird selbst zu einem Teil des Systems. Was er als System wahrnimmt, ist immer auch eine Folge seiner Interaktionen mit demselben. Was die Partner eines Paarsystems im therapeutischen Geschehen wahrnehmen und als hilfreich empfinden, hängt ab von ihrer Art der Sinnkonstruktion, von ihrem Glaubenssystem, ihren Regeln und Interaktionsmustern sowie dem Selbst der Partner. Therapeuten müssen sich von dem

Mythos verabschieden, sie könnten soziale Systeme verändern und von außen beeinflussen, was Partner denken, erleben und wie sie zu handeln haben. Systemische Therapie wird hier als Konsultation verstanden, und statt den Widerstand der Partner zu brechen und sie kontrollieren zu wollen, geht es darum, zu kooperieren und gemeinsam nach Problemlösungen zu suchen.

Die im Kontext postmoderner Theorienbildung entwickelten narrativen Therapien, die ein Verständnis von menschlichen Systemen als Sprachsystemen favorisieren, werden von Dallos und Urry (1999) der Kybernetik III. Ordnung zugerechnet. In Anlehnung an die Theorien der sozialen Konstruktion (Edwards 1997; Gergen 1985, 1990) wird die Annahme einer objektiv bestehenden und objektiv faßbaren Realität verworfen. Soziale Wirklichkeit wird aktiv im dynamischen sozialen Austausch in Gesprächen konstruiert. Realität wird als ein Multiversum von Bedeutungen/Sinngebungen aufgefaßt, die im Gegensatz zu einer einzigen richtigen Deutung eine Vielfalt widersprüchlicher Deutungen ermöglichen (Andersen 1995; Anderson & Goolishian 1988; White 1995). Probleme existieren in Sprache und sind einzigartig bezüglich des soziokulturellen Kontextes, aus dem sie ihre Bedeutung erlangen. Paare werden als Systeme gesehen, die ihre Identität in einem steten Austausch mit ihrer sozialen Umwelt aushandeln und herstellen. Über die Betonung der subjektiven Konstruktion von Bedeutungen hinaus wird hervorgehoben, daß Paarprobleme nicht idiosynchratischer oder personaler Natur sind, sondern durch die Realitäten des kulturellen Kontextes mitgeformt werden. Das, was Partner in ihrer Paarbeziehung als Problem wahrnehmen und beschreiben, ist in Diskurse des eigenen Paarsystems, ihres mehrgenerationalen Familiensystems wie auch in übergreifende gesellschaftliche Diskurse eingebettet und ohne diese Bezüge nicht zu verstehen.

3. INTIME BEZIEHUNGSSYSTEME

3.1 Definition, Entwicklung, Problem-beschreibungen

Nach Schneewind (1999) können Paarbeziehungen als „intime Beziehungssysteme" definiert und mit den Dimensionen der Abgrenzung, Privatheit, Dauerhaftigkeit und der körperlichen, geistigen und emotionalen Nähe beschrieben werden. Die Entwicklung intimer Beziehungssysteme kann sowohl im Hinblick auf die Entwicklung des Gesamtsystems als auch auf individuelle Entwicklungen im Kontext des Paarsystems betrachtet werden. Wynne (1985) entwirft ein Modell der epigenetischen, d.h. aufeinander aufbauenden Abfolge von Beziehungsphasen eines intimen Beziehungssystems. Typische Entwicklungsphasen von Paarentwicklungen sind demnach Bindung und Fürsorge, Kommunikation, gemeinsames Problemlösen und gemeinsames Engagement sowie Gegenseitigkeit. Gegenseitigkeit kann als übergeordnetes Konstrukt betrachtet werden. Im Prozeß der Gegenseitigkeit werden sowohl die von den Partnern im Verlaufe der Paarentwicklung gemeinsam konstruierte Beziehungsgeschichte des Paares (Wir) als auch die Geschichten der individuellen Entwicklung der Partner (Ich/Du) im Paarsystem reflektiert. Gegenseitigkeit als Prozeß der Reflexion über Geschichte, Gegenwart und Zukunft der Paarbeziehung wird besonders dann relevant, wenn neue Entwicklungsphasen in der normativen oder nichtnormativen Entwicklung von Paaren zu bewältigen sind, die nicht im Rahmen der bisherigen Dynamik, Organisation und Komplexität des Paarsystems gelöst werden können.

Probleme in Paarbeziehungen sind auf allen Ebenen des Entwicklungsmodells von Wynne zu lokalisieren. Empirische Vergleichsstudien belegen, daß im Gegensatz zu unauffälligen Paaren belastete Paare deutlich mehr Probleme im Hinblick auf effektive Kommunikation, Konfliktregelungs- und Problemlösungsfertigkeiten äußern. Sie berichten von einem auch in nicht-konflikthaften Situationen des alltäglichen Kontakts der Partner merklich reduzierten Ausmaß an positiven Beziehungserfahrungen. Eine wechselseitig vornehmlich stabile, internale und globale Zuschreibung von negativen Absichten und Eigenschaften der Partner erhöht vor allem in Konfliktsituationen die Wahrscheinlichkeit der Anwendung destruktiver Konfliktregulierungsstrategien. In der Rekonstruktion der gemeinsamen Beziehungsgeschichte äußern die Partner vornehmlich negativ konnotierte Beziehungserinnerungen (Gottman 1998; Schneewind & Schmidt 1999). Im Sinne des epigenetischen Models von Wynne kann hypothetisiert werden, daß sich Probleme, die in einer der Entwicklungsphasen von intimen Beziehungssystemen nicht gelöst wurden, im Sinne einer Enkapsulation auch in der weiteren Entwicklung des Paares zeigen können. Beispielsweise können sich Probleme der wechselseitigen Bindung und Fürsorge auf der Ebene der Entwicklung einer partnerschaftlichen Kommunikation äußern.

Ebenso wie die Perspektive einer Entwicklungsdiagnose bedarf jede Betrachtungsweise von Diagnose und Prognose oder Pathogenese und Salutogenese von Paarproblemen der Reflexion des Beobachterstandpunktes, von dem aus Schlußfolgerungen gezogen werden. Der Sozialpsychologe und Begründer der Feldtheorie Kurt Lewin (Lang 1992; Lewin 1982) hat bereits in „The background of conflict in marriage" auf die Feld- oder Kontextabhängigkeit von Problemdefinitionen und -beschreibungen hingewiesen. Er betont, daß die Sozialpsychologie (und auch die klinische Psychologie) mit einem innerpsychischen Begründungskonstrukt von Eheproblemen allein nicht auskommt. Auf einer ersten Ebene sind die individuellen Lebensräume der Ehepartner zu analysieren. Auf einer zweiten die Repräsentation der Lebensräume des je anderen im je eigenen Lebensraum. Auf einer dritten Ebene ist ein Übergang nötig zur Formulierung eines überindividuellen Feldkonstruktes aus der Sicht eines Forschers (Beobachters). Aus der Analyse der eigenen und der vom anderen induzierten Lebensräume von Ehemann und Ehefrau lassen sich die jeweils nächsten Schritte der Interaktion verstehen. Um dem Verlauf der Ehe folgen zu können, bedarf es der Betrachtung eines Ganzen, von dem die beiden Lebensräume und das weitere Umfeld seinerseits Teile darstellen. In diesem Ganzen werden Kräfte zur Wirkung kommen, die in den Teilen selbst nicht existieren. Und es wird auch sofort deutlich, daß dieser konzeptuell räumlichen Ausweitung des psychologischen Gegenstandes eine erweiterte psychologische Zeitlichkeit folgt. Des weiteren muß der soziale Wandel zum Bestandteil der Betrachtung von Paarsystemen werden.

Im Sinne des hierarchischen sozialökologischen Mehrebenensystemmodells von Bronfenbrenner (1981) ist das Paarsystem nicht nur im Mikrosystem Familie eingebettet, sondern auch in Mesosysteme (Nachbarschaft, Peers, Arbeit und Berufsfelder), Exosystem (gesellschaftliche Institutionen, Fürsorgesysteme, Schulsysteme, Verwandschaftsorganisationen) und Makrosystem (kulturelles System, Tradition, Religion, politisches und ökonomisches System) und den entsprechenden Systemeinflüssen direkt oder indirekt ausgesetzt. Betrachtet man intime Paarsysteme im Hinblick auf deren gesellschaftliche Einbettung und den sozialen Wandel dieses kulturellen Kontextes, so ist von einer Mehrfachkontextualisierung von Beziehungsproblemen und psychischen Störungen der Partner eines intimen Beziehungssystems auszugehen. Um zu einer adäquaten Beschreibung zu gelangen, sind in der systemischen Paartherapie vorgestell-

te Probleme auf der Ebene von zum Beispiel Bindungs- oder Kommunikationsproblemen im Hinblick auf die verschiedenen Kontexte, in die das Problem eingebettet ist, zu betrachten. Eine weitere Konsequenz besteht darin, die Therapie von Paaren nicht nur auf das Paarsystem zu beschränken, sondern familiäre Lebenskontexte (z.B. eigene Eltern, Mitglieder der Ursprungsfamilien, Freunde, in Fällen von Scheidung die eigenen Kinder) wie auch außerfamiliäre Kontexte (z.B. Einbezug von Dritten bei außerehelichen Affären, Freunden und Freundinnen usw.) in systemischen Paartherapien mit zu berücksichtigen.

3.2 Ko-Konstruktion von intimen Beziehungssystemen

Das Modell der Ko-Konstruktion und dessen Anwendung in der systemischen Paartherapie basiert auf Theorien der dynamischen Selbstorganisation (Fogel & Branco 1997), systemisch konstruktivistischen Philosophien und Theorien der sozialen Konstruktion (Andersen 1995; Anderson & Goolishian 1988; Clark 1996; Edwards 1997; Gergen 1985, 1990; Pearce 1994; White 1995; Vygotski 1962). Das Modell der Beschreibung und Erklärung der Ko-Konstruktion im Diskurs intimer Beziehungssysteme in der systemischen Paartherapie geht von einer Multiplizität von theoretischen Annahmen und Perspektiven aus. Es fußt zum einen auf einer integrativen systemischen Sichtweise von Kommunikation, Körper, Emotion und Kognition. Zum anderen wird eine Beschreibung der nach Abstraktionsgrad und zeitlicher Reichweite unterschiedenen multiplen Bedeutungs- und Handlungskontexte für die Therapie von Paaren angestrebt. Hierzu zählen die ineinander eingebetteten Ebenen der Kultur, der mehrgenerationalen Familiensysteme, aus der die Mitglieder des intimen Beziehungssystems stammen, die Ebene des Selbst der Partner (Arbeitstheorien des Selbst, generalisierte Beziehungsschemata, interpersonale Skripte, narrative Identität), die Ebene der Paarbeziehung (Paargeschichte, generalisierte Interaktionsmuster der Partner) sowie der verbalen und nonverbalen Kommunikation (Episode, Satz, Wort/Äußerung) des Paares im Hier und Jetzt.

Die Multiplizitität des Modells ist nicht als ein Amalgam zu verstehen, in dem Unterschiede verschwinden, sondern eher als Mosaikmodell, in dem Unterschiede und Widersprüche der in dem Modell koexistierenden unterschiedlichen theoretischen Ansätze (Goldner 1999) respektiert und der Dialog der unterschiedlichen theoretischen Diskurse fruchtbar gemacht werden sollen. Im Sinne eines mehrdimensionalen Sehens benennen die aufeinanderbezogenen unterschiedlichen Perspektiven den Möglichkeitsraum der Hypothesenbildung sowie auch den der therapeutischen Foci oder deren reflektierten Wechsel in unterschiedlichen Phasen der systemischen Paartherapie.

Kommunikation wird im sozial-konstruktionistischen Modell (Clark 1996; Krauss & Fussell 1996; Pearce 1994) als eine Ko-Konstruktion (Oerter & Noam 1999; Vygotski 1962) oder Ko-Aktion (Fogel & Branco 1997), als gemeinsam koordinierte Handlungen zweier oder in der Paartherapie mindestens dreier Partizipanten verstanden. Koordiniert wird die Bedeutung dessen, was ein Sprecher meint, intendiert, signalisiert und ein Adressat oder mehrere Adressaten als Signal identifizieren und verstehen. Signale sind weitgehend bewußte Akte und umfassen alles, womit eine Person einer anderen etwas bedeutet. Dies schließt Ko-Aktion auf der Ebene der verbalen als auch der nonverbalen Interaktion („Beziehungstänze") ein. Vorverstehen, Vorurteile oder der wechselseitige Prozeß des Verstehens in der Kommunikation sind auf den „gemeinsamen Grund" der gemeinsam geteilten Kultur, des wechselseitigen Wissens voneinander so-

wie auf die pragmatische Intersubjektivität der Partner bezogen. Die Partner, die als Sprecher und Adressaten Mitglieder eines gemeinsamen Kulturkreises oder einer Sprachgemeinschaft sind, teilen in der Kultur übliche gemeinsame Grundpositionen wie allgemeines Wissen, Glaubensüberzeugungen und Vermutungen. Ebenso auch ein wechselseitiges Wissen darüber, was A vermutet, daß B weiß, und A vermutet, daß B weiß, daß A weiß und so weiter. Diese Wechselseitigkeit wird in der laufenden Konversation des intimen Paarsystems ständig aktualisiert. Pragmatische Intersubjektivität umfaßt alles, was, wie und wann tatsächlich im Gespräch der Partner als gemeinsam geteiltes praktisches Wissen behandelt wird.

Individuelle Erfahrung wird im Prozeß der Ko-Aktion durch gemeinsames dialogisches Handeln konstituiert. Sie ist gleichermaßen ein Ergebnis des Dialoges wie der Inhalt und die Form des Dialoges selbst. Kommunikation schließt multiple Kommunikationskanäle, Wechselwirkungen der verbalen und nonverbalen Ebenen wie auch der unterschiedlichen Ebenen des Kommunikationsprozesses ein (Abbildung 1). Durch Metakommunikation evaluieren die Teilnehmer den Kommunikationsprozeß. Metakommunikation ist ein reflexiver Prozeß, in dem Personen Gespräche über Gespräche führen, die sie bereits miteinander geführt haben, führen oder führen wollen.

Kommunikation schließt nicht nur die Kommunikation mit anderen, sondern auch die Dialoge des inneren Sprechens mit sich selbst oder einer imaginierten Zuhörerschaft ein (Hermans 1996a, 1996 b). Andersen (1995) unterscheidet drei Formen des inneren Dialogs: inneres Sprechen in Träumen, lautlose Selbstgespräche und Schreiben. Innere und äußere Dialoge sind aufeinander bezogen (Bakhtin 1981; Vygotski 1962). In bezug auf diese Kopplung hat zum Beispiel Bakhtin auf die Be-

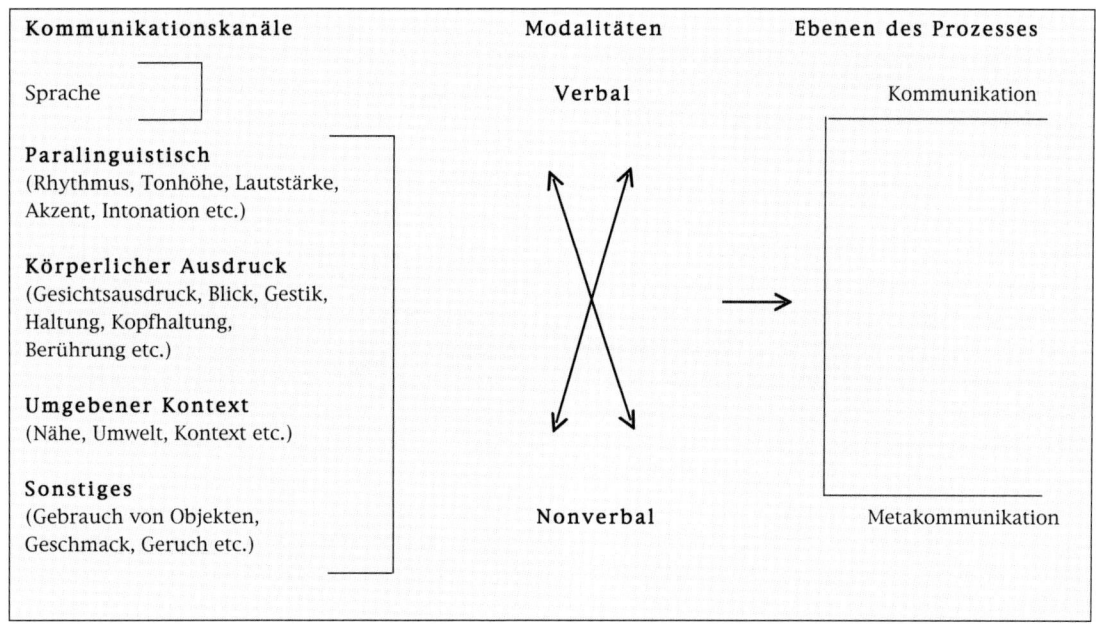

Abbildung 1. Kommunikationsmodell

deutsamkeit der Reaktionen hingewiesen, die die Äußerungen einer Person bei denjenigen hervorrufen, die diese Äußerungen hören und sehen. Da man sich selbst beim Reden hört und empfindet, aber selten sieht, insbesondere nicht seinen eigenen Gesichtsausdruck, der einen wesentlichen Bestandteil des Signalisierten ausmacht, wird beim Reden auch der eigene Gesichtsausdruck erschlossen aus der Reflexion des eigenen Gesichts in den Augen des anderen. Der Gesichtsausdruck des anderen kann dabei als Hinweis auf dessen eigenen inneren Dialog angesehen werden.

3.3 Körper, Emotion und Kognition als Systeme der Bedeutungsgebung in der Kommunikation

In dem Modell der systemischen Paartherapie als Ko-Konstruktion wird davon ausgegangen, daß es keine Kommunikation ohne Subjekte gibt, die gleichzeitig auch einen Körper haben und sinnlich sind. In Anlehnung an Bourdieu (Gebauer 1998) kann das körperliche In-der-Welt-Sein so verstanden werden, daß man als Körper in der Welt materiell enthalten ist und selbst die Welt in sich enthält. Die sozialen Strukturen der Welt werden inkorporiert; sie sind in den Körper eingedrungen als „dispositionelle Strukturen" und praktisches Wissen. Das Begriffen-Sein des Subjekts in der Welt und das Begriffen-Werden der Welt durch das Subjekt, diese „doppelte Inklusion" hat ihren Grund im Körper. In einem langen Prozeß der Bearbeitung, Modifizierung und Anpassung an die Regelmäßigkeiten der Welt wird dies im körperlichen Handeln unmittelbar verständlich. So definiert Connell (1999) den in einer Kultur vorherrschenden Begriff von Männlichkeiten als durch das Geschlechterverhältnis strukturierte Formen gesellschaftlicher Praxis. Er beschreibt mit dem Begriff der hegemonialen Männlichkeit diejenige

Form der Männlichkeit, welche die momentan akzeptierte Antwort auf das Legitimationsproblem des Patriarchats verkörpert und die Dominanz der Männer und die Unterordnung der Frauen gewährleistet. Die Begriffe männlich und weiblich verweisen nach Connell weniger auf die Abgrenzung der Geschlechter als eher auf die Art und Weise, wie sich die Verkörperungen von Geschlechtsidentitäten und Lebenskonzepten innerhalb der Gruppe der Männer und der Gruppe der Frauen unterscheiden. Der Körper wird wie bei Bordieu als Teilnehmer am sozialen Geschehen begriffen. Männliche und weibliche Körper sind sowohl Objekte als auch Agenten der Praxis.

Aus systemisch-konstruktivistischer Sicht werden Emotionen ebenso durch Physiologie und Biologie sowie durch Sprache und Kultur bedingt (Greenberg & Johnson 1998). Emotionen beinhalten Kognitionen, Aktionen, soziale und physiologische Prozesse. Emotionen sind sowohl auf Körperempfindungen und Gefühle als auch auf sozial konstruierte Bedeutungen und kulturelle Themen bezogen. Gefühle werden weder als individueller Ausdruck der im Individuum lokalisierten Triebe und Instinkte noch als reiner Ausdruck von außerhalb des Individuums lokalisierten kulturellen Einflüssen betrachtet, sondern als integrative Synthese von intra- und interpersonalem System, die an der Grenze oder der Kontaktstelle von Innen und Außen von Personen stattfindet. Emotionen organisieren sowohl das Selbst als auch Interaktionen mit anderen. Intrapersonale und interpersonale emotionale Regulation sind gekoppelt. Emotionen können als verkörperte Gedanken gelten, die anzeigen, daß Personen in Interaktionen involviert sind. Von besonderer Bedeutung für die dyadische emotionale Regulation sind die Meta-Emotionen einer Person. Diese können als personale Philosophie über Emotionen in Form eines strukturierten Konzepts von Gefühlen und

Kognitionen über eigene Gefühle und die Gefühle anderer (Gottman et al. 1997) beschrieben werden.

Emotionen sind als primäres System der Bedeutungsgebung anzusehen. Die menschliche Emotionalität hängt von der bewußten Symbolisation von Körperempfindungen und Handlungstendenzen ab. Körpererfahrungen und Sprache sind der intelligente Ausdruck der automatischen Auffassung von relevanten Mustern in der Umwelt durch das emotionale Gehirn. Daher ist es notwendig, in der Konstruktion von Bedeutung neben der sprachlichen Äußerung auch auf den Körper zu achten. Körpererfahrungen und Sprache werden in der systemischen Paartherapie, insbesondere bei der Arbeit mit dem emotionalen System (Greenberg & Johnson 1998), gleichrangig behandelt. Diese Betrachtungsweise findet ihren Niederschlag zum Beispiel in der Hypothesenbildung und der Anwendung spezifischer körperbezogener Diagnose- und Interventionstechniken (z.B. symbolisch-metaphorische Techniken).

3.4 Ebenen von Bedeutung in der Kommunikation und ihre Koordination

Um zu verstehen, wie sich Beziehungen entwickkeln und wandeln, ist es sinnvoll, sie als Teil eines Kommunikationssystems zu sehen. In diesem Kommunikationssystem können neben Ebenen der Handlung auch Ebenen der Bedeutung unterschieden werden. Die jeweiligen Ebenen des Kommunikationssystems sind dabei wechselseitig ineinander eingebettet (Pearce 1994). So operiert dieses System simultan auf einer kulturellen Ebene (kulturelle Skripts, Rollen und Erwartungen), der Ebene der Zugehörigkeit der Partner zu einem mehrgenerationalen Familiensystem, der Ebene des Selbst der Partner (Ich/Du), einer Ebene der Beziehung (Vergangenheit, Gegenwart und Zukunft der Kommunikation einer Paarbeziehung) und der

kommunikativen Ebene des direkten Dialogs im gegenwärtigen Moment. In der systemischen Paartherapie dienen die jeweiligen Kommunikations-
ebenen als theoretischer Rahmen der zirkulären
Hypothesenbildung wie auch als Foci für therapeutische Interventionen. Im Modell der Ko-Konstruktion in intimen Paarsystemen sind die verschiedenen aufeinanderbezogenen Bedeutungsebenen
und therapeutischen Foci in ihrer wechselseitigen
Bezogenheit dargestellt (Abbildung 2). Auf einer
Zeitachse, die die Erinnerungen an den bisherigen
Verlauf, die aktuelle Situation und mögliche Zukunft des Paarsystems symbolisiert, sind die Einbettung der aktuellen Interaktionspositionen der
Partner, die Ich/Du-Perspektive der Partner sowie
die Wir-Perspektive des Paares in Bedeutungs- und
Handlungskontexte des mehrgenerationalen
Familiensystems und des kulturellen Kontextes
skizziert. Ebenso auch die Einbettung von Problem
und Lösung in die Wirklichkeits- und Möglichkeits-
kontexte des Problemsystems.

Kulturelle Ebene

Zeithistorische, kulturelle, geographische, sozio-
ökonomische Rahmenbedingungen sind Kontexte,
die Individual- und Paarentwicklung mitkonsti-
tuieren. Diese Kontexte durchdringen alltägliches
Denken, Fühlen und Handeln, ohne daß Therapeuten, die Partner oder das Paar Veränderungs- und
Definitionsmacht über sie haben. Weltsicht, soziale Struktur und Verhalten sind miteinander verwoben. Feministische Paartherapeutinnen (Bograd
1991; Carter und Peters 1997) fokussieren insbesondere darauf, daß das Verhalten von Frauen und
Männern stärker durch ihre Sozialisation in Richtung gesellschaftlich institutionalisierter Geschlechtsrollen als durch biologische Wurzeln bestimmt wird. In systemischen Paartherapien gilt
es, den impliziten und expliziten Ehevertrag zu
thematisieren und vor allem Machtungleichheiten

zwischen Mann und Frau im intimen Beziehungssystem zu befragen. Fragen von Macht und Anerkennung, die Möglichkeiten der Individuation für
Mann und Frau in Paarbeziehungen sind mit Fragen der Definition von Geschlechterverhältnissen
in der Kultur, von Sexualität, Generativität oder
der Verfügungsgewalt über materielle Werte verbunden. Auch scheinbar marginale Fragen wie die
Arbeitsteilung in der Partnerschaft insgesamt oder
die Aufteilung von Hausarbeit (Carter & Peters
1997) spielen eine Rolle.

Mehrgenerationenperspektive des Familiensystems

In einer mehrgenerationalen Perspektive wird das
Familiensystem nicht nur als gegenwärtiges hori-
zontales, sondern auch als vertikales historisches
System betrachtet, das sich spiralförmig in der Zeit
entwickelt (vgl. Reich et al. 1996). Die Zeit-
perspektiven der Betrachtung des mehrgenerationalen Familiensystems in der systemischen
Paartherapie umfassen mindestens vier Generationen. Die Geschichte der Ursprungsfamilien der
Eltern, die eigene Ursprungsfamilie, die aktuelle
Kernfamilie oder das aktuelle intime Beziehungssystem sowie gemeinsam geteilte oder individuelle Zukunftsvorstellungen und Generativitäts-
skripte. Multiple Lebenserfahrungen von Famili-
en und Familienmitgliedern werden in zentralen
interpersonalen und intrapersonalen Mustern der
Adaptation organisiert. Diese Muster können in
Begriffen basaler existentieller Themen beschrieben und definiert werden (z.B. „Individuation in
Bezogenheit"). Lebensthemen beeinflussen als
transgenerationale Themen auch die Organisation von Werten, Zielen, Verhalten, Kognitionen und
Affekten in der Partnerschaft.

In Therapietheorien der mehrgenerationalen
Familientherapie (Boszormenyi-Nagy et al. 1991;
Framo 1992; Friedman 1991; Massing et al. 1992;

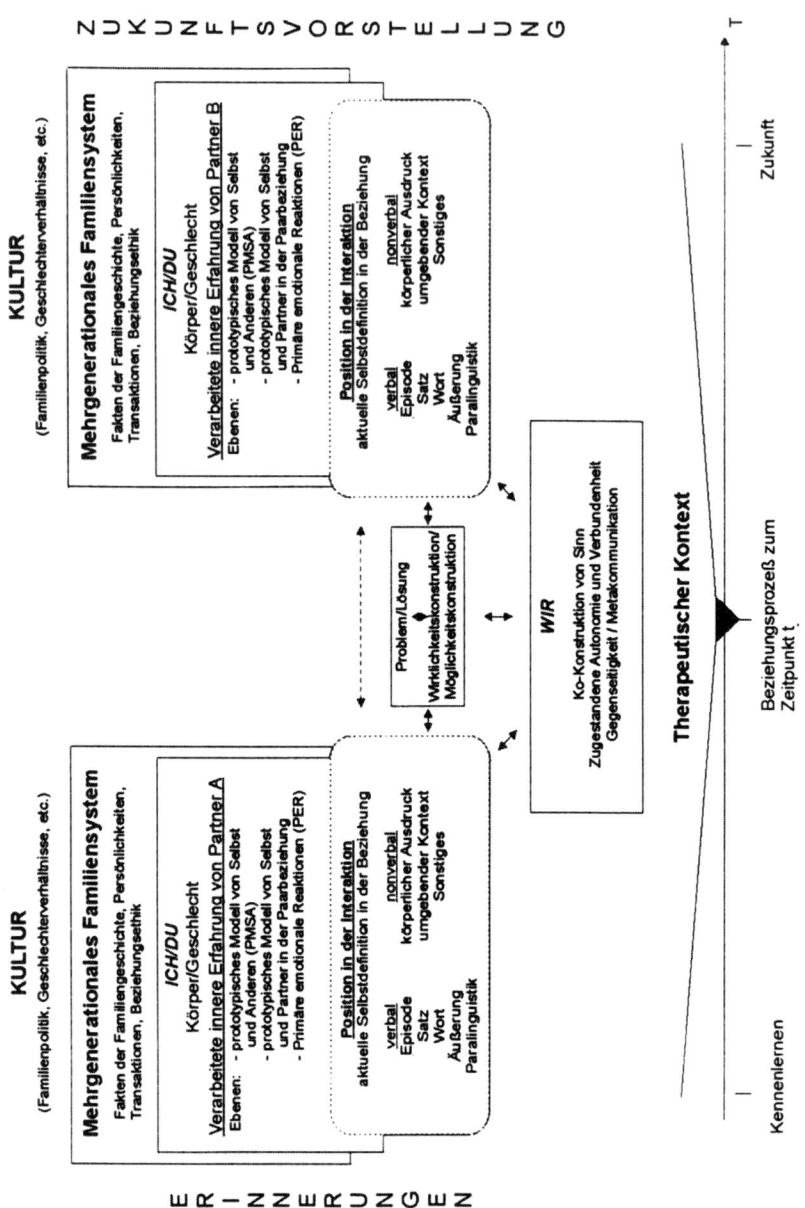

Abbildung 2: Perspektiven der Ko-Konstruktion

Paul 1977; Williamson 1991) wird davon ausgegangen, daß in der Paarbeziehung zu beobachtende Störungen und Konflikte oft schon in den Herkunftsfamilien der Eltern angelegt und vorgeformt sind. So können Probleme der jeweiligen Partner und des Paares als Ausdruck und Konsequenz einer Problematik verstanden werden, die sich über mehrere Generationen hinweg entwickelt hat. In diesem Sinne ist auch die Metapher von Whitaker und Keith (1981) zu verstehen, die in der Ehe "die Heirat von Familien und den Austausch wechselseitiger Geiseln" symbolisiert sehen. Die Mehrgenerationenperspektive der Familientherapie verbindet im wesentlichen psychoanalytische Theorienbildung (z.B. Objektbeziehungstheorien), die systemtheoretische Perspektive (Kybernetik II. Ordnung) sowie die zeitgeschichtlich-soziologische Dimension familiären Lebens und Erlebens. Dieser historische Raum beinhaltet sowohl die von dem mehrgenerationalen Familiensystem real erlebte und erlittene Zeitgeschichte, gegenwärtige Zeitströmungen (Massing et al. 1992) wie auch zukünftige Ziele. Neben den Familienfakten, der Persönlichkeit der individuellen Familienmitglieder und den transaktionalen Mustern, liegt der Schwerpunkt der Betrachtung auf der Beziehungsethik. Familiäre Störungen werden im wesentlichen als Ausdruck eines Ungleichgewichtes von Geben und Nehmen gesehen (Boszormenyi-Nagy et al. 1991).

Zur Beschreibung und Erklärung von Generationenbeziehungen und der generationalen Transmission von Lebensthemen wie von psychischen Störungen können sozialkonstruktionistische Modelle, die den kontextuellen Einfluß von Familienfaktoren betonen, herangezogen werden. Eingebettet in Sprache, Kultur, Ideologie und Geschichte konstruieren Paare aktiv „ihre" soziale Wirklichkeit durch Kommunikation. Sie etablieren eine partnerschaftliche Alltagspraxis, die Kontinuität und Wandel in der Lebensführung gestattet und

das Tradieren und Variieren der Familienthemen und Diskurse toleriert. Es handelt sich dabei nicht um eine einfache, lineare Weitergabe von der älteren Generation zur jüngeren, sondern um einen sich zwischen den Generationen vollziehenden Prozeß der gemeinsamen Bedeutungskonstruktion (Vierzigmann & Kreher 1998) im Kontext gegenwärtiger und zukünftiger Herausforderungen und zu bewältigender Entwicklungsaufgaben der Partner und des Paares selbst. Auch über das Erzählen der Lebensgeschichte der Eltern erfolgen Transmissionen, da Vergangenes mit der Perspektive auf Gegenwärtiges und Zukünftiges erneut bearbeitet wird und das nur geschehen kann, wenn sich Beziehungspartner in einem intimen Beziehungssystem im mehrgenerationalen Generationengefüge immer wieder selbst positionieren.

Auch Zeit ist ein Phänomen, das durch soziale Bedingungen und soziale Zusammenhänge bestimmt und strukturiert wird. In jeder Gegenwart muß neu begonnen werden. Karniol und Ross (1996) betonen in einem Forschungsüberblick, daß die Relation von mentalen Repräsentationen von Vergangenheit, Gegenwart und Zukunft keine Einbahnstraße ist. Entgegen der Annahme, in der Vergangenheit entwickelte mentale Repräsentationen würden Verhalten in gegenwärtigen interpersonalen Situationen unilateral beeinflussen, bestehen statt dessen reziproke motivationale Verbindungen zwischen gegenwärtigen und zukünftigen Zielen. Die Vergangenheit kann überraschend bewußt werden, die Gegenwart einfärben und Personen zu Handlungen stimulieren. Personen können ihre Erinnerungen als Richtschnur für die Auswahl ihrer Ziele und Pläne benutzen, aber auch um ihre Ziele zu erreichen. Angestrebte Ziele wiederum können einen Einfluß darauf haben, wie Personen ihre Erinnerungen abrufen, konstruieren und interpretieren.

Selbst (Ich/Du)

Im Konzept des Selbst wird die Ich/Du-Perspektive der Partner thematisiert. Das Selbst kann als eine Art Arbeitstheorie aufgefaßt werden, die Subjekte über sich und ihre Beziehungen zur Welt entwickelt (Kraus 1996; Markus & Cross 1990; Bruner 1990). Das Selbst ist eine komplexe und dynamische Metapher für die einzigartigen und spontanen Selbstorganisationsprozesse, die Sein und Werden einer Person ausmachen. Im Sinne systemischer Selbstreflexion muß das Selbst in einem steten zirkulären Prozeß die Wirkungsweise seiner eigenen Operationen in seiner Umwelt und die Rückwirkungen von dort ins eigene System beobachten und, soweit es das Repertoire der eigenen Möglichkeiten erlaubt, möglichst passende Reaktionen auswählen oder neue Reaktionsmöglichkeiten entwickeln.

Eine umfassende Konzeptualisierung des Selbst wird im Konstrukt der narrativen Identität formuliert. Durch Selbsterzählungen formt das Subjekt narrative Identität. Narrative Identität beinhaltet eine diachrone und nicht mehr nur synchrone Identität, bei der sich das Subjekt in der Zeit entfaltet und Geschichte (faktisches Geschehen) und Fiktion (vorgestelltes Selbst) gleichermaßen umfaßt. Erzählend organisiert das Subjekt die Vielgestaltigkeit seines Erlebens in einem geschlossenen System. Die narrativen Strukturen sind indes nicht nur eine Eigenschöpfung des Subjektes, sondern im sozialen Zusammenhang verankert und von ihm beeinflußt, so daß ihre Genese und Veränderung in einem komplexen sozialen Prozeß stattfinden (Kraus 1996). Die Kohärenz und die Kontinuität von Erzählungen müssen im Lebenslauf von Personen immer von neuem angestrebt werden. Kohärenz meint dabei nicht nur Einheit, sondern Integration und Zusammenhalten von Widersprüchen.

In der epigenetischen Entwicklungstheorie von Paaren betont Wynne die besondere Bedeutung von Bindung und Fürsorge als Basis von Paarbeziehungen. Das Begreifen von „Selbst" und bedeutsamen „anderen" auf der Ebene von Bindung und Fürsorge gewinnt Plausibilität durch die Modellannahme der in der Bindungstheorie von Bowlby konzeptualisierten „internalen Arbeitsmodelle" (Collins & Read 1994). John Bowlby (1969/82) hat in seiner Bindungstheorie die Beziehungen zu nahestehenden Personen mit dem theoretischen Konstrukt „Bindung" als einem „affektiven, gefühlsgetragenen Band" beschrieben. Dieses affektive Band stellt eine Metapher für das spezifische Verhältnis von zwei Personen dar, das sie über Raum und Zeit hinweg verbindet und das sich in der gesamten Organisation des beobachtbaren Verhaltens äußert. Bindung wird neben Nahrungsaufnahme und Sexualität als ein eigenständiges, primäres menschliches Bedürfnis gesehen. Die Bindungstheorie nimmt an, daß der menschliche Säugling mit einem System komplementärer Bestrebungen geboren wird: einerseits einer angeborenen Bereitschaft, bei ausgewählten Bezugspersonen Schutz, Trost und Beruhigung zu suchen, und andererseits mit einem Bedürfnis nach autonomem Verhalten und Exploration. In der Bindungstheorie wird für eine Vielzahl von Kontexten eine bestimmte Balance zwischen dem Bindungsverhalten auf der einen Seite, das auf Nähe und Kontakt ausgerichtet ist, und dem Explorations- oder Erkundungsverhalten auf der anderen Seite postuliert. Ein solches kybernetisches System soll sicherstellen, daß ein variabler, situations- und entwicklungsangemessener Sollwert an Nähe eingehalten wird. In der Übertragung der Bindungstheorie auf Erwachsenenbeziehungen können internale Arbeitsmodelle als mentale Repräsentation von Bindungen und auch als Handlungssteuerung von Bindungsverhalten in intimen Paarsystemen gesehen werden.

Nach Collins und Read (1994) beinhalten internale Arbeitsmodelle Glaubenssysteme, Einstellungen und Erwartungen über Selbst und Andere, autobiographische Erinnerungen, beziehungsrelevante Bedürfnisse und Ziele sowie Verhaltensstrategien zur Befriedigung beziehungsrelevanter Ziele. Sie dienen der sozialen Informationsverarbeitung, organisieren und repräsentieren Informationen über vergangene (z.B. episodisches Gedächtnis, semantisches Gedächtnis) und gegenwärtige Interaktionen mit bedeutsamen anderen (Eltern, Partnern in intimen Beziehungssystemen) und beeinflussen ebenso zukünftige Handlungen. Im Sinne einer Verbindung von Entwicklung und Geschichte fassen sie in einem weitgehend hierarchisch organisierten Erklärungsmodell zusammen, wie Beziehungserfahrungen der Vergangenheit gegenwärtige und zukünftige Beziehungen tangieren. Im Sinne eines selbstregulativen Modells strukturieren die internalen Arbeitsmodelle die Informationsverarbeitung sowie die sozialen Annäherungs- und Vermeidungsmotive so, daß durch konfirmatorische Rückmeldungsprozesse die einmal gemachten Lernerfahrungen bestätigt oder in einem Prozeß der Adaptation und Akkommodation modifiziert werden.

An dem mentalen Bindungsmodell sind verschiedene Gedächtnissysteme beteiligt (Gloger-Tippelt 1999; Schacter & Tulving 1994). Neben dem früh entwickelten prozeduralen, nicht bewußt zugänglichen Gedächtnis, das für das Bindungsverhalten relevant ist, spielen das semantische und episodische Gedächtnis eine wesentliche Rolle. Beide Gedächtnissysteme gehören dem bewußt zugänglichen deklarativen Gedächtnis an. Das semantische Gedächtnis (sprachlich-begrifflich enkodiert) umfaßt dabei allgemeines, oft sehr organisiertes Faktenwissen, das nicht zeitlich festgelegt ist (wie Wissen über die Rolle von Eltern). Das episodische Gedächtnis (visuell oder sprachlich kodiert) ent-

hält Informationen über spezifische, raum-zeitlich lokalisierbare Ereignisse, die in die eigene Biographie eingeordnet werden, zum Beispiel die persönlich bedeutsamen Anekdoten des Kennenlernens.

In der Bindungstheorie und Bindungsforschung wird zwischen den Modellen der sicheren, der unsicher-bindungsabwehrenden, der unsicher-präokkupierten und der disorganisierten Bindung unterschieden (Gloger-Tippelt 1999). Erwachsene Personen mit sicherem mentalen Bindungsmodell stellen im Bindungsinterview ihre wie auch immer gearteten Kindheitserfahrungen geordnet und nachvollziehbar dar. Sie sprechen angenehme und unangenehme Gefühle an. Mögliche negative Erfahrungen mit den Eltern berichten sie aus heutiger Sicht versöhnlich oder humorvoll. Sie schätzen nahe Beziehungen als wertvoll ein. Personen mit unsicher-bindungsabwehrendem oder distanziertem Bindungsmodell berichten nur wenige und vage Erinnerungen an Szenen aus der Kindheit. Schmerzliche Erfahrungen von Ablehnung, fehlender persönlicher Zuwendung und emotionaler Nähe, die bei diesem Typ häufig als Kindheitserfahrung zu erschließen sind, werden entweder nicht erinnert oder bagatellisiert. Die Kindheit wird global als harmonisch und ideal dargestellt, die eigene Unabhängigkeit, Stärke oder Leistung werden hervorgehoben. Personen mit unsicher-präokkupiertem Bindungsmodell sind noch als Erwachsene mit ihren Bezugspersonen aus der Kindheit verwickelt. Ihre Berichte über häufig ungünstige Kindheitserfahrungen sind durch sprachliche Ungenauigkeiten, Abschweifungen, mangelnde Fähigkeit, die Erfahrungen gedanklich zu integrieren, oder teilweise durch intensiven Ärger auf die Eltern in der aktuellen Interviewsituation gekennzeichnet. Zur Vervollständigung ist noch der disorganisierte Bindungsstatus zu erwähnen. Dieser kann sich beispielsweise in der Folge von unverarbeiteten Verlusten von nahestehen-

den Personen oder von unverarbeiteten Miß-
handlungserfahrungen durch die Eltern entwik-
keln. Er wird erschlossen aus gravierenden sprachlichen Auffälligkeiten und Denkfehlern im Bindungsinterview (Gloger-Tippelt & Hoffmann 1997).

In der Bindungstheorie und deren Anwendung in
der systemischen Paartherapie (Greenberg &
Johnson 1998) wird insbesondere auf die affektiven Komponenten der internalen Arbeitmodelle
fokussiert. Diese werden als adaptiv für die Entwicklung von intimen Paarsystemen angesehen
(Greenberg & Johnson 1998). Greenberg unterscheidet zwischen primären, sekundären und maladaptiven emotionalen Reaktionen. Primäre Emotionen sind emotionale Reaktionen auf spezifische
bindungsrelevante Situationen im Hier und Jetzt.
Hierzu kann zum Beispiel das Bedürfnis nach Nähe
oder die Furcht vor Verlust gezählt werden. Als
sekundär werden Emotionen beschrieben, die als
Reaktion auf eigene primäre Emotionen gezeigt
werden. Dies geschieht häufig in Form von Ärger.
Ärger kann dabei als defensiver oder offensiver
Versuch betrachtet werden, eine unmittelbar gespürte primäre Emotion zu bewältigen. In Paar-
konflikten wird so aus dem Gefühl heraus, sich
nicht noch mehr verletzen zu lassen, anstelle der
im Konflikt erlebten Verletzung oder Furcht entweder eine Form von ärgerlicher Abwehr oder eine
aggressive Form von Ärger gezeigt. Dies verbunden mit dem Ziel, den anderen zu manipulieren
und die eigene primäre Emotion selbst nicht zu
spüren und auch dem Partner gegenüber nicht zu
zeigen. Maladaptive Reaktionen können als kon-
text-inadäquate Reaktionen beschrieben werden.
So zum Beispiel, wenn ein Partner als Kind von
einem Erwachsenen sexuell mißbraucht wurde und
die damaligen Gefühle und Beziehungserfahrungen
auf gegenwärtige intime Situationen in der Partnerschaft überträgt. Probleme in Paarbeziehungen
in Form negativer Interaktionszyklen entstehen

dann, wenn die Partner aus subjektiven, biogra-
phisch und beziehungsgeschichtlich gut nachvollziehbaren Gründen sich nicht trauen, primäre
Emotionen zu zeigen.

Beziehung (Wir)

Klinische Typologien der Beobachtung von intimen Paarsystemen fokussieren auf redundante
Kommunikations- oder Interaktionsmuster, vornehmlich in Bindungs- oder Konfliktsituationen.
Dies kann sich in Nähe-Distanzkonflikten (Verfolger - Distanzierer), in Form von Anklage und Be-
schwichtigung (Ankläger - Beschwichtiger), in
Form der Zuschreibung von Verantwortlichkeiten
in der Paarbeziehung (Überfunktion, für alles verantwortlicher Partner; Unterfunktion, für nichts
verantwortlicher Partner), in Form symmetrischer
(je mehr, desto mehr), komplementärer (je mehr,
desto weniger) oder paralleler (sowohl symmetri-
sche als auch komplementäre Interaktion) Interaktionsmuster in Konfliktsituationen zeigen
(Gerson et al. 1993).
Bartholomew (1990) hat in der Sprache der Bindungsforschung unterschiedliche Bindungsstile
von Erwachsenen in einem zweidimensionalen
Modell mit den Dimensionen Selbstbild (positiv/
negativ) und Fremdbild (positiv/negativ) beschrieben. Er unterscheidet hierbei einen sicheren
(Selbstbild positiv/Fremdbild positiv), abweisen-
den (Selbstbild positiv/Fremdbild negativ), ängst-
lichen (Selbstbild negativ/Frembild negativ) oder
besitzergreifenden Bindungsstil (Selbstbild nega-
tiv/Fremdbild positiv). Auf der Basis dieser Typologie können intime Beziehungssysteme als Kombinationen von gleichen oder unterschiedlichen
Bindungsstilen beschrieben werden.

Gottman (1998) unterscheidet drei Typen von stabilen Paaren, die er als konstruktive, impulsive
und konfliktvermeidende Ehen bezeichnet. Eines
der wesentlichen Unterscheidungsmerkmale die-

ser drei Ehetypen ist der Umgang mit Konflikten. Die impulsiven Paare sind häufig in leidenschaftliche Streitepisoden verwickelt, während die konstruktiven Paare ihre Meinungsverschiedenheiten ruhig ausdiskutieren und die konfliktvermeidenden Paare die Tendenz haben, Konflikte erst gar nicht aufkommen zu lassen bzw. ihnen aus dem Weg zu gehen. Trotz unterschiedlicher Konfliktbewältigungsstile trifft für alle drei Paartypen zu, daß das Verhältnis von positiven zu negativen Interaktionen wenigstens 5:1 beträgt. Hingegen findet sich bei den beiden instabilen Paartypen, die Gottman (1998) gefunden hat (den offenfeindseligen und den zurückgezogen-feindseligen Paaren), ein Verhältnis von positiven zu negativen Interaktionen, das unter 1,0 liegt. Bei diesen Paaren konnte ein sich entwickelndes Interaktionsmuster von abwertender Kritik, Verachtung, Abwehr und Abblocken selbst bei nicht-kontroversen oder sogar positiv besetzten Gesprächsthemen beobachtet werden. Die Beobachtung der beschriebenen Interaktionskaskade erwies sich als reliabler Indikator zur Vorhersage von Trennung und Scheidung.

Position in der Interaktion. Aktuelle Selbstdefinition in der Beziehung

In der Kommunikation im Hier und Jetzt in der systemischen Paartherapie können zur Analyse der jeweiligen Positionen der Partner wie auch zur Befragung ihrer aktuellen Selbstdefinition Theorien und Systeme der Analyse von Narrationen, der systematischen Interaktionsbeobachtung von Episoden, der Analyse von Sätzen durch die Theorie der Sprechakte oder semiotische Theorien herangezogen werden (Boscolo et al. 1993; Pearce 1994; Russell et al. 1993).

Partner in intimen Beziehungssystemen konstruieren gemeinsam die Geschichte ihrer Beziehung in Form von Erzählungen. Diese Geschichten entfalten sich in der systemischen Paartherapie im Prozeß der Ko-Konstruktion. Geschichten haben eine doppelte Struktur: Sie bewahren, indem sie gelebtes Leben in erzähltes Leben transformieren. Sie konstruieren Sinn, indem sie Erfahrungen organisieren, selektieren, integrieren und Neues interpretieren. Sie schaffen auch Neues, indem sie die Tendenz haben, über das Bewahrende hinauszugehen (Goodman 1990; Fogel & Lyra 1997). Dieses Neue findet sich zum Beispiel darin, welcher der Partner erzählt welche Geschichte, mit welchen Stimmen in der Geschichte, wie, in welcher Sprache (Privatsprache des Paares, Sprache der Ursprungsfamilie, Kindersprache usw.), mit welcher Intention, wem gegenüber und in welchem Erzählstil. Diese Konstruktion von Geschichten oder „Weltherstellung" im Sinne von Goodman (1990) meint ein mobiles Zeichensystem, in dem „Fakten" immer wieder in Beziehungen verschwinden, um daraus wieder als Fakten produziert zu werden. Episoden, Sätze, Metaphern und Worte können als Elemente dieses Zeichensystems von Geschichten definiert werden. Die Mobilität dieses Zeichensystems wird durch Differenzierung gewährleistet. In der systemischen Paartherapie werden Erzählungen durch Kommunikation hergestellt. In diesem Prozeß werden vorhandene Erzählungen dekonstruiert oder auseinandergenommen, um anders wieder zusammengesetzt zu werden. In Kommunikation produzierte Elemente, Klassen, Eigenschaften und Verknüpfungen sind dabei einem Gewichten, Tilgen, Ergänzen und Ordnen unterworfen.

In der Semiotik wird zwischen paradigmatischen (vertikale Analyse, Selektion von Zeichen) und syntagmatischen Analysen (horizontale Kombination von Zeichen) unterschieden. Auf der Ebene der paradigmatischen Analyse können zum Beispiel einzelne Worte im Hinblick auf deren Denotation (definitionale Bedeutung oder literale Bedeutung) und Konnotation (soziokulturelle und personale

Assoziationen von Zeichen) befragt werden. In syntagmatischer Hinsicht können Episoden in Erzählungen auf der Handlungsebene in Anlehnung an dramaturgische Modelle im Hinblick auf Aktionen (was geschieht), Szenen (wo, wann), Akteure (wer), Instrumente (wie) und Ziele (warum) befragt werden (Bruner 1990). Die Bedeutungsebene von Episoden kann im Hinblick auf die Thematik, den kognitiven Bezugsrahmen, die postulierten Kausalitäten, die Konstruktion der zeitlichen Ordnung in der Episode wie auch nach den Aspekten der in der Episode repräsentierten Subjektivität (Beziehungsschemata, Interaktionsskripte, Rollenübernahme, Sicht des Selbst und des Selbstbewußtseins) analysiert werden (Russell et al. 1993).

Im konstruktivistischen Ansatz wird angenommen, daß Metaphern eine bedeutsame Rolle in der Verbindung von Sprache und Denken spielen. In der Sprachfigur der Metaphern wird das Unbekannte, Ungewöhnliche, Unvertraute in Begriffen des Bekannten, Vertrauten ausgedrückt (Lakoff und Johnson 1998). Metaphern wird so eine das Denken gestaltende Funktion zugesprochen. Durch die Befragung von Klienten im therapeutischen Gespräch benutzten Metaphern wie auch durch den gezielten Einsatz therapeutischer polyvalenter Metaphern kann auf einer semiotischen Ebene eine Brücke der Verbindung von Unbekanntem und Vertrautem und damit von Stabilität zu Wandel in der Paarbeziehung ermöglicht werden.

3.4 Stabilität und Wandel von intimen Beziehungssystemen

Im Prozeß der Paarbildung wird der implizite Vertrag der Partner (wir definieren uns als Paar), in Fällen von Gütertrennung beispielsweise auch ein expliziter juristischer Ehevertrag, geschlossen. In diesen Verträgen sind sowohl Fragen der Stabilität (bis das der Tod uns scheidet) als auch des Wandels (Regelungen im Falle von Trennung) thematisiert. Die normative und nichtnormative Entwicklung von Paaren und Partnern in Beziehungssystemen erfordert ein entwicklungsangemessenes Aushandeln der Balance von Stabilität und Wandel. An jedem Entwicklungspunkt von intimen Beziehungssystemen kann sich so eine Reflexion des impliziten und expliziten Ehevertrages als notwendig erweisen. Diese Reflexion kann zu einem Wandel innerhalb des bestehenden (Wandel I. Ordnung), einem Wandel des Gesamtsystems im Sinne einer Neuorganisation (Wandel II. Ordnung) oder auch zur Auflösung des Systems führen.

Der Wandel von intimen Beziehungssystemen ist nach Fogel und Branco (1997) als dialektischer Prozeß von relativer Vorhersagbarkeit (Beziehungsstabilität) und Generierung von Neuem (Beziehungswandel) zu bezeichnen (Abbildung 3). Leitthemen dieses Prozesses der Gegenseitigkeit können auf der Ebene der Wechselwirkungen der Systemvariablen von zugestandener Autonomie und Verbundenheit beschrieben werden. Paarprobleme entwickeln sich eher dann, wenn sich redundante Kommunikations- und Interaktionsmuster eines Paares herausbilden, die sich in einer zu großen Stabilität oder einem zu großen Chaos in intimen Beziehungssystemen äußern können.

Die Partner in einem intimen Beziehungssystem evaluieren im Prozeß der Metakommunikation den Verlauf der Kommunikation oder auch der Beziehung selbst im Hinblick auf individuelle oder gemeinsam geteilte Zielvorstellungen. Das Ergebnis dieser Metakommunikation kann in einer Validierung und Aufrechterhaltung bisheriger Bezugsrahmen sowie im Falle der Entwicklung neuer Ziele in einer Transformation der bisherigen Bezugsrahmen bestehen.

Die Metakommunikation selbst ist eine mögliche Quelle nicht vorhersagbarer Veränderung in Beziehungen, weil sie primär den zukünftigen Verlauf einer Beziehung beeinflußt, indem durch Metakommunikation die Verbindung der Zukunft mit der Vergangenheit und der Gegenwart mit der Vergangenheit expliziert wird. Unbestimmtheit/ Nichtvorhersagbarkeit in intimen Beziehungssystemen wird weniger durch die Häufigkeit als vielmehr durch zeitliche Passung und Spontaneität der Metakommunikation ausgelöst. Je nach der in dem intimen Beziehungssystem thematisierten Ebene der Metakommunikation, ob über Episoden der Beziehungsgeschichte oder die Beziehung als solche reflektiert wird, hat dies Einfluß auf Themen, Handlungen im intimen Paarsystem und auch auf den Fortbestand des Systems selbst.

Metakommunikation verlangt eine Symbolisation der Beziehung selbst. Dieser Interpretationsrahmen wird gebildet durch den Fundus der in einem Paarsystem erzählten Geschichten. In dieser Symbolisation werden aus Rekonstruktionen der Beziehungsgeschichte spezifische Erinnerungen aufgerufen, um den Verlauf perzipierter zukünftiger Ereignisse zu beeinflussen. Diese Rekonstruktionen von Narrationen der Beziehungsgeschichte können selbst wiederum Quelle des Wandels von Beziehungen sein. Sie sind keine reinen Nacherzählungen, sondern auch jeweils neue kreative Akte. Die Emergenz neuer Muster ist ein spontaner und partiell nicht vorhersagbarer Prozeß, der aus der Begegnung multipler Stimmen im intrapersonalen und interpersonalen Dialog und der Intersubjektivität der unterschiedlichen dialektischen Positionen in der Interaktion der Partner eines intimen Beziehungssystems resultiert (Bakhtin 1981; Hermans 1996a, 1996b). Wiederholungen von Mustern in Beziehungen werden nicht als ein Kreislauf des Ewigselben angesehen, sondern als eine Spirale kontinuierlicher Entwicklung. Handlungen in Dialogen sind nicht nur mit Handlungen aus der Vergangenheit verknüpft, sondern mit partiell neuen Handlungen, die eine konstante Quelle von Erneuerungen des Dialogs darstellen. Der historische Prozeß wiederholt sich

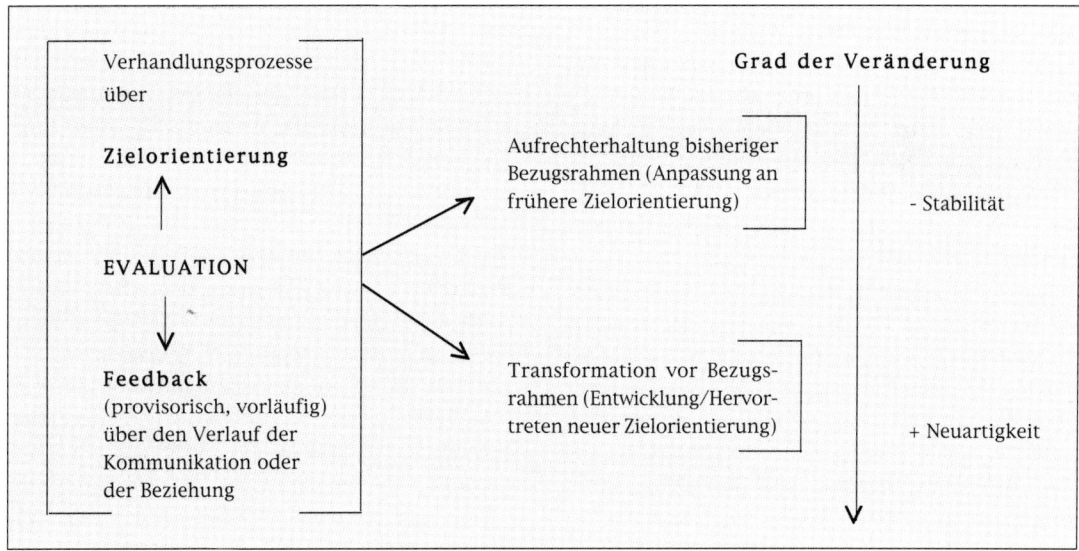

Abbildung 3: Stabilität und Wandel von intimen Beziehungssystemen

niemals gleich, da er koordiniert ist mit kontextuellen gegenwärtigen und bereits in der Gegenwart wirkenden zukünftigen neuen Anforderungen.

4. SYSTEMISCHE PAARTHERAPIEN

4.1 Grundhaltungen

Grundhaltungen systemischer Therapeuten haben Selvini-Palazzoli et al. (1980) mit der Trias von „Hypothetisieren - Zirkularität - Neutralität" beschrieben. Diese Haltungen stehen selbst wiederum in einem sich wechselseitig bedingenden Verhältnis zueinander. Im therapeutischen Kontext wird davon ausgegangen, daß Hypothesen weder richtig noch falsch sind. Eine Hypothese wird als systemisch oder zirkulär angesehen, wenn sie alle Komponenten des beobachteten Systems berücksichtigt und eine Erklärung dafür bietet, wie diese sich aufeinander beziehen. Zirkularität meint Kreisförmigkeit. Zirkuläre Hypothesenbildung versucht die wechselseitige Bezogenheit der Elemente eines Systems so zu beschreiben, daß die Eingebundenheit des Elementes in das Ganze deutlich wird. Jeder Partner ist zugleich „Opfer" und „Täter" der Interaktionen, an denen er beteiligt ist, wenngleich keinesfalls mit den gleich starken Einflußmöglichkeiten. Die vielen linearen Schuldzuweisungen, Beschimpfungen und Interpunktionen („Ich trinke, weil du ständig nörgelst! Ich nörgele, weil du ständig betrunken bist") zu einem solchen Kreisbild zusammenzufügen ist Aufgabe jeder systemischen Therapiesitzung. Unter Zirkularität wird die Fähigkeit von Therapeuten verstanden, sich in der Befragung von den Antworten der Klienten und den darin enthaltenen sprachlichen und nichtsprachlichen Botschaften leiten zu lassen. Methodisch wird zirkuläres Denken durch zirkuläres Fragen umgesetzt. Diese Interviewmethode erlaubt es, Informationen zu gewinnen und entwickelte Hypothesen weiter zu

differenzieren oder zu verwerfen. Durch zirkuläre Fragen werden Interaktionen im Paarsystem erfahrbar gemacht und Veränderungen durch in Fragen eingeschlossene Informationen begünstigt. Neutralität beinhaltet sowohl den Aspekt der Beziehungsneutralität als auch den der Problemneutralität ein. Ziel ist, einseitige Bündnisse mit anwesenden oder abwesenden Mitgliedern eines Paarsystems zu vermeiden und sich im Hinblick auf präsentierte Fragen, Problemstellungen oder Symptome moralischer Beurteilungen zu enthalten. Neutralität meint nicht Beziehungslosigkeit. Cecchin (1987) beschreibt die Haltung eines systemischen Therapeuten als die eines kooperativen, kreativen und neugierigen Dialogpartners. Er fordert eine therapeutische Grundhaltung der Neugier dem Klientensystem gegenüber, als deren Ergebnis Respekt gegenüber dem autonomen System entsteht. Systemische Therapeuten handeln aus einer neugierigen, respektvollen, weniger produkt- als prozeßorientierten Position heraus. Ihr Expertentum in der Gestaltung des therapeutischen Gespräches besteht darin, Raum zu schaffen für bisher „Ungesagtes", so daß „Erstmaliges" entstehen kann. Fragen werden aus einer Position des „Nicht-Wissens", aus einer erzählerischen Haltung heraus gestellt. Der Therapeut läßt sich von Partnern, die ihrerseits Experten ihrer selbst sind, informieren, ohne selbst aus einer informierten Haltung heraus zu fragen. Respektlosigkeit gegenüber Ideen aller Art in Form von Humor und Witz, verknüpft mit Respekt gegenüber den Personen, die diese Ideen formulieren, kann dabei sehr hilfreich sein. Die persönliche Philosophie des systemischen Therapeuten, sein Vorverständnis, seine Arbeitsphilosophie, sein therapeutisches Wissen sowie die gemeinsam koordinierte Gestaltung der systemischen Paartherapie sind Thema in der Therapie. „Partnerschaft" und „gemeinsames Bemühen" prägen die therapeutische Allianz.

Die systemische Therapie stellt weder eine unmittelbar wissenschaftsgeleitete Anwendung systemtheoretischer Konzepte noch einen rein handwerklichen Satz von Therapietechniken dar. Zwischen angewandte Theorie und handwerkliche Praxis treten die Person des systemisch arbeitenden Therapeuten sowie der Kontext, in dem therapeutisches Handeln stattfindet. Im Sinne des Modells der Ko-Konstruktion in der systemischen Paartherapie sind Therapeuten Teil des therapeutischen Systems. Als Partizipanten bringen sie neben ihrer Professionalität (Ausbildung, therapeutische Erfahrung, Fähigkeiten und Fertigkeiten) mehr oder weniger direkt auch die Perspektiven und Werthaltungen der Kultur und Sprachgemeinschaft, der sie angehören, des eigenen mehrgenerationalen Familiensystems, des eigenen Selbst sowie auch der eigenen gelebten Beziehungen ein.

Therapeutenvariablen sind in der empirischen Forschung zur Paar- und Familientherapie bisher selten untersucht worden. Friedlander et al. (1994) betonen, daß die Beziehungskompetenz der Therapeuten sowie ihre Fähigkeit zur Strukturierung von Therapiesitzungen in einem wesentlichen Zusammenhang mit dem Ergebnis der Therapie stehen. Empirische Untersuchungen von verschiedenen Therapieschulen der Paar- und Familientherapie bestätigen die Bedeutung einer sicheren therapeutischen Bindung (Schmidt 1995). Alle Schulen betonen die Relevanz der Therapeutenmerkmale von persönlicher Beteiligung und Wärme sowie aktiver Strukturierung des Therapiegeschehens. Neben der Übernahme einer zentralen, strukturierenden Rolle im Therapiegeschehen zeichnen sich Paar- und Familientherapeuten auch durch kunstfertigen Einsatz von indirekter Kommunikation aus.

Paare melden sich in der Regel nicht dann zur Paartherapie an, wenn Probleme im Paarsystem gerade entstehen, sondern häufig erst nach dem Scheitern aller Selbsthilfeversuche im sozialen Netzwerk. Dies kann Jahre dauern. Gottman (1998) berichtet von einem Zeitraum von sechs Jahren. Durch langes Lernen sind die negativen Interaktionszyklen der Paare entsprechend perfekt eingespielt. Die Emergenz neuer Muster kann jedoch bereits durch das Hinzukommen einer fremden Person ermöglicht werden, die sich nicht an die Spielregeln des Paares hält, sondern eigene Spielregeln in die Paartherapie einführt. Zur Vermeidung negativer Therapieausgänge ist es daher erforderlich, aktiv das interpersonale Feedback in der Arbeit mit Paaren und Familien zu moderieren, insbesondere dann, wenn ein Mitglied eines intimen Paarsystems sehr geringe Ich-Stärke zeigt. Eine aktive Strukturierung bedeutet vor dem Hintergrund der therapeutischen Haltung der Neutralität zu lenken, wer der Partner spricht und wer zuhört, Unterbrechungen der Rede eines Partners zu thematisieren oder zu unterbinden. Ebenso selbst klar zu adressieren und zu fokussieren, wer (Partner oder Paarebene) oder was (Thema) angesprochen ist. Klare und feste Strukturen ermöglichen Paaren auf der Basis einer sicheren und verläßlichen therapeutischen Bindung, Neues zu explorieren und zu experimentieren.

Friedlander et al. (1994) und Strauß et al. (1988) betonen deutliche Unterschiede in der Art und Weise, wie Männer und Frauen Beratung wahrnehmen und für sich nutzen. Männer suchen heute häufiger als früher Beratung und Therapie auf, ihre Teilnahme an der Paar- und Familientherapie bedeutet allerdings nicht zugleich eine entsprechende Anteilnahme. Männer lassen sich nach wie vor weniger intensiv als Frauen auf die Problemperspektive und die Lösungsmöglichkeiten von Beratung und Therapie ein und partizipieren folglich weniger am therapeutischen Geschehen. Dies zeigt, daß eine Passung von Erwartungen und Bedürfnissen von Klienten und Klientinnen und flexiblen therapeutischen geschlechtersensitiven Angeboten und Reaktionen für eine effektive Paartherapie wesentlich ist.

4.2 Therapeutische Zielvorstellungen

Die Aufgabe von professionell handelnden systemischen Therapeuten besteht darin, im therapeutischen Gespräch mit Klienten deren Möglichkeiten zu erweitern, für vorgestellte Probleme passendere Deutungs- und Handlungsmöglichkeiten zu finden. Um dieses Ziel zu erreichen, ist auf therapeutischer Seite ein Sinn sowohl für die eigenen subjektiven „Wirklichkeiten" und Möglichkeiten, die „Wirklichkeiten" und Möglichkeiten des Klientensystems als auch für die des gemeinsamen Kontextes, in dem Therapie stattfindet, notwendig.

Die Zielrichtung therapeutischen Denken und Handelns kann mit dem „Ethischen Imperativ" des Kybernetikers von Foerster (1988) „Handle stets so, daß du die Anzahl der Möglichkeiten vergrößerst!" beschrieben werden. Die Kontextsteuerung des therapeutischen Systems zielt auf eine Erhöhung der Komplexität, ohne letztlich wissen zu können, wie therapeutische Anregungen zu einer Veränderung eines sich selbst organisierenden Systems beitragen. Das Ziel der Erhöhung der Komplexität kann mit den „Sechs Vorschlägen für das nächste Jahrtausend" von Italo Calvino (Kroeber 1991) weiter differenziert werden. Calvinos Idee bestand darin, alte und neue Literatur auf die Frage hin zu lesen, welche Werte sich aus ihr gewinnen ließen, die man auch dem kommenden Jahrtausend noch anempfehlen könnte. Baeker (1994) hat die von Calvino gewählten Werte der Leichtigkeit, Schnelligkeit, Genauigkeit, Anschaulich-

keit, Vielschichtigkeit und Konsistenz auf die Kommunikation mit Problemsystemen übertragen.

"Leichtigkeit heißt, Probleme, wenn sie auftauchen, lieber aus den Augenwinkeln zu beobachten denn direkt anzugehen. So bleibt man für Problemlösungen empfänglich, die ja nur jenseits des Problems liegen können. Leichtigkeit heißt ferner, mit Unterscheidungen nach Möglichkeit so umzugehen, daß man die Seite wechseln und die Dinge aus einem anderen Blickpunkt betrachten kann.

Schnelligkeit meint nicht, mit allen Dingen möglichst zügig zu einem Abschluß zu kommen und dann nicht mehr weiterzuwissen. Schnelligkeit heißt, kontinuierliche automatisierte Abläufe so zu unterbrechen, daß mehr Dinge zur gleichen Zeit getan werden können und damit das Ende aufgeschoben werden kann. Es geht um einen ständigen Neuanfang, um eine innere Verlängerung, um eine Befähigung zur raschen Lösung durch langes Abwarten. Nicht fertig werden, weitermachen können ist die Devise.

Wem es um Genauigkeit zu tun ist, dem muß es zunächst einmal um Unbestimmtheit zu tun sein. Denn Unbestimmtheit heißt Empfänglichkeit für genaue Unterscheidungen. Genauigkeit ist kein Wert, mit dem Erkundungen abgeschlossen werden könnten, sondern ein Wert, mit dem Erkundungen zwischen den Partnern eines intimen Beziehungssystems weiter angestoßen werden können. Was an den Bestimmungen unbestimmt bleibt, ist daher nicht zu verbergen, sondern offenzulegen. Nur durch das Benennen und Erzeugen genauer Unterscheidungen kann ein Mehrwert aus der Gemeinsamkeit der Erkundungen der Partner gezogen werden.

Anschaulichkeit bedeutet, den Worten Bilder mitzugeben, die ihnen Inhalt, und den Bildern Worte mitzugeben, die ihnen Gehalt geben. Worauf es ankommt, ist, bei allem, was man tut, sich als den Beobachter mitzuführen, der tut, was er tut. Anschaulich ist die Unterscheidung, der angesehen werden kann, wer sie trifft. Nichts ist unanschaulicher als das sogenannt objektiv Richtige.

Vielschichtigkeit bedeutet, der Verknüpfbarkeit von Sachverhalten oder Elementen eines Systems Vorrang einzuräumen vor ihrer Separierung und Isolierung. Jeder Punkt kann mit einem anderen verbunden werden. Wir haben es mit einem Netz von Möglichkeiten zu tun, in dem sich Unterscheidungen nicht von selbst verstehen und andere Unterscheidungen andere Möglichkeiten bedeuten.

Vom sechsten Vorschlag Calvinos, Konsistenz, ist nur bekannt, daß er als ein Kommentar zu Herman Melvilles Erzählung „Bartleby" geplant war. Bartleby ist ein kleiner Büroangestellter, der von einem Wall Street-Händler eingestellt wird. Er antwortet geduldig auf jede Aufforderung, bestimmte Aufgaben zu erledigen: „I prefer not to." Und hält dieselbe Antwort auch auf die Aufforderung bereit, sein seltsames Verhalten zu erklären. Bartleby ist das Extrem der operativen Komplexität: Er hat so genau begriffen, daß die Wirkungsverzögerung durch „Nein-Sagen" weiterführt als sofortige Reaktionen, daß er gar nichts mehr tut, dies allerdings mit äußerster Präzision. Operative Komplexität setzt voraus, daß Ziele und Zwecke nicht nur von außen übernommen werden, sondern auch eigene Ziele und Zwecke in der systemischen Therapie geschaffen werden. Hier liegt der Unterschied zwischen bloßem Reagieren im Sinne einer direkten Verbindung von Reiz und Reaktion und der reflektierten Unterbrechung der Direktheit dieser Verbindung."

4.3 Verbindende Merkmale systemischer Paartherapien

Auf dem Hintergrund von Systemtheorien der Selbstorganisation können als verbindende Merkmale des heterogenen Bündels von Varianten systemischer Paartherapie die Berücksichtigung der Autonomie und der Eigendynamik des intimen Beziehungssystems, die Beachtung der Relation von System-Umwelt, das therapeutische Ziel der Veränderungen von konstruierten Wirklichkeiten sowie der wechselseitige Bezug zwischen Problem und interpersonaler Kommunikation benannt werden (Schiepek 1999).

Für die systemische Paartherapie ist es von zentraler Bedeutung, die Autonomie, die Selbstverantwortlichkeit und die Eigendynamik von intimen Paarsystemen anzuerkennen. Praktisch bedeutet dies, auf Prozesse des Beziehungsaufbaus großen Wert zu legen. Ebenso sich möglichst strikt am Arbeitsauftrag der Beziehungspartner (Kundenorientierung), an deren Motivation zur Veränderung, deren eigener Dynamik von Veränderungsprozessen und der von ihnen verwendeten Sprache zu orientieren und auf normative Zielsetzungen und Pathologisierungen zu verzichten. Statt Defizite hervorzuheben, gilt es, die Ressourcen der Klienten (Ressourcenorientierung) zu nutzen und Lösungen der vorgestellten Probleme zu ermöglichen (Lösungsorientierung). Interventionen sollten dem Prinzip der „minimalen Intervention" folgen, zum intimen Beziehungssystem "passen" und so Hilfe zur Selbsthilfe ermöglichen. In diesem Sinne kann von der systemischen Paartherapie auch als Kurztherapie oder einer langen Kurztherapie mit wenigen Sitzungen, die sich aber über einen größeren Zeitraum erstrecken, gesprochen werden. Klienten und Therapeuten sind als autonome und selbstverantwortlich handelnde Personen aktiv Beteiligte im therapeutischen Prozeß. Sie bestimmen (soweit dies in dem jeweiligen Praxisfeld möglich ist) in gleicher Verantwortung den Therapieprozeß. Durch diese Haltung wird eine klare Trennung von Therapie und sozialer Kontrolle ermöglicht und Therapie nicht als Kontrollinstanz therapiefremder Interessen mißbraucht.

Gemeinsam ist allen systemischen Ansätzen die Perspektive, Probleme und Symptome nicht als Pathologie eines Individuums, sondern jeweilige Problemdefinitionen und Festschreibungen im Kontext eines sich entwickelnden sozialen bzw. familiären Bezugssystems zu sehen. Die systemische

Paar- und Familiendiagnostik geht von einem bio-sozialen, kontextspezifischen, relationalen und transaktionalen Störungsbegriff aus (Kaslow 1996). Störungen/psychische Krankheiten werden nicht in der Person, sondern im Gegensatz zu einem medizinisch-psychiatrischen Krankheitsmodell in den Transaktionen von sich entwickelnden Personen in einem sich entwickelnden Kontext konzeptualisiert. Im Sinne kontextualistischer Annahmen können statt Individuen auch Kontexte, wie zum Beispiel Paare oder Familien, als dysfunktional aufgefaßt werden (Olson 1996).

Die deskriptiv-phänomänologische Diagnostik in der Psychiatrie klassifiziert Krankheiten beziehungsweise Störungen nach vorgegeben Kriterien, wie sie beispielsweise in den internationalen Klassifikationsschemata ICD-10 oder DSM-IV zusammengestellt sind (Remschmidt 1995). Das gegenwärtig vorherrschende psychiatrische Klassifikationssystem DSM-IV basiert auf beobachtbaren oder berichtbaren Symptomen von Individuen. Relationale Faktoren, für psychopathologische Störungen als relevant erachtete Aspekte von Paar- und Familienkontexten, werden als nosologisch weitgehend irrelevant betrachtet. Dies zum einen, weil dem kategorialen Klassifikationssystem eine individualistische biologisch-psychiatrische Prämisse zugrunde liegt, zum anderen auch, weil bisher das Problem der Definition von relationalen Kontexten psychopathologischer Störungen und deren Messung nicht hinreichend gelöst ist (vgl. Reiss 1996; Sadler und Hulgus 1994). So gibt es nach dem bisherigen Stand der Forschung keine eindeutigen Grenzwerte der Zuordnungen von eindeutig definierten dysfunktionalen Paar- und Familienkontexten zu diskret-kategorial (gesund/krank) erfaßten psychopathologischen Störungen (vgl. Olson 1996).

4.4 Rahmenbedingungen systemischer Paartherapien

Die spezielle Berücksichtigung der Rahmenbedingungen des therapeutischen Handelns ist eine weitere spezifische Charakteristik systemischer Paartherapie. Auf seiten der Klienten gilt es, den Überweisungsmodus zu klären. Hierzu zählen folgende Fragen: Wie kommt die Therapie zustande, wer hat die Klienten mit welchem Ziel überwiesen, gab es bereits vorherige psychotherapeutische Behandlungen, mit welchem Ergebnis, welche Personen oder Institutionen sind Teil des zu behandelnden Problems, wie wird über das Problem kommuniziert und wie gestaltet sich die Lebenssituation der Klienten? Auf seiten der Therapeuten gilt es, den eigenen Arbeitskontext in seinem Einfluß auf therapeutisches Handeln zu reflektieren und der Verantwortung für Rahmen und Strukturierung der unmittelbaren therapeutischen Situation nach professionellen Standards gerecht zu werden. Für den Fall, daß andere professionelle Helfer in die Behandlung eines Paares miteinbezogen sind, ist es angebracht, diese im therapeutischen Denken und Handeln mitzureflektieren.

Ebenso ist zu beachten, daß Problemwahrnehmungen und Problembeschreibungen von Klienten und Therapeuten in hohem Maße in übergreifende gesellschaftliche Diskurse (Medienöffentlichkeit, Gesundheitspolitik, Wissenschaft, Berufspolitik der an der psychosozialen Versorgung beteiligten Experten) eingebettet sind. In sozialen Diskursen erzeugte normative Setzungen über Begriffe wie Gesundheit, Krankheit, Männlichkeit, Weiblichkeit, Beziehung, Sexualität, wissenschaftlich anerkannte Psychotherapie in der Medienöffentlichkeit verbreitete und von Klienten als „Wahrheiten" rezipierte fundamentalistische Heilslehren (Hellinger 1996) gilt es, in ihrem Einfluß auf das Geschehen im therapeutischen System zu berücksichtigen, skeptisch zu hinterfragen und Klienten zu ermutigen, vorsichtshalber selbst zu denken.

Systemische Paartherapien können je nach Indikation in Form von Therapie durch *einen Therapeuten, in Ko-Therapie* durch ein Therapeutenpaar oder ein therapeutisches Team durchgeführt werden. So bietet sich zum Beispiel eine Ko-Therapie durch ein gemischtgeschlechtliches Therapeutenpaar dann an, wenn bei der Anmeldung deutlich wird, daß Themen die das Geschlechterverhältnis betreffen, im Vordergrund der Paartherapie stehen werden. Die Multiplizität der Perspektiven in der Paartherapie wird insbesondere durch den Einsatz eines Therapieteams in Form eines *„reflektierenden Teams"* (vgl. 2/"Kybernetik III. Ordnung") gefördert. Das „reflektierende Team" ist ein Verfahren, ein therapeutisches Team in der Paartherapie zu nutzen und die Außenperspektive gegenüber dem therapeutischen System (Therapeut/Ko-Therapeut und Paar) einzubringen (Friedman 1995). Reflexion meint, daß man über etwas, das man gehört hat, erst einmal nachdenkt, bevor man eine Antwort gibt. Die geistigen Aktivitäten des Zuhörens, der Selbst- und Fremdbeobachtung, des Nachdenkens über die während des Gesprächs geäußerten Ideen, werden miteinander verbunden. In der Durchführung der Methode reflektiert ein räumlich von der Gruppe der Berater und Klienten abgegrenztes „reflektierendes Team" über das Beratungsgespräch der ersten Gruppe und umgekehrt. Es entsteht ein vielstimmiger, multiperspektivischer, nicht vorkonstruierter „Wechselgesang" von Fragen und Antworten, Sprechen und Zuhören, inneren und äußeren Dialogen. Die Methode des reflektierenden Teams kann zum Beispiel dann in der systemischen Paartherapie indiziert sein, wenn der Therapieprozeß stockt. Durch eine einmalige Konsultation kann so die Emergenz neuer Muster im therapeutischen System ermöglicht werden.

5. Methoden und Instrumente systemischer Paartherapien

5.1 Instrumente zirkulärer Hypothesenbildung

Zur Hypothesenbildung können alle zu Beginn einer Therapie oder Beratung vorliegenden Informationen herangezogen werden, also Aufzeichnungen von telefonischen Anmeldegesprächen, Krankenakten, standardisierte Anmeldebögen und Kurzfragebögen, die nach vorgestellten Problemen, Behandlungszielen und Vorbehandlungen von Klienten fragen. Die erhaltenen Informationen können mittels der in systemischen Therapien geläufigen Genogramme, Systemzeichnungen, Organigrammen (Cierpka 1996), Zeittafeln von Ereignisabfolgen der Systementwicklung und damit einhergehender Problementwicklung auch graphisch repräsentiert werden.

In einem Genogramm sind sowohl faktische Daten wie Name, Beruf, Alter, Geschlecht, Geburts-, Todes-, Heirats- und Scheidungsdaten, Wohnorte, Krankheiten/Symptome, Todesursachen sowie Beziehungsdaten integriert. Hierzu zählen die Aspekte Nähe und Distanz, Grenzen, Konflikte, Koalitionsbildungen. Nähe meint Interaktionsdichte im Sinne physischer, geistiger oder emotionaler Nähe oder Distanz. Grenzen bezeichnen und ermöglichen die Abgrenzung gegen die Umwelt. Sie können mehr oder weniger klar, durchlässig oder starr sein. Grenzen entstehen in sozialen Systemen durch Vereinbarungen darüber, was und wer zum System gehören und nicht dazugehören soll. Über die Mitgliedschaft hinaus definiert ein soziales System stets auch, was der Kern seiner Identität, seiner Sinngebung sein soll. Im Falle von Konflikten kann unterschieden werden, wer am Konfliktgeschehen wie beteiligt ist, wie Konflikte ausgetragen werden (offen oder verdeckt) und um welche Konfliktthemen es sich handelt. Letztlich werden mit Koalitionen regelhafte Interaktionsmuster zwischen mindestens drei Personen beschrieben (wer mit wem, gegen wen?). Auf der Basis dieser Daten, die zum Beispiel aus der Befragung eines Familiensystems, das mehrere Generationen umfaßt, vorliegen können, ist es möglich, die Struktur des mehrgenerationalen Familiensystems mit einem standardisierten Zeichensystem in graphischer Form darzustellen. Der von Gerson et al. (1993) entwickelte Interpretationsrahmen von Genogrammen in der systemischen Paartherapie befragt Genogramme im Hinblick auf die in den mehrgenerationalen Familiensystemen der Partner vorherrschenden Modelle der Bewältigung kritischer Lebensereignisse, der Nachahmung (Modellernen) von bedeutsamen „anderen", der Rollenübernahme (z.B. Sündenbock), der Definitionen von Wirklichkeit und der familiären Glaubenssysteme sowie der Handhabung von Loyalität und Loyalitätskonflikten. Auf dem Hintergrund dieser Interpretationsrahmen können Hypothesen zur Anpassung des Paarsystems an ein normatives Ereignis der Paarentwicklung (z.B. Geburt eines Kindes), Hypothesen über die Verknüpfung eines klinischen Problems mit der mehrgenerationalen Familienstruktur wie auch über die historische Entwicklung dieser Struktur und der damit verbundenen Probleme gebildet werden.

5.2 Fragetechniken

Methodisch wird zirkuläres Denken durch zirkuläres Fragen umgesetzt. Im Kontext einer systemischen Therapie werden sowohl Fragen zur Wirklichkeitskonstruktion als auch zur Konstruktion neuer Möglichkeiten gestellt (Schlippe & Schweitzer 1996; Simon & Rech-Simon 1999). Sie dienen dazu, vorgestellte Beziehungskonstellationen zunächst zu verdeutlichen („wirklichkeitskonstruktive Fragen") und später dann in Frage zu stellen

(„möglichkeitskonstruktive Fragen"). Zu „wirklichkeitskonstruktiven Fragen" zählen Fragen zum Auftragskontext (wer will was, von wem, ab wann, bis wann, wieviel, wozu, mit wem?) und dem Problemkontext (Problembeschreibungen, Interaktionsabläufe im Problemsystem, Erklärungen und Fragen nach der Bedeutung des Problems für das Problemsystem). Fragen zur Möglichkeitskonstruktion gestatten es, in Gedankenexperimenten bisher noch nicht verwirklichte Beziehungsmöglichkeiten durchzuspielen. Dies kann in Form von hypothetischen Fragen („Was müßten Sie tun, um ihr Problem zu verschlimmern?") oder lösungsorientierten Fragen geschehen. Frageformen der systemischen Variante der lösungsorientierten Therapie nach de Shazer (de Shazer 1992; Walter & Peller 1994) betonen insbesondere die Konstruktionen neuer Möglichkeiten. Dabei wird angenommen, daß es für die Lösung eines Problems nicht wichtig ist, das Problem als solches zu kennen. In der Konsequenz dieser Annahme zielen Frageformen dieses Ansatzes vor allem auf die Stärken und Ressourcen der Klienten. Im Erstgespräch werden, neben kurzen einleitenden Fragen zum präsentierten Problem und dem angestrebten Ziel der Therapie, Fragen nach Beschreibungen von Zeiten und Situationen, in denen die Probleme/Beschwerden nicht auftreten, gestellt (Ausnahmefragen). Daran schließen sich Fragen zu hypothetischen Lösungen wie die sogenannte Wunderfrage an („Angenommen, es würde eines Nachts, während Sie schlafen, ein Wunder geschehen und Ihr Problem wäre gelöst. Wie/woran würden Sie dies merken? Woran würden dies Ihre Frau merken, ohne daß Sie ein Wort darüber sprechen?"). Diese Frageform impliziert eine Verknüpfung der von Klienten imaginierten Lösungen und deren konkrete Umsetzung auf der Verhaltensebene im intimen Beziehungssystem. Im Anschluß an die Wunderfrage kann man sich erkundigen, wann das Wunder schon ansatzweise oder in Teilen eingetreten ist. Mit sogenannten Skalierungsfragen („Auf einer Skala von 1-10 ...“?) können im Kontext der Kooperation von Therapeut und Klient therapeutische Ziele und Entwicklungen in Richtung der erwünschten Lösungen aus subjektiver Sicht eingestuft werden, um somit für Klienten noch passendere Lösungsschritte zu konstruieren.

5.3 Symbolische Methoden der Aktualisierung von Erfahrungen

Neben Fragetechniken wird in der systemischen Therapie auch eine Vielzahl weiterer spezifischer Techniken zur Analyse und Modifikation von Wirklichkeits- und Möglichkeitskonstruktionen eingesetzt. Ein zentrales Instrument der metaphorisch-symbolischen Techniken in der systemischen Paartherapie ist die Arbeit mit Skulpturen. Der Begriff Familienskulptur ist der Kunst entlehnt und bedeutet im Falle der systemischen Therapie die Darstellung des Paarsystems aus der Sicht der Mitglieder dieses Systems oder eines Beobachters. Im Hinblick auf Wirklichkeitskonstruktionen können aus einer Skulptur Merkmale von Beziehungen wie emotionale Nähe und Distanz (horizontale Ebene), Hierarchie (vertikale Ebene) oder im Sinne einer räumlichen Strukturierung (Verbundenheit/Abgeschlossenheit oder Offenheit des Systems) abgeleitet werden. Mit Skulpturen können auch Lösungen von Problemen durch das Experimentieren mit neuen Möglichkeiten der Beziehungsgestaltung auf metaphorischer Ebene in der Paartherapie angeregt werden. Skulpturarbeit meint nicht Familienaufstellungen (Hellinger 1996). Basis einer Skulpturarbeit ist die Philosophie der Ko-Konstruktion in der systemischen Therapie. Basis der Familienaufstellungen sind fundamentalistische Annahmen über die sogenannten Ordnungen der Liebe. Diese sind mit den Grundannahmen der systemischen Therapien nicht vereinbar (Simon & Retzer 1998).

Die Arbeit mit Skulpturen, internalen Dialogen (Hermans 1996a, 1996b), Formen der Körperarbeit (Downing 1996; Pesso 1972), Rollenspielen, Psychodrama, Gestaltdialogen (Greenberg et al. 1998), Arbeit mit Träumen (Hill 1996), gemeinsamer Videoanalyse von Paartherapiesitzungen aus der Beobachterperspektive bietet alternativ zu rein verbalen Vorgehensweisen die Möglichkeit, Systemprozesse auf eine noch anschaulichere körperliche und erlebnisnähere Weise zu erleben, zu beobachten und zu befragen.

5.4 Kommentierung, Umdeuten, Hausaufgaben

In der Therapie lassen sich nicht nur Sprach- und Kommunikationsstrukturen beobachten, sondern die Sprache selbst dient dazu, Strukturen darzustellen. Die der Sprache inhärente Sprachstruktur unterstützt die Vorstellung einer dinghaften, statisch relationalen, kausal bewirkbaren und analytisch zerlegbaren Welt. Therapeuten teilen Paaren in Form sprachlicher Kommentierungen ihre Wahrnehmung des Paarsystems mit. Zur Vermeidung der Linearität der Sprache sind spezifische Formen therapeutischer Kommentierungen wie die positive Konnotierung, die Umdeutung sowie das „Splitting“ entwickelt worden.

Die positive Konnotierung aller Verhaltens- und Erlebensweisen zielt darauf, einer einseitigen Interpunktion von Interaktionsabläufen zu entgehen. Bei einer Umdeutung (Reframing) des bisherigen Problemmusters bleibt das Vorhandene erst einmal, wie es ist. Auf der Basis der gewonnenen Informationen wird versucht, dem, was bisher nur negativ erschien, Sinn und gute Absicht zuzuschreiben und es damit zunächst einmal akzeptabler zu machen. Der Möglichkeitsraum der Handlungen und Bedeutungen wie auch der eigenen Gestaltungsmöglichkeiten werden so erweitert. Das

„Splitting" ermöglicht, einseitigen Stellungnahmen des Entweder-Oder in der Kommentierung zu entgehen, indem Therapeuten als Anwalt der Unentschiedenheit beide Seiten einer Ambivalenz im Sinne eines Sowohl-als-auch betonen.

Mit Hausaufgaben im Sinne von Verhaltensaufgaben, der „Verschreibung" problematischer Muster (bewußte kontrollierte Herbeiführung des Problemmusters) (vgl. Selvini-Palazzoli et al. 1975), „So-tun-als-ob"-Verschreibungen, Ritualen (Imber-Black et al. 1993) und Experimenten kann das Paarsystem eingeladen werden, zwischen den Sitzungen Bisheriges in neuer Form oder etwas ganz Neues auszuprobieren und dies beim nächsten Therapiegespräch gemeinsam zu reflektieren.

6. INTERVENTIONSMODELLE DER SYSTEMISCHEN PAARTHERAPIEN

Ein zentraler Fokus systemischer Therapie ist die Annahme, daß kognitive, kommunikative Konstruktionen wie auch die sprachlich in Geschichten gefaßten Erfahrungen von Individuen oder Familien in Zusammenhang mit der Erzeugung von menschlichen Problemen stehen. Man meint eine Veränderung dieser spezifischen kognitiven Konstruktionen oder Narrationen kann in einem veränderten Erleben und auch Verhalten resultieren. Die mit Klienten gemeinsam erarbeitete Thematisierung, Veranschaulichung und Veränderung des wechselseitigen Bezugs von vorgestellten Problemen und Symptomen mit interpersonellen Beziehungs- und Deutungsmustern war und ist daher ein wesentliches Mittel und Ziel systemischer Therapie.

In der systemischen Therapie können je nach zugrunde gelegter Therapietheorie (vgl. 2.)verschiedene Modelle des Wandels von intimen Paar-

systemen unterschieden werden. So fokussieren kybernetisch-konstruktivistische Modelle auf der Basis von Informationen (Fakten) die Modifikation von redundanten Mustern und Glaubenssystemen (Simon & Rech-Simon 1999), narrative Therapien auf die Modifikation der Bedeutung von Geschichten (Zimmermann & Dickerson 1993). Paartherapien, die vornehmlich mit dem emotionalen System arbeiten, haben die Modifikation von bindungsrelevanten Affekten (Greenberg & Marques 1998; Johnson 1996) zum Ziel.

Therapeutische Beziehungen in der systemischen Paartherapie konstituieren sich in einem dynamischen Prozeß, in dem kontinuierlich multiple Stimmen in einem Feld widerstreitender Tendenzen und Spannungen momentan fusionieren. In Paarbeziehungen können diese Polaritäten, die den Rahmen aufeinanderbezogener dialektischer Prozesse bilden, als polare Positionen der Partner im Prozeß der Ko-Konstruktion in der Partnerschaft beschrieben werden (vgl. Abb. 2). Diese Interaktionspositionen können definiert sein als Elemente redundanter Kommunikations- und Interaktionsmuster oder spezifische divergierende Prämissen, oder Glaubenssysteme der Partner, als dominante problemgesättigte Narrationen der Beziehungsgeschichte oder als Ausdruck spezifischer Bindungsstile und begleitender Affekte. Intervention in der systemischen Therapie heißt, mit dem Paar so zu kommunizieren, daß die Wahrscheinlichkeit der Veränderung/Beseitigung der vorgestellten Symptome oder Probleme steigt.

In der *systemisch experientiellen Paartherapie* („Kybernetik I. Ordnung) (Greenberg & Marques 1998; Johnson 1996) werden in einem ersten Schritt der Deeskalation die negativen interpersonalen Interaktionszyklen und die diese aufrechterhaltenden sekundären oder maladaptiven Emotionen identifiziert, die abgewehrten primären Emotionen benannt und der Problemzyklus im Sinne der Bindungsbedürfnisse beider Partner umgedeutet. Das Ziel einer Kurzzeittherapie ist es, die leicht verletzbaren, bindungsbezogenen wechselseitigen primären Gefühle und Bedürfnisse der Partner aufzudecken und die Interaktion der Partner im Sinne einer sicheren Bindung und einer Stärkung der Identität der Partner neu zu strukturieren. Neue Erfahrungen führen zu neuen Interaktionszyklen und zu Veränderungen von zentralen Emotionsschemata, indem die pathogenen Erfahrungen und Glaubenssätze der Person nicht aufs neue bestätigt, sondern widerlegt werden. So können neue Identitäten und neue Beziehungsnarrative entwickelt werden.

Kybernetisch-konstruktivistisch orientierte Paartherapien („Kybernetik II. Ordnung")(vgl. Simon & Rech-Simon 1999) zielen darauf ab, intime Paarsysteme so zu beeinflussen, daß die Wahrscheinlichkeit erhöht wird, redundante Muster der Kommunikation oder Interaktion, die das Problem des Paares aufrechterhalten, zu stören (Perturbation) und damit zu beseitigen. Sind einer Lösung dienliche Interaktions- und Kommunikationsmuster nicht entwickelt, gilt es, diese anzuregen und im Beziehungssystem zu etablieren. Durch die Methoden der zirkulären Fragetechniken kann das intime Paarsystem angeregt werden, automatisierte Interaktionsabläufe zu beschreiben und zu reflektieren. Die wechselseitigen Einladungen der Partner zur Aufrechterhaltung des Status quo der unterschiedlichen Interaktionspositionen können auf dem Hintergrund der Interpretationsrahmen von Selbst, mehrgenerationalem Familiensystem und kulturellem Kontext befragt und die Unterschiede der Partner verdeutlicht werden. Durch lösungsorientierte oder hypothetische Fragen kann dann der Möglichkeitsraum für alternative Kommunikations- und Interaktionsweisen erweitert werden. Simon und Rech-Simon (1999) beschreiben den

Aufbau einer therapeutischen Sitzung als Dreischritt. Nach einer zirkulären Befragung von Wirklichkeits- und Möglichkeitskonstruktionen der vorgestellten Probleme folgt eine Unterbrechung der Sitzung durch eine Pause. Diese dient der Reflexion des Gehörten aus einer Außenperspektive. In einem dritten Schritt stellt der Therapeut in einem Kommentar seine Sichtweise dar und verschreibt Hausaufgaben. In ähnlicher Weise wie das therapeutische Vorgehen der *kybernetisch-konstruktivistisch orientierten* Paartherapien kann das fast ausschließlich auf die Konstruktion von neuen Lösungen fokussierte therapeutische Vorgehen der *lösungsorientierten Variante der systemischen Therapien* (de Shazer 1992; Walter & Peller 1994) beschrieben werden (vgl. 5.2).

Im narrativen Therapiemodell („Kybernetik III. Ordnung") von White und Epston (1989), Zimmermann und Dickerson (1993) werden die dominanten Geschichten (Problemgeschichten) der Partner und die Beziehungsgeschichten, die diese in ihren Seinsmöglichkeiten (Handlungen und Bedeutungsgebungen) als Personen einschränken, mit dem Ziel einer „Re-Autorisierung" hinterfragt. Eine wichtige Fragetechnik hierbei sind Externalisierungsfragen. Diese sollen das Problem durch Externalisierung von den Problemträgern trennen. Symptome werden als Interaktionspartner oder Systemmitglieder mit Einfluß auf die Partner beschrieben. In einem zweiten Schritt werden durch die dominante Geschichte unterdrückte, alternative Geschichten („unique outcomes"/Ausnahmen) rekonstruiert. Das Paar wird so gestärkt, Einflüssen von Problemen (und deren Bedeutung) auf sein gegenwärtiges und zukünftiges Leben besser zu widerstehen. Fragen von Macht, Geschlecht, Rasse, Kultur, Geschichte und Bedeutung werden hervorgehoben. Betont wird die Bedeutung, die das vorgestellte Problem für das Selbst der Partner, das intime Beziehungssystem und dessen Stabilität und Wandel hat. Wenn die „Ausnahmen" und die damit assoziierten alternativen Geschichten von Klienten als für sie wünschenswert bewertet werden, dann arbeitet der Therapeut an der Geschichte dieser Verhaltensweisen. Ziel ist nicht, eine neue Geschichte zu erfinden, sondern eine bereits existierende, der bisher keine Bedeutung beigemessen worden ist, zu beachten. Diese präferierte Geschichte wird nun im Hinblick auf ihre Bedeutung für den Klienten befragt, und zwar sowohl unter der Zeitperspektive der Vergangenheit als auch der Zukunft (zukünftige Implikationen).

7. Empirische Befunde systemischer Paartherapien

Eine Therapietheorie ist immer nur eine mögliche Linse, die nicht besser oder fortschrittlicher sein kann als andere Therapietheorien, sie ist zuerst einmal nur anders als andere. Das Kriterium, an dem sich theoretische Konstruktionen im psychosozialen Bereich zu bewähren haben, ist, ob sie für das jeweilige Klientensystem in ihrer je besonderen Wirklichkeit „passend" und hilfreich sind. Ob dies der Fall ist, muß sich in wissenschaftlichen Studien zeigen und kann nicht „herbeiparadigmiert" werden (Kriz 1988). Die Auswertung von 163 angloamerikanischen Studien zur Familientherapie, in die die systemischen Therapien als Untergruppe mit eingeschlossen sind, zeigt signifikant positive Wirkungen der Paar- und Familientherapie (Shadish et al. 1995). Die Ergebnisse einer Nachuntersuchung bei einem zufällig ausgewählten, mit Paar- oder Familientherapie behandelten Klienten haben gezeigt, daß die Wahrscheinlichkeit einer Besserung bei ungefähr 67 % liegt im Vergleich mit einer unbehandelten Person. Ein solche Wahrscheinlichkeit ist größer, als man sie in der Regel in medizinischen, chirurgischen oder pharmazeutischen Wirksamkeitsstudien findet.

Systemische Paartherapien oder eklektische Paartherapien, die systemische Methoden und Denkweisen integrieren (Goldman & Greenberg 1992; Snyder et al. 1989) erweisen sich in wissenschaftlichen Studien im Vergleich mit behavioralen Paartherapien im Hinblick auf Zusammenhalt und Paarzufriedenheit nach Therapieende als mindestens ebenso effektiv beziehungsweise in Bezug auf langfristige katamnestische Vergleiche als deutlich überlegen. Snyder et al. (1989) fokussieren in ihrer mehrgenerational eklektischen „Einsichts orientierten Paartherapie" auf eine motivationale Klärung der Paarbeziehung mit dem Ziel, das Verständnis der Partner füreinander zu fördern, Verständnis dafür, wie jeder der beiden aufgrund seiner Herkunftsfamilie und Lebensgeschichte so geworden ist, wie es dem jetzigen Beziehungspartner nun Schwierigkeiten bereitet. Beide Partner sollen verstehen lernen, warum sie dem anderen so gegenüber fühlen und sich so verhalten, wie sie es tun. Im Vergleich mit der Kontrollgruppe (umfassende behaviorale Standardpaartherapie) zeigt sich in einer ausführlichen Katamnesestudie, daß nach vier Jahren 39 % der in der behavioralen Paartherapie behandelten Paare geschieden waren, aber nur 3% der mit der „Einsichtorientierten Paartherapie" behandelten Paare. Eine Replikation dieser Studie steht aus.

Die systemischen Paartherapiemodelle können im Sinne von Grawe (1998) sowohl als klärungsorientiertes als auch realisierungsorientiertes Vorgehen verstanden werden. Die gemeinsamen und unterschiedlichen Intentionen der Partner werden in den systemischen Therapien herausgearbeitet. Diese erlebten Unterschiede schaffen starke neue Anreize, die Gegenseitigkeit der Partner wird gefördert und die Entwicklung neuer Muster ermöglicht. Das Sich-besser-Verstehen und die Förderung der Gegenseitigkeit scheinen als therapeutischer Fokus von langfristig tragfähigerer und umfassender Wirkung für eine gute Paarbeziehung zu sein, als nur zu wissen und zu lernen, wie man regelgerecht miteinander kommuniziert und Probleme löst.

LITERATUR

Andersen, T. (1995). Reflecting processes; Acts of informing and forming: You can borrow my eyes, but you must not take them away from me. In: S. Friedman (Ed.), The reflecting team in action (pp. 11-37). New York: Guilford.

Anderson, H. & Goolishian, H. A. (1988). Human systems as linguistic systems. Preliminary and evolving ideas about the implication for clinical theory. Family Process, 27, 371-393.

Baeker, D. (1994). Postheroisches Management. Berlin: Merve.

Bakhtin, M. (1981). Dialogic imagination. Four essays by M.M. Bakhtin. Austin: University of Texas Press.

Bartholomew, K. (1990). Avoidance of intimacy: An attachment perspective. Journal of Social and Personal Relationships, 7, 147-178.

Bertalanffy, L.v. (1968). General system theory. New York: Braziller.

Bograd (1991). Feminist approaches for men in family therapy. London: Harrington Press.

Boscolo, L., Bertrando, P., Piocco, P. M., Palvarini, R. M. & Pereira, J. (1993). Sprache und Veränderung. Familiendynamik, 2, 111 - 124.

Boszormenyi-Nagy, I., Grunebaum, J. & Ulrich, D. (1991). Contextual therapy. In: A. S. Gurman & D. P. Kniskern (Eds.), Handbook of Family Therapy (pp. 200-238). New York: Brunner/Mazel.

Bowlby, J. (1982). Attachment and loss: Attachment. New York: Basic.

Bronfenbrenner, U. (1981). Die Ökologie der menschlichen Entwicklung. Stuttgart: Klett-Cotta.

Bruner, J. (1990). Acts of meaning. Cambridge: Havard University Press.

Carter, B. & Peters, J. K. (1997). Macht und Liebe. Wege aus der Ehekrise. Hamburg: Isko Press.

Cecchin, G. (1987). Hypothesizing, circularity and neutrality revisited. Family process, 26, 405-413.

Cierpka, M. (1996). Familiendiagnostik. Heidelberg: Springer.

Clark, H. H. (1996). Using language. Cambridge: Cambridge University Press.

Collins, N. L. & Read, S. J. (1994). Cognitive representation of attachment. The structure and function of working models. Advances in Personal Relationships, 5, 53-90.

Connell, R. W. (1999). Der gemachte Mann. Konstruktion und Krise von Männlichkeit. Opladen: Leske und Budrich.

Dallos, R. & Urry, A. (1999). Abandoning our grandparents: Does social construction mean the end of systemic family therapy? Journal of Family Therapy, 21, 161-186.

de Shazer, S. (1992). Putting difference to work. New York: Norton.

Downing, G. (1996). Körper und Wort in der Psychotherapie. München: Kösel.

Edwards, D. (1997). Discourse and cognition. London: Sage.

Foerster, H. v. (1981). Observing systems. Seaside, CA: Intersystems.

Foerster, H.v. (1988). Abbau und Aufbau. In F. B. Simon (Ed.), Lebende Systeme (pp. 19-33). Berlin: Springer.

Fogel, A. & Branco, M. (1997). Metacommunication as a source of indeterminism in relationship context. In: A. Fogel, M. Lyra & J. Valsiner (Eds.), Dynamics and indeterminism in development (pp. 65-92). Hillsdale: Erlbaum.

Fogel, A. & Lyra, M. C. D. P. (1997). Dynamics of development in relationships. In: F. Masterpasqua & P. Perna (Eds.). The psychological meaning of chaos (pp. 75-96). Washington: American Psychological Association.

Framo, I. (1992). Family of origin therapy; an intergenerational approach. New York: Brunner/Mazel.

Friedlander, M. L., Wildman, J., Heatherington, L. & Skowron, E. A. (1994). What we do and don't know about the process of family therapy. Journal of Family psychology, 8 (4), 390-416.

Friedman, E. H. (1991). Bowen theory and therapy. In: A. S. Gurman & D. P. Kniskern (Eds.), Handbook of Family Therapy. (Vol. II, pp. 134-171).

Friedman, S. (1995). The reflecting team in action. Collaborative practice in family therapy. New York: Guilford.

Gebauer, G. (1998). Anthropologie. In: A. Pieper (Ed.), Philosophische Disziplinen (pp. 11-34). Leipzig: Reclam.

Gergen, K. J. (1985). The social constructivist movement in modern psychology. American Psychologist, 40, 267-275.

Gergen, K. J. (1990). Die Konstruktion des Selbst im Zeitalter der Postmoderne. Psychologische Rundschau, 41, 191-199.

Gerson, R., Hoffman, S., Sauls, M. & Ulrici, D. (1993). Family-of-origin frames in couples therapy. Journal of marital and family therapy, 19 (4), 341-354.

Gloger- Tippelt, G. (1999). Familienbeziehungen und Bindungstheorie. In: K. A. Schneewind (Ed.), Familienpsychologie im Aufwind: Brückenschläge zwischen Forschung und Praxis (pp. 49-63). Göttingen: Hogrefe.

Gloger-Tippelt, G. & Hoffmann, V. 1997. Das Adult Attachment Interview: Konzeption, Methode und Erfahrungen im deutschen Sprachraum. Kindheit und Entwicklung, 6, 161-172.

Goldman, A. & Greenberg, L. (1992). Comparison of integrated systemic and emotionally focused approaches to couples therapy. Journal of consulting and clinical psychology, 60 (6), 962 - 969.

Goldner, V. (1999). Morality and multiplicity: Perspectives on the treatment of violence in intimate life. Journal of Marital and Family Therapy, 25 (3), 325-336.

Goodman, N. (1990). Weisen der Welterzeugung. Frankfurt: Suhrkamp.

Gottman, J., Lynn, K. F. & Hooven, C. (1997). Meta Emotion. How families communicate emotionally. Mahwah, New Jersey: Lawrence Erlbaum.

Gottman, J. M. (1998). Psychology and the study of marital process. Annual review of psychology, 49, 169-197.

Grawe, K. (1998). Psychologische Therapie. Göttingen: Hogrefe.

Greenberg, L. S. & Johnson, S. M. (1998). Emotionally focused therapy for couples. New York: Guilford.

Greenberg, L. S. & Marques, C. M. (1998). Emotions in couples systems. Journal of systemic therapies, 17 (2), 93-107.

Greenberg, L. S., Watson, J. C. & Lietaer, G. (1998). Handbook of experimental psychotherapy. New York: Guilford.

Hellinger, B. (1996). Ordnungen der Liebe. Heidelberg: Carl Auer

Hermans, H. J. M. (1996a). Opposites in a dialogical self: constructs as characters. Journal of Constructivist Psychology, 9, 1-26.

Hermans, H. J. M. (1996b). Voicing the self: From information processing to dialogical interchange. Psychological Bulletin, 119 (1), 31-50.

Hill, C. (1996). Working with dreams in psychotherapy. New York: Guilford.

Imber-Black, E., Roberts, J. & Whiting, R. (1993). Rituale in Familien und Familientherapie. Heidelberg: Auer.

Johnson, S. M. (1996). The practice of emotionally focused marital therapy. Creating Connections. New York: Brunner.

Karniol, R. & Ross, M. (1996). The motivational impact of temporal focus. Annual review of psychology, 47, 593-620.

Kaslow, F. W. (1996). Handbook of relational diagnosis and dysfunctional family patterns. New York: Wiley.

Kraus, W. (1996). Das erzählte Selbst. Die narrative Konstruktion von Identität in der Spätmoderne. Pfaffenweiler: Centaurus.

Krauss, R. M. & Fussell, S. R. (1996). Social psychological models of interpersonal communication. In T. E. Higgins & A. W. Kruglanski (Eds.), Social Psychology. Handbook of Basic Principles (pp. 702-744). New York: Guilford.

Kriz, J. (1988). Pragmatik systemischer Therapie-Theorie: Teil I. Probleme des Verstehens und der Verständigung. System Familie, 1, 92-102.

Kroeber, B. (1991). Italo Calvino. Sechs Vorschläge für das nächste Jahrhundert. München: Hansa.

Lakoff, G. & Johnson, M. (1998). Leben in Metaphern. Heidelberg: Carl Auer.

Lang, A. (1992). Die Frage nach den psychologischen Genesereihen - Kurt Lewins große Herausforderung. In: W. Schönpflug (Ed.), Kurt Lewin-Person, Werk, Umfeld (pp. 39-68). Frankfurt: Peter, Lang.

Lewin, K. (1982). Kurt Lewin Werke (Vol. Band 4. Feldtheorie). Bern: Huber.

Markus, H. & Cross, S. (1990). The interpersonal self. In L. A. Pervin (Ed.), Handbook of Personality (pp. 576-608). New York: Guilford.

Massing, A., Reich, G., Sperling, E., Georgi, H. & Wöbbe-Mönks, E. (1992). Die Mehrgenerationenfamilientherapie. Göttingen: Vandenhoek und Ruprecht.

Oerter, R. & Noam, G. (1999). Der konstruktivistische Ansatz. In: R. Oerter, C. von Hagen, G. Röper & G. Noam (Eds.), Klinische Entwicklungspsychologie (pp. 45-78). Weinheim: Psychologie Verlags Union.

Olson, D. H. (1996). Clinical assessment and treatment interventions using the family circumplex model. In: F. W. Kaslow (Ed.), Handbook of relational diagnosis and dysfunctional family patterns (pp. 59-80). New York: Wiley.

Paul, N. (1977). Cross confrontation. In: P. Guerin (Ed.), Family theory and practice (pp. 520-529). New York: Gardener Press.

Pearce, B. W. (1994). Interpersonal communication. Making social worlds. New York: Harper Collins.

Pesso, A. (1972). Experience in action. New York: University Press.

Reich, G., Massing, M. & Cierpka, M. (1996). Die Mehrgenerationenperspektive und das Genogramm. In: M. Cierpka (Ed.), Familiendiagnostik (pp. 223-259). Berlin: Springer.

Reiss, D. (1996). Foreword. In F. W. Kaslow (Ed.), Handbook of relational diagnosis and dysfunctional family patterns. New York: Wiley.

Remschmidt, H. (1995). Grundlagen psychiatrischer Klassifikation und Psychodiagnostik. In: F. Petermann (Hrsg.), Lehrbuch der Klinischen Kinderpsychologie. Modelle psychischer Störungen im Kindes- und Jugendalter (S. 3-52). Göttingen: Hogrefe.

Russell, R., L., van den Broek, P., Adams, S., Rosenberger, K. & Essig, T. (1993). Analysing narratives in psychotherapy: A formal framework. Journal of narrative and life history, 4 (3), 337-360.

Sadler, J. Z. & Hulgus, Y. F. (1994). Enriching the psychosocial context of a multiaxial nosology. In: J. Z. Sadler, O. P. Wiggins & M. A. Schwartz (Eds.), Philosophical perspectives on psychiatric classification (pp. 261-278). Baltimore: John Hopkins University Press.

Schacter, D. L. & Tulving, E. (1994). What are the memory systems of 1994? In: D. L. Schacter & E. Tulving (Eds.), Memory systems (pp. 1-38). Cambridge: MIT Press.

Schiepek, G. (1999). Die Grundlagen der systemischen Therapie. Göttingen: Vandenhoek und Ruprecht.

Schlippe, A. v. & Schweitzer, J. (1996). Lehrbuch der systemischen Therapie und Beratung. Göttingen: Vandenhoek und Ruprecht.

Schmidt, M. (1995). Beratung und Therapie im Kontext der Familie. In: K.A. Schneewind (Eds.). Enzyklopädie der Psychologie: Psychologie der Erziehung und Sozialisation; Pädagogische Psychologie (Vol. Bd. 1). Göttingen: Hogrefe. (619-648)

Schneewind, K. A. (1999). Familienpsychologie. Berlin: Kohlhammer.

Schneewind, K. A. & Schmidt, M. (1999). Familiendiagnostik im Kontext der klinischen Entwicklungspsychologie. In: R. Oerter, v. C. Hagen, G. Röper & G. Noam (Eds.), Klinische Entwicklungspsychologie (pp. 270-298). Weinheim: Beltz.

Selvini-Palazzoli, M., Boscolo, L., Cecchin, G. & Prata, G. (1975). Paradoxon und Gegenparadoxon. Stuttgart: Klett.

Selvini-Palazzoli, M., Boscolo, L., Cecchin, G. & Prata, G. (1980). Hypothesizing - Circularity - Neutraliy; three guidelines for the conductor of the session. Family process, 19, 1, 3-12.

Shadish, R. W., Ragsdale, K. & Glaser, R. R. (1995). The efficacy and effectiveness of marital and family therapy: A perspective from meta-analysis. Journal of Marital and Family Therapy, 21 (4), 345-360.

Simon, F. B. & Retzer, A. (1998). Bert Hellinger und die systemische Psychotherapie. Psychologie Heute, Juli 1998, 64-69

Simon, F. B. & Rech-Simon, C. (1999). Zirkuläres Fragen. systemische Therapie in Fallbeispielen. Ein Lehrbuch. Heidelberg: Carl Auer.

Snyder, D. K., Wills, R. M. & Grady-Fletcher, A. (1989). Long term effectiveness of behavioral versus insight oriented marital therapy: A 4 year follow-up.

Strauß, F., Höfer, R. & Gmür, W. (1988). Familie und Beratung. München: Profil.

Vierzigmann, G. & Kreher, S. (1998). Zwischen den Generationen. Berliner Journal für Soziologie, 8 (1), 23-37.

Vygotski, L. S. (1962). Thought and language. Cambridge: MIT Press.

Walter, J. L. & Peller, J. E. (1994). Lösungsorientierte Kurztherapie. Modernes Leben. Dortmund

Whitaker, L. & Keith, D. V. (1981). Symbolic experimental family therapy. In: Gurman, S. A, Kniskern & P. D (Eds.), Handbook of family therapy (pp. 187-225). New York: Brunner/Mazel.

White, M. (1995). Re-authoring lives: Interviews and essays. Adelaide: Dulwich Centre.

White, M. & Epston, D. (1989). Literate means to therapeutic ends. Adelaide, Sth Austr.: Dulwick Centre Publications.

Williamson, D. S. (1991). The intimacy paradox. New York: Guilford.

Wynne, L. C. (1985). Die Epigenese von Beziehungssystemen. Familiendynamik, 10, 112-146.

Zimmerman, J., L. & Dickerson, V. C. (1993). Separating couples from restraining patterns and the relationship discourse that supports them. Journal of marital and family therapy, 19 (4), 403 - 413.

Michael Cöllen

Ist Liebe heilbar? - Die Therapie der Liebe nach dem Verfahren der Paarsynthese

1. Paarsynthese:
Liebe als Lernmodell

Die Grundidee ist überzeugend und einfach, die Umsetzung dagegen überaus komplex: Die Liebe selbst besitzt die größte Heilkraft. Als hochpotentes Therapeutikum wirkt sie auf Körper, Geist und Seele. Hautkontakt, Zärtlichkeit und sexuelle Lusterfüllung schützen vor Krankheit, weil sie das Immunsystem stärken. Langzeitstudien belegen, daß Verwitwete eine ca. 40% höhere Sterberate haben, Geschiedene etwa zu 30% häufiger krank werden und Verheiratete durchschnittlich fünf Jahre länger als Alleinstehende leben. Empfinden wir Liebe, durchflutet Wärme den ganzen Körper, das Herz schlägt kräftig; wir fühlen Geborgenheit und Heimat. *Lieben und geliebt zu werden* gibt uns Selbstvertrauen und schenkt uns unsere Identität. Wir entstehen und wachsen durch die Liebe; durch sie finden wir Heimat im Kosmos.

Was aber geschieht, wenn die Liebe krankt, durch gegenseitige Kränkung das Glück des Paares zu zerbrechen droht? Jährlich sterben in der BRD mehr Menschen infolge von Liebeskummer und Liebesverzweiflung als durch Verkehrsunfälle. Paartherapie ist daher zum größten Zweig von Psychotherapie überhaupt geworden. Immer häufiger beziehen Psychologen und Ärzte den Partner in die Behandlung mit ein. Immer häufiger verweisen Lehrer, Pastoren, Kliniken und Sozialarbeiter auf Eheberatung und Paartherapie, weil sie die gestörte Paarbeziehung als die eigentliche Ursache der akut zu behandelnden oder beratenden Symptome beim Kind, beim einzelnen und in der Familie erkennen. Auch gilt es inzwischen als erwiesen, daß Einzeltherapie bei neurotischen Störungen wie Sucht, Depression oder psychosomatischen Leiden in der Regel erfolgreicher verlaufen, wenn die Partner hinzugezogen werden (Grawe 1994).

Sind aber eine zerrüttete Beziehung, erkaltete Liebe, sexuelle Routine, verlorene Zuneigung, schleichende Lustlosigkeit und fehlendes Begehren überhaupt heilbar? Kann man in diesem Zusammenhang eigentlich von Heilung sprechen? Ist denn das Scheitern einer Liebe als seelische Störung, gar als Krankheit und folglich als Wirkungsbereich für Psychotherapie zu verstehen?

Und wer ist dabei krank? Die Frau, die klagt, daß sie keinen Schlüssel zum Herzen ihres Mannes habe? Oder jene, die als Kleinkind auf Anraten des Kinderarztes jedesmal, wenn sie weinte oder schrie, in eiskaltes Wasser untergetaucht wurde und nun, von Ängsten zermürbt, zu keiner Hingabe fähig ist? Oder etwa eine andere, die nach einem Unfall auf der Intensivstation vom Pfleger befummelt wurde und nun niemandem mehr vertraut, auch nicht ihrem Mann? Oder jener Mann, der dieselbe Szene immer wiederholt: Seine erste Frau betrügt er mit der zweiten, die zweite Frau betrügt er mit der späteren dritten und diese wiederum mit seiner vierten Ehefrau? Oder vielleicht sogar der 55jährige Mann, der in seinem ganzen Leben noch nie einen Liebesbrief geschrieben hat?

Die Geschichte der Liebe wurde in wenigen Jahrzehnten völlig umgeschrieben. Anforderungen an das Paar sind gänzlich neu gestellt. Für viele wird Liebe zum eigentlichen Sinn des Lebens. Anders als je zuvor suchen Frau und Mann ihre Zuneigung in neuen Idealen zu verwirklichen: Ideale der Gleichberechtigung, gemeinsamer Sinnfindung, sexueller Lusterfüllung, ohne Zwang und Rollenfixierung. Die intime Beziehung findet zusehends ihre Freiheit - fordert aber persönliche Verantwortung für dieses Glück. Wie aber können wir richtig lieben in diesem Supermarkt der Möglichkeiten? Das (Über-)Angebot wird unter anderem in Annoncen zur Partnersuche sichtbar: Da sucht eine Frau nach der dritten Abtreibung neues Liebesglück, ein verheirateter Mann eine dauerhafte Seitenbeziehung. Inzwischen ermöglichen Institute für Seitensprung auch da ersehnte Vielfalt. Und so führt die Dynamik der Liebenden häufig aus dem siebten Himmel in fast ausweglose Konfliktvernetzung, die wie ein gordischer Knoten die Partner bei jedem Versuch zur Beziehungsklärung in noch tiefere Verstrickung stürzt.

Die klassischen Psychotherapie-Verfahren, die von der Therapie der Einzelpersönlichkeit und vom Individuum ausgehen und damit im Anthropozentrismus verharren, scheinen hier wenig geeignet, da sie gerade eines nicht im Focus haben, dessen aber die Liebenden und Streitenden in besonderer Weise bedürfen: Verwandelt sich nämlich die Liebesdynamik eines Paares durch Streit und Krise in Konfliktdynamik, dann bedingen neurotische Störung, Kommunikationsprobleme und dialogische Inkompetenz viel seltener die Krisesneskalation, als dies vor allem Mangel an Sinnlichkeit, Sinnfindung und Spiritualität bewirken. Hier

spiegeln sich nun zugleich Defizite unserer modernen und postmodernen Kultur, Merkmale unserer Gesellschaft und ihrer Politik. Der zentrale Weg des Paares, aber auch der Menschen generell ist somit blockiert, nämlich durch Liebe, Sinnlichkeit und Erotik zum Sinn des Lebens zu finden.

Paartherapie nach dem Verfahren der Paarsynthese überschreitet daher bei weitem die herkömmlichen Grenzen von Einzel-Psychotherapie in dem Wissen, daß Intimität und Liebe alle Dimensionen des Menschseins umspannen. Diese Arbeit läßt sich nicht mehr vergleichen mit anderen Therapien. Vielmehr könnte man sie im modernen Sprachgebrauch vom Vorgehen her am ehesten als multimedialen Prozeß definieren, vom Inhalt her aber als moderne Sinnsuche verstehen. Sie bündelt in sich alle zentralen Fragen der Menschheit, ebenso wie alle Horizonte menschlicher Kommunikation. Was immer Menschen auf dieser Erde in Gang setzen, es spiegelt sich in ihrem Partnerverhalten und in ihrer Fähigkeit, miteinander sinnvoll und erfüllend in Beziehung zu treten. Paarsynthese sieht daher in der Liebe das Lernmodell der Zukunft, den Grundansatz zu einem neuen Lösungsverständnis für mitmenschliche Sozialisierung und darauf aufbauende Strukturen emotionaler, politischer und wirtschaftlicher Lebensformen.

Gefragt ist hier allerdings nicht generell Sinnsuche als anthropologisches Problem, sondern die besondere Dynamik der Intimität als die die Menschen bewegende Urkraft. Sie ist Kennzeichen von Partnerliebe und grenzt Liebe als Daseinsform (Binswanger 1962) von allen anderen ab. Nicht menschliche Bezogenheit als solche und damit Beziehungstherapie, sondern die Intimität des Paares als konkrete gegenseitige Verwirklichung und Sinnerfüllung der Liebenden und die *Therapie der Liebe* stehen im Focus.

Die Ganzheit nämlich, die im *liebenden Ineinander* von Körper, Geist und Seele uns Menschen so beglückt, macht die unfaßbare Heilkraft der Liebe aus. So beschreibt Ficino in seiner Liebestheorie von 1469 schon eine der modernen sozialpsychologischen *Austauschtheorie* (Thibeaut u. Kelly 1959) nahekommende Dynamik:

"Ohne Zweifel geht da etwas Wunderbares vor, wo zwei sich in gegenseitiger Zuneigung entgegenkommen: dieser lebt in jenem, jener in diesem. Sie tauschen einander gegenseitig aus: Ein jeder gibt sich dem anderen hin, um diesen in sich aufzunehmen. In welcher Weise sie sich hingeben, ist daraus zu ersehen, daß sie sich selbst vergessen; hier besitzt jeder von beiden sich selbst und den anderen. Denn dieser besitzt sich selbst, aber in jenem: jener besitzt sich selbst, aber in diesem. Nämlich, indem ich dich liebe, der du mich liebst, finde ich mich in dir, der du an mich denkst, wieder und gewinne mich, nachdem ich mich selbst aufgab, in dir, der du mich erhältst, zurück. Das gleiche tust du in mir, denn wenn ich, nachdem ich mich selbst verlor, durch dich mich zurückgewinne, so besitze ich mich durch dich.."

Unnachahmlich, wie dieser Autor vor 600 Jahren das Geschehen der Liebe erfaßt:
Intimität als zentrales Wesensmerkmal der Liebe ist die praktische Verwirklichung dieser gegenseitige Erfüllung. Sie stillt das Verlangen nach Vereinigung und Austausch von Seele, Geist und Körper. Der einzelne findet erst durch den Partner zu sich selbst. Diese Intimität, die sich nach dem Modell der Paarsynthese in den Partner-Grunddialogen von Körper, Gefühl, Sprache, Sinn und Zeit vollzieht und die jeweilige paarspezifische Verwirklichung durch die Partnerstile von Anpassung, Durchsetzung, Planung, Intuition und Integration bildet, begründet die klare Abgrenzung der Dyade als kleinstem sozialem Subsystem ge-

genüber allen anderen Systemen im Makrokosmos. Durch ihre identitäts- und sinnstiftende Potenz schafft Intimität Leben, bewirkt Reifung, Würde und Heilung (Cöllen 1993).

Diese Prozesse des *Liebenden Ineinander* gehorchen einer eigenen Beziehungslogik, nämlich einer zielgerichteten und sinnhaften Energie von Liebes- und Konfliktdynamik in der oft zu Unrecht als irrational bezeichneten Paardynamik. Diese Logik der Liebe gründet in den gegenseitigen Eigenarten der Partner, die bewirken, daß im Liebeszyklus jeweils neue Lebenspole besetzt, bislang verborgene Kräfte und Strategien entfaltet werden und der Aufbruch zur weiteren seelischen Reifung überhaupt stattfindet. Die Partner bearbeiten dabei ihr tiefenpsychologisches Potential wie Ahnenbotschaften, Altlasten und Liebesmuster; sie lernen ihre Kräfte zu realisieren und die Fülle des Lebens auszuschöpfen und damit die Aufgaben des Lebens zu erfüllen. Auch wenn die Partner in der Krise meist daran zweifeln, haben sie eben doch mit an Sicherheit grenzender Wahrscheinlichkeit den richtigen Partner gewählt - richtiger als sie ahnen: Diese Logik der Liebe hat genau den Partner ausgesucht, durch dessen *Fehler* sie erst gezwungen werden, sich mit den eigenen Fehlern auseinanderzusetzen

Die Gesetze dieser Liebes-Logik gilt es zu erkennen und zu vermitteln. Ausdrücklich anzumerken ist, daß alle anderen Formen der Liebe ebenfalls unter diese Dynamik fallen. Sie grenzen sich lediglich im Ausmaß der Intimität voneinander ab, nämlich im Umfang des Austauschs von Körper, Geist und Seele.

Die abendländische Aufteilung der Liebe in Caritas, Amicitas und Sexus dagegen mit ihrer Bemessung nach Selbstlosigkeit, seelischem und fleischlichem Anteil (Onken 1961) bedeutet Spaltung und damit (Zer-)Störung des ganzheitlichen Charakters von Liebe. In der psychologischen Betrach-

tung können wir diese Aufteilung nicht nachvollziehen. Jede Liebe enthält Anteile von Lust und
ist niemals selbstlos (Branden 1982).

Liebe beginnt als ursprüngliches Sehnen nach
Austausch und Erfassen des Menschseins in der
Person der/des Geliebten. Ursprünglichkeit bedeutet, daß dieses Streben als Energie zur Liebe in
jedem Menschen angelegt ist, da wir aus einem
Akt der Verschmelzung als Teil der Liebesdynamik
zwischen Frau und Mann hervorgegangen sind.
Deshalb gilt der Geschlechtsverkehr zwischen Frau
und Mann als zentraler Ausdruck von Liebe und
wird Liebesakt genannt. Lieben und Geliebtwer-
den, Lust an an der erotischen, sinnlichen, geistigen und seelischen Verschmelzung, intimes Begehren mithin ist in uns ursprünglich angelegt
(Bowlby 1988). Lediglich Ausformung, Tiefung,
Differenzierung und die beigemessene ethisch-
moralische Bewertung sind *Ausgeburt*, sind Folge
kultureller und politischer Umwelt.
Die *Himmelsmacht* der Liebe ist durch ihre
Potentialität zur Vollkommenheit begründet. Daher zieht sie uns Menschen in ihren Bann. Sie
schafft Erfahrung von Ganzheit durch gegenseitige Erfüllung und Vervollständigung und ermöglicht damit Heilung von menschlicher Unzulänglichkeit, *Erlösung von den Übeln dieser Welt*. Mag
es auch nur für kurze Zeitspannen gelingen,
manchmal nur für die Dauer einer einzigen Nacht,
ja manchmal nur für die Sekunden eines einzigen
Augenblicks — dann hat sich doch dieses Wunder
der Vollkommenheit ereignet. Daher versteht
Binswanger Paarsein als den eigentlichen Urzu-
stand, in den wir als Menschen in der liebenden
Verschmelzung zurückkehren (1962).
Nicht also die Liebe selbst, nicht das Begehren,
nicht die Sehnsucht nach Verschmelzung und
Austausch brauchen von Menschen gelernt, erfaßt,
verstanden und vertieft zu werden, sondern lediglich die Lebensformen der Liebe. Hier beginnt

die *Kunst des Liebens* (Fromm 1980). Hier können Wissenschaft, Forschung, Theorie, Psychologie und Therapie ansetzen.

Diese Psychologie der Liebe, die jeder Paartherapie, nach Möglichkeit auch unserer Politik und
Gesellschaft zugrunde gelegt werden sollte, hilft,
wesentliche Erscheinungen, Prozesse, Regeln und
Gesetze zu erkennen, die das Verhalten der Partner zueinander und das des Paares zu seiner Umwelt beschreiben und erklären. Diese Erkenntnisse nützen nicht nur der Psychotherapie des Paares, sondern ebenso der Einzel-, Familien- und
Gruppentherapie, der Soziotherapie, Pädagogik,
Erwachsenenbildung und öffentlichen Aufgaben
wie Arbeit, Politik und Ökologie, sind Ziel der *Paarsynthese* (Cöllen 1997). Sie sucht im Zusammen-
Wirken von Männlichem und Weiblichem die
Chance für den Neuaufbau sozialer Strukturen. Sie
hat die Versöhnung der Geschlechter und ebenso
die Versöhnung der den Hintergrund bildenden
Kulturen, Gesellschaften und Völker zum Ziel.

Ausgangspunkt ist dabei das allen Menschen in-
newohnende Liebesbegehren: – seelische Energie,
die auf einen bestimmten anderen Menschen bezogen ist. Dieser ursprünglich physikalische Begriff *Energie* ist für eine psychologische Auslegung
sehr umstritten. Wir verwenden ihn trotzdem, weil
er wichtigste Vorgänge zwischen Liebenden exakt
verständlich macht und erklärt. Im Austausch dieser Energien kommt es zu Verdichtung und Beschleunigung menschlicher Prozesse, zu Formung
und Verformung, Druck, Entladung, Kraft und
Wärme. Alle diese durchaus physikalischen
Begrifflichkeiten kommen in den psychologischen
Alltagstheorien und in der Umgangssprache zur
Beschreibung von Liebe vor. Häufig erzählen diese Glücklichen, daß ihnen durch die Liebe enor-
me Kräfte zuströmen und ein immenses Gefühl
von Vitalisierung und Lebendigkeit eintritt. Bei

Liebeskummer aber empfinden sie eine Zentner-last auf der Seele und erleiden Gefühle von Unter-drückung, Bedrückung, Belastung bis hin zur Per-sönlichkeitsdeformierung *(s. Abb. 1: Paarmodell)*. Liebe selbst ist also angesiedelt zwischen den Po-len von Leiblichkeit sprich Materie und Spiritua-lität sprich Seele, zwischen grobstofflicher und feinstofflicher Erscheinung. Deshalb wird im menschlichen Empfinden Liebe sowohl nach Quan-tität, Qualität, Intensität und Dauer als auch nach Sinn bemessen. Eine einmalige Begegnung, die gleichwohl alle Wesensmerkmale von Liebe tra-gen kann, wird also in der Regel nicht als Liebe bezeichnet. Andererseits ist Liebe in ihrer körper-lich orgiastischen Form schweißtreibend und an-strengend, sie kostet physische Kraft. Diese geht

aber nach dem Gesetz vom Erhalt aller Energie nicht verloren, sondern sie wird in umso innigere Zuwendung umgewandelt. Gerade durch die Hin-gabe im Austausch wird die Energie erhalten, so-gar vermehrt. In der Mattigkeit nach dem Orgas-mus wachsen neue Energie, neue Vitalität und Lust am Leben. Die Transformation *materieller* Liebe in spirituelle Liebe und die sich daran wiederan-schließende Rückverwandlung in sexuellen Trieb sind der ewige Kreislauf der Liebe zwischen Pola-rität und Rhythmus (Hueck 1928).

In der Tradition der Analytischen Psychologie ist psychische Energie "Ausdruck für die Psychodyna-mik der Seele und der in ihr waltenden Lebens-prozesse" (in: Hark 1988). Das Empfinden von Lie-be liefert Kraft, Anstoß und Willen zu Lebens-

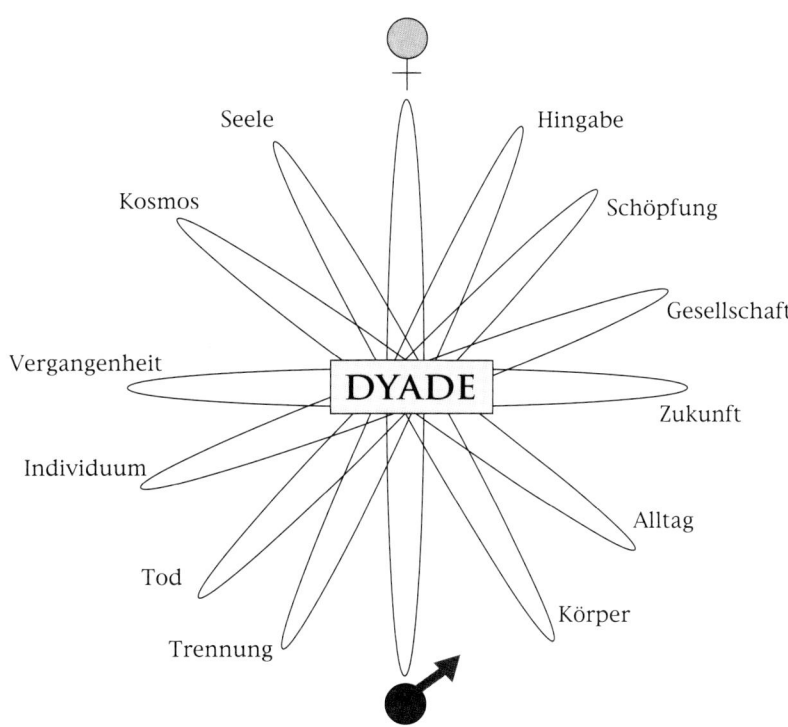

Abb. 1: Psychologie des Paares - Paarsynthese • Dyaden-Modell

bejahung und Sinnerfüllung. Der Wille zur Liebe und Intimität (Bowlby 1988) zeigt sich als originäres Streben wie der Wille zum Selbst (Portele 1995).

Unter Liebesenergie verstehen wir dann das Streben von Menschen, diesen intimen Austausch von Körper, Geist und Seele aufzunehmen, dadurch schöpferisch zu werden und sich so gegenseitig zu erfüllen. Dieser Austausch von Energie *erzeugt* neue leibliche, geistige und seelische Existenz, fördert Kreativität und schafft Humanität. Durch die gemeinsame Entfaltung dieser Energie im Paar entstehen Verdichtung und Beschleunigung bis zu einem Höchstmaß von Entladung, die sich an diesem Punkt bereits in den Gegenpol zu transformieren beginnt. Die Probleme dieser Energie liegen nicht in der Frage nach dem Sinn, denn Liebe selbst ist Sinn. Zum Problem wird Liebe erst im Austausch der Energie zwischen den Liebenden. Die Liebenden können zunächst einmal unterschiedliche Adressaten sein, nämlich Eltern und Kind, Mensch und Tier, Mensch und Natur, in ihrer dichtesten Form Frau und Mann. Die Steuerung dieses immensen Austausches und die Umverteilung der darin enthaltenen Lebenskräfte verlangt, wie aller Umgang mit Energie, sensible Strategien und Steuerungsinstrumente: Jede noch so zarte Energie kann zerstören oder aufbauen. Sie gedeiht nur nach den Regeln von Ökonomie und Ökologie: Die Umverteilung dieser Kräfte muß in ausgleichendem Verhältnis für die Liebenden stehen. Ohne auf Ressourcen zu achten kommt es zu schnellen Erschöpfungs- und Zerstörungsvorgängen oder zur Ausbeutung der Partner. Die Liebe über die persönlichen Möglichkeiten hinaus gefährdet die eigene Identität und Existenz oder die des anderen.

Diese Energie ist wie jede Energie einem Fließgleichgewicht unterworfen und damit einem permanenten Veränderungsprozeß. In unserem Modell einer Liebespsychologie entwickeln wir dem-

entsprechend fünf Bausteine, die Veränderungsprozeß und Energieaustausch sinnvoll beschreiben und ordnen *(siehe Abb. 2: Partnerdiagramm)*. Diesen Prozeß des Austauschens gilt es, zu lernen, durch Erziehung, Bildung und Therapie zu vermitteln, auszudifferenzieren, zur sensiblen Meisterschaft zu führen und zur Erhaltung aller Systeme anzuwenden.

2. Paarsynthese als therapeutische Arbeit mit der Liebe

Mit der *Paarsynthese* wird ein psychologisches Verfahren vorgestellt, das gerade auf Liebe als mächtigster die Menscheit bewegende Kraft aufbaut. Die Psychologie der Liebe und des Paares wird umgesetzt in ein konkretes Handlungsmodell, angewandt allerdings nicht nur in der Therapie von Paaren, sondern auch von Gruppen und einzelnen. In seiner erweiterten Form wird es übertragen auf Institutionen, Belegschaften und Unternehmen, auf Organisationen und Parteien und damit auch auf Politik und Gesellschaft. Natürlich wird ein solches Konzept niemals umfassend genug sein, die Welt zu verändern, aber wir können auch nicht mehr darauf verzichten. Wir werden viele solcher Konzepte brauchen, um Leben und Gesellschaft zu erhalten und wieder menschlich werden zu lassen.

Paarsynthese stellt kein neues Verfahren dar, sondern vielmehr das Zusammenspiel der vorhandenen. Sie dient im umfassenden Sinn als Liebes- und Beziehungslehre, im engeren Sinn als methodenübergreifendes therapeutisches Modell. Die der Liebe innewohnenden Regeln und Gesetze wirken als Richtlinien für menschliches, professionelles und politisches Handeln. Aus Psychologie, Sozialforschung, spiritueller Wissenschaft und therapeutischer Praxis wird ein schulenübergreifender Ansatz zum ganzheitlichen Leben mit Liebe in Part-

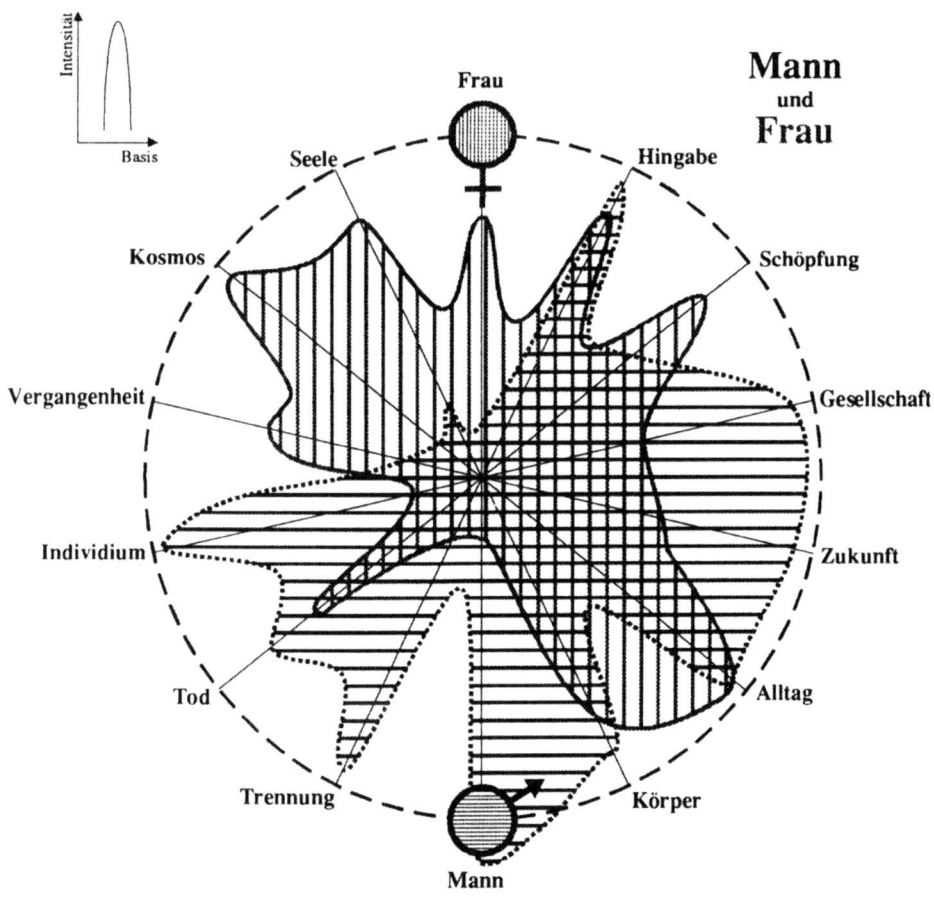

Frau -	**Geschlecht**	- Mann
Trennung - Aggression - Freiheit - Autonomie -	**Beziehung**	- Harmonie - Geborgenheit - Treue - Symbiose
Tod - Einsamkeit - Rückzug - Abgrenzung -	**Kreativität**	- Anpassung - Phantasie - Entfaltung - Schöpfung
Individuum - Macht - Selbstwert - Selbstgefühl -	**Sozialisation**	- Familie - Freunde - Beruf - Gesellschaft
Vergangenheit - Herkunft - Paargeschichte -	**Zeit**	- Paarphase - Lebensplanz - Zukunft
Universum - Erfüllung - Genuß - Sein -	**Sinn**	- Haushalt - Arbeit - Ökologie - Alltag
Seele - Sehnsucht - Gefühl - Geist -	**Ganzheit**	- Kraft - Sexualität - Sinnlichkeit - Körper

Abb. 2: Psychologie des Paares - Paarsynthese • Partnerdiagramm: Lebensraum, Eigenraum, Partnerraum
aus: M. Cöllen, Das Paar, Kösel, 1989

nerschaft, Familie und Gesellschaft hergeleitet. Er geht aus von einer Dyadischen Anthropologie und lehrt eine Psychologie des Paares. Darin verknüpfen sich innerseelische, paardynamische und umweltbedingte Kräftepotentiale in ständiger Wechselwirkung zu einem heilsamen Handlungs- und Therapiekonzept.

Im Mikrokosmos des Paares erkennen wir die Gestaltungsmöglichkeit des Ganzen. Forschung, Lehre und Anwendung der Liebesdynamik vermögen die Förderung dieser höchsten menschlichen Energieform anzuregen, die Heilkraft der Intimität auf andere Beziehungsformen zu übertragen und die Sinnstiftung der Liebe gesellschaftsrelevant zu etablieren. Liebe wird zum Lernmodell.

Inhaltliches, methodisches und zeitliches Vorgehen der Paartherapie nach dem Verfahren der Paarsynthese ordnen sich trotz Fülle und Komplexität des Themas sinnvoll und überschaubar auf den drei Seins-Ebenen der Liebe, die

da sind: die tiefenpsychologische, die dialogische und die spirituelle Dimension. Die Psychologie der Liebe mit ihren fünf Bausteinen hilft dem Klienten- und dem Therapeuten-Paar, in diesem Universum die Orientierung zu behalten. Diese Bausteine, zugleich Wesensmarkmale von Liebe, heißen: Liebes-Austausch, Energie-Verteilung, Partnerrhythmus, Partnerdialoge und Partnerstile.

1. **Liebe als Energie-Austausch** von Körper, Geist und Seele zwischen zwei Menschen oder Wesen *(Abb.1 - Energiemodell)*
2. **Liebe als Energie-Umverteilung** in Eigenraum, Partnerraum und Lebensraum entscheidet über das Fundament der Beziehung *(Abb. 2 - Partnerdiagramm)*
3. **Liebe als Erfüllung vollzieht sich im Rhythmus der Paarzyklen** von Hingabe, Aufbau, Lebensmitte, Altern und Zweisamkeit *(Abb. 3 - Partnerzyklen)*

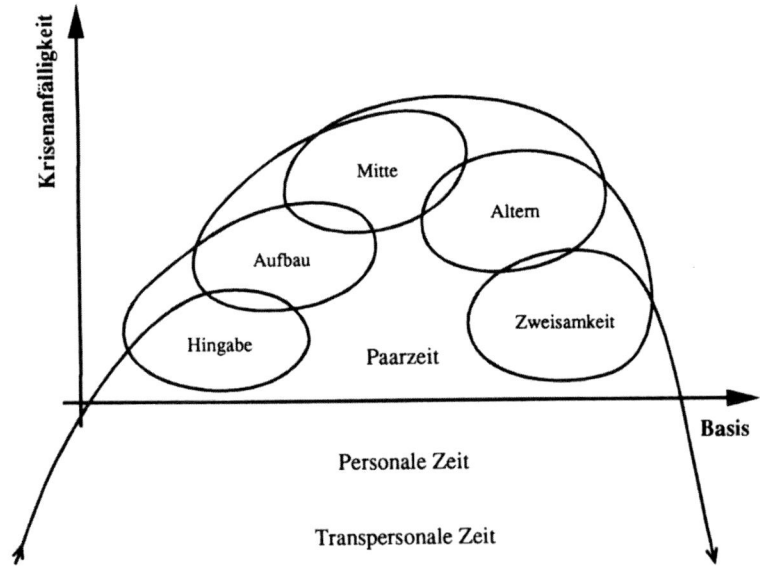

Abb. 3: Psychologie des Paares - Paarsynthese • Paarzyklen

4. **Die Intimität der Liebe vollzieht sich in den fünf Dialogebenen** des Paares von Körper, Gefühl, Sprache, Sinn und Zeit
(Abb.4 - Partnerdialoge)

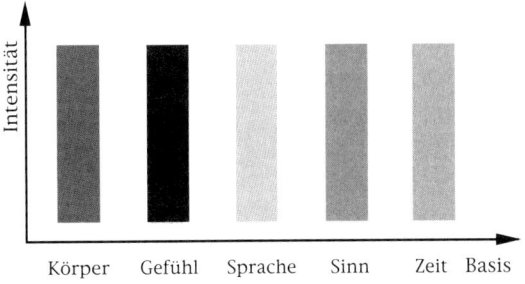

Dialog-Arbeit

- Gleichgewicht der Säulen
- umkehrbarer Dominoeffekt
- besonders bei Substanzbereichen
- Seele der Sexualität
- Emotionalität der Sprache
- Gestik der Gefühle
- Sinn in dir
- Zeit heißt Liebe schenken

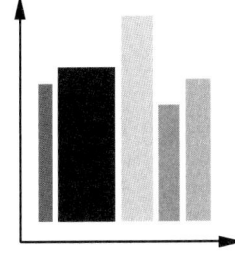

Abb. 4. Psychologie des Paares - Paarsynthese
Paardialoge

5. **Die Aussteuerung** dieses Energieaustauschs geschieht mit Hilfe der **fünf Partnerstile und -strategien,** nämlich Anpassung, Durchsetzung, Intuition, Planung oder Integration
(Abb. 5 - Partnerstile)

Das eigentliche therapeutische Vorgehen mit Paaren in Krisen und Konflikten gliedert sich wiederum in fünf aufeinanderfolgende Zyklen:

1. *Paargestalt:* Die Konfliktdarstellung des Paares in seinem ganzen Liebes- und Krisenpotential mit vorläufiger Paardiagnostik, Antiefung der Gefühle, Motivationsprüfung und therapeutischer Triade

2. *Partnerwerdung:* Die tiefenpsychologische Aufarbeitung der jeweils persönlichen Entwicklungs- und Beziehungsgeschichten unter solidarischem Beistand der Partner mit Hilfe der Therapeuten durch Anwendung von regressiven Techniken

3. *Paardynamik:* Die Entflechtung von Ahnenbotschaften, Altlasten und Liebesmustern; die Vertiefung der individuellen Liebesfähigkeit durch Verbesserung der jeweiligen Konflikt-, Dialog- und Strategiekompetenz; Lösungsansätze im Gleichgewicht der Partnerkräfte durch Resonanzenergie

4. *Konfliktanalyse:* Das Lernen durch und mit dem Partner, Hinfindung zum Seelen- und Sinndialog und damit zur spirituellen Ebene dieser Liebesbeziehung; Lösungsansätze in neuer Sinnfindung

5. *Paargestaltung:* Ziel dieser Paartherapie ist, das Gleichgewicht im kreativ-sinnlichen Energieaustausch von Frau und Mann zwischen Integration, Synthese und Expansion im Eigenraum, Partnerraum und Lebensraum der Liebenden wiederherzustellen sowie die Neugestaltung und Transformation von Sexualität in umfassende Sinnlichkeit zu ermöglichen
(s. Abb. 6 - Therapieprozeß)

Dieses Vorgehen spiegelt den Weg aller Paare: Im ersten Akt zeigen und stellen sie sich einander dar, erfassen und begreifen sich gegenseitig und bauen an der gemeinsamen Bühne für das Spiel der Liebe von Verschmelzung und Ekstase. Im zweiten Akt erzählen sie einander ihre Geschichten und begreifen sich so in der jeweiligen Eigenart. Dann versuchen sie im dritten Akt, im Gleichgewicht von

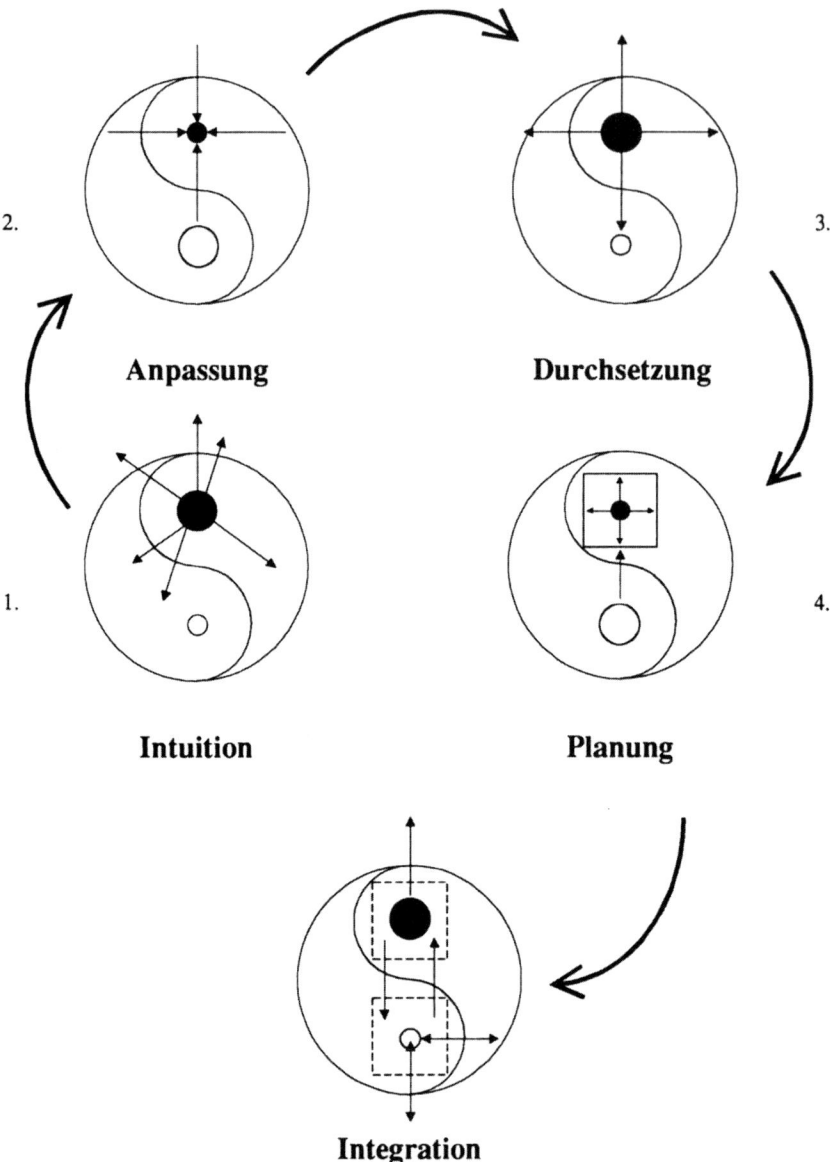

Abb. 5: Psychologie des Paares - Paarsynthese • Partnerstile

Ich und Du einen erfüllenden Austausch von Körper, Geist und Seele zu finden. Im vierten Akt schließlich lernen sie, neben ihren Licht- auch die Schattenseiten ihrer Zweisamkeit zu betrachten, sich den gemeinsamen und eigenen Problemen zu stellen, und überprüfen den Sinn ihrer Beziehung. Im letzten Akt würdigen sich die Partner in ihren gemeinsamen und jeweils eigenen Lebensplänen durch Neugestaltung des Zusammenwirkens ihrer Kräfte, sofern der Synthese-Prozeß gelingt. Ansonsten kommt es zu Trennung oder Stagnation der Beziehung.

Therapeuten und Klienten haben in diesen fünf Zyklen eine Art "roter Ariadne-Faden" zur inneren Orientierung, um nicht im Labyrinth gegenseitiger Anschuldigung, tiefster Verzweiflung und hoffnungsloser Aggression steckenzubleiben. Die so vorgegebene Struktur bleibt aber offen und prozeßorientiert. Je nach Therapieverlauf werden Zyklen schneller, langsamer, ineinandergreifend oder mehrmals durchlaufen.

3. Die Durchführung der Paartherapie im einzelnen

3.1. Paargestalt

Für das Paar, das zur Therapie kommt, hat sich in der Regel das gesamte Lebensgefühl bedrohlich verändert: Das lusterfüllte Paradies der Liebenden hat sich in einen undurchdringlichen Dschungel aus Anklage und Gegenklage, Vorwurf und Schuldzuweisung, Krisen- und Konfliktdynamik, in eine Leidensgeschichte meist beider Partner verwandelt.

Gesucht wird in diesem ersten Zyklus aber noch nicht nach Lösungen, weil dies der dritte Schritt vor dem ersten wäre. Vielmehr soll aufgezeigt werden, welche Ziele die Partner mit ihrem Streit verfolgen, in welchem Partnerzyklus sich das Paar gerade befindet, welche Partnerstile es dabei einsetzt, auf welcher der fünf Dialogebenen der Kon-

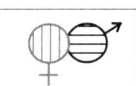

1. Paargestalt
Im Konflikt gefangen
Szenen und Bühne:
Aura des Paares
Paarsymbol und
Innerer Dialog

2. Partnerwerdung
Liebesgeschichte mit Eltern
und anderen -
Partnerpanorama
Ahnenbotschaft und
die Reise zu den Wurzeln
Liebe fühlen

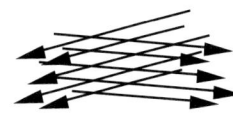

3. Paardynamik
alle Kräfte wirken frei
im Gleichgewicht der
fünf Dialoge -
Dominoeffekt
Kraft durch Sehnsucht
Liebe zeigen

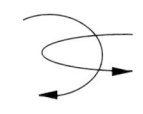

4. Konfliktanalyse
durch dich finde ich zu mir
Verzeihen und Versöhnen
Seelen- und Sinndialog
Liebe tauschen:
Yin und Yang
Transformation

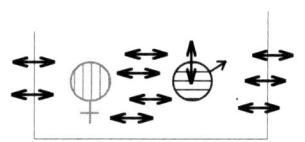

5. Paargestaltung
Resonanzenergie
Androgynie
Ganzheit
Gleichberechtigung
Paarsynthese

Abb. 6: Psychologie des Paares - Paarsynthese
Therapieprozeß

flikt hauptsächlich ausgetragen wird und wie im Partnerdiagramm *(siehe Abbildung 2)* durch die Überschneidungen zwischen Eigenraum, Partnerraum und Lebensraum das Verhältnis von gesunder und gestörter Paarsubstanz sichtbar wird.

Schon in den ersten Minuten der Begrüßung geschieht etwas Eigenartiges: Das Paar setzt sich selbst in Szene, agiert wie in einem Drama mit fünf Akten, mit einer weiblichen und einer männlichen Rolle: Der Stoff zu diesem Stück bietet alles, was menschliche Gemüter zu bewegen vermag: Zärtlichkeit, Romantik und Sex, Gewalt, Verführung, Schuld, Anmut und Schönheit, Intrigen, Elend, Not und Verzweiflung bis zum Mord.

Als ein durchgängiges Arbeits - Prinzip der Paarsynthese kommt hier bereits die Spiegel-Dynamik zur Geltung:

a) In der paradoxen Partnerverschränkung werden alle Wünsche, die die Partner gegenseitig einfordern, Indikator dafür, was sie selbst zu geben meist nicht in der Lage sind.

b) In der Art und Weise, wie sie einander darstellen, beschreiben und beurteilen, sagen sie mehr über sich selbst als über den Partner aus.

c) In der Art und Weise, wie sie die Beziehung zu den Therapeuten gestalten, demonstrieren sie die jeweils eigene Beziehungs- und Liebes-(un)fähigkeit.

Ohne jetzt schon therapeutisch wirksam werden zu wollen, verdichten die Therapeuten durch kleine Übungen die einzelnen Szenen. Beispielsweise können sie dazu auffordern, symbolisch für den Zorn, Schmerz oder Kummer in ihren Herzen mit der Hand eine *Faust* zu machen, die der Partner auf die für ihn charakteristische Weise ohne Worte zu öffnen versuchen soll. Im Bruchteil von Minuten, manchmal Sekunden wird durch dieses Mittel nonverbaler Verdichtung wie in einem Spotlight die tragisch-explosive Verzahnung der Partner sichtbar.

Oft muß die Stummheit zu Beginn erst mühsam überwunden werden, desgleichen die Angst, sich zu offenbaren, sich bloßzustellen vor dem Partner oder dem Therapeuten, oft muß überhaupt erst eine Sprache für die inneren Gefühle gefunden werden. Eine Übung wie der *Innere Dialog* ist dazu eine Hilfe. Einige schreiben den Inneren Dialog als Brief an den Partner oder als Tagebuch, andere machen daraus eine Art Partnerbilanz, andere wieder ein reines Aufzählen von Vorwürfen. Natürlich sagen solche Texte über den Schreiber selbst mindestens genausoviel aus wie über den beschriebenen Partner.

Über die Sitzung beim Therapeuten hinaus erhalten sie "Hausaufgaben", nämlich ihre Situation, ihre Gefühle, ihre Motive und vieles andere darzustellen durch selbstangefertigte Bilder, Photos, Schriften usw. Am Ende dieser Phase erkennt sich das Paar wie in einem Spiegel, schaut sich selbst wie in einem Film zu, gewinnt einen Überblick über die Vielschichtigkeit und Komplexheit der Konfliktvernetzung und deren gemeinsame Verursachung.

Deutlich wird dies am Fallbeispiel eines Paares zwischen Aggression und Depression:

Der ganz schwerblütige Mann hatte eine sehr depressive Mutter, die immer damit drohte, ins Wasser zu gehen. Nächtelang suchte er sie am Strand mit der Taschenlampe, wenn sie wieder einmal verschwunden war. Wahnsinnige Nächte voll unmenschlicher Angst für den Jungen. Später wählte er sich eine Partnerin - aber was für eine Persönlichkeit wählte er? Nämlich eine Frau mit extrem hohen Aggressionsanteilen, mit genau den Agressionen, die er bei sich selbst gegen diese ihn überfordernde und in Beschlag nehmende Mutter immer hatte unterdrücken müssen. Seine Frau wiederum hatte in ihrem eigenen Elternhaus höchste Bedrohung erlebt: durch sexuellen Mißbrauch, durch ein Lügengespinst der Mutter, durch die aggressive Gewalttätigkeit des Vaters, gegen die sie sich nur durch eigene Aggression behaupten konnte.

In der Konfliktdynamik des Paares wird somit das Thema Aggression zum gemeinsamen *Substanzkonflikt.* Beide Partner haben das gleiche Problem, tragen es nur entgegengesetzt aus, wie die zwei Seiten einer Münze. Als gemeinsames Unbewußtes wirkt es dann so, daß die Ehefrau umso aggressiver, ja sogar tätlich wird, je harmonisierender er versucht, ihr alles recht zu machen, bis er sich schließlich hinter völligem depressiven Schweigen verschanzt.

Übersetzt heißt das: Der Mann lernte als Junge, immer nur der Gute sein zu müssen, der sich aufopfert für die Mutter und ihr alles recht machen will. Heute tut er das gleiche für seine ihm unverständlich fordernde und aggressive Frau, die zusätzlich zu ihrer eigenen nun auch noch seine unterdrückte Wut und Gewalt ausagiert (wie sie selbst schon als Kind der Wut ihrer Eltern begegnen mußte, um überhaupt überleben zu können). Er delegiert seine Aggressionen an sie, - sie wird zur Vollstreckerin seiner verdrängten Aggressionen.

3.2 Partnerwerdung

Im nun folgenden zweiten Zyklus der Paartherapie werden eben diese unbewußten Zusammenhänge zwischen eigener Psychodynamik und gemeinsamer Paardynamik aufgedeckt. Die Liebeserfahrungen aus früheren Beziehungen treten jetzt in den Vordergrund. Eigene Geschichte wird zum Schicksal der Liebe, deren Fäden beim Paar zusammenlaufen. Es geht dabei um tiefenpsychologische Arbeit: die erste *Liebesgeschichte* des Kindes mit den Eltern und die darauf aufbauende zweite Liebesgeschichte mit sich selbst und deren Übertragung auf die dritte Liebesgeschichte mit dem Partner. So erlernte *Liebes- und Streitmuster, Altlasten und Ahnenbotschaften* prägen entscheidend alle weiteren Bindungen und Liebesbeziehungen. Ängste, Verletzungen, gebrochenes Urvertrauen, sexueller Mißbrauch, Defizite an Hautkontakt und Nestwärme, Minderwertigkeits-

gefühle, falsche Leitbilder von männlich und weiblich, schwache, manipulierende oder despotische Elternfiguren und die ganze Liste bewußter oder unbewußter Kränkungen und Deformierungen aus dieser Zeit zerstören, verhindern oder beeinträchtigen den Aufbau einer gesunden Liebesbeziehung zum Partner.

Alles, was eben in der Beziehung zu Eltern und Geschwistern mißlungen ist, wird jetzt in der Therapie und in Anwesenheit des Partners wenn und soweit möglich aufgearbeitet: Verschüttete Gefühle werden freigelegt, der Eltern-Kind-Dialog rekonstruiert und durch psychodramatische, gestalt- und familientherapeutische und aktive tiefenpsychologische Arbeit neu gestaltet. In den Tiefen der Seele wird die Kraft, die Hoffnung, die Sehnsucht und der Glaube an die Liebe neu geweckt. Blockierende Lebens-und Liebesängste im eigenen Ich werden überwunden.

Dieser Zyklus der Paartherapie gleicht einer klassischen Einzeltherapie, vollzieht sich aber in Gegenwart des anderen und erhält dadurch eine völlig eigene Dynamik des Miteinander-Wachsens. In der wechselseitigen Begleitung dieser inneren Emanzipation entsteht das Gefühl neuer Verbundenheit und Solidarität in der Ablösung von störenden Einflüssen aus der Vergangenheit. Der Mythos der Generationen wird umgeschrieben zu neuen Liebesgeschichten. Die Partner handeln dabei im *Solidarpakt,* statt sich gegenseitig zu zerstören. Sie werden *Entwicklunshelfer* füreinander. Auf keinen Fall würde es genügen, nur im gegenseitigen Austausch von Wünschen, Anklagen und Ängsten des ersten Therapiezyklus steckenzubleiben. Das pure Anhören der Konfliktberichte durch einen Sachverständigen ist keine Paartherapie. Der Streit mit dem Partner ist nur ein Teil der Paartherapie, der Kampf mit sich selbst der meist schwerere. *Semper incipe* - fange immer bei Dir selbst an - mahnten deshalb schon die alten und weisen Römer.

Dazu gehört die therapeutische Arbeit mit der eigenen Herkunft und Lebensgeschichte. Wie in einem Rucksack tragen wir diese frühen Liebeserfahrungen in die Gestaltung jeder neuen Beziehung hinein.

Ein Mann, der nie erlebte, daß Blumen geschenkt wurden, wirkt linkisch, wenn er es das erstemal versucht; ein Frau, die nie ihre Wut zum Ausdruck bringen durfte, beginnt eher zu weinen als zu schreien oder verstummt und wird depressiv. Partner, die nie Zärtlichkeit erlebten, können sich nicht entspannt liebkosen, sondern sind unbeholfen, sind sich beim Lieben gegenseitig im Weg: zu schwer, zu kurzatmig, die Glieder stoßen sich, keine Stellung paßt richtig. Die Kunst, eigene Gefühle dem Partner so echt und so tief anzubieten, daß dieser das wahre Ausmaß an Hingabe oder Zorn, an Enttäuschung oder Schmerz oder aber an Lust und sexuellem Appetit erspüren kann, wird schon als Kind eingeübt. Wo aber die Eltern selbst nur kümmerlich mit Gefühlen umgegangen sind, zusätzlich den Kindern spontane Gefühlsausbrüche aberzogen haben, sei es der Wunsch nach Zärtlichkeit und Hautkontakt, seien es auch heftige Ausbrüche von kindlichem Ärger, Zorn und hilfloser Wut, da kann eine Einübung nicht stattfinden. Noch schlimmer: Je mehr spontanes Zeigen und Ausleben von Gefühlen unterdrückt, mißachtet oder gar bestraft wurde, desto mehr Angst gräbt sich in die Seele, auch als Erwachsener seinen Gefühlen freien Lauf zu lassen. Statt dessen zeigen sich viele gehemmt, überkontrolliert, scheinbar arrogant oder nur verhalten, depressiv und introvertiert oder wirken gar geizig mit ihren Gefühlen, so als ob sie sich etwas vergeben würden, auch nur ein Lächeln zu zeigen, immer aus Angst, sich bloßzustellen oder verletzt zu werden. In der Sprache der Herzen, in der Zärtlichkeit der Nächte und in der Ekstase beim Fest der Sinne sollte zwischen Liebenden der eigentlich natürlich vorhandene Reichtum der Gefühle ungehemmt fließen. Jeder Mensch verfügt über eine unendliche Bandbreite von Gefühlen. Aber in der rauhen Wirklichkeit des Liebesalltags versiegt der breite Strom der Gefühle häufig zu einem Rinnsal. Viele verdursten und verhungern dann an diesen nicht gereiften und nicht gelebten Gefühlen.

Die Aufarbeitung solcher Blockierungen mit Hilfe aktiver tiefenpsychologischen Techniken geschieht durch Übungen und Zusammenführungen wie: Reise an die Orte der Kindheit; Eltern, Großeltern, Geschwister mit in die Therapie bringen; Eltern gemeinsam mit den Therapeuten auf dem Friedhof besuchen; ihnen Briefe der Beziehungsklärung schreiben; Genogramm aus der systemischen Therapie oder Familienaufstellung nach Hellinger erstellen, alte Tagebücher vorlesen, Kinderbilder besprechen; negative Verhaltensmuster erkennen, die an den Eltern besonders abgelehnt und doch gerade unbewußt ins eigene Repertoire übernommen wurden und jetzt auf den Partner angewandt werden (*in der Sprache der Paarsynthese deshalb Liebesmuster genannt)*; frühere Intimpartner nach Feedback fragen oder mit zur Therapie bringen; Partner für die eigenen Altlasten, die ihm aufgebürdet werden um Verzeihung bitten usw.

Das Ziel dieses Zyklus ist erreicht, wenn beide Partner zumindest in etwa in der Lage sind, sich selbst auch als Täter, nicht nur als Opfer in dieser jetzigen Beziehung zu erkennen. Einander dafür zu verzeihen und solidarisch gegen jene seelische Behinderungen anzutreten, die beide oft als gemeinsamen, unbewußten Substanzkonflikt ausagieren, jeweils nur mit entgegengesetzten Strategien, wie auf der anderen Seite der Münze, das erst schafft die Basis für den angestrebten sinnerfüllenden Energieaustausch von Körper, Geist und Seele zwischen Frau und Mann. Die Konfliktdynamik kann dadurch zugunsten der Liebesdynamik eingegrenzt oder gar in neue Partnerenergie umgewandelt werden.

Deutlich wird dies am Beispiel eines Paares mit hoher, doch unterschwelliger gegenseitiger Entwürdigung:

Der Vater des Ehemannes hatte die ganze Familie unterdrückt und terrorisiert. Er war jähzornig, und alle hatten Angst vor ihm. Die Ehefrau wurde als Kind von ihrem Vater ständig abgekanzelt, unterdrückt und verletzt. Sie wählt sich einen ebensolchen Partner mit denselben Liebesmustern und Altlasten, die bei ihm allerdings sehr verborgen und *gezähmt* wirken, denn er ist Pastor. Diese Muster sind dadurch vielleicht gerade noch wirksamer, weil subtiler, weniger greifbar und dadurch von der Ehefrau schlechter abzuwehren. Im Ergebnis bleibt sie Opfer, er Täter. Das Paar hält sich gegenseitig in diesen Partnerstrategien von Durchsetzung und Anpassung fest. Erst, als beide Elternteile widerstrebend mit zur *Paartherapie* kommen und die jahrelangen Demütigungen somit notwendig (= um die Not zu wenden) an die richtigen Adressaten zurückgegeben werden können, beginnen sich diese Streitverschiebungen auf den Partner langsam aufzulösen.

3.3. Paardynamik

In den ersten beiden Zyklen dieser Paartherapie wird die Paargestalt erfaßt und die Geschichte der ganz persönlichen Partnerwerdung aufgearbeitet. Jetzt erst stehen die Partner einander möglichst unverstellt gegenüber; das Bild des anderen wird weniger verzerrt durch hemmende, blockierende oder verfälschende Liebemuster aus der eigenen Vergangenheit. Die Einflüsse der Partner aufeinander treten sichtbar zutage.

Was bisher an eigener Persönlichkeitsentwicklung noch fehlte, wurde durch Nachnähren und Nachheilen möglichst aufgearbeitet. Verunsicherungen, blinde Flecken und krisenhafte Anteile allerdings, die therapeutisch auch nicht bewältigt werden können, werden in ihrer Auswirkung auf die Beziehungsdynamik überprüft. Soweit nötig, müssen die Partner dann eben nicht-verletzende Abgrenzung voneinander lernen bzw. zu einer Entflechtung der Partnerstrategien finden. Liebesfähig zu werden heißt, mit den eigenen Gefühlen nicht total abhängig von der Reaktion des Partners zu sein, sondern eigenen Trotz und Verletzungen zu überwinden, dem Partner die Hand zur Versöhnung hinzuhalten, auch wenn dieser nicht spontan darauf eingehen kann. Deshalb bedeutet die Unfähigkeit eines Partners, auf versöhnliche Gesten und Friedensangebote des anderen nicht eingehen zu können, keineswegs das Ende der Therapie, sondern vielmehr die verstärkte Suche nach gegenseitiger Erlösung aus dem Schuldkarussell. Damit beginnt der Versuch, die Kräfte der Partner ins Gleichgewicht zu bringen, die Konfliktvernetzung der Partnerstile zu entflechten und die verschiedenen Dialogebenen des Paares wieder in Gang zu setzen. Mit Hilfe von Körperarbeit, Gefühlstiefung, Identitätsfindung, Partneridentifikation und Selbstentfaltung wird eine Neuorientierung im Verhältnis von Partnerraum, Eigenraum und Lebensraum gesucht. Die damals stattgefundene Partnerwahl und die Entwicklungs- und Veränderungsschritte bis zur jetzigen Partnerphase werden überprüft. Die Paardiagnostik zeigt jetzt, welchen Substanzkonflikt beide Partner gemeinsam haben, wo Gegensätze zerstörerisch aufeinanderprallen und evtl. eine Trennung erfordern, andererseits aber Übereinstimmungen zur Gesundung der Paarsubstanz führen können. Die Bindungsstile aus der Kindheit (Bowlby 1988) werden zur Integration der Partnerstile erweitert (Cöllen 1997). Dialog- und Strategiefähigkeit führen dann zur Kompetenz in der Steuerung von Konflikten und Krisen, aber vor allem zur kompetenten Aussteuerung des Energieaustausches der Liebenden.

Dabei geht es um die Verwirklichung der Vielfalt der Gefühle und um die innige Verständigung miteinander, um gemeinsame Sprache, Gesten und Rituale für diese Vielfalt. Denn Liebe, Intimität und Lusterfüllung brauchen auf Dauer, um überleben, sich verändern, sich verfeinern und vertiefen zu können, Sprache und Zeichen der Verständigung. Sich einander mitteilen, meint ja gerade das Teilen der Gefühle, um sie gemeinsam zu erleben.

Dazu gehört allerdings ebenso, dem Partner neben Liebevollem auch Kritisches mitteilen zu können. Die Wahrnehmung vom anderen und das Bild von ihm gilt es, in beide Richtungen unendlich zu verfeinern und seine wenn auch manchmal widersprüchliche Vielfältigkeit zu würdigen. Partner sehen sich leider häufig einseitig, festgelegt auf bestimmte Merkmale. Nach dem Gesetz der Konstanz der Wahrnehmung werden z.B. gerade auch positive Veränderungen vom eigenen Partner erheblich verspätet bemerkt, während Freunde und Kollegen diese schon lange bewußt registrieren.

Diese Paartherapie begann mit den Grunddialogen von Gefühl und Sprache, erweitert sich jetzt auf den Körperdialog, später dann auf Sinn- und Zeitdialog. Aber erst müssen in dieser dritten Phase der Therapie Gefühle und Sprache aufs neue in Fluß kommen, damit die anderen Dialogsäulen wieder aufgerichtet werden können. Dann erst ist es sinnvoll, nach Lösungen für den Konflikt zu suchen.

Neben der gezielten Arbeit in den therapeutischen Sitzungen wird auch hier wieder die Arbeit mit den Hausaufgaben betont, wie z.B. Briefe an die eigenen Gefühle (Angst, Trotz und Zorn), Träume, Altlasten, wie nämlich früher erworbene Partnerstile und Liebesmuster in die Beziehung eingebracht werden, das Einüben aller Partnerstile im sozialen Umfeld und Beruf und vor allem das Einrichten von Dialogabenden. In Anlehnung an die Zwiegespräche (Lucas-Möller) begeht das Paar während der Woche einen Dialogabend, einmal als Dialog der Körper, ohne jede Sprache, dann einen Abend der Gefühle, der Sprache, der spirituellen Begegnung und schließlich einen Abend gemeinsamen Schweigens. Dadurch entsteht eine ungeheuere Verdichtung der therapeutischen Sitzungen, somit auch eine Beschleunigung des therapeutischen Prozesses, sowohl im Widerstand als auch im Zueinanderwachsen des Paares. Dazu bedarf es guter Vorbereitung während der therapeutischen Sitzungen: So ist z.B. zu klären, warum, wozu und wie ein Dialogabend nur mit den Körpern zu führen ist, daß eben gerade keine Sexualität stattfinden darf, sondern *nur* Hautkontakt, Nestwärme und Geborgenheit im Vordergrund stehen. So können neues Vertrauen, Innigkeit und seelische Verbundenheit wieder wachsen.

In der Paarsynthese kommen, wie teils schon beschrieben, Methoden und Techniken aus verschiedensten Therapieverfahren zur Anwendung wie tiefenpsychologische, gesprächs- und gestalttherapeutische, verhaltens- und familientherapeutische oder taoistische und tantrische Übungen. Daneben gibt es eine Reihe spezieller, aus der Paarsynthese heraus entwickelter Techniken wie die Arbeit mit den fünf Partner-Grunddialogen und den fünf Partnerstrategien, die Wunschumkehrung, die Umpolung der Streiteskalation, Seelendialoge und im folgenden, hier ausführlicher beschrieben, die Arbeit mit der Spiegeltechnik. Sie verknüpft in besonderer Weise Einzel- und Paartherapie zu dem ihr eigenen Synthese-Prozeß. Die Spiegel-Technik selbst beinhaltet mehrere Teilschritte, die alle für sich genommen schon als wirksames Mittel zur Diagnostik und Therapie von Partner- und Lebenskrisen dienen. Zu ihnen gehören ua.:

• die Partnerbeschreibung
• der Fehlerumgang
• Lernen durch dich
• und das Spiegeln selbst

Für Außenstehende ist oft leicht ersichtlich und mitunter merkwürdig zu beobachten, wie sich Partner bei bestimmten Themen sofort und reflexartig ineinander verbeißen. Neben der Dynamik der Streiteskalation zeigt sich hier, daß die Vorwürfe des einen gegen den anderen und umgekehrt häufig nur der Versuch sind, das Streitthema mehr oder weniger bewußt am Partner festzumachen. Das Verbeißen aber zeigt an, daß beide gleichermaßen verwoben sind, daß beide einen gemeinsamen Substanzkonflikt austragen, d.h. dasselbe Problem haben, es allerdings meist gerade in gegenteiliger Art und Weise zu lösen versuchen, was logischerweise zum Endlosstreit führt. Die zentralen Vorwürfe des einen Partners an den anderen haben also immer eine Entsprechung auf der eigenen Seite. Alle übrigen aufgeführten Streitpunkte dienen lediglich der Untermauerung des Substanzkonfliktes und können, sobald dieser richtig diagnostiziert ist, weitgehend vernachlässigt werden. So spiegelt sich der eine im anderen. Dessen Licht- und Schattenseiten sind Beleg eigener Stärken und Schwächen. Alle Eigenheiten der beiden stehen in Korrespondenz zueinander. Jeder Partner ist daran zu erkennen, wie er selbst seinen Partner beschreibt, wie er mit dessen Fehlern umgeht und er bereit ist, vom anderen anzunehmen, zu begreifen und durch diesen zu lernen.

Die oft alles überdeckende Krisendynamik der Streitenden wird nun folgendermaßen angegangen: Ein zentrales, immer wieder auftauchendes Streit- oder Leidensmotiv, das der eine dem anderen mehr oder weniger heftig vorwirft, wird isoliert, etwa mit solchen Interventionen: „Es fällt auf, daß Sie immer wieder um dieses Thema kreisen..." „Mir fällt auf, daß Sie bei diesem Thema besonders unerbittlich, unversöhnlich und hart reagieren..." Oder in Form paradoxer Konfrontation: „Jetzt tragen Sie Ihr Gefecht mit dem Partner mal richtig und offen und in aller Schärfe aus, damit deutlich wird, worum es Ihnen wirklich geht..." Oder die Therapeuten hören 10 Minuten zu und beginnen dann selbst zu spiegeln: „Ich beobach-

te, daß der eine z.B. mit dem Thema Staubsauger und Unordnung in der Wohnung beginnt, der andere dann kontert: Jetzt kommst du wieder damit, dabei mache ich doch soviel anderes..." Der erste aber erwidert: Ja, aber du tust immer nur, was du willst, nicht, was gerade getan werden muß... und der zweite wieder: Du bist aber auch nie zufrieden, ich kann mich auf den Kopf stellen, und du meckerst immer noch... Und der erste wieder: Siehst du, so machst du es immer - du hörst mir gar nicht zu, sondern greifst mich nur an und kränkst mich und demütigst mich... Und wieder der zweite: Also, worum geht es denn jetzt überhaupt, du kränkst doch mich mit deiner ständigen Nerverei, daß ich nichts tue... Der erste darauf: Soll ich ein Beispiel bringen. Gerade gestern hast du den Staubsauger so hingelegt, daß ich darüber stolpern mußte und hast extra deine schmutzige Wäsche liegen lassen... der zweite: Das stimmt doch überhaupt nicht... frag' doch die Kinder, daß.... der erste: Siehst du, darauf habe ich nur gewartet, jetzt bringst du auch noch die Kinder ins Spiel..."

Hier spätestens endet dann der Atem der Therapeuten, aber die ausführliche Länge dieser Sequenz verdeutlicht dem Paar wie in einem Mikroskop, was den Therapeuten vor Augen steht: Es handelt sich um alte, eingefuchste Partner, die sich gegenseitig genau kennen, reflexartig und gekonnt ein Thema nach dem anderen hervorzaubern, Eskalation durch Themenanhäufung betreiben, sich gegenseitig auspunkten, die Therapeuten zur Stellungnahme zwingen möchten, in Wirklichkeit aber einander gar nicht zuhören bzw. verstehen wollen. Trotz der vielen Argumente und endlosen Worte erfassen sie gar nicht das wirklich dahinterstehende zentrale Thema und stochern deshalb wie im Nebel überall an der Oberfläche herum. Oft wird dann gesagt, es gehe um einen Machtkampf zwischen den beiden. Dies ist aber eine unzulässige Vereinfachung in der Be-ziehungsklärung, die obendrein niemadem hilft und zu keiner Lösung führt. Vielmehr sind die Partner völlig hilflos in diesen gordischen Knoten verstrickt und haben in Wirklichkeit Angst vor-einander. Die häufig mißbrauchte Diagnose vom Machtkampf verhindert die Einsicht, daß der Streit dazu dient, die Angst vor Nähe und eigener Be-dürftigkeit zu kaschieren; daß beide gar nicht von dem reden können, weshalb sie gekommen sind, nämlich von der Liebe, und auf Ersatzthemen aus-weichen und wie in einer Endlos-Spirale weiter-drehen, da das hochtabuisierte Zentralthema, weil nicht benennbar, auch nicht gelöst werden kann; daß beide sich vom Partner etwas erhoffen, was sie selbst gar nicht geben können, nämlich Innig-keit und Geborgenheit und Erlösung aus der Ein-samkeit. Dies ist der direkte Ausdruck für die pa-radoxe Partnerverschränkung in der Wunsch-umkehrung (Cöllen 1997)

Im nächsten Schritt versuchen dann die Thera-peuten, langsam an die Praxis der Spiegeltechnik heranzuführen:

1. „Haben Sie schon mal überlegt, warum Sie bei diesem Thema so hart, so betroffen und unver-söhnlich reagieren?"
2. „Haben Sie schon mal daran gedacht, daß Sie möglicherweise deshalb so auf dieses Thema an-springen, weil Sie selbst damit zu tun haben und können Sie versuchen zu sagen, was?"
3. „Sie kritisieren bei diesem Thema Ihren Part-ner besonders hart, - wie gehen Sie selbst dies-bezüglich mit Ihren eigenen Fehlern um? Denn wir sehen, daß Sie durchaus mit diesem Thema ein eigenes Problem haben."

Und im nächsten Schritt wird die Spiegeltechnik offen eingeführt:

1. „Akzeptieren Sie eigentlich beide, daß jeder von Ihnen bei diesem Thema befangen, subjektiv und mit eigenen Anteilen daran herangeht?"

2. „Ich frage Sie ganz direkt: Da wir davon ausge-hen, daß immer beide Partner am Konfliktthema beteiligt sind, liegt es nahe, zu forschen, inwie-weit Sie als Angreifer selbst von diesem Thema beherrscht sind. Was hat das Thema mit Ihnen zu tun? Woher kennen Sie es schon aus frühe-ren Zeiten und mit anderen Partnern? Gab es das Thema auch schon in ihrer Kindheit?"
3. „Und ganz direkt: Wie bewirken Sie selbst, daß Ihr Partner ständige Kritik an Ihnen übt?"

Ein Mann beantwortete an diesem Abschnitt der Therapie diese Frage dann so: "Ich glaube, ich denke immer, ich sei doch völlig in Ordnung und o.k., aber wenn ich morgens dein trauriges Ge-sicht sehe, ahne ich, daß es so einfach nicht sein kann mit mir."

Theoretisch resultiert diese Spiegltechnik und ihre Dynmaik aus der Tatsache, daß eigene und nicht eingestandene, verdrängte oder abgespaltene und daher auch nicht kommunizierbare negative An-teile per se und tatsächlich reflexartig auf den Part-ner übertragen bzw. projiziert werden. Diese die Liebesdynamik allmählich in Konfliktdynamik umwandelnde unterschwellige Energie ist zu-nächst auch nicht zu korrigieren, solange sie eben uneingestanden und damit unbennenbar, unaus-sprechlich und damit unverzeihlich bleibt. So muß die therapeutische Arbeit gerade in Anwesenheit des Partners darauf gerichtet sein, im Sinn der her-meneutischen Spirale diese eigenen negativen Anteile bei sich selbst wahrzunehmen und sich und dem Partner einzugestehen. Dann erst kann es darüber mit ihm zu einem Dialog, zu einem Austauschprozeß kommen und auf diese Weise der Umgang mit den eigenen und den Fehlern des Partners positiv gestaltet werden, so daß eine Fehlerkorrektur überhaupt möglich ist, - wie bei einem Kind, dessen Fehler tunlichst positiv ange-sprochen werden. Ein Weg dazu ist, den Partner um Verzeihung für eben diese eigenen Fehler zu bitten und sich dadurch mit ihnen abzufinden. Nur dann kann auch Aussöhnung mit den Fehlern des Partners möglich werden.

Deutlich wird die Wirkung dieser Spiegeltechnik am Fallbeispiel eines Paares:

Die Frau bekommt etwa alle drei Monate schwere Migräneanfälle, verbunden mit heftigem Erbrechen, Krämpfen und tagelanger Übelkeit. Oberflächlich betrachtet gibt es einen Zusammenhang mit der Menstruation, vor allem aber mit Streß durch Überarbeitung und Alkoholgenuß. Darauf reagiert der Ehemann besonders sauer und wirft ihr solch "zügelloses Verhalten als kopflose und dümmliche Selbstzerstörung" vor, die sie in sich tragen müsse.

In der Therapie kam es schließlich zur oben beschriebenen Konfrontation, daß die Frau auch Spiegel für ihn und sein Verhalten sei. Wie bringe er also sie zur Selbstzerstörung? Tatsächlich gelingt es, in einer tiefen Körperarbeit zu erkennen, wie er selbst voll von unterdrückter Wut und Ekel ist. Gefühle, die er sich bisher aber gar nicht eingestanden hatte, sondern eben solche Gefühlswallungen nur ihr anlastet. Sie wiederum empfindet das so, als ob er irgenwie in sie eindringe, sie "penetriere" und ihr etwas aufzwinge und Gewalt antue. Deshalb weist sie ihn seit einiger Zeit sexuell auch zurück. Das erzeugt neue Wut in ihm, die er aber weder ihr noch sich selbst eingesteht, sondern allein seine Frau als ausfällig erlebt. In der anschließenden Körperarbeit mit ihm wird dann seine eigene Geschichte deutlich sichtbar: In Wirklichkeit steckt er voll unterdrückter Zerstörungswut, als er sich nämlich zurückerinnert an das ihm in seiner Kindheit lieblos und brutal aufgezwungene Essen. Regelmäßig mußte er unter Androhung von Schlägen das inzwischen oft schon Erkaltete hinunterwürgen, erbrach sich regelmäßig, um dann auf seinem Zimmer in ohnmächtiger Wut immer mehr zu vereinsamen. Diese niemals aufgearbeitete Leidensgeschichte wiederholt sich jetzt im Rollentausch mit seiner Frau ständig: Er würgt ihr seine lieblose Kritik über ihr zügelloses Verhalten hinein, was sie regelmäßig zum Erbrechen bringt.

3.4. Konflikt-Analyse

In den vorherigen Therapieschritten hatte sich das Paar um das Gleichgewicht der Kräfte und die Ablösung von falschen Beziehungsmustern bemüht. Jetzt geht es um die entscheidende Wiederherstellung der Beziehung, das eigentliche Zusammenwirken von Weiblichem und Männlichem, um die gegenseitige Sinnerfüllung im Prozeß der Paarsynthese.

Über das Erkennen und Begreifen eigener zerstörerischer Anteile hinaus, - gilt es, eigenes Fehlverhalten dem Partner einzugestehen und ihn dafür um Verzeihung zu bitten. Nur so wird ein gegenseitiges Verstehen und Versöhnen überhaupt möglich. Jeder der beiden sieht die eigene Schuld am Scheitern der bisherigen Beziehung und versucht, sich aus dem Teufelskreis gegenseitiger Schuldzuweisung herauszulösen. Dieser Schritt läßt nicht nur die Beziehung wieder heilen, sondern heilt auch die eigene Seele, weil Verzeihen und Versöhnen effiziente *Psychopharmaka*, d.h. wirkungsvolle Instrumente menschlicher Ganzwerdung, sind.

Ein allmähliches Wiederaufrichten der fünf Dialog-Säulen der Partnerschaft kann erfolgen. Wie beim Domino-Spiel alle Steine der Reihe nach fallen, wenn der erste umgestoßen wird, so läßt sich dieser Vorgang hier auch umkehren: Ist es möglich, einen der fünf Grunddialoge wieder herzustellen, richten sich auch die vier anderen Säulen wieder auf.

Um diesen gegenseitigen Heilungs-Prozeß der Partner in der Tiefe zu verankern, folgt nach dem Verzeihen und Versöhnen der Dialog mit der eigenen Seele und der Seele des Partners. Mit neuer Würde lernen die beiden jeweils sich selbst, aber auch dem anderen zu begegnen. Unmittelbar daraus geht ein neuer Sinndialog des Paares hervor: in einen Austausch darüber zu treten, was Inhalte und Ziele dieser kommenden Neugestaltung des Paares und seiner Liebe sein können.

Allerdings ist jetzt auch der Zeitpunkt gekommen, an dem ohne Verzerrung und sinnlose Zerstörung deutlich werden kann, daß es für ein Paar möglicherweise keinen gemeinsamen Sinn geben wird, Heilung nicht möglich und deshalb die Trennung vom Partner eine ehrliche Chance für beide ist. Dann muß an dieser Stelle zunächst die *Innere Scheidung* (Cöllen 1989) in fünf Schritten (Ende aller Kritik, Bitte um Verzeihung, Lernen durch dich, Dank für gemeinsame Zeit, Zukunft in der Abgrenzung) vollzogen werden. Sie ermöglicht den Betroffenen im seelischen Schonraum nach eigenen Wegen zu suchen, ohne daß vor allem die Kinder, aber auch die ganze Existenz gefährdet werden.

Der oben genannte Seelendialog in der Psychotherapie für Paare ist für Tiefung und Neugestaltung jeder Liebesbeziehung eine ungemein wirksame Hilfe. Das Wort "Psychotherapie", das inzwischen jeder kennt, meint in der klassischen Medizin zunächst Heilung mit seelischen Mitteln, im Gegensatz zu medikamentösen oder chirurgischen Mitteln. Wir haben es statt dessen wörtlich genommen und meinen damit tatsächlich die Heilung durch direkte Arbeit und Dialog mit der eigenen Seele und der Partnerseele. Es ist mehr als naheliegend und heilsam, in der Psychotherapie mit den drei Aspekten von Körper, Geist und Seele gleichermaßen zu arbeiten. Umso verwunderlicher, ja unglaublich ist es, daß in keiner bisher bekannten Therapiemethode die Seele während der Dauer der Therapie direkt angesprochen wird. Die Paarsynthese macht sich hier darüber hinaus eine gesetzmäßige Analogie zunutze, die die meisten Paare erst einmal nahezu schockt, nämlich: Die Art und Weise, wie jemand für seine eigene Seele die Verantwortung wahrnimmt und diese behandelt, ist ein genaues Spiegelbild dessen, wie er seinen Partner behandelt und die Verantwortung für diesen wahrnimmt. Deshalb lassen wir

zunächst einen Brief mit Anrede an die eigene Seele schreiben, um anschließend anstelle dieser Anrede den Namen des Partners einzusetzen. Regelmäßig ergeben sich wirksame und nachhaltige Einsichten und Erkenntnisse (vgl. Seite 277).

Eine weitere Besonderheit im therapeutischen Vorgehen der Paarsynthese zeigt sich jetzt: Die Therapie der sexuellen Beziehung beginnt erst ab diesem Zeitpunkt. In den ersten drei Therapie-Zyklen werden die Klagen über Verletzungen im Bereich Sexualität nur aufgenommen und angehört. Die Therapeuten signalisieren Verstehen und Teilnahme, mehr nicht. Nur neurotisierende oder traumatisierende Erfahrungen wie sexueller Mißbrauch, Gewalterfahrung in der Kindheit usw. werden schon vorher bearbeitet. Grund dafür ist, daß die breitgestreute Bedeutung beklagter Unlust in der Konfliktvernetzung nur allmählich zu erkennen ist. Die hintergründigen Störungen der Sinnlichkeit sind für Therapeuten und Paar nicht leicht zu erhellen. Unklug ist es deshalb, die Störungen von der Erektionsschwäche und vorzeitigem Samenerguß bis hin zu Orgasmusstörungen frühzeitig angehen zu wollen. Tausend verborgene Motive werden dabei übergangen und zeigen sich erst wieder in den Rückfällen des Paares. Dieses Vorgehen der Paarsynthese steht damit im Widerspruch zur klassischen Sexualtherapie (Arentewicz & Schmidt 1980).

Besonders in diesem Bereich beinhaltet Therapie aber nicht nur Aufarbeitung seelischer Beeinträchtigung, sondern immer auch das Lernen neuer Möglichkeiten und Einstellungen zur Sexualität und zu bisher einschränkenden Normen, das Vertiefen der Ausdrucksmöglichkeiten und Erweitern der Empfindungsskala, die Differenzierung und Verfeinerung des Erlebens und deren adäquate sprachliche Bewältigung. Deshalb sind jetzt im therapeutischen Prozeß multimodale Techniken vonnöten, die das Paar in seiner Ganzheit und mit allen Sinneszugängen erfassen. Das Vorgehen der

Paarsynthese ermöglicht deshalb das Arbeiten auf der direkten körperlichen, auf der gefühlshaften, der seelischen und der geistigen Ebene gleichzeitig.

„Ein Hauptziel unserer Arbeit besteht im Finden einer neuen Sinnlichkeit. Sexualtherapie im engen Sinne ist nur ein Ausschnitt daraus. Sexuelle Störungen sind lediglich das auffälligste, prägnanteste Symptom einer Kette von Konflikten zwischen Kind und Eltern, zwischen gesellschaftlichen Instanzen und Einzelmensch, zwischen Frau und Mann im Geschlechterkampf. Neue Sinnlichkeit meint weniger Fixierung auf Orgasmus und Geschlechtsverkehr. Sie zielt auf Gleichberechtigung und Emanzipation im Bett und das Wiederfinden einer sinnlichen Kultur und Umwelt, zumindest im Mikrokosmos der Liebenden" (Cöllen 1997).

Dem Paar wird in dieser Arbeit das androgyne und sinnlich-sinnhafte Weltbild der Dyadischen Anthropologie mit seiner Philosophie der Lust vermittelt. Ohne sie ist die für eine effektive Sexualtherapie notwendige Neuorientierung kaum denkbar: Sexualität gilt als Grunddialog zwischen Frau und Mann. Sie bildet oft das Zentrum der Auseinandersetzungen zwischen persönlichen Glückserwartungen, tiefsten Verletzungen, moralischen Ansprüchen, doktrinären Ideologien und methodischen Differenzen der einzelnen Therapieschulen, der politischen und kirchlichen Kräfte, aber auch und gerade der beiden Partner.

Die praktische Arbeit bezieht den gesamten möglichen Horizont sexueller Störungen und Dialogblockierungen mit ein: die Geschichte der eigenen sexuellen Entwicklung, sexuelle Ängste und deren Genese; Phantasien und Störungen der Lust; die Geschichte des Körpers.

Die Erfahrung zeigt, daß gerade in diesem Bereich die lenkende Strukturierung durch die beiden Therapeuten notwendig ist. So sehr die Autonomie der Klienten hilfreich und wichtig sein mag, sind doch die Verletzungen, Verwirrungen, Ver-

drängungen und Widerstände zwischen den Partnern oft zu groß, die Hemmungen gegenüber den Therapeuten zu hinderlich für eine von selbst fließende Arbeit. Es geschieht dann häufig, daß längst verarbeitet geglaubte Konflikte erneut aufbrechen oder aktuelle Streitereien scheinbar keinen Raum lassen für diese sinnlichen Probleme. Dabei handelt es sich meist um unbewußte Abwehr und Widerstand gegen die therapeutische Bearbeitung. Oft allerdings spielen auch die Hemmungen der Therapeuten selbst eine wichtige Rolle im Sinne eines Verhinderns. Vielleicht sind sie selbst nicht offen oder haben keine eigene Orientierung. Hier gilt besonders die von Bauriedl 1984 aufgezeigte Beziehungsdynamik des therapeutischen Geschehens: Das Paar kann sich in seiner Lust und erfüllenden Sexualität nicht weiterentwickeln und entfalten, als die Therapeuten es eben sind.

Die Vorgehensweise zur Sexualtherapie im Rahmen der Paarsynthese umfaßt in sich noch einmal fünf Schritte, nämlich (1) das Finden einer gemeinsamen Sprache für Sinnlichkeit, Lust und Sexualität, (2) die Entdeckung der Seele in der Sexualität, (3) die Entwicklung der Sexualität in der eigenen Partnerwerdung, (4) Körperarbeit der Partner und Paare und schließlich (5) die durch spirituelle Tiefung und Transformation angestrebte Neugestaltung der Intimität, die letztendlich mit der abschließenden Phase der Paartherapie, der Paargestaltung, zusammenfällt.

Das Besondere der Sexualtherapie ist im Vorgehen der Paarsynthese nur relativ: Sie wird nämlich keineswegs isoliert, sondern nur im Rahmen der gesamten Paartherapie durchgeführt. Dennoch kommt ihr durch den schon erwähnten Dominoeffekt der Dialogsäulen eine zentrale Bedeutung zu. Die Bündelung der Partnerkrise in diesem Brennpunkt Sexualität bewirkt oft das Zusammenbrechen aller Säulen. Andererseits können mit ihr zentral alle Säulen der Partnerschaft wieder aufgerichtet werden. Die Therapeuten führen deshalb von sich aus den Therapieprozeß in jedem Fall zu diesem Thema hin.

Als Wegweiser dienen dazu hervorragend die sexuellen Phantasien, die es freizusetzen, aus ihrem schamvollen Gefängnis zu befreien, also zu veröffentlichen gilt. Phantasien, verborgene Gedanken und Tagträume sind Ausdruck der innewohnenden Sehnsucht und somit als reale psychische Kraft und Energie nutzbar, die mit therapeutischer Präzision einzusetzen ist. Dazu müssen sie aber wahrgenommen, erkannt und schließlich offenbart werden. Und die Partner brauchen Mut, sich zu ihren geheimen Wünschen zu bekennen, sich *bloß und nackt* zu zeigen, sich vor dem Partner, vor den Therapeuten und vor der Gruppe zu *entblößen*. Dies ist der erste und notwendige Schritt, Sexualität von Blockierung freizusetzen.

Grundforderung an das Therapeutenpaar ist dabei, daß es selbst Eindeutigkeit in Sprache, Kontakt und Berührung mit den Paaren zeigt: Durch diese vielen Labyrinthe sexueller Wirrungen sollen sie die Partner führen, indem sie diese an die Hand nehmen, Strukturen setzen, auch mal *autoritär* werden und ihre therapeutische Macht nutzen. Die Methodendifferenz zwischen Triaden- und Übertragungskonzept in Paarsynthese und tiefenpsychologischer Fundierung verweist deutlich darauf, daß therapeutische Eindeutigkeit eben nicht Enthaltsamkeit meint, sondern das Gegenteil: Die Therapeuten als Frau und Mann sind in diesen Schritten selbst wegweisend, zeigen sich selbst *nackt und bloß*, berührbar und fühlbar. Die sexuelle Schwingungsfähigkeit bestimmt dabei millimetergenau die notwendigen Grenzen und Entwicklungschancen der ihnen anvertrauten Paare.

Um nun diesen Prozeß der Veröffentlichung innerer Phantasien, Sehnsüchte und Träume in Gang zu setzen, bedarf es vieler Angebote und Übungen, um auf immer wieder neue Weise Zugangswege zur Vielschichtigkeit und Vieldimensionaliät

von Sexualität erlebbar zu machen. Es ist ja gerade die Reduzierung der Sexualität auf die Genitalität, die in unserem Kulturkreis die Zerstörung der Sinnlichkeit für Haut, Natur, Gesundheit und Ganzheit in die Wege geleitet hat. Deshalb sucht die Paarsynthese so stark das Zusammenwirken mit östlichen, androgynen Kulturen und ihren Liebesweisheiten (Cöllen 1984). Deren Vielfalt, vor allem aber auch ihre weiblich-männliche Grundhaltung und die damit verbundenen Selbsterfahrungstechniken nützen der Arbeit. Alle Anleitungen der Therapeuten zum vertieften Arbeiten in Form von Schreiben, Szenendarstellung, kreativer Ausgestaltung, Finden von Symbolik, Phantasiereisen, Ritualen und anderen Paaraktivitäten vollziehen sich vor diesem Hintergrund. Durch Zeichnen, Tonen, Schreiben und Lesen wird nach neuen Inhalten, Formen und Begegnungsweisen gesucht. Die Gestaltung eines *Festes der Sinne* in Körperdialogen gehört ebenso dazu wie vertieftes eigenes Körperbewußtsein durch Atmung und Bewegung einerseits und innere Achtsamkeit für sich und den Partner andererseits, durch Paar-Meditation und -Rituale gegenseitiger Würdigung.

Ganz konkret sind damit Abende des Paares gemeint, die es nur mit Körperbegegnung verbringt, aber ohne Sexualität. Das soll den Weg zur *Seele der Sexualität* öffnen, wie Paarsynthese die sehnsuchtsvolle Geborgenheit durch Körperwärme, Anschmiegen, Hautschmeicheln, Atem-Tauschen und inniges Spüren nennt. Ein weiteres sehr zentrales Einüben von Sinnlichkeit, seelischer Berührung und feinstofflicher Sexualität wird im tantrischen *Ritual der sieben Nächte* möglich. Den Paaren wird dieses Ritual zunächst als meditative Zentrierung angeboten, welche es dann anschließend zu Hause durchführt. Dieses Ritual enthält alle Weisheit der Liebe schon seit vielen hundert Jahren. Es braucht keine lange Einführung und vollzieht sich ohne jeden Druck für die Partner. Das Ritual selbst gibt nur einen feierlichen Rahmen: Ihm wohnen Würde und Achtung vor Erotik und Sinnlichkeit von Mann und Frau inne.

Ein Fallbeispiel mit typischem Fremdgehen kann diesen Weg der Therapie bis hierher verdeutlichen:

Beide sind um die 50, sehr gepflegt und konventionell wirkend: Er ist Verkaufsleiter eines größeren Unternehmens, sie Chefsekretärin in einer Klinik. Beide sind streng gläubig und im Kirchenvorstand ihrer Gemeinde aktiv. Sie haben zwei erwachsene Kinder, von denen der eine Theologie studiert. Die Ehefrau hat eine schwere agressiv-agitierte Depression. Sie leidet zudem an starken Unterleibsblutungen. Nacheinander erlitt sie dann noch zwei Nervenzusammenbrüche als Reaktion auf die mittlerweile vierte Aufdeckung seiner Untreue: Er hatte innerhalb von acht Jahren vier Verhältnisse mit anderen Frauen, jeweils etwa zwei Jahre lang, zuletzt mit der borderlinigen Schwester der Patientin. Als Folge kam es zu schwersten Schuldgefühlen und Unrechtsbewußtsein bei ihm, schließlich zur Suizidgefahr auf beiden Seiten und ihrer Androhung der Ehescheidung. Der behandelnde Psychiater schickte sie schließlich zur Paartherapie.

Partnerdiagramm: Er hat im Vergleich zu ihr wenig Eigenraum, sie überdeckt ihn fast ganz. Ihr Partnerstil entspricht voll und ganz der Durchsetzung, er dagegen zeigt überwiegend Anpassung und Teile von Planung. Er füllt nur wenig seinen Lebensraum aus und wenn, dann nur mit Schuldgefühlen, so daß er keine Selbstbestätigung daraus ziehen kann. Je mehr er sich aber einkapselt und schrumpft, umso gewaltiger tritt sie auf den Plan und beherrscht alle Pole.

Partnerwerdung: Sein Vater war lange in russischer Gefangenschaft. Seine Mutter und andere Frauen wurden auf der Flucht vor seinen Augen mehrfach vergewaltigt, einige Kinder daraus abgetrieben. Er sah auch andere Greueltaten von russischen Soldaten, welche dann zur Strafe zu Tode geschleift wurden. Später wurde ihm sein Wille durch den zurückgekehrten extrem autoritären Vater gebrochen. Dieser war launisch, streng, nachtragend, hat sogar dem Sohn seine Verlobung ver-

boten. Leistungsverweigerung ist die Folge: Er fällt durch das Medizin-Examen, macht eine *Versagerkarriere* und schwebt in ständiger Suizidgefahr.

Sie ist mit einer äußerst prüden Mutter groß geworden. Ihr Vater war früh gefallen und als unerreichbares Ideal, als Held und hehre Lichtgestalt verherrlicht worden. Die Mutter hat sie bis ins Erwachsenenalter nicht aufgeklärt und verschwiegen, daß sie selbst ein jahrelanges Verhältnis mit ihrem Chef hatte. Als junge Frau hat sie sich aus den medizinischen Büchern ihres jetzigen Mannes selbst aufgeklärt .

Paardynamik: Er setzt in der Fortsetzung seiner Kindheitsgeschichte seine Frau mit seinem Vater gleich: Er begeht Heimlichkeiten, weil er nicht den Mut findet, sich wirklich durchzusetzen oder ihr gar seine sexuellen Wünsche zu offenbaren. Jedesmal, wenn er beruflich versagt oder in Streß kommt, geht er fremd. Im Beruf glänzt er allein durch Penibilität (Grafiken, Statistiken). Alle Konflikte verdrängt er in Müdigkeit. Seinen starken Sexualdrang erlebt er als einzigen Beweis seiner mänlichen Identität. In der Folge betreibt er Onanie selbst mit der Blumenvase (auch der Theologie studierende Sohn betreibt Petting bis zum Exzeß). Sein innerer Überdruck entlädt sich letztendlich in seinem Doppelleben als Vorstand seiner Kirchengemeinde einerseits und als immer wieder sündiger Ehebrecher andererseits. Seine Frau dagegen ist ehrgeizig, pachtet für sich die Moral, wird aus der angepaßten zur dominanten Partnerin, delegiert an ihn die Sündenbockrolle. Sie verteufelt seine unchristlichen Sexualwünsche als Schmutz und Schande. Die Heiligkeit der Kirchengemeinde aber wird zum Ghetto, aus dem er immer wieder ausbrechen muß. Die Söhne tragen diese Ahnenbotschaft weiter.

Arbeit und Ziel der Thearapie: Vor allem die Befreiung beider Partner aus der muffigen Enge mittelalterlicher Moral- und Schuldvorstellungen wird ein Schwerpunkt der Therapie. Dann folgt die Arbeit an seiner Emanzipation und am Aufbau eines neuen Selbstbewußtseins im Beisein seiner Frau. Sie wird zum ersten Mal in ihrem Leben konfrontiert mit ihrer bigotten Moral und ihrer für ihn zerstörerischen Dominanz, getarnt mit der falschen Autorität ihrer Funktion in der Kirche. Offene Gespräche über sexuelle Wünsche und Phantasien beider Partner treten an die Stelle von Pornographie-Heften, die er bis dahin im Schrank versteckte und von ihr regelmäßig gefunden wurden. Erst nach dem durch Rollenspiel ermöglichten Austragen von Aggressionen auch durch ihn und durch Dialoge mit Rollentausch wurde es beiden möglich, neue Sinnlichkeit und Erotik zu finden, diesmal in gegenseitigem Einfühlen.

3.5. Paargestaltung

Im letzten Zyklus der Paartherapie steht das kreativ-sinnliche Zusammenwirken der Partner im Vordergrund. Die Verbindung von Bauch, Herz, Kopf und Seele bei jedem der beiden und ihre Fähigkeit, sich selbst stimmig in diese Beziehung einzubringen, ist ein Teil der bisherigen Arbeit gewesen. Das Gleichgewicht der Kräfte herzustellen war der zweite Teil; der dritte bestand darin, den Austausch der Liebenden von Körper, Geist und Seele wieder in Fluß zu bringen, der vierte Teil schließlich hatte die Aufgabe, die tieferen Konflikt- und Sinnzusammenhänge der Beziehung und der Partner zu erfassen. Jetzt ist der Zeitpunkt gekommen, die Synthese des Paares zu entfalten. Im wesentlichen ist darunter die Verschmelzung zu einer Zweiheit zu verstehen, ohne daß daraus symbiotische Einheit wird. Die *Paarung* erzeugt über das Zusammenleben zweier Individuen hinaus gegenseitige Befruchtung. Das Paar wird zum Zentrum neuer Schöpfung.

Das Paar gestaltet sich immer wieder neu, lernt jetzt, diesen steten Wandel als aufbauenden Prozeß weiterzuführen, ohne in Konkurrenz oder gegenseitige Zerstörung zu treten. Neu gewonnene Impulse, Einsichten, Gefühlstiefen, Wahrnehmungs- und Verhaltensänderungen dienen jetzt dazu, die eigene Dialog- und Strategiekompetenz zu üben und den Partnern zuzumuten, sich gegenseitig zur Weiterentwicklung zu stimulieren, konfrontieren, provozieren und evozieren. Im Alltag des Paares bedeutet

dies oft auch Umgestaltung der familiären Situation, der ehelichen Routine und der eingefahrenen beruflichen Gleise. Für Frauen mag es darum gehen, zurück in den Beruf zu finden, Männer müssen neue Zeiteinteilungen für Liebe und Leben finden. Lebensziele werden zu zweit entwickelt.

Therapeutische Begleitung in dieser Schlußphase erweist sich immer noch als notwendig, um sicher zu erwartende Rückfälle aufzufangen, kreative Anstöße zu ermöglichen und der Neugestaltung der Paardynamik Nachdruck zu verleihen, die auf einer neuen Geschlechterordnung aufbaut. Viele alte Normen und Traditionen der Liebe gelten nicht mehr. Frau und Mann sind sich nach dieser intensiven therapeutischen Arbeit ihrer Wechselwirkung aufeinander bewußt und kennen die Psychologie der Liebe und der Paardynamik. Familienpädagogische Interventionen, die die Paarsynthese neuerdings entwickelt hat, runden schließlich die therapeutischen Maßnahmen ab.

3.6. Charakteristika dieses Vorgehens liegen einmal im Setting: das Paar als Klient (Dyade), das Paar mit einem Therapeuten (Triade), idealerweise einem Therapeutenpaar; zum anderen das multimodale und prozeßspezifische Arbeiten in der Abfolge der fünf Zyklen mit szenischen, tiefenpsychologischen, dialogischen und spirituellen Techniken im schulenübergreifenden Sinn; des weiteren die Arbeit mit der Wechselwirkung von Integration, Synthese und Expansion zwischen Eigen-, Partner- und Lebensraum im Rahmen von Einzel-, Paar- und Gruppentherapie. Die gesamte Arbeit realisiert sich auf den fünf Dialogebenen des Paares: Körper, Gefühl, Sprache, Sinn und Zeit. Zur Konfliktlösung werden die fünf Partnerstile von Intuition, Anpassung, Durchsetzung und Planung zu einem integrativen Handeln gefügt, um die synchrone Erfüllung der Partnerzyklen von Hingabe, Aufbau, Lebensmitte, Altern und Zweisamkeit zu ermöglichen und den Energieaustausch

von Körper, Geist und Seele im Fließgleichgewicht auszusteuern.

Deutlich wird hier, daß weder Streitdynamik noch konfliktzentrierte Therapie im Vordergrund stehen. Vielmehr kommt dem *Lernmodell Liebe* die eigentliche Bedeutung zu. Das Lernen von Liebe ist dabei als gemeinsamer Erfüllungsprozeß der Partner zu verstehen, um sich so zur ersehnten Ganzheit zu vervollständigen. Dyade bewirkt hohe Verdichtung und Beschleunigung menschlicher Prozesse, die sonst nirgends oder nur selektiv erreicht werden können. Sie zu erreichen ist nicht ein abgeschlossenes Ziel, sondern bedeutet eine sich im Lebenslauf vollziehende Erfüllung. Die Qualität der Tag-und-Nacht-Einheit mit dem Liebespartner ist immer und grundsätzlich eine andere als die in anderen sozialen Beziehungen. Die Totalität der menschlichen Erfassung in einer Liebesbeziehung ist unvergleichlich, bedingt ihren Zauber, ihre Explosivität und ihre Zerstörungskraft.

3.8. Unterschiede zwischen Paartherapie und herkömmlicher Einzel- oder Gruppentherapie sind besonders hervorzuheben, da sie den Synthese-Gedanken erst deutlich machen.

Die Einbeziehung des Partners in die Paartherapie ist allgegenwärtig. Selbst dann, wenn dieser aus triftigen Gründen gar nicht anwesend ist oder die Therapie generell verweigert, werden dyadische Interventionen, Techniken und Übungen eingesetzt. Ein anderes Grundkonzept kommt zur Anwendung: Frau und Mann werden als Teile eines Ganzen angesprochen, die erst im Zusammenspiel sich und ihre Welt selbst erschaffen. Sie haben ihre jeweilige Identität eben durch den anderen erst gewonnen. Interventionen, die sich an den einen richten, treffen daher immer auch den anderen. Die therapeutische Tiefe erreicht beide, den direkt angesprochenen und den gerade passiven Partner, oft entgegengesetzt, manchmal spiegelnd, wiederum auch ergänzend. Männerpro-

bleme sind dann immer auch Frauenprobleme und umgekehrt. Die Paarsynthese geht daher nicht separierend vor, arbeitet also nicht mit Frauen und Männern in getrennten Sitzungen oder Gruppen. Denn die notwendige Hinfindung zum eigenen und anderen Geschlecht und zum eigenen Selbst ist nur dyadisch, in der Synthese von Frau und Mann zu erreichen.

Anders auch als in der Einzeltherapie, in der selten ein solcher Druck herrscht, muß der Heilungsgradient in der Paartherapie schneller als der Zerstörungsgradient wirken. Der Wettlauf gegen die Destruktion täglicher Streitereien und die damit verbundene Zerstörung der verbliebenen Paarsubstanz muß gewonnen werden. Weiter ist der therapeutische Umgang mit Abwehrverhalten und Widerstand ein anderer, da diese oft unterschiedlich bzw. gegeneinander aktiviert, auch gegenüber den Therapeuten different ausagiert werden. Widerstand ist deshalb auf der Eltern-Kind-, der Geschwister- und der Partner-Ebene zu erkennen und zu bearbeiten. Bei der *Übertragung und Gegenübertragung* werden Therapeuten überwiegend nicht zu idealisierten Eltern-, sondern zu potentiellen Partnerfiguren. Sie ernten häufig Zuneigung, die dem eigenen Partner demonstrativ verwehrt wird.

Paartherapie hat darüber hinaus anderen Charakter und Sinngehalt: Es geht beim Leiden an der Liebe nicht um eine als heilungsbedürftig anerkannte Krankheit. Die therapeutisch übliche Einzelbehandlung des Individuums verbietet sich von daher. Das Paar ist vielmehr Spiegel der Liebes(un)fähigkeit unserer Gesellschaft. Andere Ziele werden deshalb angestrebt: Intimität als Heilkraft, Versöhnung der Geschlechter, *Eros als subtile Energie* (Berner-Hürbin 1989), Feiern der Ekstase, Freude an den Sinnen. Neben Individuation und Integration geht es um die Synthese, das Zusammenwirken männlicher und weiblicher Energie. In einer Art Solidarpakt wird dem einzelnen

Vergangenheitsbewältigung erst möglich: Ablösung von Ahnenbotschaften, Aufarbeitung elterlicher Liebesmuster, Abbau von Altlasten. Der Partner wird dabei zum persönlichen *Entwicklungshelfer* auf dem Weg zur Selbstentfaltung. Oft sind es gerade dessen angebliche Fehler, die zur eigenen Weiterentwicklung zwingen. Das Lernen durch den Partner wird zum Lebensweg.

Das dyadische Lebenskonzept vermittelt das intime Zusammenwirken zweier emanzipierter Persönlichkeiten in Gleichberechtigung und Ganzheit - durch Androgynie in einer Synthese mit dem Gegenüber, ohne diesen zu kolonialisieren (vgl. Türcke 1991). Die verantwortliche Gestaltung von Liebe und Beziehung durch Intimität führt dann implizit zur mitverantwortlichen Weltgestaltung. Trotz "liebevoller" Atmosphäre bietet Paartherapie im Vergleich zur Einzeltherapie weniger Schonraum, da der "Kontrahent" in Gestalt des Partners immer gegenübersitzt. Gleichzeitig kontrolliert, korrigiert, bewertet der eine alle Aussagen des anderen - selten mit wohlwollender Akzeptanz. Die therapeutische Atmosphäre, in der Einzelarbeit oft schon heilend durch die Annahme und Wertschätzung seitens des Therapeuten, wirkt vielfach gespannt, aufgeladen, oft feindlich. Jede noch so kleine positive Veränderung in der Sitzung wird sofort im Alltag des Paares überprüft bzw. in Frage gestellt. Blanck & Blanck schreiben 1968 dazu: "Eines der schwierigsten technischen Probleme der Paartherapie ist, jemandem zu helfen, der die Schwierigkeiten beim Ehepartner sieht."

Das therapeutische Vorgehen der Paarsynthese ist gemäß der Komplexität und Vieldimensionalität von Liebe bewußt nicht schulen- und methodengebunden oder einer bestimmten Weltanschauung bzw. einem starren Modell von Partnerschaft verpflichtet. Allerdings entzündet sich hier eine kritische Diskussion sowohl mit den einzelnen Therapie-Schulen als auch innerhalb der Paarsynthese selbst über Berechtigung und Effektivität solch

einer bisher unüblichen und undogmatischen Methoden-Synthese. Aber jede Schulenenge, jede Reduzierung von Komplexität zur Vereinfachung der therapeutischen Arbeit durch Einschränkung z.B. auf die Kommunikation eines Paares oder die tiefenpsychologischen Aspekte allein bedeutet Spaltung der immer auf Ganzheit angelegten Liebe. Sie würde verfälscht und erneut gefährdet, indem man die Krise nur auf einen Teilbereich lenkt. Wollen wir aber nur annähernd versuchen, allen Liebesphänomenen gerecht zu werden und sie daher in die Therapie einbeziehen, laufen wir Gefahr einer solchen Überfrachtung, daß sie nur noch in reinste Sisyphusarbeit ausarten würde.

Um die Komplexität der Liebestragödien dennoch umfassen zu können, setzt Paarsynthese bewußt auf die Synthese all jener therapeutischen Methoden, die der Sinnerfüllung des Paares dienen. Wir wissen aus den Untersuchungen von Grawe (1994), daß allein das früher so negativierte eklektische, heute oft integrativ genannte Vorgehen methodenübergreifend einen psychologisch und ökonomisch angemessenen Erfolg wahrscheinlich macht.

Die angestrebte Veränderung der Konflikt- und Krisendynamik mit Hilfe der Therapie der Paarsynthese wird durch Inhalte bewirkt, die bisher in verschiedenen Schulen unterschiedlich präsent sind: Lernen von Gefühlen, Lernen von Resonanz- statt Durchsetzungsenergie, spirituelles Lernen, Entflechtung der Konfliktvernetzung durch soziales und tiefenpsychologisches Lernen, dialogische Bewältigungstechniken und Konfliktlösungsstrategien, wechselseitige Emanzipation durch Erwerb von integrativem Partnerstil und Dialogkompetenz, Kommunikations- und Partnerschaftstraining, gemeinsame Selbst- und Sinnfindung. Die Gegenpole von Abgrenzung und Distanz sind darin selbstverständlich eingeschlossen. So gilt es durchaus auch als Ausdruck von Liebe und ihrer Heilung, sich vom Partner trennen zu können.

4. Drei zentrale Methoden zur Durchführung der Paartherapie

In der konkreten Arbeit verwendet Paarsynthese neben den bekannten Techniken der Tiefenpsychologie, der Verhaltenstherapie und der Humanistischen Psychotherapie darüber hinaus viele der zentralen Übungselemente aus Tao und Tantra, überdies eine Fülle eigens für die Paararbeit entwickelter Übungen. Drei davon seien hier kurz vorgestellt:

4.1. Der Seelendialog in der Paarsynthese

Charakteristisch im vierten Therapie-Zyklus der Konfliktanalyse ist die Arbeit mit Feinstofflichkeit und Spiritualität der Liebe. Sinnfragen wie: Wozu liebe ich dich? Wozu hat das Leben mir gerade dich gegeben? Wer sind wir, wohin gehen wir als Paar? sollen gemeinsam beantwortet werden. Die Arbeit mit dieser feinstofflichen Qualität der Liebe, auch in der Sexualität, wird jetzt intensiv durch die Einführung der *Seelendialoge* aufgenommen. Die Therapeuten achten auf Kontinuität, innere Stimmigkeit und Bewußtheit in der Ansprache und im Umgang mit der eigenen Seele und der des Partners als Voraussetzung für Sinnlichkeit und die darauf aufbauende gegenseitige Erfüllung.

Die Durchführung und Vertiefung des Seelendialoges als analoge Form von Paararbeit ist von so ausschlaggebender Bedeutung für die Effektivität der Paartherapie, daß im folgenden alle Anweisungen der Therapeuten wörtlich und ganz präzise zu beantworten sind, da sonst allzuleicht die spezifische Wirkung des Seelendialogs durch blinde Flecken, Fremdheit und Unkenntnis verflacht.

Die Aufgabe dazu lautet, einen Brief an die eigene Seele zu schreiben und auf die Frage zu antworten: *Wie habe ich Dich, meine Seele, bisher in meinem Leben behandelt? Als lebenslanger Träger und Besitzer habe ich Verantwortung für Dich. Wie habe ich diese wahrgenommen?*

Diese Übung führt nämlich zu einer erstaunlichen Entdeckung, die auch ihren Sinn erklärt: Der Umgang mit der eigenen Seele ist weitgehend identisch mit dem Verhalten gegenüber dem Partner. Zwar sehen die meisten Paare sofort und deutlich Sinn und Zusammenhang zur Beziehungsgestaltung, dennoch zeigen viele massiven Widerstand, Unvermögen und Peinlichkeit. Jetzt sollten die Therapeuten aber auf die Erfüllung der Aufgabe hinarbeiten; dazu nutzen sie die inzwischen *intime* Beziehung zu den Klienten.

Im zweiten Schritt wird derselbe Brief mit dem gleichen Wortlaut nochmal vorgelesen, diesmal allerdings an den Partner gerichtet, mit seinem Namen als Anrede. Oft können ganze Passagen wörtlich übernommen, oft müssen nur geringfügige Veränderungen der Wortwahl oder der Bedeutungen eingefügt werden. Es zeigt sich dann in der meist zutage tretenden Unbeholfenheit, Unsicherheit und Unfähigkeit, mit der eigenen Seele zu sprechen und in deren Tiefe zu sehen, in beklemmender Selbsterkenntnis, wie ausgehungert, vernachlässigt und vertrocknet die Beziehung zum Partner sein muß. Die Analogie zwischen Paardynamik und eigener Seelendynamik wird augenscheinlich, körperlich fühlbar.

Mit seiner eigenen Seele auf diese Weise in Verbindung zu treten, hat spirituellen Gehalt. Dementsprechend gehen die meisten Partner trotz Zögern dann schließlich doch mit tiefem Ernst an diese Aufgabe heran. Sie wirkt lange und tief in den Alltag hinein. Ein Gefühl dafür taucht auf, wie achtsam mit der eigenen Seele, aber auch mit dem Partner in Wirklichkeit umzugehen ist, wieviel Aufmerksamkeit, Respekt und Würde diese Beziehung verdient und wieviel im Alltag davon verlorengegangen ist. Meist weckt diese Übung bei den Paaren die nachhaltige Bereitschaft, sich mit sich selbst und dem Partner auf neue Weise zu vereinen, mit anderen Augen das Universum der Liebe zu sehen.

Um eine noch intensivere und dauerhaftere Verankerung dieser durch den Seelendialog eintretenden Veränderungsbereitschaft zu erreichen, werden diese *Zwiegespräche mit der Seele* immer wieder aufgegriffen, zu Hause fortgesetzt, vor einem Spiegel, durch Augenblicke, durch Briefe. Beide schreiben dann einen Brief an die Partnerseele, malen dann als Hausaufgabe deren imaginiertes Bild und achten darauf, daß jeder Strich und jede Farbe zur Berührung mit der Partnerseele wird: Ahnen, Fühlen, Spüren, in die Tiefe der eigenen und der Partnerseele tauchen, dort die Sehnsucht und Bedürftigkeit erkennen, den Schrei nach zärtlicher Geborgenheit hören und Mut zur lustvollen Leidenschaft finden, einsinken in den Dialog der Gefühle, den der Körper und die der liebkosenden Sprache und der Sinne, sich einlassen auf das Wesen und den Sinn dieser Liebe.

4.2. Der Weg der Würdigung in der Paarsynthese

In der Paarsynthese bedeutet Liebe Sinn des Lebens. Der Dialog ist der Weg dazu, diesen Sinn zu finden, zu bewahren und zu vertiefen. Die Würde ist das Prinzip der Paarsynthese, der Boden, auf dem die Liebe wachsen kann.

In der oft täglich eskalierenden Streitdynamik geht aber gerade die Würde der Liebenden meist verloren. Gegenseitige Demütigung und Erniedrigung, die viel an seelischer Substanz rauben, sind an der Tagesordnung. Je nach Dosierung und Intensität wirkt diese Entwürdigung schleichend unbewußt bis traumatisch und zerstört allmählich die eigene Identität. Die Betroffenen müssen sich also wehren, wollen sie nicht einen gefährlichen

Identitätsverlust hinnehmen. Die Streitkette dreht sich auf diese Weise aber immer weiter, da sich ja in der Regel beide Partner entwürdigt fühlen.

Gerade in dieser Situation gilt wieder die schon erwähnte Besonderheit von Paartherapie, daß jetzt der Heilungsgradient der Therapie schneller greifen muß als der Zerstörungsgradient täglicher Destruktion. Hier würde eine tiefenpsychologische Aufarbeitung zu langwierig, eine verhaltenstherapeutische oder systemische Modifikation zu äußerlich und Affirmationstechniken zu unecht wirken. Die direkte Arbeit mit der gegenseitigen Würdigung trifft jetzt aber ins Zentrum: Die Liebenden/Streitenden selbst sehnen sich danach; sie ahnen, daß jenseits aller Beschuldigungen und Anklagen eine Art überinstanzliches Prinzip der Liebe herrscht, das wiederzufinden von essentieller Bedeutung ist, egal ob die Partner zusammenbleiben oder sich trennen.

Und noch eins wird sofort spürbar: Will ich selbst meine Würde bewahren, muß ich auch den anderen würdigen. Entwürdige ich diesen nämlich, so entwürdige ich mich selbst, so bin ich selbst nicht würdig. Plötzlich wird auch deutlich, daß Würdigung mehr meint, als Rechthaben oder Anerkennung und Befriedigung einzufordern. Im Prozeß der Würdigung wird wie von selbst deutlich, daß der Partner natürlich auch mit seinen Fehlern zu würdigen ist, daß diese nämlich notweniger Bestandteil seiner Persönlichkeit sind, daß er sie gerade nur dann einsehen und überwinden kann, wenn ich eben mit diesen seinen Fehlern würdevoll umgehe. Dieses Verhalten überzeugt im Umgang mit den Fehlern der eigenen Kinder sofort: Nach Möglichkeit versuchen die Eltern, tröstend, hilfreich und ermutigend - also aufbauend und unter Wahrung der Würde des Kindes damit umzugehen. Und eben dieses Prinzip gilt gerade auch im Umgang mit den Fehlern des Partners.

Zur praktischen Arbeit mit dem Prinzip Würde bedarf es oft gar keiner langen Grundsatzerklärung und keiner diffizilen Anleitung. Sie besitzt augenscheinliche Gültigkeit und führt oft allein durch den Vorschlag zu solcher Arbeit bei den Zerstrittenen zu einem evidenten Aha-Erlebnis mit tiefem Luftholen und Herzberührung: "Ja genau, das fehlt uns, das machen wir falsch, - ja, das müssen wir wieder lernen, aber... ich brauche noch Zeit dazu, - ich will es mir zu Hause überlegen, ich kann nicht sofort usw."

Von zentraler Bedeutung dabei ist dann die konkrete Durchführung der verschiedenen Übungen zur Würde. Beibt es nämlich bei der rein sprachlichen bzw. gedanklichen Erörterung dieses Prinzips, stimmen zwar alle zu, aber der Impuls, sich selbst würdevoll betragen zu wollen, geht in der Abstraktion wieder verloren. Es verhallt seine Intention im Leeren, wie gute Vorsätze, die nicht erfüllt werden. Deshalb bietet die Paarsynthese bestimmte Rituale, Übungen und tägliche Begegnungsweisen an, die helfen, die Wirkung der Würdigung im Körperbewußtsein zu verankern.

Bei der Zusammenstellung von Übungen dazu haben wir viele Elemente aus taoistischen und tantrischen Riten entliehen. Anders als in westlicher Tradition haben deren Lehren neben der Intimität auch schon immer das Prinzip der Würdigung als Heiligung und Heilkraft in der menschlichen Beziehung allgemein und im Liebesbezug insbesondere geübt. Die Übungen selbst aber zu beschreiben ist durchaus schwierig, weil allzuleicht mißverständlich, da sie ihre Wirkung im Erfahren und Erleben zeigen und nicht im kognitiven Begreifen. Die mentale und psychische Wirkung ist erst das Ergebnis einer Tätigkeit, während im westlichen Ansatz erst das Begreifen, dann das Tun steht.
Konkret sehen die Übungen so aus, daß die Partner beispielsweise einander gegenüberstehen, -sitzen oder -knien. Sie können dies auch nackt tun.

Dann falten sie die Hände. Beide schauen sich lange in die Augen, schließen diese dann, spüren die innere Wirkung des Augenblicks. Dann beginnt der eine, sich vor dem anderen zu verbeugen, indem er sich ganz, ganz langsam immer tiefer neigt, möglichst mit dem Kopf bis zur Erde. Ebenso langsam richtet er sich dann wieder auf. Ein solcher Vorgang kann bis zu einer halben Stunde dauern. Dann wechseln die Rollen, der Partner tut jetzt desgleichen.

Andere Übungen und Rituale bestehen darin, den Partner in all seiner Schönheit zu betrachten und dafür zu loben; dann sprechen sie gegenseitig aus, daß sie einander würdigen. Im täglichen Umgang sollte, wenn auch kürzer, das Ritual immer mal wiederholt werden. Besonders im liebenden Umgang sexueller Vereinigung führen solche Würdeübungen zu dem tiefen Verstehen davon, was sonst üblicherweise mit neuer Sinnlichkeit umschrieben wird. Alle Versuche, von der häufig ausgeprägten Fixierung auf Geschlechtsverkehr und Orgasmus wegzukommen hin zu ganzheitlicher und wechselseitiger Lusterfüllung im Wechsel von männlicher und weiblicher Erotik, beginnen da ihre Transformationsarbeit.

Ein drittes und besonders bedeutsames Agens der paartherapeutischen Arbeit in der Paarsynthese kommt hier zusätzlich zur Wirkung: die Triade.

4.3. Das therapeutische Beziehungsmodell der Paarsynthese: Triade
Einfach ausgedrückt meint das z.B., daß die Therapeuten die oben beschriebenen Übungen selbst mitmachen. Bleiben viele der anderen speziellen Paarübungen wie paradoxe Verschränkung in der Wunschumkehrung, Umpolen der Streitspirale, Lernen durch dich usw. doch im üblichen Rahmen therapeutischer Zurückhaltung, beginnt hier ein ganz anderes Verstehen von der Aufgabe der

Therapeuten: Statt Übertragung und Gegenübertragung arbeiten sie mit der Triade, d.h., sie agieren selbst als potentielle Partner.

Paarsynthese geht davon aus, daß Heilung im therapeutischen Prozeß vorwiegend durch dialogisches Lernen geschieht. In der Praxis wird dieser Hintergrund richtungsweisend für ein neues therapeutisches Basisverhalten. Die Therapeuten verstärken durch ihr Engagement als Dritte im Bunde den Verdichtungsprozeß, der ohnehin in der Synthese von Frau und Mann wirkt. Triade als therapeutisches Beziehungsmodell wird deshalb ein zentrales Agens der Paarsynthese. Sie tritt an die Stelle von Übertragung und Gegenübertragung (Cöllen 1989).

Die Begründung dafür leitet sich aus der Dynamik der Paarbeziehung ab: Die Dyade liefert zunächst im intimen Austausch von Körper, Geist und Seele zwischen Frau und Mann die existentielle und essentielle Verdichtung und Beschleunigung, die menschliche Entwicklung zu ihrer Entfaltung und Erfüllung benötigt. Da diese Energien infolge ihrer Ambiguität wie alle anderen auch nicht notwendigerweise nur aufbauen, sondern genauso zerstören können, kommt es bei Blockierung, Unter- oder Überversorgung oder Mißbrauch dieser Energien zur krisenhaften Zuspitzung zwischen den Partnern wie auch im einzelnen selbst. Ist diese Krise durch eigene Kräfte nicht lösbar, tritt mindestens auf einer Partnerseite Identitätsstörung, Krankheit oder Neurotisierung ein, oder aber einer der beiden Partner weicht in eine Seitenbeziehung aus, die in der Verdichtung dieser Art von Triade neue Energie liefert. Ausweichen auf ein Hobby, auf Beruf oder Kinder, Sucht oder anderweitige Kanäle kann hier nicht gleichgesetzt werden mit der Wirkung einer personalen Seitenbeziehung, da die intime Energie eine völlig andere Qualität als die anderer Lebensbereiche darstellt. Triade kann also auch ein Weg sein, eine

Krise der Dyade zu bewältigen, selbst um den Preis einer neuen oder gar noch größeren Krise.

Auch die Wahl einer Therapeutin oder eines Therapeuten stellt dann eine *Art Seitenbeziehung* dar, eine Dreiecksbeziehung, die einen erheblichen Energieschub liefert, um die blockierte Zweierbeziehung in ihren Fluß zurückzuführen.

Diese Dynamik wird aber nur wirksam, wenn die Therapeuten eine aktive Gestaltungsrolle im therapeutischen Prozeß übernehmen, statt die gewohnte Abstinenzregel zu befolgen. Diese klassische psychoanalytische *Ideal-Technik* hat ein halbes Jahrhundert lang die gesamte Therapiegeschichte und deren Methodenvielfalt eingeengt. Da Paartherapie aber in erster Linie die Beziehungsdynamik zwischen Partnern bearbeitet, steht korrespondierend auch die Beziehung zum Therapeuten im Zentrum des Geschehens.

Partner wenden untereinander persönlichkeitsspezifische Strategien an, um den intimen Austausch von Körper, Geist und Seele auszusteuern. Darauf greifen sie früher oder später im intimen Raum therapeutischen Geschehens gegenüber den Therapeuten zurück. Diese Beziehung selbst wird damit zum therapeutischen Gegenstand und gleichzeitig zum therapeutischen Instrument. In der Umkehrung ist deshalb das Beziehungsverhalten der Therapeuten von hervorragender Bedeutung für den gesamten therapeutischen Verlauf. Deren *Partnerverhalten* ist nicht nur Modell, sondern Wirkfaktor. Optimales Partnerverhalten der Therapeuten führt damit zum verbesserten Paarverhalten der betroffenen Partner. Liebe und Intimität selbst, die die Therapeuten ausstrahlen, werden Ziel und Instrument des therapeutischen Tuns. Die Beziehung zwischen den Partnern und deren Beziehung zum Therapeuten und zurück bilden somit eine unauflösliche Einheit.

Therapeutisches Verhalten soll, so ist zu folgern, möglichst gutem Partnerverhalten ähneln (vgl. Bowlby 1988). Seine konkrete Anwendung findet dieses Basisverhalten in den fünf Partner-Dialog-ebenen von Körper, Gefühl. Sprache, Sinn und Zeit, die die Therapeuten aktiv einsetzen. Dieses Konzept hat für die Paar-Einzeltherapie wie für die Paar-Gruppentherapie gleiche Bedeutung, in der eine ganze Reihe potentieller Partner auftaucht. Was in den so entstehenden Triaden sichtbar wird, dient als hochwirksames therapeutisches Material und Potential: Die Sehnsucht des Unerfüllten im Paar zeigt, was jeder als Potential in sich trägt, aber nicht in der eigenen Beziehung leben kann oder darf. Dieser Überschuß an ungelebter Energie birgt allerdings das Risiko, daß diese dem Partner gegenüber blockierte Energie einem Dritten angeboten wird. Sie zeigt dem Therapeuten, was an Kräften brachliegt und befreit werden kann, um dann wieder in die Dyade zurückgeleitet zu werden. Wir sprechen hier im tiefenpsychologischen Sinn von Abwehr, da es sich eben nicht um verdrängte oder unterdrückte Anteile handelt, sondern vielmehr um solche, die zur Verwirklichung gelangen wollen. Auch unterscheiden sich solche triadischen Expansionsprozesse von frei flottierender Libido, da die zugrundeliegende Sehnsucht auf die Erfüllung von Synthese zielt und nicht auf mehr oder weniger Triebabfuhr.

In der Dynamik der Triade werden natürlich nicht allein positive Gefühle und Impulse wie ungestillte Sehnsüchte, Liebesbegehren und sexuelle Wünsche ausgetauscht, sondern auch negative wie Aggression, Rivalität und andere wichtige Gefühle zu den Therapeuten, und nicht nur zu ihnen, sondern auch zu Freunden, Geliebten, Kollegen und Gruppen-Mitgliedern.

Paartherapie erfordert, das klassische psychoanalytische Konzept von Übertragung - Gegenübertragung zu ergänzen, zu differenzieren und, wo nötig, zu ersetzen. Es geht um den Unterschied zwischen Kindheits- und Partnerübertragung. Erstere wird in der tiefenpsychologisch orientierten

Therapie letztendlich abgebaut. In der Paarsynthese dagegen wird *Partnerübertragung* als positive Therapieenergie genutzt, als wertvoll anerkannt und im gewissen Umfang ausagiert und letztendlich auf den eigenen Partner umgelenkt. Gilt im klassischen analytischen Verstehen Abstinenz als absolute Grundhaltung des Therapeuten, so scheint diese in unserem Verständnis gerade kontraindiziert. Ausgeschlossen natürlich bleibt der mögliche sexuelle, emotionale oder finanzielle Mißbrauch der Patienten für den unbearbeiteten Narzißmus der Therapeuten.

Wenngleich nicht in allen Teilen neu, so ist dieses Triadenkonzept doch in seiner Radikalität vom Therapeuten als Partner umstritten. Die Gefahren zusätzlicher Konfliktvernetzung werden häufig als zu groß erachtet. Aber mir scheinen diese fachlichen Einwände nicht das Ergebnis genauer Prüfung und therapeutischer Erfahrung zu sein, sondern eher das Erbe therapeutischer Tradition und Angst vor eigener Überforderung, sich solch intensiven Prozessen zu stellen, das eigene Handeln transparent zu gestalten, durchschaubar zu werden und sich damit der Kritik auszusetzen.

Das Spiel der Gefühle aber, die Kraft der Erotik, die Angst, sich in seiner Schwäche zu entblößen - dies alles kann zwischen den Partnern nicht neuerlich zum Fließen kommen, wenn die Therapeuten selbst diese Beziehungsqualitäten von sich im therapeutischen Prozeß abspalten.

Im übrigen wankt die Front der Hardliner therapeutischer Abstinenz gerade unter Tiefenpsychologen selbst zugunsten einer überaus aktiven Therapeutenrolle. Nachdem Humanistische Psychotherapieverfahren schon lange eine *engagierte* und aktive Beziehungsgestaltung seitens des Therapeuten statt der starren analytischen Abstinenzregel betreiben (Dreitzel 1992), zeigen tiefenpsychologisch orientierte Verfahren, besonders am Beispiel der Kurzzeit- oder Fokaltherapie, neuerdings ein bewußtes Einlenken. Danach wird Therapie als intensiver interaktionaler Prozeß verstanden, in dem der Therapeut sich dem Patienten tatsächlich als Partner anbietet, sich die Sache des Patienten zu eigen macht, "im gewissen Maß auch mitagiert, den Patienten andererseits aber auch herausfordert" (Tietze 1995). Auf Abwehrhaltungen wird dabei bewußt wenig Rücksicht genommen, da der Patient mit allen Gefühlen wie Ärger, Angst, Begehren oder Trauer, die mit dem Konflikt zusammenhängen, konfrontiert werden soll.

Der Paarsynthese ist sehr daran gelegen, die therapeutische Beziehung mit dem Paar zu *normalisieren*, sie in Alltagssprache zu kleiden und dementsprechend mit ihr zu leben, d.h., sie mit all ihren Höhen und Tiefen, mit allen Licht- und Schattenseiten zu gestalten. Es geht dabei nicht nur um die Modellfunktion der Therapeuten für die Liebenden, sondern vor allem auch um die eigentlich heilende Begegnung, die gerade in der *Intimität*, in der menschlichen Dichte zwischen Therapeuten und Klienten liegt.

Das Konzept der Humanistischen Psychologie von der Begegnung zwischen Therapeut und Patient im Hier und Jetzt findet im Beziehungsmodell der Triade eine neuerliche, wenngleich differenziertere Anwendung. Die eigene Menschlichkeit mit Stärken und Schwächen wird als verdichtendes Agens eingebracht, ebenso Sinnlichkeit, Gefühlswelt und Herzenssprache der Therapeuten. Eine sinnvolle Therapie der Gefühle eines Paares, um die es ja in dieser Liebesarbeit wesentlich geht, ist ohne die Einbeziehung der Therapeuten-Gefühle nicht denkbar und wäre widersinnig.

ZUSAMMENFASSUNG

Die Liebe selbst als Modell von Welt, als Erkenntnismethode und Wissenschaft zu begreifen - mit allen Sinnen - ist für den Bereich der Psychotherapie besonders geeignet, da sie menschliches

Dasein insgesamt erfaßt. Sie richtet sich immer auf Austausch, Verstehen und gegenseitige Erfüllung und findet dies im Mikrokosmos des Paares als kleinstem sozialem Subsystem. Die Liebe selbst wird zum *Lernmodell*, das Paar zum Abbild des Kosmos. Die Ordnung des Ganzen läßt sich aus der Liebe erkennen, denn sie umfaßt immer den ganzen Menschen in seiner Vernetzung mit dem Universum.

In den oben genannten Unterschieden des methodischen Vorgehens von Therapieschulen bei der Arbeit mit der Liebe sehen wir daher keinen unauflöslichen Widerspruch, sondern eine große Chance, denn erst die Vielheit aller Ansätze führt zum Ganzen. In der Coincidentia oppositorum liegt die Wirklichkeit: Widersprüche sind Teil der Mehrperspektivität. Alles Leben, alle Liebe wächst durch Polarität, Ambivalenz und Zyklus. Erst durch Synthese, nämlich im Zusammenwirken der Gegensätze, entsteht Fülle und Reichtum der Liebe. Diese Vielfalt zu würdigen gehört zum Wesen von Liebe. Paarsynthese bemüht sich deshalb, ein Zusammenwirken aller Ansätze auf einem gemeinsamen Hintergrund zu erreichen. Aufbauend auf einer *dyadischen Anthropologie* und einer Psychologie des Paares, können dann konkrete Handlungskonzepte für Psychotherapie, Sozialarbeit, Pädagogik, aber auch für Politik und Gemeinwesen hergeleitet werden. Um Liebe und Intimität in ihrer Bedeutung für Privatheit und Öffentlichkeit gleichermaßen als Bildungsprozeß einer Gesellschaft angemessen vertreten und lehren zu können, ist es notwendig, die vorhandenen wissenschaftlichen Konzepte und Theorien unter dem Aspekt Liebe zu verbinden und daraus ein Mosaik zu gestalten. Das bedeutet aber in Teilen einen Bruch mit der traditionellen Auffassung von Wissenschaft und Therapie, die solches Vorgehen als Eklektizismus ablehnt.

Und doch ist es gerade das Ansinnen von Paarsynthese, verschiedene Konzepte zu einem in sich geordneten, sinnvollen Zusammenwirken, zu einer Synthese zusammenzuführen, ohne wiederum eine eigene Schule mit eigener Methodik zu bilden. Im Gegenteil: Sie will die jeweilige Eigenständigkeit nicht anzweifeln und auch keine neue eigene und damit wieder unzulängliche Theorie erstellen. Das ist der Gewinn von Synthese gegenüber Integration: das respektvolle Zusammenwirken der Theorien und ihrer Methoden, ohne größere Modifikationen oder Monopolansprüche, die häufig unter dem Begriff Integration kaschiert werden. Gleichwertig und -rangig bilden alle Ansätze mosaikartig ein Ganzes und werden jeweils für bestimmte Inhalte und Thesen entsprechend herangezogen. So muß auch Witte (1994) verstanden werden, wenn er statt von Ablösung eines Paradigmas von Paradigmenanreicherung spricht.

Paarsynthese realisiert ihr Konzept des Zusammenwirkens, indem sie Liebe und Intimität letztendlich in ein dreidimensionales Wirkgefüge stellt. Dieses Gefüge konstituiert sich aus einer dynamischen Vernetzung von: 1. Geschichte und Tiefenpsychologie beider Partner; 2. Dialog und Austausch im Hier und Jetzt unter Einbeziehung der Umwelt und 3. Spiritualität als universaler Einbettung. Diese drei Seinsformen der Liebe wirken wechselweise durch Integration, Synthese und Expansion zusammen im Kosmos. Sie umfassen, was es in der Liebe zu erklären, zu beschreiben, zu deuten und schließlich auch zu heilen gilt.

LITERATURVERZEICHNIS

Arentewicz & Schmidt, (Hrsg).: Sexuell gestörte Beziehungen. Berlin: Springer 1980

Blanck, R., Blanck, G.: Marrige and personal development. New York: Columbia, 1968.

Bauriedl, Thea: Beziehungsanalyse. Frankfurt/M.: Suhrkamp 1984

Berner-Hürbin, Annie: EROS die subtile Energie. Basel: Schwabe 1989

Binswanger, L.: Grundformen und Erkenntnis menschlichen Daseins. München: Reinhardt 1962

Bowlby, John: A secure base. Clinical applications of attachment theory. London Tavistock 1988

Branden, Nathaniel: Liebe für ein ganzes Leben. Psychologie der Zärtlichkeit. Reinbek: Rowohlt 1982

Cöllen, Michael: Laß uns für die Liebe kämpfen. Gestalttherapie für Paare. München: Kösel 1984

Cöllen, Michael: Das Paar. Menschenbild und Therapie der Paarsynthese München: Kösel 1989

Cöllen, Michael: Heilende Partnerschaft. Reinbek: Rowohlt 1993

Cöllen, Michael: Paartherapie und Paarsynthese - Lernmodell Liebe. Wien: Springer 1997

Dreitzel, Hans-Peter: Refelxive Sinnlichkeit - Mensch, Umwelt, Gestalttherapie. Köln: EHP 1992

Ficino, Marsilio: Über die Liebe oder Platons Gastmahl. 1469. Übersetzt v. K.P. Hasse. Hrsg.: Blum, Richard. Hamburg: Felix Meiner Verlag 1994

Fromm, Erich: Die Kunst des Liebens. Frankfurt/M.: Ullstein 1980

Grawe, K., Donati, R., Bernauer, F.: Psychotherapie im Wandel. Göttingen: Hogrefe 1994

Hark, Helmut (Hrsg.): Lexikon Jungscher Grundbegriffe. Olten: Walter-Verlag 1988.

Hueck, Walter: Die Welt als Polarität und Rhythmus. München: Piper 1928.

Onken, Julia: Geliehenes Glück. München: Beck 1961

Portele, H.: Selbst und Nichtselbst. Gestalttherapie. EHP Heft 1/1995

Thibaut, J., Kelly, H.: The social psychology of groups. New York: Wiley, 1959

Titze, Michael: Aktive Steuerung von Übertragung und Gegenübertragung bei tiefenpsychologisch fundierter Kurztherapie. In: Psychotherapie Forum 2/95. S.61-68.

Türcke, Christoph: Sexus und Geist - Philosophie im Geschlechterkampf. Frankfurt: Fischer 1991

Witte, Erich H.: Lehrbuch Sozialpsychologie. Weinheim: Beltz Verlag 1994

Paul Kochenstein
Sexualität und Partnerschaft aus sexualtherapeutischer Sicht

1. Sexualprobleme als Folge einer Beziehungsstörung

Sicherlich gibt es beides: eine Sexualität ohne Partnerschaft oder zumindest ohne dauerhafte feste Bindung an einen Lebenspartner, aber auch Partnerschaften, in denen die Sexualität so gut wie abgestorben ist; Beziehungen, die aufrechterhalten werden, weil man daran gewöhnt ist, weil man nicht allein sein will oder weil man sich für die gemeinsamen Kinder verantwortlich fühlt.

Kann so eine Beziehung, in der das gemeinsame sexuelle Interesse erloschen ist, auf Dauer funktionieren? Kann der Kompromiß eines Paares, in Askese zu leben oder zumindest die sexuellen Kontakte auf ein bis zwei intime Begegnungen im Jahr zu beschränken, über die Zeit halten, ohne daß die Partnerschaft ernsthaft Schaden leidet?

Es ist davon auszugehen, daß so eine Partnerschaft nur sehr selten eine Chance hat, über Jahrzehnte zu halten. Eventuell nur dann, wenn beide Partner ihre Autonomie weitgehend verloren haben und den jeweils anderen zum eigenen Überleben dringend benötigen. So wie der Blinde auf die Sehkraft des Lahmen angewiesen ist und der Lahme sich auf den Blinden stützt, wenn sie ein Stück (Lebens-)Weg gemeinsam gehen wollen.

Eine ideale Beziehung, bei der sich beide Partner stets eine gewisse Unabhängigkeit bewahren sollten, ist das sicherlich nicht. Gleiches gilt für Konventionen, bei denen einer oder auch beide Partner sexuelle Kontakte zu Dritten bzw. außenstehenden Personen unterhalten. Auch wenn in etwa achtzig Prozent aller langjährig verbundenen Partnerschaften von einem einmaligen oder auch gelegentlichen Fremdgehen berichtet wird: eine dauerhafte Außenbeziehung labilisiert, schwächt die eigentliche Beziehung.

Sexuelle Enthaltsamkeit erzeugt Leidensdruck. Selbstbefriedigung und Fremdgehen mildern zwar den Triebdruck, sind auf Dauer gesehen aber keine geeigneten Substitute für ein glückliches Zusammenleben. Zu einer glücklichen Beziehung gehört eben auch ein glückliches und befriedigendes Intimleben. Dabei ist die Varianz der Erwartungen an Quantität und Qualität der Sexualkontakte außerordentlich groß. Verbindliche Normen oder auch Empfehlungen im Hinblick auf die Frequenz intimer Begegnungen anzuführen wäre vermessen. Entscheidend ist eine ausreichend große Schnittmenge der Erwartungen beider Partner. Sexuelle Frustration und eine unterdrückte oder erloschene Libido in der Partnerschaft sind häufig Folge einer Beziehungsstörung auf anderen Ebenen. Ein Ausdruck von Ressentiments gegenüber dem Partner, die sich zu einer totalen Verweigerungshaltung hochstilisieren können. Die Sexualität ist dann zum Fokus unbearbeiteter Konflikte und Beziehungsprobleme geworden. Beispielsweise kann der Konflikt, ob die Partnerschaft als ganzes überhaupt noch einen Sinn hat oder ob man sich lieber trennen sollte, nachhaltig verdrängt werden. Seine Lösung würde ja möglicher-

weise in eine Trennung münden. Schon der Gedanke daran löst Ängste aus: Verlustangst, Angst
vor dem Alleinsein, Angst vor Gesichts- und Image-
verlust usw. Also wird der Konflikt nicht ange-
rührt. Die Sexualität jedoch, als Ausdruck einer
deutlichen Bejahung der Partnerschaft, kann auch
nicht mehr ausgelebt werden. Die Ambivalenz zur
Beziehung hat das Paar zur Askese verurteilt.
Sexuelle Enthaltsamkeit ist auch als Folgeerschei-
nung einer manchmal sehr subtilen Kränkung oder
emotionalen Verletzung möglich. Sogar in völlig
stimmigen und harmonisch wirkenden Partnerschaften kommt es vor, daß die Sexualität völlig
brachliegt und von beiden Partnern ängstlich vermieden wird. Vor allem dann, wenn sich die Kränkung auf die sexuelle Reaktionsfähigkeit, auf das
körperliche Erscheinungsbild, auf die erotische
Ausstrahlung des Partners oder auf seine Potenz
bzw. Durchhaltefähigkeit bezog, ist die Wahrscheinlichkeit, sich aus diesem Problembereich
fernzuhalten, hoch. Schließlich möchte man unter keinen Umständen die Liebe gefährden, die
Beziehung verunsichern oder eine weitere Kränkung in Kauf nehmen.
Gerade im Bereich unserer Sexualität sind wir
leicht verletzbar. Auch sehr selbstbewußt wirkende Zeitgenossen stoßen hier schnell an die Grenze
ihres Selbstwertgefühls. Noch mehr gefährdet sind
zweifelsfrei jene Charaktere, die ohnehin Probleme mit ihrem Selbstwertgefühl haben. Zur sexuellen Befriedigung gehört die völlige Hingabe. Das
Aufgeben jedweder Kontrolle über sich und den
anderen, ein Sich-gehen- und -fallen-Lassen. Dies
ist Menschen, die stets erfahren mußten, daß ein
solcher Kontrollverlust gefährlich sein kann, natürlich besonders schwer. Folge davon sind eher
frustrierende Sexualkontakte. Die Konsequenz:
Allmählich kommt es zu einer Löschung des Verhaltens. Sexualität wird aus dem Beziehungsalltag
verbannt.

2. PROGNOSTISCHE PARAMETER FÜR EINE SEXUALTHERAPIE

Es gibt somit viele Gründe – die aufgezeigten Beispiele erheben keinen Anspruch auf Vollständig-
keit –, warum Sexualität nicht einfach als Selbst-
zweck in der Partnerschaft gelebt wird, warum es
vielen Menschen gelegentlich oder dauerhaft so
schwer fällt, es einfach "zu tun": weil es Spaß
macht, mit Lust und Befriedigung verbunden ist
und weil es die Partnerschaft unter diesen Voraussetzungen stabilisiert.
Die Qualität der Beziehung als solche steht somit
zunächst im diagnostischen Brennpunkt. Doch wie
läßt sie sich beschreiben, messen und gegebenenfalls modifizieren? Da sich dieses Kapitel schwerpunktmäßig mit den eigentlichen sexualthera-
peutischen Basistechniken befaßt, soll an dieser
Stelle nur auf die qualitative Beziehungsdiagnose
hingewiesen werden.
Dabei muß der hohe Stellenwert therapeutischer
Erfahrung und Intuition betont werden. Aus Gründen der Vereinfachung soll im Folgenden das intuitive Raster eines Psychotherapeuten vorgestellt
werden, der ausgewiesenermaßen auf die Behandlung einschlägiger Störbilder spezialisiert ist. Das
heißt, ein Großteil der potentiellen Patienten sucht
ganz bewußt diesen Behandler auf.
Ein Paar klagt über Probleme mit oder wegen der
Sexualität: Lange bevor es zu einer näheren
Problemschilderung kommt, wird eine ganze Reihe von Botschaften und Eindrücken an den Therapeuten vermittelt. Wer ruft aufgrund welcher
Empfehlung zur Terminvereinbarung beim Therapeuten an? Weiß der Partner überhaupt von den
Bemühungen des anderen? Wie kompliziert gestaltet sich die Verabredung zum Erstgespräch?
Kommt das Wörtchen "wir" etwa in der Verbindung "haben *wir* etwas vor", "haben *wir* uns entschlossen", "haben *wir* noch nicht geklärt" usw.,
vor? Wird prinzipiell um ein Einzelgespräch nach-

gesucht oder vom Anrufer, von der Anruferin die Frage nach dem Sinn eines gemeinsamen Kommens gestellt?

Der Erfolg sexualtherapeutischer Interventionen, wie sie weiter unten beschrieben werden, hängt ganz wesentlich von der Problemdefinition des betroffenen Paares ab. Wird die Störung als ein gemeinsames Problem akzeptiert, das die Beziehung belastet, ist die Prognose weitaus günstiger. Es sind ja auch letztlich die gemeinschaftlich durchgeführten Übungen und die gemeinsamen neuen Erfahrungen, die eine Symptomreduktion bewirken und die Störung beseitigen helfen.

Ein weiteres diagnostisches Augenmerk richtet sich auf die Geduld, die beide Partner für die Bewältigung ihrer Problematik aufbringen können. Gerade in Beziehungen, in denen das sexuelle Problem vielleicht schon mehrere Jahre chronifiziert ist oder in denen die Sexualität noch nie zur beiderseitigen Zufriedenheit gestaltet werden konnte, ist damit zu rechnen, daß eine mehr oder weniger latente Unzufriedenheit und Ungeduld das sexualtherapeutische Bemühen erschwert. "Eigentlich will ich doch gar nichts Besonderes: Ich will doch nur mit meinem Mann ganz normal schlafen, wie das Millionen andere Paare auch machen. Einfach nur leidenschaftlich geliebt werden, schließlich bin ich doch eine normale Frau." Eine solche Basishaltung, auch wenn sie nur implizit das Beziehungsszenario bestimmt, wirkt als kontraproduktiver Stressor für den Partner, der bspw. unter einer erektilen Dysfunktion leidet. Solche Sätze bei der Problemschilderung sollten uns diagnostisch aufhorchen lassen. Es muß damit gerechnet werden, daß solche destruktiven Botschaften, auch oder gerade weil sie so berechtigt erscheinen, die notwendige Geduld für neue intime Erfahrungen in Frage stellen. "Rom wurde auch nicht an einem Tag erbaut." Auch wenn beide Partner diesem therapeutischen Statement grundsätzlich zustimmen, kann es dennoch vorkommen, daß

diese manchmal unbewußt eingebrachte Grundhaltung der Frau den therapeutischen Gesamterfolg zunichte macht. Der hohe Leidensdruck des Paares ist an dieser Stelle dann ein belastender Parameter, der den Mann zusätzlich zu seinen Insuffizienzgefühlen beschwert.

Bei sexuellen Störungen ist in aller Regel davon auszugehen, daß ein hoher Leidensdruck den therapeutischen Erfolg begünstigt. Schließlich kostet es schon einige Überwindung, diesen intimsten Bereich einem Fremden anzuvertrauen, und der Entschluß dazu erfolgt nicht selten erst dann, wenn die Partnerschaft als Ganzes in Frage gestellt wird. Manchmal kommen Patienten auch nach erfolgter Trennung oder nach einem Trennungsversuch. Doch selbst Paare, die jeden Gedanken an Trennung weit von sich weisen und die ihre Beziehung insgesamt als intakt oder harmonisch schildern, ahnen, bevor sie um professionelle Hilfe nachsuchen, daß durch die gestörte Sexualität die Beziehung auf Dauer Schaden nehmen oder auch prinzipiell gefährdet sein könnte. Dabei ist allerdings diagnostisch relevant, ob sich dieser Leidensdruck auch einigermaßen symmetrisch auf beide Partner verteilt und auf den gleichen Sachverhalt gerichtet ist.

Eine Therapie, bei der sich der Ehemann im Einzelgespräch darüber beklagt, daß er das erotische Interesse an seiner Frau verloren habe, worunter seine Frau und damit auch die Ehe massiv leiden würde, hat aus sexualtherapeutischer Sicht keine sehr günstige Prognose. Dieser Patient bemüht sich darum, die Partnerschaft aufrechtzuerhalten. Intimkontakte mit seiner Frau haben für ihn jedoch an Reiz verloren. Sie würden, wenn überhaupt, nur deswegen gepflegt, um das Selbstwertgefühl und die partnerschaftliche Zufriedenheit der Frau zu stabilisieren. Solange sich diese Grundhaltung des Mannes einer therapeutischen Einflußnahme entzieht, wird ein verhaltenstherapeutisches Übungsprogramm ins Leere laufen.

Auch der Leidensdruck als prognostisch bedeutsamer Faktor wird eher intuitiv erfaßt. Sicherlich ist dabei ein Kriterium, wie dringlich ein baldiger Termin aus der Sicht der Betroffenen dargestellt wird. Ferner kann die Bereitschaft, bei ungeklärten Kostenübernahme- bzw. Kostenerstattungsfragen das Honorar aus eigener Tasche zu bezahlen, ein entsprechend wertvoller Hinweis sein. Viele hilfesuchende Patienten stellen selbst bei deutlich manifester Pathologie gar nicht die Frage nach einer Kostenübernahme oder Kostenbeteiligung durch ihre Krankenversicherung. Dabei soll jedoch nicht verschwiegen werden, daß die Klientel des Verfassers eher selektiv ist und sich vornehmlich aus den Angehörigen von Mittel- und Oberschicht rekrutiert. Dennoch ein Credo: In der Sexualtherapie erscheint eine Kostenbeteiligung, die sich zwischen zehn und fünfzig Prozent der Behandlungskosten bewegen könnte, durchaus sinnvoll. Die Bereitschaft dazu kann als Gradmesser für den therapeutischen Erfolg dienen. Die Mitarbeit des Paares, seine Motivation, die theoretisch besprochenen Techniken in der Praxis umzusetzen, ist ja ein zentraler Kern verhaltenstherapeutischer Interventionen. Leidensdruck korreliert mit Veränderungsmotivation, und beides sind unabdingbare Variablen für eine grundsätzliche Umgestaltung des Intimlebens.

Als letzte Voraussetzung verbleibt die Einsicht in die Psychogenese der Problematik. Hier haben vor allem manche Männer mit der Diagnose "erektile Dysfunktion" erhebliche Probleme. Sie wünschen sich nichts sehnlicher als die Entdeckung einer organischen Ursache und natürlich ein Medikament, das die Störung für immer beseitigt. Dadurch wird verständlich, daß viele dieser Männer geduldig körperliche Untersuchungen über sich ergehen lassen, die an sich völlig überflüssig sind. Gefördert wird diese Haltung natürlich durch die körperorientierte und apparativ dominierte Schul-

medizin, die beinahe verkrampft nach möglichen Kausalfaktoren oder zumindest Kovariablen der Störungen Ausschau hält. Als einen beinahe grotesken Höhepunkt organmedizinischer Ursachenforschung kann der Versuch bezeichnet werden, einen Zusammenhang zwischen einem vorzeitigen Samenerguß und der Funktion der Schilddrüse herzustellen. Ein Patient, der zwischen Internisten, Urologen und Psychotherapeuten hin und her pendelt, hat noch kein für eine Psychotherapie ausreichendes Problembewußtsein. Die Frage nach entsprechenden Erfahrungen gehört somit zur Eingangsdiagnostik.

Einleitend wurde versucht, ein sexuelles Problem beispielhaft als Folge einer Beziehungsstörung bzw. eines Partnerkonflikts darzustellen. Danach wurden einige Variablen beschrieben, die für einen therapeutischen Erfolg von Bedeutung sind. Dabei stellt sich grundsätzlich die Frage, ob es bei Partnerschaften überhaupt gelingt mit rein symptombezogenen Therapietechniken eine beklagte Sexualstörung zu beseitigen. Oder anders gefragt: Gibt es Beziehungen, in denen das sexuelle Problem wirklich das einzige ist, was einer Korrektur bedarf. Die Frage kann eindeutig bejaht werden. Es gibt sie, diese idealen Partnerschaften, bei denen sich die gestörte Sexualität isoliert darstellt. Auch wenn davon ausgegangen werden muß, daß zwischen partnerschaftlicher Harmonie und Sexualstörung eine Wechselwirkung besteht. Ein auf Dauer ungelöstes sexuelles Problem wird diese Harmonie mit der Zeit beeinflussen. Eine Beziehungsstörung ihrerseits trägt zur Chronifizierung der sexuellen Problematik bei. Es ist also nicht die Frage nach der Henne und dem Ei, was durch was bedingt ist, sondern ein zu erfassendes hochsensibles zwischenmenschliches Geschehen.
Dabei lohnt es sich auf jeden Fall, eine Therapie rein auf der Symptomebene zu beginnen. Ein Erfolg würde ja ohnehin die Beziehungsebene posi-

tiv beeinflussen. Eine Stagnation oder ein Mißerfolg wäre eine Indikation, nach Störvariablen auf der Beziehungsebene zu suchen. Gleiches gilt für individuelle Problematiken, die eher mit der jeweiligen Persönlichkeit (Selbstwert, Selbstsicherheit, ungelöste Elternproblematik) eines der Partner als mit der Beziehung als dynamischem Geflecht zu tun haben. Trotzdem sollte eingangsdiagnostisch eine grundsätzliche Aussage zur Qualität der Beziehung getroffen werden, selbst wenn die Aussage im Lauf der Therapie relativiert oder sogar zurückgenommen werden muß.

Auch hier sind Erfahrung und Intuition des Therapeuten gefragt. Grundvoraussetzung für den Erfolg sexualtherapeutischer Techniken ist die bereits erwähnte wechselseitige erotische Faszination. Partnerschaften, die sich zu Geschwisterverhältnissen oder Eltern-Kind-Verhältnissen entwickelt haben, lassen sich therapeutisch nur wenig beeinflussen. Daneben existieren noch drei Parameter, die intuitiv erfaßt oder auch konkret erfragt werden sollen: Liebe, Vertrauen und Wertschätzung. Sie definieren die Qualität der Beziehung, und ihre Existenz gilt als bester Prädiktor für eine erfolgreiche auf der Symptomebene angesiedelte Sexualtherapie.

3. GRUNDFORMEN DER GESPRÄCHS-FÜHRUNG IN DER SEXUALTHERAPIE

Sexualtherapie i. S. des Verfassers ist direktiv, geplant und transparent. Die Kerndiagnose bezieht sich zunächst auf die konkrete Verhaltensebene. Fragen nach der Frequenz intimer Begegnungen sind genauso selbstverständlich wie etwa die Bitte an den Patienten, die Qualität der letzten oder auch vorletzten sexuellen Begegnung zu beschreiben. Von wem ging die Initiative aus? Wie lange dauerten ungefähr die einzelnen Episoden der Intimität? Kam es zu einem Koitus? Erreichten bei-

de Partner einen sexuellen Höhepunkt? Wurde – etwa bei beklagter Ejaculatio praecox – versucht, die Partnerin davor oder danach anderweitig zu stimulieren oder zu befriedigen?

Therapieziele werden implizit und explizit besprochen. So ist etwa bei einer primären Anorgasmie das vorrangige Teilziel, die Orgasmusfähigkeit zunächst masturbatorisch herzustellen. Daß sich der Therapeut hierbei an das Sprachniveau seiner Patienten anpaßt, sollte selbstverständlich sein. Eine ähnliche Forderung dürfte für alle psychotherapeutischen Techniken verbindlich sein. Das Besondere in der Sexualtherapie ist jedoch, daß der Behandler stets als Modell für Offenheit und Kommunikationsfähigkeit gerade auch in diesem vielfach tabuisierten Themenkomplex fungiert. Hinter jeder funktionellen Sexualstörung verbirgt sich stets eine Kommunikationsstörung des betroffenen Paares. Dieser Leitsatz kann als Essenz einer ca. zwanzigjährigen einschlägigen Berufspraxis gelten. Ein Therapeut, der selbst nicht in der Lage ist, offen zu all den relevanten Bereichen zu kommunizieren, wird die entsprechende Störung mit großer Wahrscheinlichkeit nicht aufdecken oder gar beseitigen können. Im Gegenteil: Es ist in diesem Fall damit zu rechnen, daß sich die Hemmungen des Behandlers auf die Patienten übertragen und daß die Kommunikationsstörung dadurch zusätzlich verfestigt wird.

Die Offenheit beschränkt sich dabei nicht allein auf das Abfragen konkreter Details einer sexuellen Begegnung oder der atmosphärischen Bedingungen dabei. Erörtert und hinterfragt werden auch die Einstellungen der Patienten zur Sexualität im allgemeinen und zur Störung im speziellen. Einstellungen zur und Erfahrungen mit der Masturbation bspw. sind bereits Gegenstand der Eingangsdiagnose bei einer Patientin, die über Orgasmusstörungen klagt. Ist sie in der Lage, erotische Phantasien zu entwickeln und sich selbst zu befriedigen oder sich durch ihren Partner außerkoital befriedigen zu lassen? Diese Frage ist zur differentialdiagnostischen Abklärung – primäre versus koitale Anorgasmie – unerläßlich.

Dabei werden diese Fragen in ein therapeutisches Gespräch eingebettet, in dem vor allem Aufklärungsarbeit dominiert. Die Tatsache etwa, daß ca. 50% aller Frauen durch den Geschlechtsverkehr allein keinen Orgasmus erleben oder daß es keinen physiologischen Unterschied zwischen einem sog. klitoralen und einem sog. vaginalen Orgasmus gibt, wird so manche Patientin aufhorchen lassen. Dabei werden selbstverständlich Normen vermittelt und das Ausmaß der Pathologie (soweit vorhanden) bestimmt. Hilfreich ist dabei, wenn der Therapeut in der Lage ist, solche Normen in Form von kurzen Monologen vorzutragen und im Anschluß die Patientin zu fragen, ob sie diese Auffassung teilt.

"Der Sexualtrieb ist genauso natürlich und normal wie bspw. der Nahrungstrieb. Der einzige Unterschied: Wenn ich wochenlang nichts esse, werde ich sterben, wogegen selbst monatelange sexuelle Enthaltsamkeit keine ernsthaften Folgen für mein körperliches Wohlbefinden hinterläßt. Also: Wenn ich Hunger habe, esse ich. Oft allein, weil mein Partner gar nicht da ist oder gerade mal keinen Appetit hat. Zu zweit essen gehen ist natürlich schöner. Am schönsten in gemütlicher Atmosphäre ein delikates Menü mit mehreren Gängen. Aber das kann man sich nicht jeden Tag leisten. Mit der Sexualität ist es dasselbe ..."

So etwa könnte ein kurzer einleitender Monolog zum Thema Masturbation geführt werden.

Hilfreich ist auch die Empfehlung geeigneter Literatur im Vorfeld der ersten therapeutischen Sitzung. Patienten, die den Verfasser telefonisch um einen Termin ersuchen, werden grundsätzlich auf den "Ratgeber Sexualität" (Kochenstein 1998) verwiesen. Aufklärung und Normen können wirtschaftlicher vermittelt werden als in einer einzeltherapeutischen Sitzung. Vor allem soll erst nach der Lektüre des Buches durch den Patienten entschieden werden, ob eine professionelle Behandlung wirklich erforderlich ist. Falls ja, dann ist ferner das grundsätzliche Behandlungsprogramm transparent. Da das Buch direkt das betroffene Paar anspricht, eignet es sich darüber hinaus auch als eine konkrete Anleitung zur Selbsttherapie. Last, but not least: Die Bereitschaft des Paares, sich auf die empfohlene Lektüre einzulassen, ist selbstverständlich auch ein Gradmesser für den vorhandenen Leidensdruck bzw. die Veränderungsmotivation. Oder anders formuliert: Patienten, die eine entsprechende "Vorleistung" ablehnen, eignen sich mit großer Wahrscheinlichkeit nicht für eine Sexualtherapie i. S. des Verfassers.

Die Notwendigkeit, im anamnestischen Gespräch ganz konkret die Problematik zu erfassen, wurde bereits betont. Das bedeutet jedoch nicht, daß alle Details schematisch und stur abgefragt werden müssen. Ein Paar, das über einen Einbruch der Libido klagt, das erzählt, schon seit Monaten keinen intimen Kontakt mehr gehabt zu haben, wird selbstverständlich nach der Entwicklung dieser Störung exploriert. "Wie viele Kontakte gab es nach Ihrer Erinnerung beispielsweise im letzten, vorletzten Jahr?" könnte die entsprechende Frage lauten. Bedeutsam ist ferner, ob es einmal eine Zeit gab, bezüglich der beide Partner überzeugt sind, eine wirklich zufriedenstellende und glückliche Sexualität gepflegt zu haben. Etwa im Stadium erster Verliebtheit oder bis zur standesamtlichen Trauung. Wie diese Sexualität jedoch ganz konkret aussah, welche Liebespraktiken gepflegt wurden usw., interessiert allerdings an dieser Stelle (bzw. überhaupt) nicht. Relevant ist ausschließlich, ob beide Partner auf eine solche Periode zurückblicken. Gerade in der Sexualtherapie gilt es, die Intimsphäre der Patienten besonders zu schützen.

Das bezieht sich selbstverständlich auch auf die Erfahrungen mit möglichen früheren Partnern.

Das therapeutische Interesse richtet sich grundsätzlich auf die Dimensionen wie: Orgasmusfähigkeit, Potenz, Fähigkeit zur Ejakulationskontrolle, sexuelle Lustbereitschaft, sexuelle Phantasien.

Im letztgenannten Bereich wird es besonders deutlich. Die Bedeutung erotischer Phantasieinhalte für ein ganzheitliches sexuelles Erleben kann nicht genug betont werden. Es gilt die Maxime: Alle Gedanken und Kognitionen, die dazu geeignet sind, sexuelles Verlangen zu erzeugen oder die sexuelle Lust zu steigern, sind hilfreich. Der eigentliche Inhalt dieser Gedankenprodukte ist diagnostisch und therapeutisch irrelevant. Ausnahmen ergeben sich höchstens in Fällen, in denen ein Patient von Schuldgefühlen im Kontext dieser geistigen Stimulation berichtet. Und selbst dann stellt sich die Frage, ob eine therapeutische Haltung nach dem Motto "Der Zweck heiligt die Mittel" nicht genauso hilfreich sein kann. Es erfordert einige Empathie, hier die richtige Entscheidung zu treffen und das diagnostische Gespräch im Sinne des Patienten zu bahnen.

Einfühlungsvermögen ist grundsätzlich in doppelter Hinsicht erforderlich. Jeder einzelne Partner interpretiert das vorhandene Problem durch seine individuelle Sichtweise. Ein Patient mit einer erektilen Dysfunktion erlebt einen Einbruch in sein Selbstwertgefühl. Seine Männlichkeit steht zur Disposition. Seine Verunsicherung überschattet möglicherweise weitere Persönlichkeitsbereiche. Es ist nicht einmal auszuschließen, ob mehr oder weniger bewußte Verlassenheitsängste diese Verunsicherung weiter aufschaukeln. Schließlich ist es doch einer sexuell aktiven Frau nicht zuzumuten, auf Dauer mit einem Mann zusammenzusein, der nicht einmal zu einem Geschlechtsverkehr in der Lage ist ...

Dieser Patient ist wahrscheinlich wenig sensibel für eine mögliche Interpretation dieser Störung aus dem Blickwinkel seiner Partnerin. Warum zeigt er gerade bei mir diese Potenzschwäche? Bin ich zu häßlich, zu alt geworden, für ihn nicht mehr sexuell attraktiv? Sieht er in mir nur mehr die Rolle der Mutter oder Hausfrau? Schließlich hatte er bei seinen früheren Sexpartnerinnen, Freundinnen nie ein solches Problem. Hat er vielleicht eine Geliebte, bei der er sich sexuell ausleben kann? So oder ähnlich könnten sich die störungsbegleitenden Ängste einer involvierten Ehefrau darstellen. Aufgabe des Therapeuten ist es nun, Empathie für beide Sichtweisen aufzubringen und den beiden Partnern transparent zu machen. Einfühlungsvermögen ist auch grundsätzlich notwendig, da stets davon ausgegangen werden muß, daß es eine größere Überwindung kostet, von sexuellen Störungen zu berichten, als über irgendwelche Ängste oder Zwänge zu erzählen.

Wie später näher erläutert werden wird, beschränkt sich eine symptomorientierte Sexualtherapie im Regelfall auf wenige Sitzungen. Diese optimistische Prognose kann und sollte bereits zu Beginn der Behandlung gestellt werden. Sie ist motivierend und ermutigend für das betroffene Paar und fördert meist die Compliance. Diese wiederum ist für den therapeutischen Erfolg unerläßlich. Natürlich gibt es Fälle, bei denen der Fortschritt stagniert. Diese Stagnation ist dann ein Signal, die Beziehung näher zu analysieren. Die Sexualtherapie erfährt dann möglicherweise eine Ausweitung und Umwandlung in eine Paartherapie.

Schließlich soll noch darauf hingewiesen werden, daß der Humor des Therapeuten ein wichtiger Begleiter sexualtherapeutischer Interventionen ist. Was bei der Behandlung bspw. schwer depressiver oder zwanghafter Patienten beinahe unmöglich erscheint, ist in der Sexualtherapie beinahe an der Tagesordnung: eine lockere und humorvolle Haltung des Behandlers zum Thema - auch wenn es dabei Schwierigkeiten gibt. Die Verkrampfung des Paares zu lösen, die Sprachlosigkeit und die Kommunikationsstörung durch einen adäquaten Umgang mit ihrer Sexualität zu ersetzen ist ja ein wesentliches Ziel der Therapie. Sex ist keine bierernste Angelegenheit. Situationen, die auch etwas Komisches an sich haben, kennen fast alle Patienten. Wohl denn, wenn sie darüber auch lachen können. Natürlich hat es keinen Sinn, Humor vorzuspielen. Er muß zur Situation genauso passen wie zur Persönlichkeit des Therapeuten. Echtheit ist auch in der Sexualtherapie eine durch nichts zu ersetzende Therapeutenvariable.

4. FORMALES ZUM THERAPEUTISCHEN SETTING

Es wurde bereits angesprochen: Sexualtherapie richtet sich grundsätzlich an beide Partner, die das Problem als ein gemeinsames definieren und beide entschlossen sind, es aus der Welt zu schaffen. Ausnahmen sind jedoch vorstellbar.
Dazu ein Beispiel aus der Praxis:
Eine Patientin mit der Diagnose "primäre Anorgasmie" hat sich soeben von ihrem Ehemann getrennt. Vorstellungsgrund war neben den mit der Trennung verbundenen Schuldgefühlen natürlich auch die Sexualstörung. Gleichzeitig verliebt sich die Patientin in einen Arbeitskollegen und baut behutsam eine neue Beziehung auf. In so einem Fall kann von der Patientin sicherlich nicht erwartet werden, daß sie ihren neuen potentiellen Partner in diesem Stadium in ihre Problematik einweiht und mit zum Therapeuten bringt. Gleichwohl ist die therapeutische Inszenierung eines Masturbationstrainings und eine entsprechende Einflußnahme auf die Neugestaltung ihrer intimen Beziehung sinnvoll. Ob eine spätere "Mitbehandlung der Bezugsperson" Conditio sine qua non sein wird, ist zu diesem Zeitpunkt noch nicht abschätzbar.
Auch organisatorische Gründe können dafür sprechen, sich auf eine Einzelbehandlung zu beschrän

ken. Voraussetzung für einen Erfolg ist dann jedoch ein hoher Grad an Mitwirkungsbereitschaft beider Partner. Um Übertragungsfehler der therapeutischen Botschaften und Hausaufgaben zu minimieren, kann es ratsam sein, die Schritte des Lernprogramms schriftlich zu fixieren.
Einzelgespräche sind auch dann sinnvoll, wenn einer der Patienten implizit oder explizit den Wunsch äußert. Es ist dabei sicher davon auszugehen, daß hier ein Bedürfnis zugrunde liegt, das in einem gemeinsamen Gespräch nicht oder nicht so klar angesprochen werden kann. Auch der Behandler kann von sich aus das Angebot machen, jeweils getrennt mit beiden Partnern ein Gespräch zu führen. Insbesondere in den Fällen, in denen sich kein therapeutischer Erfolg einstellt, oder bei jenen Patienten, die das therapeutische Angebot, die übertragenen Übungen, partout nicht umsetzen, da sie "keine Zeit dafür fanden", sollte er diese Möglichkeit in Erwägung ziehen. Nicht selten ergibt sich dann plötzlich eine neue Situation. Beispielsweise wird in so einem Einzelgespräch eine Außenbeziehung eingeräumt. Ein möglicher therapeutischer Konflikt ist entstanden, da jeder der beiden Partner das Recht der absoluten therapeutischen Verschwiegenheit genießt.

Sexualtherapie erfordert ein hohes Ausmaß an Flexibilität des Therapeuten. Dies bezieht sich auch auf die Frequenz der Sitzungen. Das vielfach bewährte Angebot von einer Therapiestunde pro Woche sollte relativiert und der speziellen Lebenssituation der Patienten angepaßt werden. Wie viele Intimkontakte wünscht sich das Paar pro Intervall? Ist die Erwartung realistisch, daß die therapeutisch sinnvollen drei bis vier Übungseinheiten tatsächlich im Lauf von sieben Tagen durchgeführt werden? Schließlich sind gerade bei Intimkontakten ein gewisser Freiraum, eine bestimmte Freiwilligkeit und Spontaneität gefordert. Sex nach Stundenplan kann für die entstehende Lust, für die notwendige Erregung kontraproduktiv wirken. Viele Paare, die aufgrund eines ausgeprägten und bislang unerfüllten Kinderwunschs versuchten, ihre Libido genau auf bestimmte Tage zu fokussieren, berichten von entsprechenden Erfahrungen. Ein wöchentlicher Rhythmus der Behandlungstermine könnte demnach zu knapp bemessen sein. Das andere Extrem, dem Paar bei der Planung ihrer sexuellen Begegnungen völlig freie Hand zu lassen und einen nächsten Sitzungstermin erst dann zu vereinbaren, wenn etwa dreimal "geübt" worden ist, löst das Dilemma auch nicht. Die Vorgabe eines Termins schafft Handlungsdruck und bindet die Patienten besser in die Terminplanung ein. Eine Sitzung pro Monat bringt folgendes Problem mit sich: Ein Monat ist lang; die notwendigen Intimkontakte werden von Woche zu Woche verschoben, bis man plötzlich unter Zeitdruck gerät, da in zwei Tagen der Behandlungstermin ist und noch keine sexuelle Begegnung gesucht wurde ...

Weitgehend bewährt hat sich die Terminierung in einer Frequenz von etwa 14 Tagen. Dies läßt einerseits einen gewissen Freiraum zu und hat andererseits genügend Aufforderungscharakter, die Tage nicht stets ohne neue Erfahrungen im sexuellen Bereich verstreichen zu lassen. Allerdings gilt grundsätzlich für die Terminierung: Flexibilität ist unerläßlich, und so manche Stunde wird wohl abgesagt werden, weil das Paar sich nicht an die therapeutische Weisung gehalten hat und ein weiteres Gespräch zum anberaumten Termin nicht wirtschaftlich wäre. Nach diesen grundsätzlichen Überlegungen wird im Folgenden die Therapie der am häufigsten genannten sexuellen Funktionsstörungen vorgestellt.

5. ZUR MODIFIKATION IRRATIONALER KOGNITIONEN

Moderne Verhaltenstherapie beschränkt sich selbstverständlich nicht auf die Ebene des sichtbaren Verhaltens. Die Einstellungen des Patienten, seine Gefühle und (irrationalen) Überzeugungen sind oftmals zentraler Ansatzpunkt therapeutischer Interventionen. Mutmaßlich gibt es wohl keinen Lebensbereich, der von so vielen Mythen und irrationalen Überzeugungen umrankt ist, wie die Sexualität. Reine Aufklärung darüber ist zuwenig. Hilfreich und beinahe unerläßlich ist eine völlige Neubewertung des Gegenstandes selbst. Dabei hat sich eine therapeutische Definition der Sexualität, soweit zwei Menschen damit befaßt sind, bewährt:
"Sexualität ist ein bedingungsloses Geben und Nehmen auf erotischer Grundlage zum Zweck der Luststeigerung und mit dem Ziel der Lustbefriedigung."
Selbstverständlich wird der Patient mit dieser Definition nicht kommentarlos konfrontiert. Im Gegenteil: Der Therapeut erklärt systematisch die Implikationen dieser Definition und achtet darauf, ob sich sein Gesprächspartner diesen Sichtweisen anschließen kann. Zunächst sollte hervorgehoben werden, daß ganz bewußt darauf verzichtet wurde, Sexualität mit Koitus in Verbindung zu bringen. Es gibt also auch eine außerkoitale lustvolle und befriedigende Intimität. Wie sie genauer aussieht, ist irrelevant. Alles, was die sexuelle Lust steigert, ist sinnvoll. Ein Ziel darf dabei allerdings nicht aus den Augen verloren werden: die Befriedigung sexueller Bedürfnisse und damit die Zufriedenheit mit dem Geschehen als Ganzes. Der Weg zu diesem Ziel ist wiederum sekundär.
Daraufhin wird verdeutlicht, daß es sicherlich nicht möglich ist, bedingungslos Lust zu spenden und gleichzeitig bedingungslos Lust zu empfangen. Entweder ich konzentriere mein Verhalten auf

alles, was den Partner erregt, ihm Lust und Befriedigung verschafft, oder ich gebe mich voll und
ganz seinen Bemühungen, mich zu erregen und
zu befriedigen, hin. Diese Symmetrie von lust-
spendendem und lustrezipierendem Verhalten ist
zentraler Bestandteil einiger später dargestellter
Interventionstechniken. Deshalb ist es bedeutsam,
daß sich die Patienten auf diese für sie möglicherweise völlig neue Spielart der Sexualität einlassen
können.

Ein ungestörter, lustvoller und befriedigender
Geschlechtsverkehr – dieses aus der Sicht der Patienten wohl am häufigsten genannte Therapieziel wird zunächst aufgegeben. Die Funktion des
Koitus für die sexuelle Lust und Befriedigung wird
relativiert. Seine Bedeutung für ein ungetrübtes
Lusterleben entmythologisiert.

Weitere zentrale Bereiche, die kognitiv neu bewertet bzw. umstrukturiert werden müssen, beziehen
sich auf die Normalität masturbatorischer Aktivitäten sowie auf die Sexualität als ein primär psychisches Geschehen, bei dem Geist und Körper im
Einklang stehen müssen. Da auch hier mit sehr
viel Redundanz gearbeitet werden muß, ist eine
therapiebegleitende Lektüre (s. o.) und die Diskussion des Paares darüber hilfreich.

6. Erektile Dysfunktion: medizinische Behandlung

Keine sexuelle Funktionsstörung wurde in den letzten Jahren so häufig genannt wie die Störung der
männlichen Potenz. Das Interesse der Schulmedi-
zin, wirksame Medikamente oder auch technische
Hilfsmittel zu entwickeln, ist groß. Ein Hinweis
darauf, daß viele Männer wenigstens zeitweise
davon betroffen sind. Belege über die Verbreitung
von Erektionsstörungen und eine beinahe grotesk
anmutende Suche nach Abhilfe sind jedoch keine

moderne Zeiterscheinung. Seit Menschengedenken
und so gut wie in allen Kulturkreisen und Zivilisa-
tionen grassiert ein merkwürdiger Aberglaube.
Man müsse, so glauben in der Tat viele Menschen,
nur die richtigen Dinge zu sich nehmen, um den
Geschlechtstrieb zu steigern, Potenzschwächen
überlisten zu können. So wird bestimmten Nah-
rungsmitteln oder Gewürzen eine aphrodisierende
Wirkung zugesprochen. Pflanzen- und Tierextrakte
mit zum Teil toxischen Nebenwirkungen können
angeblich Potenzprobleme beseitigen, Nashorn-
knochenpulver, Tigerhoden und Schlangeneier die
Erektion fördern.

Kein Wunder also, wenn sich auch die Schulmedi-
zin mit dieser Problemstellung befaßte. Da sich
dieses Kapitel schwerpunktmäßig mit der psychologischen Diagnostik bzw. Therapie der erektilen
Dysfunktion befaßt, soll an dieser Stelle nur auf
zwei Möglichkeiten medizinischer Behandlung eingegangen werden. Dies erscheint deshalb unvermeidlich, da die meisten Patienten von der Möglichkeit einer solchen Behandlung wissen und entsprechende Fragen an den Therapeuten richten.

Bis zur Entdeckung des Wirkstoffs Sildenafil kam
am häufigsten die sogenannte Schwellkörper-Auto-
injektionstherapie (SKAT) zur Anwendung. Dabei
wird der Patient angeleitet, sich selbst eine blut-
gefäßerweiternde Substanz in einen der beiden
Schwellkörper seines Gliedes zu spritzen. Nach
etwa zehn Minuten kann er mit einer Erektion
rechnen, die durchschnittlich eine Stunde anhält.
Bemerkenswerterweise ist dabei das Zustandekom-
men einer Erektion ein Hinweis darauf, daß hier
keine organischen Ursachen, zumindest keine im
Bereich der Blutgefäße und des Schwellkörper-
gewebes, für die Potenzschwäche vorliegen.

Dabei muß auch kurz auf die Nebenwirkungen
dieser Spritze hingewiesen werden. Bei Überdo-
sierung droht eine schmerzhafte Verlängerung der
Erektion, die – unbehandelt – zu schweren Gewebe-

schäden führen kann. Eine eher schleichend einsetzende Komplikation ergibt sich aus dem Umstand, daß jeder Einstich eine Narbe im Bindegewebe hinterläßt. Die negativen Folgen dieser sogenannten Fibrosierung auf die Erektionsfähigkeit sind bislang noch unzureichend erforscht. Ferner gilt: Mit einer solchen Prostaglandin-Injektion läßt sich im Regelfall eine Erektion herbeispritzen. Ein sexuelles Lustgefühl stellt sich dabei jedoch nicht ein. Viele Patienten erleben demnach eine solche chemisch erzeugte Potenz als ichfremd. Manche Männer sind dadurch zwar in der Lage, einen Koitus durchzuführen, die sexuelle Lust oder gar ein Orgasmus bleibt jedoch aus. So ist es nicht verwunderlich, daß die Bedeutung dieser "Therapie" in den letzten Jahren deutlich zurückgegangen ist. Es werden Abbruchquoten von bis zu 80 Prozent berichtet. Und es ist nicht verwunderlich, daß weiterhin fieberhaft nach einem chemischen Potenzmittel geforscht wird. Die Wirtschaftsinteressen der Pharmaindustrie sind grenzenlos. Und so ist es nur konsequent, wenn immer wieder Mittel auf dem Markt erscheinen, bei denen ein entsprechender therapeutischer Effekt angepriesen wird.

Was ist nun von einem Mittel zu halten, bei dem der Hersteller schon lange vor seiner Propagierung den Vatikan aufsuchte und um päpstlichen Segen für seine Verbreitung bat?

"Viagra", das neue "Wundermittel" gegen Potenzstörungen, geistert seit Frühjahr 1998 durch die Medien. Ein wissenschaftlicher Durchbruch, der mit der Entdeckung von Penicillin oder Cortison vergleichbar ist? Bekanntlich wurde auch dieses Medikament zufällig entdeckt. Ursprünglich glaubte man, mit dem Wirkstoff Sildenafil in der Tablette ein Mittel zur Behandlung von verengten Herzgefäßen gefunden zu haben. Doch dann entpuppte es sich als Hemmer eines Enzyms, das bevorzugt im Penis vorkommt. Dieses Enzym ist verantwortlich für die Spannung der glatten Muskulatur in den beiden Penisschwellkörpern. Wird es gehemmt, können sich die Schwellkörper besser entspannen und Blut aufnehmen, was zur Erektion führt.

Dieser Effekt nährte die Hoffnung, daß bei organisch bedingter Potenzschwäche eine sich anbahnende Erektion pharmakologisch unterstützt werden könne.

Pfizer (der Hersteller) berichtet von einer Erfolgsquote von 70%, relativiert diese Angabe jedoch je nach (vermeintlicher) Ursache der Dysfunktion (Diabetiker 50–60%, Patienten nach Prostataoperation 40–50%).

Gleichzeitig wird eingeräumt, daß auch 24% der Patienten, die ein Placebo erhielten, von einer Verbesserung ihrer Erektionsfähigkeit sprachen. Hier hatte anscheinend allein der Glaube an die Wirksamkeit des Mittels geholfen. Wird nun allerorts ein Medikament als Wundermittel gepriesen, verstärkt das diesen Glauben. Die "Erfolgsrate", die allein auf den sogenannten Placebo-Effekt zurückzuführen ist, dürfte demnach über die berichteten 24% ansteigen. Allerdings nur, solange es in einschlägigen Sensationsberichten als tatsächliches Wundermittel hochstilisiert wird. Neuere Daten aus den USA sprechen bereits von einem deutlichen Nachlassen der Faszination für Viagra. Dies ist wenig verwunderlich, wenn man bedenkt, daß eine organische Verursachung von Potenzproblemen eher die Ausnahme als der Regelfall zu sein scheint.

Ferner dürften die beschriebenen Nebenwirkungen, die aufgrund der kurzen Marktpräsenz dieses Medikaments bestimmt noch nicht alle entdeckt wurden, die Euphorie weiter dämpfen. Bislang wurde von Sehstörungen, Blutdruckabfall und Störungen des Nitratstoffwechsels berichtet. Bei herzkranken Männern traten vereinzelt Todesfälle auf.

Diese Liste wird sich erweitern, insbesondere wenn, wie zu erwarten, das Medikament als sogenannte Lifestyle-Droge mißbraucht wird. Eine unkontrollierte und überdosierte Einnahme in der Hoffnung, damit die Potenz zu perfektionieren, wird Folgeschäden nach sich ziehen, die bislang noch nicht absehbar sind. Ob es ein Indikationsspektrum für Viagra geben wird, ist noch schwer abschätzbar. Vorstellbar wären Verschreibungen bei vorwiegend organisch verursachten Potenzproblemen. Allerdings wäre auch in diesen Fällen eine psychotherapeutische Unterstützung, wie sie im Folgenden beschrieben wird, erfolgreich.

Welche organischen Beeinträchtigungen, sieht man einmal von schweren traumatischen Verletzungen im Genitalbereich ab, führen eigentlich zu einem Potenzversagen? Studien und Literaturübersichten der 90er Jahre berichten von organisch bedingten Erektionsstörungen in bis zu 90% der untersuchten Fälle. Diabetes mellitus, Durchblutungsstörungen der den Penis versorgenden Gefäße, hormonelle Störungen, rheumatische und neurologische Erkrankungen werden als ursächlich genannt. Ebenso Potenzstörungen als Folge der Einnahme blutdrucksenkender oder zentral wirkender Medikamente oder als mögliche Nachwirkung einer Prostataoperation. Keine Frage – diese Erkenntnisse und Zahlen stammen beinahe ausschließlich aus einer schulmedizinisch geprägten Fachliteratur. Keine Frage ferner, daß der Verfasser in höchstens 10% aller Fälle eine organische Bedingtheit oder Mitbedingtheit für das Auftreten von Erektionsstörungen vermutet.

Der Hoffnungsschimmer am Horizont: "Nur bei wenigen Patienten mit sexuellen Funktionsstörungen vermuten wir eine organische Ursache", schreibt Sigusch in den Neuropsychiatrischen Nachrichten (7/99) – einer Gazette, die traditionell eine schulmedizinische Sichtweise der Entstehung von Krankheiten vertritt. Das Pendel scheint allmählich in die richtige Richtung auszuschlagen.

6.1. Differentialdiagnostische Abklärung

Es soll hier nicht bestritten werden, daß es organische Erkrankungen gibt, die mit einem Nachlassen der Potenz korrelieren. So verläuft auch die Erregungskurve im Alter anders als bei einem männlichen Jugendlichen. Auswirkungen auf die Erektionsfähigkeit haben sicherlich auch Drogen, Alkohol und blutdrucksenkende sowie zentral wirkende Medikationen.

Trotzdem läßt sich eine primär organisch verursachte Potenzstörung von einer primär psychogen induzierten leicht unterscheiden. Die einfache Frage an den Patienten lautet: "Gibt es bei Ihnen irgendwelche Situationen, bei denen es zu einer vollkommen normalen Erektion kommt? Am Morgen oder beim kurzen Aufwachen nach einem Traum oder auch bei Selbstbefriedigung oder bei irgendwelchen anderen intimen Praktiken? Eine Erektion, die, hätten Sie dazu die Gelegenheit, völlig ausreicht, um mit einer Frau zu schlafen?" Wird diese Frage mit einem eindeutigen Ja beantwortet, besteht kein Anlaß, an eine organische Ursache für das Erektionsversagen zu denken. Alle weiteren medizinischen Untersuchungen wie Ultraschall- oder Röntgendiagnostik, Bluttest oder Prostaglandin-Injektionen erbringen keinen ernstzunehmenden Befund und lenken nur von der eigentlichen Ursache der Störung ab: der Angst zu versagen.

6.2. Der Teufelskreis der Versagensängste

Es kommt nun ganz entscheidend darauf an, den Patienten für die eigentliche Ursache der Funktionsstörung zu sensibilisieren. Die Aufklärung bezieht sich zunächst auf die Verlaufskurve sexueller Erregung. Ein Abgleiten dieser Kurve, ein vorübergehendes Nachlassen der Erektion wird als völlig normaler Prozeß dargestellt, der das Liebesspiel begleitet und der selbst während eines Geschlechtsverkehrs auftritt. Bei einer stetig ansteigenden Erregung wäre es ja gar nicht möglich, die intime Begegnung länger als ein paar Minuten zu gestalten. Völlig absurd wäre es also, eine solche Erregungsschwankung als ein Versagen zu interpretieren. Genau diese Interpretation ist es jedoch, die der Patient vornimmt. Seine Aufmerksamkeit, seine Kognitionen werden von der Lust abgewendet und richten sich alleine auf die Funktionsfähigkeit seines Organs. Anstelle des sexuellen Genießens tritt eine ängstliche und verkrampfte Selbstbeobachtung. Aus den Zärtlichkeiten der Partnerin kann kaum mehr Lustgewinn abgeleitet werden. Sie sind ungewollt zu funktionellen Bemühungen um eine hinreichende Erektion degradiert. Kein Wunder, wenn dieser Patient seine Männlichkeit hinterfragt, seine Selbstsicherheit im Bett verliert. Durch eine Steigerung seines Leistungsanspruchs setzt er sich zusätzlich unter Streß. Möglicherweise versucht er dieses Versagen zu kaschieren, seine Partnerin von seiner Potenzschwäche abzulenken. Auch dies verbraucht psychische Energie auf Kosten sexueller Lust.

Das Schlafzimmer hat sich von einer Oase der Lust in eine Frustzone verwandelt. Streß und ängstliche Erwartung eines erneuten Scheiterns erhöhen die Wahrscheinlichkeit eines weiteren Versagens. Der Teufelskreis hat sich geschlossen. Ein paar Erlebnisse einer unzulänglichen Potenz reichen aus, jedem neuen Versuch mit negativen Erwartungen zu begegnen. Erwartungen, die das nächste Scheitern bereits programmieren. Die Rat- und Mutlosigkeit wächst. Resignation macht sich breit. Da jedes Mißerfolgserlebnis aufs neue schmerzt, werden allmählich die Versuche eingestellt, sexuelle Kontakte begrenzt und nicht selten völlig vermieden.

6.3. Sexualität ohne Koitus

Wurde die Genese einer erektilen Dysfunktion vom Patienten nachvollzogen und verstanden, richtet sich das folgende Gespräch auf die Einstellung zur und Erwartungen von der Sexualität aus dem Blickwinkel seiner Partnerin. Exploriert werden dabei ihre orgastische Potenz und ihre Bereitschaft, sich auf ein sexualtherapeutisches Lernprogramm einzulassen. Die zentrale Frage ist dabei, ob auch die Partnerin gewillt ist, Sexualität im Sinne der Definition des Verfassers anzunehmen und zu genießen. Sexualität mit wechselseitiger Lust und Befriedigung, aber ohne Geschlechtsverkehr. Spätestens in dieser Phase ist die Integration der Partnerin in das therapeutische Geschehen von besonderer Bedeutung. Nicht selten erfährt dabei der Patient zum ersten Mal, auf was es seiner Partnerin beim Liebesspiel ankommt. Daß ihr eventuell der Geschlechtsakt selbst gar nicht so wichtig ist und daß sie vor allem deshalb leide, weil ihm die Sache so wichtig sei.

Ferner wird dabei dem Patienten vermittelt, daß sich ein guter Liebhaber nicht durch Erektionsstärke und Ausdauer auszeichnet, sondern vielmehr durch Empathie in die sexuellen Bedürfnisse seiner Geliebten, durch Kreativität und seine Begabung, sein Gegenüber zu erotisieren. Eine Erektion ist dabei für viele Praktiken gar nicht notwendig. Das nachfolgend beschriebene Programm setzt voraus, daß diese Fragen geklärt und beide Partner bereit sind, die kommenden intimen Begegnungen auf eine völlig neue Grundlage zu stellen.

6.4. Zur Behandlung der erektilen Dysfunktion

Nun wird dem Paar ein dreistufiges Lernprogramm zur Beseitigung der Störung angeboten. Dabei wird eindringlich dargestellt, daß ohne Mitarbeit beider Partner und ohne stringentes Befolgen der Übungsschritte ein therapeutischer Erfolg in Frage gestellt ist. Allerdings ist die Trennung der ersten von der zweiten Übungsstufe etwas akademisch. Während im ersten Trainingsabschnitt die körperliche Entspannung im Vordergrund steht, konzentriert sich die zweite Übungsphase eher auf die kognitive Hingabe. Da letztlich beides aneinander gekoppelt werden muß, können auch die Übungen aneinander gekoppelt werden. Die dritte Phase darf jedoch keinesfalls ohne ausdrückliches Plazet des Therapeuten inszeniert werden. Der zentralen Angst des Patienten, seinem möglichen Versagen, wird in doppelter Weise begegnet: Der Therapeut verhängt in der ersten Therapiestufe ein absolutes Verbot, einen Geschlechtsverkehr auszuführen. Zusätzlich soll sich der Patient bemühen, keine Erektion zu bekommen (doppelte paradoxe Intervention). Dies jedoch in einer Atmosphäre, die an sich erotisch geprägt ist. Das heißt, der Mann liegt unbekleidet und so entspannt wie möglich auf dem Rücken. Seine Partnerin verwöhnt ihn dabei ca. fünfzehn Minuten durch zärtliches Massieren, Streicheln und Küssen. Nach und nach kann auch der Penis in diese Zärtlichkeiten mit einbezogen werden.

Der Patient bleibt völlig passiv. Er soll nur bedingungslos die Zärtlichkeiten genießen und auf seine Entspannung achten.

Nach etwa einer Viertelstunde werden die Rollen getauscht. Nun ist es die Frau, die sich entspannt verwöhnen läßt. Eine aufsteigende sexuelle Erregung bei ihr sollte (noch) nicht bis zum Orgasmus ausgebaut werden, denn nach weiteren fünfzehn Minuten übernimmt sie wieder den aktiven Part.

Auf diese Weise sollten beide Partner wenigstens dreimal in den Genuß des bedingungslosen Nehmens kommen. Zum Abschluß dieser Trainingsphase sollte der Patient dafür Sorge tragen, daß seine Partnerin außerkoital zum Höhepunkt stimuliert wird. Er selbst braucht keinerlei sexuelle Erregung zu empfinden: Eine Erektion ist ihm ja ohnehin untersagt.

Nach etwa drei Übungseinheiten kann die nächste Therapiephase eingeleitet werden.

Wichtigstes Ziel dieses Lernschritts ist es, die Gedanken und Phantasien auf Sexualität einzustellen. Der Patient wird angehalten, sich bei seiner entspannten Hingabe möglichst aufregende Sexszenen vorzustellen. Bilder, die er aus seinen Masturbationsphantasien kennt und die ihn besonders erregen. Bei größeren Konzentrationsschwierigkeiten des Patienten kann folgende Variante in Betracht gezogen werden: Er beschäftigt sich während seiner passiven Phase mit pornographischer Lektüre oder sieht sich ein entsprechendes Video an. Voraussetzung dazu ist allerdings ein abgeklärtes Verhältnis des Paares zur Pornographie und diesbezüglichen therapeutischen Interventionen. Schließlich darf und soll der Mann seiner Partnerin Rückmeldung geben, welche Stimulation ihn besonders reizt. Die ganze Konzentration und Wahrnehmung sind jedoch nur auf eines gerichtet: auf lustvollen Sex. Auch hier ist es zunächst unerheblich, ob es dabei zu einer Erektion kommt. Allerdings werden sich nach einigen solcher Übungen ganz spontane Gliedversteifungen einstellen. Diese dürfen jedoch keinesfalls in einen Geschlechtsverkehr umgesetzt werden. Sollte die sexuelle Spannung sehr stark ansteigen, darf die Partnerin den Mann abschließend oral oder manuell befriedigen.

Selbstverständlich tauschen auch hier die Partner die Rollen in Analogie zum ersten Therapieabschnitt.

Erst wenn die zweite Phase des Trainings auf diese Weise mehrfach erfolgreich abgeschlossen werden konnte, wird das Koitusverbot aufgehoben. Die geschlechtliche Vereinigung sollte jedoch wie folgt inszeniert werden: Der Penis ist stark erigiert, eine Ejakulation könnte in kurzer Zeit erfolgen, und auch die Partnerin ist stark erregt und wünscht sich einen Geschlechtsverkehr. Sie setzt sich nun behutsam auf das männliche Glied und führt es dabei in ihre Scheide. Der Mann trägt für das, was geschieht, keinerlei Verantwortung. Er genießt ausschließlich die behutsamen Beckenbewegungen seiner Partnerin und gibt rechtzeitig vor seiner Ejakulation ein Signal, damit die Bewegungen unterbrochen werden. Nach einigen Minuten sollte der Liebesakt zugunsten der anderen bewährten Liebkosungen unterbrochen werden. Bei abermaliger Versteifung des Gliedes wird er aufs neue in der beschriebenen Form aufgenommen. Nach drei bis vier solcher Inszenierungen kann auch einmal eine andere Position ausprobiert werden. Alles weitere bleibt dann dem agierenden Paar überlassen.

7. Zur Behandlung einer Ejaculatio praecox

Wohl genauso häufig wie die im vorigen Abschnitt beschriebenen Erektionsstörungen sind die Störungen der Ejakulation, und hier insbesondere das Problem des vorzeitigen Samenergusses. Er gilt als so alltäglich, daß ein gelegentlicher vorzeitiger und unkontrollierter Orgasmus keinerlei spezifischer Behandlung bedarf. Ernst sollte die Thematik erst dann genommen werden, wenn mehr als ein Drittel aller intimen Begegnungen auf diese Weise ihr Ende finden. Selbstverständlich auch dann, wenn einer der Partner das Gefühl hat, daß hier etwas getan werden müßte, um die gemeinsame Sexualität lustvoller zu gestalten. Ausgangspunkt für die Therapie ist die Annahme, daß die Ejakulation reflexartig erfolgt, wobei die Bedingungen für diesen Reflex sowohl im kognitiven als auch im sensitiven Bereich zu suchen sind.

Rein kognitive Bewältigungsstrategien führen wegen der Komplexität des Bedingungsgefüges nicht zum Erfolg. Geistige Ablenkungsmanöver verhin-

dern den Reflex in der Regel nur für wenige Sekunden. So zumindest die Erfahrungen vieler Patienten, die rein intuitiv solche Strategien inszeniert haben.

Allerdings kennen diese Patienten auch eine Aura: eine Phase, in der dieser Reflex beherrscht werden kann und nicht unkontrolliert zur Entladung führt. Diese Aura auszudehnen ist das zentrale Therapieziel.

Die Therapie der Ejaculatio praecox soll ebenfalls in einem dreistufigen Behandlungsplan dargestellt werden.

Auch hier gilt zunächst ein absolutes Koitusverbot, das heißt, beide Partner erklären sich einverstanden, auf den Geschlechtsverkehr zu verzichten. Da fast alle Männer bei der Selbstbefriedigung ihre Erregung und damit ihren Orgasmus durch simples Unterbrechen der Reizung kontrollieren können, bezieht sich das erste gemeinsame Übungsziel auf eine Sensibilitätssteigerung bei der durch die Partnerin vorgenommenen Liebkosung. Erlaubt und erwünscht sind alle Formen der Zärtlichkeit und Reizung, zu der sie sich in der Lage fühlt. Dabei kommt es jedoch nicht darauf an, die Erregung des Mannes immer weiter zu steigern. Im Gegenteil: Der Mann muß lernen, rechtzeitig - also zu einem Zeitpunkt, an dem der Orgasmusreflex voll beherrscht wird - ein Signal zu geben, damit die Reizung unterbrochen wird. Dann heißt es abwarten, bis die Erektion weitgehend abgeklungen, die Erregung beinahe auf den Nullpunkt gesunken ist. In dieser Pause bemüht sich der Patient um seine Partnerin, bringt sie zur Lust und nach mehreren Übungen zum Orgasmus. Es gilt auch hier: Nie sind die beiden Liebenden gleichzeitig aktiv. Der Orgasmus des Mannes darf erst dann ausgelöst werden, wenn während dieser Lernphase seine Erregung mindestens dreimal völlig abgeklungen war.

Dieser zweite Schritt ist der Kernpunkt einer neuen Lernerfahrung. Er darf erst inszeniert werden, wenn der Patient seine Ejakulation außerkoital absolut beherrscht. Der Mann liegt entspannt auf dem Rücken. Seine Partnerin führt sich den Penis, der gerade so weit erigiert sein darf, um den Widerstand der Vagina zu überwinden, in der oben beschriebenen Stellung ein. Auf keinen Fall darf durch dieses Eindringen eine ungewollte Ejakulation ausgelöst werden. Nun heißt es ruhig abwarten, das bedeutet, die Frau bleibt ruhig auf dem Penis des Mannes sitzen, bis etwa nach fünf oder auch zehn Minuten die Anfangserregung deutlich, im Idealfall sogar völlig abgeklungen ist. Durch die Besonderheit dieser Stellung kann das Glied völlig schrumpfen, ohne den Vaginalraum zu verlassen. Der Orgasmusreflex, der ja meist an das Eindringen beziehungsweise an die kurze Phase danach gekoppelt war, wird auf diese Weise dekonditioniert (Kochenstein 1998). In diesem Punkt unterscheidet sich der Behandlungsplan des Verfassers grundsätzlich von anderen, ähnlich anmutenden Therapietechniken: etwa der "Stop-and-go"-Technik von Masters und Johnson. Während diese Autoren durch die Empfehlung, den Koitus rechtzeitig zu unterbrechen, lediglich darauf abzielen, die Sensibilität für den Ejakulationsreflex zu steigern, um damit den Geschlechtsakt zu verlängern, wird durch die vom Verfasser favorisierte Dekonditionierungstechnik ein grundsätzlich anderes lerntheoretisches Bedingungsmodell zur Überwindung der Störung herangezogen. Nach dem Abklingen der Erektion wird außerkoital wieder dieselbe Erektionsstärke angestrebt, um den Vorgang in der beschriebenen Form zu wiederholen. Nach mehrmaliger Inszenierung dieses Aktes darf sich die Frau einige Male leicht mit dem Becken bewegen. Allerdings höchstens so lange, wie der Partner absolut sicher ist, daß auch dadurch kein Erguß ausgelöst wird. Sobald sich die Erregung dieser subjektiven Beherrschungsgrenze

nähert, gibt der Patient seiner Partnerin ein deutliches Signal, wieder ruhig zu verharren.
Es ist wichtig, die Ruhephasen zunächst so lange auszudehnen, bis die Anfangserregung beinahe völlig abgeklungen ist.
Es zeigt sich dabei, daß allmählich die Ruhepausen kürzer und die Aktivitätsintervalle der Frau länger werden. Auch in dieser Übungsphase soll der Höhepunkt des Mannes abschließend außerkoital angestrebt werden. Die Dekonditionierung gelingt dadurch um so nachhaltiger.

In der abschließenden Lernphase darf der Koitus, nachdem mehrere Erregungstäler durchschritten wurden, mit der Ejakulation abgeschlossen werden. Ist die Partnerin grundsätzlich durch den Geschlechtsverkehr beziehungsweise über eine begleitende manuelle Stimulation bis zum Höhepunkt erregbar, sollte der Orgasmus des Mannes selbstverständlich erst nach diesem Zeitpunkt angestrebt werden. Bei einer gut entwickelten Kommunikation des Paares kann dieser "Zeitpunkt danach" allmählich an den Höhepunkt der Frau angekoppelt werden.
Im folgenden Übungsverlauf gilt es, das Gelernte unter denselben Bedingungen auf andere Positionen des Geschlechtsverkehrs zu übertragen.

8. MISCHFORMEN DER STÖRUNGEN

Viele Patienten kennen beide Probleme: Schwierigkeiten, eine für den Koitus ausreichende Erektion zu erreichen, und einen frühzeitigen Samenerguß für den Fall, daß eine Immissio penis vollzogen werden konnte. Grundsätzlich läßt sich auch diese multiple Beeinträchtigung durch eine Kombination der Lernschritte aus den beiden Übungsprogrammen behandeln. Durch das erteilte Koitusverbot wird der Stellenwert des Geschlechtsverkehrs als einziges oder wichtigstes Ziel einer intimen Begegnung relativiert. In den Phasen passiver Hingabe lernt der Patient, die Verantwortung für alles, was geschehen soll, abzugeben. Primäres Ziel ist, seine Selbstsicherheit über sein vegetativ ungestörtes Funktionieren aufzubauen. Ist diese Selbstsicherheit außerkoital hergestellt, kann auch ein Nachlassen der Erregung während des Geschlechtsverkehrs angenommen werden, zumal dieses ja therapeutisch verordnet wurde. Die Intimität mutiert von einer Bewährungssituation zu einer zwischenmenschlichen Begegnung.

9. ZUR BEHANDLUNG EINER EJACULATIO RETARDA

Während beim vorzeitigen Samenerguß der therapeutische Ansatz primär auf die Sensorik gerichtet ist, befaßt sich die Behandlung der verzögerten oder verhinderten Ejakulation schwerpunktmäßig mit den Kognitionen.

Dieses Syndrom ist bei weitem nicht so häufig, stellt aber für Patienten, die darunter leiden, ebenfalls ein behandlungsbedürftiges Problem dar. Auch die Diagnostik gestaltet sich hier umfangreicher und sollte zunächst mit dem Patienten in Einzelgesprächen durchgeführt werden. Ein erster Fragenkatalog befaßt sich mit den technischen Bedingungen der Störung. Kommt es bei der Masturbation problemlos zum Samenerguß? Kann in Anwesenheit der Partnerin ein Orgasmus erreicht werden, welche Erfahrungen gibt es dazu? Ejakulationsfähigkeit durch außerkoitale Praktiken, manuelle Fremdstimulation oder Fellatio? Weitere Fragen beziehen sich auf die sexuellen Erfahrungen mit früheren Partnerinnen und auf das erste Auftreten der Störung. Schließlich kann es unerläßlich sein, anhand einer differenzierten Sexualanamnese nach möglichen Traumatisierungen zu fahnden. Elternbotschaften, aber auch Erlebnisse mit wichtigen Bezugspersonen während der Pubertät können als relevant für die Pathologie gelten.

Auch die Qualität der Beziehung, das Vertrauen zur Partnerin und in die Partnerschaft sowie möglicherweise unbewußte Ängste spielen eine Rolle. Schließlich geht es um die lustbegleitenden, aber auch luststörenden Kognitionen und deren Bewertung durch den Patienten, um mögliche Schuldgefühle oder Neigungen zu devianten (bspw. masochistischen) Vorstellungen. Entsprechend der Diagnose kann die Planung der Therapie nicht rezepthaft und systematisch dargestellt werden.

Die Leitsymptome sind die Angst vor Kontrollverlust bzw. die Schwierigkeit des Patienten, sich fallenzulassen. Meditative Entspannungstechniken können den Einstieg in die Therapie, oder in eine tiefergehende Diagnostik erleichtern.

Dabei richtet sich das Augenmerk auf die Assoziationen des Patienten zu den lustbetonten Phantasien. Ausdrucksübungen können assoziative Blockaden lösen, dynamische Meditation den Mut des Patienten zum Affekt steigern.

Dabei spielt die Rolle der Partnerin, ihre Einstellung zur Sexualität und ihre möglichen Hemmungen eine weitere Rolle. Gibt es mögliche Verhaltensweisen oder erotisierende Attribute, die die Ängste des Patienten reduzieren, ihn erotisch fesseln können? Konnte ein gemeinsamer Konsum pornographischer Produkte die Kognitionen in die gewünschte Richtung lenken?

Für den Fall, daß sich die Ejakulationshemmung nur auf wenige Situationen, etwa auf den Koitus, beschränkt, kann auch ein symptomorientiertes Training erfolgreich sein: Dabei stimuliert die Partnerin den Patienten durch bewährte Techniken bis zum "point of no return", dem Zeitpunkt also, zu dem sich der Samenerguß auf jeden Fall einstellt. In dieser Phase kann dann eine Immissio penis vorgenommen werden.

Grundsätzlich ist jedoch davon auszugehen, daß rein symptombezogene Übungen weniger erfolgreich sind als bei der Behandlung des vorzeitigen Ergusses.

Die Gesamtpersönlichkeit des Patienten, seine anamnestischen Belastungen und seine eventuell zwanghafte Persönlichkeitsstruktur sind therapeutisch zu berücksichtigen.

10. LIBIDOSTÖRUNGEN DER FRAU

Sexuelle Lustlosigkeit bis hin zu einer über Jahre gelebten Askese sind häufiger als weithin angenommen. Bei Paaren, die sich entschlossen haben, diesen Zustand durch eine professionelle Therapie zu beenden, gilt es als erstes, die Qualität der Beziehung zu analysieren. Die Zufriedenheit mit der Partnerschaft insgesamt, das Syndrom als mögliche Botschaft an den Partner, organisatorische Unzulänglichkeiten bei der Gestaltung intimer Begegnungen sind hier von Bedeutung. Dies wurde bereits ausgeführt. Von weiterer Bedeutung ist, die nähere Motivation zur Therapie zu entschlüsseln. Soll dadurch eine Beziehung, die möglicherweise emotional erkaltet ist, gerettet werden? Welche Idealvorstellungen verbinden beide Partner von Sexualität? Ist sie vielleicht als Mittel zum Zweck, den Partner zufriedenzustellen, degeneriert?

Welche Funktion hatte das Intimleben, als es noch relativ regelmäßig oder gar häufig gepflegt wurde. Die beste Prognose haben Libidostörungen, die als konsequente Folge von Sexualstörungen auftreten, bei denen die fehlende Lust auf Sex an das Problem gekoppelt ist, dabei nicht nur Lust, sondern auch eine Befriedigung zu erreichen.

Dabei gilt folgende Logik: Jenen Frauen, die im Laufe einer sexuellen Begegnung nie oder nur sehr selten einen Höhepunkt erleben, prägt sich eine negative Erfahrung ein. Ihre Lust steigt, das Begehren, die Erregung – und plötzlich ist alles vorüber. Sie konnten keine Befriedigung erleben, keine Welle der Leidenschaft, kein wohliges, entspanntes Gefühl. Ein Erregungszustand, dem kein Höhepunkt mit der wohltuenden Entspannung

folgt, wird als unangenehm erlebt. Lernpsychologisch heißt das: Die Frau wird für ihr Sexualverhalten negativ verstärkt beziehungsweise bestraft (Kochenstein 1998).

Es ist nur folgerichtig, wenn all diese Frauen auf solche negativen Erfahrungen in kürzester Zeit mit einer Libidostörung reagieren. Dabei beschränkt sich die Abwehr eines geschlechtlichen Kontaktes nicht auf den Koitus. Alle Handlungen und Zärtlichkeiten, die sie mit einem sexuellen Verlangen ihres Partners assoziieren, sind davon betroffen. Verführungsversuche werden als störend empfunden. Bereits eine Bemerkung über Sexualität kann im Sinne einer Reaktionsgeneralisierung eine Abwehrreaktion auslösen. Die Geschlechtlichkeit wird aus dem Leben der Frau beinahe eliminiert.

Die oberste sexualtherapeutische Maxime ist, daß die Patientin, die unter einer solchen Störung leidet, bei der intimen Begegnung mit ihrem Partner nachhaltig eine völlig neue Lernerfahrung macht: "Sexualität ist nicht nur erregend, sondern vor allem auch befriedigend. Es geschieht nichts, was ich nicht ausdrücklich will."

Die Aufgabe des Therapeuten ist dabei, Modalitäten zu entwickeln, bei denen das Hauptziel der sexuellen Begegnung, der Orgasmus (definiert als ein Gefühl starker Erregung mit einem unmittelbar folgendem Zustand wohliger Entspannung), gewährleistet ist.

Dabei ist die Frage, wie dieser Zustand erreicht wird, zunächst irrelevant. In erster Linie ist zu klären, um welche Form der Orgasmusstörung es sich bei der Patientin handelt.

11. ORGASMUSSTÖRUNGEN

Am häufigsten sind Orgasmusstörungen, die wir als situative, sporadische oder koitale Anorgasmie bezeichnen.

"Situativ" bedeutet, daß diese Frauen nur bei bestimmten Formen geschlechtlicher Reizung mit einem Höhepunkt reagieren können – etwa bei der Selbstbefriedigung.

"Sporadischer Orgasmus" kann mit "sehr seltene orgastische Reaktion" übersetzt werden. Bei den Frauen, die durchaus orgasmusfähig sind und zum Beispiel durch Erregung mit der Hand oder dem Mund des Partners zu einem Höhepunkt gelangen, jedoch beim Geschlechtsverkehr dieses Gefühl vermissen, kann von einer "koitalen Anorgasmie" gesprochen werden.

Abschließend soll in einem dreistufigen Lernprogramm die Behandlung einer Orgasmusstörung (und damit meist auch einer Libidostörung) dargestellt werden.

Zunächst gilt es, den eigenen Körper hinsichtlich seines lustvollen Reagierens auf bestimmte Reize zu entdecken. Die Patientin wird angehalten, ihre erogenen Zonen aufzuspüren und durch systematisches Streicheln eine gewisse Anfangserregung herbeizuführen. Sie soll sich dabei genügend Zeit nehmen, verschiedene Reizmodalitäten (Handdusche, Massagestab) ausprobieren und durch Kontraktionen der Beckenbodenmuskulatur die lustgetönte Reizung unterstützen. Ein nächster und sehr bedeutsamer Übungsschwerpunkt befaßt sich mit den Phantasien einer Frau. Die Konzentration richtet sich dabei ausschließlich auf erotisierende Szenen. Liebesspiele, die gerne erlebt werden wollen, aufregende Sexszenen mit einem Traumpartner, Phantasiebilder, die die Patientin zwar nicht erleben möchte, von denen jedoch eine erotisierende Wirkung ausgeht. Diese Konzentrationsübungen können zunächst auf wenige Sekunden beschränkt bleiben, sollten aber allmählich auf eine Zeitspanne von wenigstens fünf Minuten ausgedehnt werden. Eine gute Ergänzung zum Ausbau der Konzentrationsfähigkeit und sexuellen Kreativität ist es, die gedanklichen Vorstellungen in Worte zu fassen und schriftlich festzuhalten.

In der zweiten Lernphase geht es darum, durch systematisches Verbinden der erotischen Phantasien mit den körperlichen Reizungen einen Orgasmus auszulösen. Die Patientin nimmt sich täglich etwa dreißig Minuten Zeit und versucht durch geschicktes Manipulieren ihrer erogenen Zonen bei gleichzeitiger Versunkenheit in ihre erotische Phantasiewelt die Lust zu steigern. Verschiedene Techniken können dabei hilfreich sein und sollten deshalb variiert werden. Die Klitoris soll mit verschiedenen Fingern direkt oder indirekt über die Schamlippen stimuliert werden. Die Unterstützung mit einem Massagestab ist ebenso zu untersuchen wie die Wirkung eines rhythmischen Druckes (beispielsweise durch ein Polster oder Kopfkissen) bei gleichzeitigen Kontraktionen der Beckenbodenmuskulatur. Die Atmung soll durchaus inszeniert in ein Stöhnen übergehen. Im Falle einer Ablenkung von den erotischen Phantasien soll eine kurze Pause eingelegt werden, so lange, bis aufs neue erregende Bilder auftauchen. Sinnvoll ist dabei, sich ferner auf die Übungen durch Lesen von erotischer beziehungsweise pornographischer Lektüre oder Betrachten eines entsprechenden Videos einzustellen.

Wichtig bleibt, daß sich die Patientin nicht ständig selbst beobachtet – ob der Höhepunkt jetzt kommt oder nicht. Die Gedanken kreisen ausschließlich um lustvollen Sex – nicht um den Orgasmus. Dieser stellt sich im Laufe der nächsten Wochen von selbst ein.

Der abschließende Lernschritt bezieht sich auf eine Integration des orgastischen Erlebens in die gemeinsame Intimität mit dem Partner. Er ist erst dann sinnvoll, wenn die Patientin durch zahlreiche Selbstversuche absolute Gewißheit hat, den Höhepunkt innerhalb weniger Minuten auslösen zu können. Der sicherste Weg zur gemeinsamen Lust ist, dabei zunächst auf den Geschlechtsverkehr zu verzichten. Schließlich konnte der Orgasmus ja auch alleine, ohne Koitus und Hilfe eines Partners, induziert werden. Sinnvoll wäre es dementsprechend, den Partner an dieser erfolgreichen Lustpraktik teilnehmen zu lassen. Erfahrungsgemäß reagieren die meisten Männer mit Neugier und eigener Erregung auf eine solche Demonstration der selbstgeschaffenen Lust. Nicht zuletzt werden sie auf diese Weise mit den wirklich erregenden Intimpraktiken vertraut gemacht. Nach und nach unterstützen sie die Selbstreizung ihrer Partnerin, um sie schließlich ganz zu übernehmen. Die Initiative dazu und die Regie dabei liegt jedoch weiterhin bei der Frau. Sie führt die Hand, den Finger oder den Kopf des Partners beim Liebesspiel, bestimmt Modalität, Ort, Intensität und Dauer der jeweiligen Reizung. Verspürt sie Lust auf bestimmte Formen verbalerotischer oder optischer Unterstützung, so leistet er ihr Folge. Erst nachdem zahlreiche Orgasmuserfahrungen mit dem Partner gesammelt wurden, ist schrittweise der Geschlechtsverkehr selbst in die intime Begegnung einzubauen. Dabei sollen insbesondere Stellungen gewählt werden, bei denen eine gleichzeitige manuelle Selbst- oder Fremdstimulation der Klitoris leicht möglich sind ("Hockstellung", "Löffelchenstellung"). Besonders geeignet erscheint dabei die bereits beschriebene Position, bei der die Frau auf ihrem Partner sitzt beziehungsweise reitet. Denn hier ist es auch für ihn am leichtesten möglich, seinen Höhepunkt zu kontrollieren beziehungsweise zu verzögern. Ein synchrones orgastisches Erleben – ein häufiger Wunsch vieler Paare – ist damit am ehesten erreichbar.

SCHLUSSBEMERKUNG

Ein gemeinsames Problem partnerschaftlich zu lösen, das ist das Ziel lerntheoretisch begründeter Sexualtherapie. Sie richtet sich demnach immer an beide Partner, die im Idealfall auch stets gemeinsam den Therapeuten aufsuchen. Von der hohen Motivation für eine solche Therapie bei ansonsten intakter Beziehung war einleitend die Rede. In diesem Idealfall jedoch auch eine zusätzliche Ermunterung: Es werden in aller Regel nicht einmal zehn therapeutische Sitzungen benötigt, um das Problem aus der Welt zu schaffen. Jede symptomorientierte Sexualtherapie sollte sich an dieser Zeitmaxime messen lassen.

LITERATUR

Kochenstein, P.: Ratgeber Sexualität. CIP-Medien, München 1998

Kockott G.: Themenheft Sexualstörungen. In: Psychotherapie 2000, 2. CIP-Medien, München

Scholz, W.: Sexualstörungen. In: Das Therapiebuch. S. Sulz (Hrsg.) CIP-Medien 1998

Scholz, W.: Sexuelle Funktionsstörungen. In: Das Therapiebuch. S. Sulz (Hrsg.) CIP-Medien 1998

GISELA UND HANS-GEORG MÄHLER
FAMILIENMEDIATION

I. ÜBERBLICK [1]

1. Wer hilft

In der Bundesrepublik wird jede zweite oder dritte Ehe geschieden. Das sind ca. 180.000 Scheidungen jährlich. Betroffen sind davon mehr als 1,5 Millionen Kinder und Jugendliche. Hinzu kommen die statistisch nicht erfaßten Trennungen unverheirateter Paare und die davon betroffenen Kinder. Trennung und Scheidung sind einschneidende Ereignisse, die nicht selten mit Gefühlen wie Ohnmacht, Wut, Angst, Verzweiflung, Schmerz und Trauer verbunden sind. Ein Lebensabschnitt geht zu Ende. Zugleich sind neue Perspektiven zu entwickeln: z. B. wie künftig die Kinder betreut werden, wer was zahlt, was mit dem bisherigen gemeinsamen Zuhause geschieht und wie das angesparte Vermögen und die Rentenanwartschaften geteilt werden können.

Viele Paare und Familien brauchen Unterstützung, wenn eine so grundlegende Neuordnung ihrer Verhältnisse auf persönlichem, wirtschaftlichem und sozialem Feld ansteht. Wer hilft?

Herkömmlicherweise werden Paaren in der Trennungs-/Scheidungsphase zwei Angebote gemacht:
- auf der *persönlichen Ebene*: Aufarbeitung der Krise in Beratung und Therapie
- auf *der sachlichen* Ebene: Rechtliche Regelung über Anwälte und Gericht

Beides reicht heute vielen nicht mehr. Sie wollen etwas Drittes, nämlich *persönlich eine sachliche Verständigung* erarbeiten. Für diese Gruppe bietet sich Mediation an.

2. Mediation: Was heißt das?[2]

Mediation ist ein außergerichtliches Verfahren zur Bearbeitung von Konflikten. Sie fördert selbstverantwortete Entscheidungen. Der Mediator/die Mediatorin unterstützt die Konfliktpartner darin, miteinander (wieder) ins Gespräch zu kommen, interessenbezogen zu verhandeln und faire Vereinbarungen zu entwickeln, die auf dem wachsenden Verständnis von sich selbst, dem anderen und der jeweiligen Sicht der Realität aufbauen.
Besonders bewährt hat sich Mediation bei der Regelung von Familienkonflikten. Die nachfolgende Darstellung bezieht sich auf den wichtigen Bereich Trennung und Scheidung. Die methodischen Ansätze der Mediation sind darüber hinaus auf viele andere Konfliktfelder in Familien (s. unter VII) anwendbar.

Mediation, thesenhaft zusammengefaßt:
- heißt Vermittlung.
- Der Mediator/die Mediatorin, neutral und - anders als der Richter - selbst ohne inhaltliche Entscheidungsbefugnis, unterstützt die Konflikt-

partner darin, eigenverantwortlich ihre Regelungen zu entwickeln.

- Das Verfahren ist *freiwillig*. Die *Freiwilligkeit* schließt die Möglichkeit ein, das Verfahren jederzeit *einseitig* zu beenden. Betroffene können also ausprobieren, ob Mediation für sie das geeignete Verfahren ist - oder ob sie eine andere Alternative, etwa das gerichtliche Verfahren, vorziehen.

- Eigenverantwortliche Entscheidungen setzen die Kenntnis aller entscheidungserheblichen Tatsachen voraus. Sie müssen also offengelegt werden.

- Das Verfahren ist vertraulich. Der Mediator tritt deshalb nicht als Zeuge vor Gericht. Anwalts-Mediatoren vertreten keine der Konfliktpartner nach Abschluß der Mediation vor Gericht.

- Konflikte werden nicht unter den Teppich gekehrt. Jeder tritt für sich selbst ein. Letztlich werden freilich Kooperation und Verständigung angesteuert, die am ehesten die Grundlage bilden, wie die Konfliktpartner ihre jeweiligen Interessen soweit als möglich in der Vereinbarung unterbringen und wie sie ihre persönlichen Lösungen finden können.

- Mediation setzt keine vorgefertigten Ergebnisse voraus. Häufig lernen die Konfliktpartner ihre eigentlichen Interessen und die des Konfliktpartners erst während des Verfahrens kennen. Das ermöglicht Entscheidungen, die in Übereinstimmung mit der zukünftigen Lebensperspektive beider Parteien stehen.

- Trennung und Scheidung erfordern eine Neuordnung familiärer Beziehungen und eine Regelung der Folgen. Mediation eröffnet hierzu einen Weg, der auf Selbstachtung und gegenseitigem Respekt gründet.

- Eigenverantwortete Entscheidungen klammern das Recht nicht aus, sondern schließen es ein. Es geht allerdings nicht darum, *recht zu haben,* sondern darum, innerhalb rechtlicher Rahmenbedingungen Vereinbarungen zu treffen, letztlich: *Recht zu gestalten.* Die Vereinbarung gewinnt Rechtsverbindlichkeit in der Regel dadurch, daß sie notariell beurkundet oder im gerichtlichen Scheidungsverfahren als Vergleich zu Protokoll genommen wird.

3. Motivation für die Inanspruchnahme traditioneller Verfahrensweisen

Die traditionellen juristischen Verfahrensweisen (Gerichtsverfahren; außergerichtliche anwaltschaftliche Verhandlungen) sind besonders für Personen geeignet, die einen anwaltschaftlichen Fürsprecher an ihrer Seite brauchen, etwa weil die Situation für sie zu komplex ist, oder sie sich von vornherein unterlegen oder unsicher fühlen und das Gesetz und die Vertretung durch Anwälte ihnen deshalb eine Stütze geben. Dadurch nehmen sie freilich in Kauf, daß ihre Autonomie eingeschränkt wird. Sie geben in diesem Falle die Vertretung an Anwälte, die Entscheidung an den Richter, den Maßstab für die Entscheidung an das Gesetz ab. Das hat Konsequenzen: Da die Durchsetzung von Recht ihrem Wesen nach auf der Grundlage von Angriff und Verteidigung erfolgt, kann der Streit eskalieren. Es besteht die Gefahr, daß die Kinder in Mitleidenschaft gezogen werden. Manche Betroffene fürchten, sich durch die Eigendynamik des Verfahrens in Situationen wiederzufinden, die mit ihren ursprünglichen Absichten und Vorstellungen nicht übereinstimmen. Sie fürchten, daß die mit Hilfe des Gesetzes errungenen notwendig *pauschalierten* Ergebnisse von dem abweichen, was sie *eigentlich wollen*; und sie fürchten das Risiko, mehr zu verlieren als zu gewinnen.

4. Motivation für Mediation

Diese Personen wollen die Entscheidung selbst in der Hand behalten, sich nicht automatisch den

Gesetzen unterwerfen, sondern sich - über einen Vertrag - ihr "eigenes Gesetz" machen und eine maßgeschneiderte, ihren konkreten Bedürfnissen angemessene, alle Möglichkeiten ausschöpfende Regelung erarbeiten.

Sie streben eine von allen Teilen mitgetragene Verständigung an, weil sie mit guten Gründen hoffen, daß diese eher zu einer Befriedung führt als die Abgabe der Entscheidung an den Richter.

Für sie sind *eigenverantwortete gemeinsame Entscheidungen* maßgeblich. Die wollen "Konflikteigentümer" bleiben, sehen sich aber infolge ihrer situationsbedingten Schwierigkeiten, miteinander umzugehen, oder mangels ausreichender Sachkunde nicht in der Lage, diesen Weg alleine zu gehen. Sie brauchen professionelle Hilfe. Das führt zur Mediation, und damit zu einem Verfahren, das auf die Bedürfnisse dieser Personengruppe zugeschnitten ist.

Die professionelle Hilfe liegt in der Vermittlungsarbeit des Mediators bzw. der Mediatorin. Diese zeichnet sich dadurch aus, daß der Mediator *keine inhaltliche Entscheidungsbefugnis* hat. Das befähigt ihn in besonderem Maße, mit den Konfliktpartnern deren Interessen herauszuarbeiten, die die Grundlage der gemeinsamen Entscheidung bilden. Das stufenweise Vorgehen ist darauf angelegt, daß sich die Konfliktpartner zunehmend ihrer Situation bewußt werden, Verständnis für ihre eigenen, zukunftsorientierten Interessen gewinnen und auch den Partner in seinen Interessen verstehen lernen. So stärkt der Mediator je nach Bedarf die Fähigkeit der Konfliktpartner,

- (wieder) miteinander ins Gespräch zu kommen (Dialogfähigkeit),
- miteinander zu verhandeln (Verhandlungsfähigkeit),
- um schließlich darauf aufbauend eine Einigung zu finden (Gestaltungsfähigkeit), die alle maßgeblichen Entscheidungskriterien berücksichtigt.

Mediation will die traditionellen juristischen Verfahrensweisen nicht ersetzen, sondern tritt als eigenständiges neues Verfahren hinzu.

II. ZEITZEICHEN MEDIATION

1. Soziale Veränderungen

Mediation ist eine Konfliktbearbeitungsmethode, die die Selbstsverantwortung zur Quelle hat. Der *Zuwachs an Autonomie* ist verknüpft mit einer wachsenden *Komplexität* unserer Lebensverhältnisse, einem *Wertepluralismus* und dem damit verbundenen Abbau von *Hierarchie:*

Unsere Lebensverhältnisse werden, vor allem durch Globalisierung und Informationszuwachs, zunehmend *komplex* und verändern sich immer schneller. Die Gesetze können damit die Wirklichkeit als Anknüpfungspunkt immer weniger einfangen; gleichzeitig verlieren einende Wertvorstellungen an Kraft. *Wertepluralismus und Differenz* werden - im Gegensatz zu einer einheitlichen Welt- und Wertesicht - sogar als legitim und verteidigungswert angesehen. Verwoben sind damit ein Abbau von *Hierarchie* und ein Zuwachs an *Privatautonomie.* Dieser Wandel betrifft alle grundlegenden Institutionen unserer Gesellschaft - die Familie, die Arbeits- und Wirtschaftswelt und das staatliche Selbstverständnis. In der Familie spiegelt sich das in der tiefgreifenden Veränderung ihres Selbstverständnisses. Das Ehe- und Familienleben wird zunehmend weniger von soziokulturellen Normen geprägt angesehen. Religiöse oder staatliche Vorgaben verlieren an Resonanz. Die Gestaltung des Ehe- und Familienlebens wird vielmehr als private Angelegenheit betrachtet. Die familiären Verhältnisse sind insgesamt komplexer, flexibler, ambivalenter und polivalenter geworden. Verbunden ist damit weitgehend ein Abschied von einem patriarchalischen Beziehungsgefälle und ein neues, auf Ebenbürtigkeit beruhendes Verständnis von Mann und Frau im Verhältnis zueinander. Vor diesem Hintergrund verwundert es nicht, wenn Betroffene ihre Verhältnisse lieber persönlich regeln, als sie sich durch Gesetz oder Rechtsspruch vorschreiben zu lassen. Wenn Ehepartner persönlich entscheiden, ob und wann sie heiraten und wie sie die familiäre kinderbezogene und berufliche Arbeit teilen, liegt es nahe, daß sie über die sie unmittelbar betreffenden Folgen einer Trennung und Scheidung selbst befinden und die Entscheidung nicht an das Delegationssystem Recht abgeben wollen. Mediation bietet die Gewähr, daß sie persönlich "Konflikteigentümer" bleiben und die Sicherheit, daß nur eine Entscheidung getroffen werden kann, der sie zustimmen.

2. Änderung der rechtlichen Rahmenbedingungen

Die Veränderung der gesellschaftlichen Verhältnisse hat naturgemäß in veränderten rechtlichen Rahmenbedingungen Ausdruck gefunden. Grundlegend war die Reform des Scheidungsrechtes im Jahre 1977.

Die Abschaffung des Schuldprinzips, die Einführung des Zerrüttungsprinzips und die Abkopplung der Scheidungsfolgen von den Scheidungsvoraussetzungen verdeutlichen den Verzicht des Staates auf die Bewertung der Beziehung durch hoheitliche Zuschreibung von Schuld und fördert die private Lösung der Scheidungsfolgen nunmehr auch gesetzlich als "einverständliche Scheidung" (§ 630 ZPO). In diese Richtung wies auch die Entscheidung des Bundesverfassungsgerichtes zum gemeinsamen Sorgerecht aus dem Jahre 1982. Hierin betont das Gericht, niemandem liege das Wohl ihrer Kinder mehr am Herzen als den Eltern. Sie könnten deshalb am besten entscheiden, wie für die Kinder zu

sorgen sei. Seien die Eltern hierzu gewillt und fähig, habe sich der Staat in seinem Wächteramt zurückzuhalten. Diese Entscheidung hat ihren Niederschlag im Kinder- und Jugendlichenhilfegesetz des Jahres 1991 gefunden, in dem die Träger der öffentlichen Jugendhilfe, namentlich die Jugendämter, die Eltern befähigen sollen, ein Konzept zur einvernehmlichen Wahrnehmung ihrer elterlichen Sorge zu entwickeln (§ 17 KJHG). Sie hat ferner Frucht getragen in dem Kindschaftsreformgesetz, das am 1. Juli 1998 in Kraft getreten ist. Nach diesem Gesetz bleiben die Eltern Inhaber der gemeinsamen elterlichen Sorge, wenn sie nicht im Zusammenhang mit der Scheidung einen Antrag auf Übertragung des alleinigen Sorgerechtes stellen (§ 1671 BGB).

Mediation ist in ihrer Betonung der Selbstverantwortung und Partizipation eine Methode, die von ihrer Struktur, dem phasengegliederten Ablauf und ihrer Zielrichtung die anderen Verfahrensformen überlegene Kompetenz in sich birgt, den Übergang von einer normativ verordneten Drittentscheidung in eine persönlich begründete, wechselbezügliche, gemeinsame Entscheidung der Beteiligten aufzufangen, zu begründen und weiterzuentwickeln.

In dieser Erkenntnis hat das Ministerkomitee des Europarates mit seiner Entschließung (98) 1 vom 28.1.1998 allen Mitgliedsstaaten empfohlen, "1. Familienmediation einzuführen oder zu fördern oder gegebenenfalls die bestehende Familienmediation zu verbessern; 2. alle Maßnahmen zu ergreifen oder zu verstärken, die sie für die Verwirklichung der folgenden Grundsätze zur Förderung und Anwendung der Familienmediation als geeignete Mittel zur Beilegung von Familienstreitigkeiten als notwendig erachten."

Es ist zu hoffen, daß im Zuge der beabsichtigten Justizreform diese Regelungen auch ihren gesetzlichen Niederschlag finden werden.

3. Methodische Handlungskompetenz

Mediation kann als Antwort auf die veränderten sozialen Verhältnisse begriffen werden. Sie ist eine „Erfindung", die auf praktischer Ebene Handlungskompetenz zur Bewältigung der neuartigen Konfliktsituationen zur Verfügung stellt.

Mediation bezieht ihre Handlungskompetenz für ein strukturiertes Vorgehen aus der Zusammenschau und dem Zusammenwirken verschiedener wissenschaftlicher Disziplinen und der Konvergenz der Forschungen auf diesen Sektoren. So hat Mediation Erkenntnisse aus der Konflikt-, Verhandlungs-, Kommunikations- und Friedensforschung auf der Grundlage von Psychologie, Sozialpsychologie, Pädagogik, Soziologie mit Einsichten aus der Praxis verschiedener Beratungs- und Therapieformen und nicht zuletzt der Jurisprudenz, vor allen Dingen der Vertragsgestaltung, zu einer eigenständigen Methode verknüpft.

Mediation ist damit von ihrem Wesen her interdisziplinär. Sie wird - je nach Konfliktfeld und Kontext - von unterschiedlichen Berufsgruppen praktiziert. Sie ist auf interprofessionelle Kooperation ausgerichtet.

4. Konfliktfelder

Mediation ist eine Konfliktbearbeitungsmethode, die auf den verschiedensten Konfliktfeldern seit 20/30 Jahren immer mehr Fuß faßt, kennzeichnenderweise in allen westlich ausgerichteten Demokratien. Sie findet, weil die sozialen Veränderungen auf sämtlichen gesellschaftlichen Ebenen Platz greifen, auf vielen Konfliktfeldern Anwendung, z. B. in der Schule, unter Nachbarn, in der Gemeinwesenarbeit, im Arbeits- und Wirtschafts-

bereich und nicht zuletzt bei Streitigkeiten im öffentlich-rechtlichen Bereich, besonders bei Umweltkonflikten. Die Familienmediation hat traditionsgemäß eine Vorreiterfunktion, namentlich wohl deshalb, weil auf der einen Seite die Regelungsinhalte typisiert sind und man dadruch weiß, auf was es typischerweise ankommt (s. III 6); auf der anderen Seite die Konfliktpartner jedenfalls dann, wenn sie gemeinsame Kinder haben, auch nach Trennung und Scheidung aufeinander angewiesen sind, es ihnen also nicht gleichgültig sein kann, ob sie im Streit auseinandergehen oder doch zumindest eine Basis finden, die ein Zusammenwirken zugunsten der Kinder auch für die Zukunft möglich macht; und Mediation mit ihrem Ziel der Verständigung (s. näher Ziff. IV) sich hierfür besonders gut eignet.

III. Grundlagen der Mediation

1. Ergebnisorientiertes Verhandeln

Mediation ist ergebnisorientiert. Bei Trennung und Scheidung ist das Ziel auf eine rechtsverbindliche Vereinbarung ausgerichtet. Sie ist Grundlage der nach unserer Zivilprozeßordnung vorgesehenen "einverständlichen Scheidung" und wird, häufig notariell beurkundet, als Vergleich in das Scheidungsverfahren eingeführt. Die Ergebnisorientierung markiert unter anderem den Unterschied zwischen Mediation einerseits und Beratung und Therapie andererseits. Der Fokus ist nicht auf Heilung oder auf Wachstum ausgerichtet. Es geht nicht um intrapsychische Problemlösung oder innerpsychische Beziehungsklärung und in diesem Sinne um die emotionale Aufarbeitung von Krisen im Intimbereich oder um die Einsicht in Handlungsabläufe, sondern um ein ergebnisorientiertes Verhandeln der beiden Konfliktpartner innerhalb einer vorgegebenen Ablaufstruktur (Ziff. 7).

2. Akzeptanz unterschiedlicher Sichtweisen

Das gerichtliche Verfahren lebt von einem Entwe-der-Oder. Der Richter kann nur, im Rahmen der Anträge der Parteien, *eine* Entscheidung fällen. Tertium non datur. Das ist im gerichtlichen Verfahren selbst angelegt, weil es auf eine Drittentscheidung ausgerichtet ist. Deshalb ist die Struktur dieses Verfahrens binärer Natur. Die Entscheidung kann vom Grundsatz her nur Ja oder Nein lauten. Um dieses Ziel zu erreichen, wird die Wirklichkeit fragmentiert. Beispielsweise wird der gesamte emotionale Bereich ausgeklammert.

Mediation gibt die Bewertung von richtig und falsch auf. Die Subjektivität tritt – anstelle objektiver Lösungen – in den Vordergrund. Die Unterschiedlichkeit der Sichtweisen und der jeweils daraus fließenden unterschiedlichen Interessen sind geradezu die Grundlage für die Entscheidungsfindung. Der "Kampf ums Recht" wird idealtypisch ersetzt durch den „Streit um den Konsens", also durch kooperatives Verhandeln, das als Grundlage Selbstbehauptung, Verständnis für sich selbst und den anderen, Loslassen und Zukunftsgestaltungswillen in sich birgt. Ziel ist es, einen Konsens zu finden, der von den beteiligten Konfliktpartnern getragen wird. Das gerichtliche Verfahren ist seiner Natur gemäß auf Sieg oder Niederlage ausgerichtet, sein Wesen ist Angriff und Verteidigung, die Grundeinstellung die von "Ich gegen dich", der Vorteil des einen ist häufig identisch mit dem Nachteil des anderen. In der Mediation geht es nicht um Sieg oder Niederlage, sondern, idealtypisch, darum, daß jeder gewinnt. Wenngleich Mediation häufig als Gegnerschaft beginnt, wird über die Struktur doch letztlich, in der Ablösung des Begriffspaares von Angriff und Verteidigung, Kooperation gesucht, die die Basis für wertschöpfende, gemeinsame Entscheidungen bildet.

3. Interessen statt Positionen

Im Gerichtsverfahren werden Positionen geltend gemacht. Die positionellen Anträge bestimmen den "Streitgegenstand". In der Mediation wird der "Aggregatzustand" gewechselt. Anstelle der Positionen treten Interessen. Interessen werden sichtbar, wenn nach dem Warum der Positionen gefragt wird. Die Differenzierung zwischen Interesse und Position ist in die Verhandlungs- und Vertragslehre durch die Forschung des *Harvard Negotiation Projects* eingegangen. Sie zeigt, daß auf der Basis von Interessen eine Einigung mit dem Ziel einer Wertschöpfung überhaupt erst möglich wird. Einschlägig ist das immer wieder zitierte, aber auch sehr aufschlußreiche Apfelsinenbeispiel: Streiten sich zwei Kinder um eine Apfelsine, wird die Mutter, als Schiedsrichterin angefragt, empfehlen, sie zu teilen. Jedes der beiden Kinder hat eine Position inne: jeder will die Apfelsine. Hätte die Mutter nach dem Warum und demzufolge also nach dem Interesse gefragt, hätte sich vielleicht herausgestellt, daß ein Kind das Fleisch essen, das andere die Schale benutzen wollte, um einen Kuchen zu backen. Interessenlösung ermöglichte in diesem Falle also die volle Verwirklichung beider Interessen, beide gewinnen, keiner verliert. Auch wenn beide Kinder, in dem Beispiel, das Apfelsinenfleisch wollen, kann weiter danach gefragt werden, wie sie ihre Interessen am ehesten verwirklichen können, was beispielsweise das eine Kind aufzugeben bereit ist, damit es seinen Wunsch erfüllen kann. Die Optionen sind unter verschiedenen Gesichtspunkten zu evaluieren, so daß eine vertragliche Vereinbarung entsteht, die die vorhandenen Ressourcen ausschöpft und die Energien so bündelt, daß sie sich synchron ergänzen und die Interessen letztlich in einem ausgewogenen Verhältnis zueinander stehen.

Beispiel: Will ein Ehepartner die beiden gemeinsam gehörende Wohnung behalten, damit die wegen der Trennung verunsicherten Kinder zunächst ihr Zuhause und ihr Beziehungsfeld behalten, der andere, der ausgezogen ist, die Wohnung verkaufen, um das darin steckende Vermögen anderweitig verwerten zu können, ist auf der Positionsebene nur eine Entweder-oder-Regelung möglich, die bei Nichteinigung in eine Zwangsversteigerung münden wird. Auf der Basis einer Interessen-Regelung kann beispielsweise vereinbart werden, das Haus zu verkaufen, wenn die Kinder ein bestimmtes Alter erreicht haben und der an der Vermögensverwertung interessierte Partner zwischenzeitlich eine Grundschuld für die Absicherung eines Darlehens eintragen läßt oder das Haus sofort unter der Bedingung zu verkaufen, daß der eine Ehepartner mit den Kindern zu (günstiger) Miete für eine festumrissene Zeit zunächst in der Wohnung bleibt usw.

4. Zukunftsgestaltung anstelle einer Vergangenheitsbewertung

Die gerichtliche Entscheidung wendet ihren Blick in der Regel in die Vergangenheit. Nur so können "objektive Tatsachen" festgestellt und bewertet werden. Mediation schaut nicht in die Vergangenheit, sondern in die Zukunft. Es kommt nicht darauf an, wer recht hat, sondern welche Regelung sinnvoll ist. Entscheidend sind nicht die Kriterien richtig und falsch, sondern ob die Verwirklichung der Interessen möglich, notwendig oder wünschenswert ist. Natürlich ist der Blick der Konfliktpartner häufig in die Vergangenheit gerichtet, schon deshalb, weil als Reaktion auf Verletzung und Kränkung die Schuldzuweisung vorherrschend ist. Mediation klammert diese psychische Vorgegebenheit nicht aus, sucht hierin aber nicht die Entscheidung. Es ist ein Quantensprung in der Mediation erreicht, wenn die Konfliktpartner fähig werden, sich von vergangenheitsorientierten, schuldzuweisenden Abwertungen zu lösen und ihren Blick auf die *eigenen* zukunftsorientierten Interessen zu richten. Hat jeder Konfliktpartner die eigenen Belange verstanden, darüber hinaus die des Konfliktpartners, wird es möglich, wechselbezügliche Entscheidungen zu treffen, die die Interessen beider Konfliktpartner soweit als möglich einbeziehen.

5. Wertschöpfung anstelle eines "Nullsummenspiels"

Die Entscheidung ist unter diesen Aspekten auf Wertschöpfung, nicht auf Wertminderung oder ein Nullsummenspiel ausgerichtet.
Beispiel: Nach rechtlichen Gesichtspunkten ist es sowohl für den Unterhaltsberechtigten als auch für den Unterhaltsverpflichteten günstig, wenn er keine Arbeit findet oder sonstwie sein Einkommen, berechtigterweise, verringert. Gehen beide im gerichtlichen Verfahren so vor, wird der Kuchen, der verteilt werden kann, immer kleiner.
In der Mediation ist dagegen von Interesse, wie der Kuchen vor der Verteilung vergrößert wird. Beispielsweise könnte Vermögen herangezogen oder zeitweise überobligatorisch Unterhalt gezahlt werden, damit der eine oder andere Ehepartner sich beruflich qualifizieren und deshalb später mehr verdienen kann.

6. Die Themen der Mediation

Familienmediation bei Trennung und Scheidung setzt letztlich den Entschluß zur Trennung bzw. Scheidung voraus, für den einen Partner manchmal auch nur aus der Einsicht, mit dem anderen nicht weiterleben zu können, wenn sich dieser endgültig zur Trennung entschlossen hat. Inhalt der Mediation ist die Regelung der Trennungs- und Scheidungsfolgen.

(1) *Typische Regelungsinhalte* sind:

- wo der eine oder der andere Ehepartner künftig "zu Hause" ist;
- ob die Ehewohnung von dem einen oder anderen übernommen oder ob sie aufgegeben werden soll;
- wenn die Wohnung bzw. das Haus im Eigentum eines Partners oder beider steht: welche kurzfristigen und langfristigen Lösungen angestrebt werden;
- wie der Hausrat verteilt wird;
- wie das vorhandene Vermögen verteilt und zu welchen Zwecken es verwendet wird; wie gegebenenfalls die Schulden reguliert werden;
- was mit den Versicherungen geschieht und, nicht zuletzt,
- wie die getrennten Haushalte finanziert werden.

In diesem Zusammenhang kann es wichtig sein, zunächst miteinander abzuklären,

- welcher finanzielle Bedarf besteht,
- welche Einkünfte zur Verfügung stehen,
- auf welcher beruflichen Tätigkeit diese beruhen,
- ob die Einkünfte über eine bessere Qualifikation oder berufliche Veränderung gesteigert werden können
- und wie die Arbeitszeiten und die Zeiten für die Betreuung der Kinder aufeinander abgestimmt werden können.

(2) Kinder

Die Familienforschung ist sich darin einig, daß es den Kindern dann am besten geht, wenn die Eltern trotz Trennung als Paar oder gerade deshalb als Eltern zu kooperieren lernen, wenn also die Kinder nicht mit der Trennung einen Elternteil aufgeben müssen. Für die Kinder ist es schlimm - und unvermeidlich -, das gemeinsame Zuhause zu verlieren. Vielen Eltern liegt daran, daß die Kinder unter der Trennung sowenig wie möglich lei-

den. Sie suchen nach einer konstruktiven Bewältigung ihrer Konflikte. Mediation gibt gerade hierzu eine Hilfestellung. Sie nutzt den Kindern und den Eltern

- durch die Stärkung der Verantwortung der Eltern trotz Trennung als Paar,
- durch den Abbau von Ängsten (Verlust der Kinder) zugunsten einer klaren Betreuungsregelung (oft Zuwachs an Kontakt),
- durch die Besinnung auf die Bedeutung, die die beiden Eltern als Mutter und Vater für die Kinder haben,
- durch die Hinwendung zu den für die Kinder entscheidenden Zukunftsperspektiven,
- durch Einübung von Kooperation,
- durch die Förderung bislang eher verborgener familiärer Fähigkeiten und Ressourcen,
- und durch den versöhnlichen Charakter von Mediation.

Die Kernfragen für die angestrebte Vereinbarung heißen:

- Wie können die Bedürfnisse der Kinder in der Trennungssituation am besten erfüllt werden?
- Wie können Vater und Mutter die durch die Trennung neu definierten Aufgaben in der Wahrung ihrer elterlichen Verantwortung am besten kooperativ wahrnehmen? Hierbei geht es in erster Linie um die Betreuungszeiten (während der Wochentage, der Wochenenden, besonderer Fest- und Feiertage, der Ferien), um Anschaffungen, Taschengeld, Telefonzeiten, Erziehungsfragen, um die religiöse Erziehung, um den Abschluß einer Ausbildungsversicherung oder die Einrichtung eines Kinderkontos sowie um den Umgang der Kinder mit anderen Personen, beispielsweise den Großeltern, Geschwister, Freunden usw.

Die Kinder können auf Wunsch der Eltern je nach Alter mit in die Gespräche einbezogen werden, wobei die Mediatoren allerdings genau darauf achten, daß hierdurch die Verantwortungsbereiche der Eltern und der Kinder nicht vermischt werden.

(3) Logik der Vorgehensweise

Zusammengefaßt: In der Mediation wird nach einer anderen Logik als im herkömmlichen gerichtlichen Verfahren vorgegangen. Im Vordergrund der gerichtlichen Entscheidung steht die Frage, in welcher Obhut sich die Kinder befinden, bzw. wer das Sorgerecht ausübt. Danach richtet sich die Betreuungssituation, der Kindesunterhalt, der Ehegattenunterhalt und die Zuteilung des Hausrates. In der Mediation kann zunächst danach gefragt werden, wo der eine oder andere Ehegatte "zu Hause" ist, ein Begriff, den das Gesetz überhaupt nicht kennt, der gleichwohl für das Bewußtsein der Ehepartner von zentraler Bedeutung ist. Ferner, wo die Kinder ihr "Zuhause" haben und wie die nun getrennten Haushalte insgesamt finanziert werden. Insofern können die Tätigkeits-, Arbeits- und Zeiteinteilungsfelder im Zusammenhang betrachtet werden: wer wann für die Kinder sorgt, welche Arbeit wie und zu welchen abgeglichenen Zeiten anfällt, welche beruflichen Tätigkeitsfelder bestehen, angestrebt oder verändert werden. Auf dieser Basis kann dann ein drittes Feld exploriert werden, nämlich welche Einkünfte für die Gesamtfinanzierung zur Verfügung stehen, wie diese gegebenenfalls gesteigert werden können, welche Qualifikation von Arbeit und damit Erhöhung des Einkommens möglich ist. Darüber hinaus: wie das bestehende Vermögen verteilt oder (hiernach fragt das Recht nicht) zu welchem Zweck verwendet, schließlich wie die Altersvorsorge aufgebaut werden soll. Diese Aufschlüsselung macht es möglich, die Interessen gebündelt von einem Mittelpunkt aus, nämlich der zukünftigen Lebensperspektive der jeweiligen Konfliktpartner, zu betrachten.

7. Überwindung des Verhandlungsdilemmas durch strukturiertes Vorgehen

Trennung und Scheidung provozieren häufig Rachegefühle: Dann kommt es dem Partner viel eher darauf an, den anderen zu schädigen, als selbst zu einem sinnvollen Ergebnis zu kommen. Für diese Fälle ist Mediation eher nicht geeignet; es sei denn, die Dynamik läßt sich verändern. Insbesondere aber gibt es viele Ehepartner, die gerade im Hinblick auf die Kinder ein Ergebnis suchen, das letztendlich ihre eigenen Interessen einbezieht und in dem wertschöpfende Ergebnisse erstrebt werden. Sie wissen freilich nicht, wie sie dies in die Tat umsetzen können. Vielfach sind die Verhandlungen im Konfliktfall auch von der Angst diktiert, über den Tisch gezogen zu werden. Die Befürchtung, Nachteile zu erleiden, führt dazu, sich verstärkt zu verteidigen oder aggressiv ein möglichst großes Stück vom Kuchen zu erkämpfen. Dies bewirkt häufig eine Verschärfung des Konfliktes. Diese Gefahr wird durch trennungsbedingte Verletzungen und Vorwürfe vergrößert. Mediation versucht, dieses Verhandlungsdilemma durch die Einteilung in Verfahrensabschnitte mit je unterschiedlichen Aufgabenstellungen und einer hierin liegenden Logik der Verständigung gezielt aufzulösen. Der Ablauf kann in 5 Abschnitte gegliedert werden.

- **Phase I**
  Abklärung, ob Mediation das geeignete Verfahren ist. Wenn ja: Festlegung eines Arbeitsbündnisses, das die Voraussetzungen und "Grundregeln" der Mediation enthält.
- **Phase II**
  Bestimmung der Themenbereiche und Konfliktfelder durch Positionsbeschreibungen; Problemdefinitionen; Bestandsaufnahme mit Vorlage aller entscheidungserheblichen Daten und Dokumente.

- **Phase III**
  Erarbeitung der jeweils unterschiedlichen Zukunftsinteressen und Bedürfnisse hinter den Positionen. Ausgehend von der Akzeptanz unterschiedlicher Sichtweisen: Zielsetzungen, die die jeweiligen Interessen einschließen und sich an der Ausschöpfung möglicher Ressourcen ausrichten. Weiterführend ist die Frage, wie beide gemeinsam mehr erreichen können.
- **Phase IV**
  Durchdenken aller Lösungsmöglichkeiten, Entscheidungsfindung unter Einbeziehung der jeweiligen Interessen und Nutzung aller Erfahrungswerte unter Abwägung aller Vor- und Nachteile.
- **Phase V**
  Beratung (hier spätestens) und Überprüfung der gefundenen Lösung durch persönlich beratende Anwälte. Gegebenenfalls rechtsverbindliche Vertragsgestaltung und Einführung der Vereinbarung in das Scheidungsverfahren.

Diese Struktur widerspricht häufig den Vorstellungen der Konfliktpartner, weil sie in ihrem Positionsdenken andere Vorstellungen über die Effektivität der Vorgehensweise haben. *Der entscheidende Wandlungsschritt liegt darin, sich vom reaktiven Vorgehen loszulösen und sich auf die eigenen Interessen zu besinnen.* Dieser Weg ist, wenn die Konfliktpartner durch abwertende Schuldvorwürfe miteinander verstrickt sind, häufig nicht alleine begehbar. Der Mediator verkörpert das Loslassen von einem Entweder-Oder. Im Verständnis beider Konfliktpartner, im Erforschen der jeweiligen zukunftsorientierten Interessen symbolisiert er das Sowohl-als-auch, das letztlich zu einer wechselbezüglichen Und-Lösung führt. Der Mediator als Dritter kennzeichnet damit die Auflösung einer kämpferischen Gegnerschaft in ein *zukunftsorientiertes Entwurfsdenken.* Der Mediator übt seinen Beruf professionell aus. Er ist für die Einhaltung der Struktur verantwortlich. Die Struktur gibt erst die Möglichkeit, den Weg von einem gegnerschaftlichen Bekämpfen zu einem kooperativen Verhandeln zu finden. Dem Verfahren wird deshalb in der Mediation ein besonders hohes Gewicht beigemessen. Die wertschöpfenden Ergebnisse erklären sich über den Weg des Vorgehens, das Was ist vom Wie abhängig. Erst wenn zu kooperativen Verhandlungen gefunden worden ist, werden wertschöpfende Ergebnisse wahrscheinlich. Weg und Ziel sind so unmittelbar miteinander verknüpft.

IV. Mediation als Verfahren zur Verständigung

Mediation ist ergebnisorientiert. Man würde dem Verfahren aber nicht gerecht, wenn man seine zweite Zielrichtung aus den Augen verlöre, daß nämlich die persönlichen Beziehungen der Konfliktpartner neu definiert werden wollen. Mediation ist kein Verfahren, das sanft ist; manchmal ist es im Gegenteil recht beschwerlich, weil es darum geht, den Konflikten nicht auszuweichen, sondern sich ihnen zu stellen. Gelingt es den Konfliktpartnern, durch Besinnung auf die eigenen Zukunftsinteressen aus dem vergangenheitsorientierten Beschuldigungsmuster herauszutreten, und öffnet sich der Weg für ein wechselseitiges Verständnis, wird die Chance vergrößert, Achtung voreinander zu gewinnen und in gegenseitigem Respekt zu scheiden. Das ist die zentrale Grundlage für eine Verständigung untereinander, die insbesondere den Kindern zugute kommt, weil Elternschaft nach der Trennung umso eher gelingt, je weniger die Konfliktpartner auf der Paarebene verstrickt bleiben. Die Verständigung kann in einer Triade beschrieben werden.

1) Auch in der Mediation stehen sich die Konfliktpartner häufig zunächst als Gegner gegenüber.
Durch die Rückbesinnung auf die eigenen
zukunftsbezogenen Interessen werden die Weichen gestellt, aus einem vergangenheits-
bezogenen Beschuldigungsmuster herauszutreten und zu einer partnerschaftlichen Lösung zu
gelangen.
2) Konfliktdynamisch ist dies ein Weg zwischen
Zwang und mehr Freiwilligkeit.
3) Je besser er gelingt, umso eher ist der Weg möglich von einer gegenseitigen Abhängigkeit hin
zur jeweiligen Unabhängigkeit und schließlich
in eine aufeinander ausgerichtete Wechselbe-
züglichkeit.

V. RECHTLICHE UND PSYCHOSOZIALE BEDEUTUNGSZUSAMMENHÄNGE

1. Die Bedeutung des Rechtes [3]

Im traditionellen Verfahren *wenden* die Beteiligten das Gesetz *an*. Bei der angestrebten Vereinbarung mit Hilfe der Mediation geht es um *Rechts-
verwendung*. Das Gesetzesrecht dient also nicht
als Maßstab für die Entscheidung. Es kann jedoch
für die Vertragsgestaltung nutzbar gemacht werden:
- Es setzt die Grenzen für die vertragliche Gestaltung, weil kein Vertrag gegen zwingendes Recht
oder gegen die guten Sitten verstoßen darf.
- Es bietet die Möglichkeit, das gefundene Ergebnis mit dem zu vergleichen, was gesetzlich möglich ist.
- Es markiert im Falle der Nichteinigung die Aus-
stiegsgrenze.
- Das Gesetz kann in seinem Ideenreichtum angefragt werden, also als Schatzkammer dienen,
um die jeweils eigenen Interessen als Grundlage der gemeinsamen Entscheidungen besser for-

mulieren zu können. Hiebei empfiehlt es sich,
auf die den Gesetzen zugrundeliegenden Prinzipien zurückzugreifen.
- Insbesondere sind alle Rechtsnormen daraufhin zu überprüfen, inwieweit sie beiden Partei-
en Vorteile bringen (z. B. Wohngeld, Gelder für
Arbeitsbeschaffungsmaßnahmen, steuerliche
Vorteile).
- Jeder muß wissen, auf welche rechtlichen Ansprüche er gegebenenfalls verzichtet und was
er statt dessen gewinnt.
- Schließlich können für die rechtliche Gestaltung
des Vertrages alle herkömmlichen Rechts-
figuren genutzt sowie Erfahrungswerte aus
vertragstypischen Formulierungen abgerufen
werden.

Das Recht wird also nicht ausgeklammert, sondern
einbezogen. Das Verständnis für die Inanspruchnahme von Recht verändert sich jedoch infolge
der Verantwortungsverlagerung. *Die Gesetze werden in ihrem Angebotscharakter begriffen*, ordnen nicht an, sondern bieten den Rahmen und
geben Ideen für die eigenverantwortete Gestaltung. Mediation als Methode nutzt die gesetzlich
gewährten Handlungsspielräume aus, um die Vereinbarung möglichst zufriedenstellend für alle
Beteiligten zu erarbeiten.
Um sich alle Möglichkeiten und Grenzen der Gesetze und der rechtlichen Gestaltung einschließlich etwa der steuerlichen Konsequenzen bewußt
zu machen und um zukünftige Konflikte zu vermeiden, gehört es zum Standard der Mediation,
daß jeder Konfliktpartner spätestens vor Abschluß
der Vereinbarung den rechtlichen Rat eines ihn
persönlich beratenden Anwalts in Anspruch
nimmt. Ferner, daß die rechtsverbindliche vertragliche Formulierung – nach der Einigung der
Konfliktpartner – in juristischen Händen (von
Anwälten und/oder Notaren) liegt.

2. Bedeutung der psychosozialen Zusammenhänge

Aus den vorgenannten Ausführungen dürfte deutlich geworden sein, daß die Ausübung von Mediation die Wahrnehmung und Berücksichtigung trennungs- und familiendynamischer Vorgänge sowie fundiertes Grundwissen und die sozialen und psychischen Bedingungen von Konfliktverläufen voraussetzt. Psychologische und sozialwissenschaftliche Ansätze, Methoden und Wirkungsweisen sind auch notwendig für eine sachgerechte Gesprächs- und Verhandlungsführung. Hieraus ergibt sich die Basis für die verantwortungsvolle Beurteilung der Möglichkeiten und Grenzen der Mediation, das reflektierte Umgehen mit der Rolle sowie das eigene Handeln als Mediator bzw. als Mediatorin. Psychologische und sozialwissenschaftliche Kenntnisse, Fähigkeiten und Fertigkeiten sind insbesondere notwendig zur Förderung des psychischen, sozialen und gesundheitlichen Wohlergehens der Kinder und Jugendlichen. Diese Formulierungen entstammen weitgehend den Richtlinien der Bundes-Arbeitsgemeinschaft für Familienmediation. Sie verdeutlichen, daß eine der Wurzeln der Mediation im psychologischen und sozialwissenschaftlichen Erkenntnisboden liegt. Die Angehörigen der psychosozialen Berufsgruppe mögen hierin die Aufforderung erblicken, Mediation in ihr Tätigkeitsfeld einzubeziehen, so wie es die Anwälte in ihrer seit März 1997 gültigen Berufsordnung (dort § 18) für sich (natürlich nicht exkludierend) ausdrücklich postuliert haben.

3. Komplementäre Formen der Zusammenarbeit von Angehörigen der psychosozialen Berufsgruppe und Juristen, insbesondere Anwälten

Das Wesen der Mediation provoziert neue Formen der Zusammenarbeit zwischen den Angehörigen der psychosozialen Berufsgruppe und Anwälten. Nimmt man Mediation als ein wertschöpfendes Verfahren ernst und überträgt man diesen Gedanken auf die professionelle Form der Zusammenarbeit, wird Mediation dann am ehesten gelingen, wenn die Angehörigen beider Berufsgruppen interprofessionell ihr Wissen, ihre Kenntnisse und ihre Fähigkeiten so koordinieren, daß die Konfliktpartner ein für sie möglichst gutes Ergebnis erzielen. Dem stehen einige zentrifugale Kräfte entgegen, wie beispielsweise die Beanspruchung von Marktanteilen für den je eigenen Berufsstand, die Auffassung, daß die eigene Disziplin der Königsweg für das methodische Vorgehen in der Mediation ist, Statusfragen, wie überhaupt eine Einstellung, die Gegensätze eher als feindlich denn als Ergänzung begreift. In der Bundesrepublik ist es bis jetzt gelungen, diese zentrifugalen Kräfte zu binden im Hinblick auf die Vorteile der Interdisziplinarität, die Mediation in sich verkörpert, und dem daraus folgenden Anspruch auf kooperatives Verhalten der Professionen. Es ist zu hoffen, daß dies auch in der Zukunft gelingt.

VI. KOSTEN, ZEITAUFWAND

In der Mediation hat es sich eingebürgert, nach Zeit abzurechnen. Das ist deshalb zweckmäßig, weil diese Kostenstruktur dem Mediationsverfahren dient. Die Konfliktpartner haben es auf diese Art und Weise selbst in der Hand, wieviel sie aufwenden. Auch die einseitig beratenden Parteianwälte rechnen bei reinem Beratungsauftrag erfahrungsgemäß nach Zeit ab.

Im Hinblick auf die vertragliche Abschlußfähigkeit und die damit verbundene Haftung wird darüber hinaus dann, wenn ein Anwaltsmediator den Vertrag (gegebenenfalls in Zusammenarbeit mit einem Notar) formuliert, in der Regel eine der Vergleichsgebühr entsprechende Abschlußgebühr vereinbart.

Für Betroffene gilt, daß sie vor Beginn der Beratung mit den jeweiligen Anwälten oder den Mediatoren der psychosozialen Berufsgruppe abklären, mit welchen Kosten sie rechnen müssen. Das kommt der Mediation entgegen. Denn dieser liegt an Kostentransparenz, so daß die Betroffenen immer wissen, was auf sie zukommt. Meistens ist Mediation preisgünstig, nicht, weil es das billigere Verfahren ist, sondern weil Verständigungslösungen weniger kosten als streitige Verfahren.

Mediation bei Trennung und Scheidung wird meist über Zeitintervalle von je 1 1/2 bis 2 Stunden angeboten. Durchschnittlich sind 4 - 10 Sitzungen notwendig, um zu einer Vereinbarung zu gelangen. Je mehr die Konfliktpartner zu Hause vorbereiten, umso schneller, effektiver und kostengünstiger wird die Mediation für sie ablaufen.

VII. Weitere Anwendungsfelder der Familienmediation

Gewiß sind Konflikte bei Trennung und Scheidung von besonderer Bedeutung. Familien-Mediation beschränkt sich jedoch nicht hierauf . Als Konfliktbearbeitungsmethode ist sie bei vielen *familiären Konflikten* ein Weg, der zu befriedigenden Ergebnissen führt.

So z. B. im Hinblick auf *:*
- Konflikte in Stieffamiliensystemen, z. B. Rollenklärung zwischen Vater/Mutter und den jeweiligen neuen Lebensgefährten in ihrem Verhältnis zu den Kindern oder Gestaltung des Kontaktes zum außerhalb lebenden Elternteil
- besondere Konflikte bei nichtverheirateten Paaren
  - Name des Kindes
  - gemeinsame elterliche Sorge
  - Übertragung der elterlichen Sorge auf den Vater

- entfernte Wohnsitze, Kontakt zwischen Kindern und dem außerhalb lebenden Elternteil
- finanzielle Unterstützung des anderen Elternteils sowie überhaupt Haushaltsfinanzierungen unter Einschluß der Kinder
- erbrechtliche Fragen
- Partnerstreitigkeiten, z. B. Familienplanung, Arbeitsteilung, besonders bei Konflikten zwischen elterlicher Betreuung und Ausübung des Berufes; wegen unterschiedlicher Auffassungen in der Betreuung und Erziehung (Erziehungsstile)
- Konflikte zwischen Eltern und Kindern, elterliche Verantwortung und Autonomie der Kinder, z. B. in bezug auf Ausbildung und Beruf sowie die Auflösung der häuslichen Gemeinschaft
- Konflikte zwischen Eltern und Pflegepersonen oder zwischen Eltern und Adoptiveltern
- Konflikte bei Familienübergängen
  z. B. Kinder werden geboren; Kinder verlassen das Nest; (Wieder-)Eintritt des die Kinder betreuenden Elternteils in das Berufsleben; Eintritt ins Rentenalter; erzwungene Arbeitslosigkeit usw.
- Mehrgenerationenkonflikte
  z. B. bei häuslicher Gemeinschaft, insbesondere bei notwendiger Pflege der älteren (Eltern-)Generation; Ausgleich unter Geschwistern über erbrechtliche Regelung?
- Konflikte in Wohngemeinschaften
- Ein eigenes bedeutendes Feld sind Konflikte im Erbfall
  - Streitigkeiten unter Erben
  - testamentarische Gestaltung
  - insbesondere Unternehmer-Testamente und Erbfolgeregelungen in der Landwirtschaft (hier Überschneidung zur Wirtschaftsmediation)

Ob in diesen Fällen die Zusammenarbeit mit An-wälten notwendig ist, die die Konfliktpartner per-sönlich beraten und begleiten, hängt davon ab, ob die Anwendungsfelder gesetzlich geregelt sind und rechtsverbindliche Formen angestrebt wer-den. Das ist beispielsweise zu bejahen bei Erb-konflikten, i. d. R. zu verneinen bei Konflikten mit Familienübergängen.

VIII. QUALIFIKATION UND INSTITUTIONALISIERUNG

In der Bundesrepublik ist 1992 die Bundes-Arbeits-gemeinschaft für Familien-Mediation (BAFM) ge-gründet worden[4]. Sie hat zunächst Richtlinien für die praktische Anwendung von Mediation und die berufsethischen Grundlagen entwickelt, danach eine Ausbildungsordnung verabschiedet. Die BAFM stand vor der Frage, wie die Qualifikation von Mediation gesichert werden könne. Die Orga-nisation hat sich letztlich dafür entschieden, dies durch ihre Mitgliedschaft zu dokumentieren: Or-dentliches Mitglied kann nur werden, wer eine or-dentliche Ausbildung nachweisen kann, in der Regel in einem von der BAFM anerkannten Insti-tut[5]. Qualitätszeichen ist der "Mediator (BAFM)". Mit diesen drei Säulen, nämlich

* den Richtlinien mit der Schaffung eines in be-stehende Berufsfelder integrierbaren Berufsbil-des,
* der Satzung der BAFM mit der Verantwortungs-zuteilung für spezielle Aufgaben, einer Verbin-dung der regionalen und überregionalen Ver-netzung und der ordentlichen Mitgliedschaft als Qualifikationsnachweis
* sowie einer von der BAFM verabschiedeten Aus-bildungsordnung einschließlich der Kriterien für die Anerkennung der Ausbildungsinstitute für die Qualifizierung der professionellen Aus-übung von Mediation,

ist die Basis zu der Institutionalisierung von Fa-milienmediation in der Bundesrepublik gelegt wor-den.

Die BAFM steht in einer "Verbandskonferenz" in Kontakt mit Verbänden, die sich mit Familie be-schäftigen. Dabei hat die den europäischen Stan-dards angeglichene Ausbildungsordnung der BAFM vielfach Anerkennung gefunden. Sie dient nicht nur als Grundlage für die Ausbildung der gegenwärtig neun von der BAFM anerkannten Ausbildungsinstitute, sondern wird darüber hin-aus in Kooperation mit anerkannten Ausbildungs-instituten der BAFM von den Akademien bzw. Ausbildungsinstituten des Berufsverbandes Deut-scher Psychologinnen und Psychologen (BDP), der Bundeskonferenz für Erziehungsberatung (BKE) und des Paritätischen Wohlfahrtsverbandes (DPWV) sowie von der Evangelischen Konferenz für Familien- und Lebensberatung (EKFuL) ange-wandt, das Evangelische Zentralinstitut in Berlin wird auf dieser Basis in Kürze eine Ausbildung anbieten.

Die Universität Oldenburg sucht in ihrem Weiter-bildungsstudiengang Mediation, Fachrichtung Familienmediation, Kompatibilität. Die Gesell-schaft für Wissenschaftliche Gesprächspsychothe-rapie (GwG) sowie der Dachverband für Familien-therapie und systemisches Arbeiten (DFS) sind ebenfalls dabei, Ausbildungsordnungen zu entwik-keln, die eine Kompatibilität mit der Ausbildungs-ordnung der BAFM anstreben. Die Hauptversamm-lung der Bundesrechtsanwaltskammer hat die Aus-bildungsordnung der BAFM als beispielhaft emp-fohlen. Der Schweizerische Verein für Familien-Mediation hat sie in ihren Kernbestandteilen über-nommen, sie wird in Slowenien praktiziert.

Insgesamt ist deshalb zu hoffen, daß der erreich-te Qualitätsstandard auch in Zukunft eingehalten werden kann. Forschungen an der Psychologischen Forschungsstelle der Universität Heidelberg (un-ter Leitung von R. Bastine) aus jüngerer Zeit haben gezeigt, daß die überproportionale Zufriedenheit der Betroffenen mit Mediation nicht zuletzt auf den guten Ausbildungsstandard zurückzuführen ist.

In der Bundesrepublik dürften inzwischen mehr als 1000 Angehörige der psychosozialen Berufsgruppen und Anwälte ausgebildet worden sein, die qualifiziert Mediation anbieten können. Mediation wird am ehesten dann Verbreitung finden, wenn sich die verschiedenen Professionen regional und überregional verbinden, im Bewußtsein der jeweiligen Indikationen verweisen, in diesem Sinne mit Nichtanbietern (z. B. Beratungsstellen, Richtern, Ärzten, Schulen) Kontakt halten und in wünschenswerten und notwendigen Formen kooperieren.

---

[1] Die Ausführungen basieren partiell auf einem Beitrag der Verfasser für eine Broschüre, die das qualifizierte Angebot von Familien-Mediation in München und Region dokumentiert. Die Broschüre wurde anläßlich des 1. Münchner Mediationstages am 17.6.99 der Öffentlichkeit vorgestellt.

LITERATUR

[2] Die Literatur zur Mediation kann differenziert werden in einen Teil, der die Grundlagen der Mediation allgemein beschreibt, und Teile, die die einzelnen Konfliktfelder betreffen. Die folgende Auflistung beschränkt sich auf die Grundlagen und die Familienmediation.

Grundlagen:

Besemer, Mediation, 3. Aufl. 1995

Besemer, Mediation in der Praxis, 1996

Schlußbericht des BRAK-Ausschusses Mediation, BRAK-Mitteilungen 1996, S. 182

Breidenbach, Mediation, 1995

Breidenbach, Henssler (Hrsg), Mediation für Juristen, 1997

Dulabaum, Mediation; Das ABC, 1998

Duve, Mediation und Vergleich im Prozeß, 1999

Falk, Heintel, Pelikan, Die Welt der Mediation, 1998

Heinrich Böll-Stiftung e.V. (Hrsg), ExpertInnengespräch Mediation, 1996

Hehn, Nicht gleich vor den Richter ..., Mediation und rechtsförmliche Konfliktregelung, 1996,

Loccumer Protokolle (Ev. Akademie Loccum) 2/98, Mediation - vermitteln - verhandeln - schlichten, 1998

Henssler, Koch, Mediation in der anwaltschaftlichen Praxis, 2000

Mähler, Mähler, Mediation. In: C. H. Beck'sches Rechtsanwaltshandbuch 1999/2000, 1999

Strempel (Hrsg), Mediation für die Praxis, 1998.

Seit Sept. 1998 gibt es eine Zeitschrift zur Mediation: Kon:sens - Mediation - Konfliktmanagement - Vertragsgestaltung; ab Oktober 1998 erscheint als Beilage zum Betriebsberater: Mediation und Recht.

Familienmediation:

Amthor, Proksch, Sievering (Hrsg), Kindschaftsrecht 2000 und Mediation, Ev. Akademie Arnoldshain, 1993

Berufskonferenz für Erziehungsberatung (Hrsg), Scheidungsmediation, 1995

Bono-Hörler, Familienmediation im Bereiche von Ehetrennung und Ehescheidung, 1999

Bundesministerium für Umwelt, Jugend und Familie, Österreich (Hrsg), Familienberatung bei Gericht, Mediation, Kinderbegleitung bei Trennung der Eltern, 1997

Duss-von Werdt, Mähler, Mähler (Hrsg), Mediation: Die andere Scheidung, 1995

Ev. Akademie Bad Boll (Hrsg), Mediation in Familiensachen, Protokolldienst 30/93

Familie, Partnerschaft, Recht (FPR, Heft 1/1996; Heft 6/1997)

Friedman, Die Scheidungsmediation, 1996

Haynes, Bastine, Link, Mecke, Scheidung ohne Verlierer, 1993

Hoefnagels, Zusammen heiraten, zusammen scheiden, 1994

Krabbe (Hrsg), Scheidung ohne Richter 3. Aufl. 1995
Mähler, Mähler, Duss-von Werdt, Faire Scheidung durch
  Mediation, 1994
Stierlin, Duss-von Werdt, Familiendynamik, Heft 4/1992

[3]Zur Bedeutung des Rechts in der Mediation und die Folgen für die Rechtsberatung sowie der professionelle
Zusammenarbeit der beteiligten Berufsgruppen (Anwälte, Jugendämter, Beratungsstellen, Therapeuten) s.
Mähler, Mähler in Familie, Partnerschaft und Recht (FPR)
1996, S 16 ff und 1997, S 258 ff

[4]Information zur BAFM (Richtlinien, Ausbildungsordnung, Kriterien für die Anerkennung von Ausbildungs-
instituten, Satzung, Mitgliederverzeichnis) können abgerufen werden bei der Geschäftsstelle der BAFM,
Eisenacher Str. 1, 10777 Berlin-Schöneberg

[5]Eidos Projekt Mediation (Dr. Gisela und Dr. Hans-Georg Mähler u. a.), Südliche Auffahrtsallee 29, 80639
München, Tel. 089/1782069

Heidelberger Institut für Mediation (Prof. Dr. Reiner
Bastine, Lis Ripke, u. a.), Mönchhof 11, 69120 Heidelberg, Tel. 06221/473405

Institut für Konfliktberatung und Mediation (IKOM),
Bonn, (Heidrun Gerwens-Henke u. a.), Schloßstraße
47, 53115 Bonn, Tel. 0228/222116

Institut für Konfliktberatung und Mediation (IKOM),
Frankfurt (Dagmar Schramm-Grüber u.a.), Kettenhof-
weg 77, 60325 Frankfurt, Tel. 069/174410

Institut für Mediation und Scheidungsberatung (IMS)
(Walter J. Lehmann, Maria Marshall, Stefan Mayer,
Joachim Neufeldt u. a.), Schulstraße 30, 85586 Poing,
Tel, 08121/73553

Institut für soziale und kulturelle Arbeit (ISKA), (Prof.
Dr. Roland Proksch u. a.), Untere Krämergasse 3,
90403 Nürnberg, Tel. 0911/227899

Mediationswerkstatt Münster (Hannelore Diez, Heiner
Krabbe u.a.), Von Vinckestraße 6, 48147 Münster, Tel.
0251/55485

Zusammenwirken im Familienkonflikt e.V. (Frauke
Decker, Joachim Hiersemann, Jutta Lack-Strecker,
Harro Naumann u.a.), Wilhelmsaue 133, 10715 Ber-
lin, Tel. 030/8610195

Hamburger Institut für Mediation e.V. (Prof. Dr. Manfred Neuffer, Frauke Decker, Regina Harms , Prof. Dr.
Peter Kunkel u. a.), Desenißstr. 5411, 22083 Hamburg , Tel 040/292274

Autoren

Dipl.-Psych. Christoph Braukhaus
Institut der Christoph-Dornier Stiftung für Klinische Psychologie Braunschweig

Prof. Dr. Kurt Hahlweg
Institut für Psychologie an der Technischen Universität Braunschweig

Dipl.-Psych. Michael Cöllen
Psychotherapeut (BDP), Deutsche Gesellschaft für Integrative Paartherapie und Paarsynthese e. V. (GIPP) Hamburg

Dr. phil. Bernd Hippler
Psychotherapeut, Augsburg

Dipl.-Psych. Dr. Paul Kochenstein
Psychotherapeut, München

Dr. Gisela Mähler, Dr. Hans-Georg Mähler
Rechtsanwälte, München

Prof. Dr. Dirk Revenstorf
Psychologisches Institut, Abteilung Klinische und Physiologische Psychologie
der Eberhard-Karls-Universität Tübingen

Prof. Dr. Ludwig Schindler
Psychotherapeut, München

Dr. phil. Dipl.-Psych. Martin Schmidt
Institut für Psychologie, Institutsbereich Persönlichkeitspsychologie, psychologische Diagnostik und
Familienpsychologie der Ludwig-Maximilian-Universität München, Praxis und Forschungsstelle für Familientherapie

Dr. med. Dr. phil. Serge K.-D. Sulz
Arzt für Psychiatrie, Psychotherapie und Psychotherapeutische Medizin München
Centrum für Integrative Psychotherapie, CIP
Bayerische Private Psychotherapie, BAP

David Wilchfort, Doctor of Medicine/Univ. Toronto (Can)
Facharzt für Psychotherapeutische Medizin, München

Autorenverzeichnis

A
Anand 114
Andersen 221, 223, 224
Arentewicz 21, 123, 270
Aron 35

B
Bach 121
Bader 124
Baeker 238
Bakhtin 224, 235
Bastine 319
Battaille, 115
Baucom 23
Bauriedl 271
Beavin, Janet H. 217
Beck 23, 24, 42
Berner-Hürbin 1989 278
Besemer 319
Bierhoff 12, 28, 112
Binswanger 252
Black 46
Blakeslee 30, 33
Blanck 276
Bodenmann 49
Bograd 227
Bohannan 29
Bono-Hörler 319
Bornstein & Bornstein 62, 75, 95
Boscolo 233
Boszormenyi-Nagy 227, 229
Böttcher 167
Bouma 44
Bourdieu 225
Bowlby 12, 116, 254, 281
Bradbury 40
Branco 223, 224
Braukhaus 8
Breidenbach 319
Bronfenbrenner 223
Bruner 234
Buber 61, 100
Burman 43

C
Carroll 33
Carter 227
Cecchin 236
Chang 114
Christensen 5, 8, 60, 133
Cierpka 241
Clark 223, 224
Cohen 40

C
Cöllen 9, 253, 254
Collins 230
Connell 226
Cox 44
Coysh 34
Cross 230

D
Dallos 220
Davis 117
de Shazer 242
Despopoulos 43
Dickerson 244, 245
Dose 44
Dreitzel 281
Duss-von Werdt 319

E
Edwards 221, 223
Ellis 116, 121
Eidelson 121
Engl 16
Epstein 23, 121
Epston 245
Ewart 43

F
Falk 319
Ficino, 253
Fogel 223, 224, 233
Fowkes, 114
Fremmer-Bombik 14
Friedlander 237
Friedman 43, 227, 241, 319
Fröhlich 6, 7
Fromm 1976 254

G
Gebauer 225
George 213
Gergen 221
Gerson 232, 242
Gloger- Tippelt 231
Goldman 246
Goldner 224
Goodman 233
Goolishian 221, 223
Görlitz 94
Gottman 15, 20, 25, 39, 41, 42, 54, 55, 118, 222, 226, 233
Grau 12, 28
Grawe 45, 251, 276
Greenberg 226, 232, 243, 244, 246

Groth 43
Guerney 21

H
Hahlweg 8, 16, 20, 22, 23, 33, 44, 45, 49, 59, 133
Halford 44, 46, 47
Hautzinger 34
Hayes 60
Haynes 31, 319
Hazan 31, 33
Hehn 319
Heintel 319
Hellinger 74, 243
Henssler 319
Hermans 224, 235, 243
Hippler 8, 74
Hoffmann 32
Holtzworth-Munroe 44
Hueck 255
Hulgus 240

I
Imber-Black 244
Italo Calvino 238

J
Jackson 217
Jacobson 5, 8, 59, 60, 133
Johnson 94, 123, 226, 232, 244
Julien 44

K
Kaiser 22, 49, 50, 55
Kanfer 34
Karney 40, 55
Karniol 229
Kaslow 29, 240
Kavanagh 44
Kegan 167
Kerkhoff 117
Kiecolt-Glaser 43
Kochenstein 9, 290
Köcher 12
Kockott 21
Krabbe 31
Kraus 230
Krauss 224
Kreher 229
Kriz 246
Kroeber 238
Krokoff 20

L
Lakoff 234
Lang 222
Lassner 43
Lee 31, 112
Lenz 74

Lewin 222
Link 319
Lutz 20
Lyra 233

M
Magai 13
Mahler 124
Mähler 9, 319
Margolin 43
Markman 15, 45
Markus 230
Marques 244
Massing 227, 229
Masters 94, 115, 123
Mecke 319
Meichenbaum 24
Miketta 42
Mikula 14
Minuchin 74
Moeller 62, 72, 80, 94, 115
Monolog 83
Muskelpanzer 151

N
Noam 224
Notarius 15

O
Oerter 224
O'Hanlon 87, 94
Olson 240
Onken 1961 253
Overall 11

P
Paul 229
Pearce 226, 233
Pelikan 319
Peller 242
Pesso 243
Peters 227
Pierrakos 116
Portele 1995 256

R
Read 230
Rech-Simon 242, 244
Reich 114, 227
Reiss 240
Retzer 243
Revenstorf 7, 15, 23, 24, 28, 59, 95, 123, 125
Rogers 21
Ross 229
Rusbult 16
Russell 233

S
Sadler 240
Sager 35
Sanders 46, 55
Satir 72
Schacter 231
Schiepek 239
Schindler 7, 8, 16, 19 f., 23, 27, 45, 49, 59, 95, 123
Schlippe 242
Schmidt 8, 21, 123, 222, 237
Schneewind 222
Schönberg, Arnold 213
Schröder 23, 44
Schulte 217
Schulz von Thun 91
Schweitzer 242
Selvini-Palazzoli 236, 244
Shadish 45, 246
Shaver 31, 33
Siewert 31
Silbernagl 43
Simenauer 33
Simon 242, 243, 244
Snyder 46, 246
Spanier 30, 34
Sprenkle 32
Steinglass 21
Sternberg 78, 112
Strauß 237
Stroebe 14
Sulz 7 f., 73, 129, 132, 134, 151
Swenson, 111

T
Tebel-Nagy 42
Terman 40
Textor 30, 31, 32, 33
Thompson 30, 34
Thurmaier 16, 49, 53
Tietze 282
Tramitz 35
Tulving 231
Türcke 1991 276

V
Vannoy 29
Vaughan 26, 28
Vierzigmann 229
Visher 35
von Foerster 221, 238
Vygotski 224

W
Wallerstein 30, 33
Walter 242
Watzlawick 21, 67
Weiss 30

Weissman 44
Wertsch 224
Whitaker 229
White 221, 245
Wilchfort 8
Willi 63, 117, 167
Williamson 229
Wishman 46
Witte 283
Wittgenstein 190
Wynne 222

Z
Zilbergeld, 114
Zimmer 21
Zimmermann 244, 245

STICHWORTVERZEICHNIS

A
Abschied von den Eltern 152
Acceptance 61
affektive Komponenten der internalen Arbeitmodell 232
Aggressionsfreiheit 144
aggressive Verstrickung 124
Ahnenbotschaften 253
aktives Zuhören 120
Akzeptanz 61, 71, 85, 143
Akzeptanzarbeit 60, 65, 72
Akzeptanzaufbau 62
Akzeptanzprinzip 8
alternative Geschichten 245
Altersehe 167
angenehmer Abend 138
Anorgasmie 289, 290
Anschaulichkeit 238
Anwälte 306
Anwendungsfelder der Familienmediation 317
Arbeitskontext 240
Aufbau der Therapiesitzungen 136
Aufbau von Toleranz 84
Ausfallhonorar 136
Ausschlüsse 74
außergerichtliche anwaltschaftliche Verhandlungen 306
Austausch 118, 123
autonome Psyche 129
Autonomie 70, 239
Autonomiebedürfnis 144
Awareness-Continuum 81, 104

B
Balance von Stabilität und Wandel 234
Balancetheorie 41
Bausteine 256
Beachtung der Relation von System-Umwelt 239
Bedeutung der psychosozialen Zusammenhänge 316
Bedeutung des Rechtes 315
Bedürfnisbefriedigung 73
Bedürfnissse 72
Bedürftigkeit 72, 77
Bezahlung 135
Beziehungsarbeit 204
Beziehungsebene 211, 289
Beziehungsentwicklung 167
Beziehungsformen 118
Beziehungskonflikte 209
Beziehungskonto 15
Beziehungskonzept 13
Beziehungslogik 253
Beziehungsmodell 282
Beziehungsmuster 205
Beziehungsneutralität 236
Beziehungspflege 16

Beziehungsregeln 8, 198
Beziehungsspiele 8, 198
Beziehungsstrategie 142
Beziehungsverschlechterung 17
Beziehungsvertrag 196
Bindung 12, 60, 73, 78
Bindungskomponente 78
Bindungsmodelle 231
Bindungstheorie 230
Bioenergetiker 114
Biographie 152
Blickkontakt-Übung 104
Bundesarbeitsgemeinschaft für Familienmediation 318
Bundesverfassungsgerichtes 308

C
Charakterpanzer 151
Couple-Coaching® 8, 189

D
Dauer einer Sitzung 135
Definition der Sexualität 293
Definitionen von Wirklichkeit 242
Dekonditionierung 300
Dekonditionierungstechnik 300
Delegationen 74
Denkmuster 213
Desensibilisierung 89, 92
detachment 85, 87
Diabetes mellitus 296
Diagnostik 20
Dialogfähigkeit 307
Differenzierung 125
Distanz 241
dominante Geschichte 245
Dominanz - Unterordnung 65f., 68, 75
doppelte paradoxe Intervention 298
Downing 243
Dreieckstheorie der Liebe 78
Durchführung der Paartherapie 261
Dyade 253
Dyadischen Anthropologie 258
Dynamik 219

E
Effektivität von Therapie und Beratung 45
Ehekrieg 132
Ehevorbereitung-Partnerschaftliches Lernprogramm 49
Ehevorbereitungs-Präventionsprogramm 8
Eigendynamik des intimen Beziehungssystems 239
Ejakulation 114, 299
Ejakulationshemmung 301
Ejakulationskontrolle 291

Emnid-Studie 6
emotionale Arbeit 162
Emotionale Dialoge 145
Emotionen 134, 214, 226
Empathisches "Joining" 85
Endlosstreit 267
Energie 254
Entspannung 148
Entwicklungsskalen 134
Entwicklungsstufe 169
Entwicklunshelfer 263
EPL 16, 49
erektile Dysfunktion 287, 291
Erektionsstörungen 294
Erhöhung der Komplexität 238
Erotik 252
Erregungsschwankung 297
Ersatzgefühle 162
Ethischen Imperativ 238
expliziter juristischer Ehevertrag 234
Explorationsbogen 133
Externalisierungsfragen 245

F
faktische Daten 241
Falle 62, 64f., 70
Familien-Stellen 74
Familienkonflikt 305
Familienlandkarte 74
Familienmediation 305
Familiensculptur 74
Fellatio 301
Feministische Paartherapeutinnen 227
Fließgleichgewicht, 7, 129
Formen der Körperarbeit 243
Fragebogen zur Lebensgeschichte 134
Fragebogen zur Partnerschaftsdiagnostik (FPD) 20
Fremdgehen 285
Frequenz 213
Frequenz der Sitzungen 135
Freude-Gefühl 163
funktionelle Sexualstörung 289

G
Geben-und-nehmen-Kurs 146
Gedächtnissysteme 231
Gedankenlesen 76, 81
Gefühlsbeschreibung 191
Gefühlsblockade 160
Gegenseitigkeit 222, 246
gegensteuerndes Gefühl 162
Geliebte 139
gemeinsamen Grund 224
gemeinsames Sorgerecht 308
Genauigkeit 238
Genogramm 241
Gerichtsverfahren 306
Geschichte 233

geschlechtersensitive Angebote 238
Geschlechterverhältnisse 227
Geschlechtsverkehr 254
Gesetz 306
Gestaltdialog 243
Gestalttherapie 9
Gestaltungsfähigkeit 307
gesundheitliche Belastungen 43
Gleichgewichtsbestrebungen 157
Glück 117, 130
Grenzen 241

H
Handhabung von Loyalität und Loyalitätskonflikten 242
Handlungswissen 196
Harmonie 143
harmonischen Verstrickung 124
Harvard Negotiation Projects 310
Hausaufgaben 136, 137, 262
Hausaufgaben-Nachbesprechung 136
Herkunftsfamilie 74
hierarchische sozialökologische Mehrebenensysteme 223
Hingabeangst 150
Homogamie 117
Homöostase 5, 129
Humor 291
Hypothesenbildung 241
Hypothetisieren 236

I
Identifikationsmuster 66
impliziter Vertrag der Partner 234
inneren Dialogs 224
institutionalisierter Geschlechtsrollen 227
Interaktions-X-Übung 165
Interaktionsübung 165
Interaktionsverhalten 8
Interessen 310
internale Arbeitsmodelle 231
internale Dialoge 243
Internet 215
interpersonale Kommunikation 239
Interpunktion 67
Interventionen 125
intime Beziehungssysteme 222
Intimität 73, 78, 112, 252, 253
Intimitätskomponente 78
irrationale Ansprüche 121

J
Joining 84

K
Kamasutra 114
Kampf ums Recht 310
Kennenlernphase 65, 77
Kinder 306, 312
Kindheit 131

Klinische Typologien 232
Ko-Aktion 224
Ko-Konstruktion 223, 224
Koalition 74, 134
Koalitionsbildungen 241
kognitive Grundannahmen 73, 75
kognitive Interventionen 23
Kollusionen 63, 64
Kommunikation mit anderen 224
Kommunikations- und Beziehungsmuster 62
Kommunikations- und Konfliktlösetraining 59
Kommunikationsnetz 210
Kommunikationsregeln 49
Kommunikationsstörung 289
Kommunikationssystem 226
Kommunikationstraining 85, 100
Komplementarität 117
Komplexität 219
Konflikt 205, 241
Konfliktanalyse 259
Konfliktdynamik 252
Konfliktlösetraining 100
Konfliktvernetzung 262
Konsolidierung 126
Konstruktion von Geschichten 233
konstruktivistischer Philosophie 221
Kontakt 72
Kontrolle 66
Körper 225
Kosten, Zeitaufwand 316
Krise 167
Kritik, nicht abwertende 120
Kundenorientierung 239
Kurzzeittherapie 8
Kybernetik 221
kybernetisch-konstruktivistisches Modell 244

L
Landkarten 206
Längsschnittstudien 40
Lebensthemen 227
Leichtigkeit 238
Leidenschaft 73, 78, 93, 112
Leidenschaftskomponente 78
Lernmodell Liebe 275
Libido 285, 290
Libidostörungen 302
Liebe 7, 9, 15, 61, 72 f., 77, 116
Liebe das Lernmodell 252
Liebende Ineinander 253
Liebesbedarf 116
Liebesenergie 256
Liebesgeflüster 193
Liebeslied 193
Liebesmuster 253, 264
Liebesstile 112
Linearität der Sprache 243
Loccumer Protokolle 319

Löschung 89
losgelöste Familie 74
Lösungsorientierung 239
Lustlosigkeit 302

M
Macht 119
Macht und Anerkennung 227
Machtkampf 267
Männlichkeit 225
Masturbation 301
Masturbationsphantasien 298
Masturbationstraining 292
Mediation 9, 305
Mediator 305
mehrgenerationale Perspektive 227
mehrgenerationalen Familientherapie 227
Metakommunikation 224, 234
Metaphern 234
minimale Intervention 239
Mitgefühl 71
Modell der epigenetischen Abfolge von
    Beziehungsphasen 222
Modell der Bewältigung kritischer
    Lebensereignisse 242
Modell des Wandels 244
Monolog 83
Muskelpanzer 151

N
Nachahmung (Modellernen) 242
Nachlaßehe 167
Nähe 241
Nähe - Distanz 64, 66, 68
Nähe und Intimität 72
narrative Therapie 244
narrative Identität 230
narratives Therapiemodell 245
neurotische Bedürfnisse 115
Neutralität 236
Nicht-Wissen 236
Normen 134
Notarius 15
Nullsummenspiels 311

O
operativen Komplexität: 239
Organigramm 241
Organisation 219
Orgasmus 114, 123, 302
Orgasmusfähigkeit 291
Orgasmusstörung 289, 302
Overall 11

P
Paar-Psyche 5
Paar-Spiel 154
Paarberatung 134

Paardiagnostik 133
Paardynamik 253, 259
Paargestaltung 259
Paarsynthese 9, 254
Paarsystem 6
paradigmatische Analyse 233
Partner-Grunddialog 253
Partnerschaftsfragebogen 133
Partnerstile 253
Partnerwahl 130
Partnerwerdung 259
Pathogenese u. Salutogenese von Paarproblemen 222
Perfektions-Ideen 116
PIB (Paar-Interview zur Beziehungsgeschichte 20
Placebo 295
polarisierender Streit 92
Polarisierung 6, 62, 66, 68, 70, 71, 84, 129
Polarisierungsdiskussionen 80
Polarisierungsprozess 64, 65, 67
Polygamie 111
Pornographie 298
positive Konnotierung 243
Potenz 291
Pragmatische Intersubjektivität 224
Prävention 8, 16, 39
primäres Gefühl 162
Problemdefinition 105
Problemliste 133
Problemlösen 50, 106, 108
Problemlösetraining 22, 59, 105
Problemneutralität 236
Projektionen 80
Protokollführung 138
Psychodrama 243
Psychologie des Paares 258

Q
Qualifikation und Institutionalisierung 318
Querschnittsuntersuchungen 40

R
radikal-behavioristisch 60
Re-Autorisierung 245
Reaktionsgeneralisierung 302
Recht 306
rechtsverbindliche Vereinbarung 309
reflektierenden Teams 241
Reform des Scheidungsrechtes 308
Reframing 243
regelgeleitetes Verhalten 157
Reizexposition 85
Rekapitulation 122
Resonanzschwingungen 213
Ressourcen 134
Ressourcenorientierung 239
Reziprozität 15, 118
Rituale 244
ritualisierte Dialoge 145

Rollenspiele 243
Rollenübernahme 242
Rollenverhalten 142
Rollenverteilungen 142
Rundum-Blick 195

S
Scheidung 9, 305
Schild 40
Schnelligkeit 238
Schuldkarussell 265
Schuldprinzip 308
Schwingungsintensität 213
Seelendialog 270, 277
Selbst 230
Selbstbefriedigung 285
Selbstbestimmung 144
Selbsterfahrung 214
Selbsterfahrungsgruppe 215
Selbsthilfegruppen 8, 210
Selbsthilfeprozeß 189
Semiotik 233
sensate focus 115
Sex 66 ff.
Sexualität 21, 113, 123, 270
Sexualstörung 9
Sexualtherapie 9, 271
sexuelle Phantasien 291
Single auf der Suche 33
Sinnerfüllung, Sinnfindung 252
Skalierungsfrage 243
SKAT 294
Skulptur 243
so tun als ob 244
Solidarpakt, 263
soziale Konstruktion 221
sozialkonstruktionistische Modelle 229
Spiegel-Dynamik 262
Spiegeltechnik 266
Spielverderber 200
Splitting 243
Sprachstrukturen 220
Spüren 93
Status quo 62
Steigerung der positiven Reziprozität 20
Störungsanalyse 137
Störungsgrade 7
Strategische Paarentwicklung 8
Streit um den Konsens 310
Streiteskalation 267
Streitgespräche 121
Streitsituationen 87
Substanzkonflikt 263, 267
Symptomverschreibung 92
syntagmatischen Analyse 233
System 219
systemisch experientiellen Paartherapie 244
systemische Therapie 219 f.

systemische Sichtweise 119
Systemstörung 9
Systemtheorien 219
Systemzeichnungen 241

T
Themen in Paarbeziehungen 65
Therapeutenvariablen 237
Therapieplanungsmaterialien 134
Therapiesetting 135
Therapiestunde 204
Therapiesystem 135
Therapievertrag 135
Therapieziele 289
Toleranz 89, 91
Toleranztraining 89
traditionelle Verhaltenstherapie für Paare 59
Training in Kommunikationsfertigkeiten 21
Trennung 9, 28, 305
Trennungsangst 143
Trennungstendenzen 25
Triade 279

U
Überlebensregel 132, 155
Übertragung und Gegenübertragung 280
Überweisungsmodus 240
Übungen 264
Umdeutungen 89, 243, 208
Umgang mit Gefühlen 163
Umstrukturierung 123
unerfüllte Bedürfnisse 72
universelle Prävention 46
Unterschied 66
unterschiedliche Sichtweisen 310

V
Veränderungen von konstruierten Wirklichkeiten 239
Veränderungsarbeit 60, 65, 94
Verbesserung der Intimität 84
Verbindlichkeit 112
Vergangenheitsbewertung 311
Vergleichswert 118
Verhaltensanalyse 136
Verhaltensaustausch 59, 95
Verhaltensdiagnostiksystem 134
Verhaltenstherapie 293
Verhandlungsdilemma 313
Verhandlungsfähigkeit 307
Verlieben 130
Verliebtheit 79
Vermittlung 305
Versagensängste 296
Verschreibung 244
Verständigung 314
Verstehen 72
verstrickte Familie 74

Verwaltungsbeziehungen 80
Verwöhnen 147
Videoanalyse von Paartherapiesitzungen 243
Vielschichtigkeit 239
vollkommene Liebe 78
vorzeitigen Samenerguß 288

W
Waffenstillstanderklärung 140
Wahrnehmung 81, 82
Wandel des Gesamtsystems im Sinne einer
        Neuorganisation 234
wechselseitiges Wissen 224
Werte 134
Wertschätzung 144
Wertschätzungs-Ritual 199
Wertschöpfung 311
Widerstand 278
willkürliche Psyche 129
Wirkfaktoren 60
Wirklichkeit 194
Wunderfrage 242
Wunschumkehrung 268
Würdigung 278

Z
Zeit 229
zentrales Bedürfnis 132
Zentralthema 268
Zerrüttungsprinzip 308
zirkuläre Hypothesenbildung 236
zirkuläre Kausalität 219
Zirkularität 63, 236
Zugehörigkeitsbedürfnis 143
Zukunftsgestaltung 311
Zusammengehörigkeit 93
Zwangsprozeß 18, 124
Zweitehe 35
Zwiegespräche 100, 102, 121
Zyklen 261

Neu!

Beiträge von:

Anam Al-Shajlawi
Aufdermauer, Nicole
Bär, Thomas
Bassler, Markus
Best, Dieter
Biskup, Joachim
Blaufuß, Josef
Bleichhardt, Gaby
Brückl, Tanja
Caspar, Franz
Cuntz, Ulrich
Dally, Andreas
Diebel-Braune, Eva
Diehl, Janine
Doering, Stephan
Dümpelmann, Michael
Egloff, Boris
Ehlert, Ulrike
Eich, Holger
Esser, Günter
Fichter, Manfred
Fischer, Gottfried
Freyberger, Harald J.
Friedrich, Hannes
Fydrich, Thomas
Gauggel, Siegfried
Grefe, Joachim
Greimel, Karoline Verena
Geyer, Michael
Haerkötter, Christian
Hahlweg, Kurt
Haisch, Ilka & Jochen
Hartkamp, Norbert
Hautzinger, Martin
Hiller, Gabriele
Hiller, Wolfgang
Hoyer, Jürgen
Hütter, Maria
Jacob, Angela
Jacobi, Frank
Kaimer, Peter
Kannenberg, Steffi
Kanwischer, Hartmut M.
Koepsell, Kornelia
Köhler, Thomas
König, Karl
Korb, Joachim
Kosarz, Peter
Kreische, Reinhard
Küchenhoff, Joachim
Küfner, Heinrich
Kurz, Alexander
Lakatos, Angelika
Laireiter, Anton
Lang, Hermann
Leibbrand, Rolf
Leibetseder, Max
Leibing, Eric
Leichsenring, Falk
Leplow, Bernd
Linden, Michael
Lindenmeyer, Johannes
Maercker, Andreas
Mans, Elmar
Margraf Jürgen
Müller, Thomas
Munsch, Simone
Nanke, Alexandra
Nilges, Paul
Paetow, Kerstin
Pipam, Wolfgang
Prise, Karin Maria
Reich, Günter
Reinecker, Hans
Renneberg, Babette
Richter-Appelt, Hertha
Rief, Winfried
Riemann, Dieter
Rüddel, Heinz
Schaub, Annette
Schauenburg, Henning
Schmelzer, Dieter
Schneider, Silvia
Scholz, Werner
Schröder, Brigitte
Schüßler, Gerhard
Schweiger, Ulrich
Seiffge-Krenke, Inge
Siegl, Judith
Sipos, Valerija
Spitzer, Carsten
Stangier, Ulrich
Staats, Hermann
Steil, Regina
Streeck, Ulrich
Streeck-Fischer Annette
Stieglitz, Rolf-Dieter
Sulz, Serge K. D.
Terporten, Gerhard
Tschuschke, Volker
Vogel, Heiner
Wernado, Mario
Windaus, Eberhard
Wyschkon, Anne
Zubrägel, Doris

Für die Prüfungsvorbereitung und für die Psychotherapieausbildung

DAS GROSSE LEHRBUCH DER PSYCHOTHERAPIE

Herausgegeben von: W. Hiller, E. Leibing, F. Leichsenring, S. K. D. Sulz

Alles, was Sie wissen müssen, um gut vorbereitet zu sein und um in Ihrer Ausbildung erfolgreich zu sein.

Band 1: Wissenschaftliche Grundlagen der Psychotherapie

(Hrsg.: Wolfgang Hiller, Eric Leibing, Falk Leichsenring, Serge K. D. Sulz)

Spezialisierte Wissenschaftler vermitteln gut verständlich und konkret die notwendigen psychologischen und neurobiologischen Grundlagen – umfassend und fundiert

Band 2: Psychoanalytische und tiefenpsychologisch fundierte Therapie

(Hrsg.: Falk Leichsenring)

Dieser Vertiefungsband bietet vollständig Theorie und Praxis der Behandlung mit Berücksichtigung der Therapieforschung und des aktuell gültigen State of the Art.

Band 3: Verhaltenstherapie

(Hrsg.: Eric Leibing, Wolfgang Hiller, Serge K. D. Sulz)

Das Vertiefungsfach Verhaltenstherapie wird in allen relevanten Interventions- und Störungsbereichen so dargestellt, wie es eine qualifizierte Arbeit mit Patienten erfordert.

Alle drei Bände € 210,–
Einzelband je € 74,–

CIP-Medien: Nymphenburger Str. 185, 80634 München
Tel. 089-130793-21, Fax 089-132133, e-mail: cipmedien@aol.com
Ausführliche Infos **www.cip-medien.com**

Familien in Therapie

Grundlagen und Anwendung kognitiv behavioraler Familientherapie

2002 • € 54,00
Bibl. Nr. 16145

S. K. D. Sulz und H. P. Heekerens (Hrsg.)

Mit Beiträgen von: K. Hahlweg, H. Lieb, J. Bäuml, W. Becht, M. H. E. Brünger, H. Dürr, G. Görlitz, H.-P. Heekerens, N. Heinrichs, P. Kaiser, B. Lehner, H. Metsch, G. Pitschl-Walz, M. Sanders

Serge K. D. Sulz

Als Sisyphus seinen Stein losließ.
Oder: Verlieben ist verrückt!

Ein psychologisches Lesebuch über menschliche Überlebensformeln und individuelle Entwicklungschancen

2003, 3. korr. Aufl. • € 29,– • *Bibl. Nr. 10022*

Praxismanual: Strategien der Veränderung von Erleben und Verhalten

Serge K. D. Sulz

Ein sicherer Weg zu den Ursachen psychischer Fehlentwicklung. Eine zuverlässige Hilfe aus dem Dickicht fehlgeleiteter Gefühle zur Entwicklung einer gesunden Persönlichkeit. Ein Therapiemanual mit einer Fülle von therapeutischen Interventionen. Für Einzeltherapie und Selbsterfahrung.

2002 • € 29,– • *Bibl. Nr. 10016*

S. K. D. Sulz

Von der Strategie des Symptoms zur Strategie der Therapie

Prozess und Inhalt von Psychotherapien mit den unendlich vielen nie gleichbleibenden Facetten der therapeutischen Begegnung und Beziehung sind das Thema dieses Buches.

601 S. • 2001 • Bibl. Nr. 16004 • € 74,–

Ausgehend von einer Störungs- und Therapietheorie werden vielfältige Therapiesituationen, Therapiestrategien und intuitive Therapieinteraktionen dargestellt, die zahlreichen schwierigen Momenten in Psychotherapien gerecht werden können – im Kontext einer ganzheitlichen Betrachtungsweise und im Rahmen der kognitiv-behavioralen Tradition, wenngleich zunehmendes neurobiologisches, wissenschaftlich-psychologisches Wissen und Können aus Therapieforschung und langjähriger Therapieerfahrung deren Integration unumgänglich machen. Wie werden die Wirkfaktoren der Therapie optimiert? Wie wird der Therapieprozess gestaltet? Wie mit dem Therapieinhalt verknüpft? Welche Konsequenzen hat dies bei einer Persönlichkeitsstörung? Und es resultieren neue Impulse für Depressions-, Angst- und Psychosentherapie. Das alles macht das Werk zum unverzichtbaren Begleiter in der psychotherapeutischen Praxis.

S. K. D. Sulz (Hrsg.)

Kurzpsychotherapien

Wege in die Zukunft der Psychotherapie

Autoren: Fürstenau, Gottwik, Hayes et al., Lachauer, Linehan, Lohmer, Kanfer, Schramm, Sulz

1998 • € 39,–

IHR INTERNETKATALOG PSYCHE & BUCH

FACHBÜCHER FÜR PSYCHOTHERAPIE

SCHON MAL REINGESCHAUT?

WWW.CIP-Medien.com

WWW.CIP-Medien.com